文化与信仰

俄罗斯文化与东正教

［俄］T.C.格奥尔吉耶娃 著

焦东建 董茉莉 译

华夏出版社
HUAXIA PUBLISHING HOUSE

UNEVOC

International Project on Technical and Vocational Education

Международный проект по техническому и профессиональному образованию (ЮНЕВОК)

Russian Center   ICES / МЦОС   Российский Центр

原作者致中国读者

亲爱的中国读者朋友们，

你们好！

首先，请接受一位俄罗斯朋友的真诚谢意。

独特而博大精深的中国文化源远流长，每当我们谈起令人神往的中国文化，总是有无限的话题，但最令我感到惊讶的是，在基督教及其分支（即东正教）出现在我们古罗斯以前，基督教早已深深地扎根于中华大地上！公元786年，中国已经树立了基督教石碑，这种现象也先于欧洲国家。我们一直为贵国——伟大的中国在基督教方面取得的成果感到振奋，我们知道，中国的传统道德和精神文明渗透于儒学的公设之中。如此崇高的道德精神鲜明地体现在贵国旨在为全国人民谋福利的社会和经济改革的基本原则之中。

2006年，在中国举办"俄罗斯文化年"之际，时任俄罗斯联邦总统的普京在访华期间，亲自为贵国重建的第一座东正教教堂剪彩，这就是保持本民族传统和对外开放的中国智慧的最佳范例。

当年我的《俄罗斯文化史》一书中文版在贵国正式出版，现在这本《俄罗斯文化与东正教》也将在贵国出版，在此衷心感谢华夏出版社对我的信任，同时也叹服贵社对宗教文化这一世界文化要点的特别关注，钦佩贵社为中俄文化交流所做的贡献。

衷心祝愿贵国各领域繁荣昌盛。

T. C. 格奥尔吉耶娃
2010年12月22日于莫斯科

原 书 前 言

德国19世纪著名史学家卡尔·拉姆普雷希特(1856~1915年)在其专著《德国史》中,将德国民族的形成和发展划分成下列几个阶段:象征主义(原始时期)、类型主义(中世纪前期)、约定论(中世纪后期)、个人主义(繁荣与启蒙)、主观主义(浪漫主义)和社会工业革命心理时期。卡尔·拉姆普雷希特同时以艺术和文化综合发展的观点,精辟地阐述了德国通史中的许多有趣事件。

今天,我们就从历史发展的观点出发,对俄罗斯文化、基督教在俄罗斯、基督教分支—东正教、俄罗斯文化与东正教之间的相互关系和相互影响,做一次全面而系统的巡礼。由于俄罗斯文化与东正教是一个无止境的研究课题,所以本次梳理和回溯也只是对此课题研究的又一次尝试。[1]

---

[1] 作者在《基督教与俄罗斯文化》(莫斯科,2001)一书中做了第一次尝试,在《日常生活文化:俄罗斯文化与东正教》(莫斯科,2008)做了第二次尝试。——原注

目　录

原作者致中国读者
原书前言

第一章　基督教历史回溯 ································· 1
　　基督教产生的历史渊源　耶稣基督　最早的基督教团　普世会议要求将上帝之子描绘成人的形象,而不是一只温顺的羔羊(553年)　基督教的圣礼、仪式、节日及其多神教特性　纪年法　《圣经》及其传说　分裂教派　基督教两大独立分支的出现(1054年)——西方的天主教与东方的东正教　东正教教会与罗斯国家的诞生　俄罗斯人的统一性　东正教教会的传教活动及世界意义在俄罗斯民族形成过程中的作用　俄罗斯文化是100多个民族的摇篮和怀抱　谁是俄罗斯人?　东正教的最高理想与俄罗斯艺术和文化的发展

第二章　受洗前后罗斯国家的尊严及其变化(5~15世纪) ················ 64
　　第一次罗斯受洗(887年)　弗拉基米尔大公执政时期的罗斯受洗(988年)　"红太阳"弗拉基米尔、罗斯的洗礼者和第一位文化艺术庇护者　古罗斯和中世纪罗斯的"双教并存"与"双重文化"现象　不同于拜占庭的宗教思想的确立　基督教在家庭、道德观念和社会法制基础形成过程中的作用　基辅大公雅罗斯拉夫(智者)兴建最早的修道院(11世纪)　修士涅斯托尔与《编年纪事》(1113年)　莫斯科成为世界宗教和政治中心,东正教会成为古罗斯时期的封建文化制度(1326年)
　　安德烈·鲁布廖夫与"三位一体"圣像　教会与异教　修士、长老的生活方式和传统、宗教活动心理学、修道院的启蒙和传教作用

第三章　16 到 17 世纪东正教在俄罗斯社会政治和文化生活中的
　　　　特点及其作用 …………………………………………………… 131
　　　罗斯国家领土的集中者——莫斯科大公伊万三世(1462~1505 年)　"全俄国家元首"的第一次出现　君士坦丁堡沦陷(1453 年)　伊万三世与拜占庭公主索菲娅·巴列奥洛格结婚后,莫斯科成为拜占庭的继承者和东正教的宗主国　教会与国家新思想——"莫斯科是第三罗马"的诞生　"俄罗斯"这一名称的出现与推广　伊万四世(雷帝)的加冕礼(1547 年)　俄罗斯教会的"百条决议"会议(1551 年),伊万雷帝试图理顺俄罗斯教会秩序　第一部印刷本《使徒行传》(1564 年)　约瑟夫派与禁欲派　俄罗斯政论作品的出现　听伊万雷帝忏悔的神甫西尔维斯特的《治家格言》　鲍里斯·戈杜诺夫与西方思潮向莫斯科的渗透　1612 年 11 月 27 日,波兰人投降,修士大司祭季奥尼西为胜利主持祈祷仪式　罗曼诺夫王朝的开端(1613 年)与混沌时期结束　西方思想对俄罗斯人的日常生活和俄罗斯文化的影响继续深化　分裂教派是一种复杂的社会现象和宗教现象

第四章　俄罗斯正教会地位的变化　18 世纪俄罗斯对欧洲文明的吸纳 ………… 201
　　　俄罗斯民族思想的演进:从东正教到专制制度　教会独立地位的动摇　主教公会时期　文化世俗化　民用体替代古老的教会斯拉夫字母(1710 年)　俄罗斯于 1700 年首次按公历欢度新年,圣诞老人与雪姑娘、新年枞树、欢庆和相互祝贺新年　彼得一世确立了救济孤寡老人、孤儿、残疾士兵的国家体系　俄罗斯第一部带有作者肖像的著作——《罗蒙诺索夫作品集》　18 世纪的共济会　共济会成员认为:上帝是一个无处不在和预示万物的信息场　费奥多谢耶夫协议与俄罗斯商人宗教联合会　西方思想对俄罗斯教堂建筑和圣咏的深刻影响　分裂教派运动依然是俄罗斯正教会的一块创痍

第五章　俄罗斯教会的积极活动　东正教的崇高思想和精神道德
　　　　在 19 世纪俄罗斯文化中的反映 ………………………………… 238
　　　俄罗斯正教会的传教活动　俄罗斯贵族有意识地接受西方的行为规范和欧洲人的生活习俗及礼仪　"达·芬奇密码"　寻找中世纪史诗和传说中的"圣杯"　俄罗斯爱国主义思想中的宗教特征:信仰向爱国之情的转变　民族自我意识的提高　俄罗斯医师和人道主义者费奥多尔·哈兹说:"抓紧时间行善吧!"　国家意识形态的"三位一体模式"(东正教、专制和民族性)的确立　1861 年废除农奴制、国

家大变革与地方自治制度的确立　俄罗斯教会的积极活动　宗教教育与神学的发展　受东正教思想驱使的文化艺术庇护者和普通人对文化的贡献　19世纪是俄罗斯文化的"黄金时代",这一时代渗透着基督教的崇高思想和精神道德　19世纪末的俄罗斯化、基督教化和迫害"异教徒"的现象

第六章　19世纪末到20世纪初俄罗斯宗教哲学的复兴及其对西欧文化的影响 …… 301

尼古拉二世将沙皇的职责看做是一种特殊的教堂礼拜　约安·喀琅施塔得茨基(1829~1908年)在孤儿收容和教育方面的积极活动　被诗人H.C.古米廖夫(1886~1921年)称为"白银时代"的俄罗斯宗教哲学的复兴　"白银时代"对西方基督教的影响　主教公会禁止装点圣诞树(1914年)　1917年二月革命与俄罗斯社会的根本变化　俄罗斯正教代表会议隆重开幕(1917年8月15日)与宗主教制的恢复　艰难时期　非暴力问题与"俄罗斯宇宙观"现象　俄罗斯正教宣传创世说和普世教会思想　基辅都主教普拉东(原姓戈罗德茨基,1803~1891年)说:"尘世的屏障再高也难以遮天。"

第七章　革命年代、苏联时期以及苏联解体后的俄罗斯文化与东正教 …… 324

苏联时期的俄罗斯文化与东正教　1917年的十月革命标志着俄罗斯历史的大转折　教会脱离国家和学校脱离教会的法令　伟大的苏联卫国战争胜利的基础　教会的作用、贡献与伸张正义　罗斯受洗千年庆祝活动(1988年)　俄罗斯萧条时期　从无神论到宗教信仰　宗教成为与艺术和科学同样重要的社会生活和文化的领域　犹大书　科学与宗教　"新世纪宗教"　21世纪初的俄罗斯文化:在遵循本民族传统和思考世界成就的基础上探索本国文化发展之路

结束语 …… 396

第一章　基督教历史回溯

　　基督教产生的历史渊源　耶稣基督　最早的基督教团　普世会议要求将上帝之子描绘成人的形象,而不是一只温顺的羔羊(553年)　基督教的圣礼、仪式、节日及其多神教特性　纪年法　《圣经》及其传说　分裂教派　基督教两大独立分支的出现(1054年)——西方的天主教与东方的东正教　东正教教会与罗斯国家的诞生　俄罗斯人的统一性　东正教教会的传教活动及世界意义在俄罗斯民族形成过程中的作用　俄罗斯文化是100多个民族的摇篮和怀抱　谁是俄罗斯人？　东正教的最高理想与俄罗斯艺术和文化的发展

宗教历来是文化财富的载体,宗教从出现之日起,便成为文化不可分割的一部分。气势雄伟的教堂、使人震撼的圣像和精美的壁画、内容丰富的文学作品、宗教哲学著作、教堂举行的各种礼仪、教会主张的道德规范等,均在很大程度上丰富和充实了人类文化宝库。各种不同的宗教流派分别对文化做出了详实的诠释,比如,基督教将文化解释为生命萌芽赖以生存的土壤;犹太教将文化解释为人类生命和精神生活的净化剂;佛教则将文化看做是生物特异功能在与大自然融合之前的改善;中国的儒学将文化解释为蕴涵于汉字里的伦理原则及这一原则的实现;而伊斯兰教通常将文化看做是《古兰经》道德融入社会的象征。

据说,世界上同时有9000多种宗教并存,①所有的宗教分为两大类,即某个民族特有的宗教(例如,犹太教、印度教、日本神道教等)和世界宗教(公元前6世纪出现的佛教、公元1世纪出现的基督教、公元7世纪出现的伊斯兰教)。

世界宗教跨越不同的民族界限,直接作用于试图通过个人才能与上帝沟通的人,也就是说,所谓世界宗教,就是一种带有"为个人特定"特征的宗教。不过,世界宗教有时却以相当奇特的形式出现,比如,第一种世界宗教——佛教,它一边反对人作为客观现实存在,一边又主张每个人的才能都是独立的,人可以沿着佛的旨意得以拯救。这既是基督教的主要论题,也是伊斯兰教的主要论题。因此,所有的世界宗教的中心实际上都是人们对获得拯救的信仰。第二种世界宗教——基督教早已成为流传最广的宗教,欧美信奉基督教的总人数为1024000000。②

据牛津1982年出版的《世界基督教百科全书》记载,全球42亿人当中,挂名的基督徒人数为14亿,也就是说,基督徒占世界总人数的三分之一;信奉伊斯兰教的人数是1.23亿;信奉佛教的大约有2.74亿人。

当今世界的基督教分为三支:罗马教皇主持的天主教,首府梵蒂冈;具有两千多个教派的新教(或叫"更正教"、"抗罗宗"、"耶稣教");以15种教会形式出现的东正教,其中包括俄罗斯正教。俄罗斯正教也不是只有一个统一教会,它容纳了莫斯科宗主教管辖的俄罗斯正教会、由于17世纪俄罗斯正教会分裂而产生的古老信徒派和多种分裂教派(其教会也有十几种)、俄罗斯国外正教会、俄罗斯自由正教会等。

基督教在几个世纪的传播过程中,早已与不同民族的文化相互融合,或者已使其他文化与基督教同化,同时迫使多神教逐步让位。由于各国对基督教"真实性"和"权威性"有着不同的理解,所以许多基督教分支开始相互疏远,有时甚至出现直接对抗和血战。到了20世纪,不同宗教团体的基督徒开始重新相互承认对方,通过共同协商而达成共识,有时还会出现明显的观点一致,这就是20世纪基督教出现的最令人可喜的特点之一。然而,最主要的几个基督教"方阵"依然是各自为政。近年来,最活跃的宗教信仰有下列几种:

——东正教,信徒2.13亿人;

——罗马天主教,信徒9.8亿人;

——不承认罗马教皇领导地位的天主基督徒600万人;

——新教,信徒约有3.5亿人;

——英国教,信徒5800万人;

---

① 详见Т. С. 格奥尔吉耶娃编著的《基督教与俄罗斯文化》,莫斯科,2001。
② 摘自《现代文明基础》第四部《人与社会》,Л. Н. 鲍戈留波夫、А. Ю. 拉泽布尼科娃编,莫斯科,1992,第229页。

——不承认正式教会礼仪、圣像和十字架的基督教小宗派——五旬节派,信徒4.6亿人;

——与国外主要基督教派毫无关系的土著教,信徒1.92亿人。

除此之外,还有3300多万人属于"编外"的基督徒,即那些自称是基督徒的人,但他们并不在基督教主流之中(犹太教徒、摩门教徒、基督教学者、主张一位论的基督徒、唯灵论者和居住在不列颠的以色列上流)。全球的基督徒占世界人口总数的34%。伊斯兰教占18%,印度教占13.5%,佛教占6%,正统犹太教占0.3%左右。

20世纪末,世界出现了基督教东进的稳定趋势,最典型的实例是基督教在中国的传播。这并不是偶然的,原来基督教很久以前就已在中国生根发芽。早在16世纪时,中国就发现了始建于公元786年的砖石结构的基督教堂。①

历史上,教会在中国曾遭到排斥,而今的情况不同了,这大概是发生在中国最令人惊讶的事件吧。今天我们终于可以看到中国基督徒的大无畏精神了。

1996年,巴列特博士曾这样写道:"据最保守的统计数据,除了主要的宗教团体之外,目前中国信奉基督教的人数已达8000万。"他说的是"基督教对中国潜移默化的入侵"。2006年,时任俄罗斯联邦总统的B.B.普京为北京第一家东正教堂剪彩。

诞生于中东的基督教,虽然在其初期发展阶段就已传播到北非(见《使徒行传》8:27),但是在几百年的历史长河中,无论是在基督教思想方面,还是在基督教传播方面,起主导作用的却是欧洲。

当人类进入21世纪之后,在基督教传播方面,发挥主导作用的无疑是美国。

基督教在全球范围内的主导地位,总是伴随着最伟大的文化的发展,19世纪俄罗斯革命民粹主义者和政论家季霍米罗夫(Лев Александрович Тихомиров,1852~1923年)将这种最伟大的文化称之为基督教文化,因为"对所有内在联系的精心推敲、使社会适合并满足人类的要求、人权的发展、人类对自然规律的空前掌握、全方位地美化生活等,都是在基督教影响下进行的。"

德国宗教学专家弗里德里希·海勒(Friedrich Hailer,1892~1967年)②写道,基督教出现之前,"宗教"(religere)一词的真正含义是"要求特别关注",而不是"不许轻慢"(与negligere一词相反),所谓的"小心翼翼地接近"、"带有神秘而原始的力量——魔力"。③ 从这种词义上讲,"宗教"所指的是一个具体对象,它通过自身的存在,使连续的横向联系发生中断,证明另一种"使人感到畏惧而奇特的神圣力量"的存在,且与此种特殊力量共同产生"肃穆的恐惧心理",而这种恐惧心理足以唤起"死后灵魂的存在"、"人在宇宙威力面前的无奈"、

---

① 摘自《百科辞典》第二卷《基督教》,莫斯科,1995,第196页。——原注
② 弗里德里希·海勒是比较宗教学的奠基人,德国马尔堡大学神学系教授。——原注
③ 摘自弗里德里希·海勒翻译的印度最古老的哲学著作《奥义书》。——原注

"毫无伦理差异和达摩与非达摩、善与恶"的意识。在这个框架下,基督就是一种绝对的伦理历史界限,任何"绝对"既不应跨越此种界限,也不应联合、不应逃避一切超越历史界限的问题。"宗教"一词的第二层意思是人们熟知的"联系",即使人与上帝达到最大限度的神奇结合的那种"联系",而这种神奇结合本身要求穿越基督存在的空间,进而接近上帝的天性。

基督徒从古罗马人那里接受了"宗教"一词及其全部含义,即接受了与崇尚上帝相关的所有含义。公元前一世纪,罗马政治活动家、演说家和作家西塞罗(Marcus Tullius Cicero,公元前106~前43年)便开始使用"宗教"一词。

基督教曾以宗教的名义,试图反对多神教,所以最知名的东正教神学家、神父和主教圣奥古斯丁(4世纪)将宗教与基督教等同看待,①他认为,宗教是"重新联系"和"重新联结"的派生词。由此可见,基督教是一种宗教,是促使人与上帝联结和调和之路。

"上帝"这一概念出现于人类历史的萌芽初期。在成书于公元前2600年的古埃及《葬仪汇编》中有这样的记载:"主宰啊,你是自创世以来的唯一,你是永生的继承者,你是非人造的主,你是自生的神。是你缔造了大地和人类。"②根据基督教教义,上帝原本是一种看不见的特殊形象,随着时间的推移,上帝通过神意代言者而显现出来。《新约全书》和《古兰经》也有类似记载,上帝来到人间之前,派来自己的神意代言者——先知,先知用各民族语言向人们传达了上帝的旨意。为了说明问题,我们可以阅读《古兰经》里的一段话:

"我不派遣一个使者则已,但派遣的时候,总是以他的宗族语言降示经典,以便他为他们阐明正道……"(《古兰经》14)

上帝通过先知摩西③与人类签订了盟约,此前上帝曾与义人挪亚、亚伯拉罕和亚伯拉罕的儿子雅各签订盟约。

早在公元前1000年之前,摩西从上帝那里接受的"十诫"④已经为基督教奠定了基础。上帝的"十诫"如下:

> 除我之外,不许崇拜其他任何神明;不能随意称呼上帝的名字或面对上帝发虚誓;为了延续上帝赋予你在人间的生命,当守安息日(星期六);孝敬父母;勿杀人;勿通奸;

---

① 关于"宗教"一词的详细观点(理论、哲学和科学观点等),请见《宗教学》,В. И. 加拉扎编著,莫斯科,1995。——原注
② 公元前14世纪,埃及第一次进行了将唯一的上帝纳入人类历史的尝试。请见《日常生活系列丛书 第一部 古代社会的生活及习俗》,Т. С. 格奥尔吉耶娃编著,莫斯科,2005,第72~76页。——原注
③ 圣经故事中的摩西是根据耶和华的旨意,将以色列部族从埃及法老奴役下领出来的人,被称为上帝派遣的"先知"和立法者,据传,公元前1世纪的法律就是出自摩西之手。摩西接受的"十诫"与埃及、巴比伦和的法律十分相似。在摩西之前的1000~2000年间,巴比伦皇帝曾有过类似的思想。——原注
④ 请见《俄语详解词典》中的"十诫"一词。——原注

勿偷窃;不行骗;不产生侵吞他人财产之欲;不奸淫他人之妻。

耶稣基督为了使世人遵守"十诫"(《马太福音》19:17-19),在圣山布道时特意诠释了"十诫"的意义(《马太福音》5:21~37)。"十诫"被刻在许多教堂的祭坛上方,忠实信徒早已习惯了遵守该戒律。摩西律法很像是古埃及、巴比伦和亚述人的律法汇编,而在摩西之前的1000~2000年间,已经出现了类似的律法,比如,《巴比伦国王萨尔贡一世律法汇编》。

俄语中的"бог"("上帝")一词是在西徐亚文化影响下产生的,它取代了印欧语系的"деус"(斯拉夫语系中的"див"和"дый")一词。20世纪俄罗斯著名考古学家和历史学家雷巴科夫(Борис Александрович Рыбаков,1908~2001年)认为,俄语中的"上帝"一词最早出现于公元5~6世纪的斯科洛特-斯拉夫初期,并一直沿用至今。①

一个人相信无处不在、无所不能的和万物的缔造者——上帝,永远是精神生活中深刻的秘密过程,这一过程既取决于这个人所处的时代条件,也取决于他本人亲自创造的条件。

根据东正教教义,人与上帝的沟通只能通过中介——化成人的神耶稣基督才得以实现。俄罗斯唯心主义哲学家、直觉主义和人格主义最著名的代表人物之一尼古拉·洛斯基(Николай Онуфриевич Лосский,1870~1965年)认为,神与人这两种迥然不同和"毫无相互关系"的天性,以某种极为神奇的方式融为一体并形成耶稣基督,耶稣基督通过其中的一种天性(神的天性)与圣父和圣灵相联结,再通过另一种天性(人的天性)与我们人类沟通。Н. О.洛斯基断言:"促使人与上帝沟通的并非由于耶稣基督道化成人,而是相反,是由于上述两种天性使逻各斯(希腊语中的'Logos')成为一个人……"②,在此"逻各斯"一词的意思是联结人与神的规律和本质属性。

基督徒(天主教徒、东正教徒和新教教徒)相信,耶稣基督既是一个人,同时又是一个神。"基督教并不局限于普通意义上的一神论,它还具有比较深刻的含义。基督教最重要的是上帝承受人类痛苦和死亡的精神,这就意味着上帝从神变成人的经过,使人类感受上帝的博爱和恩赐,参与人类的创造事业的过程。上帝的这种博爱自然会得到回报(人间反馈的博爱),促使人们互助友爱,上帝与人类共同参与所有的活动,首先是共同帮助其他人,进而产生新的统一,全人类不断出现新的友爱,同时消除分裂和敌意。"③

基督徒还相信,耶稣基督通过自我牺牲使人类获得新生,以自己的复活战胜了死亡和恶势力,这就是"祭献说",即耶稣基督之"死"换来了笃信基督者的"新生",以自己的复活使人类得以救赎。

---

① 摘自《古罗斯时期的多神教》,Б. А. 雷巴科夫著,莫斯科,1987。——原注
② 摘自《俄罗斯哲学史》,Н. О. 洛斯基著,莫斯科,1956,第235页。——原注
③ 摘自《存在主义历史素描》,《哲学问题研究》杂志1998年第6期,第16页。——原注

基督教中最重要的并不是要树立崇拜的偶像,不是某种形象或情绪,而是要领会关于神人的学说,这一学说就是基督教思想和基督教文化的基础。正因为这一学说,人们才能意识到自己是整个世界的组成部分,才能有意识地去思考自身与整个宇宙之间的直接联系。实际上,最重要的一点是基督教的宇宙观,特别是俄罗斯东正教的宇宙观,通常与下列因素紧密相连:基督教善于声明自己的立场,并成为每个人的宗教,而且每个人的宗教就是他自身的精神状态。正如一个智者所言,神之所以化成人,是为了让人成为神。

基督教的中心思想是使人承认,原罪是人类所有不幸的根源,只有通过祈祷和忏悔,才能真正摆脱罪恶(至于这种思想是如何产生的,后面会有论述)。因此,不能不指出,正是基督教将人类置于创世的中心,任何其他宗教都没有像基督教这样对人类中心说进行了如此鲜明的阐释。基督教在把人分成两部分——肉体与心灵之后,不可逆转地主张精神至上的原则。在基督教里,人之美的真实表现是精神凌驾于肉体之上。

体态健美的竞技运动员向来是古希腊文化的象征,可是后来这种象征被充满道德精神的人所替代,耶稣基督就是这样一个充满道德精神的人。

英国权威学者、约克大教堂的主教和修道院院长约翰·扬格(John Young)说:"当我们研究基督教信仰时,其研究对象实际上是人类历史长河中最伟大的运动。基督教对整个世界产生了最深远的影响,其中有正面影响,当然,也不排除负面影响。作为人物形象,耶稣比其他任何一个人物都更多地占据了研究、讨论和艺术作品的中心地位,因为正是耶稣将人类历史分成了两半:耶稣诞生之前与 AD(Anno Domini——公元之后,即耶稣诞生之后)"[①]。

关于耶稣基督的争论最终形成了两大主要流派,即神话传说派和历史学派。

神话传说流派的代表认为,科学并不具有将耶稣基督看做是历史人物的可靠依据。《圣经》关于耶稣基督的故事都是在那些相关事件发生多年之后才出现的,所以那些传说和故事自然缺乏应有的历史基础。历史学派的代表则认为,耶稣基督是一个现实的人物形象和新宗教的宣传者,他创造了一系列奠定基督教信仰基础的重要思想。像施洗者约翰、使徒保罗等福音书里许多与耶稣的故事直接相关的真实人物,均可证明耶稣的存在。还有经科学证实的一系列可靠资料,也能证明历史学派所做出的关于耶稣存在的结论。例如,尽管犹太古代史学家约瑟夫·弗拉维(Josephus Flavius,37~100 年)在《犹太古代史》一书中,将耶稣基督的故事片段看做是他人随后增加的内容,并非出自作者(他本人)之手,但是在 1971 年,埃及发现了埃及主教阿加比撰写的文章,却断定约瑟夫·弗拉维曾描写过他所熟知的传教士之一——耶稣基督,不过关于耶稣基督创造的各种奇迹并非事实,而只是大量关于耶稣基督的传说故事。

[①] 摘自《基督教》,约翰·扬格著,莫斯科,2004,第 7 页。——原注

大多数学者认为,作为一种宗教,基督教离开耶稣基督的形象是难以发展的。

德国哲学家古佩特(Friedrich Guppert)坚决主张,尽管在接受耶稣基督形象方面存有矛盾和争议,但是关于耶稣基督真实存在的论据是不可否认的。[①] 历史上,耶稣的名字与基督教形成的基础有着最直接的联系,而耶稣基督的形象早已是培养人类最佳个性品质的典范,基督教的精神力量之谜也正是蕴藏于上帝的这一新形象和耶稣基督的个性特点之中。基督教找到了使上帝接近人类的途径。耶稣基督是永恒的和难以解释的圣父(上帝)以人身表现的形象。"我并非独身一人,我与派我来到人间的圣父同在……我栖于圣父之身,圣父栖于我之身。"(《新约全书》8:16;14:10)。若想来到圣父身边,必须经过圣子之身铺成的道路。已故俄罗斯东正教大祭司和神学家亚历山大·门尼(Александр Владимирович Мень,1935~1990年)曾这样说道:"如果我们不能与上帝融为一体,那么,我们可以接近道化成人的神。"与其他宗教不同,基督教号召每个人单独与基督见面,并使基督置身于自己心中。因此,基督教具有特殊的三位一体之意义,即"信仰、希望、博爱",基督教的这些最重要的精神财富来自于人们对神人耶稣基督的笃信。即使是一个精神匮乏的人或罪恶之人,也应该相信以基督形象来到人间的上帝,从而看到得以拯救的希望。由此可见,信仰与希望密切相关,对上帝的笃信和热爱乃是信仰和希望的基础,这里所说的"热爱"是一种纯洁而无私的爱。虽然我们很难去热爱看不见的上帝,但我们可以热爱神人——耶稣基督。耶稣基督随时召唤人们跟随他进入天国,不过这个天国并不是"我们赖以生存的世界",而是一个崇高的精神境界。这个天国既不在人间,也不在天上,而是在人们心中。能够引领人们进入这一崇高境界的并非社会变革,而是个人的道德完善。基督教主张的道德也正是基督教对人类文化发展做出的最重要的贡献。

最早记载耶稣名字的文献著于公元1世纪末~2世纪初,主要有古罗马史学家塔西佗(Tacitus,约58~117年)、古罗马作家小普林尼(Gaius Plinius Gaecilius Secundus,61/62~约114年)、古罗马史学家和作家斯维托尼(Gaius Traquillus Suetonius,约70~140年)和犹太古代史学家约瑟夫·弗拉维的作品,其中最著名的是11世纪阿拉伯修士阿加比发现的约瑟夫·弗拉维的手稿,手稿中有这样的记载:"那时有一个智者,人们都叫他耶稣,他的生活十分严谨,无可挑剔,永远以高尚品德而著称。"手稿还描述了耶稣基督日常生活中的一些事实:"许多犹太人和其他民族的人都成了耶稣的弟子,残忍的犹太总督本丢·皮拉多(Pontius Pilatus,?~36年后)判处耶稣死刑(将耶稣基督钉死在十字架上)之后,弟子们也没有中断学习耶稣创立的学说。据那些弟子们讲,耶稣在被钉死后的第三天复活并来到他们中间,耶稣就是先知们宣告的那个善于创造奇迹的救世主。"

---

① 摘自《20世纪初之前400年德国新教独特发展概况》,Ф.古佩特著,哈尔科夫,1910,第18页。——原注

出生于公元58年的古罗马史学家塔西佗在自己的《编年史》中写道:"为了控制传闻,第五任罗马皇帝尼禄(Nero,37~68年)将一伙人判为引起罗马大火的罪人,并残暴地屠杀了对皇室恶习不满的人,这些人被称为是基督徒。罗马皇帝提比略(Tiberius,公元前42~公元37年)执政时期,犹太总督本丢·皮拉多将基督教学说的创立者耶稣钉死在十字架上。"公元111~113年任维菲尼亚和庞特帝国总督的小普林尼曾指控高唱《基督颂歌》的基督徒。在罗马-犹太战争期间投降罗马的犹太史学家约瑟夫·弗拉维的作品中,同样证实了耶稣就是基督,耶稣被钉死后复活了。在最古老的犹太教教义——《塔木德》里,也有关于创造许多奇迹的犹太人耶稣的记载。

《圣经》的第二部分《新约全书》对基督的生活做了最为详细的描述,《马太福音》中有这样的记载:"耶稣基督的诞生经过是这样的:耶稣基督之母玛利亚与约瑟夫在教堂里举行了订婚典礼,可是在他们正式结婚之前,玛利亚已经由圣灵受孕。当约瑟夫得知此消息后,决定秘而不宣,暗地里将玛利亚放走了。"

此后,一个天使向约瑟夫庄严宣告,玛利亚很快就会生下圣灵的儿子,"儿子的名字叫'耶稣',他将把人类从罪恶中解救出来。"

当耶稣在大卫王的故乡伯利恒出生之后,所有的智者纷纷将自己的财宝奉献给耶稣:黄金、香枝和没药。然而,天使曾有暗示,这个婴儿不能继续在伯利恒久留。犹太国王希律一世(赫罗德,Herod Ⅰ the Great,约公元前73~前4年)下令日夜追杀约瑟夫、玛利亚和婴儿,于是一家三口被迫逃到埃及,他们在那里一直生活到希律一世去世为止。希律一世死后,天使给居住在埃及的约瑟夫托梦说:"起来吧,带上孩子和妻子玛利亚回到以色列吧,因为杀害新生儿的刽子手都死了。"于是约瑟夫便回到了加利利国土并定居于拿撒勒市。因此,在后来的许多文献中,耶稣常常称自己是拿撒勒之子或拿撒勒人。

当约翰为耶稣洗礼之后,"约翰看见天空裂开,圣灵瞬间变成一只白鸽,在耶稣头上盘旋,接着只听空中发出震耳的声音:'我心爱的儿子,我的厚意将寄你于一身。'"此后,耶稣便出现在荒漠上,并开始在沙漠上守斋、抵御"魔法十足的各种诱惑"(《马太福音》4:1-11)。40天之后,诱惑者来到耶稣身边并建议他,让他将石块变成面包,饥饿难忍的耶稣用《旧约圣经》中的一句话回答说:"人并不只是靠面包活着,而是靠上帝的每一句话活着。"(《申命记》8:3)

由于"魔鬼也能以保护自身利益为目的来诠释《圣经》",所以顷刻间撒旦就将耶稣转移到另一个地方,劝说耶稣从耶路撒冷的大教堂顶上跳下去,以此证明他是上帝之子,撒旦还引用一段赞美诗:"向诸天使说明你自己,他们用双手托着你,你的脚不会碰到石板。"(《诗篇》90:11-12)

这一次耶稣基督拒绝了充当奇迹创造者的角色,也没有像平时那样成功地展示自己的

"神奇"特技,因为他根本不需要那种分文不值的名声,他用《旧约圣经》中的语言,鲜明地反驳撒旦说:"不要诱惑你的上帝。"(《申命记》6:13)

魔鬼对耶稣基督的第三次考验是:魔鬼把耶稣基督举到高高的山顶上,逼耶稣基督拜倒在他脚下,如果耶稣基督这样做了,魔鬼就把从这个山顶上能看到的所有江山交给耶稣基督。

耶稣基督第三次回绝了敌人,他说,"滚开吧,撒旦。"耶稣基督还引用了《旧约圣经》里的一句话:"崇拜上帝,永远只为上帝服务。"(《申命记》6:13)。耶稣基督彻底断绝了魔鬼与他做交易的念头。

诱惑者见耶稣基督的信念坚不可摧,于是就退却了。从此以后,耶稣基督回到了加利利,在沿途布道时,他经常为病人医治疾病,同时向人们宣传关于上帝的学说,说明上帝可以拯救人类,使人类减轻痛苦,并使人类获得永恒。

近年来,大多数宗教学家都赞同历史学派代表的观点,尤其是德国神学家施特劳斯(David Friedrich Straus,1808~1874年)、法国作家、彼得堡科学院国外院士勒南(Joseph Ernest Renan,1832~1892年)、德国新教神学家、黑格尔主义者鲍尔(Ferdinand Christian Baur,1792~1860年)、德法思想家、新教神学家和传教士史怀哲(Albert Schweitzer,1875~1965年)等人撰写的关于基督的来历及其人间生活的专著,都受到当今宗教学家的推崇。

英国学者缪勒(Max Müller,1823~1900年)一直被认为是宗教学①的奠基人。《福音书》中说,耶稣(希腊语叫做"耶稣基督")是从拿撒勒来加利利的布道者,基督是古希腊语中的一个普通名词"christos",而该词的字面意思是"受过登基涂油仪式的君主","救世主"一词便由此而生。

以色列人很早就知道救世主显灵的故事,所以他们总是期待着救世主随时出现。关于救世主,19世纪俄罗斯革命民粹主义者和政论家Л. А. 季霍米罗夫曾做过下列评述:正当先知丹尼尔(又译"但以理")为使以色列免遭痛苦做祈祷时,他原来就熟悉的大天使加百列来到他身边并告诉他,上帝何时才能显灵,以色列的命运并不像丹尼尔期待的那样美好。

大天使加百列说:"设置七十个七异像之目的,就是要终止人间的犯罪行为,使人们得以赎罪,获得永恒的真理,从此不再需要异象和预言,同时为至圣者举行傅圣油礼……"(《丹尼尔书》或《但以理书》9:24)

Л. А. 季霍米罗夫指出:"这是一种异常准确的预言,它与那些含糊不清的预言有着明显的区别。"②Л. А. 季霍米罗夫还精确地推算出了耶稣之死的预言和被钉死在十字架上的日

---

① "религиоведение"("宗教学")这一术语来自拉丁语的"religio"一词;俄语中有时写成"религиеведение",请见《宗教学》,В. И. 加拉扎编著,莫斯科,1995。——原注
② 摘自《宗教哲学史基础教程》,Л. А. 季霍米罗夫著,莫斯科,1997,第548页。——原注

子,在此基础上,最后才做出了这一结论。

虽然耶稣基督出生在耶路撒冷以南的伯利恒市,但是他的故乡却一直被看做是加利利地区的拿撒勒市,耶稣基督的母语是阿拉美亚语。如果不算圣母玛利亚当年带着幼小的耶稣逃避希律一世追杀的那3年,耶稣基督总共在拿撒勒生活了整整30年。然而,还有一些确凿的史料以证明拿撒勒人耶稣曾到过印度和西藏,这些资料是一个名叫米哈伊尔·纳托维奇的俄罗斯考察者于1894年首次对外公布的。1997年,美国出版了一本证实这种说法的专著,该书作者是一批研究人员,他们在书中列举了大量的事实。

当耶稣基督13岁时,根据当地的风俗习惯,他应该为自己选择配偶,但是他却"悄然离家出走,有人说,他离开了耶路撒冷并跟商人一起去了印度河一带,目的是为了更好地理解人类社会,同时研究佛教教义。"

关于耶稣从13岁到29岁这些年的生平事迹,四部《福音书》都是只字未提,耶稣的两个名字(另一个名字叫"约书亚")也从未并列出现过。

忠实于梵天(又译"婆罗贺摩")的印度祭司曾教耶稣阅读和理解《赞美诗》,帮他掌握通过祈祷为人治病、驱邪、净化心灵等多种奇特本领。

闻名于世的俄罗斯画家和社会活动家廖里赫(Николай Константинович Рёрих,1874~1947年)也曾翻阅耶稣基督去过西藏和印度的传说和事实的史料。①

后来耶稣基督回到故乡,并开始为人治病、祛除心里的伤痛,从肉体和精神上拯救世人。不过这种说法仍然不能算做是耶稣近20年的生平记载。

有一天,耶稣做了一个梦,梦见自己被钉死在十字架上,一个前所未闻的声音告诉他说:"你可以接受牺牲,也可以拒绝牺牲。"耶稣醒来后准确地意识到,他不能拒绝成为救世主的使命。这是他责无旁贷的抉择,"他以亲身体验过的死亡深渊为人类带来了希望和永生。"②

耶稣的布道内容,包括社会平等、必须救助苦难者、道德自我完善、财富多罪孽大等思想,他宣传的这些思想不可能不打破最高政权的宁静,但是耶稣从未向世人宣布,他本人就是人类期待的弥赛亚——救世主,甚至连他的弟子(西蒙和彼得除外)都不敢断定,他们的导师就是基督。大多数人从来都不相信,也不愿意相信,耶稣就是救世主,他们往往这样说:"我们认识他,清楚地知道他的来历;基督何时要来,谁也不可能知道,没人知道基督的真实来历。"

耶稣在被捕和被钉死在十字架上之前与12门徒的最后晚餐,向来是历代无数画家的创作主题之一,其中最知名的一幅作品出自达·芬奇之手。还有另一幅画作,内容是最后晚餐

---

① 摘自《西藏神话传说:耶稣》,Л. 切尔托娃编,莫斯科,1994,第126页。——原注
② 摘自《伟大的奉献者:宗教秘籍》,爱德华·舒莱著,卡卢加,1914,第372页。——原注

廖里赫博物馆门前的廖里赫夫妇雕像

之后,耶稣与门徒唱着复活节赞美诗,来到奥利夫山上的戈夫希曼花园……每当人们观赏这幅蓝黑底色的杰作时,一种难以言状的情感油然而生。深夜来临,耶稣只剩下孤身一人,他知道自己所面临的一切即刻到来。他一边不停地祈祷,一边请求免去明天那最恐怖的灾难,希望他的死能够消除世人的罪恶,希望上帝不会置他们于不顾。俄罗斯著名画家和巡回展览派创始人之一尼古拉·格(Николай Николаевич Ге,1831~1894年),在其《花园里的耶稣基督》画作中,生动而逼真地再现了那令人难忘的庄严瞬间:伸手不见五指的夜晚,耶稣基督静坐在戈夫希曼花园里,他正在那里深思冥想,皎洁的月光映在他脸上,他的身影显得尤为突出。观众只要看过一遍这幅画作,必然会终生难忘。

俄罗斯著名诗人帕斯捷尔纳克(Борис Леонидович Пастернак,1890~1960年)在题为《戈夫希曼花园》(1949)的诗歌里,以不朽的诗句反映了耶稣基督生命的最后时刻,充分表明了他宁静思索的真正含义和深刻的情感,诗词大意如下:

> 你看到时代进程似灾难,
> 它们随时可能化为硝烟。
> 为了那袭人的肃穆庄严,
> 我宁愿忍痛而坦然入棺。
> 我死三日后将复活生还,

数百年犹如鱼贯的商船,
像沿河奔腾而下的木排,
他们的善恶由我来评判。

其实,大画家尼古拉·格的美术创作活动从未受到应有的广泛重视。比如,在他完成于1890年的那幅宗教道德画《何为真理?》的画面上,耶稣基督几乎是一种毫无形体的生物,特别是在身体高大的总督本丢·彼拉多对比之下,耶稣基督的形象显得昏暗而渺小。当俄罗斯皇帝亚历山大三世在展览会上发现这幅作品后愤怒地写道,从今以后任何时间、任何地点一律不准展出这幅作品。像其他很多人一样,特列季亚科夫(Павел Михайлович Третьяков,1832~1898年)①也不喜欢这幅作品,但是他并没有拒绝购买该作品以充实自己的收藏。大作家列夫·托尔斯泰(Лев Николаевич Толстой,1828~1910年)给特列季亚科

油画《何为真理?》(H. H. 格)

---

① 帕维尔·特列季亚科夫(Павел Михайлович Третьяков,1832~1898年),俄罗斯商人,从1856年开始收藏俄罗斯现实主义艺术作品,支持以巡回展览派为首的进步民主力量。他以自己的收藏为基本馆藏,在首都莫斯科创立的"特列季亚科夫美术馆",至今都是俄罗斯最重要的艺术博物馆之一。——译注

廖里赫博物馆门前的廖里赫夫妇雕像

之后，耶稣与门徒唱着复活节赞美诗，来到奥利夫山上的戈夫希曼花园……每当人们观赏这幅蓝黑底色的杰作时，一种难以言状的情感油然而生。深夜来临，耶稣只剩下孤身一人，他知道自己所面临的一切即刻到来。他一边不停地祈祷，一边请求免去明天那最恐怖的灾难，希望他的死能够消除世人的罪恶，希望上帝不会置他们于不顾。俄罗斯著名画家和巡回展览派创始人之一尼古拉·格（Николай Николаевич Ге，1831～1894年），在其《花园里的耶稣基督》画作中，生动而逼真地再现了那令人难忘的庄严瞬间：伸手不见五指的夜晚，耶稣基督静坐在戈夫希曼花园里，他正在那里深思冥想，皎洁的月光映在他脸上，他的身影显得尤为突出。观众只要看过一遍这幅画作，必然会终生难忘。

俄罗斯著名诗人帕斯捷尔纳克（Борис Леонидович Пастернак，1890～1960年）在题为《戈夫希曼花园》(1949)的诗歌里，以不朽的诗句反映了耶稣基督生命的最后时刻，充分表明了他宁静思索的真正含义和深刻的情感，诗词大意如下：

> 你看到时代进程似灾难，
> 它们随时可能化为硝烟。
> 为了那袭人的肃穆庄严，
> 我宁愿忍痛而坦然入棺。
> 我死三日后将复活生还，

数百年犹如鱼贯的商船,
像沿河奔腾而下的木排,
他们的善恶由我来评判。

其实,大画家尼古拉·格的美术创作活动从未受到应有的广泛重视。比如,在他完成于1890年的那幅宗教道德画《何为真理?》的画面上,耶稣基督几乎是一种毫无形体的生物,特别是在身体高大的总督本丢·彼拉多对比之下,耶稣基督的形象显得昏暗而渺小。当俄罗斯皇帝亚历山大三世在展览会上发现这幅作品后愤怒地写道,从今以后任何时间、任何地点一律不准展出这幅作品。像其他很多人一样,特列季亚科夫(Павел Михайлович Третьяков,1832~1898年)①也不喜欢这幅作品,但是他并没有拒绝购买该作品以充实自己的收藏。大作家列夫·托尔斯泰(Лев Николаевич Толстой,1828~1910年)给特列季亚科

油画《何为真理?》(H. H. 格)

---

① 帕维尔·特列季亚科夫(Павел Михайлович Третьяков,1832~1898年),俄罗斯商人,从1856年开始收藏俄罗斯现实主义艺术作品,支持以巡回展览派为首的进步民主力量。他以自己的收藏为基本馆藏,在首都莫斯科创立的"特列季亚科夫美术馆",至今都是俄罗斯最重要的艺术博物馆之一。——译注

夫写信，批评了收藏家对画作《何为真理？》犹豫不决的态度。后来特列季亚科夫顺从了托尔斯泰，当他买下这幅画作后说，这幅画究竟在多大程度上算做一件艺术品，俄罗斯伟大作家列夫·托尔斯泰的意见对他多么重要，一切都让时代去评判吧。

列夫·托尔斯泰在给特列季亚科夫的信中断言："尼古拉·格的画作《何为真理？》必将开创一个真正的艺术时代。"

大文豪列夫·托尔斯泰

列夫·托尔斯泰的女儿塔季扬娜（Татьяна Львовна Сухотина - Толстая，1864～1950年）回忆说，父亲与画家尼古拉·格曾一直保持友好关系，尼古拉·格向来喜欢以基督为创作主题，他的第一幅画作《最后的晚餐》便是一个有力的证明。不过，尼古拉·格也曾说过，起初他只是自发地热爱和理解基督，后来他才开始有意识地去理解基督。

尼古拉·格对基督这个人物始终持热烈而温良的态度，就像对待自己最熟悉的朋友和最让他倾心的人那样去看待基督。尼古拉·格平时随身携带着《福音书》，每当人们发生激烈争吵时，他便从自己口袋里掏出《福音书》，从中找出适合的段落向大家宣读。他边读边说："这本书里有人类所需要的一切。"他还说，尽管他几乎能把《福音书》从头至尾背诵下来，但是当他每次重新阅读时，都会体验到新的和真正的精神愉悦。他不仅精通福音书中的内容，而且每当他阅读《福音书》时，他仿佛是在默诵，似乎从灵魂深处感到自己正在慢慢地接近上帝，并与上帝融为一体。

回头再看与耶稣基督相关的几件事。根据罗马教皇提比略和罗马帝国驻犹太总督本丢·彼拉多的判决（只有罗马教皇有权根据最高主教和长老会议提出的诉讼判决），耶稣基督被钉死在十字架上。据说，当时本丢·彼拉多似乎反对这种判决，但是他被迫表示同意并说:"我可以当众举行净礼。"可是这只是一种传说而已。① 为了在皇帝面前表示坚决捍卫基督教教义,随后再与皇帝结成同盟,基督教团体的很多头领曾努力帮助本丢·彼拉多当局推卸杀害耶稣基督的罪责,然后加罪于普通的犹太人。②

见证人的陈述总是会给人们留下最深刻的印象,而历史学家为确认所列举的事实是否属实,即使是精通历史、知识渊博的历史学家所提供的事件细节,给人们的印象却不太深刻。

看来我们这一代人非常幸运,因为古人令人惊奇地给我们留下了罗马人的一些书信,而写信的人都是曾经与耶稣基督的亲人打过交道的人,其中包括使徒保罗和耶稣基督的叔叔约瑟夫。这些罗马人的观点可以被看做是那些事件的同时代人的观点,正是由于他们,来自拿撒勒的约书亚的故事才如此逼真地展现在我们面前,希腊人喜欢把约书亚叫做耶稣③。公元815年秋,自罗马城建立之日起被誉为"埃斯库拉皮乌斯"的神医,在给叙利亚服役的侄子的信中这样写道:

亲爱的侄子:

几天前,我去给一个名叫保罗的人看病,他是犹太籍罗马公民,他有知识,也很有教养。他告诉我说,他来此地是为了一桩官司,提起诉讼的是加沙或地中海东岸某地的一个省级法官。听说被告是一个"野蛮人和强暴者",有人说他一贯发表反对人民的言论,是一个违法乱纪分子,而实际上,他是一个非常开明和诚实的人。我有一个曾在小亚细亚服役的朋友,他听人讲过保罗在以弗所布道并宣传一种奇怪的新上帝学说一事。我问我的病人,他是否真号召人民起义并反对我们亲爱的皇帝,保罗回答说,他所宣传的那个王国不属于我们这个世界,接着他还说了几句我根本听不懂的词语,我把他的这席话归咎于他目前得的热病。

这个犹太籍罗马公民给我留下了极其深刻的印象,当我得知他不久前在奥斯特楠路上遇害的消息后,我完全陷入了极度痛苦之中。这就是我今天给你写信的主要原因。当你下次再去耶路撒冷时,请一定仔细打听一下我的朋友保罗和那个奇怪的犹太先知的情况,据说这个先知是保罗的导师。当我们的奴隶听到弥赛亚的故事后,立刻活跃起来,后来公开讲述新王国(这个新王国意味着什么,我本人也不清楚)的那些奴隶全部被钉死在十字架上。我非常想尽快知道,这些传闻究竟有无根据。

你的叔叔埃斯库拉皮乌斯

---

① "净礼",即当众洗手,这是犹太人的古老习俗之一,象征举行净礼者在流血事件中没有罪过。——原注
② 摘自《早期基督教:历史篇章》,И. С. 斯文齐茨卡娅著,莫斯科,1987;《基督教的来源》,A. 罗伯特松编著,莫斯科,1956。——原注
③ 摘自《少年读物:人类通史》,亨利·威廉·龙,圣彼得堡,1996,第117~121页。——原注

六个星期过后,埃斯库拉皮乌斯神医的侄子、高卢军队旅长格拉季·恩扎回信说:

亲爱的叔叔:

收到你的来信后,我立即开始努力满足你的要求。

两星期之前,我们旅被派往耶路撒冷。近一百年之内,由于这个城市曾发生过多次革命,老城区的面目早已荡然无存。我们在这里已经驻扎了整整一个月,明天将开赴阿拉伯人与巴勒斯坦人交战的佩特拉城,所以我只能在今天晚上给你写信,但请你千万不要认为,我现在想写一个长篇报告。

我曾试图跟这个城市的许多老者交谈,但他们谁也不能给我确切答案。前两天,我们旅驻地来了一个小货郎,我从他那儿买了一点橄榄并顺便问他,他是否听说过知名的很年轻就被钉死的弥赛亚。小货郎回答说,他对这件事了如指掌,因为他当时跟父亲一起去各各他(城外的小山丘)目睹了执行死刑的场景,父亲是想给他看,怎样钉死违反法律的敌人。这个货郎给了我一个名叫约瑟夫的住址,约瑟夫是弥赛亚的密友,还建议我去找这个约瑟夫。

今天早上,我见到了约瑟夫,他是一个年迈的老人,曾一度在本地的一个淡水湖垂钓,他的记忆力依然很好,我终于通过他找到了那个惊心动魄的年代及其重大事件的详细答案,那个年代我还没有出生呢。

当时在位的是我们伟大的皇帝提比略,担任犹太和撒马利亚总督的是本丢·彼拉多,约瑟夫对这个彼拉多也有耳闻。公元783或784年(约瑟夫记不清确切年代),耶路撒冷发生叛乱,据说,一个年轻人(拿撒勒木匠的儿子)带头反对罗马政府。在这种紧急情况下,为了平息叛乱,彼拉多被派往耶路撒冷。奇怪的是,专门负责查办叛乱事件的本国官员对叛乱发起者却一无所知,而在彻底调查之后才得知,那个木匠原来是一个良民,所以法院也就没有对他提起任何诉讼。

不过,据约瑟夫讲,犹太教旧约领袖们都感到惊慌不安,他们根本不喜欢那个良民,那个普通而贫穷的犹太名人,他们纷纷对彼拉多大进谗言,说那个拿撒勒人公开宣称,希腊人,或罗马人,甚至是腓力斯丁人,他们都比毕生研究摩西律法的犹太人生活得更幸福、更诚实。那些领袖的谗言显然对彼拉多没有丝毫触动,可是当教堂广场上的民众高呼处死耶稣及其追随者时,彼拉多立刻决定捉拿那个木匠的儿子,目的是想救他一命。

然而,当时彼拉多并没有彻底明白,耶稣到底犯了什么罪?每当彼拉多提问,耶稣何罪之有?犹太神甫们齐声高呼"判国"、"宣传异端"。除此之外,再也说不出其他罪行。最后,彼拉多下令将约书亚(虽然住在本地的希腊人把上帝之子叫做"耶稣",可拿撒勒人依然叫他"约书亚")押上广场,他想亲自与耶稣对话。对话持续了好几个小时,彼拉多问耶稣为什么他在加利利湖畔宣讲"危险的教义"。耶稣回答说,他从不过问政治,他所关心的并非人的肉体,而是人的灵魂,他的目的就是为了使世人都把自己身边的人看做是兄弟姐妹,希望他们热爱唯一的上帝和一切生灵和万物的主宰。

　　作为总督,彼拉多精通斯多葛派和其他希腊哲学理论,他无法从耶稣的回答中找到任何与谋反相关的字眼,于是他再次试图挽救这个善良人的生命,他极力设法推延宣判耶稣死刑的期限。然而,被神甫怂恿和驱使的犹太人已经达到不可遏止的狂暴,在此之前,耶路撒冷曾发生过多次街头骚乱事件,而且没有足够的罗马兵力予以阻止。罗马帝国驻凯撒城当局得到这样一种传闻:彼拉多已成为"拿撒勒人学说的牺牲品"。全城居民开始写请愿书,要求政府罢免彼拉多,因为他已被看做是皇帝的敌人。你知道,省城的统治者都遵守一条严格的规定,即绝对避免与居住在本地的外国良民发生正面冲突。为了挽救国家命运,避免发生内战,彼拉多最终决定判处约书亚死刑。约书亚临危不惧,宁死不屈,同时他还饶恕了所有的敌人。最后耶稣在耶路撒冷人的狂笑和讥讽中被钉死在十字架上。

　　这就是约瑟夫含泪给我讲述的那次事件的全部经过。临别时,我想给他一枚金币,但是他毅然拒绝,他让我用多余的钱救济比他更贫穷的人。当时我还让他讲了你所关心的那个保罗的故事,他认识保罗。起初,保罗是一个做帐篷的,后来他为了布道和宣传他热爱的上帝而放弃了自己的职业。保罗所宣传的上帝,绝非犹太神甫滔滔不绝地向我们描述的那个耶和华。

　　为了在奴隶中布道,保罗几乎游历了整个小亚细亚和希腊半岛,他经常对奴隶们说,他们是同一个值得热爱的上帝之子孙,一切诚实度过自己的一生并经常帮助穷人和不幸者的人,都会得到上帝的恩赐和奖赏。

　　但愿我这封信回答了你所关心的一切问题。我觉得,整个事件是毫无害处的,因为这件事并不会危及国家安全,但是我们这些罗马人永远都不会正确理解这个省的人民。我为你的朋友保罗之死感到十分沉痛。我想尽早返回故乡。

爱你的侄子格拉季·恩扎

　　我们发现,上述两封信的作者都谈到了使徒保罗的突然死亡一事①。神医埃斯库拉皮乌斯认识保罗,而且敬重保罗的人品,这是不难理解的。对他们二人来说,耶稣基督之死是本丢·彼拉多为保护国家安全而采取的最后措施,而对于罗马帝国的公民耶稣而言,自己的

---

① 我们从可靠的史料中得知,保罗之死并不是偶然的,实际上是当朝皇帝尼禄下令将他处死的。——原注

死高于一切。

有这样一种传说:当耶稣基督扛着沉重的十字架一步一步地登上各各他山丘的刑场时,他已精疲力竭。当耶稣基督经过一个名叫阿加费的犹太缝鞋匠的家门口时,他请求主人允许他暂时休息一下,可是主人阿加费粗暴地予以拒绝并讥讽地说:"走开,走开!"耶稣基督平静地回答说:"你将永生,你终生都将会不停地走动。"耶稣基督的咒语果然灵验了,从那时起,阿加费注定为自己的长寿而痛苦,经历各种困难,失去所有的财富后,成为一个永久的流浪者,直到耶稣基督的第二次出现,阿加费的终身流浪生活才算结束。

使徒保罗在自己临死前不久曾写过一封信,信中说,在本丢·彼拉多下令钉死耶稣基督之后,许多人还曾见到活着的耶稣基督。这些见证人说:"耶稣基督同时出现在500多个兄弟中间,其中的大多数人至今健在……"(请见《告科林斯人书》1.5:6)。保罗的这一证明不会引起任何疑问。使徒保罗的一个同时代人曾这样说:"如果你想知道事情的真相,请你去找那些见证人。"

我们可以做这样一个比较:耶稣基督被钉死在十字架上那年才33岁,而佛教创始人佛陀——释迦牟尼死于公元前544年,活了近80岁;伊斯兰教创始人穆罕默德死于公元632年,活了62岁。

实际上,除了耶稣基督12岁去了一次耶路撒冷之外,对他的早年生活经历我们的确知之甚少。那次他去了耶路撒冷大教堂,聆听了多位导师的宣讲,还与诸位导师进行了问答对话。《路加福音》(2:47)中有这样的记载:"所有听他对话的人都为他的理智和回答而感到惊讶。"

耶稣基督近20年的经历几乎是无人所知的,直到施洗者约翰在约旦河为他洗礼时,人们才重新见到他。

根据《福音书》的记载,耶稣基督经常为人治愈热病(《马可福音》1:29-31)、麻风病(《马可福音》1:40-42)和瘫痪(《马可福音》2:1-12),他可以使天生的盲童重见光明(《约翰福音》9:1-12),他能使大海的波涛顿时平静(《路加福音》8:22-25),他能使粮食储备增加(《马可福音》6:30-44),他能控制一切自然现象,他还能使死者复生(《马可福音》5:35-43)。

有一天,耶稣基督来到山丘上并席地而坐,12门徒和其他许多人站在他身边,这就是后来家喻户晓的"耶稣基督的山中圣训"。耶稣基督向门徒讲述了极乐之道(即获得拯救之路)、为众人多做善事之德、关于誓言、施舍、守斋和祈祷等礼仪,其中包括我们今天应该如何做祈祷等内容。

耶稣基督说:"你们大家要这样祈祷:'我们的在天之父,圣明的父!甘愿接受你的统治,像在天国那样,你的意志会照亮人间。你至今使我们得以温饱(赋予我们维持生命和不被饿死的基本食粮）；请像我们原谅我们的欠债者那样免除我们的债务（即罪恶）；请不要诱惑我们，但要使我们摆脱恶魔的骚扰。因为你就是一个王国，你有回天之力，你的光荣永存，阿门。如果你们饶恕他人之过错，我们的在天之父也会饶恕你们的过错。如果你们不饶恕他人的过错，在天之父也不会饶恕你们的过错。阿门。'"

"阿门"的意思是"心愿如此"。

耶稣基督此次的"山中圣训"、他当时宣讲的教义、对人们提出的如何祈求上帝的建议，恰好证明了这样一个道理：与其说基督教是关于建立世界观和社会的宗教，不如说是人应该怎样生活、人类生存之意义、良心、义务和人格的宗教。

虽然耶稣基督公开布道的时间不过3年，但他却是联结上帝与人类科学、通过宗教向无知的人类传授知识的第一人，所以教会宣传的通过耶稣的自我牺牲获得上帝恩赐之教义乃是基督教的中心内容。

犹太神甫们只期待基督成为犹太人的王，希望他能够征服全世界，同时建立永久的犹太专制制度，但他们却没有发现基督就是弥赛亚。

根据后来人们对基督教的理解，真正的弥赛亚可以使人们通过忏悔赎罪，可以使人们平息愤怒并获得拯救之真理，在人间创建永恒的天国。作为人类灵魂与肉体的协调者，耶稣不断向世人布道。

基督教的中心思想之一就是人只能通过祈祷和忏悔赎罪，不再因自己的罪恶而蒙受种种不幸。耶稣曾告诫人们说："热爱你们的敌人，为诅咒你的人们祝福，感谢憎恨你的人，同时为伤害你的人祈祷。"

上帝以耶稣基督的形象来到人间，耶稣基督不仅是一个救世主，而且还代表着上帝对世人的恩泽。与犹太人的理解不同，《福音书》所记载的真理不可能局限于命运和最后的归宿，这条真理自然成为全世界的精神财富，因为基督徒肩负着拯救全人类的使命。耶稣基督在升天时嘱咐自己的门徒："当圣灵降临你们身上时，要接受神的力量；你们要成为我在耶路撒冷、整个犹太国、撒马利亚和全世界范围内的见证人。"（《使徒行传》1：8）。耶稣基督留给人们的不仅是一系列新律法或学说，而且还有他本人——以他亲自创建的教堂形式出现的耶稣基督。因此，基督教教堂通常被看做是基督的身躯，从而使教堂成为基督与历代众多圣者的光临之地。

这种情况在《圣经》里有所记载：星期四，当耶稣基督与12门徒共进最后的晚餐时，他当着加略人犹大的面，拿出一张饼，祝福后把饼掰成碎块分给每个门徒。他说："这张饼就是我的肉体，为了你们，为使你们得到救赎，我特意自我粉碎。"耶稣基督又端起一杯葡萄酒，虔诚地做完祈祷后，将酒分给大家喝，他说："喝干这杯酒吧，这是我为使你们赎罪而流出的鲜血，如果你们按照我的新遗训去做，你们随时可以想起我。"

使徒们纷纷证实,耶稣基督用自己的肉体和鲜血建立了圣餐礼,并以此订立了"新约"。

在长达几个世纪的岁月里,耶稣基督的追随者们一直受到控诉,其中受谴责最多的是他们"吃人肉、喝人血的罪行,因为耶稣基督的门徒亲口说,他们曾在圣餐仪式上吃了耶稣基督的肉,还喝了他的血。"①

这个传说的确至今都使人感到困惑不解,经常引起人们的强烈反感,因为这种传说使人联想到的只有多神教时期的原始森林和野蛮行为,而没有显示出耶稣基督丝毫的博爱精神。

我们在后面还会谈到《新约》所涉及的这一问题。

基督教诞生于罗马帝国的东部省份,从那里逐渐传播到罗马城和西部省份,但是在公元4世纪初之前,作为一种宗教,基督教并没有在意大利北部、西班牙、不列颠、德国和多瑙河两岸的许多省份发挥明显的作用,而是首先在希腊的城市居民中得到了广泛传播。例如,公元3世纪中叶以前,罗马帝国的基督教团体都是希腊人组织兴办的,基督教文献是用希腊文撰写的,甚至连最早的罗马主教也都是由希腊人担任的。当时只是在贸易和手工业发达的沿海城市里才有较多的基督徒,而以农为主的地方省城居民,依然继续信奉古老的多神教,所以拉丁语中的"poganus"(意思是"农村人口",俄语中的意思是"可恶的"、"异教的")一词,成了基督徒识别古老信徒派教徒的专有名词。

起初,基督徒曾备受凌辱和驱赶,所以最早的基督教团体通常是在古罗马建筑物地下室的走廊里举行宗教仪式、埋葬死者。那些地下走廊一般都是长达数公里的长廊,现当代的考古学家不过是挖掘和研究了地下长廊的一小部分。

俄语中有这样一个固定词组"выйти из катакомб"("从地下走向光明"),即"走出黑暗,公开亮相"的意思。

随时被监视的基督徒冒着"被驱逐"的危险,几乎在所有的墙壁上都画上了鱼纹图形,以此表示耶稣基督的追随者坚不可摧的意志,同时也是基督教本身的标志。那么,为什么一定要画鱼呢?这是因为在希腊语中,"鱼"字(ichthýs)的前两个字母恰好能代表耶稣基督的名字。公元64年,在罗马克劳狄王朝的皇帝尼禄执政期间,帝国首都燃起熊熊大火,当时基督徒被指控为纵火者,所以他们中的许多人都被处死。②

基督教的史前阶段与犹太教密切相关。自公元前7世纪起,犹太教逐渐从多神教转变为单一宗教,即信奉唯一的上帝耶和华和弥赛亚——救世主。犹太教源自既承认基督教教义,也承认犹太教教义的《塔木德书》中的《旧约》,而《塔木德书》则是对《旧约》进行解释的一个复杂体系。

---

① 摘自《基督教》,约翰·扬格著,莫斯科,2004,第23页。——原注
② 摘自《公元3世纪对基督徒的压制》,《古代历史通报》1940年第2期,E. M. 施泰尔曼编著。——原注

巴勒斯坦曾一度处于罗马帝国的统治之下,巴勒斯坦人民长期深受压迫,在这种情况下,巴勒斯坦人自然就产生了尊崇弥赛亚(救世主)的信仰。

根据弥赛亚的精神,犹太人划分成三类——标榜保守犹太教传统的法利赛派、萨杜基教派和消极等待救世主到来的艾赛尼派。基督教诞生初期,有关基督教团体及其多种思想都得到了较快的发展,首先是关于劳动的道德意义、财产分配、资金共有以及平均分配一切社会财富等思想得到了发展。

早期的基督教团体曾带有共产主义特点,该团体的成员都主动放弃了个人财产,把私人财产交给基督教团体统一分配,他们努力过着严格遵守圣训的生活,积极参加集体劳动。英国基督教专家罗伯逊(A. Robertson)曾这样说道:"早期基督教曾带有一定的革命性质。"①

许多基督教教规和原则后来都成了共产主义的道德基础。

耶稣受难的事迹大大提升了基督教的知名度,增进了基督徒之间的相互团结,许多基督徒摆脱了监视来到沙漠,基督教的僧侣生活也从此而开始。基督教思想对一贫如洗和深信天国具有人间难觅的公正的平民也产生了特别的吸引力。

耶稣基督的学说不仅斥责杀人罪和其他各种罪行,而且还揭露了犯罪者的企图和动机。靠武力和暴行不可能使世界变得美好,因为恶只会繁衍出更多的恶,所以我们每个人必须具备的品质并不是政治对抗,而是道德完善。

基督教不仅是反对非人的奴隶占有制度的一种社会形式,而且后来还迅速变成了一种强有力的思潮。

早期基督教是以缺乏严密组织的各种团体形式出现的,后来有教养的人和富裕阶层开始占据基督教团体的领导地位,那些富裕的基督徒将财产管理权和教堂礼仪的领导权集中在自己手中,从而出现了主管团体日常事务的助祭、管理资金和财产的主教等宗教职务。

基督教社团里的长老(拉丁语中的"presbyteros")后来变成了神甫,随之出现的还有教会活动领导职务——都主教、大型地方教会联合体的最高司祭——宗主教等教职。

公元2世纪,主教开始主要负责宗教信仰(教义和崇拜)方面的问题,于是便出现了教士(神职人员的统称)、超凡脱俗者(先知、古希腊和拜占庭语法学和音乐教师)和公民会议将教会管理权转交给主教、助祭、长老和宗主教统一管理。罗马基督教团体逐渐凌驾于帝国西部的其他宗教团体之上,担任教职的神职人员开始终身当选。

当时的皇权非常需要宗教在人民中间的广泛传播,于是在公元4世纪初,原来对基督徒的迫害随之变成了对新宗教的大力支持。

公元306年,刚刚登上罗马皇帝宝座的君士坦丁一世大帝(Constantinus Ⅰ,约285~377

---

① 摘自《基督教的起源》,A. 罗伯逊著,莫斯科,1956,第218页。——原注

年)立刻显得功高盖世,这不仅是因为他于 324～330 年间在拜占庭城址建立了帝国新都君士坦丁堡,而且还由于他在 312～313 年颁布了《米兰敕令》并赋予基督徒自由。

公元 4 世纪末,罗马帝国正式禁止崇拜其他任何神明。从那时起,基督教首先在归罗马帝国管辖的国家得以传播,然后传到亚美尼亚和格鲁吉亚等国。罗马、亚历山德里亚和希腊的安提阿等地的大主教开始被称为宗主教("宗主教"源自希腊语的"patriarchēs"——"始祖"一词),罗马成为全世界基督教的中心,而罗马主教开始被叫做"教皇"。

基督教不仅成为一种正式宗教,而且还开始建立强大的组织机构和分会,培训神职人员,以此扩大影响,加固根基。

作为一种信仰,基督教本身是一个庞大的、异常独特的认识、形象和象征意义的综合体,这个综合体是许多国家和民族的生活习俗、传统和文学传统长期相互作用的结果,它与多种基于崇尚唯一的上帝而形成的其他宗教(伊斯兰教和佛教)有着共同之处。

然而,从教义方面来看,基督教与其他宗教,甚至与跟自己起源相近的犹太教和伊斯兰教之间又存在着明显的不同。从表面上看,基督教和其他两种宗教的区别只是两条主要教义的不同,即二者对三位一体思想和耶稣基督的双重天性有着不同的理解,这里所说的"双重天性"是指,人们通常认为,耶稣基督既是一个人,同时又是一个神。与允许许多同类神明和偶像并存的佛教不同,基督教教义既不允许任何形式的死后再现,也不允许神反复多次地回到人间。

基督教反映了人类从信奉多神教到信奉唯一上帝的转变过程,这一过程如实地体现在关于耶稣基督从神变成人的故事中。耶稣基督是掌管整个天界的主宰,许多天使和圣者随时围拢在他身边,但他们也都是由上帝所造的,是完成上帝旨意的恭顺的使者。对耶稣基督、天使和圣者进行如此具体的描绘,也正是基督教的显著特点之一。

基督教从被排斥的对象成为国教,出现了"君士坦丁时代"和连续几百年的"宗教与皇权联合"的盛世。

我们顺便扼要地回忆一下历史。那是在遥远的公元前 658 年,来自希腊迈加拉的开拓者在一个形状酷似鹰头的岛上(今土耳其的金角湾和马尔马拉海之间)兴建了一座城市,并以本国领袖的名字"拜占庭"为新城市命名。起初,在城里居住的只有渔民和商人,但拜占庭优越的地理位置大大促进了城市的飞速发展,并且很快就在所有的古希腊城邦中占据显要地位。

公元 196 年,罗马皇帝塞普提米阿·塞维鲁(Septimius Severus,146～211 年)连续三年包围了拜占庭,最后予以攻克并将其捣毁,但是他很快又下令恢复重建城市。

据传,君士坦丁一世大帝也曾经为了捍卫罗马与敌人进行过大决战。战争爆发前夕,皇帝及其随从突然看见天空出现了一个神奇的十字架,当晚皇帝还梦见了救世主,于是他命令军人在钢盔面罩和盾牌上都镶上十字架。那次战斗胜利之后,君士坦丁一世大帝便成了基督徒,取消了原来对基督徒进行驱赶和迫害的命令,在罗马兴建了大基督教教堂,325年,在尼凯阿城(位于土耳其境内)亲自主持召开了第一届普世会议,为促成皇权与宗教、宗教与世俗的联合奠定了基础。当年春天,前来参加普世会议的有300多名主教。为了使皇帝君士坦丁一世亲自光临普世会议,他临时被加封为"助祭",因为宗教普世会议不允许"在家人"(即"出家人"相对)参加,而在此之前,皇帝本人尚未接受过正式洗礼。

当皇帝君士坦丁一世大帝正式接受基督教之后,他立刻下令在耶路撒冷建造世界上最精美的大教堂,那座大教堂"应该比其他所有教堂更壮观、更堂皇,大教堂的辅助建筑同样要比其他所有城市建筑更辉煌"。公元326年,皇帝君士坦丁一世大帝的母亲(皇太后)叶莲娜(Flavia Lulia Helena,约250~330年)来到耶路撒冷的上帝之墓山丘上,亲自为即将矗立此地的大教堂破土。公元333年,第一位罗马教会史学家凯撒利亚都主教优西比乌(Eusebius Caesariensis,约260~338年)为新教堂祝圣,并将上帝复活大教堂称为"整个基督教界的圣中之圣",因为人类的赎罪过程正是在此地(各各他)实现的,耶稣基督就是在各各他为了使我们人类获得救赎而被钉死在十字架上,这里有神-人耶稣安葬三天的灵柩。上帝复活大教堂恰好矗立于耶稣基督被钉死、安葬和升天的地方(但是如今的教堂与最早建造的那座教堂几乎毫无相似之处)。

皇帝君士坦丁一世在战胜罗马皇帝利锡尼(Valerius Licinianus,约250~325年)之后,于公元330年5月开始迁都,他率亲信来到拜占庭,将拜占庭易名为"新罗马",可是在人们尚未叫惯这个名称时,便再次改名为"君士坦丁堡"。

由于君士坦丁一世大帝的不懈努力,原来属于希腊殖民地的拜占庭得到了进一步的巩固和加强,即使是在后来五个世纪的狂飙飓风和罗马帝国沦陷后,拜占庭依旧巍然屹立。

作为一国首都,罗马城就这样被拜占庭所替代,而后者是具有多种不同传统和遗产组成的复杂的文化体系。在拜占庭文化中,随时可见当地人对古希腊文化遗产的再创作和再加工,这些新的精神产品加强了宗教和神秘主义特有的明显的唯灵论元素。

君士坦丁堡的庇护者君士坦丁一世大帝宣布:圣母玛利亚是一位"天后",月牙形标志就是她的象征。由于罗马帝国已经分为东罗马和西罗马,晚期古希腊文明濒临毁灭,而中世纪社会即将诞生,拜占庭帝国在这两大时代之交应运而生。随着西罗马帝国的沦陷,原来罗马统治全球的思想、皇帝的尊号、全球施行帝制的思想和古希腊文明及传统,只有在东方的拜占庭帝国最终得以保全。

西欧历史(或者像当代学者笔下的西方基督教文明史)正式开始于公元476年,即开始于西罗马末代皇帝罗慕洛·奥古斯图洛(Romulus Augustulus,执政期为475~476年)将罗马大权亲手交给哥特人与南斯拉夫人联军首领奥多亚克(Odoacer,约431~493年)手中之时。

当时征服者率军占领了亚平宁半岛的大部分领土,后来又占领了前西罗马帝国的大部疆域。与此同时,在前西罗马帝国的领土上,出现了许多由各种"野蛮"民族(西哥特人、东哥特人、日耳曼人和南斯拉夫人)组成的原始国家联盟。某些西欧文化专家有时认为,这种原始国家联盟出现于公元486年。这种观点对我们的研究十分重要,因为这个日期恰好与罗马天主教直接相关,人数最多和最善战的民族之一(法兰克人)的首领克洛维一世(Chlodwig Ⅰ,执政期为466～511年)就是在那时,按照罗马天主教仪式接受了基督教,他发誓严格遵循基督教教义管理国家,严格遵守罗马主教团颁布的各项律法。那时还是统一的基督教教会,后来到1054年,基督教才分成了西方的天主教和东方的东正教。关于这个问题,我们后面还会谈到。

欧洲在宣传和确立基督教的过程中曾遇到种种困难,基督教会不得不去适应其他宗教信仰、多神教思想和各地区的风俗习惯,首先被接受的是基督教的主要象征——十字架、在胸前画十字和圣像。

神职人员们证实,崇拜十字架是基督教布道的显著特点。据说,最早的基督徒还曾把十字架看做是处死耶稣基督的刑具。

实际上,画十字的习惯比基督教的诞生早得多,古时的十字标志曾象征一种巨大的威力,它足以驱除邪恶并保全生命。我们发现,几乎所有的民族都将十字架尊崇为永生的象征,我们在东方诸神和国王的图形、北美和南美的大型纪念碑和出土文物、古希腊罗马的雕塑和波利尼西亚人的墓穴里,都能看到十字架象征。人们对十字架的崇拜甚至可以追溯到原始时期,十字架象征可能曾被用于钻木取火,或至少与古人用两根木棒做十字交叉的摩擦动作取火有关。

在古埃及,人们曾将十字架当做死后的象征加以崇拜,还有阴间和死而复活的自然神俄赛里斯胸前也挂着十字架。在"俄赛里斯柱"(或者叫"生命树")顶部通常都有一个十字架。在古埃及的礼仪中,俄赛里斯的双手被钉在十字架上,以此象征神秘主义的复兴,有的俄赛里斯柱形护身符上还有人的双手。在古希腊,祭奠灶神和火神维斯特的祭司们的脖子上都戴着十字架,罗马女神雅典娜胸前也经常佩带十字架。

新信仰基督教在埃及的传播与古人对象征永生的俄赛里斯十字架的认识融为一体,公元3～4世纪的基督教团体里曾有许多崇拜太阳神密特拉①的人。

在进行其他多种仪式的同时,他们还保留了本民族的崇拜习惯,也就是将十字架在额头上或胸前贴一下,这个动作是拯救、永生、火和太阳的象征。起初,基督徒并没有把十字架当

---

① 埃及人、日本人、东亚大陆各民族、中国人、蒙古人等,都曾崇拜太阳神,他们很早就把天空当做最高神灵加以崇拜。——原注

做处死耶稣基督的刑具加以崇拜,而是把它看做是获得拯救、永生和一切与基督形象密切相关的思想的标志。基督徒对十字架的崇拜出现得很晚,直到3世纪,基督徒还一直藐视和憎恨十字架。著名的基督教辩护者米努齐·菲利克斯(Marcus Minucius Felix,? ~约210年?)这样写道:"关于十字架,我们完全可以不去崇拜它,因为我们基督徒不需要它;而你们这些认为木头偶像是最神圣的多神教徒,才去崇拜木头十字架"(《古代基督教寓言故事集》,第29篇)。被钉死在十字架上被认为是一种耻辱,柱子顶部的"T"形标志(罗马帝国时期的刑具)一直没有被看做是崇拜的对象。

莫斯科天主教堂内的十字架

最早的基督徒曾将耶稣基督受难和被钉死在十字架上的形象作为早期的羊羔(温顺的人)来刻画,旁边画着一个十字架,后来羊羔出现在十字架上。以人的面目出现、双手伸展被钉死在十字架上的耶稣基督形象的问世不早于公元7世纪。先亲吻十字架,或将十字架浸入水中,然后挂在胸前等动作,都是基督教出现之前的许多宗教最古老和异乎寻常的仪式,后来众多基督徒祈祷时在胸前画十字(十字象征)的习惯,同样起源于基督教出现之前的时代。教徒们用三个手指画十字,意思是崇拜三位一体——圣父、圣子与圣灵。其实,早在原始社会,迷信活动已经开始得到广泛传播,当时人们就相信,崇拜十字象征,可以避免鬼神和恶势力的侵扰。

圣像,尤其是画着耶稣基督的圣像,也不是很快就出现在基督徒中间的,源于希腊语的"圣像"一词的意思是"形象"、"图形"。而在基督徒眼里,圣像乃是一个肉眼看不见的境界,是一种象征,正如后来移居巴黎的爱沙尼亚修士格里戈里·科鲁格(Григорий Круг,1906~1969年)所说,"这种境界的意义就在于,它是难以言状的秘密之金色大门。"①

在最早的几个世纪,教会绝对禁止为圣者画像,不许任何人以任何形式描绘圣者。公元4世纪初,西班牙艾尔维拉教会制定了这样一条规则:任何墙壁上都不准有任何崇拜对象的图形。4世纪30年代,知名的宗教作家之一优西比乌(加沙的,Eusebius Pamphili,约260~340年)认为,使用圣像就算是偶像崇拜。7世纪,政府还颁发了禁止利用圣像的多项法令。直到公元787年,这场争论才在第七届尼凯阿普世会议上得以解决,会议通过了这样一条法则:描绘圣者、重大事件和崇拜圣像,都是必不可少的。

起源于希腊化时期②的绘画和盛行于1~3世纪的古埃及遗像"法尤姆肖像画"③的圣像,逐渐将传统绘画"特点"变成了较为严谨的古典形象,而这种形象从属于拜占庭基督教精神。后来东正教会继承和发展了这种独特的绘画风格。

拜占庭为了充分表示对光明的崇拜,通常在圣像绘制过程使用大量的金粉,从而取代了三维空间的抽象的金黄色背景,使画面从现实生活演变中分离出来,使画面内容完全进入崇高的精神世界。画面上被最纤细的金黄色网线覆盖的对象和人体,意味着上帝自身放射的光芒,这种形象只有精神,而没有任何具体的物质表现,也没有某种范围的局限。

俄罗斯圣像继承了拜占庭基督教的全部精神和意义,但如果10~12世纪的古罗斯圣像属于早期希腊绘画样板式"描本",那么,13世纪的古罗斯已经出现了本土圣像画派。关于这个问题,我们将在后面单独叙述。

在公元3世纪,耶稣基督时而被描绘成一个善良的牧人形象,时而画成一只羊羔或万能的乐神——俄耳甫斯,这些形象全部来自古希腊艺术。到了拜占庭时期,圣像上的耶稣基督已经是一个面部修长、长着深色的长发、留着胡子的人物形象。

直到6世纪中叶,关于如何刻画耶稣基督形象的争论才宣告结束。第五届君士坦丁堡普世会议(553)规定:必须将上帝之子刻画成人形,而不能将他描绘成温顺的羊羔。同时还要求,画面上的耶稣基督必须强调信徒眼中的形象特点,不仅要突出耶稣基督那高尚的温顺、谦逊、为拯救世人而甘愿受难的崇高境界,而且还要强调上帝的本质属性。

幸运的是,与耶稣基督密切相关的史料保存至今,这就是犹地亚地方总督保罗·连图洛(Publius Comelius Lentulus Marcellinus,约公元前79~前48年)向罗马皇帝递交的一份报告,

---

① 摘自《关于圣像的思考》,巴黎,1967,第16~17页。——原注
② 指公元前325~前30年(罗马吞并埃及)之间东地中海国家的一个历史阶段。——译注
③ 1887年在埃及发现法尤姆地区发现的古埃及遗像画,盛行于1~3世纪,具体技法:用蜡画法画在木板上,形象刻画鲜明生动,用色饱满,与遵循古希腊罗马传统的肖像画迥然不同。画法平涂线描,形象拘泥程式,则是继承了埃及绘画传统。——译注

耶稣基督圣像

报告中详细描述了罗马人早有耳闻的那个拿撒勒人的外表特征。

"此人身材高大、大义凛然、容颜鲜明、很有尊严,凡是见到他的人既感到畏惧,同时又感到亲切。他那深色的长发较为光滑,按照拿撒勒人的习惯,头发从头顶中间自然分开,一缕一缕垂至肩下。他的额头宽大平展,脸上既无斑点,也无皱纹,面颊上泛起一丝红晕。他那棕褐色胡子短而浓密,左右两撇,蓝色眼睛放射着非凡的光芒……他的语言矜持而精辟、听起来令人叹服……总之,他是世界上最完美的一个人。"

以艺术天赋著称的使徒路加曾在耶稣生前为他画像,这幅肖像被收藏于罗马教皇拉特兰宫内的"Sancta Sanctorum"("圣中之圣",即小教堂),那里存放着历代罗马教皇的圣物。据这幅肖像的见证人说,肖像上的人物的确具有上天之美。

1999年7月,美国学者结束了对都灵圣布的研究工作,据传这是耶稣基督刚刚被人们从十字架上取下来之后包裹尸体的那块都灵亚麻布,还有那块上帝蒙脸圣布,圣布并不是人工制造的,而是充满圣灵的布,所以传说是专门用来包裹耶稣基督尸体的圣布。在那块蒙脸圣布上,隐约可见一个大约33岁男子的面部轮廓。从那时起,几乎所有的圣像画家开始反复临摹这个形象。

都灵圣布(120×420cm)和手帕(84×53cm)上带有130处血迹,那是耶稣基督在被钉死在十字架时流淌的血迹,专门的鉴定结果已经证实,这两块圣布上的血迹正是耶稣基督的血迹。学者们还发现了耶稣基督头部周围的多刺李粉末,这些粉末中的主要成分与耶路撒冷植物区系的植物特点完全吻合。

那块用来覆盖棺木的圣布上还透露出完美男子的高大而匀称的躯体的"底版"。借助最先进的仪器和现代化手段,分析结果证实了耶稣基督被钉死在十字架、圣布上的面部轮廓和身体等故事的可信度,[①]于是在公元787年召开的第二届尼凯阿普世会议上,最终确立了崇拜圣像的教义。[②]

早已习惯崇拜本部诸神偶像的多神教教徒认为,基督教教堂里的耶稣、圣者和圣母的圣像与多神教崇拜的偶像没有什么区别。后来基督徒开始了反对多神教偶像崇拜的斗争,但最终基督教承认并建立了古老的多神教崇拜传统。

圣像可以帮助人们接近上帝,教堂举行的各种祈祷仪式和宗教礼仪实际上是在借助圣灵之力铺设神秘宗教活动之路。

像教堂的钟声一样,圣像也是从拜占庭传入古罗斯的,所以俄罗斯圣像是拜占庭正教传统的新分支,它走过了几百年的独立发展之路,圣像里渗透着俄罗斯人精神生活的深层含义。

古罗斯时期之所以出现了大量的圣像,是因为古罗斯人发自内心地相信圣像、圣像的神圣、神赐的帮助和创造奇迹的力量,家家户户都小心翼翼地关爱和保存着能给他们带来奇迹的圣像。

当俄罗斯人面对圣像祈祷时,他们必须面向东方,这是一种自使徒时代(基督教史的第一阶段,12使徒从圣灵降临节开始传教起到他们陆续去世为止的这段时期:公元33～100年)流传下来的东正教习俗。

圣像上具有象征意义的不仅是圣者的面部表情,而且还有画面上的色彩和光线的运用。例如,索菲亚大教堂里的圣像一般采用三种基本色调:红色、蓝色和绿色,因为这三种颜色的象征性最强、最深刻。"索菲亚"表示上帝卓越的智慧、人类及其蕴藏于唯一瞬间的永生思想。由于这种思想变成了有血有肉的实体和积极活动的象征,所以在绘制圣像时采用红色;由于上帝是独一无二的,不是上帝需要世人,而是世人需要上帝,所以画家一般用蓝色表示人类对上帝的追求和渴望;上述两种智慧的主要标志的辩证和统一关系则用绿色表示,以此表现上帝存在的和谐和永恒的宁静。圣像中的圣母形象通常身穿紫红色衣服,以此表示慈母的温暖情怀;身穿蓝色服装的圣母表现的是圣母的童贞少女时代。基辅索菲亚大教堂那"坚不可摧的铜墙铁壁"采用蓝色绘制,而墙上刻画的是基督徒的庇护者—纯真少女时的圣

[①] 2005年,所有分析结果遭到了置疑。——原注
[②] 在尼西亚召开的普世会议有两届最重要:一次是公元325年召开的第一届尼西亚普世会议,中心议题是革除阿里安异教徒,制定了预示关于"一位论"的争论的信仰象征物;第二次就是本文所说的普世会议。——原注

母形象。①

金黄色在圣像中具有特殊意义,只是表现背景的金黄色不带任何色彩,但是它总是显得十分突出,金粉本身仿佛充满了灵气,渗透着光芒,所以圣像上的金黄色直接表现的是人们对上帝之神威和上帝出现的态度。

无论是在描述圣父的《圣书》中,还是在描写圣者的《行传》里,都有对一种特殊境界的描绘:每当圣者们潜心祈祷时,他们每个人的脸上由里向外透露出光芒,圣像在反映这种现象时,往往在每个圣者的头顶周围画一个金黄色光环,这个光环所表示的并不是某种寓意,而是一种具体现实的象征,这一特点便是圣像中不可缺少的标志。

几个世纪以来,关于圣像创作的此项教规虽然经过反复多次的精心修整,但所有的创作者都必须无条件地严格遵循上述原则。

基督教圣礼及其相关仪式的形成过程更是漫长。起初,基督教只有两种圣礼,一种是洗礼仪式,另一种是圣餐礼。在后来几百年的岁月里,基督教圣礼仪式逐渐增多。1279 年,在法国里昂召开的普世会议上,最终确立了 7 种圣礼:洗礼仪式、皇帝登基时进行的涂油仪式、圣餐礼、忏悔仪式、婚礼、给垂死者涂圣油仪式、神职人员在定教职时举行的按手礼。

仪式和象征构成了所有祈祷仪式或崇拜实践的内容,教堂每次举行祈祷时,都要履行一系列仪式,其中包括祷告、在胸前画十字、在圣像面前脱帽、下跪、听神甫传达训诫、参加整个礼拜活动。

基督教崇拜中最重要的元素之一是宗教节日,东正教会每年都要隆重庆祝 12 大节日,其中最隆重的是为纪念耶稣基督复活举办的复活节,同时还要举办其他重要节日、教历上规定的节日和某些圣者的纪念日。东正教 12 大节日包括主降临节(圣诞节)、主领洗节(主显现节)、②主进堂节(圣母行洁净礼日或叫奉献节)、天使报喜节(圣母领报节)、主进圣城日(棕枝主日)、主升天节(耶稣基督升天节)、三位一体节(圣三一节)、主易圣容节(变容节)、圣母安息节(圣母升天节)、圣母圣诞节、举荣圣架节(圣架是指耶稣基督被钉死的那个十字架)、圣母进堂节(圣母进殿节)。在这 12 大节日当中,4 个节日(圣母安息节、圣母圣诞节、圣母进堂节和天使报喜节)是为纪念耶稣基督之母——圣母举办的,其他 8 个节日是为纪念耶稣基督举办的。

基督教另外几个较大的节日是主受难节、施洗者约翰诞生节、施洗者约翰殉难节、彼得

---

① 俄罗斯特别尊崇伟大的庇护者——天后圣母。俄罗斯人永远不会忘记,当俄罗斯面临灾难和痛苦的时刻,圣母总是作为捍卫者和庇护者及时帮助俄罗斯。——原注
② 洗礼仪式起源于公元前三世纪。在水中洗礼意味着心灵的净化,这种思想源自美索布达尼亚。而埃及人将受洗仪式看做是促使人与上帝达到统一的强有力的方法。这是一种一直与中东各国宗教密切相关的多神教礼仪。——原注

和保罗诞生节、圣母帡幪日。

与多神教节日相符的基督教节日已成为决定劳作、休息、农事的开始与结束的基本日历。著名苏俄作家瓦西里·别洛夫(Василий Иванович Белов,1932~)在《民间美学概论》一书中写道:"由东正教教历决定的农村节日不仅是为了欢乐和休息,而且还将组织原则引入人们的日常生活之中,合理安排劳动日程,它们是独特的节气时刻表,是人类精神生活和道德发展的主要坐标。"

随着时间的推移,原来各种基督教礼仪和节日中的多神教元素逐渐被人遗忘,流传下来的只有部分习俗和传统。例如,人们在谢肉节时依然烤发面煎饼,而不再有人去想,这也是多神教的遗风,是人们送冬迎春的多神教节日,而发面煎饼则是人们在农事开始之前献给太阳神的贡品;人们复活节去扫墓时,常常把事先染好的彩蛋祭献给长眠地下的亲人。[1]

基督教崇拜中不可分割的元素还有各种斋日,分为连续多日的斋期和只有一天的斋日。连续多日的斋期包括春季的大斋、夏季的圣彼得节、秋季的圣母升天斋日、冬季的圣诞斋期和圣诞节前的斋期,每年要过的各种斋日斋期总共有200多天。[2]

基辅罗斯公斯维亚托斯拉夫二世(Святослав II Ярославич,1027~1076年)时期的《教父圣训集》(9世纪末~10世纪初从希腊语译成保加利亚语的圣训集),书中对哪天应该做什么或忌讳做什么,分别做出了明确规定,这是俄罗斯历史上的第一次尝试。后来在16世纪,西方历法开始向俄罗斯渗透,俄罗斯逐渐开始根据西方历法制定本民族的历法,比如,1670年编制的《年度日程表》和《每月日程表》,而连续出版挂历则始于彼得一世时期,这种挂在墙上的日历当时已经叫做"日历"。

从那时起,12个月的名称一直沿用至今,这些名称全部是以罗马诸神、女神和最高统治者名字命名的。至于每周7天的名称,古罗斯时期曾叫做"星期",而星期日曾叫做"休息日"或"星期天"。[3] 星期一——每周的第一天;星期二——每周的第二天;星期三——每周的第三天;星期四和星期五——每周第四和第五个昼夜;源自犹太教规定的"安息日"的星期六——周末。

按照某些专门规定,教会做出了关于将某人尊为圣者的详细规定。在对亡者的祭祷仪式方面,与普通死者不同,教堂为某一圣者举行的不是普通意义上的追悼会,而是在教堂做祈祷,在祈祷仪式的每个环节都要反复呼唤圣者的名字。最受尊崇的圣者去世后,教会还要

---

[1] 关于这个节日的详情,请见本书第二章。——原注
[2] 建立在这些斋日基础上的处世秘诀往往使人感到惊讶,这些秘诀不仅可以有助于人们的健康、不必过于节食的减肥,还能保护家畜的安全。——原注
[3] 俄语中的"воскресенье"在17世纪取代了原来的"неделя"一词。——原注

特意为纪念该圣者创立专门节日和特殊的祈祷仪式。① 东正教节日安排和颂扬基督教圣者功绩的名录分别叫做"日历"、"殉教圣徒志"、"日课经文月书"。最早被俄罗斯教会尊为圣者的是鲍里斯和戈列布兄弟,他们俩是弗拉基米尔一世的儿子和古罗斯王公。1015 年,为了防止更多的流血事件,二人先后献出了自己的宝贵生命。后来他们兄弟二人分别获得了新的、拜占庭尚属首次的称号——"殉教者"和"圣者"。"俄罗斯人永世不忘他们的功绩,至今对他们兄弟二人抱有崇敬和热爱之情。"②

东正教教义同样含有创世说、世界存在的意义、末日论、人及其罪恶的天性和上帝的恩赐等内容。教会将这种教义宣布为绝对权威的、不容怀疑的和颠扑不破的真理。换句话说,这种真理是不可能进一步发展或完善的,接受这种真理依靠的并不是人的理智,而是人的信仰和真心。不过按照教会的观点,理智有助于人们揭示和理解这种真理。

对第一、二届普世会议通过的基督教基本教义所进行的扼要说明,被称为宗教信仰的象征,每一个基督徒都必须背诵并牢记教义,因为基督教教义奠定了"东正教基本信念"的基础。

与天主教不同,东正教没有在前几届普世会议之后对教义进行任何补充,也没有像新教那样拒绝其中的某些规定。东正教将自己的这种行为看做是一份功劳,这份功劳足以证明自己对原始基督教的笃信程度。

至于基督教在新约《启示录》中的创世说和末日论,应该说,使徒约翰的《启示录》是唯一的新约"预言性全书"。

在当今社会大多数人的心目中,源自希腊语的"apokalypsis"("启示录")一词永远与某种灾难、死亡和恐怖事件密切相关。与此同时,创造"启示录"一词的目的,就是为了提高被迫害的基督徒的勇气,"充分展示即将发生的巨变"。

"当人类之子在神圣天使的陪同下以上帝的光辉来到人间时,他将登上最荣耀的宝座,各族人民将簇拥在他周围,有些人将终生受难,而遵守教规者将获得永生"(《马太福音》25:31、32、46)。

稳坐于宝座上的人说:"我将创造一个新世界。"于是约翰看见"新天空、新大地,原来的天和地都已成为过去,海洋也已经消失"(《启示录》21:1、6)。

关于人类和世界命运的此种见解曾被认为是"世界末日"的预告。

随着《新约》的诞生,许多基督徒就开始等待世界末日的到来,他们一贯认为,世界末日就在眼前。即使在离我们不太遥远的 19 世纪 60 年代,德国神学家卡尔·奥佩兰(Karl Aub-

---

① 摘自《神圣的罗斯或 17 世纪前古罗斯所有圣者及其功绩》,修士大祭司列昂尼德(卡韦林)编,圣彼得堡,1891;《俄罗斯尊奉圣者史》,B. 瓦西里耶夫著,莫斯科,1893。——原注
② 摘自《普世会议与俄罗斯东正教》,H. M. 泽尔诺夫著,巴黎,1952,第 110 页。——原注

erlin，1824～1864年)已失去世界再延长200年的希望;19世纪俄罗斯宗教哲学家和诗人索洛维约夫(Владимир Сергеевич Соловьёв,1853～1900年)也曾认为,世界将会在200年之后灭亡;19世纪俄罗斯宗教作家尼卢斯(Сергей Александрович Нилус,1862～1929年)曾在1918-1924年期间,经常撰文传播世界末日论;俄罗斯上校培宁根(Фёдор Константинович Бейнинген)经过破译"预言基本密码",做出了"世界将于1932年毁灭"的结论。

在全世界范围内,预告世界末日者至今都不乏其人,其中当然包括俄罗斯当代预言家。他们当中的某些人似乎是依据精确的计算、缜密的观察、对现代社会现实、生态环境和科技给人类带来的负面影响等问题的综合剖析,预测世界末日到来的时刻。1999年,又有许多人做出了相关预测:欧洲历史将会在当年8月11日的日食时发生重大事件,此次日食是600年前诺斯特拉达穆斯[①]预测的三次毁灭性日食的其中之一,当时他把那次日食称为"最危险的顶峰"。尽管我们不能否认,甚至在2010年,世界上还发生了多次自然灾害并造成了严重的后果,但我们的世界毕竟还是"安然无恙"。因此,我们应该严肃而清醒地对待人们关于世界末日的各种预测及此类出版物。

对基督教而言,最重要的宗教概念是"精神"、"肉体"和"心灵"。荷兰著名唯物主义哲学家和无神论者斯宾诺莎(Benedict d'Espinosa Spinoza,1632～1677年)曾专门研究这三个概念之间的相互关系,充分揭示了"精神"一词在《圣经》里的含义和作用。他认为,"精神"一词的基本含义是为了给如下动作和精神状态下定义:呼吸、勇敢、才能、情感、思想、力量、天赋、意志、知识、热情、忌妒、自豪、高欲望、智慧、伤感、睿智、精神饱满、聪明才智、心灵和生命等。按照斯宾诺莎的观点,"精神"一词的意思应该是恩赐、特殊而最高尚的美德和虔诚。[②]与"精神"一词相对的是"肉体、与肉体有关的一切",即与精神相对的一切。人的第三特质—心灵则是肉体与精神的角斗场。

在人类文明的进程中,耶稣基督的名字和基督教的作用与全人类至今沿用的纪年法密切相关。[③]起初,最早的基督徒曾采用本地各种不同的多神教纪年法:有的按罗马执政官和皇帝的执政年代纪年,有的从罗马城诞生之日开始纪年。与此同时,教徒们也采用了犹太人的纪年法,即从"创世"之日开始纪年,他们认为,创世不是在耶稣诞生之前3761年发生的,而是在耶稣诞生之前5508年发生的。这样一来,基督徒与犹太教徒在创世的时间问题上出

---

① 诺斯特拉达穆斯(Michel de Notredame Nostradamus,1503～1566年),法国医生和占星家,查理九世的御医。——译注
② 摘自《神学政治学论》,斯宾诺莎著,选自《斯宾诺莎选集》(两卷本)第2卷,莫斯科,1957,第24～25页。——原注
③ 基督教将人类历史看做是上帝安排的一个过程,即从创世之日到世界末日(弥赛亚的出现到最后审判的全过程)。——原注

现了分歧。公元 284 年 8 月 29 日,当戴克里先(Diocletianus,243～约 316 年)登上罗马皇帝宝座之后,古罗马的纪年法开始变得更加混乱。从那天起(按儒略历计算)①,一个崭新的时代—戴克里先纪年法问世了,至今沿用该纪年法的只有古埃及后裔科普特人。

戴克里先执政时期的公元 287 年,一个名叫小季奥尼西的罗马修士突然产生了这样的疑问:为什么基督徒从戴克里先即位之日开始纪年? 于是修士不再从戴克里先纪年法计算的公元 288 年安排复活节活动时间表,而是从耶稣诞生之日起计算的公元 532 年开始安排复活节活动时间表。

修士季奥尼西之所以做出了这种选择,是因为复活节开始的第一天可能是 4 月 4 日～5 月 8 日期间的任何一天。如果编制一个从 532 年开始的复活节活动时间表,那么,今后每过 532 年,复活节的开始就会按照这一周期纪年法重复年份的"轮回",也就是说,533 年复活节当天应该是第一个复活节开始的那一天,而 534 年复活节当天应该是第二个复活节开始的那一天,以此类推。可是季奥尼西万万没有想到,他亲手编制的纪年法竟成为世界纪年的开端,他当时的初衷只是为了让人们在一定的日子里度过复活节而已。

1000 多年之后,所有的欧洲国家全部采用了罗马修士季奥尼西编制的纪年法,这就是我们沿用至今的新纪元。

其实,季奥尼西纪年法被接受的过程也较为缓慢,罗马教皇首次采用他的纪年法是在 8 世纪中叶,而直到 15 世纪,季奥尼西纪年法才成为所有天主教徒必须使用的历法。

尽管如此,除了信教的犹太人之外,无论是其他许多神职人员,还是某些小宗派的信徒,仍然沿用原来的"创世"纪年法。

正因为如此,纪年法便开始与耶稣基督诞生的事实联系起来。至于耶稣基督出生的准确日期,问题就不是那么简单了。按照格里高利历法(公历),12 月 25 日是耶稣基督的生日;而按照儒略历(旧历)②计算,1 月 7 日是他的生日。圣诞节源自多神教对"诸神死亡和复活"的崇拜,这种崇拜在从事农耕的民族当中曾得到特别广泛的传播,他们每年都要在冬至(12 月 21～25 日)时举行庆祝救世主——太阳神密特拉的"生日"。他们认为,太阳神密特拉可以赋予大自然新的活力和生命。从儒略历的 12 月 25 日起,白昼的时间越来越长,这意味着光明的密特拉战胜了黑暗的恶势力。

早期基督教没有圣诞节。公元 2 世纪,基督徒只是在每年 1 月庆祝"耶稣基督领洗节"。从公元 4 世纪中叶起,基督教会改变了每年 12 月 25 日庆祝"不可战胜的太阳神"的生日,而

---

① 古罗马曾把日历叫做"利息账簿",即债权人每月初的几天都把本月月利息记录在这个本子上。后来的日历改名为记录值得庆祝的节日的"本子",即记录皇帝的生日、元老院召开会议的日子的本子。现存最古老的罗马日历是公元 354 年的日历。每月初,古罗马的债务人就要交纳税务和利息。——原注

② 旧俄采用的历法,到 20 世纪,儒略历比公历晚 13 天。——译注

开始庆祝基督圣诞节。最早开始庆祝圣诞节的是罗马基督教团体,关于庆祝这一节日的最早记录是公元354年。召开于431年的以弗所普世会议使这个节日合法化。到10世纪,圣诞节与基督教一起开始在古罗斯传播,圣诞节还与古罗斯冬季举办的多神教节日——祖先崇拜、圣诞节节期等融合起来,这一多神教节日的遗迹(化装晚会、占卜算命)依然伴随着俄罗斯的圣诞节,但有一个区别:俄罗斯圣诞节不是公历12月25日,而是公历1月7日。

回顾历史,我们从中发现,在尤利乌斯·凯撒(Gaius Julius Caesar,前102~前44年)制定的历法(儒略历)中,一年有365天零6小时,但是地球围绕太阳运转一年的时光是365天零5小时49分,比儒略历的一年少11分钟。

在从凯撒到历法改革者——梵蒂冈教皇格里高利13世(Gregory XIII,1502~1585年)的1600年当中,历法与实际时间已经相差了10天。教皇借助一系列巧计(省略几天和闰年等办法),理顺了时间关系并重新制定了新历法,这就是后来的格里高利历法。按照这种新历法,一年的时间与地球围绕太阳旋转一圈的时间基本相等。

格里高利历法经常被称为基督教历法,这是因为在格里高利13世的努力下,纪年法的起点恰好与耶稣基督的生日吻合,也就是说,耶稣基督是在公元1年12月25日出生的(这一天是冬至,也是多神教崇拜的太阳神密特拉日)。不过当代有许多学者普遍认为,耶稣基督的生日应该是公元4年1月25日。

凭借罗马教皇的一纸命令,所有的天主教国家同时开始使用格里高利历法;新教教会曾长时间地处于观望之中;德国于1700年开始采用;英国于1752年开始采用;瑞典于1753年采用。有趣的是,俄罗斯沙皇彼得一世下令,俄罗斯帝国于1700年开始采用另一种历法"儒略历",而1809年俄罗斯-瑞典战争后被并入俄罗斯帝国的芬兰和波兰则正式使用格里高利历法。

为了使东正教国家采用格里高利历法,西方天主教曾做过很多努力。为什么东正教教徒反对格里高利历法呢?因为他们认为,该历法不符合基督教教规。根据尼凯阿普世会议的规定,复活节既不能与犹太人一起庆祝(犹太人通常在春天的第一个圆月时过"逾越节"),既不能提前过,也不能推迟过,最多不能超过一天。与此同时,由于西方基督徒善于根据天文推算历法,所以他们不同意东正教的这种做法。需要说明的是,如今西方基督徒非常认真地提出了应该在固定日期举办复活节的问题。早在1923年,罗马教廷宣布:《圣经》里并没有反对在固定日期举办复活节的论据。

非天主教国家之所以不愿意接受格里高利历法,当然是因为这种新历法出自梵蒂冈。而俄罗斯经过1917年十月革命以后,使这种情况发生了根本的转变。1918年1月26日,俄罗斯颁布了《关于采用格里高利新历法的命令》,命令说,从1918年2月14日起,俄罗斯正式进入文明世界。但是俄罗斯正教会却断然拒绝接受格里高利新历法。

俄罗斯正教会至今忠实于儒略历,并根据儒略历举办各种节日,其中包括圣诞节。实际上,两种历法之间的差距越来越大(原来旧历与新历相差13天)。

俄罗斯正教会拒绝从儒略历转向格里高利历法的行为,对信奉东正教的俄罗斯人带来了诸多的困难。普通公民每年都在12月31日晚欢度新年,而这一天恰好是圣诞斋期,按教会的规定,此时不应该举办任何欢庆活动。

另外,俄罗斯不与整个文明世界同时庆祝圣诞节,这使在此期间进行的商务活动变得异常复杂。每年的三八妇女节恰好在东正教的大斋期间,这自然会对俄罗斯人的心理产生影响,信教的俄罗斯人似乎在节日期间故意与其他公民隔离开来,这种现象不能不使社会发生分裂。在这种情况下,强调东正教传统也会显得毫无益处,因为大多数不受君士坦丁堡大主教管辖的独立教会(15个教会中的12个教会)早已开始采用格里高利历法。

除此之外,按照教历,1月1日是纪念早期基督教苦难圣徒沃尼法季(Boniface of Tarsus,? ~290年)的日子,沃尼法季可以保护那些自愿改正"酗酒"恶习的人。按照拜占庭的传统,教会通常在9月14日或旧历9月1日欢度"新年"。

因此,俄罗斯每年都有"旧历新年"和"新历新年"之分,有人过教会规定的新年,也有人过东方的新年……

对于类似问题,天主教徒处理得较为理智,他们既严格守斋(从11月15日~12月24日),同时又按照许多国家采用的新历法来执行。斋期过后,人们开始欢度圣诞节,而圣诞节过后,人们自然地转入欢度新年的热潮之中。

虽然基督教教义是根据《圣经》的基本素材——宗教书籍、《信经》、教父著作、普世会议和其他宗教会议通过的各项决议制定的,但是早期基督教却不曾有如此之多的参考依据,有过的只是布道、口头传播基督教和宣讲与"报喜"相关的传说故事的传统。

最早的基督教文献体裁有启示录(预告世界末日的梦幻录)、使徒行传(为教义的拥护者撰写,专门解决个人问题,促使各种不同的基督教团体统一教义)、早期传教士的训诫、关于耶稣基督及其12使徒的传说等。

随着宗教文献数量的逐渐增多,人们将这些文献与基督教诞生之前就有的文献汇编成册,其中包括不同时代(公元前10世纪~公元2世纪)、各种语言和不同风格的作品,最后形成希腊语中的圣书(biblia),即《圣经》。①

《圣经》被公认是犹太教和基督教的神圣教义,是基督教教义、典章、制度和一切礼拜活动的基础。

《圣经》分《旧约圣经》(亦称《旧约全书》,简称《旧约》)和《新约圣经》(亦称《新约全

---

① 历史学家证实,《圣经》是所有书籍中最古老的一部,其中的某些篇章成书于3500年之前。——原注

书》,简称《新约》)两部,又名《新旧约圣经》;《旧约圣经》是犹太教和基督教的"神圣典范",而承认《新约圣经》的只有基督徒。

《圣经》收录了各种不同体裁的作品,实际上是一部神话故事、传说、布道、典章、史籍、训诫、小说和梦幻故事集。

《旧约圣经》是用古犹太语和阿拉美亚语写成的,其中有公元前12世纪的作品。在基督教礼仪和祈祷仪式中,多数采用译成希腊语、拉丁语、古斯拉夫语和其他新语言的《旧约全书》,公元前2世纪,第一部从古犹太语翻译成拉丁语的《旧约全书》问世。

被认为是犹太教神圣经典的《旧约全书》包括《律法书》、《先知书》和《圣者行传》(包括旧约前五卷的总称——《摩西五经》、《利未记》、《训诫》和《申命记》)三部分,共39卷。

耶稣、12使徒和先知都深信,《旧约全书》是上帝所赐。耶稣基督曾认真阅读《旧约全书》并在生活中严格遵循其中的训诫和规定。

《新约全书》是用古希腊语写成的,分27卷,其中包括《福音书》4卷(《马太福音》、《马可福音》、《路加福音》和《约翰福音》)、预言书1卷——《启示录》、历史书1卷——《使徒行传》、使徒书信21卷。历史上有一种说法:《新约全书》的统一汇编本大约成书于公元140年,而首次向对社会公布的新约经典作品名录(即《新约全书》所收录各卷目录)是在419年召开的迦太基宗教会议上通过的。

专门讲述耶稣基督生平事迹的早期基督教作品(四部《福音书》)分为两部:被收录在《新约全书》中的经典作品和伪经(即被教会判定为"不确切"的作品)。传统上认为,《新约全书》里的作品出自耶稣最忠实的追随者或门徒之手,大约成书于公元1世纪中叶;四部经典的成书时间:《马太福音》是在耶稣基督被钉死在十字架20年之后(即在公元1世纪50~60年代)写成的;《马可福音》和《路加福音》成书于公元1世纪60~70年代;《约翰福音》(包括《启示录》)成书于公元1世纪68~69年。

其中三部福音(《马太福音》、《马可福音》和《路加福音》)的总体写作特点基本相符,被称为"汇编"(拉丁语"Synopsis");而耶稣基督的得意门徒约翰撰写的《福音书》的特点则不同于其他三部《福音书》。

我们刚才说到,《新约全书》收录了《使徒行传》和21卷《使徒书信》,基督徒就像对待《圣经》那样,十分推崇《新约全书》,甚至将《新约全书》看做是受上帝旨意的神圣经典。

公元2~3世纪,《圣经》被首次译成希腊语,希腊文《圣经》又名《七十子译本》,因为根据传说,参与翻译工作的译者有70人。大约与此同时,拉丁语版本的《圣经》也已问世,但是天主教会却认为,可以称作宗教经典的是圣经学家和拉丁教父哲罗姆(Eusebius Sophronius Hieronymus,342~420年)于公元4~5世纪完成的《圣经》译本,那部拉丁语《圣经》的别名叫《拉丁通行本圣经》、《通俗拉丁文译本圣经》、《武加大本圣经》。

几个世纪以来,《圣经》本身并没有发生任何变化,但是 20 世纪的科学成果迫使人们彻底改变了对《圣经》的态度,一度时髦的十足的怀疑主义逐渐让位于历史研究成果和考古新发现。

一方面,历史研究证明,《圣经》里的许多内容是从遥远的苏美尔文献中抄写的,主要内容是关于苏美尔人的想象和他们编写的故事。他们认为,人类是用泥巴塑造的,木头可以识别善恶,在全球特大水灾中,只有一个人得以逃生,他造了一条大船,带着家人和成对的各种动物奔向远方;另一方面,考古资料雄辩地证明,《圣经》所记载的故事都是历史的事实,其中包括大量与人类自然科学和天文学密切相关的资料,例如,在亚里士多德(Aristoteles,公元前 384~前 322 年)出生之前 1100 年,《圣经》已有这样的记载:"他就是端坐在整个大地周围的那个人"(《伊赛亚书》40:42)。不过,有人曾将地球译成:"球形大地",苏格兰圣经翻译家穆法特(Moffat,Robert James)曾将地球译成"圆形大地",也就是说,早在所有关于地球的科学理论出现之前,《圣经》已经向人们准确地描绘了人类赖以生存的世界。除此之外,大约在公元前 1473 年,《圣经》已经指出:"上帝将地球悬在空中,毫无支撑"(《约伯记》26:7)。英文版《新约全书理论辞典》中说:"《约伯记》已经描绘出当时悬于空中的世界奇观,并以此预示了未来的科学新发现。"

毁坏地球和地球上所有生灵的人应该对此负责,因为《圣经》早已声明说,上帝"将要消灭那些毁坏地球的人和动物"(《启示录》11:18)。

有学者指出,像《圣经》一样,佛教的《大乘书》、穆斯林人尊崇的《古兰经》和印度婆罗门的宗教颂歌集《梨俱吠陀》,同样反映了不同种族、不同语言、不同风俗和不同文化的世界各族人民固有的社会心理。

《圣经》是一部关于爱的巨著,书中有这样的情景:尽管人类既难以控制,又非常冷漠,但是上帝一刻都不离开他们;诚然,"上帝如此热爱人类世界,他将自己的独生子送到人间,目的是为了使每一个相信上帝的人都得以拯救和永生"(《约翰福音》3:16)。

与此同时,《圣经》又是一部人类战争史诗,书中描述了人类围绕善与恶所展开的超大规模的斗争,而耶稣基督本人就处于此种斗争的中心。我们发现,光明与黑暗、爱与恨、同情与冷漠始终势均力敌,难分胜负,但是他——耶稣基督永远是我们的上帝和救世主。

我们还发现,每个人实际上都参与了人类历史上这场规模最大的战争,只是我们处于最低水平的战场而已。《圣经》一边提醒我们重视永恒的价值,一边以提问的形式向我们提出严峻的挑战,他提出的那个最重要的问题就是:"我们是否追逐'真正的光明'"(《约翰福音》1:9)或"我们喜欢黑暗还是光明"(《约翰福音》3:19)?

作为《圣经》的结尾,最后一卷是以梦幻或启示录形式写出的,主要内容是圣约翰在流放帕特莫斯岛上的亲身经历和感受。

《启示录》和整个《圣经》都是以圣约翰对"新世界、新天地"的憧憬结束的,这一个激动人心的章节经常被用于基督教的祈祷仪式中,其中包括下列生动的词句:

"我突然听到上天传来巨大吼声:看吧,人们聚集在神圣的庙堂里,上帝将与人们一起生存;他们将是他的臣民,而上帝本人与他们都将是他们的上帝。上帝将使他们不再流泪,免除他们的死亡,使他们不再哭泣,不再哀号,不再有病痛,因为那些不幸都已成为过去。"

著名的波兰作家科西多夫斯基(Zenon Kosidowski,1898~1978年)多年致力于《圣经》研究,他曾试图全面研究《圣经》并取得了巨大成就,他翻阅了历史与考古、文学与语言学等多门学科的资料,最终做出了"应该从另一个角度展示《圣经》"的结论,他说:"在这几种科学的影响下,我们开始从另一种眼光看待《圣经》。我们惊奇地发现,《圣经》原来是世界文学经典著作之一,是一部现实主义作品,真正的生活在《圣经》里汹涌澎湃、沸腾迸发……《圣经》的内容像生活本身那样丰富多彩。"①

《圣经》对世界文化产生了深远的影响。《圣经》里的故事情节、人物形象和创作动机已成为俄罗斯画家、雕塑家、音乐家灵感的源泉,关于这些人的创作,本书中均有所涉及。

拉丁语基督教文献的故乡是北非,拉丁教会的创始者是德尔图良(Quintus Septimus Florens Tertullianus,约公元160~220年后),继承人有基普里安、阿尔诺比、拉克坦齐和最为知名的圣奥古斯丁(Aurelius Augustinus Sanctus,354~430年),他曾将信仰置于其他所有见解之上,他的一句名言是:"我之所以有信仰,就是为了明白事理。"

圣奥古斯丁是一位基督教神学家和教会活动家,曾在北非尼朋教会担任主教,他的全名是圣奥古斯丁·阿夫雷利。他最大的贡献是创立了教会模式,这种模式后来在西方各国得到了全面发展。

圣奥古斯丁曾是开创人类原罪和命运学说的第一人。奥古斯丁在错误诠释使徒保罗的思想(《罗马书》5,12)时教导说,孩子刚出生就有罪,自然带有亚当的罪恶天性。他的这一理论顿时引起了教民和后来几代人的恐惧心理,直到今天,无论是天主教徒,还是基督徒,都因此而感到恐惧和不安。

连续几个世纪以来,所有忠实的基督徒都在潜心研究奥古斯丁用拉丁语撰写的著作,他们当中无人怀疑奥古斯丁学说的准确性,他们一致认为,奥古斯丁的学说完全符合《圣经》和四部《福音书》的内容。像作者圣奥古斯丁本人那样,忠实的基督徒一直笃信他的学说,并说服他人也去相信奥古斯丁的学说。

起初,基督教并不是统一教派,在罗马帝国诸省传播过程中,基督教适应了每个国家的不同条件、早已形成的社会关系和当地的民族传统。

---

① 摘自《圣经故事》,3.科西多夫斯基编著,莫斯科,2004。——原注

随着罗马帝国权力的逐步分散,先后产生了4个独立教会:君士坦丁堡教会、亚历山大教会、安提阿教会和耶路撒冷教会。安提阿教会很快又派生出塞浦路斯教会,后来又出现了格鲁吉亚东正教会。

问题并不只是基督教会的分散,纷纷宣告独立的教会逐渐开始否认普世会议做出的决议和正式通过的学说。

公元5世纪中叶,部分宗教人士坚决不同意哈尔基季基普世会议的决议,从那时起,为后来"非哈尔基季基普世会议管辖的"教会的组建奠定了基础,坚决占据与正统基督教不同的独特地位,这些教会包括亚美尼亚教会、科普特教会、马拉巴尔教会、埃塞俄比亚教会、雅各教会、阿比西尼亚教会等。

1054年,基督教分裂成两大独立教派,一个是西方的天主教教派,另一个是东方的东正教教派,所以1054年被看做是整个基督教教会分裂之年。

其实,早在1054年之前,就已经出现了分裂教派,或叫分裂出去的教派(该词来自希腊语的"schisma"),教会分裂的根本原因是罗马教皇与君士坦丁堡宗主教之间的最高教会权力之争。而基督教的内部划分(东方的东正教与西方的天主教之间的划分)则出现于395年之后,即在罗马帝国分成西罗马和东罗马之后出现的。

教会的分裂助长了各教派在学说、教义、教会组织和祈祷仪式多方面的区别。

大约在公元867年,罗马教皇尼古拉一世(Nicholas Ⅰ,任期为858~867年)与君士坦丁堡宗主教佛提乌(Photius,约810/820~9世纪90年代)相互争夺对保加利亚教会的控制权而关系破裂,从而导致整个基督教会从形式上开始分化为西罗马天主教会和东罗马天主教会(或希腊东正教会)。这就是基督教会分裂的缘由和开端。

基督教会的进一步分裂则是由于罗马教廷与君士坦丁堡宗主教基鲁拉里之间的矛盾所致,罗马教廷曾一直渴望得到意大利南部(诺曼人占领的殖民地拜占庭)教会的控制权。

1054年6月16日,罗马教皇的使节古姆伯特将基鲁拉里革出教门;同年6月20日,基鲁拉里将古姆伯特革出教门,但是这些事件并未引起教会之间的深刻矛盾。基辅大公伊季亚斯拉夫一世(Изяслав Ярославич,1024~1078年)[①]被兄弟们逐出基辅后,于1075年向罗马皇帝格拉高利七世(Hildebrand Gregorius Ⅶ,1020~1085年)求援。一批俄罗斯都主教纷纷派使者前往罗马,使者们从罗马带回了圣骨。1091年,他们再次从那里接受圣骨。基督教会的彻底分裂发生在1204年,即十字军占领君士坦丁堡之后,东方教会从此获得了"独立东正教会"的称号。"东正教"这一术语实际上是根据希腊语中的"Orthodoxia"一词仿造的词,

---

① 伊季亚斯拉夫·雅罗斯拉维奇,基辅罗斯大公(1054~1068年、1069~1073年、1077~1078年)。1068年被人民起义赶出基辅;1073年又被诸兄弟驱逐出基辅;后来借助外国军队收复政权;1072年参加编纂罗斯法典——《雅罗斯拉夫法典》。——译注

本意是"正确的意见"、"正确的见解"。"东正教"一词是在基督教诞生之后的几百年内出现的,创造该词的目的是为了使基督徒具有固定而不变的标志,但这些教徒必须笃信基督教教义、完全同意《圣经》内容、教会的训诫、普世会议和神父们为反对异端而通过的决议和学说。在教会分成东西两大教派之后,有资格享用"东正教会"这一称号的教会,坚决支持君士坦丁堡宗主教诠释的基督教教义,同时反对罗马教皇(主教)诠释的教义。

俄语中的"Автокефальная"一词译自希腊语,意思是"做自己的主人",也就是说,这种独立教会不受大主教管辖,其领导层有几名宗主教担任:君士坦丁堡宗主教、耶路撒冷宗主教和亚历山大宗主教。

西方教会被称为天主教会,拉丁语中的"天主教"一词的意思是"全社会的"、"全世界的",天主教的最高领导是罗马教皇,而这些教皇又被公认是圣使徒彼得在人间的全权代表。

尽管世界宗教界发生了如此之多的重大事件,但是在12～13世纪的基辅、佩列雅斯拉夫尔、斯摩棱斯克、波洛维茨克、普斯科夫等古罗斯城市里,天主教会依然存在。1228年,基辅甚至还有一座多明我修道院。①

13～15世纪,俄罗斯曾进行多次天主教与东正教联合的尝试,但是这些尝试都没有成功。

重要的是,各教派之间不仅存有实质性的分歧,而且随着时间的推移,这种分歧越来越严重,但是古罗斯与梵蒂冈之间的关系一直没有中断。例如,莫斯科大公伊万三世(Иван Ⅲ Васильевич,1440～1505年)②与拜占庭末代皇帝君士坦丁11世的侄女索菲娅·巴列奥洛格(София Палеолог,1455～1503年)结婚后,莫斯科与梵蒂冈建立了外交关系。直到17世纪,由于波兰和瑞士联军的入侵,莫斯科与梵蒂冈之间的关系被迫中断。1705年,天主教神职人员只有凭借彼得一世亲笔签发的命令,才能自由出入俄罗斯。

天主教已成为教徒最多、组织性最强的一个基督教分支,这种趋势一直延续至今。天主教中心和罗马教皇的官邸位于罗马市中心的梵蒂冈,这是一个城中之国,梵蒂冈拥有自己的国徽、国旗、国歌、邮局、广播电台、电报局、新闻媒体和政府应该拥有的一切标志,包括近卫军和宪兵队。罗马教皇不仅拥有最高宗教权力,而且还有管理世俗社会的权力,教皇的这种

---

① 多明我教会是经天主教会正式确认的固定团体,修会,修士有男人,也有女人,修会的修士经常进行隆重的发誓仪式。多明我会属于天主教托钵修会主要教派之一,该教派任何团体的标志都是十字架。——原注
② 伊万三世,1462年起为莫斯科大公,瓦西里二世之子。执政期间形成了统一的俄罗斯国家领土核心,并开始设置中央国家机构。先后统一的雅罗斯拉夫尔(1463年)、诺夫哥罗德(1478年)、特维尔(1485年)、维亚特卡和彼尔姆等公国。推翻了蒙古-鞑靼人的统治(1480年的乌格拉河之战),编纂1497年俄罗斯法典,在莫斯科展开大规模建设,提高了俄罗斯国家的国际威望。"全罗斯大公"的尊号自此开始。——译注

特权是根据1929年墨索里尼政府与罗马教皇庇护11世签订的《拉特兰协定》最终确立的。后来在1947年,意大利宪法设立了专门条款,从而使罗马教皇的所有特权合法化。

罗马教皇通过教廷施行对大多数国家天主教会及相关组织机构的管理权,教廷下设天主教会中央办公厅,而这个办公厅是由红衣主教协会、办公厅、秘书处、法庭、委员会组成的。天主教会的最高主教和红衣主教通常是由教皇从各国神职代表中挑选和任命的,教皇都是终身制,由红衣主教团(选举教皇会议)从红衣主教中选举产生。教皇一旦当选,他立刻成为"耶稣基督的副主教、圣彼得的接班人、普世会议的最高首脑、西方大主教、意大利首席主教、罗马诸省大主教和都主教、意大利城中之国梵蒂冈的元首"。

与东正教相比,天主教在教义和崇拜对象方面有一系列显著特点。在赞同整个基督教世界关于三位一体、信仰《圣经》及其关于创世、造人等系列神话故事的同时,天主教还承认,"圣灵不仅来自上天之父(像东正教教义中所说的那样),而且还来自上天之子。天主教徒相信,世界上除了天堂和地狱之外,还有进入二者之前的'炼狱'(涤罪所)过程,他们承认教皇在信仰和道德方面永远是一贯正确的。天主教徒还认为,天主教教义的源泉不仅是《圣经》,而且还包括传说和教会传统,他们往往将普世会议的决议和教皇的训导看做是教会传统的组成部分。他们还认为,唯独教会才有权对《圣经》做出相应的诠释。天主教的神甫不仅要发誓永久独身,而且还要经常学习积德行善。与东正教神甫不同,天主教神甫穿着朴素,几乎每天都穿着那件黑色长袍,遇到特殊节日时,他们才换上白色长袍。这种固定的外貌也说明他们与众不同。

中世纪的西欧曾普遍将天主教神甫的发型(头顶上剃去头发的那一块)看做是"远离尘世"的象征。天主教神甫一般是在决定献身宗教事业时,才剃去头顶上的一小块头发,平时用一顶无边儿圆碟形小帽压在头顶上。

从那时起,天主教神甫总是头戴小圆帽,小圆帽的颜色必须随时与长袍的颜色保持一致。

天主教教堂举行的许多祈祷仪式与基督教相同,只是形式比较独特。例如,天主教在举行洗礼仪式时,有的以喷水方式进行,有的则以将头扎入水中的方式进行,而东正教的洗礼仪式,只有将头扎入水中这一种形式。

天主教通常给7~12岁儿童举行坚信礼(涂圣油仪式),而东正教是在婴儿出生40天时在教堂受洗;天主教举行圣餐仪式时使用未发酵的面包,而东正教恰恰用发酵面包;天主教不久前还出现了这样一条新规定:神甫在圣餐仪式上可以边吃面包,边喝葡萄酒,而在家人(世俗界)在圣餐时只能吃面包。天主教与东正教在崇拜十字象征及其仪式方面也有一定的区别,相同的一点是两种宗教的神甫都手拿十字架对着教民画十字,一只手从右向左画,这象征着基督教的一种传统,即对着右方表示得以拯救者所在地,对着左方则表示死者所在地

（《马太福音》25，31－46）。如果神甫在自己胸前画十字，东正教教徒便重复神甫的动作，也在自己胸前画十字，而天主教教徒像是在"照镜子"，也就是说，他们从左向右画十字。或许，画十字的象征是为了纪念基督身受的五处伤：其中四处是他的四肢被分别钉在十字架上，而第五处伤则是一个士兵为了检查耶稣基督是否真死了，而用锋利的长矛直接刺入耶稣基督的心脏。因此，天主教徒手举十字架，以此表示他们所做的一切都是发自内心的。

对圣母的狂热崇拜、关于圣母的灵魂与肉体同时升天的学说、对信徒产生作用和他们笃信的所有艺术门类和戏剧化的崇拜偶像、对一切圣物的热衷和崇拜、对受难使徒和所有圣者的崇拜、带有罗马教皇"一贯正确"特色和严格等级制度的中央集权化组织等等，这些都是天主教这一基督教分支的典型特点。

当今有些天主教徒，特别是欧美国家的天主教徒，随时准备对罗马教皇的最高权力提出质疑，有时甚至还轻视并忽略教皇的训导和意见。

今天居住在罗马的天主教徒，依然追捧并遵循着1962～1965年第二届梵蒂冈普世会议的遗产，那次会议使活跃至今的最强硬的教会组织及其章程发生了巨变，其中包括教会在举行祈祷仪式时不再使用拉丁语，允许各国教会使用本地语言。作为一个罗马天主教徒，意味着他深知自己属于全球教会和影响最大的教会，他所在的这个教会是离耶稣基督最近的教会，他可以随时见到耶稣基督，时刻不忘该教会拥有完美的祈祷仪式和深邃而丰富的宗教传统。虽然天主教规定了严格而强硬的祈祷仪式规则，但教会在实际执行时允许某些形式上的不同。

有时天主教教会被迫接受地方的宗教和信仰习俗，这就导致其他基督徒指责教会对地方教会过于宽容和妥协，甚至还赞同地方教会举行的多神教和预兆活动。不过，已故罗马教皇约翰·保罗二世（Paul Ⅱ，任期为1464～1471年）生前曾公开反对占星术和算命活动，他认为，这种迷信活动与基督教信仰是互不相容的。尽管如此，在西方（包括意大利在内），占卜算命活动一直十分盛行。

第二届梵蒂冈普世会议使天主教会变得更加开放，这是因为罗马教皇与君士坦丁堡的东正教宗主教最终携手结束了互相开除教籍的历史，即结束了始于1054年的东方正教与西方天主教分化的历史。

修道院运动曾在罗马天主教会里发挥重要作用，在诸多修道院的兴盛时期，修道院一度成为祈祷、礼拜活动、弘扬福音、进行启蒙和主张科技进步的中心。虽然有的天主教神甫已经结婚，但这只是一个例外，而不是普遍现象，大多数教区教堂的神甫早已发誓终身不婚，所以神甫与修士之间的区别并不像东正教会那么明显。神甫是否应该遵循终身不婚的誓言这一问题，已是罗马天主教会内部激烈争论的对象。有的神职人员认为，罗马教皇的强硬态度导致了神甫数量的显著下降，在所有的50万罗马天主教神甫当中，20%（10万人）不能正常履行自己的职责,因为他们在发誓献身宗教和终身不婚之后结了婚。

罗马天主教会的强硬政策处处可见,其中包括对那些有偿举行的宗教仪式的教会和敢于向国王示威的教会的强压,引起了普通人民的强烈反对。15~17世纪,早已对天主教会怨声载道的人民最终奋起反抗,勇敢地投身于反对教会的热潮和改革运动之中。

原来,反对天主教教会的浪潮与名声显赫的英国国王亨利八世(Henry Ⅷ,1491~1547年,1509年即位)密切相关。为了与安娜·伯莱恩结婚(这位第二任妻子后来被国王本人送上了断头台),已婚的亨利八世不惜与妻子卡特琳娜·阿拉贡斯卡娅正式离婚。为了满足自己再婚的愿望,亨利八世与罗马教皇顿时发生了争端,缘由是英国早已酝酿成熟的摆脱罗马控制的决定。正是从那时起,英国内部首先开始了大规模的自上而下的宗教改革运动。1534年,亨利八世签署了《最高领导法令》,并宣布自己为英国教会的最高首脑。后来他还下令没收修道院的财产。凡是拒绝承认亨利八世为最高宗教首脑的人,一律被处以死刑,当时因此被处死的甚至有英国国务活动家、伟大的思想家、人文主义者和作家托马斯·莫尔(Thomas More,1478~1553年)。

从此,一个名叫肯捷别里斯基的主教开始掌管独立的英国天主教教会的一切事务,但是英国人并没有因此而完全拒绝天主教传统,他们继续沿用的不仅有过去的某些祈祷仪式和礼仪,还有擅长管理地方教会(主教管辖区)的一批主教。

当然,那是一次最彻底的宗教改革运动,改革之风不仅吹遍了英国,而且还波及了西欧和中欧各国。

那次宗教改革的主题思想是:人类若想使自己的心灵获得拯救,他不必经过教会这一中介,而只需每个人笃信上帝拯救人类的学说即可。除此之外,每一个天主教徒应该将自己十分之一的收入献给教会。当时这笔收入都进了教皇的金库。而罗马教皇发财致富的主要渠道之一是销售"赎罪券",他们说,教徒从教会购买这种赎罪券之后,他们便可得到罪罚的"赦免"。"赎罪券"一词译自拉丁语,意思是"宽容"、"恩赐"、"仁慈"。

有些神学家、学者、神甫和普通修士的心里都很明白,罗马教皇通过诸如宗教法庭、赎罪券等达到发财致富之目的,也能支撑他至高无上的权力。重要的是,这种"敛财"的做法违背了基督教关于人人平等、公正和博爱的原则和基本教义。因此,许多人都要求进行教会改革,以便理顺宗教信仰方面的秩序,而教皇本人当然不想将最高权力拱手相让,也不愿意看到教会发生变化。但最终宗教改革和大变革时代还是开始了。

宗教改革之后,天主教教会丧失了原来在一系列国家的专权地位,或者说,教会开始在较大程度上依附于国家政权,宗教垄断地位被摧垮。

那场改革运动的初衷是为了促进天主教教会的变革,可是最终却引起了宗教和政治方面的大震荡,导致产生了许多新教教会,从而使基督教界发生了长期而深刻的分裂。那次宗教改革运动的领袖是德国维藤贝格大学的神学教师和修士马丁·路德(Martin Luther, 1483~1546年),他在1517年提出了95条反对赎罪券和其他天主教教会活动的论纲,揭开了宗教改革运动的序幕。他是路德宗的创始人和思想家,代表了市民阶级中的保守势力,曾将《圣经》译成德文,同时促进了德语文学语言规范化。

在连续多年内,天主教教会由于一系列滥用职权的行为而遭到严厉批判,这些行为包括经常严重缺席,即神甫们长期不为教民主持祈祷仪式;教皇任人唯亲,即为亲人或朋友提供教职;从事圣职、圣物和赎罪券买卖等。无知的神甫、自私自利的神父和干涉市民生活的神父统统受到了指责。

路德的95条论纲印刷成册,立刻引起了强烈的社会反响。他很快就被说成是异教徒,1520年,路德被革出教门。1521年,当他被传唤到皇帝所在城市—沃尔姆斯做出解释时,他坚定地说,真正的信仰应该建立在《圣经》基础之上,而不能以教会制定的教义为准则。

除了德国的路德之外,值得一提的还有其他几位杰出的宗教改革家,其中有当时侨居日内瓦的法国人让·加尔文(Jean Galvin,1509~1564年),加尔文宗的创始人,著有《基督教原理》,他曾一度使日内瓦成为宗教改革中心。加尔文宗比路德宗更坚决、更严谨,而且还具有明显的延续性,所以加尔文宗很快就吸引了大量的追随者。

1541年,加尔文开始从事日内瓦新教会的组织活动,该教会拥有自主权、选举产生的布道牧师、负责研究制定教义的博士、负责教会秩序和纪律的长老、专门负责救济穷人的助祭。这样的选举活动通常是由专门委员会(即正教院)主持进行的。

在英国许多加尔文宗追随者的眼里,英国教会所进行的不彻底的宗教改革运动带有很多不足之处。他们认为,英国天主教会应该完全脱离教皇的管辖和影响,这些号召教会"净化"的人曾被称为"清教徒"(该词译自拉丁语的"purus"一词,意思是"清洁的")。

清教徒主张并宣传"中庸"思想,即人们在生活方式、衣着、饮食和家居方面,都应该把握适中的尺度;文学作品和文化均应坚决反对任何浮华和奢侈行为。当然,并非所有的人都能接受这种自我限制的思想,这种思想特别不符合英国贵族和富裕的资本家的生活方式。我们可以回忆一下法国作家大仲马长篇小说《三个火枪手》主人公(以及白金汉公爵和费尔顿中尉)的行为。

为数不多的清教徒主张取消主教职务,废除基督教团体自治权和英国圣公会下设的分会。

最热心的清教徒则开始努力在英国殖民地之一建立自己的国家,美利坚合众国的创始人最终实现了清教徒的这种理想。

清教徒曾以勤奋热情和笃信宗教而著称,在许多语言里,至今依然有"清教徒观点"、"清教徒式道德"等术语。

西方历来将那次宗教改革进程中出现的新教称为"抗罗宗"、"抗议教"。"新教"这一术语产生于德国的宗教改革运动,5位公爵和14个城市在1529年召开的一次议会上签订了反对皇帝限制良心自由的抗议书。"抗议教"(或"新教")这一术语既顺应了路德宗,也适应了加尔文宗,还与英国圣公会保持一致。当今世界上属于新教的有2000多家教会和不同的教派,从历史的观点出发,最重要的教派是德国的路德宗、法国的加尔文宗、瑞士的茨温利派和英国圣公会。

从此,基督教除了原有的天主教和东正教之外,又出现了第三个独立的基督教分支——新教。

随着欧洲宗教改革的步步深入,罗马天主教教义分别在三次普世会议上得到了重新审视和批评,这三次普世会议分别是:1545~1563年在英国特伦特召开的会议;1869~1870年在梵蒂冈召开的第一届普世会议和1962~1965年的第二届会议。罗马教皇经常发布各种不同的法令(或叫"训谕"),其中最著名的是关于解决社会伦理道德问题的训谕。1870年普世会议的决议导致了教派分裂,即罗马教会与那些不接受教皇"一贯正确"观点的天主教徒之间的分裂。如今这些分裂出来的教徒(多数是一些老派天主教徒)分别在德国、荷兰、奥地利等国组成了一些规模不大的教派组织,他们与英国圣公会的教徒有着相同的宗教信仰。

基辅罗斯①在接受拜占庭希腊基督教("东正教")之后,改变了整个东欧的地缘政治版图。由于原君士坦丁堡的影响逐渐削弱,东方传统在斯拉夫社会得以巩固,但是这种传统从此开始按照与西欧不同的轨迹发展。"必须保持原教会赋予的信仰基础的完整性,既不准对教义遗产有任何补充,也不允许对该教义有所删节",正是这条首要义务决定了东正教的保守主义。

东正教的重要支柱是译自希腊语的《福音书》、《普世教会决议》、《礼拜祷文》和其他一系列被奉为经典的教规和律法。

东方基督教(或拜占庭希腊基督教)的历史形成和发展与天主教有所不同。首先,东方传统是在罗马帝国的地方省城里形成和出现的,这种传统建立在当地的生活习惯基础之上,传统与习俗相互依附,而不像罗马社会那样排斥来自地方的传统,结果是东方基督教的多神教元素比西方基督教的多神教元素更多。

第二,古罗斯教堂举行祈祷仪式时,使用的是人民已经熟知的斯拉夫语。人们在教堂里听到了上帝的话语,有知识的人用本民族语言朗读颂词,而不是用某部落的土语朗读。当时

---

① 基辅罗斯,公元9~12世纪初古罗斯封建国家,由波利安人、伊尔门湖地区的斯拉夫人、拉季米奇人和克里维奇人的领地合并而成,首都基辅。——译注

无论是在第聂伯河和多瑙河沿岸,还是在波罗的海和黑海沿岸,到处都能听懂基里尔和梅福季①创造的教会斯拉夫语言。

基督教在古罗斯的传播也不同于西欧各国,因为古罗斯在中世纪前期根本没有本族语言撰写的《圣经》,那时的《圣经》都是用拉丁文书写的,只有极少数专业人士(教士)才能看懂。由于这种主要原因,不仅是当时的普通百姓,就连封建贵族,也只能通过聆听教堂的布道、观看教堂内的壁画,才能听懂上帝的话语。这种布道形式和教堂壁画一度被称为"为文盲撰写的圣经"。

第三,拜占庭帝国的繁荣富强成为东方传统的可靠支柱,②正如俄罗斯宗教哲学家、神学家布尔加科夫(Сергей Николаевич Булгаков,1871~1944年)所说:"只要国家政权保持多神教特色,教会对国家的关系将永远是表面化的。当以君士坦丁皇帝为首的国家政权崇拜十字象征时,情况就会发生转变,即教会与国家之间的距离将大大缩短,教会将担负起祖国命运的责任……在教会里,沙皇的影响实际上是由他所掌控的国家实力所决定的。"③

由于拜占庭教会最高权力掌握在居住在拜占庭帝国最大的四个省的宗主教手中,所以从一开始,东正教就没有统一的中心。这四个宗主教分别是君士坦丁堡宗主教、亚历山大宗主教、希腊安提阿宗主教和耶路撒冷宗主教。1453年,拜占庭帝国沦陷后,这四位宗主教开始各自独立行使其宗教权力,独立掌管各自的东正教会。后来在中东和东欧许多国家也出现了拥有自治权的东正教会。

像整个基督教一样,东正教的基本教义主要由尼凯阿皇城的宗教信仰象征组成,而这种象征又是由两次普世宗教会议(325年的尼凯阿会议和381年的君士坦丁堡会议)确立的12条决议组成的,主要内容是对三位一体、上帝再现、救赎、死者复活、耶稣基督诞生、洗礼和阴间生活的认识和理解。

三位一体论的实质是这样的:上帝不仅是一个现实存在的人,而且还是一种精神本质;上帝往往同时以圣父、圣子和圣灵三种身份出现;三者构成一个统一整体"三位一体",三者具有不可分割的本质属性和相同的最佳品质。

圣父不是天生的,也不是来自其他人物。根据《东正教教义问答》的定义,上帝"是永恒的神灵、至上的主、全知的神明、最公正的法官,上帝是无所不能、无处不在、不可改变、人人

---

① 基里尔(公元869年)和梅福季(公元885年)利用希腊字母表,规范并完善了俄罗斯文字的书写规则。在赫尔松海域曾发现基里尔在861年抄写的福音书和圣经里的诗篇;863年,兄弟二人一起创造了斯拉夫教会使用的字母表,并将许多希腊文宗教文献译成斯拉夫语,其中包括《福音书》、《使徒行传》和《诗篇》,假如没有这些文献,古罗斯教堂的礼拜活动是不可思议的。——原注
② 拜占庭举行大型祈祷仪式时,皇帝身穿金黄色锦缎法衣行进于教堂内。东正教神甫至今在礼拜活动中都身穿拜占庭式的法衣。——原注
③ 摘自《东正教:东正教教义概述》,С. Н. 布尔加科夫著,莫斯科,1991,第332~333页。

《旧约》三位一体圣像

满意的主宰"。

上帝从虚无中创造了天和地、现实世界和精神世界;上帝用泥巴塑造了第一个人亚当,又用亚当的肋骨创造了第一个女人夏娃。上帝创造人的目的是为了让人认识、热爱和颂扬上帝,从而获得无上的幸福。当上帝创造亚当与夏娃之后,又将天意传授给他们。这意味着人类的缔造者保护人类,派遣或引领他们走除恶行善之路,希望他们不失言,同时坚决履行自己的义务。

关于这个问题,当代数学家和哲学家扬科夫(Вадим Анатольевич Янков, 1935~)的观点意义似乎十分贴切,重要的是他的观点有助于我们理解人类缔造者——上帝"下凡"以及上帝与人类之间的关系问题。基督教信奉的上帝重于缔造世界万物,重视人类对他的态度,不能将上帝看做是只有自我的神。除最初的创世活动之外,上帝只再现一次,并以经常鼓舞人心的神灵存在于人间。上帝参与人类的整个历史进程,与上帝相适应的应该是正统的宗教语言。正因为如此,教会的神父们不得不以三位一体来表现上帝。除了万物的缔造者(上帝本身)之外,以耶稣基督表现的圣子、充满生命力的圣灵、先知和圣者的来源,也都是世间万物的源泉。基督教教义将三者融为一体,目的是为了确定上帝那种共同本质、上帝诞生与降临人世的复杂的相互关系。再次重申,这种精神统一的潜台词运用了充满智慧的古希腊哲学概念逻各斯所取得的一切成果,也就是说,在基督教中,"逻各斯"就是指上帝(三位一体中的圣子)。①

上帝预先决定了牺牲自己的独生子而拯救人类,他这个独生子则是三位一体的化身,以人的面目出现,是上帝的再现,他的名字叫耶稣基督。耶稣基督同样是真正的上帝,他应该被看做是"所有世纪"的现实存在,也就是说,基督徒必须相信,上帝之子像他父亲那样是永恒的主宰。

上帝的第三种表现形式是圣灵,圣灵、圣父和圣子一起共同产生了人的精神生活,让世人懂得了上帝的威严,上帝赐予人们虔诚和灵感、认识世界的才能和智慧。381年君士坦丁堡普世会议确立的宗教信仰的第8个象征——圣灵,这一象征与圣灵的特性完全相符,即圣灵来自圣父,但圣灵与圣父和圣子有着同等地位,三者都是真正的上帝。根据《圣经》,在耶稣基督复活后的第50天,圣灵以喷发的火舌形式出现并降临到使徒身上,他通过信徒虔诚的祈祷仪式和相关礼仪与信徒沟通。

天主教徒则认为,"圣灵"既来自圣父,又来自圣子。

我们发现,天主教徒脱离了普世宗教会议确立的"信仰象征",这主要是由于这些教徒本身对社会和政治的认识。

13世纪,为了证明上帝之子不仅是一个人,而且还是一个神的学说,天主教与阿里安异教②展开了激烈的斗争,就是在这场斗争中,天主教完全接受了"和子句"(译自拉丁语中的"filioque"一词),即"圣灵不仅来自圣父,而且还来自圣子"。

作为基督教的两个分支,东正教与天主教既在崇拜形式方面有所不同,两个分支的神甫在社会中的地位也不尽相同。

观察宗教确立的历史发展过程,我们清楚地发现,不同教派在祈祷仪式、礼拜活动、信念和伦理要求方面,存在着越来越明显的差异,其中最值得一提的或许是那些在基督教诞生初期就十分明显的区别,对此《新约全书》中有所记载。例如,基督教与犹太教之间的区别、基督教与多神教之间的区别(《使徒行传》,6:1)、使徒圣彼得与圣保罗之间的差别(《加拉太书》2:11)。

我们先来看一下东正教与天主教之间的区别。

东正教的神甫有"白""黑"之分,所谓"白"神甫,是指那些已婚神甫;"黑"神甫是指那些发誓终身不婚的神甫。而天主教的神甫根本无权结婚。

东正教举行祈祷仪式时有许多特点,其中最明显的是:神甫只是一个媒介,他们的职责

---

① 摘自《存在主义史浅谈》,B. A. 扬科夫著,《哲学问题研究》杂志,1998年第6期,第16页。——原注
② 阿里安教于公元13世纪得以传播,该教承认,基督只是一个人。这种观点依然存在于当今某些基督教流派中。——原注

是保证人们与上帝和神力之间的沟通。神甫也是跟他的教徒、教民一样的普通人,而罗马教皇则是上帝在人间的全权代表,所以教徒和教民也像崇拜上帝那样崇拜罗马教皇。

俄罗斯正教在祈祷仪式方面的典型特点之一,就是将宗教崇拜绝对化。神像是信仰和崇拜的中心内容和主要对象。俄罗斯正教要求每一个信徒必须定期去教堂做祈祷,而天主教徒则可以按照个人的心愿去教堂做礼拜、祈祷、忏悔,他们有权拒绝参加教堂定期举办的礼拜活动。

东正教认为,东正教的基本教义是神授的和永恒的真理。正因为如此,俄罗斯正教会经常与天主教会发生论争,后来又与新教展开争论,原因是两大教派在教义问题上存有分歧。东正教对天主教关于炼狱说、教皇"一贯正确"、玛利亚的肉体升天说提出了严厉批评。

东正教与天主教及其二者的相关教会机构之间的主要区别,无疑是各自所处的国家和地区的社会政治背景和条件的差异。

东方基督教曾存在于强化的中央集权国家——拜占庭,那时的教会立刻成为国家的附属品,而皇帝是教会的首脑。西方基督教则是逐渐转变成统治整个社会(包括国内政治)的组织。世界宗教文化的发展特点对东西方基督教产生了深远的影响,从而使东西方二者之间的区别愈发突显。希腊基督教注重的是本体论和哲学方面的问题,而西方基督教注重的是法律和司法方面的问题。

如果东方教会(东正教)的区别性特点是保守主义,那么,西方罗马天主教会的主要特点就是中央集权制。

尽管梵蒂冈教廷不相信新思潮和具有潜在危险的变革,不过,他们一旦赞同某种新思想,他们会迅速而坚定地将其付诸实现。

教堂在举行祈祷仪式时,可以使用拉丁语,而使用教堂所在地区使用的现代语言,这项决定本身就是最惊人的一例。这件事发生在1962年,当时的第二届梵蒂冈普世教会议宣布,取消教堂礼拜时必须使用拉丁语的规定,允许使用各民族的现代语言。今天的天主教神甫都是用各地信徒的本族语主持祈祷仪式。

然而,拉丁语至今依然是天主教会的正式语言,神甫们讲拉丁语,世界各国的神甫来梵蒂冈开会时,教会的主教仍然用拉丁语书写重要文件。

虽然有人提出要求,让俄罗斯正教会在祈祷仪式上使用现代俄语,但教会则认为,有必要保持原来礼拜活动上使用的语言和教义的最初形式,因为古时的语言和教义与所有教会都希望得到上帝的博爱和真理。甚至连"东正教"(原意是"以正确的形式赞美上帝")一词就足以说明,基督教分支——东正教认为赞美上帝是他们义不容辞的责任。

俄罗斯正教会传统证明了自身的独立与自主自足的特点,教会仔细研究了古罗斯基督教发展史,即圣使徒安德烈(Андрей Первозванный,约公元1世纪初~1世纪末)首次周游古罗斯大地并向人民传播了基督教基本教义的历史。从圣使徒安德烈起,教会传统就与基督教在罗马帝国东部地区和拜占庭的传播联系起来。据传,安德烈在创立东方基督教教义方面发挥了重要作用。天主教对世界统治地位的追求主要依据关于圣使徒彼得的传说,他们主张,是彼得将天上人间最高权力的象征——钥匙亲手交给了第一任罗马教皇彼得一世。根据《福音书》记载,圣使徒安德烈是圣彼得的亲哥哥。此外,安德烈是"耶稣基督亲自挑选的第一个门徒"。由此可见,两个基督教会的思想依据都是神话传说,二者根据这些传说,都自称是基督教界的主人。这些历史宗教意识都很重要。公元2世纪的基督教神学家德尔图良很早就指出,真正的教会是直接发源于耶稣基督的那些教会,其他教会应该制定使徒级教规,即成为附属于某一上级教会的分会,宗教也因此而成为政治。

古罗斯时期究竟有多少斯拉夫人信奉基督教,有多少瓦兰人,或古罗斯人信奉基督教,我们无从查考,但是根据《编年纪事》①记载的史实资料,公元945年,古罗斯的基督徒人数众多,这是历史的事实。正是在这一年(当时是伊格尔公②执政时期),古罗斯与拜占庭签订了和约。当时在基辅罗斯表示忠实该和约的既有信奉多神教的斯拉夫人,也有信奉基督教的斯拉夫人,而且后者是在圣伊利亚大教堂里宣誓的。其实,基督教是逐渐渗透于古罗斯的,基督教的作用、意义和影响也是逐步扩大的,在这个多元化的过程中,曾出现上升和下降趋势,还有过多次激烈的冲突。据《编年纪事》关于955年的史料记载,女大公奥莉加(Ольга,? ~969年)对基督教的态度标志着基督教在古罗斯的一次胜利。③ 应当指出,《编年纪事》里"圣伊利亚大教堂"这一名称足以说明,当时古罗斯已经有许多基督教教堂。作为母亲,女大公奥莉加曾劝告儿子斯维亚托斯拉夫(Святослав,? ~972年)接受基督教,可儿子偏偏不听,坚决按照本族部落时期的原则和习俗建立了斯拉夫强国。直到后来弗拉基米尔大公(Владимир I,? ~1015年)执政时期,基督教才作为基本国教正式进入古罗斯。弗拉基米尔是斯维亚托斯拉夫与粮仓女管家玛鲁霞所生之子,古罗斯人喜爱弗拉基米尔,还把他称为"红太阳弗拉基米尔"。④

---

① 《编年纪事》是全罗斯编年史籍,12世纪由基辅修士涅斯托尔撰写,书中主要收录11世纪的编年史和其他史料。《编年纪事》将本民族史与世界史和斯拉夫史联系起来,成为现存大多数编年史的基础。——译注
② 伊戈尔(Игорь,? ~945年)912年起为基辅罗斯公。941、944年两次远征拜占庭,并与之签订和约。后来在索要供品时被德列夫利安人杀害。——译注
③ 奥莉加(Ольга,? ~969年)基辅罗斯公伊戈尔的妻子,在儿子斯维亚托斯拉夫幼年时和丈夫远征拜占庭时执政,曾镇压德列夫利安人的起义。公元957年秘密接受了基督教的洗礼。——译注
④ 弗拉基米尔,980年起为基辅罗斯一世大公,斯维亚托斯拉夫的小儿子。原为诺夫哥罗德公(969年起)。征服了维亚迪奇人、拉季米奇人和亚特维亚格人;与佩彻涅格人、伏尔加保加利亚、拜占庭和波兰作战。988年奉基督教为古罗斯国教,执政时古罗斯处于强盛时期,人民称他是"红太阳",俄罗斯正教会还把他尊为圣者。——译注

公元988年,古罗斯在弗拉基米尔大公的带领下接受了基督教,弗拉基米尔大公从此以"古罗斯施洗者"的英名被载入史册。

但是另有史料证明,基辅罗斯是在公元867年受洗的,当时的基辅公是阿斯科尔德(Аскольд,？~882年),他亲自为自己的侍卫军和基辅市民洗礼,在第聂伯河右岸建造了先知伊利亚大教堂,该教堂后来成为基辅罗斯教会的摇篮。公元865年和866年,阿斯科尔德与其共同执政的另一位基辅公季尔(Дир,？~882年)一起先后战胜了波洛茨克人和可萨联盟——佩彻涅格人。

大约在866年,在基辅罗斯公阿斯科尔德和季尔的率领下,古罗斯完成了对君士坦丁堡的第一次远征,但当时一直追踪记录罗斯人获胜事迹的编年史学家,却只字未提阿斯科尔德和季尔的名字。不过《编年纪事》里有这样的记载:公元882年,阿斯科尔德和季尔被攻占基辅并成为基辅罗斯公的奥列格(Олег,？~912年)杀害,在此之前,奥列格是诺夫哥罗德公。

人们的记忆是比较公正的,在具有永久生命力的俄罗斯民间创作中,有许多关于阿斯科尔德和季尔光辉形象和惨遭杀害的故事和民歌。

俄罗斯历代画家和作曲家也分别创作了以阿斯科尔德和季尔形象为主题的画作和音乐作品。19世纪俄罗斯著名作曲家和轻歌剧的创始人维尔斯托夫斯基(Алексей Николаевич Верстовский,1799~1862年),在大胆地运用"非歌剧题材"素材的基础上,创作了歌剧《阿斯科尔德之墓》。该剧于1835年首演,据同时代人的回忆,当时该剧在社会上引起了极大的反响,场内观众都流下了净化心灵的眼泪,不时响起雷鸣般的掌声。这就是人们对古罗斯最早接受洗礼的基督徒阿斯科尔德和季尔两位公的怀念。

第61个古罗斯主教管辖区早已被列入君士坦丁堡宗主教下属的教会名册。俄罗斯教会的奠基人被认为是弗拉基米尔大公的接班人——被誉为"智者"的雅罗斯拉夫(Ярослав Мудрый,约978~1054年)。①《编年纪事》对雅罗斯拉夫(智者)的历史作用有这样的评价:"在雅罗斯拉夫执政时期,基督教这种信仰开始滋生和扩散,身穿黑色长袍的修士逐渐增多,一座座修道院拔地而起……正如人们常说的那样,一个人在前边翻地,另一个人在后面播种,第三个人负责收割庄稼并尽情享用丰收的果实,俄罗斯教会也是如此。"与此同理,弗拉基米尔在前边翻地松土,雅罗斯拉夫在后边播种。

1037年,拜占庭向古罗斯派来了第一位希腊主教费奥波姆。其他资料说,第一位教会首脑(主教)是于991年来到古罗斯的,当时他已经被任命为君士坦丁堡宗主教,当他成为古罗斯的教会领路人时,信徒们尊崇的偶像与拜占庭和希腊所推崇的偶像没有丝毫区别,只是随着时间的推移,情况开始发生变化。首先,并非每一个信徒都理解基督教祈祷仪式中的各种

---

① 雅罗斯拉夫,1019年起为基辅大公,弗拉基米尔一世之子。——译注

复杂象征意义和作用;第二,教会本身努力使每一个笃信基督教的人接近并更好地理解教义。因此而产生的影响首先表现在人们"神圣"等基督教教义中最重要的概念的理解上。从此越来越多的古罗斯人物出现在圣者的圣像行列,与他们相关的文化素质随之进入东正教的信仰之中。

在封建割据时期的古罗斯,拜占庭教会不断向古罗斯各大城市增派主教和都主教,从而保证了拜占庭帝国对古罗斯教会的控制权和管理权。

古罗斯都主教教会管辖区又分成若干与世俗政权体制相符的主教管辖区,在蒙古 – 鞑靼入侵古罗斯之前,即在1243年以前,古罗斯的主教管辖区虽然不超过16个,但是其中的每个教区都占有大片土地,主教管辖区的一切权力全部归主教所有,不仅包括对神甫的审判权,而且还包括许多民事法庭的审判权。

后来,大规模的反封建浪潮对古罗斯教会形成了严重威胁,因为民众采用的是反基督教的形式和多神教反对势力常用的形式。在广大民众看来,社会关系的封建化是一种新思潮和新的宗教生活方式,它们代替了古老善良的多神教。在这种情况下,教会可以从两条路中选择其一:要么对一切反对者实行血腥镇压政策,要么逐渐减轻最尖锐的矛盾;可以妥协,但是绝不排除残酷镇压的手段,以便随时惩戒反对者。

在两条道路的选择问题上,古罗斯教会做出了具有划时代意义的巨大贡献,他们选择了第二条路,同时还做了大量工作,目的是使世俗统治者执行与教会相同的政策。因此,11 ~ 13 世纪,古罗斯不断呼吁世俗政权和信教的封建主,希望他们善待自由农民,对农民要勒索有度,只有当农民"表现不好"时,才能对他们进行鞭笞,但绝不能因为他们喝酒或"无罪"而殴打他们。斯维亚托斯拉夫1076年的《教父圣训集》教导封建主们不要虐待行为自觉的农民,建议社会的强者应该成为谦虚和善于节制的人,而"不能像雄狮那样在奴隶面前尽逞凶狂"。类似忠告和建议也出现在弗拉基米尔二世·莫诺马赫(Владимир Ⅱ Мономах,1053 ~ 1125年)的《家训》①和其他作品中,其中包括编写于14世纪的文集《妙语连珠》,书中收录了多篇早期文章,对大贵族和军政长官提出了如下建议:"不要虐待家仆,而要更多地善待他们,不能使他们挨饿受冻;不能让家人和家仆害怕人……","……要让家仆吃饱,穿暖,要给他们鞋子穿"。良好的相互关系不应该是单方面的:"……实际上,你们也都是善良的仆人,所以不要轻视仆人,你们不仅是为人们劳作,而是为了上帝"。

---

① 弗拉基米尔二世(莫诺马赫),1067年起为斯摩棱斯克公,1078年起为切尔尼戈夫公,1093年起为佩列亚斯拉夫公,1113年起为基辅大公;弗谢沃洛德一世和拜占庭皇帝康斯坦丁·莫诺马赫的女儿之子,在人民起义的热潮中被基辅贵族推为王,曾致力于防止封建主的内讧,制定了法规,限制了高利贷者的胡作非为。在《家训》中嘱咐儿子们维罗斯的统一。——译注

当基辅强国被蒙古－鞑靼人毁灭之后,①莫斯科大公国得以强化,莫斯科大公国忠实的拥护者是圣三位一体大修道院院长谢尔吉·拉多涅日斯基(Сергий Радонежский,约1321～1391年),他于1452年被尊为圣者、莫斯科大公国政权的捍卫者和上帝派来的庇护者。皇城君士坦丁堡沦陷之后,②莫斯科被称为"第三罗马"。换句话说,如果基辅罗斯在15世纪以前曾是整个基督教界的一部分和地区之一,那么莫斯科大公国的强盛产生了"莫斯科就是真正的世界基督教中心"的构想。像拜占庭是罗马的继承者一样,莫斯科成了拜占庭的继承者。"前两个罗马帝国都崩溃了,第三罗马依然屹立,而且永远不会有第四个罗马帝国。"这种构想既反映在当时的神学传统里,也反映在世俗阶层的意识之中,还反映在英雄史诗当中和伊利亚·穆罗梅茨(Илья Муромец)、多布雷宁·尼基金(Добрыня Никитич)、阿廖沙·波洛维奇(Алёша Попович)、瓦西里·布斯拉耶夫(Василий Буслаев)等壮士歌里的人物和勇士形象之中。

在莫斯科大公国成为东正教宗主国之后,莫斯科随即便肩负起在整个东方庇护希腊基督徒布道的重任,同时准备为拜占庭1453年沦陷后发起对伊斯兰教的报复。被奥斯曼人(土耳其人的旧称)占领的君士坦丁堡易名为伊斯坦布尔,并成为奥斯曼帝国的首都。15世纪末,土耳其人(奥斯曼人)已使自己的帝国成为整个伊斯兰世界的主要强国。

东正教教会,首先是莫斯科正教会,逐渐成为俄罗斯国家领土的集中者。

作为具有普遍意义的思想的主要载体,俄罗斯教会建立了一个多民族之强国,在这个国度里,任何一个民族,任何一种信仰和教派,都不会受到歧视。各族教派代表在宫廷分别获得均等席位,从而保证了每个民族、每种信仰和每个封地的代表都能与大公直接会晤。古罗斯教会首先竭力与怀有敌意的各族王公们沟通和妥协,以便减少内讧的可能,维护刚刚开始的和脆弱的国家统一。

东正教会从拜占庭带来了相当丰富的典章和律法,宗教界和所有神职人员均将这些文献作为生活和行为准则。至于世俗社会的日常生活的调控,教会除了建议用相互责任和义务代替明确的章法之外,再也没有其他办法。这种以伦理道德代替法律(方针性的宗教良心代替法制观念)的做法,既是古罗斯文明的基本特性之一,又将这种特性传导给后来逐渐发

---

① 鞑靼人在基督教信奉的神奇的上帝面前感到迷信的恐惧,他们开始尊重古罗斯神职人员,教会努力安慰人民并减轻人民的痛苦,宽恕怀有敌意的王公,并鼓励他们奋力建立统一的罗斯国家。教会的努力带来的丰硕成果,被蹂躏的国家开始复苏。——原注

② 拜占庭帝国自1453年已不复存在,在连续10多年内,取代阿拉伯人的年轻的土耳其国对拜占庭进行了多次进攻,土耳其人是伊斯兰教徒,骁勇善战。到最后,拜占庭帝国被打得只剩下一座孤独的皇城——君士坦丁堡。当土耳其人占领皇城后,立即将原来的基督教大教堂——索菲亚大教堂变成了伊斯兰教的清真寺。今天该教堂是一座博物馆。——原注

圣谢尔吉·拉多涅日斯基

展的多种文明。①

　　自13世纪起,莫斯科大公国的王公们与教会开始开垦伏尔加河中下游左岸(东岸)的大片土地。12世纪从弗拉基米尔－苏兹达利公国独立出来的莫斯科大公国,逐渐成为联结古罗斯所有疆土的中心。到14世纪,古罗斯兼并东北地区的趋势日益强化。与此同时,莫斯科大公国不断增建或新建修道院、城堡和城市,当地居民表示顺从并开始慢慢地同化。无论是在国家防止和抵御外夷入侵方面,还是在各地王公之间的相互倾轧和内讧的斗争方面,修道院都发挥了重要的军事和战略作用。许多修道院都筑有高大厚实的城墙、塔楼(瞭望台)和深深的壕沟,修道院本身就是一座座固若金汤的城堡。像基里尔－别洛泽尔斯基②修道

---

① 俄罗斯人因此产生了这样一种欲望:宁愿凭良心生活,凭在很大程度上决定现实生活的社会环境的规律生活,尽管这种规律有其明显的弊端(毫无作为甚至成了最公正、最必需的律法),而不必依法生活。——原注
② 基里尔·别洛泽尔斯基(Кирилл Белозерский,1337～1427年),古罗斯西蒙诺夫修道院(1388～1390年)的修士大司祭,后人将他亲自建造的修道院命名为"基里尔－别洛泽尔斯基修道院"。——译注

院那样的大型宗教建筑群只是在为数不多的城市才能见到,该修道院的城墙高达46俄尺(1俄尺=0.71米),内墙是圆木构造,外墙用石头砌成。四周的城墙上共有33座带有射孔和瞭望口的塔楼,城墙四周是深深的壕沟。如此坚固的古罗斯城堡式建筑还有波洛维茨基修道院①和圣谢尔吉三位一体大修道院,②在敌人的长期围困下,两个修道院巍然屹立。

有些修道院建在城市里,有的修道院则建于郊外,但它们都曾是当时的军事防御中心。14~15世纪的莫斯科四周的孤居修士处所(即修道院)的精美建筑,犹如一条"精美的大项链"。

古罗斯修士的根本誓言并不是他们没有私人财产,而是彻底放弃追求财富的念头。基督教修士生活的始祖和基督教修士运动的推动者是埃及的独居修士圣安东尼(Antonius,约250~356年),他曾在埃及沙漠上独自创立了严守斋节和祈祷仪式的功绩。

西方修士生活的出现晚于东方修士,西方修士生活的创始人是"本笃会"代表、意大利努西亚省的修士本尼狄克(或"本笃",Benedikt of Nursia,约480~547年),他在公元6世纪创立了集中化的和遵守统一教规的天主教修会。本笃会在10~11世纪影响最大,它至今都是梵蒂冈的支柱。本笃派(或本尼狄克派)的主要特点不仅是他们的自我克制和虔诚的祈祷态度,而且还有他们出色的农事和园林技艺。圣本尼狄克曾让欧洲认识了"三地轮作制",从而大大提高了农业劳动的经济效益,从此修士劳动的时间比他们做祈祷的时间增加了一倍。

自发的基督教修士生活为实现合乎福音的生活方式铺设了道路。古罗斯修士和大修道院可能不甚了解西方天主教修士的生活详情,但有一点是清楚的,那就是西方修士典型的生活特点是他们所遵守的军人般的严明纪律、忠实服务于上帝的精神。

为了自己的生活必需和帮助他人而从事的体力劳动,逐渐变成了修士必须履行的义务。自觉地定期守斋、祈祷、净化心灵和远离一切罪恶等活动,自然成为放弃个人意志的修士的基本任务。

修道院院长亲自主持修道院内教堂的礼拜活动,同时组织修道院的许多神职人员参加劳动,这些人当中不仅有修士,而且还有农民和手工业者。修士们睡在坚硬的木板通铺上,他们早起晚归,一天内主持和参加多次教堂的祈祷仪式。修士们还养动物、种蔬菜和粮食。此外,修道院一般都有一块菜地和果园,他们在那里种植花草,然后将这些花草当做食物添

---

① 城堡式建筑,建于15世纪20~30年代,位于俄罗斯北部白海的索洛维茨基岛上。17世纪时曾是分裂教派的活动中心之一,也是一个流放地。该修道院的建筑物包括:16世纪的城墙及塔楼、圣母安息大教堂及斋堂、主显圣容节教堂、16世纪末~17世纪初建造的报喜教堂、17世纪的石建殿堂。该修道院属于俄罗斯历史建筑保护区。——译注

② 建于14世纪中期,创建者是修道院院长谢尔吉·拉多涅日斯基。该教堂位于莫斯科以北70公里的扎戈尔斯克市。修道院内的主要建筑有:建于15世纪的圣三一大教堂、16世纪的圣母安息大教堂、斋堂等14~15世纪的古建筑。莫斯科神学院设于该修道院内。1920年起为俄罗斯国家历史-艺术博物馆。——译注

加剂,有时还用它们配制各种药物。修士们每天都一起在修道院内的食堂里集体用餐,每次吃饭时,都有一个修士大声朗读宗教故事片段,还有一个修士专门负责准备救济穷人的食物和衣物。每天都要举行三次祈祷仪式,然后进行晚祷、太阳落山后和入睡前的彻夜祈祷。各大修道院分别设有神学院、神学校,专门培养立志献身宗教的男孩。这些学校同时为修道院附近农村的孩子们上课,因为那些村子里没有学校。

在修士生活持续的1500多年期间,修道院曾举办形式不同的礼拜活动,制定了各种教规和行为准则。

罗马天主教教会发展了特殊的、适合于慈善事业和传教活动的修士律法和行为规范。与东正教不同的是,带有商务性质的宗教活动特征构成了罗马天主教僧侣生活的显著特点,特别是他们那种神秘的禁欲特点。

在古罗斯的修道院里,也曾有过特殊形式的经济劳动,这种劳动在古罗斯北方土地开垦阶段发挥了重要作用,建立了固定的农垦网点,其中最著名的是索洛维茨基修道院和瓦拉姆修道院的劳动团体。古罗斯很早就有向修道院捐献圣像("祭奠亡灵")的习惯,这些捐献后来成为俄罗斯民族艺术的瑰宝。

由于修道院的祈祷仪式、礼仪和劳动,通过和平方式,占有大片土地的风气开始盛行,这种风气同时引发了广泛的启蒙和传教活动。

15~17世纪,俄罗斯教会曾是俄罗斯最大的土地拥有者之一。16世纪初,俄罗斯国家进行了限制教会和修道院占有土地的尝试;16世纪中叶,在莫斯科召开的宗教会议(1551年)上,限制了教会在城市中的权力和修士在财政方面的特权,通过了《百条宗教决议》。这是一部关于俄罗斯修士内部生活方式、教会与社会、教会与国家关系的法规,共100条。在那次会议上,还制定了俄罗斯圣者名单,统一了教堂礼仪,提出了"教会财产国有化"的问题,即教会占有的土地收归国有的问题。

于是在俄罗斯许多地区,国家收回了修道院占有的部分土地,对以往修道院按照遗嘱得到的世袭领地也加以限制。同时禁止修道院购买公职人员(特别是军职人员)的世袭领地,禁止教会以"祭奠亡灵"的名义收取捐献和供品。与此同时,教会的政治作用与日俱增,特别是在宗主教制建立之后,教会的政治作用更加明显,后来俄罗斯教会获得了完全独立的地位。教会的特殊地位体现在1649年颁布的《法律大全》中,这部法典首次增加了国事罪条款,详细阐明了教会犯罪的责任。

教会的最高机关是"最高宗教会议",该组织的全部成员都是国民代表会议[①]上院的议

[①] 国民代表会议("全俄缙绅会议")是16世纪中期~17世纪末俄罗斯最高代表机关,由宗教界最高会议、大贵族杜马、宫廷成员和地方贵族、上层市民代表组成。该会议负责研究和解决国家的重大问题。——译注

员,作为特殊阶层的宗教界,这些成员享有一系列特权和优惠:赦免权、免受体罚权、免交赋税权等。

为了迎合教会等级制度,俄罗斯政府于1648年颁布命令,要求人们在星期日必须无条件地去参加教堂的礼拜活动和其他宗教节日。

古罗斯图书印刷业不仅与教会活动密切相关,而且的确是俄罗斯文化史上的辉煌成就之一。在莫斯科都主教马卡里(Макарий,1482~1563年)的大力支持下,莫斯科创建了俄罗斯第一家印刷厂,该厂在16世纪50年代末~60年代初印刷最多的主要是祈祷仪式方面的书籍。俄罗斯-乌克兰籍图书印刷第一人伊万·费奥多罗夫(Иван Фёдоров,约1510~1583年)印刷了莫斯科第一本印有准确出版日期的《使徒行传》,从而开创了俄罗斯印刷事业的先河;俄罗斯历史上还有一个辉煌的名字——诺夫哥罗德大主教和作家根纳季(Геннадий,?~1505年),他首次主持教会全部翻译了《圣经》,这部译作后来被称为《根纳季圣经》(1499),推动了诺夫哥罗德宗教界归属莫斯科圣秩的进程,竭力排除了诺夫哥罗德和莫斯科的异端学说;另一位俄罗斯杰出的政论家、翻译家、哲学家、作家和语文学家马克西姆·格列克(Максим Грек,约1475~1556年)于1518年从希腊陀斯山区的瓦托佩多斯克修道院来到俄罗斯工作,但是由于他与俄罗斯教会的反对派过往甚密,1525年遭到教会谴责并被流放,他为后人留下了极为丰富的文献资料,其中包括布道、演说、政论文章、哲学与神学专著和论述语音学、语法学和词汇学的文章;马克西姆·格列克的弟子、俄罗斯著名作家和修道士济诺维·奥斯坚科(Зиновий Отенский,?~约1568年)也曾大胆揭穿异端学说。

回顾过去,我们不能不提及这样一个历史事实:1721年10月,俄罗斯参政院和最高主教公会加封彼得一世(Петр Ⅰ Великий,1672~1725年)"全俄皇帝和祖国之父"的称号,以此表彰他为北方战争①取得胜利做出的突出贡献。从那时起,由于俄罗斯正教会积极的创造活动,俄罗斯才开始成为帝国,帝国的对外政策决定了教会的改革。1654年,乌克兰与俄罗斯再度统一,这一事件自然推动了俄乌两国教会的联合,但在后来几个世纪的发展进程中,两国教会在祈祷仪式、宗教礼仪和教规方面,产生并积累了许多较为明显的差别。在这种情况下,统一教规和标准显得尤为重要,也十分有利于实现土耳其统治下的巴尔干半岛的东正教教民的先进思想。假如俄罗斯国家没有进行教会生活的秩序化,国外宗教和政治对俄罗斯产生良好的影响是不可思议的。

---

① 这里特指1700~1721年俄罗斯(北方联盟成员国)与瑞典为争夺波罗的海出海口而进行的战争。彼得一世在纳尔瓦战争失利(1700年)后改编了军队,建立了俄罗斯海军舰队。1701~1704年,俄军在芬兰湾得以巩固并占领了捷尔普特、纳尔瓦及其他要塞。1703年,在北方沼泽地上建起了圣彼得堡城,同时还将新城作为俄罗斯首都。1709年,瑞典军在波尔塔瓦战役中彻底失败,查理十二世逃亡土耳其。在俄罗斯取得一系列胜利之后,于1721年签订了尼什塔特和约。——译注

俄罗斯印刷本图书第一人伊万·费奥多罗夫

1656 年召开的俄罗斯宗教会议解决了国内外的一系列问题,对此我们将在后面加以详细论述。现在最重要的一点是强调:宗教集体化产生的"统一性精神",或者像民粹主义者和政论家 Л. А. 季霍米罗夫那样,将这种重要现象称为"团结协作精神"。"统一性精神"是典型的和纯粹的俄罗斯现象。

统一性精神实际上是俄罗斯民族精神的体现和反映,无论是在西方文明里,还是在东方文明中,都属于首次出现。俄语中的"统一性精神"("соборность")这个术语本身在被译成世界上任何一种语言时,总会带有"意思不完整"或"不够确切"之感。对俄罗斯人而言,"соборность"一词的意思是"多种不同心灵、思想和行为的统一"。①

俄罗斯著名宗教哲学家别尔嘉耶夫(Николай Александрович Бердяев,1874~1948 年)曾对上述现象进行全面而透彻的分析,同时发展了他自己关于三大自由的理论。他认为,第一大自由是犯罪与创世说;第二大自由是耶稣诞生和自由接受上帝说;第三大自由是社会行为参与者在绝对原则(即宗教价值)基础上的行为自由说。这将是有创造性地实现基督教,也就是使现实世界改变面貌。

别尔嘉耶夫的这种理想模式完全可以用古老的"统一性精神"或后来的"европеизированный"("欧化")、"коммюнитарность"("一致性")等俄罗斯宗教词汇来表

---

① 摘自《俄罗斯人的团结一致思想》,《第一届俄罗斯普世会议纪要》,莫斯科,1993 年 5 月 26~28 日,第 69 页。——原注

示。正如我们刚才所说,这些词汇都来自东正教神学理论,19世纪俄罗斯宗教哲学家、政论家和斯拉夫主义的创始人霍米亚科夫(Алексей Степанович Хомяков,1804~1860年)和哲学家、政论家和文艺批评家基列耶夫斯基(Иван Васильевич Киреевский,1806~1856年)也分别在自己的哲学著作中引用这些词语。他们一致认为,俄语名词"统一性精神"的本意应该是"所有的基督徒具有相同的意识",相信耶稣基督就是呈现在世人面前的真理;"соборное"(或"коммюнитарное")一致的社会就是"精神一致的社会",这种社会由故去的一代,活着的一代和未来一代人共同组成,世世代代都是通过基督的博爱自动地团结在一起,而不需任何外在的权威和压力。

关于"统一性精神",俄罗斯著名宗教活动家、政论家和出版家特鲁维(Никита Алексеевич Струве,1931~)解释说:"'统一性精神'的意思是'差别明显的多种事物达到最大限度的统一'。这种统一在教义方面的依据则是圣灵降临节,节日当天,同族使徒都说同一种语言(这是证明统一性精神最强有力的事实之一),他们同时又获得了使用多种不同语言的天赋,但是语言上的差异非但没有导致使徒的分裂,反而大大加强了他们之间的团结。"①

在几百年的历史长河中,俄罗斯曾出现一系列"统一性精神"(或"最大限度的统一")思潮的发展:10~14世纪的古罗斯全民会议"谓彻"、16世纪中叶~17世纪末的国民代表会议、20世纪初的国家杜马(俄罗斯帝国时期的代议机构)、20世纪的人民代表委员会。在地方自治层面,"统一性精神"的主要特征体现在斯拉夫新村、农民村社和地方自治机关等一系列俄罗斯传统的国家机关和社会组织里,也就是说,这些机构和团体之间经常开展相互协作。

详细经过是这样的:俄罗斯的国家实力建立在神的载体——人民和基督徒的基础之上,统一性精神和最大限度的统一之成功产生于教会与国家的友好团结过程中。由于教会不断向国家提供一系列重要的服务,所以国家才能不断获得巨大的精神力量和强大的经济实力。

"统一性精神"如同人们平时所说的"俄罗斯思想"一样,也是在如下思想基础上得以发展的,这种思想基础便是人们对"东方传统首先主张人与人之间的团结一致,而不像西方传统那样只张扬个性……"的认识。上帝的旨意体现在俄罗斯人成为上帝垂爱的民族、俄罗斯全体人民的统一性精神上,还体现在对上帝之目的的理解过程中。西方人追求的是唯理论和建立人间天堂,而俄罗斯追求的则是崇高的精神和至高的思想境界,即力争达到神的境界。

正是由于俄罗斯人民和整个国家的精神力量,俄罗斯才能分担全人类的痛苦,保护被贸

---

① 摘自《东正教与文化》,H. A. 斯特鲁韦著,莫斯科,1992,第82页。——原注

易和罪恶玷污的柔弱的西方基督教,使教会摆脱亚洲多神教的困扰,从而恢复整个基督教世界的道德和精神。宗教哲学家和经济学家布尔加科夫曾这样写道:"应该在自由而真诚地与整个基督教世界沟通的同时保持自我,但是基督教并不寄希望于人类的努力和个别东正教活动家的传教热情,而是寄希望于蕴藏在教会之中的和引导人民与教会趋于统一的圣灵之威力。"

俄罗斯人的"统一性精神"并不是在一夜之间消失的。早在1917年十月革命之前的很多年间,"统一性精神"一直以"人民代表委员会"的形式出现。作为人民自由创作的具体表现,布尔什维克巧妙而成功地利用了人民代表委员会,但他们却断然拒绝接受教会、全人类的道德和俄罗斯人崇尚精神的传统,从而为自己签订了判决书,后来纷纷组建的违背俄罗斯民族自我意识的权力机构—市政府、自治区(镇)政府、省政府、县政府等(如今这些机构都改名为议会、管理委员会等)既没有带来最好的也没有带来最成功的机构组织方面的经验。

在俄罗斯发展的千年史当中,随时可以发现国家对教会的支持、国家与教会之间相互合作的事实。作为俄罗斯国教的东正教曾享有相当大的特权和优惠政策。1905年之前,根据俄罗斯帝国的法律,脱离宗教曾被看做是一种刑事犯罪。例如,在俄罗斯皇帝尼古拉一世(Николай Ⅰ,1796~1855年,1825年即位)执政时期,国家为反对各种非正统的、旧教的和神秘主义思潮而曾采取了一系列最强硬的措施;俄罗斯正教最高会议——主教公会三处和检察长本人也曾参与镇压和抵制这些思潮的运动。1836年,主教公会还成立了检察长特别办公处。

随着时间的推移,教会逐渐从宗教良心的代表演变成了国家制度,教会开始完全依附于世俗政权。尽管教会尚有能力为防止流血事件而敲响教堂的钟声,但是在1917年8月15日的宗教会议日程中,根本没有提及普通民众生活和国内局势等重大问题,后来教会因为此次的迟缓和沉默而付出了沉重的代价。

1997年,由于讨论并通过了《良心自由和宗教组织法》,教会与国家之间的关系问题在俄罗斯显得特别突出。无论是在俄罗斯正教会和其他教派代表内部,还是在国务活动家之间,都产生了分歧。有人主张,国家应该使教会和人与国外各派传教士(主要是美国传教士)的布道、其他教派和通灵术团体隔离开来;还有人(整个西方和罗马教皇)认为,国家制定的限制性法律是对各教派和思潮的宗教信仰权利和自由的侵犯。

19世纪俄罗斯著名宗教哲学家、诗人和政论家索洛维约夫这样写道:"不管是个人,还是整个民族,都面临着在不损害本人个性和全面施展个性的前提下与人和睦相处的任务。世界各民族的真正统一绝不是指某一个民族的团结,而是指各民族之间的大团结和协作精神,也就是说,世界各民族相互作用、相互协作的目的是为了保证每个人独立而完整的生命价值。"①

俄罗斯正教会为世界各民族的"完全统一"铺设了道路,这条道路引导了旨在使俄罗斯人和非俄罗斯人(特别是边区居民)基督化的传教活动。例如,14世纪下半叶,著名传教士斯特凡·赫拉普(Стефан Храп,约1340~1396年)从俄罗斯北方来到乌拉尔中部的彼尔姆,捣毁并焚烧了多神教的崇拜偶像,为当地居民施洗,同时建立了彼尔姆教区。因此,基督化常常会遇到来自当地居民的强烈反对和阻力。

俄罗斯教会号召伏尔加河流域的居民信奉基督教,萨兰斯克教区具体负责此项"群众性"工作。莫尔多瓦②早在15世纪就兴建了圣尼基塔东正教堂,其重要意义在于该教堂曾为担任俄罗斯王公的鞑靼上层名流施洗。1393年,都主教基普里安亲自为三个知名的鞑靼人在莫斯科河里洗礼。

俄罗斯教会的传教活动获得了令人可喜的成果,形成了一个多民族的统一国家,而这种统一是建立和巩固屡经磨难的俄罗斯强国的基础。

人们经常反复地试图明白这样一个问题:在几百年最压抑和最困苦的岁月中,究竟是什么在保护并帮助俄罗斯?原来一直在帮助俄罗斯的是为了生存而做出的忍受、复活和挺立。对此无法做出解释并确认此事属实的史学家认为,帮助俄罗斯的只有俄罗斯人的心灵、俄罗斯国家之谜。在这个国度里,许多民族的代表都登上了最高领导职位。

在很大程度上,这个谜底就蕴藏于俄罗斯人历来就有的"统一性精神"之中。"统一性精神"这一术语本身不仅含有"共同性"和"集体主义"之意,而且还有一个对俄罗斯命运至关重要的民族团结因素,即俄罗斯民族的善待他人、与人和睦相处的特质。

俄罗斯人善于原谅自己的敌人,并对所有的"非俄罗斯人"开放,具有宇宙般宽广的胸怀,确切地说,具有极为广博的处世态度。《圣经》是这样说的:"在天国里,既不分犹太人,也不分多神教教徒,也没有奴隶"(《加拉太书》3:28);"天国里将只有一个羊群和一个牧人"(《约翰福音》10:16)——这就是其他民族感到陌生的俄罗斯性格的实质。俄罗斯人的这种性格特点正是大作家陀思妥耶夫斯基(Фёдор Михайлович Достоевский,1821~1881年)关于"俄罗斯人的伟大使命"思想产生的根源,而这种伟大的使命就是按照基督福音团结世界各族人民并与他们和睦相处。1850年6月8日,陀思妥耶夫斯基在莫斯科举办的普希金生日宴会上,深刻阐述了他思考多年的"俄罗斯人的意义和作用"的思想,他说:"俄罗斯人具

---

① 摘自《不负善良》(第九章),Вл. 索洛维约夫著,法兰克夫,Possev出版社,1937,第361页。——原注
② 莫尔多瓦,今天的莫尔多瓦自治共和国,首府萨兰斯克。莫尔多瓦位于伏尔加河丘陵地的西北部,其西部是奥卡河-顿河平原。莫尔多瓦部落最早见于公元6世纪的史料。13世纪被划入梁赞公国和下诺夫哥罗德公国的版图。莫尔多瓦的居民是莫尔多瓦人、俄罗斯人和鞑靼人,13世纪中叶被蒙古-鞑靼人占领。——译注

有全欧和世界意义,这是无可争辩的事实。成为一个真正的俄罗斯人,成为一个彻头彻尾的俄罗斯人,或许意味着只需成为世人之兄弟,还可以说,成为一个具有全人类意义的人。俄罗斯的使命和天职就是为了深入宣传基督福音关于'世界大同、和谐'、'四海之中皆兄弟'的学说。"①

难道古希腊在耶稣基督诞生之前的很多年内阐述的不正是这种思想吗?我们可以回忆一下古希腊人对"космополит"("世界化")词义的理解,他们认为,所谓"世界化"(或现代意义上的"国际化"),就是指"世界公民",即民族之间、国家之间的差别消失。古希腊哲学家和科学家亚里士多德给人的定义是:"生活在公民社会中"的生物。

这里有一段与俄罗斯历史、俄罗斯人的祖先古罗斯人相关的插曲。真理往往是复杂的和多义的,现在要确认详细的古罗斯历史年表为时过早。足以证实这一点的不仅有一度引起强烈反响和争议的20世纪著名心理学博士和催眠术专家康德巴(Виктор Михайлович Кандыба)的发现,而且还有南乌拉尔地区车里亚宾斯克州的世界级考古新发现——距今4000多年的阿尔卡伊姆古城,②那批保存完好的文物包括古代石建城防公事、民居建筑、道路等,至今尚未破译的是地面上的那些大圆圈,它们与英国(索尔兹伯里遗留的史前)大石柱群十分相似。科学家们一致证实,他们最终找到了俄罗斯人祖先——阿利安人的故乡,阿利安人后来分成两支——伊朗人和伊朗支那人。在距阿尔卡伊姆古城60公里处,还发现了古代伊朗宗教预言家和改革者查拉图士特拉(又名琐罗亚斯德,公元前10世纪~前6世纪上半叶期间)之墓。

2004年在俄罗斯阿勒泰地区的考古发现更是惊人!考古工作者在永久冻土里发现了6000多年前的大量器物,其中包括日常生活用品和手工艺品,人们对这些文物的久远性毫不怀疑,件件文物保存完好。一位俄罗斯作家曾这样说道,所谓历史,其实就是已经成为过去的政治。从宏观上来看,这似乎是一种正确的说法,但是现存的足以证实各类史事的资料,则是前人留给我们现代人的特殊财富。同类发现和精神财富还有俄罗斯文字,考古学家已经发现了证明俄罗斯文字的确凿资料:早在公元前,先辈在希腊字母表的基础上,创造了以格拉戈里字母表为基本形式的丰富的文字文化。因此,由摩拉维亚国的基里尔和梅福季兄弟创造的基里尔字母表,③只是典型的教会用文字基础,早在北欧古代文字之前,古罗斯就

---

① 摘自《陀思妥耶夫斯基全集》(30卷本),列宁格勒,1984,第26卷,第147~148页。——原注
② 当时首先发现的是阿尔卡伊姆石冢——巨型石板建造的神秘之墓,距今已有近5000多年的历史。世界上发现的类似建筑通常沿着地壳断层而建或位于地壳断层附近。——原注
③ 基里尔(Кирилл,约827~869年),869年初当传教士以前的世俗名字叫"康斯坦丁";作为斯拉夫启蒙思想家,基里尔与其兄长梅福季(Муфодий,约815~885年)受斯拉夫季斯拉夫之邀请,从拜占庭来到大摩拉维亚国,创建了不受日尔曼主教团管辖的斯拉夫教会;兄弟二人最早将几部祈祷书籍从希腊文译成斯拉夫文,并创造了斯拉夫字母表,该字母表是现代俄语字母表的基础。——译注

有了格拉戈里字母表。

Кириллица		Греческое уставное письмо	Кириллица		Греческое уставное письмо
Буквы и их название	Цифровое значение		Буквы и их название	Цифровое значение	
А —аз	1	Α	Х —хер	600	Χ
Б —буки			ω —омега*	800	ω
В —веди	2	Β	Ц —цы	900	
Г —глаголь	3	Γ	Ч —червь	90	
Д —добро	4	Δ	Ш —ша		
Є —есть**	5	Ε	Щ —ща		
Ж —живете			Ъ —ер		
Ѕ —зело*	6	Ϛ	Ы —еры		
Ζ —земля**	7	Ζ	Ь —ерь		
I —и*	10	I	ѣ —ять*		
Н —иже**	8	Η	Ю —ю		
К —како	20	Κ	ꙗ —(и)я**		
Λ —люди	30	Λ	ѥ —(и)е**		
М —мыслете	40	Μ	Ѧ —юс малый		
N —наш**	50	Ν	Ѫ —юс большой		
О —он	70	Ο	Ѩ —йотов. юс малый*		
П —покой	80	Π	Ѭ —йотов. юс большой*		
Р —рцы	100	Ρ			
С —слово	200	С	Ѯ —кси*	60	Ξ
Т —твердо	300	Τ	Ѱ —пси*	700	Ψ
Оү —ук**	400		Ѳ —фита*	9	Θ
Ф —ферт	500	Φ	Ѵ —ижица*		Υ

* Буквы, исключённые впоследствии из русского алфавита
** Буквы, у которых изменилось начертание

基里尔字母表

所有这些发现正在彻底改变世界学术界对俄罗斯历史的看法。从最近的考古新发现来看,对《旧约全书》提及的罗斯民族的印象变得清晰起来,罗斯人在《旧约全书》中被看做是最古老的神奇部落之一。罗马人曾将罗斯人叫做"安特人",这也是一个有力的证据,因为"安特人"的意思是"古代的"、"古人",名词"античность"与"древность"同义,都是"古代"的意思。古希腊作家和后来的拜占庭史学家曾将罗斯人与斯拉夫人进行了区分,哥特人将俄罗斯人的祖先称为"鲁索人",古时的哥特人与鲁索人既是邻居,又是敌人,德语中的"Mann"的词义是"人"或"人们",所以这里说的便是"罗斯人"或"罗斯民族",但是在居住在古罗斯南方的人叫做"罗斯人"或"鲁索人",而住在北方的部落则叫做"鲁斯人"。

有趣的是,在伟大诗人普希金(Александр Сергеевич Пушкин,1799~1837年)生平与创作的年代,在19世纪初显得"有点儿苍老的"出神入化的诗歌语言里,已经出现了"罗斯人"和"俄罗斯人"。对我们而言,重要的是起初的"鲁斯人"和后来文雅的"俄罗斯人"变成了俄罗斯民族的通称。确切地说,有民族杂居现象的不仅是俄罗斯人,而且还有居住在俄罗斯大地上的其他许多民族。

说到俄罗斯人,究竟谁是俄罗斯人?所谓俄罗斯人,首先是居住在俄罗斯境内的人,或者是出生于俄罗斯境内的人,俄罗斯是他的精神故乡,还有母语是俄语的人。作为短篇序言,值得一提的是,部族和民族并不是一个生物遗传学方面的术语,而是一个社会历史方面的词汇。

无论俄罗斯人的起源如何(当今对俄罗斯人的起源更是难以判定),他们都是在俄罗斯文化背景下成长起来的,在有意识地接受俄罗斯文化的同时,将这种文化变成了自己的精神;他们接受了俄罗斯民族的生活方式、风俗习惯、传统和节日等。在俄罗斯发展的许多历史阶段,洗礼和接受东正教在俄罗斯化的进程中发挥了重要作用。

"俄罗斯民族是一个宗教和历史整体,这个整体是在统一的自然、文化、宗教、大陆国家机构的时间和空间里逐步形成的,它具有特殊的民族特点和伦理道德方面的特色……这就是对俄罗斯人的文化学定义,该定义融合了各种不同的生物民族主义和沙文主义元素,从而使俄罗斯人在历代的民族大家庭里都能发挥统一和团结一致的作用。"[1]

俄罗斯人的理想是实现一个没有恶的世界,在这个世界上,不仅是俄罗斯一个民族,而且是世界各民族都能获得幸福。这就是许多接受东正教思想灵感的俄罗斯伟大的作家和思想家的共同理想。

---

[1] 摘自《第一届俄罗斯普世会议纪要——俄罗斯人的统一思想》,莫斯科,1993,第103、169页。——原注

第二章　受洗前后罗斯国家的尊严及其变化(5～15世纪)

第一次罗斯受洗(887年)　弗拉基米尔大公执政时期的罗斯受洗(988年)　"红太阳"弗拉基米尔、罗斯的洗礼者和第一位文化艺术庇护者　古罗斯和中世纪罗斯的"双教并存"与"双重文化"现象　不同于拜占庭的宗教思想的确立　基督教在家庭、道德观念和社会法制基础形成过程中的作用　基辅大公雅罗斯拉夫(智者)兴建最早的修道院(11世纪)　修士涅斯托尔与《编年纪事》(1113年)　莫斯科成为世界宗教和政治中心,东正教会成为古罗斯时期的封建文化制度(1326年)　安德烈·鲁布廖夫与"三位一体"圣像　教会与异教　修士、长老的生活方式和传统、宗教活动心理学、修道院的启蒙和传教作用

很久以前,俄罗斯人的祖先就知道世界上有一种宗教信仰叫"基督教"。公元1世纪,在耶稣基督诞生之后,黑海北岸的克里木一带已有许多基督徒。由于一对希腊亲兄弟——斯拉夫启蒙思想家、斯拉夫字母创造者基里尔和梅福季的努力,俄罗斯人的祖先斯拉夫人对基督教有了更多的了解。

基里尔和梅福季自幼精通斯拉夫语,因为他们的父亲曾是希腊古城塞萨洛尼卡的执政者,当时城里住着许多斯拉夫人,他们是希腊人在与斯拉夫部落多年征战中抓获的俘虏。基里尔和梅福季兄弟二人受过良好的教育,他们本来可以拥有辉煌的前程,但是他们甘愿脱离

基里尔与梅福季兄弟

尘世,削发为僧。出家之后,他们便开始在尚无基督教的几个国家宣传这种宗教信仰。当拜占庭皇帝决定派他们去为保加利亚的斯拉夫人布道时,他们回答说:"在没有圣书的情况下对那些不会阅读的人们传教,就好比'水中捞月'一场空。"①

应当说明,在基里尔和梅福季之前,在所有的基督教教义方面,不仅有用希伯来语、希腊文和拉丁文书写的圣书,也有用其他文字撰写的圣书,但是除了这三种文字的圣书之外,其他文字都显得过于简单,它们都无法揭示上帝语言的真谛和深邃的神意之谜。

于是基里尔和梅福季兄弟便开始创建能够反映斯拉夫语发音和含义的字母表。据《圣徒行传》记载,弟弟基里尔"找到了用古俄文撰写的福音和诗篇,还找到了会说古俄语的谈话对象,懂得了古俄语的含义,然后将希腊语与古俄语进行对比,在此基础上重新编写祈祷文。基里尔很快就开始阅读和诠释祈祷文,许多人一边做祈祷,一边为基里尔的创举感到惊讶"。后来,基里尔就跟那个人学说古俄语,并用古俄语阅读。值得特别注意的是,公元9世纪编

---

① 摘自英文版《圣经》,纽约,1991,第89页。——原注

写的《使徒行传》中,已经出现了古俄语日常用语。

在哥哥梅福季及其弟子戈拉兹德、克莱门特、萨瓦、纳乌姆和安格利亚尔的帮助下,基里尔创建了斯拉夫语字母表,同时将早已被翻译成俄语的《福音书》、《诗篇》、《使徒行传》和其他祈祷仪式选篇译成了斯拉夫语。这是发生在公元863年的事件,而古罗斯正式接受基督教的时间是公元988年。

罗马教皇阿德里安二世(Adrian Ⅱ,867~872年)下令批准祈祷仪式可以使用斯拉夫语,将基里尔和梅福季兄弟翻译的书籍分发给罗马大小教堂,允许他们也用斯拉夫语举行弥撒和相关的教堂礼仪。

实际上,基里尔和梅福季创造斯拉夫语(确切地说,是斯拉夫文字)的目的,就是为了用斯拉夫语传达《圣经》的旨意,教堂的祈祷仪式和圣咏也使用斯拉夫语,所以这种书写文字的创建就是为了便于人们在教堂做祈祷。总之,可以这样说,新创建的教会斯拉夫语实际上是表达上帝旨意和真理的工具。

起初,基里尔和梅福季创造的斯拉夫文字是专门供教堂祈祷和礼仪使用的斯拉夫语,这种神圣的语言流传至今。在这种教会斯拉夫语中,没有一个与基督教堂礼拜活动无关的词语。

基里尔和梅福季在为整个斯拉夫界,也就是为古罗斯创造斯拉夫语之后,兄弟二人对俄罗斯民族精神面貌的形成产生了影响,缩短了古罗斯人与其他斯拉夫民族之间的距离,增进了各民族之间的相互了解。

基里尔和梅福季创造的是联合世界上所有斯拉夫人的语言文字,这就是兄弟二人对俄罗斯和全体斯拉夫人做出的主要贡献。

但有一点却令人遗憾:俄罗斯文化,包括高水平发展的本民族语言——俄罗斯语言、用本民族语言——俄语(况且是在罗斯受洗之前和基里尔和梅福季创造斯拉夫文字之前已经存在的俄语)撰写的基督教文献这一事实,至今"尚未被发现"。

根据当代学者的观点,鲁斯人是最早生活在古罗斯大地上的斯拉夫人。受俄罗斯人尊重的属于斯拉夫部族的鲁斯人、斯拉夫各族人民,曾使用三种字母构成的文字,即基里尔字母、格拉戈里字母和名为"音节鲁恩文字"的鲁恩字母表,这足以证明,古斯拉夫人很早就有了高度发达的精神文明。① 基里尔通过对已有几千年历史的斯拉夫语字母(首先是鲁斯人使用的语言)和希腊字母表的组合,创造了教会斯拉文字的基础——基里尔字母表,实际上是使原来北欧古文字的基础——斯拉夫鲁恩字母表趋于"合理化",而古老的鲁恩文字是在

---

① 摘自《斯拉夫文字之谜》,B. A. 楚季诺夫著,莫斯科,2002;《古斯拉夫人尊崇的石头神像和多神教教堂》,B. A. 楚季诺夫著,莫斯科,2004。——原注

欧洲其他民族文字产生很久以前出现的。

部分当代学者有这样一种观点:得以广泛传播的是基里尔字母,而不是以速记为主要特点的格拉戈里字母。为了使基督教在古罗斯各地得以迅速传播,当时需要在短期内抄写大量的《福音书》,而抄写《福音书》最简便的办法是使用以基里尔字母为基础的斯拉夫文字,而不是以格拉戈里字母为基础的文字。

基里尔利用自己学会的古俄语及其文字,在此基础上创造了新的文字,8个带希腊语和文字的基本字母:"Ю"、"Х"、"Ц"、"Ч"、"Ш"、"Щ"、"Ъ"和"Ы",而俄语中不发音的软音符号"Ь"是他的独创,只不过当时这个字母与现代俄语中的软音符号的写法不同。在他新创造的文字当中保留了这8个字母。因此,基里尔本人指出,俄语是在希腊文基础上创建的,俄语已有久远的历史。

16世纪波兰历史学家斯特罗雅科夫斯基(Строяковский)和别利斯基(Бельский)依据现存资料写道,古罗斯人不仅帮助了马其顿王亚历山大(Alexander the Great,公元前356~前323年)本人,而且还帮助了亚历山大的父亲菲力,这就是说,俄罗斯人的历史至少可以追溯到公元前4世纪。

女皇叶卡捷琳娜二世(Екатерина Ⅱ Алексеевна,1729~1796年)[1]参考的历史文献也充分说明,为了表示对古罗斯人在公元前4世纪给予马其顿的帮助的感激,马其顿王亚历山大曾向古罗斯人颁发了制作精美的感谢信,信中的文字表明,古罗斯人早在留里克王朝(公元9世纪)出现之前就有自己的文字,即鲁恩文字。[2]

在中世纪希腊(公元5~6世纪)圣像和古希腊(公元前6~前2世纪)的花瓶上,都有古罗斯鲁恩文字书写的题词。

那时占领整个欧亚大陆的不仅是斯拉夫人,而且还有古罗斯人。这里的欧亚大陆是指古罗斯和俄罗斯疆域,当代的出土文物雄辩地证明了这一观点。同时有一点也很重要:俄罗斯联邦70%的领土位于亚洲。

基里尔和梅福季兄弟二人的贡献及其共创伟业的生活经历,被记录在他们谢世后不久撰写的《圣徒传》中。后人正是根据这些历史资料,才再次证实了俄罗斯人祖先(斯拉夫罗斯人)的渊博知识、与外界的广泛联系以及他们对当时社会生活的浓厚兴趣。俄罗斯人为基

---

[1] 叶卡捷琳娜二世,俄罗斯女皇(1762年起),原为德国公主索菲亚·弗列捷利卡·奥古斯塔。借侍卫军之力推翻彼得三世后上台。她规定了贵族各阶层的特权,在位期间大大巩固了俄罗斯专制国家,加强了对农民的压迫,从而引发了普加乔夫率领的农民战争(1773~1775年)。兼并的领土有黑海沿岸北部地区、克里木、北高加索、乌克兰西部、白俄罗斯、立陶宛。18世纪90年代,叶卡捷琳娜二世限制民主自由思想,积极参与反对法国革命的斗争。在俄罗斯千年史中,叶卡捷琳娜二世被认为是俄罗斯最英明的皇帝之一。——译注

[2] 摘自《鲁恩文字与古罗斯考古学之谜》,В. А. 楚季诺夫著,莫斯科,2003。——原注

里尔和梅福季兄弟二人的贡献付出了昂贵的代价,即丧失了俄罗斯本民族的文字,也就是说,像其他许多古老民族的文字一样,古罗斯文字已经消失得无影无踪了。

不过,罗马教皇正式承认斯拉夫文字这一事实,在与斯拉夫各民族文化和欧洲各民族文化的交流过程中发挥了决定性作用。当然,正如我们刚才所说的那样,类似过程很早以前曾经有过,但是规模不是很大。不过,那时广大的古罗斯读者可以通过丰富的东正教教义和相关资料,充分了解古希腊哲学家的著作,还可阅读东方各民族的历史文献,这在后来的翻译传统和俄罗斯哲学的形成过程中发挥了不小的作用。这也正是1000多年以来东正教一直是俄罗斯文化的一个有机组成部分的缘故。

转眼多年过去了,在古罗斯掌握并开始采用斯拉夫字母表(基里尔字母表)之后,大量优秀的文学作品层出不穷,这些作品都程度不同地反映了基督教和后来东正教的基本内容和人物形象,其中包括很早就有的古罗斯人物形象、神话传说和民间故事。

古罗斯编年史中有这样一个故事:被誉为"智者"的奥莉加秘密接受了基督教。从圣使徒安德烈(公元1世纪)在古罗斯布道起,基督教便开始在古罗斯逐渐传播开来,所以奥莉加很早就对基督教有所了解。当时许多基督徒因基辅统治者阿斯科尔德和季尔的失败而倍感惊恐,他们纷纷来到基辅罗斯,求见他们崇敬的君士坦丁堡宗主教佛提乌。正如《拜占庭编年史》的记载:"古罗斯人派使者前往君士坦丁堡请求洗礼。"马其顿王朝的奠基人、拜占庭皇帝巴西尔(Basil Ⅰ,约836~886年)委派大主教佛提乌前往基辅,佛提乌果然为基辅罗斯展示了奇迹:他特意将《福音书》扔进熊熊烈火之中,但是《福音书》却安然无恙。由于命运的安排,阿斯科尔德成了第一个信奉基督教的古罗斯公,后人尊重他,还常常为他扫墓并怀念他。因此,公元867年成为佛提乌向罗斯部分施洗的年份。

通过基里尔和梅福季的弟子和来自西方的传教士,基辅罗斯的女大公奥莉加对基督教产生了深层的认识。西方天主教教堂举行祈祷仪式时使用拉丁语,而奥莉加却偏偏喜欢接受东正教,因为东正教教堂举行祈祷仪式时使用的是她精通的母语,这就是基里尔和梅福季兄弟创造的教会斯拉夫语。

基辅罗斯大公奥莉加于955年在皇城①接受了洗礼。此后她分别在基辅、普斯科夫和诺夫哥罗德等地建造了多座教堂,她先后两次前往皇城参加整个古罗斯受洗的谈判,但是拜占庭却提出了这样一个条件:基辅罗斯在宗教上应该隶属于拜占庭宗主教,而在政治上应该归属拜占庭皇帝。高傲的基辅罗斯女大公奥莉加最后没有答应这种条件。

尽管如此,在9世纪末~10世纪初,基里尔和梅福季发明的斯拉夫字母表——基里尔字

---

① "皇城"(Царьград)是古罗斯对拜占庭帝国国都君士坦丁堡(今天的土耳其其首都伊斯坦布尔)的称呼。——译注

母表和格拉戈利字母表开始在古罗斯得以传播。这些字母表适合于斯拉夫语发音方面的复杂要求,这些字母最早是在西斯拉夫国家大摩拉维亚(又称"大摩拉维亚波希米亚公国",捷克的一个省份)传播的,后来逐渐向保加利亚和古罗斯渗透。现代俄语的字母表就是在基里尔字母的基础上演变而来的。

公元988年,基辅罗斯大公奥莉加的孙子弗拉基米尔·斯维亚托斯拉维奇①实现了祖母使整个罗斯受洗的夙愿。

有趣的是,12~13世纪歌颂挪威国王和基督教启蒙者奥拉夫一世②的斯堪的纳维亚民间史诗《世界强国》(《Heimskringla》)有这样的记载:奥拉夫在君士坦丁堡接受洗礼并返回基辅罗斯之后,开始在基辅大公弗拉基米尔一世那里任职,他经常耐心地与大公谈话、交流思想,最终使大公转变了待人的态度。

关于弗拉基米尔一世选择宗教的故事,基辅洞窟大修道院修士和传记作家涅斯托尔(Нестор,11世纪50年代~12世纪初)这样写道,为了弄清究竟哪一种宗教最好,弗拉基米尔一世派遣自己的使者分别请教伊斯兰教徒、犹太教徒、天主教徒和东正教徒。弗拉基米尔大公既不喜欢举行割礼并禁止饮酒的伊斯兰教(弗拉基米尔一世说:"罗斯人喜欢饮酒,没酒将无法生活。"),也不喜欢驱逐教徒的犹太教,也不喜欢宣扬禁欲主义的天主教。

至于基督教,从君士坦丁堡归来的使者们兴高采烈,他们向弗拉基米尔一世讲述了索菲亚大教堂的金碧辉煌、神甫身上闪耀着光芒的法衣、皇帝及宫廷随员、众修士簇拥和手里举着神香的宗主教参加的隆重仪式、悦耳动听的圣咏和美观大方的祈祷仪式等,所有这些都使古罗斯人倍感惊喜,并深深触动了他们的心灵。大贵族告诉弗拉基米尔一世:"假如希腊宗教不太理想,你那位智慧超群的祖母奥莉加是不会接受希腊宗教的",③大公听后,心中的疑团即刻消散。

为了加强和巩固古罗斯与拜占庭之间的和睦关系,基辅大公弗拉基米尔一世决定接受基督教,并与拜占庭公主安娜联姻。

"拜占庭公主安娜和将要为她联姻祝福的神甫临行之前,发生了一个宗教意义深刻的奇迹,由于特殊的一场天灾,弗拉基米尔一世患上了严重的眼病,很快就双目失明了,他在痛苦中意识到自己身体和精力匮乏。在这种情况下,他依然照计划非常顺从地准备接受神圣的

---

① 弗拉基米尔·斯维亚托斯拉维奇,古罗斯史中的基辅大公弗拉基米尔一世。——译注
② 奥拉夫一世·特留格文森(OlafⅠTryggvason,约964~约1000年),995年起为挪威国王,直到1000年去世,首次进行了整个挪威接受基督教的有效尝试。——译注
③ 由穆罕默德·阿德-阿乌菲用阿拉伯文撰写的《趣闻集》(13世纪)同样证明了弗拉基米尔一世研究和选择宗教的事实。该书讲述了弗拉基米尔在花拉子模"体验"伊斯兰教,目的是研究穆斯林人的信仰。请见《俄罗斯考古协会东方处摘要》第九卷,圣彼得堡,1869,第262~267页。——原注

古罗斯编年史作者和修士涅斯托尔

洗礼。正在此时,他头顶上方突然出现了奇迹——身心健康和再生的象征。为他施洗的科尔松①教区的主教瓦西里刚把弗拉基米尔的头从圣水盆里托出,弗拉基米尔立刻重见光明,他万分激动地高呼:'我刚才见到了真正的上帝!'弗拉基米尔大公的侍卫军为此奇迹感到震撼,于是他们也马上开始接受洗礼。不久弗拉基米尔大公与公主安娜举行了婚礼。"这就是修士大祭司阿韦尔基在《编年纪事》里讲述的一段故事情节。

弗拉基米尔一世受洗、他与当时罗马帝国的继承人联姻,都发生在被罗马帝国占领的科尔松(即今天黑海边上的赫尔松)。科尔松是属于拜占庭帝国占领的最后一个古罗斯城市。前往基辅的那些神甫全部是拜占庭的俘虏,使拜占庭变得富裕、为首都增光添彩的教堂礼拜用品、圣者的干尸、也都是拜占庭军队获得的战利品。公元 988 年,当弗拉基米尔一世返回基辅后,随即下令所有的臣民一律接受基督教,他从科尔松带来的拜占庭神甫们负责为基辅罗斯的公民施洗。根据弗拉基米尔一世的命令,基辅罗斯人无论男女老幼,不分主人和奴隶,纷纷走进了神圣的第聂伯河中(古时的多神教教徒曾在这神圣的河水中举行各种崇拜礼

---

① 科尔松(Корсунь),今天赫尔松-舍甫琴科夫斯基在古罗斯时期的旧称。公元前 5 ~ 前 1 世纪是古罗马城邦;自公元 1 世纪起为隶属于罗马的贵族共和国;4 世纪起归属拜占庭;中世纪 ~ 15 世纪称为"科尔松",其废墟在今天的塞瓦斯托波尔市郊,现已发现的有带塔楼的城墙、街区、教堂、剧场和作坊等建筑遗迹。1978 年起为苏联国家历史考古保护区。——译注

仪),希腊神甫们与弗拉基米尔一世站在岸上,为在水中洗礼的人祈祷,同时分别给每个受洗者起了教名。大公还下令烧毁多神教崇拜的木制偶像,有的偶像被扔进激流之中。而多数多神教教徒却不肯告别他们一直信奉和崇敬的神明,他们哭着拒绝受洗,痛打劝他们受洗的神甫,但是最终还是被强迫接受了新宗教——基督教。989年,大公弗拉基米尔一世还让来自古罗斯北方沃尔霍夫河畔的诺夫哥罗德人受洗。多神教时期一度备受尊崇的佩龙神顿时威风扫地,它似乎在大声号叫:"啊,真是灭顶之灾!我真倒霉!我由于坏人而遭殃!"诺夫哥罗德附近的切尔尼戈夫城的公民直到992年才接受了基督教。

作为国家政权想象和杜撰的"罗斯受洗"这一政治行为,很快就带来了丰硕的政治成果。基辅罗斯大公弗拉基米尔一世从受洗那天起正式成为"上帝的使者",他拥有的政权也属于"上帝的恩赐",基辅罗斯展现出了美好的贸易发展前景,人们不再把欧洲和拜占庭市场上的同教者看做是"野蛮人"和"西徐亚人";①基督教对奴隶制的反对和批判,最终抵制并禁止了贩卖奴隶的交易,现代英语、德语和法语中的"奴隶"这一概念依然是用"Sclavinus"("斯拉夫人")表示的,这是因为在当时的奴隶市场上,属于斯拉夫人种的奴隶价格最高。由于斯拉夫人和古罗斯人首次接受了基督教,从此他们才开始在基督教世界占据了应有的地位,同时获得了民族尊严。

基督教在世界范围内的传播是逐步进行的,这一过程先后持续了100年左右(另有资料证实,这一过程持续了更长时间),但是对于一个疆土辽阔的国家而言,一个世纪的光景自然显得太短了。当时几乎与古罗斯同时接受基督教的国家有瑞典和挪威,瑞典的基督化过程持续了250年,挪威的基督化过程用了150年。基辅罗斯大公弗拉基米尔一世的国家改革,仿佛获得了逐渐积累的古罗斯社会的发展潜力,从而使国家得以迅速而繁荣的发展。

罗斯受洗之后,弗拉基米尔一世接受了拜占庭文化,而这种文化与斯拉夫鲁斯人信奉的多神教习俗是矛盾的,但是前者(拜占庭)文化曾一度以强势压倒了后者(多神教)。

为了更清楚地了解这段历史,我们来看这样一个插曲,确切地说,是过去发生的几个事件。首先,接受基督教是当时通向文明生活、国家在全欧文化背景下得以发展的唯一现实的和最可靠的途径;第二,接受基督教绝对重要的形式是东正教和希腊拜占庭形式的基督教,而不是以罗马天主教形式出现的基督教,东正教使古罗斯成为摆脱罗马教皇宗教政权制约的独立国家,从而决定了俄罗斯未来的命运,促使俄罗斯在教会彻底分裂之后自然进入了东正教的发展轨道。第三点更为重要:古罗斯接受了拜占庭文化。

若想全面认识和评价这一事实,只能通过了解(哪怕是简单了解)拜占庭的历史与文化。

---

① 西徐亚人(又译"斯基泰人")是公元前7世纪~公元3世纪黑海北岸的古老民族,分为"皇族"、"牧民"、"农民"等阶层,从事农业、畜牧业、金属加工,并与黑海北岸的古代城市国家通商。公元前4世纪建立了西徐亚国家,后被哥特人所灭之后,西徐亚人开始与其他民族同化。——译注

拜占庭文化首先是映照在俄罗斯文化特征上的曙光,也就是说,俄罗斯文化是在拜占庭文化的影响下逐渐形成的。

在皇帝查士丁尼一世(Justinian Ⅰ,482~565年)①执政时期,在527~565年期间,拜占庭社会达到了最鼎盛的繁荣和发展阶段。拜占庭帝国的领土面积几乎扩大了一倍,国家立法和行政管理方面的大幅度改革、手工业和贸易的发展、科学和其他文化领域的繁荣等,都是拜占庭在查士丁尼一世时期再次成为地中海最强盛国家的标志。

拜占庭随之成为东正教文化、艺术和神学中心,查士丁尼一世建造了气势恢弘的索菲亚圣母大教堂,该教堂至今巍然屹立在黑海南岸,这就是当年基辅罗斯大公弗拉基米尔一世为古罗斯选择宗教而派遣的使者光临的主要圣地之一。

在人类进入中世纪初期,拜占庭已是古希腊文化传统唯一的保护者。

拜占庭首先将希腊后期留下的文化遗产改造成一种独特的艺术,而这种艺术风格完全符合中世纪的精神和字面意义。况且,在整个欧洲中世纪艺术当中,只有拜占庭艺术带有最明显的和"最正统的基督教特征"。

拜占庭艺术文化的发展始终体现着两大原则的融合,即华丽而强烈的印象和细腻精致与唯灵论的融合。人们或许觉得,这是两种难以融合的风格特点,因为唯灵论与感知历来都是相互排斥和敌对的,而华丽而强烈的印象则是纯粹的感官效果,但是拜占庭艺术的独特性正是通过这种矛盾体现出来的,同时使矛盾双方在统一的艺术体系中相互联合,这种统一的艺术体系又具有严格的规范性、合乎教规性,而且还渗透着神秘而隆重的礼仪气质等显著特点。

拜占庭艺术以其独到的方式汲取了基督教教义的营养——妥协和折中精神,辉煌而隆重的契合、黄金与大理石的混合利用、绚丽色彩与光彩夺目的相互渗透和映照等,所有这些都显得非常和谐,它们不愧是崇高宗教精神的象征。与此同时,这样的豪华和强烈的直观印象完全符合东罗马帝国的"尘世"风格,符合熟知君士坦丁堡宫廷享受意义的权贵品位。

与古希腊时期相比,中世纪基督教教堂的建筑格式已经发生了巨变。在古希腊经典教堂建筑中发挥重大作用的是外表的优美造型,而不太注重教堂内部空间的加工。在那些教堂里,光线昏暗,教堂中央矗立着神像,所有的祈祷仪式和节日庆典等,通常是在教堂外边的广场上举行。基督教教堂的作用和意义有所不同,教堂本身不是作为上帝的住所(因为基督教信奉的上帝是无形的,圣像并不是上帝本身,而仅仅是一种象征),而是所有信徒一起参加神圣的祈祷仪式、与上帝沟通的场所。

---

① 查士丁尼一世自527年起为拜占庭皇帝,先后占领北非、西西里、意大利和部分西班牙领土。查士丁尼一世曾下令编纂罗马法典(或《查士丁尼法典》),大兴土木,建造了君士坦丁堡圣索菲亚大教堂、沿多瑙河边界的城堡防御体系。——译注

第二章 受洗前后罗斯国家的尊严及其变化(5~15 世纪)

拜占庭教堂建筑有两种基本形式:带有长方形大厅的教堂和十字形地基和圆顶教堂。从平面设计图上来看,带有长方形大厅的教堂是一种纵向延伸的建筑物,其内部一般都矗立着两排高大的柱子,它们将长方形大厅划分成三个、五个或更多的殿堂——前厅、中厅、正厅等;中厅面积最大,比位于两边的侧厅高出许多;祭坛设在长方形教堂内的东部,上方是一个凸出的半圆顶;教堂入口位于西边。靠近东部末尾和南北两侧的副堂与纵向殿堂相互垂直交叉,所以平面图上的教堂建筑格式是基督教的主要象征"十"字架。

另一种教堂建筑格式是"十"字地基和带有圆顶的教堂,这种格式带有明显的东方特色。从设计图纸上看,这种教堂是一个正方形,四根粗大的立柱将教堂内的空间分成九个网眼,每个网眼上方都有一个圆拱,这些圆拱支撑着整个教堂中央的大圆顶。圆顶象征着苍穹,与圆顶相连接的拱顶相互垂直交叉,同样形成一个正方形的"十"字架。

后来,西欧开始接受长方形教堂建筑格式,而拜占庭和东方各国却采用了第二种建筑格式,即地基呈"十"字形和带有大圆顶的教堂建筑格式。俄罗斯东正教的大多数教堂都属于这种"十"字形建筑格式。在中世纪所有的基督教祭祀用建筑物当中,尽管相互之间存在着各种差异,建筑风格、样式、技术和内部装饰都有所不同,但是它们都属于上述两种建筑格式之一,即要么是长方形教堂,要么是"十"字形地基和带有圆顶的教堂。

然而,位于君士坦丁堡的圣索菲亚圣母大教堂则是上述两种建筑风格综合运用的结果,即长方形教堂顶部扣着一个宏大的圆顶,这是一个极为罕见的、设计精美的教堂建筑典范。

皇帝和教会都曾试图通过艺术为自己歌功颂德,同时增强对上帝的信仰。

君士坦丁堡和其他城市的建筑都达到了空前未有的堂皇,从海滨到陆地,整个帝国之都被带有塔楼的石墙环绕,自然构成一座难以攻克的城堡,几十座气势雄伟的宫殿和教堂将首都市区的主要街道装点得光彩夺目。富丽堂皇的城市建筑往往使人联想到帝国的强大实力和威严而稳固的皇权。

我们刚才说到,位于君士坦丁堡的圣索菲亚圣母大教堂是一部最优秀的建筑艺术精品,该教堂曾一度被称为"奇迹中的奇迹",文学作品和诗歌也对她赞不绝口。为使该教堂成为首都君士坦丁堡和整个拜占庭帝国最重要的宗教建筑,皇帝查士丁尼一世不惜一切代价,他下令抽调全国最著名的建筑师从事教堂建筑,负责教堂内外装饰的也是拜占庭帝国当时最好的能工巧匠。经过整整 5 年时间和上万人的辛勤劳动,索菲亚圣母大教堂终于竣工,这种建设速度已是那个年代之最了。教堂内部空间宽敞,内部装潢十分惊人,绘有鲜艳图案的大理石地板恰似一块巨大的东方特色的地毯,其图案异常精美;金银制作的各种圣器、带有刺绣的锦缎圣物和令人震撼的大型壁画等,都是世界上罕见的艺术瑰宝。

教堂和宫殿的墙壁上镶嵌着马赛克,艺术家用马赛克在墙壁上分别"绘制"了皇帝、宫廷上下和教会首脑的形象。

索菲亚圣母大教堂内的许多由拜占庭画家创作的圣像也成为优秀的绘画作品,整座教堂是拜占庭建筑艺术的最高成就,在后来900多年的拜占庭历史上,再也没有出现过能与此相媲美的教堂建筑。

拜占庭接受了古希腊的建筑风格,并以古希腊建筑风格继承人的身份和作用而感到骄傲,但他们并没有毁坏任何一座"多神教"建筑,古希腊建筑艺术的特点、理想的建筑格式和创作意图有所不同。拜占庭的确将古希腊建筑风格(也有后来被称为"古希腊印象派"的古希腊晚期绘画传统)看做是一个起点,这种风格在亚历山大、安提阿、以弗所等古希腊东方文化中心城市得到了繁荣的发展。

拜占庭的主要绘画形式是教堂大型壁画(马赛克壁画和湿壁画)、圣像和书籍细密画,其中最知名的是马赛克镶嵌艺术——拜占庭艺术天才的最典型之创举。

马赛克镶嵌技术难以掌握,它首先要求艺术家具有高超的技艺。用彩色玻璃碎片(玻璃与矿物颜料的合成物)在墙壁上制作的画面闪闪发光,这种材料会突然闪烁光亮,渲染性较强,同时还能折射阳光。拜占庭的马赛克工匠师善于利用彩色玻璃碎片的发光特点,准确计算每一小块儿碎片的光线折射角度,他们并没有将马赛克表面打磨得十分平滑,而是特意让它们保留一丝凸凹,从而巧妙地创造出惊人的绘画效果。在镶嵌过程中,工匠师们还充分考虑到观众远距离观赏马赛克壁画时彩色碎片的光学效果。古代马赛克工匠师制作的大型壁画根本不惧怕时间的考验,多年之后,只要人们擦去落在壁画表面的灰尘和烟黑,壁画依旧呈现出几个世纪以前那耀眼的光泽和动听的旋律。

最古老的拜占庭马赛克镶嵌艺术是意大利东北部的拉韦纳市区教堂和墓穴里的壁画。拉韦纳市位于亚得里亚海滨,曾一度是东哥特人(日耳曼哥特族的东支)王国之都,后来成为拜占庭帝国较大的文化中心。今天的拉韦纳只是一些伟大幽灵的静谧之地,第一位东哥特人的国王狄奥多里克就长眠于此地的厚实而坚固的墓穴中;中世纪的最后一位诗人但丁(Dante Alighieri,1265~1321年)也葬于此地,他生前曾在拉韦纳找到了栖身之地,完成了长篇史诗《神曲》。据传,当时拉韦纳城市四周被茂密的五针松林围绕,正是这种环境使但丁产生了创作《天堂篇》的灵感。著名的俄罗斯诗人布洛克(Александр Александрович Блок,1880~1921年)也曾描绘过这座"安乐死"的意大利城市:

> 转眼即逝的过往云烟
> 被你永久地埋葬长眠。
> 拉韦纳,你像一个婴儿,
> 沉睡在永恒的梦幻间。

拉韦纳至今保存着5~7世纪唯一的拜占庭历史系列文物,在那个大变革时代,罗马与

复活城门上的耶稣复活马赛克圣像

拜占庭在历史的十字路口相遇,古希腊时期与中世纪在此时相逢。拜占庭绘画在后一个世纪(公元8世纪)达到了最高水平,拜占庭艺术风格变得更严谨,更富有经典性。所有的后世"楷模"(即固定的肖像画法)也是拜占庭发明的,后人在描绘圣经故事情节时也经常借鉴这种技法,这种技法后来又被运用于俄罗斯圣像创作中,部分地被运用于西方中世纪艺术之中,不过西方借鉴此法时比较自由,而且还出现了很多变化。大家非常熟悉的弗拉基米尔圣母像同样是最优秀的样板,这幅圣像是在12世纪从拜占庭运到基辅罗斯的,从那时起,这幅圣像至今没有离开俄罗斯。①

拜占庭皇帝君士坦丁一世竭尽全力,目的是使新首都君士坦丁堡拥有罗马城那样的美丽和辉煌。他下令为移居者提供很多优惠政策,免费向居民提供面包、黄油、葡萄酒、燃料等各种生活用品。皇帝还下令免除建筑师、雕塑家、画家、木匠、石匠等人所承担的一切国家义务;从罗马、雅典、科林斯、以弗斯、安提阿等拜占庭帝国的许多城市的最佳雕塑品、珍贵的手

---

① 弗拉基米尔圣母像最初是在1132年由拜占庭运到基辅罗斯的,据说,在俄罗斯千年史中,该圣像曾多次保佑俄罗斯人逢凶化吉、在几次重大的战役中获胜,所以被尊为俄罗斯的保护神。——译注

稿、教堂礼拜用圣物和圣者的干尸等,纷纷运到首都君士坦丁堡。

运往君士坦丁堡的还有一大批曾装饰罗马教堂和广场的大理石圆柱和铜质圆柱。据传,那次城市建设总共使用了 60 吨黄金。

君士坦丁堡的市容变得极为美观,像罗马城一样,君士坦丁堡也坐落在 7 个丘陵上,宽广的街道两旁都是封闭式长廊,一个个宽阔的广场四周都有大型圆柱环绕,雕塑和精致而独特的房屋、一座座教堂、宫殿、凯旋门等,使所有光临此城的人欣喜若狂、流连忘返。

拜占庭历代皇帝都曾以神话般的豪华和堂皇装点自己的官邸和宫殿,每当他们在大金銮殿内接见外国使节时,殿内摆满了大批国宝:珍贵的首饰、器皿和用金丝银线缝制的御衣。大殿的尽头摆放着金光闪闪的皇帝宝座,宝座后面有一棵黄金树,用黄金和珐琅精心制作的一群小鸟仿佛正在树上欢畅地嬉戏。

然后,皇帝身穿金丝御衣,全身佩带各种贵重宝石和黄金首饰,随着管风琴和合唱队的歌声缓缓地登上宝座。为了给外国贵客更大的惊喜,当他们走进大殿时,那棵黄金树上的小鸟纷纷展开双翅并欢唱起来,一对儿狮子也站起身来低声吼叫。与此同时,按照礼仪,外国使节依次在皇帝宝座前伏地请安,以此表示对该国拜占庭帝国皇帝的尊重,此时皇帝与他的宝座慢慢升起,随后又徐徐降落原地,但此时的皇帝已经换上了另一套极其昂贵的御衣。

因此,当古罗斯使者来到皇城君士坦丁堡为国家选择宗教时,拜占庭皇宫内如此之隆重的大礼给他们留下了难以忘怀的强烈印象。

君士坦丁堡的科学、文学和艺术同样得到了迅速发展,这里汇集了来自四面八方的科学家,拜占庭帝国政治活动家、中世纪杰出思想家、神学家和国务活动家米哈伊尔·普塞洛斯(Michael Psellus,1018～1078 年)和宗主教佛提乌也曾在皇城居住。皇城的图书馆里收藏了极其丰富的古代手稿文献。

中世纪初期,拜占庭帝国知识渊博的人数远远超过了西欧国家,富人和权贵的孩子在市立学校里学习阅读、书写和算术,他们还学习荷马史诗、埃斯库罗斯和索福克勒斯的悲剧和古代科学家的著作。君士坦丁堡还设有由最精通希腊语和拉丁语专家组成的专门委员会,其成员主要负责为皇宫图书馆搜集、抄写和整理罕见的珍本书。

公元 9 世纪,君士坦丁堡创办了欧洲第一所高等学校,还建立了一所医学院,首都的每个医生都有各自固定的巡诊区。拜占庭地理学家已经学会了绘制国家行政图、航海图和城市平面设计图,这是当时的西欧人前所未闻的创举。

在当时的欧洲历史上,甚至在世界文化史上,占有特殊地位的是拜占庭文明,其典型特征是富丽堂皇、外表庄严、内部典雅、形式考究、内涵深刻。拜占庭帝国在自己的千年发展史当中,汲取了古希腊罗马文化遗产和希腊化时期的东方文明,最终使帝国成为世界上独特而辉煌的文化中心。此外,直到 13 世纪,拜占庭帝国在文化教育、宗教生活和闪光的器物文化发展水平方面,始终处于中世纪欧洲各国的领先地位,拜占庭是整个欧洲文化发展最快和文明程度最高的国家,其他国家的国王、大公和主教纷纷聘请拜占庭画家、建筑师和首饰工艺师到本国任职。

基辅罗斯、保加利亚、意大利和德国的使者和教会首脑,也经常前往拜占庭帝国取经,勤奋好学的青年被派往拜占庭学习数学、医学和罗马律法。欧洲各国的建筑师和画家经常跟拜占庭水平最高的大师学艺。

拜占庭文化对南斯拉夫人和东斯拉夫人产生了特别深刻的影响,古罗斯和保加利亚都是从拜占庭帝国接受的基督教。在此之后,大量的希腊文书籍被翻译成斯拉夫语;古罗斯早期砖石结构的教堂也是由拜占庭建筑师设计建造的。

正是由于拜占庭帝国注重图书馆事业,希腊和罗马作家及科学家的许多手稿和文献才流传至今。

东方许多国家的执政者和西欧国家的国王也分别产生过占领君士坦丁堡的念头,或许正因为如此,君士坦丁堡分别被希腊人、罗马人、波斯人、阿瓦尔人(突厥族)、保加利亚人、基辅大公的侍卫军、阿拉伯人和土耳其人等重重包围,先后被包围过29次。10世纪,十字军也多次向君士坦丁堡发起进攻,在其中一次战斗中,十字军捣毁城市,所有的教堂均遭抢掠。

1202~1204年,十字军向君士坦丁堡发起第四次进攻(历史上称为"第四次东侵"),他们将城市整个包围9个月之后,完全占领了城市并对全城进行了第二次大规模的抢掠。大量最珍贵的古代艺术文物被毁坏,皇宫里和广场上最美好的铜雕统统被回炉后制成钱币,得以挽救的只有公元前4世纪后半叶古希腊最伟大的雕塑家利西普斯(Lysippos,?~约公元前4世纪末)的杰作——几匹铜质骏马,它们事先被秘密地运到威尼斯。拜占庭皇帝的陵墓被十字军挖开,十字军掠夺了教堂内所有的贵重物品和礼拜用器物,他们甚至还彻底捣毁了最伟大的艺术杰作——索菲亚圣母大教堂的圣堂。

拜占庭帝国接连失去了一座座城市和领地,13世纪,甚至失去了君士坦丁堡,原来强大的帝国只剩下小亚细亚的尼凯阿帝国。虽然后来的拜占庭皇帝米哈伊尔八世·巴列奥洛格(Mikhail Palaeologi,1259年起为尼凯阿帝国皇帝)重新夺回了皇城君士坦丁堡,但是帝都原有的强盛、辉煌和世界意义,早已一去不复返,他甚至连想都不敢想。这不难理解,因为拜占庭的专制制度受到了大幅度弱化,拜占庭失去了曾在"第二罗马"高傲的自我肯定意识中发挥决定性作用的权威和艺术信条。一股新风逐渐渗透,随后便开始了新的艺术探索,但是这些探索注定不能得以全面发展和巩固,也不可能在即将灭亡的帝国土壤中生根发芽。或许正因为如此,杰出的拜占庭画家费奥凡·格列克(Феофан Грек,约1340~1405年)①离开祖国,毅然来到年轻而生机勃勃的另一个国家——古罗斯,他的创作命运从此与这个国家紧紧地联系起来。

15世纪,依然是在巴列奥略王朝执政时期,拜占庭艺术再次出现了高潮,但这是该帝国最后一次艺术发展的高峰期。正统的经典艺术体系开始发生动摇,艺术开始更注重表现力和创作自由。这一时期最杰出的"巴列奥略风格"的艺术精品是君士坦丁堡卡赫里斯-扎米教堂里的马赛克壁画。

大约在拜占庭皇帝君士坦丁大帝1000年之后,苏丹土耳其穆斯林帝国的创始人奥斯曼,批准"新月"作为本族宗教的象征——"新月徽"。1453年,穆罕默德二世的军队占领君士坦丁堡,"新月徽"开始拥有双重意义,也就是说,"新月"既是土耳其帝国的象征,也是伊斯兰教的象征。

15世纪(1453年),拜占庭帝国沦陷后,君士坦丁堡已成为奥斯曼帝国的首都,首都改名为伊斯坦布尔。从那时起,伊斯坦布尔很快就变成了典型的东方城市。强盛的拜占庭帝国历史就此耻辱地宣告结束,拜占庭艺术也因此而灭亡,但是广义上的"拜占庭风格"一直在拜占庭之外的许多国家得以传播,不过每个国家在接受这种风格时,都没有放弃本国风情和本民族特色。与拜占庭帝国相邻的许多国家、与拜占庭有过战争和贸易关系的国家,都曾或多或少地受到拜占庭文化的影响,不同程度地继承了拜占庭的艺术传统。受其文化影响的国家有保加利亚、塞尔维亚、意大利南部城市和威尼斯、亚美尼亚部分城市和格鲁吉亚,在古罗斯艺术发展进程中,拜占庭文化起到了实质性作用。

拜占庭风格的俄罗斯化过程最先崭露头角,发展趋势迅猛,因此可以推测,东斯拉夫人(确切地说,是斯拉夫罗斯人)很早以前就有相当发达的文化,他们与亚洲各国曾保持了相当广泛的贸易关系。考古工作者在诺夫哥罗德附近的一个古城堡遗址发现了公元699年的一罐子东方硬币,即在古罗斯邀请瓦兰人作为统治者之前的200多年内使用的硬币。然而,古罗斯时期主要流通的是东方银币,却不是拜占庭硬币。据历史记载,在基辅罗斯大公弗拉基米尔一世执政时期,古罗斯曾用冲压工艺制作金币和银币,后来这些冲压出来的硬币被浇铸的银锭——"格里夫纳"②所替代。

---

① 费奥凡·格列克生于拜占庭,14世纪下半叶至15世纪初在古罗斯工作。1405年与戈罗杰茨城的安德烈·鲁布廖夫和普罗霍尔一起为莫斯科克里姆林宫的报喜教堂绘制壁画,其作品形象生动、雄伟,具有内在力量与戏剧性表现力,风格豪放潇洒。主要作品还有1378年创作的诺夫哥罗德主显圣容教堂内的壁画、圣像画等。——译注
② 格里夫纳(Гривна),古罗斯货币单位和重量单位,12世纪为约半磅重的银锭,15世纪改为卢布;16世纪,格里夫纳成为货币计算单位,1格里夫纳等于10戈比。——译注

从基辅罗斯到 13 世纪末,"客商"进入古罗斯商界上流社会,在奥列格大公、伊戈尔大公(Игорь,? ~945 年)与拜占庭签订的和约中就开始使用"客商"这一术语,也就是说,当时在古罗斯境外经商的著名商人已开始被称为"客商"。

众所周知,奥列格和伊戈尔两位大公连年发起战争。实际上,伊戈尔大公的儿子斯维亚托斯拉夫的一生都是在远征途中度过的,他母亲奥莉加到晚年,不仅负责对孙子弗拉基米尔一世的培养工作,而且还亲自料理国事。不过,奥莉加虽然年过 7 旬,仍然经常有人向她求婚,当时许多王公不时地请人说媒。

那时战争的主要目的是为了活捉俘虏,然后把他们变成奴隶,或者把他们放在国外奴隶市场上公开出售,而古罗斯人固有的天性是善良、伸张正义、富有同情心,而这些非凡的禀赋都是源于多神教时期。同情沦为俘虏、被当做奴隶卖到国外的同胞,关心他们的命运,这些在基辅罗斯与希腊人签订的一系列专门的和约中有所体现。例如,在 911 年奥列格大公执政时签订的和约中,明确规定了双方必须履行的义务:"如果发现罗斯人在他国被希腊人抓获,或希腊人在他国被罗斯人抓获,交纳赎金后,可让被抓获的人返回祖国;与此同理,双方可以互相赎买被对方抓获的战俘,交纳赎金后,让他们返回各自的祖国。"后来在伊格尔大公执政时期,在 944 年签订的和约中,详细规定了关心"被赎买俘虏"的具体条款:"每个善良的成年男女的赎金为 10 枚金币;中年男子的赎金为 8 枚金币;每个老年人和小孩的赎金分别为 5 枚金币。如果罗斯人发现在希腊人那里当奴隶的同胞,或者希腊人发现在罗斯人那里当奴隶的同胞,双方可以用 10 枚金币赎回自己的同胞……"

从墓穴和古城堡遗址挖掘出来的大量文物表明,当时斯拉夫罗斯人实际拥有的文明程度,要比 12 世纪修士涅斯托尔在《编年纪事》中记载的文明程度更高。考古资料还证明,古罗斯时期的手工艺和建筑工艺已达到很高的水平。受洗之前的基辅罗斯已经有了冲压和浇铸技术、瓷器加工和刺绣工艺,还掌握了细腻的珐琅加工技艺。基辅罗斯还能生产十分考究的首饰:铜质辟邪物——小型护身符、戒指、各种装饰用品、闪闪发光的垂饰、扣环儿、银质首饰(带有无数颗粒和金银丝蟠花的古代耳环和项链)。当时加工的精致饰物中,还有各种鸟、兽和人物等斯拉夫人最喜爱的后野蛮期(原始社会第二期之后)的"野兽派风格",这就是斯拉夫人自然崇拜的多神教遗迹,他们崇拜的有雷神佩龙、畜牧保护神维列斯、所有动物之母——美人鱼和其他许多威力巨大的自然神等。

像古希腊各部族一样,斯拉夫罗斯人崇拜的神很多:天火之神斯瓦罗格、太阳神雅里罗(还有另一个太阳神霍尔斯)、风神司特利博格、雷神佩龙等。佩龙同时被认为是农业保护神,因为该神经常给大地送来雨水,每年的丰收都取决于这位雷神。俄罗斯人的祖先定期祭奠诸神,举行崇拜仪式的地方叫做"圣所",他们相信世间处处都有各自强大的统治者,有的善良,有的凶恶,比如,森林里有林妖(树精),水中有水妖美人鱼,家里有家神(灶神),还有类似鞑靼萨满教巫师那样的魔法师、星相家或占卜先生,这些魔法师和算命先生的建议往往会引起人们的特别关注。

像阿利安的其他部族一样,斯拉夫罗斯人善于在宗教基础上神化各种自然现象,也就是说,多神教崇拜是人类掌握自然规律的一种形式。在斯拉夫罗斯人眼里,所有的神可以分为两大类:一类是那些能使大自然人格化的神;另一类是祖先的亡灵;一种是善良之神,另一种是令人恐怖的神和极其有害的神。

12世纪古罗斯书籍专家在《多神教偶像记》一书中,将多神教文化分为三个阶段:1.起初,斯拉夫人"祭祀吸血鬼和美人鱼";2.在地中海偶像崇拜的影响下,斯拉夫人"开始在进餐之前敬家宅保护神和家宅女神";3.斯拉夫人"开始崇拜可恶的雷神佩龙、太阳神霍尔斯、万物生长之女神莫科什和维尔神"。

斯拉夫人曾将太阳神霍尔斯看做是一匹白色骏马,它能在大地上空自东向西奔跑。斯拉夫人心目中的白色骏马一直被认为是可以通神的神圣动物,他们常常用木质马头装饰屋顶,将木质马头插在马棚、羊圈、猪圈旁边,意思是让它们驱除前来骚扰牲畜和家禽的有害之神。在俄罗斯某些地区,直到19世纪末,还保存着石雕骏马和马头。位于俄罗斯西北方的拉多加湖中有一个名叫科涅维茨的小岛,早在15世纪,斯拉夫人就开始向安放在那里的石雕马头敬献活马。

19世纪,图拉省发生牲畜瘟疫时,人们特意在田地里安置石雕骏马,然后围绕石雕骏马耕种土地。他们认为,马能沟通天和地、人和神,所以俄罗斯最古老的神一向被认为是"大地女神"。

多神教象征还出现在斯拉夫人的民间艺术和口头文学中,在许多古老的民歌里,经常会听到"夏至"、"太阳神"、"季德拉多"(意思是"果实保护神"),"季德拉多"有时也被称为太阳神,这一名称本身象征着光明、美好、和平、博爱、欢乐等太阳所固有的一切特点。俄语人名"Ладо"("拉多")和"Лада"("拉达")的意思表示情侣、恩爱夫妻,其词义来自上天的一对"配偶"——"Ладо"("拉多"表示"太阳")和"Лада"("拉达"表示"月亮")。在古罗斯童话故事和壮士歌当中,还有天国之树、小白桦、参天的大橡树、松树、有人类和自然界轴心之称的花楸树等。

在古罗斯史诗中,有许多颂扬河流(多瑙河、顿河①、第聂伯河②)、12~16 世纪古罗斯勇士的民歌谣和壮士歌。比如,战胜长着 12 个脑袋的怪蛇的勇士伊利亚·穆罗梅茨被尊为太阳神;斯维亚托戈尔也是一个巨人勇士,据说他的身躯几乎跟地球一样大;善良的庄稼汉大力士米库拉·谢利亚尼诺维在耕地时,犁撞击地下的石头发出的声音之大,方圆几百公里都能听见,他被尊为热爱劳动的人民象征。

几乎每一首古罗斯童话都在讲述这样的故事:善良、勇敢和机敏的主人公如何克服困难,凶狠而长生不老的巫婆对人们(特别是儿童)的敌意和百般阻挠;象征河流和海洋回天之力的海龙王如何将一批又一批的航海者诱入龙宫;严冬的化身——莫罗兹的故事等。

在古罗斯北方地区的刺绣和编织物上,在正反两面都刻画着骑士、野兽或花鸟的木板手工艺品、木雕、石雕、建筑物(俄罗斯脊房屋顶正面的马头或鸟)、古斯拉夫编织文字图案上,均可看到多神教的象征。这种民间多神教文化仍将一直保存下去,它们有助于更好地挖掘和理解古罗斯艺术的特点和独特意义。

为了便于理解像伊利亚·穆罗梅茨那样的勇士、壮士等主人公形象,应当指出,这些主人公的原型全部来自现实生活。当时为了抵御敌人的进犯,古罗斯边境地区和各城市曾设立城门、关卡、岗哨和巡逻队,他们的任务是提前向古罗斯通报敌情。守卫基辅罗斯城门的都是素质最好的精兵,由这些精兵守卫的城门被称为"勇士城门",伊利亚·穆罗梅茨担任保卫基辅罗斯城堡的长官,他被誉为古罗斯"第一勇士";他的第一个副官多布雷尼亚·尼基季奇(Добрыня Никитич,古罗斯壮士歌中的主人公之一)同样勇猛顽强,他被誉为古罗斯"第二勇士";被誉为古罗斯"第三勇士"的是在该城门服役的尖兵,他的名字叫阿廖沙·波波维奇(Алёша Попович,古罗斯壮士歌中的主人公之一),他是罗斯托夫大教堂神甫列文季的儿子,他自幼就表现出与众不同的勇士体态,他的绰号叫"鸣钟人"。据说,阿廖沙微微转身的威力足以使教堂钟楼的大钟破裂,钟锤即刻落地。当他被选为教堂唱诗班歌手时,他的嗓音如此洪亮,他一张嘴,教堂内的墙皮唰刷脱落。勇士阿廖沙·波波维奇生活在弗拉基米尔二世·莫诺马赫时代。1001 年,他曾战胜佩切涅格最强大的勇士,还活捉了佩切涅格大公罗德曼(Родман)。为了更好地了解弗拉基米尔一世时期的这三位古罗斯勇士,我们不妨观赏一下 19 世纪俄罗斯著名画家 B. M. 瓦斯涅佐夫的杰作之一《三勇士》(1898)。

---

① 顿河(Дон,古希腊称"塔纳伊斯河"),俄罗斯欧洲部分的河流,全长 1870 公里,流域面积 42.2 万平方公里。源自中俄罗斯丘陵,注入亚速海的塔甘罗格湾,三角洲面积达 340 万平方公里,平均流量为 935 平方米/秒。顿河上建有齐姆良水库和水电站,经伏尔加-顿河列宁运河与伏尔加河相连。——译注
② 第聂伯河(Днепр,古希腊称"博里斯芬河"),乌克兰境内河流,全长 2200 公里(其长度仅次于伏尔加河和多瑙河,是欧洲第三大河),流域面积 50.4 平方公里,源自瓦尔代丘陵,注入黑海第聂伯湾。年平均流量为 1670 平方米/秒。第聂伯河中下游有多座水电站。——译注

油画《三勇士》(B. 瓦斯涅佐夫)

根据古罗斯手稿文献(13世纪阵亡名单)记载,还有一位名叫亚历山大·波波维奇的古罗斯勇士,1223年在卡尔卡河畔与鞑靼人作战时牺牲。

古罗斯勇士的足迹不仅可以在手稿文献中看到,15世纪,罗马皇帝的使者埃利赫·拉松托在基辅发现了古罗斯第一勇士——伊利亚·穆罗梅茨的坟墓。

伊利亚·穆罗梅茨是唯一被尊为圣者的古罗斯童话故事和壮士歌里的主人公,每年12月19日,俄罗斯正教会都要举行题为"12世纪古罗斯勇士圣伊利亚·穆罗梅茨"的纪念活动。

与童话故事的传说特点不同的是,壮士歌主要讲述现实生活中发生的真人真事,所以壮士歌又叫做"人民记忆",人民只有在牢记本民族历史的前提下才能获得永生。

罗斯受洗仪式完毕之后,弗拉基米尔一世随即开始改革、兴建教堂、教化人民,他所有的活动都是依靠人民推选的官员来实现的。他在原来矗立着多神教崇拜的偶像雷神佩龙的位置,建造了一座纪念自己的保护神圣瓦西里大教堂;他还下令建造了什一教堂,并邀请南方(拜占庭帝国)的画家前来绘制圣像和教堂壁画。该教堂之所以命名为"什一教堂",是因为弗拉基米尔大公将自己十分之一的收入捐献给了教堂。

基辅罗斯大公弗拉基米尔一世还兴办了学校,招收男孩专门学习译成斯拉夫语的《圣经》,同时将《圣经》里的《诗篇》当做基础知识来学习。这些都是在罗斯受洗10年内发生的奇迹!至今保存完好的甚至有当时学生练习写字的涂蜡木板、刻有《诗篇》的75~76篇和其他篇目的桦树皮文献。当时男孩"上学"都是强迫性的,因为他们的父母认为,那种基础知识(即学文化)是一种危险的巫术,所以孩子一旦被选中去上学,他们就会感到绝望。

第二章 受洗前后罗斯国家的尊严及其变化(5~15世纪)

作为11~12世纪初的基辅洞窟大修道院的修士,涅斯托尔曾大力颂扬基辅大公弗拉基米尔一世在罗斯受洗之后的主要活动。大公避免了多次武装冲突,废除死刑,甚至还免除了强盗的死刑,他虽然拥有300名妻子和600名妃子,但是他只宠爱其中的一个,即与他朝夕相处的妻子(拜占庭公主安娜),他经常将自己的部分收入献给教堂,救济穷人。尽管基辅罗斯已经接受基督教,但是大公弗拉基米尔一世本人在人民心目中,仍然是一个多神教信徒,人民称他是"基辅罗斯的红太阳"或"红太阳弗拉基米尔"。

1015年6月15日,大公弗拉基米尔一世突然去世,关于他的丰功伟绩,后面还要叙述。按照他的心愿:他最心爱的儿子鲍里斯(Борис,? ~1015年)①将是未来的全军统帅,这就意味着未来基辅罗斯的大公王位将属于鲍里斯,而他前妻的儿子斯维亚托波尔克图罗夫大公(Святополк Ⅰ Окаянный,约980~1019年)②将被送进监狱,最后可能被处死。然而,后来的一切都事与愿违,大公弗拉基米尔一世死后,斯维亚托波尔克很快被推上王位,而鲍里斯的军队却离开自己的领袖,弃甲而去。

事情的大致经过是这样的:大公斯维亚托波尔克一世亲自派杀手追杀自己的三个弟弟鲍里斯、格列布和斯维亚托斯拉夫,斯维亚托斯拉夫起初逃跑了,但最后被追上并被杀害。三个弟弟都是被哥哥的亲信杀害的,在那些亲信当中,任何人都没有站出来保护这三个"无辜"的兄弟。十恶不赦的大公斯维亚托波尔克一世随后便霸占了三个弟弟的封地,诺夫哥罗德的雇佣军——瓦兰人将他推上王位,瓦兰人以此报了基辅强迫他们接受基督教和践踏多神教之仇。

尽管如此,多神教信徒在多次"反攻"后,仍未能使历史车轮倒转,他们的强霸势力最终不得不暂时"收兵"。

罗斯受洗之后,大多数多神教崇拜的神像(又译"偶像")被毁坏,只有少数高大而笨重的"石头扁脸女人雕像"得以保存,这些形式简单、雕工粗糙的石像却充满了感染力,深受斯拉夫人的崇拜,但它们的精美程度毕竟比不上斯拉夫人制作的装饰工艺品。在信奉多神教的古罗斯,工艺最好的是木器加工,木结构房屋和阔绰的住宅、木板大门和木桥、城堡四周的圆木城墙、木船、雪橇、四轮马车、精心雕制的木质器物等,都充分代表了古罗斯多神教时期的面貌。

古罗斯大规模的砖石建筑始于公元10世纪,主要建筑物是按照拜占庭格式建造的基督

---

① 鲍里斯,罗斯托夫公,弗拉基米尔一世之子,被哥哥斯维亚托波尔克一世杀害。后来与兄弟格列布一起被俄罗斯尊为圣者。——译注
② 斯维亚托波尔克一世,图罗夫大公(988年起),基辅大公(1015~1019年),被称为十恶不赦的大公,弗拉基米尔一世的长子,曾杀害自己的三个弟弟,霸占他们的封地,后来被智者雅罗斯拉夫赶走。1018年在波兰人和佩切涅格人的帮助下再次夺回基辅,但很快又被击溃,最后在国外亡命。——译注

教教堂。

古罗斯时期的基督教教堂汲取了古希腊建筑传统,拜占庭教堂建筑艺术带有很多的基督教象征,其中的每一个建筑部件均可做出相应的诠释。任何一座基督教教堂的平面设计图都是十字形,十字架同时又是基督教的象征和人类得以拯救的象征;支撑教堂顶部的"战盔"式圆顶的是无所不能的基督祝福像(基督半身像,右手行祝福礼,左手持《福音书》),托举着圆顶下面的"脖子"(圆筒式结构)的是四使徒(马太、马可、路加和约翰),主宰和四使徒的形象绘制在教堂内部的墙壁和顶部的苍穹里,俄罗斯多数教堂的建构格式都是如此。

东正教教堂严格遵循着自西向东的原则,即教堂入口永远设在西面,教堂内的主要设施—祭坛通常设在正堂的东部(正面朝西),这种布局象征着耶稣基督的出生地洞窟、他被钉死的地方各各他和他死后升入的天堂。教堂内有四根粗大挺拔的立柱支撑着顶部那巨大的苍穹,那四根立柱分别象征着四部《福音书》,它们将教堂内的空间隔成三部分,即三个基本殿堂,这种格局象征着信徒们在尘世的风浪中得以拯救的船只。数字象征在教堂建筑艺术中显得尤其重要:首先是象征三位一体的数字"3";教堂顶上的"圆顶"数量也不是随意加盖的,单圆顶教堂象征着耶稣基督;三个圆顶的教堂象征着三位一体;五个圆顶的教堂象征着耶稣基督与撰写《福音书》的四个使徒;九个圆顶的教堂象征着9位天使;13个圆顶的教堂象征着耶稣基督与他的12个门徒。

虽然俄罗斯建筑师曾重新审视拜占庭建筑艺术体系,并创建了本民族独特的教堂建筑形式,但是俄罗斯正教教堂建筑依然保留了原来的象征意义。

起初,砖石建筑借鉴了独特的木结构建筑的某些显著特点,巍然屹立在基辅罗斯的索菲亚大教堂有13个圆顶,弗拉基米尔一世建造的"什一教堂"共有25个圆顶,但遗憾的是,这座古罗斯时期的建筑精品未能保存下来。多圆顶教堂是古罗斯建筑艺术的一大特色,而且多数是木结构建筑。位于俄罗斯北方的白海一带,直到19世纪还在兴建木结构教堂,其工艺特点是整座圆木建筑不使用一颗铁钉,最典型的此类建筑物是基日岛①上建于1714年的22个圆顶的主显圣容大教堂、建于1764年的9个圆顶的圣母教堂和建于1814年的锥体钟楼等。

除了这些气势雄伟的大教堂之外,当时还建造了一系列单圆顶(或锥体)立方形小教堂。像当时的许多民用建筑一样,教堂有时也建造在数根木头柱脚之上,这些教堂的根基(柱脚)有时是用砖石砌的,通常将柱脚部分建成地下室。此类始于农村的建筑格式后来成为城市建筑的一部分。有些木结构教堂是用大圆木建造的,乍看上去,像是一座民房,几座

---

① 基日岛(Кижи),位于俄罗斯北方的卡累利阿自治共和国奥涅加湖中的一个小岛。岛上最引人人胜的是形成于18~19世纪的基日村,该村的最大特点是集中了各式各样的木结构建筑。基日是俄罗斯民间木结构建筑和民族志学博物馆,属于国家级文物保护单位。——译注

建筑物通常是用封闭长廊和走廊连接起来的。

每一座东正教教堂的主要组成部分是教堂内的祭坛(或叫"圣堂"),在每次定期举行的祈祷仪式开始之前,教堂内首先为祭坛进行一种特殊仪式"祝圣",或叫做"驱邪"仪式,这是一种必不可少的仪式。祭坛的主要组成部分是安置在正堂中央高出地面的那张供桌,当教堂举行"驱邪"仪式时,供桌都要用一张特殊的覆盖物——圣餐布覆盖,圣餐布上面还有一块叫做"衣裳"的特殊的覆盖物——圣衣布,上面摆着《福音书》。

其实,教堂里的供桌永远要用这种被称为"圣衣布"覆盖。一旦由于某种原因,该覆盖物脱落或离开了供桌,在下次重新覆盖供桌时,教堂必须重新举行上述那种特殊的"驱邪"仪式,意思是"为整个教堂祝圣",俄语中的一句俗语由此而产生:"名人要闻随时都引人注目。"

祭坛左右分别有一张准备礼仪用面包和葡萄酒的桌子(祭台),还有专门为主持礼拜仪式的神甫穿戴法衣的处所"助祭室"。高大的圣像壁将祭坛与正堂隔开,圣像壁上悬挂或安放着许多圣像。

教堂入口处有一个小平台(台阶小走廊),有时走廊上方还有顶棚,这是俄罗斯砖石结构和木结构的教区教堂必不可少的标志。

圣瓦西里教堂的封闭式门廊

东正教教堂南北两侧有时增建一种小型附加建筑物,室内没有任何立柱,但设有副祭坛,专供教堂举行某些专门祈祷仪式时使用。

基督教教堂专门收藏法衣(神甫在举行祈祷仪式时的穿戴)和教堂器物的处所——圣衣室通常是设在教堂内部,有时设在专门的附加建筑内,而大修道院的圣衣室通常建在院内的单独建筑。

钟楼属于单独建筑,但它们与教堂建筑紧密相连。在俄罗斯,召集基督徒前来参加祈祷仪式的钟声,一贯被认为是基督教必不可少的一部分。历史上的钟声却往往另有用途,敲钟的习俗是在基督教诞生之前出现的。在古埃及,钟声意味着奉献礼仪的开始。

极其洪亮的钟声标志着大型魔术活动的开始,这种钟声具有鲜明的保佑和警报的意味,与此种钟声涵义相类似的是萨满教巫师行巫术时的大喊大叫。具有"驱邪"之意的钟声已被用于基督教祈祷仪式开始之际。早在公元4世纪,每逢教堂举行祈祷仪式时,教堂钟楼上大大小小的钟就会一起鸣响起来,那些钟通常都是用黄铜浇铸而成的。

后来到公元8世纪,教会章程规定了4种基本鸣钟方法,其中最简单的一种是祈祷前的钟声,即节奏均匀的钟声,提醒信徒做好祈祷的准备;另一种是节日钟声(交响钟声),即击鼓乐师依次敲响钟楼上所有的钟;当宣告主教或神甫逝世的噩耗时,教堂钟楼上会响起特殊的钟声:一口钟或两口钟同时响起,这钟声叫做"安魂钟声";第四种是在重大宗教节日(复活节、圣诞节或本教堂的建堂纪念日)时敲响的钟声,届时钟楼上所有的铜钟同时响起,而且持续的时间很长,这种钟声叫做"节日久鸣钟声"。

在古罗斯教堂建筑艺术中,重量和形状大小不同的钟一律悬挂在教堂前方(或上方)的钟楼里,有时钟楼与讲堂并排而建,钟楼带有锥体顶或其他形状的顶,钟楼墙壁在建造过程中预留了专门悬挂铜钟的洞孔。俄罗斯北方建造最多的并不是一般意义上的钟楼,而是一堵厚厚的砖墙或长方形砖垛,墙上也有专门悬挂大小钟的洞孔。随着时间的推移,俄罗斯教堂的钟楼建筑格式越来越多样化,有的是圆形塔楼,有的是八角形塔楼等,这些钟楼的顶部一般都是高耸云霄的多棱锥体房盖。16~17世纪,俄罗斯开始兴建叠层钟楼,现存完好的是建于18世纪(1741~1769年)的圣谢尔吉三位一体大修道院内的钟楼。此类叠层钟楼是俄罗斯城堡、大修道院和某些城市建筑群里最高的和具有崇高美学品位的建筑物。

几百年来,教堂钟声还响彻在体裁不同的音乐作品中,比如,19世纪俄罗斯作曲家格林卡(Михаил Иванович Глинка,1804~1857年)的歌剧《伊万·苏萨宁》、穆索尔斯基(Модест Петрович Мусоргский,1839~1881年)的歌剧《霍万希斯之乱》、鲍罗廷(Александр Порфирьевич Бородин,1833~1887年)的《勇士交响曲》、拉赫玛尼诺夫(Сергей Васильевич Рахманинов,1873~1943年)的《第二钢琴协奏曲》起奏时的钟声和他的合唱曲《钟声》等作品里的钟声,都准确地反映了合唱艺术中的俄罗斯精神。

合唱艺术很久以前就开始伴随俄罗斯祖先的一切农事节日和庆典活动,但宗教音乐只是在罗斯受洗之后(988年之后)才传入古罗斯的,当时没有任何乐器伴奏,而只有歌手的演

作曲家拉赫玛尼诺夫

唱,所以俄罗斯很早就出现了"歌调作者"①,他们使教堂圣咏这种古老的合唱形式产生了独特的民间特色。

在很长一个时期内,古罗斯宗教音乐曾出现一种特殊现象,历史上习惯把这种现象称为"东正教与多神教混合"(即不可分割性、二者混合性)。

11世纪古罗斯的"双教并存"("双重文化并存")现象,对中世纪社会各个阶层的思想意识都产生了深刻影响。虽然东正教的影响不断深化,原先多神教的神话体系逐渐消退,但是古罗斯确立了不同于拜占庭的宗教观和世界观的理想模式,这种新的理想模式并没有全面照搬原始模型的特点。

尽管斯拉夫罗斯人慢慢地习惯了基督教,但他们并没有彻底遗忘古老的多神教信仰,许多旧传统和旧礼仪得以保存,并逐渐渗透于基督教信仰之中。早在罗斯受洗之前,俄罗斯的祖先就经常举办节日庆典和祭奠亡灵等活动,流传至今的多神教礼仪有祭奠亡灵日(扫墓

---

① "歌调作者"(распевщик)是指古罗斯时期创作歌咏体系的人。歌调本身有一套唱腔旋律和组织规律,最古老和最成熟的歌调是符号谱歌调(12世纪起),以后出现了圣咏歌调和行旅歌调(16~17世纪)等。最著名的俄罗斯歌调作者有16世纪的马尔克尔·别兹鲍罗德内、萨瓦和瓦西里·罗戈夫兄弟、费奥多尔·克列斯蒂亚宁等。——译注

日),按照教会的规定,这一天叫做"死者纪念日"。每年的这一天,即复活节之后的第10天(总是在复活节之后第一个星期二),所有的东正教徒都要举行相应的仪式和纪念活动。不过在古代,在东斯拉夫人分成俄罗斯人、乌克兰人和白俄罗斯人之前,罗斯人(或鲁斯人)、东斯拉夫人的共同祖先及其与祖先有亲缘关系的波罗的海人,一直将为死者举行的最后仪式"特里兹纳"①当做"祭奠亡灵日",有时在墓地举办,有时在焚烧死者尸体(火葬)的地方举办。

现代俄语中的"радуница"("祭奠亡灵日")一词,是19世纪俄罗斯著名国家派史学家索洛维约夫根据古立陶宛语词"rauda"创造的,该词的原意是"葬仪曲",通常是人们在葬礼上和纪念日期间所唱的歌曲。

在古罗斯接受基督教之后,官方和教会将多神教的一切习俗和礼仪统统看做是一种罪孽。尽管如此,若想从人们灵魂深处彻底根除根深蒂固的古老习俗,其结果最终都是徒劳的。在这种情况下,教会只好为多神教礼仪"洗礼",并将这些古老神话礼仪纳入复活节系列之中,还接受了古代的"祭奠亡灵日",甚至将此节日与宣告"耶稣基督复活"的喜讯联系起来。每逢此日,亲人和死者家属怀着这种"喜悦"的心情,纷纷来到墓地祭奠祖先的亡灵。为了使逝去的亲人和祖先"满意",人们在每次扫墓时,分别带上煎饼、肉食、蜂蜜和克瓦斯饮料等。

除此之外,一定要在谢肉节②和德米特里纪念日(俄历10月26日)③之前的那个星期六扫墓,历史上将这个星期六称为"追荐亡灵的星期六"。

古人往往将死者的魂灵看做一只小鸟,扫墓时在坟头上撒些谷物,这是一种远古时期的风俗习惯。他们认为,只要小鸟吃了这些谷物,它们就能帮助死者的魂灵升入天堂。

类似的习俗的确由来已久,即使在基督教的影响和作用下,这种习俗也没有发生任何变化。

与葬礼有关的还有这样一种习俗,不过只是在我们使用的语言中有所体现。这种古老的礼仪叫做"二次埋葬",这就是说,死者被埋葬若干年之后,他的尸体被挖出来"重新清洗遗骨",然后重新下葬,这样做的目的是为了洗清死者的罪恶,解除人们对死者的诅咒。在

---

① "特里兹纳"(тризна),古斯拉夫人祭奠死者的最后仪式,通常是举办酒宴、军事游戏、竞技等活动。后来俄罗斯东正教的"弥撒",就是这种安葬或追荐亡灵的仪式,有时只有"丧宴"或"追荐酒"。——译注
② 谢肉节(масленица),大斋开始之前的一个星期,即从复活节之前第56天开始庆祝,持续一个星期,此时可以吃荤食肉。罗斯受洗以前,是斯拉夫民间传统节日——辞冬迎春,节日期间,斯拉夫人在广场上,点起篝火,焚烧象征着"驱邪"、"却病"的稻草人。——译注
③ 德米特里纪念日(Дмитриевский день),特别重要的追荐亡灵日,确立于1380年,即在库里科沃会胜利战之后确立。当时的大公德米特里·顿斯科伊在出征之前,特意去扎戈尔斯克接受圣谢尔吉·拉多涅日斯基的祝福,圣者的祝福果然灵验。后来逐渐成为俄罗斯祭奠亡灵的纪念日。——译注

"重新清洗遗骨"礼仪进行过程中,亲人们追忆、怀念死者,回忆死者的性格特点和生前所有的行为,赞扬他们生前的业绩。

虽然这种"重新清洗遗骨头"礼仪的意义很明确,但只是经过漫长时间之后,人们才开始对这种礼仪进行重新审视。现代俄语中的"перемывать косточки"("重新清洗遗骨")一词含有"Сплетничать"("播弄是非")、"злословить"("诽谤、中伤")、"судачить"("议论是非")等同义动词的意思。

斯拉夫罗斯人受洗之前的文化与接受拜占庭基督教之后的文化的相互融合和相互渗透,使整个古罗斯普遍接受了拜占庭基督教文化和斯拉夫基督教文化,通过这种融合之后的文化又接受了古希腊文化和中东文化,从而创建了中世纪独特的古罗斯文化。

教会逐渐成为古罗斯封建文化的基本制度,该制度在古罗斯国家发展过程中发挥了积极的作用,利用社会和政治经验,丰富了古罗斯公法,对教会法庭作用下的公法演进产生了影响,而当时的教会法庭不仅受理宗教犯罪案件,同时还审理非宗教案件。在世俗家庭关系和日常生活方面,教会还加强了一夫一妻制。

基督教不仅批判一夫多妻制,而且还否认奴仆的子女(非法子女)与合法夫妻所生子女权利平等的规定,教会的这一新原则引起了全社会的强烈反对,大公弗拉基米尔一世本人在成为基督徒之后,尽管教会认为,他有几个孩子并非是合法子女,可是他毅然将全部财产和权力平均分给所有的子女。随着时间的推移,这种新原则最终在古罗斯国家得以确立。从那时起,古罗斯家庭告别了亚洲特点,而逐渐变成了欧式家庭。

基督教还对古罗斯立法的许多方面产生了影响,比如,当时的法律规定:盗窃、杀人和抢劫行为已不再被看做是对个人尊严的侮辱,也不只是以当事人受害之后得到资金补偿而告终,为了维护上帝的名誉,上述恶劣行为开始被看做是一种罪行,盗窃犯、杀人犯和强盗一律受到法律的制裁。

以简朴而诚实的方法解决复杂的道德问题,确保旨在维护道德、思想和需求的行为准则,维护这些准则的独特性、完整性和社会秩序化,都是基督教思想深入古罗斯人日常生活的可靠基础。

作为一种宗教,基督教加速了基辅罗斯封建关系的发展,罗斯受洗加强了古罗斯与拜占庭帝国和西欧各国之间的往来关系。

基辅罗斯在短期内就跨入了中世纪欧洲诸多先进国家的行列,城中建造了多座富丽堂皇的大教堂,开办了很多学校。

起初,基督教在古罗斯只是一种使人感到欣慰的宗教,因为基督教并不反对世俗欲望,也不赞同修士的禁欲生活方式。在弗拉基米尔·斯维亚托斯拉夫大公(即弗拉基米尔一世)执政时期,古罗斯还没有本国的修士,也没有兴建修道院。在通过布道得知的基督教诸多美德当中,最受古罗斯欢迎的是博爱,而这种博爱多数体现在大公在宴会上许诺的施舍和他们对穷人的实际救济活动,在多神教时期,古罗斯王公们也经常举办类似的宴会。

后来被誉为"红太阳"的基辅罗斯大公弗拉基米尔一世保持了这一古老的传统,同时赋予传统新的内容。宴会期间,大公侍卫军的代表与部落上层代表共议当前国内的政治局势,从而促进了新封建主阶层之间的团结。每逢节日,大公便在豪华而宽敞的宫廷内,举办"款待全国人民"的活动,对那些因病而未能前来享受款待的家庭,大公下令为他们送去面包、肉食、蜂蜜和其他食品。弗拉基米尔一世不仅在基辅城内举办这种款待饥饿民众的"进餐"活动,他还深入到其他城市和乡村举办,他这样做的目的,就是为了使古罗斯不再出现饥饿者和穷人。因此,"红太阳"弗拉基米尔一世不仅以罗斯施洗者的名义被载入史册,而且还是被历史公认的第一位古罗斯庇护者。弗拉基米尔一世的施舍行为和慈善活动之一,就是他定期赎买俘虏并给予他们自由,这实际上是自古以来就有的一种习俗。

基辅罗斯大公弗拉基米尔一世严谨而行之有效的政治纲领,促使古罗斯进入了欧洲基督教国家的发展体系之中,但是高速改革的步伐未能保证大公在生前彻底完成国家改革大业。

弗拉基米尔一世的儿子雅罗斯拉夫①继承父亲开创的伟业,另外两个儿子鲍里斯和格列布已被亲哥哥斯维亚托波尔克杀害,因为哥哥担心弟弟们会联合起来抢夺他的政权,所以在杀害弟弟和宫廷激烈的内讧之后,于1019~1054年控制了基辅罗斯的大权。继承父业的雅罗斯拉夫坚定而迅速地展开了改革活动,在解决国内一系列重大问题的同时,雅罗斯拉夫着手解决对外政策问题,与欧洲国家建立了外交关系,由于祖上几代人的国际联姻习惯,大公雅罗斯拉夫提供了对外交往的条件,在他们的积极努力下,大大扩展了古罗斯与许多国家的往来关系。

大公雅罗斯拉夫(智者)决定娶瑞典国王奥拉夫·舍特科农格之女英吉格尔达(Ингигерда,1019~1051年)为妻,岳父奥拉夫将阿德加堡城和整个卡累利阿②作为女儿的

---

① 雅罗斯拉夫(智者),基辅大公(1019年起),弗拉基米尔一世与波洛茨克大公罗格罗沃德之女罗格尼奥达所生之子。身为基辅大公,雅罗斯拉夫(智者)将杀害三个弟弟的哥哥斯维亚托波斯克驱逐出境,曾与弟弟姆斯季斯拉夫争夺权力并将国家瓜分(1026年)。那次斗争的结果是:以第聂伯河为界,将基辅罗斯分成两个国家,到1036年姆斯季斯拉夫去世为止;1036年,雅罗斯拉夫(智者)大公将国家重新统一起来。保卫了基辅罗斯的南部和西部边境的安全,与欧洲许多国家建立了外交关系。在位期间编纂了《罗斯法典》。——译注

② 卡累利阿(现在的俄罗斯联邦卡累利阿自治共和国,Карелия)位于俄罗斯联邦西北部,面积1724平方公里,人口75万,城市人口占79%,共和国内设有12个市,主要居民为卡累利阿人(8万)和俄罗斯人(52万),首府彼得罗扎茨克,距莫斯科925公里。卡累利阿位于波罗的海低盾范围内,大部为丘陵起伏的平原,冰川型地势。9~12世纪属于基辅罗斯;12世纪起归属诺夫哥罗德公国;1478年并入俄罗斯国家;13~17世纪受到瑞典入侵;17世纪瑞典占领了卡累利阿的部分领土;1721年归还俄罗斯。——译注

嫁妆送给未来的女婿雅罗斯拉夫大公。斯堪的纳维亚民间史诗详尽地讲述了雅罗斯拉夫大公与公主英吉格尔达的成婚经过，还记载了他们后来的几个女儿的婚姻状况。对罗斯大公雅罗斯拉夫而言，这种婚姻选择是十分重要和明智的，因为在很大程度上，他的妻子决定了子女们的欧洲人的气质和处世之道，大公夫人的亲属和挚友在孩子们的婚姻中也发挥了一定的作用。因此，雅罗斯拉夫（智者）将自己的三个女儿都嫁给了欧洲皇室也就不足为奇了。他的三个女儿最后都成为欧洲的女王，长女伊丽莎白嫁给了挪威国王加拉尔德（勇者），丈夫死后，她改嫁给丹麦国王斯维恩；次女阿纳斯塔西娅最终成为匈牙利女王；命运最佳的要数天生丽质的小女儿安娜，她丈夫是法国国王，即卡佩王朝的亨利一世。在后来的267年当中，11位法国国王全部是安娜的后裔。

从此，雅罗斯拉夫（智者）在同时代许多国家元首当中占据了显耀的地位，他还将自己的妹妹多布罗格涅娃（Мария - Доброгнева Владимировна, ? ~1087 年）许配给波兰国王卡季米尔，并陪送了丰厚的嫁妆，而作为妹夫的波兰国王卡季米尔还给雅罗斯拉夫（智者）800名古罗斯战俘。古罗斯皇室的国际联姻政策无疑是扩大国际关系的有力证明。大公雅罗斯拉夫（智者）的爱子弗谢沃洛德的妻子是拜占庭皇帝君士坦丁九世莫诺马赫（Константин IX Мономах, 1032~1082 年）的女儿，他们的儿子弗拉基米尔·弗谢沃洛多维奇永远继承了母亲的伟业，他给自己起了第二个名字"莫诺马赫"——弗拉基米尔二世·莫诺马赫，1113~1125年期间执政。①

弗拉基米尔二世·莫诺马赫的妹妹叶夫普拉克西娅也非常出色，父亲弗谢沃洛德·雅罗斯拉维奇将女儿嫁给了日耳曼帝国皇帝亨利四世，在后来的17年当中，叶夫普拉克西娅一直是"神圣罗马帝国"管辖的日耳曼帝国的女皇。

古罗斯公主、雅罗斯拉夫（智者）的女儿叶夫普拉克西娅以出众的容貌、姿色、非凡的智慧和教养，给欧洲社会留下了极为深刻的印象。

雅罗斯拉夫（智者）的儿子弗拉基米尔的妻子是盎格鲁撒克逊国王哈罗德二世之女吉塔，哈罗德二世在1066年的黑斯廷斯同诺曼底军队作战时阵亡。弗拉基米尔的儿子（雅罗斯拉夫的孙子）姆姆季斯拉夫的妻子是瑞典国王克里斯丁的女儿；弗拉基米尔的另一个儿子斯维亚托斯拉夫娶了施塔得国王亨利的近臣伯爵的女儿奥达为妻；第三个儿子伊兹亚斯拉夫的妻子是萨克森马尔克伯爵的女儿格尔特鲁达。古罗斯王公的这几桩国际婚姻都曾为加强和扩大古罗斯的对外联系奠定了坚实的基础。

---

① 拜占庭皇帝康斯坦丁·莫诺马赫死于1055年。"莫诺马赫"既不是一个绰号，也不是爵位，而是一个名字。为纪念自己的爷爷，大公弗谢沃洛德·雅罗斯拉维奇之子——弗拉基米尔（大鸟巢），成为"弗拉基米尔·莫诺马赫"。弗拉基米尔·莫诺马赫出生于1053年，他在后来完全继承了爷爷雅罗斯拉夫（智者）的事业。——原注

1024年,古罗斯国内发生饥荒,人民忍受着饥饿的痛苦。在这种情况下,苏兹达利公国出现了暴动事件,历史上将那次事件称为"术士起义"。多神教信徒打着"恢复祖先的旧教"的旗号,公开起来反对基督教,但实际上是在反对发财致富的原始部族首脑,因为富裕的上层社会逐渐开始封建化,不断使自己同族人沦为奴隶。那次起义最后遭到了雅罗斯拉夫(智者)的镇压。

雅罗斯拉夫(智者)不仅重视国内建筑业的发展,而且还下大力开展贸易活动,掌握了冲压金币和银币的工艺,他最重视的还有古罗斯文化的发展。

高素质和有教养的雅罗斯拉夫平时酷爱读书,阅历很广,精通几门外语。他亲自培养自己的儿女,而且他还有一位漂亮贤惠的外国妻子——瑞典国王的女儿英吉格尔达。[①] 在雅罗斯拉夫(智者)执政期间,国家特别注重启蒙教育事业,翻译了大量书籍,创办了图书馆。

如果基辅大公弗拉基米尔一世曾在基辅兴办学校,那么,弗拉基米尔一世的儿子雅罗斯拉夫(智者)大公却在另一个城市——诺夫哥罗德创办了拥有300男孩的教会学校,还专门从君士坦丁堡请来希腊歌手讲授圣咏唱法。在雅罗斯拉夫(智者)执政期间,古罗斯开始冲压金币和银币,硬币正面用斯拉夫字母刻着大公雅罗斯拉夫的名字,另一面用希腊字母刻着大公在受洗时起的教名"格奥尔吉"。

像所有的野蛮民族的新教徒一样,雅罗斯拉夫对上帝如此之虔诚,以致达到了迷信的程度。他下令将几位叔叔和伯父的尸骨从坟墓里挖出来,虽然他们都是在多神教时期死亡和下葬的,可是他偏要重新按照基督教礼仪为他们施洗。

为了广泛传播"福音",大公雅罗斯拉夫召集了一批古籍抄录者,命令他们翻译书籍、搜集整理已经译成斯拉夫语的书籍,然后将这些书籍作为古罗斯第一家图书馆的基本馆藏,该图书馆设在基辅圣索菲亚大教堂内。

在雅罗斯拉夫(智者)执政期间,古罗斯人逐渐开始重视图书,陆续出现了各种不同形式的文学体裁——训诫、家训等。

在中世纪,古罗斯唯一能够学习的地方是修道院,在雅罗斯拉夫(智者)执政期间,古罗斯出现了本民族的修道院和修士生活,比如,基辅洞窟大修道院、圣格奥尔吉修道院、圣伊琳娜女修道院等。

希腊语"修道院"一词的基本含义是"离群索居",而住在修道院的人们被称为"僧侣"或"修士"。僧侣团体一般被称为"僧侣同伴"或"教士同伴",僧侣之间相互称呼对方"兄弟"。修道院的首脑是院长。

修道院通常都建在人烟稀少、远离闹市和常人难以到达的地方,修士们从事各种生产劳

---

① 英吉格尔达这位北方美女婚后在古罗斯受洗,并取教名"伊琳娜"。——原注

动,亲手建造自己的住所和教堂。由于时局不稳,所以每座修道院都建有高大的木结构围墙。

随着修道院不断成长壮大,修道院本身的占地面积越来越大,原来的木结构建筑被砖石结构所代替,修道院内的新教堂不断涌现,修道院四周用高大厚重的砖石墙圈了起来。

古罗斯时期,位于国家边境地区的大修道院都曾发挥坚固的城堡作用,特别是古罗斯南部和东南部地区,最需要大修道院的城堡作用,因为这两个地区是金帐汗国多次进攻的对象。以首都莫斯科为例,离克里姆林宫越近,修道院这个保护圈就修建得更加坚固,位于首都莫斯科东南面的安德罗尼科夫修道院、圣丹尼尔修道院、新处女修道院、西蒙诺夫修道院和顿斯科伊修道院的布局,恰好构成了一座扇形"天然"屏障。

莫斯科克里姆林宫

修道院的一天开始得很早:修士们早上5点起床后,第一件事就是去教堂做祈祷,上午的祈祷一般都要持续5小时左右,然后共进圣餐。修士们一日两餐——午餐和晚餐,他们的饭菜本身也没有什么特别的,几乎每天都喝汤、吃米粥。在夏季的宗教节日期间,修士们可以尽情品尝各种鲜美的水果、野果、蘑菇、蜂蜜和各种馅儿的包子,修道院绝对禁止肉食。

祈祷和进餐之后,有的修士回到自己的单间居室自由活动,有的则要去参加生产劳动。修士们的内部分工非常明确,所有的工作或劳动都是靠修士们独立完成的。有的修士从事农业生产,有的制作各种手工艺品。

修士们的居住条件都比较简朴,房间内唯一的家具是一张木制平台(我们把它叫做"桌子"),这个平台代替了应有的桌椅板凳和床之类的家具。

每座修道院都是一个相对独立的宗教文化中心,它们分别建立学校。在用砖石建造的高墙之内,有专门为水平最高的圣像画家开辟的画室,修道院的图书馆内收藏了古老的手稿文献,修士们在图书馆里抄写古老的编年史料,同时撰写新的编年纪事,也就是说,修士们收藏、整理和撰写古罗斯文献,同时还撰写政治题材的文章、画圣像、翻译《圣经》和其他文献。①

基辅大公雅罗斯拉夫(智者)逐渐使古罗斯教会独立于拜占庭帝国的管辖。1051年,在希腊都主教去世之后,大公雅罗斯拉夫没有通知君士坦丁堡宗主教,亲自任命古罗斯籍神甫伊拉里昂(Илларион,?~11世纪中期)为基辅罗斯都主教,神甫伊拉里昂还是《律法与神赐》(即《旧约与新约》)的作者。

神甫伊拉里昂的著作《律法与神赐》是那个时代锐利的政治武器,书中证明了古罗斯宗教和政治发展的独立性、积极性和高效性。

为祖国而自豪、独立于拜占庭帝国并与其平等,这不仅是古罗斯皇宫和上层社会的强烈愿望,而且也受到了古罗斯人民的支持和拥护。比如,至今还有这样的传说:莫斯科圣丹尼尔修道院院长曾去巴勒斯坦朝圣,他在自己的《游记》中详细记录了他当时的心情和印象。他说,在耶稣基督墓穴教堂里,悬挂着来自世界各国信徒奉献的灯盏,唯独没有来自古罗斯奉献的灯盏。于是他请求巴勒斯坦国王鲍德温批准他以"古罗斯国家"的名义敬献灯盏。以此向世人宣告:无论何时何地,古罗斯都不应该低于其他任何国家和城市。

基辅大公雅罗斯拉夫曾为被驱逐出境的英国、瑞典和挪威大公们提供政治避难所,也就是说,当时的基辅罗斯已经成为真正意义上的欧洲国家了。

基辅大公雅罗斯拉夫的同时代人——德国不来梅编年史作家亚当(Adam von Bremen,?~1081年后)曾把基辅罗斯称之为"东方的装饰"和"君士坦丁堡的竞争对手"。当初基辅大公雅罗斯拉夫(智者)分别在基辅、切尔尼戈夫和诺夫哥罗德等地建造的气势雄伟的教堂建筑,至今巍然屹立。这些建筑包括基辅城里的金色大门和索菲亚大教堂,它们依然向人们讲述着古罗斯曾经有过的辉煌和高度发展的古罗斯文化,该教堂被称为"圣索菲亚大教堂",雅罗斯拉夫大公曾下令:为了纪念古罗斯军队取得的胜利,圣索菲亚大教堂应该矗立在古罗斯军队粉碎佩切涅格人军队的地方。

随着时间的推移,位于圣索菲亚大教堂内的古罗斯第一家图书馆,逐渐成为古罗斯收藏和抄写书籍最多、规模最大的图书馆。

圣索菲亚大教堂内最珍贵的装饰是基辅罗斯大公雅罗斯拉夫(智者)的棺木(大公卒于

---

① 圣格奥尔吉男修道院和圣伊琳娜女修道院分别是古罗斯历史上最早的修道院,两座修道院都是由基辅罗斯大公雅罗斯拉夫建造的。由于这两座修道院离皇宫最近,所以它们实际上变成了宫廷专用的宗教机构。11世纪,古罗斯境内又兴建了许多修道院,其中包括著名的基辅洞窟大修道院,该修道院在教会生活中和全国文化生活中,都起到了巨大的作用。——原注

1054年),而教堂本身则是基辅罗斯真正的奇迹,那个时代创作的彩色马赛克壁画一直保存完好。当时基辅城内的教堂已有400多座。

应当指出,为什么从古罗斯受洗到接受基里尔和梅福季创造的字母表,斯拉夫罗斯人的历史总共才有1000年? 因为传统认为,斯拉夫人,确切地说,是斯拉夫罗斯人,直到公元9世纪下半叶才建立起本民族的文字体系,而在此之前,斯拉夫罗斯人从未有过任何文字。有些俄罗斯学者多次试图推翻这种令人羞涩的观点,可是每次都有人对他们好言相劝,总是让他们提供哪怕一行基里尔字母之前的文字原件。

当然,作为俄罗斯人,始终感谢基里尔和梅福季兄弟为他们创造的斯拉夫文字,从而使他们能够适应并接受基督教化的斯拉夫文化,通过这种文化,俄罗斯人又逐步认识并接受了西方文化。尽管如此,俄罗斯人永远都不能忘记,古罗斯人(斯拉夫罗斯人、鲁斯人或鲁西奇人)曾有过自己的文字和丰富的文字传统,即建立在格拉戈利字母表基础之上的"鲁恩文字"。当代大量的出土文物也证明了曾一度高度发展的斯拉夫罗斯人的知识水平,那时已有频繁的商务信函往来和纯粹描写日常生活的记录。还发现了许多手抄本书籍。① 古罗斯文字形状如下:

ՈᛁR↓ՈᏂᎪՈᎷᎢᎡᎻRᎩᎽᎪᎢᏂᛁՈᛁ

问题是随着古罗斯基督教化的逐步深入,在与多神教的激烈斗争过程中,大量多神教时期的文献被销毁,同时被销毁的还有许多用鲁西奇文字书写的基督教文献。正因为如此,古罗斯逐渐丧失了本民族的文字,从而在世界文明面前扮演了野蛮的土著人角色。

不过,在女大公安娜·雅罗斯拉芙娜(Анна Ярославна,约1024～1075年)的书房里,曾有过用古罗斯文撰写的书籍。当她与法国国王亨利一世结婚时,作为随身的嫁妆,除了大量贵重物品之外,她特意将这批最宝贵的古罗斯文书籍带到了法国皇宫,其中既有用古罗斯文字撰写的多神教书籍,也有部分基督教文献。比如,所有的法国国王在登基加冕礼上,都会对着安娜·雅罗斯拉芙娜随带来的那本古罗斯文《福音书》宣誓;当后来的俄罗斯帝国皇帝彼得一世(大帝)访问法国时,作为俄罗斯帝国与法国两国关系的证明和圣遗宝,法国宫廷特意向他展示了这本古罗斯文《福音书》。

法国女皇安娜的这批私人藏书,在古城桑利斯天主教修道院里存放了将近800年,假如没有后来的法国大革命,那笔珍贵的文化遗产可能会保存至今。旧俄时期的八等文官、图书收藏家、俄罗斯帝国驻法国大使馆工作人员彼得·彼得罗维奇·杜布罗夫斯基(Пётр

---

① 这些书籍实际上是一些刻在树皮或石板上的北欧古代文字——鲁恩文字,其中最早的北欧古代文字可以追溯到公元三世纪,主要是丹麦和石勒苏益格文字,后来在整个北欧得以传播。俄罗斯和冰岛现存的是中世纪的北欧文字。——原注

Петрович Дубровский,1754～1816 年),曾积极参与抢救女王安娜私人藏书的活动。

攻占巴士底狱的士兵和工人们从密封的箱子里掏出书籍和文件,愤怒地叫嚷着将这些文件扔出窗外。彼得·彼得罗维奇·杜布罗夫斯基及时地将散落在巴士底狱壕沟里的书籍和文件一本一本地、一张一张地拣起来,直到他身上实在无处可藏所拣到的文件时,他仍然舍不得离去。

彼得·彼得罗维奇·杜布罗夫斯基的主要贡献,是他将大量古代手抄本文献从革命者放火烧毁的法国修道院里抢救出来,并将它们运回俄罗斯。在他抢救回来的古代手抄本文献中,还有女王安娜的私人藏书——古罗斯文书籍。

在杜布罗夫斯基自称的"杜布罗夫斯基博物馆"内,存放着希腊语、波斯语、阿拉伯语、古犹太语手稿文献,还有他前所未闻的国家的文件,也有用只有少数人才能看懂的文字书写的文献。英国人当时宁愿出令人难以置信的一笔巨款收买杜布罗夫斯基的这笔珍贵财富,但是他断然拒绝了与外国人的谈判,同时发表声明说,他最大的愿望是将自己抢救的文件和书籍运回祖国。

当时,圣彼得堡已经得知杜布罗夫斯基的个人收藏,那些曾在巴黎见到这些文献的人们,滔滔不绝地向他人讲述着精美的中世纪小型珍本书、世界上最罕见的物品(八世纪史学家和助祭的亲笔题词)、著名的拜占庭法典,即八世纪抄写的《福音书》故事,这部《福音书》是用羊皮纸写成的,每一章节开头均用深紫色和白银镶边的烫金首字母开始。

当人们盼望已久的珍贵手稿文献即将抵达彼得堡的消息见报后,很多人纷纷来找彼得·彼得罗维奇·杜布罗夫斯基,在这些人当中,不乏文学、文化和艺术爱好者。彼得·彼得罗维奇·杜布罗夫斯基的藏品被公认是欧洲之最,能与他这笔藏品相媲美的只有梵蒂冈的国宝。各大报纸争先恐后地证实,在"简陋的茅屋里","一个穷人家里",收藏着几个世纪以来最珍贵的瑰宝,这样的瑰宝只能收藏在"金碧辉煌的宫殿里"……

俄罗斯皇家图书馆馆长斯特罗加诺夫(Александр Сергеевич Строганов,1734～1811年)也来找彼得·杜布罗夫斯基,但是对一个拥有画廊和最丰富的私人图书馆的主人而言,.斯特罗加诺夫为了弄清"彼得·杜布罗夫斯基博物馆"究竟有何等重要的藏品,并非需要过多地劳神。不过,根据当时俄罗斯帝国执行的法典,凡是传播多神教的人,一律被判处流放和服苦役。彼得·杜布罗夫斯基收藏的鲁恩文字手稿文献之所以是无价之宝,还在于手稿不符合诺曼人关于"古罗斯请求瓦兰人执政的理论"。1816 年 1 月,彼得·杜布罗夫斯基与世长辞,他随身带走了法国女皇安娜·雅罗斯拉芙娜私人藏书之秘密。

女皇安娜·雅罗斯拉芙娜私人藏书(鲁恩文字撰写的书籍和文献)到底藏在哪里,至今仍然是一个谜,其中很多文献命运未卜,有些文献或许依然在俄罗斯境内,也可能早已流于国外。

现在继续说那个英明的基辅大公雅罗斯拉夫(智者)。

基辅罗斯大公雅罗斯拉夫亲自编写了《罗斯法典》,后来由他的儿子们进行增补和修订,该《罗斯法典》已成为基辅罗斯国家的第一部书面法典。

基辅罗斯大公雅罗斯拉夫(智者)的孙子弗拉基米尔二世·莫诺马赫①,同样在古罗斯历史上留下了最深刻的足迹。

留里克王朝的许多王公贵族身上都或多或少地流淌着拜占庭皇帝莫诺马赫的血液,比如,列夫·托尔斯泰、出身于世袭贵族的普希金、莱蒙托夫、屠格涅夫、布宁、纳博科夫等俄罗斯作家,或许都属于莫诺马赫血统。②

弗拉基米尔二世是弗谢沃洛德·雅罗斯拉维奇与希腊公主玛利亚所生之子,他是最早的俄罗斯疆土集中者之一。"弗拉基米尔大公"是他在执政时的名字,其实弗拉基米尔在少年接受基督教洗礼之后的教名是"瓦西里",可是人们习惯叫他祖父的名字和拜占庭皇帝君士坦丁·莫诺马赫的名字"弗拉基米尔·莫诺马赫",现存克里姆林宫博物馆的那顶最贵重的王冠被称为"莫诺马赫王冠"。③

弗拉基米尔二世·莫诺马赫当上大公之后,立即开始整顿国家秩序,他严厉惩办了罪犯和对国家构成危害的人,明智而公正地解决了一系列争议和分歧,因为只有当古罗斯国内纷争平息之后,国外敌对势力才能安静下来。弗拉基米尔二世·莫诺马赫废除了许多不合理的法律,禁止用奴隶偿还债务。

弗拉基米尔二世·莫诺马赫的英名和荣誉传遍了东西方各国,他的妻子是盎格鲁撒克逊国王哈罗德二世之女吉塔·加罗尔多芙娜,他的儿孙们分别与瑞典国王、挪威国王和拜占庭皇帝联姻。

古罗斯大公弗拉基米尔二世·莫诺马赫还慷慨地资助修道院,建造了一系列砖石结构的大教堂,开辟了许多新城市,在基辅城建造了古罗斯历史上第一座横跨第聂伯河的大桥。

在弗拉基米尔二世·莫诺马赫执政期间,古罗斯编年史开始编撰,这就是历史上著名的《编年纪事》。

随后又开始编写古罗斯早期圣者的传记,其中包括《女大公奥莉加行传》、《古罗斯施洗者圣弗拉基米尔大公行传》、《鲍里斯与格列布行传》。

---

① "莫诺马赫"的词义是"单独搏斗的人"。——原注
② 摘自《诺斯文选》,莫斯科,1994,第203页。——原注
③ 莫诺马赫王冠是14世纪中亚人用金丝编织的尖顶王冠,四周用黑貂皮镶边,还镶有贵重宝石,顶上有一个十字架,由8片组成,创世总共用了7天,而数字"8"在基督教里象征着永恒。莫诺马赫王冠是古罗斯大公和沙皇王权的象征,俄罗斯君主专制的标志。据15世纪末~16世纪初传说,这顶王冠是拜占庭皇帝君士坦丁·莫诺马赫赐给弗拉基米尔·莫诺马赫的。——译注

作为统帅和国务活动家，弗拉基米尔二世·莫诺马赫特别关心对国民的启蒙教育，他亲自在基辅罗斯创办了一所男子学校，他妹妹创办了一所女子学校。弗拉基米尔二世·莫诺马赫根据自己的切身经历，于1117年撰写了流传至今的脍炙人口的《家训》。《家训》蕴涵着深刻的人性，充分反映了大公对国家命运的担忧，以及他从先辈那里继承的聪明才智、好客和善良等优良品质。这部《家训》分上下两部：上部写的是大公对孩子们的训诫；下部是关于各种"为人之道"和做人的准则，即大公弗拉基米尔二世·莫诺马赫通过自己一生来完成的远征和游历，告诉后人如何做人。

《家训》的上半部《对孩子们的训诫》可以看做是大公写给整个古罗斯和所有贵族的一封公开信，所针对的并不是自己的孩子，因为在大公撰写这部《家训》的时候，他的孩子们都已经长大成人，况且他们各自都有了孩子。弗拉基米尔二世·莫诺马赫在《家训》中，以古罗斯最伟大、最富有的沙皇和欧洲皇帝的身份，谆谆教导众人：

"……所到之处，随时都要救济那些无家可归的孤儿和寡妇；不能怂恿强者去害人；既不要去伤害好人，也不必去杀死有罪之人；要像孝敬自己的父母那样尊重其他老人，像爱护自己的兄弟那样爱护其他年轻人；自己能做的好事，要经常去做，自己不擅长的事，要虚心向他人学习；看在上帝的份上，不能懒惰，因为上帝只赐福于勤奋劳动的人和认真做事的人。"

大公弗拉基米尔二世·莫诺马赫经常教育儿女们要自己动手做事，开拓视野，不能依赖仆人，要履行自己的诺言，不能有不法行为。大公还建议孩子们善待外国友人，因为"世界各国的人都分为两类，通过平时的琐事，就能看出某人是个善人，或是一个恶人。"弗拉基米尔二世·莫诺马赫在《家训》中还这样写道："……无论你们到什么地方，在哪里停留，随时都要给乞讨者水喝，给他们饭吃……不能忘记天下还有穷苦人，要经常救济孤儿，不能让强者害人……当你们去吻十字架时，你们必须先内省一番，不能面对上帝空许愿，既然许愿，就必须做到；要去探望病人，为死者送葬……对那些被你们认为既不能忽略，又不能表示欣然接受的人，仍然要为他们祈祷幸福……"在俄罗斯历史长河中，有时能隐隐约约地看见这样一条主线：一个有道德、有教养、善良慈悲的古罗斯大公，在处理国事和巩固国防等多方面，必然比其他大公做得更出色。

俄罗斯人慈善行为的根源的确可以追溯到最久远的时代。俄罗斯人民的历史事实表明，早在原始部落时期，人道主义、同情弱者和不幸者、帮助老幼和穷人的传统已开始对古罗斯文化产生影响。济贫行为甚至出现在古罗斯多神教时期，但遗憾的是，足以证明此事的史料实在是少之又少。除了古罗斯与拜占庭帝国签订的关于交换战俘的和约之外，还有一些关于孤儿和穷人受到诸神保佑并得到诸神赐予的食物的记录，也有关于款待穷人和客人的书面资料。描写斯拉夫罗斯人的古代编年史料中有这样的记载：斯拉夫罗斯人当中的穷人很少。在很大程度上，决定人际关系性质和内容的俄罗斯精神和文化素质的培养过程，通常是在基督教影响下进行的,而基督教又是促进俄罗斯性格特点(善良、公正和富有同情心)的形成与发展的神圣思想。

弗拉基米尔二世·莫诺马赫是古罗斯大公的理想典范,只是在他执政期间,基督教才能在古罗斯得以迅速传播,甚至像乌戈尔－芬兰多神教城堡罗斯托夫(1071年,主教列昂尼季在罗斯托夫被众人活活打死),也变成了古罗斯东北部的基督教传播中心。弗拉基米尔二世实现了斯拉夫罗斯人开发苏兹达利省的愿望,在克利亚济马河畔建立了一座新城,并以自己的名字命名,这就是后来在俄罗斯历史上发挥重要作用的弗拉基米尔城。在弗拉基米尔二世·莫诺马赫执政期间,实现了长期从国家边境驱赶波洛伏齐人和其他敌人的公国的政治联盟,这里所说的"国家"是指广义上的"基辅罗斯",因为在近300年(从9世纪~12世纪初)期间,波利安人、伊尔门湖畔的斯拉夫人、拉基米奇人、克利维奇人等公国多次试图进行以基辅为中心的政治联盟。在伊戈尔、奥莉加、斯维亚托斯拉夫、弗拉基米尔一世、雅罗斯拉夫(智者)等大公执政期间(即在10~11世纪的近200年内),基辅罗斯的封建生产方式开始形成,城乡手工业、农业、畜牧业、狩猎等刚刚起步,只是在弗拉基米尔二世·莫诺马赫执政期间,这些领域才得到了进一步发展。到1117年,从国家财富和政治地位来看,基辅城已占据欧洲第三位,仅次于拜占庭帝国的君士坦丁堡和西班牙的科尔多瓦,但基辅并不是古罗斯唯一的城市。根据编年史料记载,古罗斯的城市数量不断增多:9~10世纪古罗斯共有25个城市;11世纪已经增长到90个,城市增长速度越来越快。因此,斯堪的纳维亚史诗和一度管理古罗斯的外国人(瓦兰人)曾将古罗斯称为"城市之国"。

为了说明那一时期的基辅罗斯宗教文化的特点,必须寻求宗教文化之起源,即古斯拉夫罗斯人丰富的口头语言文化和民间歌谣传统,其中包括歌谣、民歌、童话故事、谜语、谚语和俗语、宗教或习俗仪式曲和建立在古代多神教民间口头创作基础上的节奏鲜明的歌曲和民谣等。直接根据多神教崇拜创作的历法规定的仪式歌谣(咒语、誓言、仪式曲、迎春曲和各种节日歌谣)在多神教民间口头创作中曾占有相当重要的地位,而婚礼曲、葬仪曲、送别曲、在宴会上和圣餐仪式期间演唱的歌曲等俄罗斯民间文化传统,一直延续至今。

随着国家和古罗斯民族的逐步形成,古罗斯民间口头创作的作用和意义显得越来越重要。在几百年的历史进程中,古罗斯人民创造并保存了独特的民间口头文化和艺术,主要是讲述祖国历史的散文、传说和史诗,这些民间口头创作史料是后来古罗斯书面编年史的基础,也是编年史的重要资料来源之一。

属于此类民间口头文学的作品有关于基、谢克和霍利夫兄弟三人[①]与基辅建城经过、邀请瓦兰人管理古罗斯、征服君士坦丁堡、奥列格大公及其被蛇咬致死、女大公奥莉加对德里

---

① 传说,基(Кий)、谢克(Щек)和霍利夫(Хорив)三兄弟是基辅城的创始人。——译注

夫安人复仇等事迹的传说。古罗斯编年史关于 9~10 世纪重大事件的记述，完全依据了古罗斯民间口头创作素材。

壮士歌被公认是古罗斯民间口头创作的顶峰，这种英雄史诗般的口头创作体裁源于公元 10 世纪，壮士歌的多数情节都与弗拉基米尔一世·斯维亚托斯拉维奇执政期有关，在这一时期内，古罗斯各公国实现了统一并日益强盛，与草原民族的斗争不断取得胜利。壮士歌所依据的全部是真实发生的历史事件，某些故事的主人公也都是现实生活中的真实人物。

古罗斯时期，人们通常是在古斯里琴伴奏下演唱壮士歌，歌曲中的古罗斯是一个统一的国家。壮士歌的主题多数是反映人民与外国列强之间的斗争，每首歌曲都渗透着人们的爱国主义精神和为祖国自豪的情感。古罗斯的统一和强大、报效祖国等思想甚至反映在封建割据和蒙古－鞑靼入侵时期的壮士歌当中。最早的古罗斯苦行者之一是基辅大公米哈伊尔（Михаил Всеволодович，1179~1246 年），1246 年 9 月 20 日，他在金帐汗国由于断然拒绝崇拜多神教偶像而被处死。在连续几个世纪的岁月里，壮士歌反映的爱国主义思想和英雄形象，一直激励着古罗斯人民为争取祖国自由而奋斗，这足以说明壮士歌持久的生命力。事实的确如此，人民对壮士歌和英雄史诗的记忆一直延续到 20 世纪。

至于古罗斯的文字文化，基础文字在基辅罗斯各阶层得到了应有的推广，11 世纪的桦树皮文献充分证明了这一点。根据现存史料的记载，在古罗斯大地上，很早就出现了手抄本书籍中心。1056 年 10 月 21 日，当时的助祭格里戈里（Григорий）在其中的一个中心，首创了每章节开始的首字母大写方案，这一方案至今依然是最贵重的古代教会斯拉夫文字文献之一。事情的经过大致如下：根据基辅大公伊兹亚斯拉夫·雅罗斯拉维奇（Изяслав Ярославич，1024~1078 年）的心腹、大公新委派的地方行政长官约瑟夫的要求，教会助祭格里戈里开始抄写《福音书》。约瑟夫在接受基督教洗礼之前的名字叫"奥斯特罗米尔"，所以这部新抄写的福音书叫做《奥斯特罗米尔福音书》，这是现存俄文手抄本书籍中最古老的一部文献。古罗斯教会和大修道院分别设立了神学校，而宫廷和基辅洞窟大修道院分别设立了高级神学校。一批批独居修士开始在第聂伯河陡峭河岸上的洞窟里定居，这个洞窟离基辅城不远。不久后，那里建造了一座规模宏大的修道院，起名"基辅洞窟大修道院"，①圣费奥多西（Преподобный Феодосий Печерский，？~1074 年）②自幼来到这个修道院，他后来

---

① 基辅洞窟大修道院（Киев－Печерская лавра），古罗斯男修道院，1051 年兴建。1598 年起称"基辅洞窟大修道院"；1929 年被关闭；1926 年起为苏联国家文物保护建筑，辟为国家博物馆。大修道院内有 11~18 世纪的建筑群：圣三位一体教堂（12 世纪建造，18 世纪重修）、圣母安息大教堂（11 世纪建造，1941 年被毁）全圣门楼教堂（17 世纪建造）、科夫尼尔塔楼、远洞窟教堂、近洞窟教堂（17 世纪末~18 世纪初建造）和钟楼（18 世纪建造）。——译注

② 圣费奥多西（Преподобный Феодосий Печерский，？~1074 年），古罗斯作家，自 11 世纪 60 年代起为基辅洞窟修道院院长，改革修道院章程，为当时有影响的政治活动家。著有圣训录和书信集。——译注

被誉为"俄罗斯第一位苦行僧"。

善于以修道院和修士为精神支柱的古罗斯历代大公全部是古罗斯书籍发展的主要推动者。由于大公们的强力支持,书籍才传遍了整个古罗斯国家,11世纪末~13世纪初的书籍抄写者和搜集者游历了一个又一个公国。《基辅洞窟大修道院修士逸事》一书的作者西蒙和波利卡尔普,都曾是该修道院的修士,可他们不仅记录了基辅一个城市的修士生活,而且还搜集和整理了弗拉基米尔城的修士生平及其故事。弗拉基米尔城的谢拉比昂也曾在基辅和弗拉基米尔两地写作,来自图罗夫城的作家基里尔既在基辅写作,有时可能在家乡图罗夫城里搜集资料。当时的古罗斯大公经常与书籍编纂者、作家和建筑师一起出行。

在书籍编纂过程中,古罗斯与斯拉夫国家的大文化生活协调起来。1073~1076年期间抄写和整理的《教父圣训集》是这一协调过程的佐证,根据从保加利亚原文抄写的第一本文集以及人们对该文集的赞扬,可以推测出该书的预订者是古罗斯大公斯维亚托斯拉夫;翻译文献在古罗斯也得到了广泛传播。11世纪~12世纪初,在古罗斯从希腊文翻译了大量的宗教文献和部分世俗读物,后者主要是《拜占庭格奥尔吉·阿马尔托尔史实》之类的历史故事。

在古罗斯得到广泛传播的还有从希腊文译成俄语的格言集《小蜜蜂》(11~13世纪),内容以宣传道德为主,书中不仅收录了许多教父的语录,而且还有柏拉图、亚里士多德、苏格拉底、毕达哥拉斯、德谟克里特、伊壁鸠鲁、阿那克萨哥拉、爱比克泰德、普卢塔克、索福克勒斯、欧里庇得斯等一系列古希腊哲学家和作家的格言警句。格言集《小蜜蜂》将格言警句分为如下几个栏目:《智慧篇》《日常生活中的美德与愤恨》《纯洁篇》《友谊与美德》《真理篇》、《勇气篇》等,其中每个栏目中的道德训诫均以著名思想家和作家的至理名言形式出现。

格言集《小蜜蜂》最重要的篇章是《智慧篇》,人的智慧属于一种美德,"智慧在一切美德之上。"毕达哥拉斯这样说道:"马无缰绳不得控制,钱无智慧祸患无穷。"苏格拉底说,"明智"的决定基于前人的经验,即"当人们认真思考前人的经验时,这些经验才能有利于现实生活。"

书中对青少年的夸赞具有一定的道德教育意义,"青少年学习哲学,并竭力达到崇高的思想境界"。书中将青少年比做辛勤地在花丛中采蜜的小蜜蜂。[①]

当然,虽然当时翻译的只有我们刚才转引的哲学、智慧和宗教方面的格言警句,但是书中毕竟对一系列作者做了详细的介绍,首先是对生活在公元前6世纪的毕达哥拉斯的介绍,因为他是第一个自称哲学家的人,按照希腊语的解释,哲学家是智慧的爱好者,而不是一个智者。毕达哥拉斯说:"我的目的不是为了教给人们智慧,而是为了使人们摆脱无知和愚昧。"另有史料证明,毕达哥拉斯的真实目的,就是为了使人们不仅将他看做是一个智者,而

---

① 摘自《11~13世纪古罗斯心理学概述》,M. B. 索科洛夫著,莫斯科,1963,第83~87页。——原注

且还把他当成先知,或许将他看做是半个神仙。在毕达哥拉斯生前,已经有过类似的传说。

历史上,埃利阿派哲学家不太喜欢毕达哥拉斯,极力反对毕达哥拉斯的神秘主义倾向,同时认为,希腊需要另一种哲学,一种鲜明、合乎逻辑和不同于任何带有神秘色彩的哲学。

平生爱说俏皮话的古希腊诗人和哲学家克塞诺芬尼(Xenophanes of Colophon,约公元前570~前478年)曾针对宣扬"轮回"的毕达哥拉斯,写了如下讽刺短诗:

> 有人在路上发现另一个人在虐待小狗,
> 因为他可怜小狗,他对虐待者说了一句话:
> "打够了吧,住手吧!它有一颗朋友的心灵,
> 听那狂吠声我一下子就将它认出来了。"

当代也有类似的讽刺诗:

> 一只灰黑色的乌鸦,
> 慢慢地在空中盘旋,
> 孤苦伶仃的鸟儿啊,
> 心里数着不祥之卦。

尽管如此,著名哲学家和神秘论者毕达哥拉斯曾在不反对古希腊神话中的诸神的前提下,提出了"唯一的上帝"思想,他大概是提出这种理念的欧洲第一人。他认为,人的灵魂是永生的,一个人的灵魂可以在其他很多人身上得以再现,这种现象被称为"灵魂转生"。毕达哥拉斯甚至宣告,尽可能接近上帝的欲望是人们日常生活的最高尚的目的。而在他之前,古希腊任何人都不曾提出这种道德原则。实际上,其他人哪里知道,毕达哥拉斯遵循了可使信徒的"端正品行"符合上帝制定的美德的基督教伦理准则。因此,在一系列古希腊智者当中,人们引用最多的还是毕达哥拉斯的思想和观点。毕达哥拉斯还是一位著名的数学家,最著名的成果是他创立的勾股定理。作为名扬四海的哲学家,毕达哥拉斯不仅传授灵魂再现学说,而且还宣讲尊重所有生灵和严格的素食主义。从整体上看,他关于素食主义的学说与跟他同时代的佛教学说十分相似。由于毕达哥拉斯学说中敏感的神秘主义,容易使人们将他纳入"伪科学家"的行列。然而,后来的乐器(钢琴)的琴锤与琴弦的排列、每个琴锤的重量和每根琴弦的长度等,恰恰是依据毕达哥拉斯著名的数学理论研制的。

大约在公元前532年,毕达哥拉斯迁居意大利南部城市克罗托内,并在那里成立了宗教哲学协会,其中有男会员,也有女会员,从那时起,世界上便出现了最早的女性哲学家,最著名的一位是毕达哥拉斯的妻子捷安诺。

从此诞生了古希腊宗教哲学学派——毕达哥拉斯学派。①

由此可见,由于 11~13 世纪将大量古希腊书籍和文献被译介到古罗斯,所以古罗斯不仅掌握了丰富的和纯粹的启蒙教育信息,而且还有许多引人深入思考的信息。

不过,较早翻译(10 世纪中叶)的书籍是通过摩拉维亚兄弟(基里尔和梅福季)从保加利亚传来的斯拉夫语文献,其中包括翻译的约翰(大马士革的,John Damascene,约 657~753 年)②的《神学理论》、斯拉夫语的《创世六日说》,这是一部根据基督教教义编写的创世学说。

约翰(大马士革的)撰写的神学要述《知识之源》曾在古罗斯广泛流传,该书在古罗斯确立基督教的过程中同样发挥了巨大作用。

为了使基督教学说系统化并在哲学上得以"更新",约翰(大马士革的)首先在哲学思想指导下理解神学理论,同时将人类知识纳入神学理论之中,他最感兴趣的还有人类道德问题。

公元 10 世纪,保加利亚王国成为斯拉夫文字和文学向其他国家渐进的发源地,所以古罗斯与保加利亚不仅在语言文字方面有其共性,而且在祈祷仪式、布道、以教历为次序编写的圣徒行传体和劝善小说、训诫集、创世六日说、带注解的《圣经》故事和《帕里亚书》片段等文学体裁、宇宙志、生理学等许多方面,都是相通的。

除《圣经》故事之外,古罗斯人最喜爱的读物还有教父(罗马和拜占庭神学家)的著作,即教父阐述记录。在此类古代宗教文献中,最知名的有拜占庭神学家约翰·兹拉托乌斯特(Иоанн Златоуст,约 350~407 年)、巴西尔(Basil the Great,约 330~379 年)、格里戈里(纳西盎的,又名博格斯洛夫,Saint Gregory of Nazianzus,约 330~390 年)、叶夫列姆·希林(Ephraem Syrus,Saint,306~373 年)等人的著作,他们分别以独特的方式,阐述了基督教基础理论,从而使人们接受基督教的美德。

约翰·兹拉托乌斯特是古罗斯和拜占庭无所畏惧的揭发者和基督教传教士的典范,他的布道一直被看做是特点鲜明的讲演术的代表,所以在公元 4 世纪,他被称为"兹拉托乌斯特"(俄语意思是"金嘴"、"善于辞令的演说家")。作为拜占庭宗教活动家、君士坦丁堡主教(398 年起),他极力宣扬彻底的禁欲主义,严厉批判了宗教上层和宫廷的奢侈行为和道德匮乏,同时断言,这些不良行为都是社会动荡和危及国家安全的主要隐患。约翰·兹拉托乌斯特的批判性传教活动顿时引起了宫廷和高级僧侣们的强烈反对,他们不仅对他进行人格侮

---

① 毕达哥拉斯学派,古希腊宗教哲学学派,产生于公元前 6~前 4 世纪,由毕达哥拉斯创立。该学派主张将数字看做是万物的基础,数字比例关系是宇宙和谐的根源。宇宙的结构被认为是物理、几何和声学的统一。毕达哥拉斯学派与奥菲士教派共同宣扬灵魂转世,同时制定了复杂的戒律体系。——译注
② 约翰(大马士革的),拜占庭神学家、哲学家和诗人,使希腊教文学达到完善和系统化。著有宗教哲学著作《知识之源》。——译注

辱,而且还将他流放,最后约翰·兹拉托乌斯特在流放途中丧生。约翰·兹拉托乌斯特是古罗斯最受尊重的传教士之一,后来问世的《圣训集》就是根据他的演说词编写而成的,该书在古罗斯和欧洲得到了广泛传播。这本《圣训集》还收录了俄罗斯传教士、作家和图罗夫主教基里尔·图罗夫斯基(Кирилл Туровский,约1130~1182年)等部分古罗斯传教士的祈祷词和布道词。

在古罗斯,最受推崇的是圣者生平传记类文学作品。《使徒行传》专门记载和描写终身严格遵循耶稣基督教诲、一直沿着耶稣基督指引的道路度过一生的人物生平,他们都经受了各种严峻考验,受尽了人间的痛苦和折磨,最后被教会尊为"圣者",此后开始为他们作传。早在基辅罗斯时期,已经出现了许多著名的拜占庭圣者传记,比如,《神人阿列克西行传》、《圣伊琳娜行传》、《圣安东尼一世行传》等。

很早出现在古罗斯的还有未被纳入《圣经》的《伪经》和某些传说故事,此类著作被教会看做是不确切的文献,历史上曾有过大量的伪经,比如,讲述耶稣基督青少年时代和圣母生平的传奇故事等。

深受儿童和成年人喜爱的《伪经》是关于耶稣基督在童年创造奇迹的传奇故事。比如,耶稣基督少年时代创造的第一个奇迹:

"耶稣5岁那年的一个星期六,他用泥土捏成12只麻雀。当约瑟夫得知此事便问耶稣:'你为什么偏要在星期六做这种根本不允许做的事情?'耶稣拍拍手并对那12只泥巴鸟喊道:'飞走吧!'他刚说完,眼看着那些泥巴鸟唧唧喳喳地飞向空中。"

与此同时,原创文学作品也开始在古罗斯陆续问世。现存最早的古罗斯文学作品是古罗斯作家伊拉里昂的《律法与神赐》,作者从爱国主义立场出发,赞扬了古罗斯大公的活动,阐述了基辅罗斯当时的国际地位。关于伊拉里昂这个人物,古罗斯《编年纪事》中是这样说的:"他聪明善良,有知识,有教养,是一个严肃的守斋者……他在古罗斯城市费奥多西的修士单间居室里夜以继日地撰写书籍……"伊拉里昂是古罗斯150多年期间(988年受洗到12世纪中叶)第一位和唯一的一个古罗斯籍主教,他是基辅罗斯大公雅罗斯拉夫(智者)未经拜占庭宗主教批准,于1051年独自任命的古罗斯籍主教,但是在大公去世后不久,主教伊拉里昂就立刻宣布退位。

《律法与神赐》一书主要讲述了罗斯受洗之后进入世界基督教大家庭的经过,作者伊拉里昂将此事归功于当时的基辅大公弗拉基米尔一世,赞扬了大公的儿子雅罗斯拉夫继承父王传播基督教的伟业。主教伊拉里昂强调指出,古罗斯接受基督教之后的年代,并非是"黑暗时期","弗拉基米尔一世、他父亲斯维亚托斯拉夫和他祖父伊格尔所掌管的也不是贫瘠落后的部落,而是一个发达的和闻名遐迩的国家。"《律法与神赐》是在深入研究《旧约全书》和《新约全书》基础上撰写的:"当我们全国上下一起赞颂耶稣基督、圣父和圣灵时,多神教的阴影开始退却,迎来了真正信仰的曙光,原来祈祷仪式中的无知现象也逐渐消失,真正的福音照亮了古罗斯大地……"

11世纪下半叶~12世纪初,古罗斯出现了一系列原创作品,最值得一提的是传说故事集,即关于古罗斯早期圣者的传记作品,比如,古罗斯作家、12世纪初的编年史编纂者和著名修士涅斯托尔编写的《鲍里斯与格列布公行传》《基辅洞窟修道院院长费奥多西行传》等。

基辅罗斯的各大城市纷纷开始撰写编年史,编年史的编纂者通常是修道院的修士,他们善于以基督教的观点看待历史,他们不可能生活在基督教境界和基督教传统之外,这就是说,对这些修士作者而言,联结过去与未来的正是眼前发生的事件。

非常典型的是,当时西欧国家的多数编年史都是用拉丁文书写的,唯独古罗斯编年史是用本民族语言——古俄语写成的。古罗斯编年史是一种不同于其他各种文学的特殊体裁,该体裁在古罗斯文学史上占有最重要的地位,所以有些专家推测,10世纪末的古罗斯已经有了这种体裁,第一部古罗斯编年史也正是在那时编纂出来的。13世纪,编年史体裁不复存在,古罗斯文学时代也从此宣告结束。

古罗斯第一部可以修订的编年史是11世纪末问世的《初期编年史》,这些汇编性史料被收录在《诺夫哥罗德编年史》中。

古罗斯文学属于单一主题和单一内容的文学:故事情节是关于世界发展史;作品主题则是关于人生之意义。古罗斯文学确立了独特的现实主义风格,一种可以借鉴的风格。

这里所说的首先是训诫和反映日常生活的文学作品,即寓言和醒世类作品,此类作品往往以寓意形式表现道德思想,书中叙述的并不是关于某一个人的故事,而是全体人民经常发生和遇到的事件。寓意是古罗斯文学作品的传统体裁,该体裁源于《圣经》故事,因为《圣经》故事就是以寓意形式撰写的。历代传教士也善于运用这种体裁,他们习惯用寓意来宣传神圣而永恒的真理。

在逐渐形成和日益深化的"双重宗教"和"双重文化"背景下,文学成为一个"具有联合意义的中心",书籍作者和编年史编纂者善于将启蒙教育和传教看做是自己应尽的义务。

11世纪初,基辅洞窟大修道院的修士涅斯托尔开始编写和整理古罗斯编年史,他的巨作《编年纪事》在成书之后的500年期间历经传抄,现存最古老的《编年纪事》版本是1113年前后根据多数真实史料编纂的编年史,人们熟知的是基辅维杜别茨基修道院院长西尔维斯特(Сильвестр,?~1123年)于1116年编写的《编年纪事》;1118年由基辅大公弗拉基米尔·莫诺马赫的近臣重新加工的《编年纪事》,有人说,该作品的作者可能是弗拉基米尔·莫诺马赫的儿子——姆斯季斯拉夫一世。

《编年纪事》是中世纪欧洲的一部历史杰作,该书的作者涅斯托尔以所有的斯拉夫人及其相邻部族的历史观看待古罗斯历史。为了编写这部杰作,涅斯托尔参阅了他亲自搜集和整理的希腊文和古俄文记载的史料,并为该巨著增加了一个副标题:《古罗斯国家的诞生·基辅罗斯的第一任大公·古罗斯国家的发展》。

在运用翻译成斯拉夫语的拜占庭史料方面,涅斯托尔大量借鉴了《格奥尔吉·阿马尔托尔史实》;在运用本民族史料方面,除了上述的《初期编年史》之外,他还特意取材于古罗斯口头传说故事,其中包括基辅建城史、应邀前来管理古罗斯的瓦兰大公的故事、女大公奥莉加等传说。《编年纪事》开篇的第一故事是斯拉夫人定居欧洲、斯拉夫人与其他部族的相互关系,然后开始讲述古罗斯国家的诞生经过、最早的古罗斯统治者从事的活动。《编年纪事》最详细的故事主要是发生在11世纪下半叶~12世纪初的历史事件。

在社会生活需求基础上诠释道德、揭示一系列道德主题(中世纪文学,不仅只中世纪文学反映的善与恶、精神财富、义务等道德问题)的历史伦理观,首次在古俄语撰写的《编年纪事》中得到发展,并增添了更明显的宗教意义和色彩。

编年史作者涅斯托尔经常从事布道活动,鼓励人们崇尚博爱、热爱和平与和谐,他善于以《新约全书》为主要参考依据,通过其中的事例,号召人们遵循基督之道。他说:"一个不爱站在身边的兄弟的人,岂能热爱那个看不见的上帝?……一切都可以通过博爱来实现,有了这种博爱,罪恶就会消失,为了这种博爱,上帝才来到人间,为拯救我们,为使我们赎罪,他甘愿被钉死在十字架上,承担世人的罪恶,他的死完全是为了驱赶魔鬼的愤恨。为了博爱,大批苦难圣徒甘愿流血牺牲……"

古罗斯接受基督教,仿佛打开了翻译和广泛传播古希腊、中世纪希腊和拜占庭历史文献和外国文献之门,这些文献经过基督教思想的加工之后,促使斯拉夫人掌握了其他民族文化和哲学遗产,引起了斯拉夫人对获取知识的兴趣,大大开阔了他们的精神视野。从一开始,古罗斯人就非常重视图书,并将书籍看做是"智慧"的源泉,他们认为,书籍中所蕴涵的不仅是普通意义上的知识,而是有助于认识世界和人类的关键,是理智浸透于社会现象和事物本质的精髓。与此同时,古罗斯人还非常重视发挥"智慧"所固有的道德作用,他们认为,道德可以发挥决定性作用,可以引导人们在生活中严格遵守教规和圣训,揭示最佳道德内容。

在《编年纪事》中,不乏高度赞颂智慧、基督教学说和文化知识的片段:"我们可以通过书籍广泛受益,书籍可以引导我们,教我们学会走探索之路,智慧可以帮助我们自我克制。书籍犹如一条容纳乾坤的长河,书籍是智慧的源泉,书籍是深不可测的海洋。每当我们痛苦时,我们可以通过读书而得到慰藉。"

蕴涵于《编年纪事》的历史伦理观,在1087年的《伊格尔远征记》①中得到了完美的再现,而《伊格尔远征记》又是古罗斯文学中的绝妙之作。匿名作者通过赞扬古罗斯人的爱国主义精神,生动而逼真地再现了伊格尔大公(Игорь Святославич,1150~1202年)对波洛伏齐人的远征,那次远征始终伴随着大公对祖国命运、人的道德和义务的思考。

《伊格尔远征记》体现的社会伦理思想、基督教思想和道德价值,对后来几个世纪的俄罗斯文学产生了深远的影响。

在内讧时期,为了古罗斯国家的统一和领土完整,古罗斯各阶层头面人物分别充当调解人和说客,比如,基辅都主教尼基福尔二世(Никифор Ⅱ,1182~1197年)对基辅大公留里克(Рюрик Ростиславич,? ~1214年)王朝的另一位大公瓦西里(Василий,? ~1215年)说:"大公啊,我们是上帝派到古罗斯国家的使者!"

斯摩棱斯克大公罗曼·罗斯季斯拉维奇(Роман Ростиславич,? ~1180年)、弗拉基米尔大公弗谢沃洛德三世(绰号"大鸟巢",Всеволод Ⅲ Большое Гнездо,1154~1212年)及其儿子康斯坦丁,不惜花费重金,兴建教堂和教区学校。基辅公国和斯摩棱斯克公国、诺夫哥罗德公国和弗拉基米尔公国,均可称为国家的典范,按照当时的社会发展水平,这几个公国都已成为最发达的欧洲城市。

基辅罗斯的宗教文化界已成为传统、礼仪、多神教经典和东正教经典汇集的世界,当时独特的古罗斯宗教文化一直影响到后来几百年的俄罗斯文化诸领域。那一时期的多神教不仅被看做是一种宗教,而且是在千百年来积累和巩固人民生活经验的特殊形式。多神教礼仪和习俗反映了不同原始部落之间的相互关系、与之相适应的生活习惯以及人们对生活规则的认识和理解。因此,为确立新宗教、改变人们对人类和道德的认识和理解,需要克服的不仅是多神教,而且还有古代传统文化。虽然基辅罗斯很早就成为封建国家,但是古罗斯人的生活习俗、道德准则、行为规范和生活方式等,依然是人民生活和公民意识不可分割的一部分。

在很大程度上,基辅罗斯人的精神世界与欧洲早期封建国家的人们(中世纪的人们)的世界观相似,古罗斯处处充满了神秘主义思想,古罗斯人普遍认为,上帝就在人间。人们应该看清世上万物的本质属性,充分认识动物、植物和数字关系的不同象征意义。数字"1"代表着"唯一的上帝"("只有一个上帝");数字"2"象征着耶稣基督的两种天性——上帝之子

---

① 《伊格尔远征记》是12世纪末古罗斯抒情叙事作品,描写了诺夫哥罗德-塞维尔大公伊格尔·斯维亚托斯拉维奇于1185年对波洛伏齐人的远征。这次远征最后失败了。当时的一位佚名作家根据记忆犹新的史实编写而成。茹科夫斯基、巴尔蒙特、扎博洛茨基等诗人根据该故事情节创作了诗歌,作曲家鲍罗廷还创作了歌剧《伊格尔公》。《伊格尔远征》一书的问世,充分证明了11~12世纪古罗斯已有高度发展的文化艺术。——译注

(神)和人;"3"象征着"三位一体"("圣父、圣子与圣灵");数字"4"表示整个物质世界,即四面八方,物质世界由四大部分组成等等;数字"7"是崇高精神与物质生活在人身上的融合与再现,所以只要涉及与人相关的事物,通常都用"七部分"来表示,比如,我们常说的"七种滔天大罪"、与七种滔天大罪相对应的"七种教堂圣礼"、"每星期有七天"(即创世用的7天,实际上用了6天,第7天是上帝的休息日)、"七千年历史"等。

人类赖以生存的世界广袤无垠,浩大无边。人在如此浩瀚的空间内显得实在渺小,微不足道,但是这并非偶然,因为人本身同样是上帝缔造的历史参与者。

基辅罗斯时期,人们对世俗消遣文化看法不一,因为当时尚未制定统一的民间传统节日的道德准则,所以人们才对消遣活动持有各自不同的态度,有的活动被禁止或被封杀;有的被认可,比如,"大笑放松"类游戏被认为是必不可少的娱乐活动。

在具有"二维"特点的中世纪文化中,基督教的二元论(肉体与灵魂、崇高与低俗)表现为皇宫举行的严肃的基督教弥撒、守斋、虔诚的态度与民间举办的"大笑放松"类怪诞而古老的狂欢节。古罗斯时期的"搞笑者",即那些唱着"鬼歌"和跳着怪诞舞的百戏艺人,既是宫廷的宠儿,也是深受农民喜爱的笑星。此类传统娱乐活动的主要标志是许多装满迷魂酒的罐子,以备狂饮狂欢之用。这可能是多神教古老的求雨仪式的元素。

当时深受欢迎的还有那些专门举办日常传统节日和农事节日的人们,每个前来参加狂欢节的人,同时又是化装游戏中的登场人物,花枝招展的人们时而故做娇态,扭扭捏捏,时而翩翩起舞,欢呼跳跃,有人还敲打着水桶,发出震耳欲聋的声音,这是古代祈求幸福和驱鬼却病的一种礼仪。在临时搭建的小舞台上,"演员们"举行圣诞节前夜和谢肉节(辞旧迎新,冬去春来)的葬礼游戏,以此消除人们在自然界遇到的不幸。在多神教的狂欢节上,人们的欢笑象征着快乐的生活、生儿育女、五谷丰登、六畜兴旺。尽管古老礼仪的这种意义已被忘记,但是"欢笑文化"却一直流传至今。

实际上,基督教的精神财富和基督教中的多种人物形象逐渐被纳入民间文化之中,一部分基督教思想排斥多神教,而另一部分基督教思想则与多神教混合在一起。有趣的是,就连古罗斯人的头型和发式起初也受到多神教崇拜偶像的影响,后来又受到东正教的影响。

有些古老的神话传说和神秘历史与古罗斯人的头发密切相关,人们自古以来认为,人的头发里有上天派来的善良之神,所以每人都要关爱自己的头发和发式,要精心地装点它们。

无论是男子的发式,还是女子的发型,均有简单的线形纹路和独特的风格。王公显贵子女在少年时代第一次理发之后,都要戴上一顶羊皮帽,并将剪掉的头发献给诸神。成年男子平时留着较长的头发,前几次先剃成"圆盆头",后来逐渐剃成"马蹄状"。古罗斯很早就有将瓷盆扣在脑袋上理发的习惯,就是将露在盆外的头发一律剪掉即可,这样自然就是一个"圆盆头",这种发型在俄罗斯连续持续了几百年。

古罗斯时期，少女与已婚妇女的发型是不同的,青春少女有权留散落的齐肩发,或者留一条或两条大辫子。她们的头发通常用彩色丝带装饰,同时用金属卡子将头发盘好并固定在脑后,梳着大辫子的姑娘还喜欢用一串珍珠系在辫子末尾。已婚妇女通常将自己的头发"藏起来",平时都戴着帽子或蒙上头巾,甚至在家里也不许摘下帽子和头巾,因为按传统,妻子的头发只能让自己的丈夫看见,就连她的父亲和兄弟也无权看见她的头发。

已婚妇女这种单调的发型一般都需要配上多顶帽子,也就是说,妇女们根据季节和气候的变化以及出入场合的不同,要分别戴上款式不同、颜色各异的帽子。13~17世纪,古罗斯男子的帽子发生了实质性变化,所以他们开始留短发,但是在14~15世纪,古罗斯北方诺夫哥罗德公国的男子却依然留着长发,平时将头发梳成一条小辫儿,还留着长长的大胡子。

古罗斯12~13世纪中叶精神文明的典型特征是"多中心论",即不同地区出现了各自独立的文化中心。

12~13世纪之交,古罗斯的城市数量剧增,城堡、要塞、塔楼(瞭望台)、住宅和教堂的建筑规模日益扩大,各大城市纷纷出现了格式美观和装饰富丽堂皇的高大建筑物,而城市建筑高度的增长决定了塔楼式教堂建筑,而且新建的教堂比原来的教堂高出许多,现存这一时期建造的教堂有斯摩棱斯克市的米哈伊洛夫大教堂、切尔尼戈夫市的皮亚特尼茨基大教堂。

那时古罗斯城市的彩色珐琅、镀金、细腻的金属花饰和宝石加工等手工艺非常发达,当时已能生产知名、锋利而美观的剑,金银首饰工匠巧妙地装点了实用性和观赏性兼备的武器、封面精美的手抄本书籍、厨房用具和服饰,还为妇女制作了迷人的多种珍贵珠宝首饰。除此之外,还有其他许多样式奇特的艺术品。所有这些都足以证明,12~13世纪初的古罗斯文化已趋于独立和成熟。如果从前古罗斯文化曾受到拜占庭文化的影响,那么,12~13世纪初的古罗斯文化已经开始脱离其影响。与此同时,古罗斯与西欧的联系逐渐拓宽,特别是在12世纪下半叶~13世纪初,当西方浪漫主义艺术蓬勃发展时,古罗斯贵重首饰等工艺品备受青睐,出现了首饰加工和销售市场的持久性繁荣局面。

由于古罗斯内战,特别是在1170年诺夫哥罗德在与基辅的战争中获胜之后,诺夫哥罗德人夺去了"全罗斯王位"。从此诺夫哥罗德的社会和政治发展明显区别于古罗斯其他公国。一方面,10~11世纪初,古罗斯北部中心——诺夫哥罗德公国的地位越来越重要;另一方面,由于北方中心局势不稳和明显的临时性,诺夫哥罗德一批王公只是将这个中心看做是登上基辅罗斯宝座的阶梯和跳板。在这种情况下,诺夫哥罗德上层社会组建了一个特殊团体,实际上是从大公侍卫军中独立出来的一个组织,一个特别志同道合和坚固的团体。正如壮士歌里唱的那样,诺夫哥罗德公和他的侍卫军"同伴"都产生了同样的失落感,但是王公本人还是第一个冲锋陷阵。

有一个时期,王公依靠他或大公任命的地方行政长官和千人长①在诺夫哥罗德执政,但是后来地方行政长官开始由诺夫哥罗德人民定期公开选举,再后来千人长也开始公开选举。

诺夫哥罗德人通过签订和约的形式,巩固了诺夫哥罗德公的地方管理权及其政治地位,和约规定了诺夫哥罗德公与诺夫哥罗德人各自拥有的诉讼权和行政权、财政权和贸易权,而且贸易条款规定得十分精细,从而使诺夫哥罗德人对地方行政当局的财政和商务活动进行严密监督。总之,诺夫哥罗德的地方自治得到了如此之快的发展,致使诺夫哥罗德公本人不能不产生有名无实和流于形式之感。况且,公与侍卫军驻扎在城外的庄园内,宫廷政治中心设在诺夫哥罗德市民大会广场上。正如 19 世纪俄罗斯著名历史学家克柳切夫斯基(Василий Осипович Ключевский,1841 ~ 1911 年)所说:"诺夫哥罗德曾是一个强大的公社。"

当时的诺夫哥罗德宗教界也很有特点,除诺夫哥罗德公国之外,在古罗斯其他所有公国内,宗教界是统一的,也就是说,所有公国有一个统一的教会名称——"信奉东正教的古罗斯教会"或"全罗斯教会";唯独诺夫哥罗德公国有自己的教会名称"诺夫哥罗德教会"。12 世纪之后,最后接受基督教的伊尔门斯拉夫人②拥有自己的大主教,他们都是本地的神职人员,而不是从希腊或基辅罗斯请来的大主教。

主教在诺夫哥罗德公国发挥了重要作用,原先是古罗斯都主教在基辅为主教们举行按手礼并决定后者的教职,而在 1156 年,当地(诺夫哥罗德公国)大修道院之一的院长阿尔卡季被选为主教,从此以后,基辅的职能只剩下批准来自诺夫哥罗德的主教候选人。

久而久之,诺夫哥罗德教会已经成为古罗斯全民性质的教会,宗教人士开始参与管理世俗事务,而平民则开始参与宗教活动。14 世纪,诺夫哥罗德市民大会公开处死斯特里戈尔尼克分子③,取缔古老的迷信礼仪,焚烧装神弄鬼的巫婆。

13 世纪初,古罗斯商人的对外贸易在诺夫哥罗德深深扎根并蓬勃发展,甚至在蒙古 - 鞑靼人和十字军入侵时也没有中断对外贸易往来。金帐汗政权在古罗斯正式确立之后,波罗的海的海上贸易通道开始发挥十分重要的作用。实际上,诺夫哥罗德商人与德国商人的商务关系由来已久,早在 12 世纪,诺夫哥罗德就兴建了两家外国商场,一家是哥特人(荷兰

---

① 千人长(тысяцкий),15 世纪中期以前的古罗斯城市民团(千人团)的军事首领。在诺夫哥罗德"谓切"(市民大会)从大贵族中选举产生;千人长是地方行政长官的助手。——译注
② 伊尔门斯拉夫人(Ильменские славяне),也称"斯洛维涅人",6 ~ 10 世纪的东斯拉夫部落联盟,居住在伊尔门湖沿岸以及沃尔霍夫河、洛瓦特河、姆斯塔河流域与莫洛加河上游。伊尔门斯拉夫人后来成为诺夫哥罗德公国的核心。伊尔门湖位于诺夫哥罗德州境内。——译注
③ 斯特里戈尔尼克异端(стригольники),诺夫哥罗德和普斯科夫的异教徒,指 14 世纪中叶 ~ 15 世纪初,诺夫哥罗德和普斯科夫反教会反封建运动,他们反对社会不平等、教会压迫、教堂占有土地、贩卖教职和修士们的堕落生活,他们试图推翻圣礼和教会职位等级制度。——译注

人)于1152年建造的带有圣奥拉夫教堂的商场;另一家是德国人于1184年建造的带有圣彼得教堂的商场。在此之前,诺夫哥罗德商人已经开始组建类似公司的商务团体。作为诺夫哥罗德封建共和国议会成员的公社代表,经常参与当地最重要的贸易合同的签字仪式。

教会专门设有负责贸易和商务法庭事务的杜马,平时市场上使用的各种度量衡器具也由教会统一管理:专门称蜡用的秤(由两个圆形容器构成)、专门称蜂蜜的手提杆秤、专门丈量布料的尺子和称贵金属的半俄磅重(0.4公斤)的银块。

诺夫哥罗德交易市场繁华热闹,熙熙攘攘。由于完全独特的政治体制,与古罗斯其他公国相比,诺夫哥罗德公国的经济发展最快,人民生活最富裕。这些都是诺夫哥罗德人拥有的自主精神和自由的自治体制带来的丰硕成果。

12世纪的一本对整个俄罗斯文化发展相当重要的作品就诞生在诺夫哥罗德,这就是"圣安东尼修道院的有罪之人——教堂合唱指挥和助祭基里克"(Кирик,1108~1136年后)①撰写的《人类万年历》,书中准确推算出了自创世(亚当)以来的所有年代、月份、星期和日(X月X日)。比如,从创世第一天算起,当代专家推算出该书问世的6644年是公元1136年,当时基辅罗斯采用的正是这种"创世纪年法"。基里克精确计算了月亮和太阳的"循环周期"、天空、地球、水的"更新"、闰年和"大周期",这个循环恰好与复活节的"循环"周期吻合;然后是每年的月份、星期和每天,甚至还有每天的24小时和每个小时的分分秒秒。书中还特别注明了每年举办复活节的具体日期。从整体上来看,这是一部教会实用万年历,教会永远都需要此类日历,精确的复活节日期计算表是从拜占庭文献翻译的,准确翻译这种日历,需要神职人员具备历法方面的知识。助祭基里克的历法演算是诺夫哥罗德公国和整个古罗斯数学高水平发展的有力证明。除此之外,诺夫哥罗德民族世俗文学同样很有特色。

诺夫哥罗德以自身高度发达而稳定的共和国自治体制,丰富了古罗斯社会发展史、政治制度史和司法史。封建时期的诺夫哥罗德的政治体制曾为直接实现民主主义、人民直接参与国家管理提供了良机,诺夫哥罗德培养了在今天看来依然十分重要的公民意识和责任感、身为自由诺夫哥罗德市民的自豪感、投身到全国人民生活之中的积极性,从而使人民的文化水平和政治生活水平大大提高。

1237~1238年期间,蒙古汗、成吉思汗的孙子拔都(Батый,1208~1255)率领蒙古-鞑靼人入侵古罗斯东北部。蒙古-鞑靼桎梏大大减缓了整个古罗斯的文化发展速度,但是诺夫哥罗德和普斯科夫两个公国不仅没有成为金帐汗国的负债者,而且还成功地击退了来自西方的立窝尼亚骑士团的进犯。当时古罗斯同时受到来自蒙古-鞑靼人和西方的双重夹

---

① 根据基里克于1134年编写了《人类万年历》,人们可以清楚地看到古罗斯的数学已经达到了相当高的水平。1136年,基里克根据诺夫哥罗德主教尼丰特的旨意,编写了《诺夫哥罗德编年史》,又名《尼丰特编年史》,该书对诺夫哥罗德编年史的形式与内容的民主化进程发挥了重要作用。——译注

击,前来入侵古罗斯的西方宝剑骑士团曾强迫多神教教徒(立陶宛人和利夫人)归顺基督教,他们的这一行径得到了罗马教皇的支持。在那些骑士看来,信奉东正教的古罗斯人同样是野蛮人和多神教信徒。

在封建割据时期,古罗斯王公贵族之间的内讧和蒙古-鞑靼桎梏,最终直接影响了古罗斯各公国各自不同的命运,在原来古罗斯部族的基础之上,逐渐形成了三个新型民族,即大罗斯人(俄罗斯人)、乌克兰人和白俄罗斯人。虽然这三个民族有许多共同之处,但是他们毕竟有各自特殊的文化类型。奥卡河与伏尔加河流域和诺夫哥罗德-普斯科夫等公国,分别成为古罗斯部族和古罗斯文化发展中心,古罗斯国家开始在弗拉基米尔大公国基础上逐渐形成;乌克兰和白俄罗斯人民被纳入波兰-立陶宛国家管辖范围之内。

说到14世纪的古罗斯国家,我们所指的不仅是古罗斯东北部和在此基础上成长起来的新兴国家。

14世纪之前,曾有统一的东斯拉夫语,这种语言被称为"古罗斯语",该语言分别带有古罗斯不同地区的地方特色,最后形成了多种不同的方言。

随着时间的推移,有着共同族源的斯拉夫人分成了三支:南斯拉夫人、西斯拉夫人和东斯拉夫人。东斯拉夫人包括大罗斯人(即俄罗斯人)、小罗斯人(即乌克兰人)和白俄罗斯人。

当我们提到古罗斯人民抗击蒙古-鞑靼人入侵的英雄史诗时,不能不说发生在1380年的库利科沃会战,那场战役宣告了古罗斯人民取得的最后胜利,壮士歌、诗歌、歌曲和传说故事等多种文学作品和历史文献,都以不同形式纷纷赞颂那次决定性胜利。其中有这样一个传说:在离莫斯科不远的一个战场上,大公德米特里·顿斯科伊(Дмитрий Донской,1350~1389年)[1]率领古罗斯军队与以马迈(Мамай,?~1380年)为首的蒙古-鞑靼侵略军展开了激烈战斗。突然天空中出现了一幅巨大的显灵者圣尼古拉像,大公兴奋地惊呼道:"这简直使我太高兴了!"后来在这个地方建造了一座圣尼古拉-乌格列什大修道院,该修道院内现存完好的教堂有主显圣容大教堂、宗主教事务局、独一无二的耶路撒冷圣火墙等。大修道院的池塘边上,矗立着一座木结构圣彼得保罗小教堂,那里有泉水流之不尽的泉眼,那清澈透明的泉水还有一定的疗疾效用。

1380年9月8日,位于顿河上游的库利科沃展开了一场决定性会战。莫斯科大公德米

---

[1] 德米特里·顿斯科伊,1359年起为莫斯科大公,1362年为弗拉基米尔大公,俄罗斯沙皇伊万二世之子。在位期间建造了莫斯科砖石结构的城墙,1380年在顿河上游的库利科沃会战中击败蒙古-鞑靼军队,表现出卓越的统帅天才,故得名"顿斯科伊"大公。在位期间,确立了莫斯科在全俄的领导地位,并首次不经金帐汗国批准就将大公职位传给自己的儿子——瓦西里一世。——译注

特里·顿斯科伊出征前得到了圣谢尔吉·拉多涅日斯基①的祝福。虽然德米特里·顿斯科伊彻底确立了国家统一的政策,但是当代史学家一致认为,假如当时没有英明的都主教阿列谢(又名阿列克西,Алексей,13世纪90年代~1378年)和圣三位一体大修道院院长谢尔吉·拉多涅日斯基的指点和祝福,12岁开始担任弗拉基米尔大公、18岁指挥库利科沃会战并取得胜利的德米特里,要完成统一的伟业,简直是不可能的。

圣谢尔吉三位一体大修道院

由于当时古罗斯的社会条件和历史背景,都主教阿列克谢成为古罗斯国家的第一位国务活动家(大贵族杜马首脑和王位继承人——幼年的德米特里和未来的莫斯科大公顿斯科伊的摄政王),在莫斯科国家的创建过程中发挥了极其重要的作用,同时做好了使古罗斯国家彻底摆脱金帐汗国统治的思想准备。

---

① 圣谢尔吉·拉多涅日斯基,扎戈尔斯克圣三位一体大修道院的创建人和院长,倡导俄罗斯修道院建立供给衣食制度。积极支持德米特里·顿斯科伊大公抗击蒙古-鞑靼人的入侵和统一国家的政策。——译注

18世纪俄罗斯著名历史学家卡拉姆津（Николай Михайлович Карамзин，1766～1826年）①曾这样写道："建立强国的良好愿望在一个当时很不引人注目的小城里逐渐成熟，表现出了彻底挣脱金帐汗国锁链的英勇气概，争取独立并建立强国的条件业已成熟……祖国的命运和信仰在莫斯科国家得以拯救。"

莫斯科大公德米特里·伊万诺维奇·顿斯科伊在进军以马迈为首的蒙古－鞑靼侵略者前夕，特意来到扎戈尔斯克求见圣谢尔吉·拉多涅日斯基，请圣者为他祝福，目的是为了使主要由农民组成的莫斯科国家军队接受灵光，并取得会战的胜利。那不是一般意义上的抗击金帐汗国入侵者的远征，而是基督徒的十字大游行。另有传说，圣谢尔吉不顾两个苦行僧（佩列斯维特和奥斯利亚比亚）的极力阻止，坚决主张由德米特里亲率莫斯科国家军队，并且还说服众修士，德米特里指挥库利科沃会战是一项神圣的事业。

圣谢尔吉·拉多涅日斯基亲自为莫斯科大公德米特里·顿斯科伊祈祷祝福，他说："大公，不必有任何顾虑，只管大胆地出征吧，与蒙古－鞑靼人的残暴做斗争吧，不要害怕，上帝永远会保佑你的。"

在库利科沃大血战过程中，作为大修道院院长，圣谢尔吉·拉多涅日斯基寸步不离大修道院，他一直面对三位一体圣像和圣母像，虔诚地为在远方作战的莫斯科大公默默祈祷，向修士们讲述每天的战况，而且还准确地推算出战死在沙场的将士人数。这个事实充分证明了他的神明之威力。

大修道院院长圣谢尔吉·拉多涅日斯基还是一个热爱劳动的光辉典范，他平时衣着简朴，总是身穿那件黑色法衣，无论天气怎样，他每天都在修道院内的菜园里劳作。他不时地提醒每个前来修道院任职的修士说："我们这里的一切都归大家所有，每人都得自己动手，自食其力，丰衣足食；我们这里既不养活寄生虫，更不养活奴才。"像所有的修士和见习修士们一样，圣谢尔吉·拉多涅日斯基本人一直"自食其力，丰衣足食"。

扎戈尔斯克圣谢尔吉三位一体大修道院的许多修士经常帮助其他城市建造修道院，其中有的修道院后来成为著名修道院，同时将圣谢尔吉·拉多涅日斯基传授给他们的农作物栽培和养殖技术再传授给新建的修道院。

圣谢尔吉·拉多涅日斯基以其在宗教方面的丰功伟绩而著称，他为后人留下了他亲手建造的大修道院，这就是今天依然矗立在扎戈尔斯克的"谢尔吉圣三位一体大修道院"。圣

---

① 卡拉姆津是19世纪俄罗斯著名历史学家、作家、贵族和开明的专制制度思想家，俄罗斯感伤主义文学的奠基人（此类代表作有《一个俄罗斯旅行家的书信》《苦命的丽莎》），先后担任《莫斯科杂志》（1791～1792年）、《欧洲导报》（1802～1803年）的主编，主要代表作是他撰写的12卷本《俄罗斯国家通史》。他被后人称为俄罗斯最著名和最权威的历史学家。著名诗人普希金曾说："你想了解俄罗斯历史吗？那就请你去拜读卡拉姆辛编写的史书吧。"。——译注

第二章 受洗前后罗斯国家的尊严及其变化(5~15世纪)　　115

圣谢尔吉为大公顿斯科伊祝福

谢尔吉·拉多涅日斯基的门徒之一、伟大的俄罗斯圣像画家安德烈·鲁布廖夫(Андрей Рублёв,1360/1370~约1430年)曾为该修道院绘制教堂壁画,还为修道院内的大教堂画了许多圣像。直到今天,该修道院内的圣三位一体大教堂里,象征着神圣俄罗斯国家的圣谢尔吉·拉多涅日斯基的干尸(未腐朽的遗骸)安放在十分贵重的圣骨匣中。①

　　直到1480年,蒙古-鞑靼桎梏才宣告结束,但是有这样一种传说:在桎梏结束前不久,莫斯科大公伊万三世当着鞑靼使者的面撕毁了鞑靼汗的画像,并将碎片扔在地上,又在碎片上反复践踏。

　　随后便产生了一个问题:蒙古-鞑靼桎梏究竟给俄罗斯人民带来了哪些隐患?蒙古-

---

① 圣骨匣(рака),专门安放圣者干尸的棺材,上面用一块透明玻璃覆盖。每天来圣三位一体大教堂请愿、还愿和祈祷的信徒,排成一队,在唱诗班演唱的圣咏伴奏下,一个一个地缓缓走到圣骨匣跟前,在自己胸前画十字(三次),吻棺材上的玻璃,之后再在自己胸前画三次十字后慢慢离开,以此表示人与神通过圣者达到了沟通,从而得到上帝的保佑。教堂内圣歌和祈祷不断,秩序井然有条,气氛庄严肃穆,耐人寻味。——译注

鞑靼人对俄罗斯人的基因储备产生了多深的影响。不少俄罗斯专家,首先是历史学家认为,蒙古-鞑靼桎梏对俄罗斯的影响并不太深。尽管两国贵族曾有过联姻,某些穆尔扎(鞑靼贵族的称号)在接受东正教后成为俄罗斯王公,但是两个民族之间依然长期相互敌对,甚至到现在,虽然芬兰本地居民继续俄罗斯化,但是接受基督教之后的鞑靼居民依然是鞑靼人。

与此同时,古罗斯人民的敌人——蒙古-鞑靼人唯一的避难所恰恰是古罗斯公国,但古罗斯人对他们还很友好,蒙古-鞑靼人开始与斯拉夫罗斯人联姻,从而出现了如下混血姓氏:阿萨科夫、阿利亚比耶夫、阿普拉克辛、阿拉克切耶夫、阿赫玛托夫、巴比切夫、巴拉绍夫、巴兰诺夫、巴斯曼诺夫、巴图林、别克托夫、别尔嘉耶夫、比比科夫、比尔巴索夫、比丘林、鲍鲍雷金、布尔加科夫、布宁、布尔采夫、布图尔林、布哈林、维利亚米诺夫、果戈理、戈杜诺夫、戈尔恰科夫、戈尔什科夫、杰尔查文、叶潘琴、叶尔莫拉耶夫、伊兹迈洛夫、坎捷米罗夫、卡拉马佐夫、卡拉姆辛、基列耶夫斯基、科尔萨科夫、科丘贝、克罗波特金、库拉金、库尔巴托夫、米柳科夫、米丘林、拉赫玛尼诺夫、萨尔蒂科夫、斯特罗加诺夫、塔兰采夫、塔雷津、塔涅耶夫、塔季谢夫、季马舍夫、季米里亚泽夫、特列季亚科夫、屠格涅夫、图尔恰尼诺夫、丘特切夫、乌瓦罗夫、乌鲁索夫、乌沙科夫、哈内科夫、恰阿达耶夫、沙霍夫斯科伊、希什科夫、列乌托夫。①

与蒙古-鞑靼人的那场战争的间接后果是,俄罗斯教会的实力和财富大大增多,因为蒙古-鞑靼人向来有容许多种宗教并存的特点。正是在那一时期,俄罗斯教会获得了大量财产,当罗斯国家陷入危难时,这笔财产发挥了极大的作用。教会本身曾极力反对古罗斯王公之间的内讧,强烈呼吁统一俄罗斯国家,促进了以莫斯科为中心的诸公国大联合。莫斯科历任都主教都曾是各公国大公的忠实盟友,他们还努力消除大公之间的矛盾和争议。

1299年,全俄都主教马克西姆(Максим,? ~1305年)迁居弗拉基米尔公国,以此为古罗斯东北部的几个公国的联合和建立现代俄罗斯奠定了基础。后来的弗拉基米尔公国的大公伊万一世(Иван Ⅰ Данилович,? ~1340年,绰号"钱袋子")②着手集中和复兴古罗斯国家,登上了弗拉基米尔大公国的王位后,将首都迁至自己的封地莫斯科城。在"钱袋子"伊万一世执政之前和执政期间,弗拉基米尔城曾是名义上的首都,而莫斯科城已经是实际意义上的首都。为了使莫斯科城既成为名义上的首都,又是实际意义上的首都,"钱袋子"付出了极大的努力,做了大量艰辛的工作。

1328年,"钱袋子"伊万一世获得了金帐汗国的大公封号,从此弗拉基米尔公国的王位

---

① 摘自《俄罗斯人当中的突厥族姓氏》,Н. А. 巴斯卡科夫著,莫斯科,1979。——原注
② 伊万一世·丹尼洛维奇自1325年起为莫斯科公,1328年起为弗拉基米尔大公,丹尼尔·亚历山德罗维奇之子,亚历山大·涅夫斯基的孙子。他奠定了莫斯科的政治和经济实力基础,争得了为金帐汗国代收古罗斯贡税的权利,因而被称为"钱袋子"。另有传说,这一绰号的来历主要是因为伊万一世平时总在腰间挂着一个装硬币的钱袋子而得名。。——译注

几乎全部掌握在莫斯科王公的手中。

历史上有助于莫斯科成为古罗斯宗教和政治中心的首先是古罗斯都主教彼得(Пётр，? ~1326年)，由于他很早就热爱莫斯科城，并预见了莫斯科城美好的未来，1326年，他亲自将主教布道中心从弗拉基米尔移至莫斯科。作为英明的老智者，彼得劝说伊万一世仿照弗拉基米尔王公安德烈·博戈柳布斯基(Андрей Боголюбский，约1111~1174年)的模式，逐步强化自己的新首都莫斯科城，他说："如果你在莫斯科城建造一座适合于圣母身份的大教堂，你的英名将超过历代大公，你的后代也将繁荣昌盛……"为使新首都莫斯科放射出耀眼的光芒，"钱袋子"伊万一世竭尽全力：在莫斯科建造了第一座砖石结构的大教堂，即与古罗斯教堂之首(位于弗拉基米尔的圣母安息大教堂)同名的教堂——"圣母安息大教堂"。从此古罗斯所有的都主教开始在莫斯科圣母安息大教堂里传经布道，从而保证了伊万一世的继承人获得绝对的大公王位，结束了连续多年的内讧，而作为社会体制的古罗斯正教会成为全国人民的一切希望和夙愿的代言人，古罗斯人的愿望和理想是否实现，不再取决于他们对某些大公的态度。由于"钱袋子"伊万一世及其接班人的不懈努力，莫斯科都主教阿列克谢和彼得被教会尊为圣者。

在古罗斯与蒙古-鞑靼桎梏的斗争中，莫斯科市徽问世了，这是最古老的古罗斯州徽之一，徽章上刻画的是一名手持长矛的骑士，长矛下面是被他杀死的蛇形怪兽。起初这个画面出现在古代硬币的正面，后来到14世纪末，英俊的骑士形象开始出现在莫斯科大公的图章上。

自16世纪起，莫斯科市徽被刻画在俄罗斯国徽的中心位置，以此证明了俄罗斯国家是以莫斯科为中心创建的。

然而，古代文献对市徽上的战士形象意义曾做出了不同解释，其中最流行的一种说法是：市徽上的战士是莫斯科大公和保卫祖国的俄罗斯统帅形象，而那个龙蛇形怪兽则象征着所有的敌人。17世纪，莫斯科市徽上的骑士开始被称为"常胜将军圣格奥尔吉"，因为圣者格奥尔吉一直被看做是俄罗斯战士的保护神。关于常胜将军圣格奥尔吉被处死的故事，俄罗斯教会一直有这样一种传说：在罗马皇帝戴克里先执政时期(284~305年期间)，国家曾肆意迫害基督徒。大约是在公元303年，格奥尔吉在尼科梅蒂亚(今天土耳其的伊兹米特城)被处死；还有许多关于格奥尔吉战胜怪兽和其他功绩的传说。起初，人们将他视为农业保护神，后来欧洲封建主创立了"骑士们的庇护者——常胜将军圣格奥尔吉崇拜"。

在俄罗斯文化复兴过程中，莫斯科发挥了极为重要的作用，俄罗斯文化进入新的发展阶段与莫斯科大公国的建立密切相关，莫斯科大公国已成为全俄反对外国入侵的中心。

与此同时(既在14世纪)，莫斯科大公国内的领地制度得到了充分发展，大公保证每个担任军职和公职的大贵族分别拥有自己的世袭领地，从而使他们更加依附于大公，大公的政权也随之得以巩固。

领地制度的进一步发展促进了等级制度、贵族义务和特权的合法化进程。统治阶级划分成享受许多特权的封建贵族(大贵族和担任军职的官员),第一类是那些拥有世袭领地的大贵族;第二类是各地的本土贵族。

城市里属于教会和世俗封建主的大部分居民一律免去国家"赋役"(免税),这些城区被称为"白色自由村"。当时的自由村一般都建在城市近郊。

莫斯科商业阶层的地位在14世纪得以巩固,那时的商人在人口密集的莫斯科手工业和商业区(克里姆林宫以东的封闭商业区)内占有明显的优势,根据古罗斯《编年纪事》的记载,在当时对莫斯科人的划分次序当中,商人的地位仅次于上流权贵。

13~14世纪,古罗斯已开始盛行"商会"一类的合营团体,这种团体一般由3~4人组成,通常都是亲戚或某种经济利益凝结起来的陌生人,他们将各自的商品集中起来共同销售,然后就形成了独特的手工业和商贸企业。

当然,蒙古-鞑靼人对古罗斯的入侵严重阻碍了整个俄罗斯文化的发展,但是他们并未能使俄罗斯文化彻底终止。正是在蒙古-鞑靼占领古罗斯阶段,《攻克弗拉基米尔的故事》、《拔都进犯记》、《古罗斯国家沦陷记》等一系列直接反映古罗斯人抗击蒙古-鞑靼桎梏斗争的文学作品相继问世。从伦理道德方面来看,这些小说代表了古罗斯人民的最高利益,书中生动地记述和描写了古罗斯人民为祖国解放而英勇斗争的精神。对俄罗斯人民和俄罗斯文学作品而言,最典型的是作品在宗教思想基础上,对人类道德和人生意义做出了精辟的诠释。像那个时期和后来的人民生活一样,在古罗斯艺术中占据首要地位的是宗教思想和基督教宣传的伦理道德。

当时在古罗斯宗教界出现了一系列十分重要的文学作品,比如,《亚历山大·涅夫斯基行传》、《谢拉皮翁·弗拉基米尔斯基的布道活动》、《阿夫拉米·斯摩棱斯基行传》、《都主教彼得行传》、《谢尔吉·拉多涅日斯基行传》、《斯捷潘·彼尔姆斯基行传》等。在教会的努力协作下,一些外国书籍纷纷传入古罗斯,特别是在14世纪末,当古罗斯与南斯拉夫诸国建立起广泛联系之后,古罗斯出现了更多的外国书籍和历史文献。当古罗斯圣徒和传记作家帕霍米·洛戈费特(Пахомий Логофет, ?~1480年)的著作开始在古罗斯流行时,在古罗斯都主教基普里安(Килриан,约1336~1406年)离开保加利亚之后,古罗斯与南斯拉夫诸国的往来关系得到了更广泛的发展。

随着古罗斯与拜占庭帝国关系的不断深入,越来越多的东正教和哲学文献陆续从拜占庭传入古罗斯,这些书籍对古罗斯东正教及其理论和思维方式的形成、发展和壮大,分别产生了巨大的影响。

东正教哲学率先在古希腊哲学流派的继承者拜占庭帝国得以广泛传播和高度发展,这种发展还特别得益于拜占庭为确立东方多种形式的基督教和新教规的奋斗精神。依据教父哲学和柏拉图、亚里士多德等人的哲学传统,拜占庭神学家、哲学家和诗人约翰(大马士革的)、君士坦丁堡宗主教佛提乌等人曾试图揭示符合亚里士多德逻辑要求的基督教学说,以此证明基督教学说的真理和永恒的价值。约翰(大马士革的)简明扼要地阐释了经院哲学的基本原则、科学思想和神学附庸品,同时分别给它们下了定义。在约翰(大马士革的)的哲学著作中,神秘主义与纯理性主义前提达到了相互融合。

在后来的几百年里,拜占庭哲学中的神秘主义和非理性主义趋势日益强化。拜占庭神学家格里戈里·帕拉马斯(Gregòry Plamás,1296~1359年)、格里戈里·西纳伊特(Gregory Sinaites,?~1340年)、尼古拉·克瓦西拉(Nikolas Kvasila,1320~1371年)等宁静主义派的作品有一个共同特点,他们一致认为,认识和理解上帝真理的唯一手段,就是通过内心的祈祷、禁欲的功绩和神秘的顿悟。对斯拉夫人和俄罗斯人来说,最有吸引力的是格里戈里·帕拉马斯关于上帝的两种样态的理论,按照这一理论,虽然上帝是一种绝对无法认知的本质,但是上帝可以表现为一种强大的力量,人们通过内省可以得到这种有助于认识真理的巨大威力。

古罗斯时期,另一种东正教哲学(禁欲宗教哲学)也曾得以发展,全面反映这种发展的是基辅洞窟大修道院11~12世纪发展史。现实生活及其一切令人兴奋的事情都被看做是魔鬼的诱惑,与现实生活和一切乐趣相对的是修士们的"功绩",即祈祷、守斋、进行各种自我折磨(甚至将自己砌在洞窟内等死)等。现实生活的"罪恶"思想、"赎罪"的必要性和上帝的"惩罚",所有这些都反映在中世纪罗斯宗教训诫和"圣者行传"类文学作品中。

那个时期独特的古罗斯建筑艺术同样得到了发展,砖石结构和木结构的宫殿、城堡和教堂建筑等不断涌现。14世纪末,为纪念耶稣门徒、伯大尼虔诚的圣拉撒路(Lazarus)复活,莫斯科克里姆林宫内建造了一座砖石结构的教堂(位于圣母圣诞教堂的一层),费奥凡·格列克和西梅翁·乔尔内于1395年为该教堂绘制了壁画。莫斯科大公德米特里·顿斯科伊的遗孀叶芙多基娅为在莫斯科建造第一座女子修道院(圣母圣诞修道院)奠定了基础。

古罗斯绘画艺术最明显的特点之一是基督教神话故事与日常生活、民间传统、人们对历史的回忆融为一体,中世纪罗斯画家几乎都采用了此种方式进行创作。最典型的绘画杰作之一是12世纪末绘制的主易圣容大教堂内的壁画,该教堂矗立在诺夫哥罗德"涅列季察"山丘上。

在接受基督教的同时,古罗斯还接受了拜占庭帝国确立的教堂建筑格式、经过数百年实践的成熟的建筑技术。古罗斯教堂(建于11世纪的基辅圣索菲亚大教堂)壁画和圣像画家的第一批老师是当时应邀前来古罗斯的希腊人,即拜占庭帝国的古典艺术大师。

早期的圣像画技法或多或少地都沿用了希腊圣像画模式,但是到13世纪,圣像画开始折射出古罗斯本民族的特点,这种技法在14世纪已臻熟。那一时期圣像的主要特点是画面

莫斯科第一座处女修道院——圣母圣诞修道院内的圣母圣诞教堂(14世纪)

上体现出来的活力、情绪的直接表现、艳丽的色彩、鲜明的节奏感和质朴的构图。此种圣像技法的典型代表是被尊为圣者的莫斯科都主教彼得、罗斯托夫大主教费奥多尔等圣像画家。

14~15 世纪和 16 世纪上半叶是俄罗斯圣像画艺术和基督教发展的繁荣时期。15 世纪中叶,从拜占庭来到诺夫哥罗德定居和工作的希腊画家费奥凡·格列克,亲自创建了一个完整的圣像画派。费奥凡·格列克与另一位圣像画家西梅翁·乔尔内(Симеон Чёрный,14 世纪中期~1427 年)一道,为莫斯科圣母圣诞教堂精心绘制了壁画,共同参与了莫斯科克里姆林宫内天使长大教堂的设计,克里姆林宫其他所有教堂和宫殿内的圣像和壁画,都是在费奥凡·格列克指导下完成的。费奥凡·格列克在莫斯科最令人折服的杰作是他在 15 世纪初为克里姆林宫报喜教堂绘制的"得厄西斯"圣像壁,即救世主、圣母、先知约翰等圣者组成的群体圣像壁。"得厄西斯"译自希腊语的"祈祷"一词,"得厄西斯"圣像壁上的圣像是这样排列的:中央是全能的上帝(耶稣基督),左右两侧分别是正在为保护人们而虔诚祈祷的圣母、施洗者约翰和其他天使和众使徒等。

像古希腊的雕塑、古埃及的浮雕和拜占庭的马赛克镶嵌艺术一样,成为民族现象的圣像壁体现出更鲜明、更宽广的古罗斯艺术特点。古罗斯圣像壁艺术离不开椴木和松木,其基本工艺和步骤如下:画家首先在木板上涂上一层薄薄的石膏,然后在石膏上勾勒出圣像轮廓,最后上色。圣像画家使用的是拌有蛋黄的油彩,这种油彩具有色彩光亮、透明度高和持久性强等许多特点。

为了强调圣像崇高的宗教性,绘画大师们经常运用画面细节和色彩的象征意义。比如,用白色表现纯洁的道德,绿色表示希望,红色强调受难和流血,蓝色象征天空,深红色意味着上帝的神妙。

在描绘耶稣基督、圣母和圣者单人形象的同时,俄罗斯绘画大师创造了一种独特的"使徒行传画",其主要技法特点为中间是圣者肖像,四周(上下左右)各有一排微型画,这些微型画的内容都是关于画面中央的那位圣者的生平事迹,微型画的排列顺序是从圣像的左上角开始起,自左向右,自上而下。

古罗斯和当今俄罗斯特别流行的是圣母像,古罗斯绘画大师对圣母像有着独特的见解和诠释方法。历史上有这样一种传说:世界上第一幅圣像是福音作者之一路加在圣母生前画的那幅肖像,即圣母与圣婴像,又称"弗拉基米尔圣母像"。这幅圣母像历来是莫斯科市和整个俄罗斯国家的保护神,圣母就是俄罗斯的帕拉斯·雅典娜女神。

弗拉基米尔圣母像

圣像的尺寸大小不同,其意义和作用也有所区别。比如,尺寸最大的圣像是专门为大教堂创作的,小尺寸的圣像一般是为了家庭室内装饰,而最小尺寸的圣像——微型圣母像,即神甫挂在胸前的镶有宝石的圣像,这也是宗教职务等级的一种标志。不过现在不少人都在胸前佩戴这种带圣像的胸坠儿"护身符"。

古罗斯时期,圣像从来都不只是用于某些固定的礼仪。因此地方圣像画派笔下的圣像往往带有明显的民间艺术特征,有的圣像甚至带有罗斯受洗之前的风格特点,即神话般的形象、淳朴的平铺直叙和风俗画特点。

古罗斯圣像画技术实际上是集民间传统的多种形象之大成,早期的圣像与大型壁画相似,①也就是说,那些大型壁画也曾发挥圣像的作用。

大约在14世纪,圣像开始拥有圣像壁的共性构图法,此类圣像壁通常用作隔扇,将圣堂与供台隔开。圣像壁是纯粹的古罗斯特产,拜占庭教堂内从来都没有圣像壁。圣像壁上的圣像一般都是横向排列(从中间向两边依次排列),分上下几层。

圣像反映的"圣者生平传记"的诗篇与神话故事内容融合为一体,也就是说,圣像上的许多内容都是来自俄罗斯口头民间创作,也许恰好相反,口头传说的神话故事的来源之一是圣像画。

尽管早在多神教时期,古罗斯社会上就开始流行护身符,这一传统延续至今,但是当时家家户户、每座房屋、茅舍、宫殿里都有精美的圣像,按规定,每家的圣像必须挂在正房明显的位置,通常是在一进门就能看到的右前方的那个角落上,而且必须布置固定的一个小型神龛,目的是为了让家人一走进家门,首先映入眼帘的就是圣像,要做的第一件事就是在自己胸前画十字,面对上帝默默祈祷。这是遍及古罗斯和当今俄罗斯的一种生活习俗,在俄罗斯,很难找到一个不崇拜圣母和玛利亚圣像的家庭。

从那个遥远的时代起,开始拥有世人赞颂的救世主和圣母玛利亚圣像,人们借助这两幅圣像在婚礼上为新婚夫妇祝福。当时还有一幅较为盛行的圣像,这就是一家之主的保护神——天使圣像。

诺夫哥罗德早期圣像画派创作的圣像具有特别鲜明的民间文化特征:鲜红色背景、质朴而完整的形象轮廓。在诺夫哥罗德圣像画派和与其相近的"古罗斯北方画派"的作品中,在诺夫哥罗德和普斯科夫手稿插图中,都含有明显的民间版画的痕迹和特征,甚至在19世纪,此类圣像和插图依然是俄罗斯普通人主要的精神食粮。

14~15世纪,诺夫哥罗德圣像已不再是具有民俗特色的"初级艺术作品"(而绝对不是"极简单的作品"!),它们逐渐成为精心创作的中世纪绘画作品。

在库利科沃会战时期(14世纪),即在古罗斯战胜蒙古－鞑靼侵略者、建立莫斯科大公

---

① 历史上曾有过圣像画家画圣像时参照的"圣像标准样本"。——原注

国和古罗斯各公国大联合的时期,安德烈·鲁布廖夫①的画作问世了。

安德烈·鲁布廖夫早在生前就已成为著名的绘画大师,他的辉煌业绩分别记载在俄罗斯编年史和使徒行传等文学作品中,不过此类作品很难使原有的事实完全脱掉传奇色彩,今天也很难确认,究竟哪些现存的作品真正出于安德烈·鲁布廖夫之笔。尽管如此,下面的事实还是比较可信的:位于弗拉基米尔城的圣母安息大教堂内的全部壁画都是他亲手绘制的,②他曾为位于兹维尼戈罗德的圣母安息大教堂创作圣像壁,他还与希腊圣像画家费奥凡·格列克和古罗斯画家普罗霍罗姆一道,先后为弗拉基米尔大教堂和谢尔吉圣三位一体大修道院的圣三位一体教堂画了壁画。

绘画大师安德烈·鲁布廖夫的主要代表作是他最知名的一副圣像画,即《圣经》中的三位一体圣像,作品充分体现了他本人绝妙的艺术天赋和净化人民独创经验的天赋。三位一体圣像画的主要内容是上帝以三位天使的形象来见以撒的父亲亚伯拉罕时的情形。安德烈·鲁布廖夫说,他创作这副圣像的目的,就是为了使人们凝望三位神灵的统一,战胜分裂世界的恶魔和仇恨。三位天使代表了神圣而永恒的贤明;主宰将自己的独生子派往人间,目的是让他替人类忍受痛苦和折磨,最后献身,以此洗清人类的罪恶,使人类获得拯救。画面中心的桌子上有一只圣盘,这就是耶稣基督作为牺牲品的象征。由此可见,三位一体圣像同时表现了两种复杂的神学思想:圣餐礼和以三位一体形式出现的上帝。其实,绘画大师安德烈·鲁布廖夫的同时代人在理解这幅圣像时,并没有仅仅局限于圣像本身反映的神学思想。也就是说,三位一体圣像本身存在着两种倾向:一是神圣的三位一体是一个完整的和不可分割的统一体,反对分裂主义,主张团结一致精神;二是人民也要像三位天使那样坚实地融为一体,坚决反对外夷的入侵和桎梏,号召人民为争取解放而奋斗。实际上,莫斯科绘画大师安德烈·鲁布廖夫的风格具有深刻的民族性和难以模仿的个性特点,这种独特的风格所确定的不仅是莫斯科画派的精神风貌,而且还确定了俄罗斯艺术文化的整个面貌。15世纪初,安德烈·鲁布廖夫特意为圣三位一体大教堂画了一幅圣像,因为他曾在这座教堂里向神甫谢尔吉·拉多涅日斯基忏悔,而今神甫就在此安息。然而,这幅圣像直到1904年才修复完毕。

---

① 安德烈·鲁布廖夫是莫斯科画派的著名大师,作品的人物形象具有深刻的人性和高尚的精神,构思均匀协调,艺术形式完美,最典型的代表作——三位一体圣像画。鲁布廖夫曾参加俄罗斯一系列著名教堂的壁画和圣像创作:莫斯科克里姆林宫报喜教堂(1405年)、弗拉基米尔的圣母安息大教堂(1408年)、扎戈尔斯克的谢尔吉三位一体修道院的圣三一大教堂(1425~1427年)、莫斯科安德罗尼科夫大修道院的救世主教堂(15世纪20年代);补绘了位于兹维尼哥罗德的圣母安息大教堂的壁画、兹维尼戈罗德圣像画和小型画。为纪念这位著名大师,1947年12月10日,莫斯科创建了"中央安德烈·鲁布廖夫古罗斯文化与艺术博物馆",该馆设在安德罗尼科夫大修道院内。——译注
② 请见塔尔科夫斯基拍摄的影片《安德烈·鲁布廖夫传》,影片中详细叙述了主人公在弗拉基米尔的创作经历。——译注

安德烈·鲁布廖夫的三位一体圣像

  克里姆林宫报喜教堂内的圣像壁至今保存完好,也是现存最古老的纯俄罗斯风格的多层圣像壁,其作者是我们刚才提到的费奥凡·格列克、安德烈·鲁布廖夫和其他几位画家。我们来看这幅高大的圣像壁,上面共有 5 排圣像,自下而上来看:第一排是本地圣者像,即最受尊崇的莫斯科圣者像;第二排是德厄西斯(众使徒祈祷像);第三排是节日圣者像,即教会规定的纪念耶稣基督和圣母的东正教十二大节圣像;第四排是先知圣像,圣母圣婴位于本排中心位置;第五排是祖先圣像,新约中的三位一体圣像位于本排中心位置;圣像壁的顶部中心位置插着一个十字架,它象征着耶稣基督被钉死的地方——各各他。第六排圣像壁,也叫补充圣像壁,画面内容是耶稣基督受难历程,或其他与此相关的传说故事。15 世纪下半叶,古罗斯著名圣像画家季奥尼西(Дионисий,约 1440~1503 年)成为安德烈·鲁布廖夫绘画传统的继承人,后来季奥尼西带领自己的儿子一直从事教堂壁画创作活动。

  1500~1503 年期间,季奥尼西父子为费拉蓬托夫大修道院的圣诞教堂绘制了精美的壁画,作品充分体现了画家的最佳风格特点:和谐的比例关系、色泽柔和的圆形轮廓与明亮而"动听"的色调旋律的合理搭配、绘画与建筑艺术最大限度的结合等。季奥尼西对 16 世纪的整个艺术产生了深刻影响,而 16 世纪圣像壁出现了另一种新的典型特征,即通过艺术手段,歌颂政治思想和重大事件。

第二章 受洗前后罗斯国家的尊严及其变化(5~15世纪)　125

克里姆林宫报喜教堂圣像壁

应当指出,除了我们刚才提到的教堂湿壁画①,古罗斯还出现了马赛克镶嵌艺术。在基辅圣索菲亚大教堂、男修道院——米哈伊洛夫金顶修道院(未能保存下来)等古罗斯早期教堂建筑的壁画中,同时运用了马赛克和湿壁画两种技法,但奇怪的是,马赛克技法未能在古罗斯得以广泛流传,而湿壁画技法却成了古罗斯教堂建筑不可分割的组成部分。

位于古罗斯北方的诺夫哥罗德,很早就拥有本地独特的诺夫哥罗德湿壁画技法,建于1167年的格奥尔吉教堂(位于老拉多加)壁画、建于1189年的报喜教堂(位于阿尔卡日)壁画、建于1313年的救世主教堂(位于涅列季察)和斯维托戈尔斯克修道院的教堂壁画等,都是诺夫哥罗德湿壁画技法的代表作。诺夫哥罗德湿壁画技法拥有大大提高形象表现力、使形象具有崇高精神、饱满的激情和扣人心弦的律动等显著特点。这些特点在建于1370~1380年间的费奥多尔·斯特拉季拉特教堂壁画、建于1390年的圣母安息大教堂(坐落在沃

---

① "湿壁画"(фреска)一词译自意大利语的"fresco"(意思是"湿的"、"潮湿的"),是教堂壁画技法之一,即用溶于水的颜料在湿壁泥上作画,以及利用该技法创作的相关画作。这种"湿壁画"技法的显著特点是:在墙壁逐渐变干的过程中,墙面上形成薄薄的带有颜料的透明层,壁画完全干了以后,就能长期保存在墙面上。不过,完全变干的壁画多少有点变色。由于这种技法是墙面处理技术之一,所以它与建筑艺术有着紧密的联系。——原注

洛托夫田野上)壁画中体现得尤为突出。

16世纪90年代中期,莫斯科出现了一个名为"戈杜诺夫"的画派,该画派的画家试图振兴和提高绘画艺术中的大型壁画创作特征和技艺,其典型代表作是莫斯科新处女修道院内的斯摩棱斯克大教堂的壁画,至今保存完好。

17世纪使古罗斯绘画艺术产生了许多新特点,这一时期的知名代表作是莫斯科中心商业贸易区尼基特尼科夫胡同的三位一体教堂壁画、雅罗斯拉夫尔市先知伊利亚大教堂的壁画。这些壁画以平静的色调、适中的"语速"和委婉的语言,向人们讲述着《圣经》里的动人故事,带领人们回忆伴随着基督教的确立而发生的重大事件及其意义,画面上每个人物的面部表情总使人感到平心静气,他们仿佛是在用一种特殊的神力,将安定和平静的种子撒播在每个观众和信徒的心田。

古罗斯实用艺术在14世纪已经得到了高度发展,现存许多首饰加工、木刻、木雕、石雕和编织精品。古罗斯文化水平的提高直接反映了大罗斯(即俄罗斯)民族的进一步发展。

14世纪下半叶,异教学说先后出现在诺夫哥罗德、普斯科夫、莫斯科等地,他们对其他宗教学说表示不满,公开反对人们用宗教理论解释周围世界。他们研究数学和天文学,同时掌握多种古代语言。15世纪末,接受西方文明教育的神职人员开始焚烧异教徒,可怕的篝火甚至在莫斯科河的冰面上燃烧不止。尽管如此,这并未能、也不可能阻止自由思想的发展。异教学说和反教会运动一直持续到16世纪,政府对他们进行了残酷镇压。

除了政府的镇压之外,还有一个不被人们重视的事实,即像东正教会一样,天主教会同样曾与异端进行过激烈斗争。有人认为,宗教审判所在西班牙正式产生于1480年,在意大利正式产生于1542年。实际上,宗教审判所在此之前已经存在。在基督教会分裂成西方天主教和东方东正教之后,罗马教皇将控制所有欧洲国家的宗教权力全部集中在自己手中,他批准建立了宗教审判法庭。早在1232年,罗马教皇将宗教审判所交给多米尼克派("多明我会")管理。多米尼克派于1215年由西班牙修士多米尼克创立,这是一个"托钵僧团",该团成员发誓终身行乞。"宗教审判所"一词译自拉丁语的"侦查"一词,宗教审判所的法官曾立案侦查放弃天主教信仰的人,同时在篝火中焚烧天主教的反对派(异教徒)。"异端"一词译自希腊语,基本含义是"特殊的信仰",所有不按罗马教皇的规定,而任意举行基督教仪式和相关礼仪的人,统统被称为"异教徒"。

当时,西班牙宗教审判所曾以残暴至极而著称,被他们活活烧死的"异教徒"竟有50多万人。德国也曾以篝火焚烧的方式处死那些被称为巫师的人,他们往往把用草药或咒语为人治病的妇女看做是巫师和魔法师。宗教审判所认为,世界上所有的灾难,包括雷电、暴风雨、洪水暴发等,都是巫师作怪的恶果,所以只要某些地区发生类似灾情,宗教审判所首先搜捕的对象就是巫师,然后将她们统统烧死。在那遥远的时代,已经出现了"捉拿巫婆"这一术语,不过现在该术语已经有了不同的含义,现在的"捉拿巫婆"是指追查并消灭各种异端。在1598年之前的150年内,西班牙、德国和意大利三国总共烧死了30000多名巫师。

其至在18世纪,在信奉天主教的国家,仍然有这种与巫师、巫婆、预言家和异教徒做斗争的组织"圣宗教审判所",他们对那些具有特殊天赋的"巫师"、"巫婆"和"异教徒"一律判处"慈悲的死刑,绝对不能让罪犯流血。"但是每当宗教审判所的法官说出这句话时,其用意已十分明了:将巫师和异教徒放在篝火上活活烧死!这样就看不见他们流血。

德国学者索尔丹(音译)证实,当时在德国被烧死的不幸者竟有10000多人!那时的欧洲居民不像今天这样密集,一些居民点的所有居民全部被活活烧死!因此,完全可以断定,这种虔诚和笃信基督教的措施实际上是一种灭绝种族(首先包括消灭具有特殊天赋者)的手段。①

与思考人的地位密切相关的社会思想和古罗斯接受基督教之后产生的政治理论,基本上都被逐渐纳入宗教世界观之中。

当一个人面对浩瀚无垠的世界时,他既会发现,他正在受到那些不以人的意志为转移的法则和规律的作用,同时他还十分乐意并充满希望地意识到,他心里有一种最崇高的理智和正义感。

在研究中世纪象征主义具有普遍意义的特点时,专家们往往会强调指出书籍(包括《圣经》)的特殊作用。"……毫无疑问,书籍是一切宝物之最。书籍不仅将古罗马最伟大的作家的语言记录下来,而且还记录了最重要的语言——上帝的话语,全能的主宰正是用这种话语确立了掌控全世界的权力。"②意识和自我意识的素质可以获得书籍固有的特点,产生认识并将逐渐完善书本知识和博览群书的兴趣,而这种兴趣又是文化素养的主要标志。与此同时,当一个人认真阅读《圣经》时,他会仔细聆听上帝话语深层含义中的那个"我",他将用上帝的话语指导自己的一切活动,使道德贯穿自己的整个一生、所有的行为和思想之中。

文化再次向人类证明了"栽培"自身才能和理智的必要性,但这里所说的是"自然的理智",即未被损坏和没有经过宗教补充的"理智"。一个前所未闻的世界展现在人类面前,唯一的上帝关心爱护人类,为了使人类获得拯救,上帝将自己的独生子派到人间并替世人受难,同时上帝通过博爱、对世人的爱,向世人展现了世界的另一面。原来对人类最重要的并不是合理性,而是信仰、希望和博爱。人类发现了自身的弱点,人是一种软弱的、无助的、值得同情和怜悯的生物,但是人在自身的弱点中又发现了一股巨大的力量。只要一个人将希望寄托于信仰,他就能对混乱而恐怖的世界说"是","于是如同阳光穿透乌云照耀大地一

---

① 摘自《不可能实现的文明?》,A. A. 马斯洛夫编,莫斯科,1996,第457页。——原注
② 摘自《中世纪欧洲》,乔治·丢比著,斯摩棱斯克,1994,第24页。——原注

样,人通过混乱、荒谬和极其糟糕的生活凝望上帝的眼神。上帝拥有的那种个性,正是反映在每一个人身上的个性。"①

对文化的重新理解还使人类认清了自身的独特性:人和不朽的灵魂都是上帝创造的,所以幸福并不在于认识自我,而是在于认识上帝。认识自我是不可能的,人的灵魂深处和独特性通常是自动暴露的(没有充满古希腊人思想内容的那种具有普遍意义的共性)。一个人的幸福和自由并不在于他的"自给自足能力"和"独立性",而是在于他对个人恐惧心理的认识,这种恐惧心理只有当他与至高无上的主宰同在时才能产生。只有这样,人才能学会战胜自我,达到似乎难以达到的目标。文化也不再被看做是对行为规范、和谐和遵守秩序的意识的培养,而是被看做对克服局限、超越局限、取之不尽、用之不竭、深邃的个性的培养,这种培养过程正是一个人持续不断的精神和道德完善过程。

这就是中世纪社会与人的精神达到真正充实的过程。14~15世纪,曾有三种神学道德思想流派同时并存:传统意义上的东正教、超越教会范畴的宁静主义和微弱的纯理性主义萌芽(或被称为"异端")。

14世纪70年代,在诺夫哥罗德和普斯科夫的城市居民和低级神职人员当中,出现了批判教会在教义和组织方面问题的异教徒——斯特里戈尔尼克派,在教义方面,他们对圣礼的来源和洗礼仪式存有疑问;在组织方面,否定教会职务等级制度和修士从事生产劳动,拥护"廉价"的教会,赞同使平民拥有布道权的做法。14世纪末被压制的异教徒在后来很长一个时期内都清楚地知道,他们尚未与15世纪末的新生力量——"叛犹教派"融为一体。关于"异端"这一术语的来源,至今都未能找到令人满意的解释。有人认为,这一术语是一个名叫扎哈利亚(Схария Скара,?~1491年)的犹太学者从立陶宛引进的;另一些人对"异端"一词做出了如下解释:异教徒依据《新约全书》与教会展开了大辩论,因此而得名。

由于文学和科学的自由思想,保持中立的异教徒发挥了限制斗争的作用,而较为偏激的部分异教徒,甚至开始公开否定教会职务等级制度,要求成立"廉价"的教会,同时否定主要的神学教义"三位一体"学说。异教徒反对教会占有土地的做法得到了国家政权的好感和认同,国家逐渐发现,教会占有的大片土地乃是增加国库收入的来源。然而,教会不顾伊万三世对异教徒的支持,在1490年召开的宗教普世会议上,照样对异端进行了批判。15世纪的异端思想培养和发展了另一个宗教派别——"禁欲派",禁欲派的布道者和古罗斯宁静主义思想家尼尔·索尔斯基(Нил Сорский,1433~1508年)、古罗斯教会和政治活动家瓦西安·帕特里克耶夫(Вассиан Патрикеев,?~1545年)坚决拥护修道院改革,拒绝土地占有和严格的禁欲主义,主张教会的一切实践活动应当以基督教思想为准则。这种新思想虽然同时

---

① 摘自《基督教讲义》,A.门宁著,《文学报》1990年12月19日第51期,第5版。——原注

得到了大贵族、官员和大公的支持,但是却遭到了许多神职人员的强烈反对,甚至对此抱有敌意。[①] 约瑟夫派与古罗斯大公政权达成攻守同盟后,原来的禁欲主义者被判刑。由于改革运动缺乏广泛的社会基础,所以注定了改革的失败。在俄罗斯 16 世纪文化发展过程中,改革运动失败的结果是教规变得更加严格。

在金帐汗的桎梏失败之后,森林茂密的古罗斯北方逐渐形成了规模盛大的修道院生产网络,俄罗斯著名历史学家 В. О. 克柳切夫斯基曾这样写道:"原来过着迁徙生活的流浪者纷纷在大修道院周围定居,修道院犹如一棵棵参天大树,深深扎根于松软的土壤里……许多在密林中建造的大修道院后来都成了垦荒农民牢固的据点,修士们教他们如何耕种土地,修道院同时发挥了贷款储蓄点、教区教堂和养老院的作用。"

当时还兴建了规模和功能不同的修道院,比如,每个修士都有单间居室的修道院、带有"公共"宿舍的修道院、男修道院和女修道院、独立修道院和附属修道院。规模最大的修道院由教会首脑宗主教直接管辖,后来转归教会最高管理机构主教公会管辖,此类修道院还被称为"直属东正教事务管理局的修道院";而最大规模的修道院称为"Лавра"("拉夫拉"),意思是"大修道院"(东正教规模最大的男修道院的总称);边远城市兴建的最大规模的修道院叫做"僻静修道院";最小的修道院分别叫做"隐修院"和"基诺维亚"(供给衣食的修道院),后来还出现了"女子公社",随着时间的推移,这些小型宗教团体都获得了修道院的称号和地位。古罗斯时期,几乎所有的修道院都占有一定数量的土地,许多修道院直到 1764 年还有农奴和失去自由的人。1764 年,在叶卡捷琳娜二世执政时期,修道院占有的所有土地统统被没收。

随着农民向合并后的伏尔加河中下游、南乌拉尔地区和在此之前已经有人定居的北乌拉尔地区迁移,这些地区也建造了许多修道院。

修士生活、长老的生活方式和传统、献身精神、宗教活动心理、修道院的启蒙教育和传教作用等,往往是古罗斯人开始占有越来越多的土地的基础。宣传基督教的愿望使古罗斯人开发到格鲁吉亚的新圣山一带、卡尔梅克草原和乌拉尔北部等遥远的边区。

世界上占领广阔土地的历史正是这样开始的,开发土地的活动伴随着广泛的启蒙教育和传教活动。乌拉尔新彼尔姆教区的第一任主教斯特凡(Стефан Пермский,1345~1396 年)是古罗斯北方兹梁人(现代科米人的旧称)的启蒙者,他为兹梁人发明了一整套字母表,将部分书籍译成了兹梁文,创办了学校;诺夫哥罗德修士谢尔吉和格尔在拉多加湖中的瓦拉姆小岛上建起了修道院;萨瓦季和佐西马曾为位于白海索洛维茨基岛上的修道院奠基,该修

[①] 这是约瑟夫派领袖和作家——约瑟夫·沃洛茨基(Иосиф Волоцкий,世俗名伊万·萨宁,Иван Санин,1439~1515 年沃洛科姆斯克修道院创建人和院长)总结出来的观点。约瑟夫·沃洛茨基曾领导反对诺夫哥罗德-普斯科夫异端教派和禁欲主义的斗争。——译注

130　*文化与信仰*　РУССКАЯ КУЛЬТУРА И ПРАВОСЛАВИЕ

俄罗斯女皇叶卡捷琳娜二世

道院的规模属北欧之最。费奥多利特·科尔斯基是16世纪初拉普人(居住在挪威、瑞典、芬兰和俄罗斯的民族)的启蒙教育者,他的著作后来(16世纪中期)被创建科尔斯基半岛修道院的特里丰·佩切涅格斯基继续发扬光大。由此可见,古罗斯修道院在积极传教过程中,在占领广阔无际的空间的同时,还对居住在修道院附近的各族人民进行启蒙教育。

第三章 16 到 17 世纪东正教在俄罗斯社会政治和文化生活中的特点及其作用

  罗斯国家领土的集中者——莫斯科大公伊万三世(1462~1505年)　"全俄国家元首"的第一次出现　君士坦丁堡沦陷(1453年)　伊万三世与拜占庭公主索菲娅·巴列奥洛格结婚后,莫斯科成为拜占庭的继承者和东正教的宗主国　教会与国家新思想——"莫斯科是第三罗马"的诞生　"俄罗斯"这一名称的出现与推广　伊万四世(雷帝)的加冕礼(1547年)　俄罗斯教会的"百条决议"会议(1551年),伊万雷帝试图理顺俄罗斯教会秩序　第一部印刷本《使徒行传》(1564年)　约瑟夫派与禁欲派　俄罗斯政论作品的出现　听伊万雷帝忏悔的神甫西尔维斯特的《治家格言》　鲍里斯·戈杜诺夫与西方思潮向莫斯科的渗透　1612年11月27日,波兰人投降,修士大司祭季奥尼西为胜利主持祈祷仪式　罗曼诺夫王朝的开端(1613年)与混沌时期结束　西方思想对俄罗斯人的日常生活和俄罗斯文化的影响继续深化　分裂教派是一种复杂的社会现象和宗教现象

  1453年,发生了震撼整个欧洲的事件:在土耳其人的强攻下,君士坦丁堡失守,具有一千年历史的拜占庭帝国随之沦陷。以莫斯科大公国为中心的古罗斯成为划时代的拜占庭继承者,一种崭新的教会与国家思想——"莫斯科是第三罗马"在俄罗斯诞生了。

  莫斯科大公伊万三世已经成为真正意义上的"全俄国家元首",他还被称为俄罗斯国家

领土的集中者,他确立了以莫斯科大公国为中心的国家专制体制,为加强莫斯科的防御功能和城市美化做出了不懈努力。

早在1367年,在莫斯科大公德米特里·顿斯科伊执政时期,莫斯科克里姆林宫城墙首次用白石(石灰石)建造,围墙所圈面积是大约今天克里姆林宫面积的三分之二,但是由于敌人多次进攻和数次火灾,白石城墙很快就开始松动。因此,伊万三世即位后,只好重新修建克里姆林宫城墙,加固莫斯科的防御功能。于是在1485~1495年期间,一批应邀前来俄罗斯施工的意大利工匠师将克里姆林宫原来的白石墙拆除后,重新建起了坚实的红砖围墙,这就是我们今天看到的克里姆林宫红墙。

俄罗斯教会地位的巩固使莫斯科大公伊万三世的专制独裁地位不断提高,这主要是由于伊万三世于1472年与君士坦丁堡末代皇帝君士坦丁11世的侄女索菲娅(卓娅)·巴列奥洛格联姻的缘故,她是伊万三世的第二个妻子。拜占庭末代皇帝的弟弟福马·巴列奥洛格在罗马教皇那里找到了避难所,后在罗马去世,身边留下了女儿索菲娅,罗马教皇为她寻找未婚夫并向莫斯科大公伊万三世提亲,大公和大贵族们高兴地接受了罗马教皇的建议,以便"养育皇亲后裔,并且使整个东正教直接受到教皇的保护。"罗马教皇还为索菲娅置办了丰厚的陪嫁礼品。

随行前来俄罗斯的有许多希腊移民,他们运来了大量的希腊文手抄本书籍和古希腊文明的宝贵遗产,这些手稿依然是今天俄罗斯宗主教图书馆的基本馆藏。

由于莫斯科大公伊万三世索菲娅·巴列奥洛格正式结婚,伊万三世自然就成为拜占庭皇帝和罗马皇帝的继承人,他还将希腊的双头鹰标志作为俄罗斯的国徽,这个古老的双头鹰标志至今收藏在莫斯科克里姆林宫的多棱宫殿内。从那时起,莫斯科就像当年拜占庭继承罗马遗产一样,完全合法地继承了拜占庭帝国的一切,莫斯科成为世界东正教唯一的宗主国,负责保护在东方各国布道的基督徒,同时加紧筹备向伊斯兰教复仇,因为在1453年,穆斯林人攻占了君士坦丁堡,最终导致了拜占庭帝国的彻底灭亡。这些事件赋予俄罗斯适应并接受数百年的希腊文化"第二次生命",俄罗斯教会,特别是都主教们的主要活动,不仅支持伊万三世,而且还支持莫斯科所有的王公,帮助和劝说他们结束内讧。在那个年代,莫斯科都主教的一句话,几乎成为解决一切问题,首先是解决政治方面的问题的关键之关键。

伊万三世执政时期(1462~1505年期间),大贵族失去了自由流动权,他们的服务对象不再是各地管理封地的王公,而是莫斯科国家的大公,他们必须宣誓终身效忠莫斯科大公。随着莫斯科大公国规模的不断扩大,莫斯科国家大贵族的数量也随之增长,那是地主占有土地数量剧增和逐渐击退大贵族的大好时期。自15世纪下半叶起,俄罗斯开始实行"领地

第三章 16 到17 世纪东正教在俄罗斯社会政治和文化生活中的特点及其作用

制",同时使其合法化①。地主(封建主)阶层的扩大强化了莫斯科国家的中央集权制。

15 世纪下半叶,俄罗斯出现了第一批合法农奴化的农民,尽管从 15 世纪中期开始,禁止农民摆脱地主的法律文件是大公早期签发的《农奴管理手谕》,但是这种法律文件带有浓厚的局部性特点。俄罗斯第一份限制农奴自由流动的法律文件是伊万三世签发的《全俄法典》,法典规定,农奴有权从一个农奴主转到另一个农奴主那里,但是他们每年只有一次机会,而且必须是在尤里节期间。② 这就是俄罗斯完全变成农奴制国家的第一步。上层社会也做了限制农奴自由流动的尝试,这就是"财政农奴化政策",根据这种政策,农奴从农奴主(地主或封建主)那里贷款之后,这个农奴在彻底还清贷款之前无权离开原来的农奴主,有的农奴在同一个农奴主那里一干就是许多年,有的甚至是连续几十年。15 世纪末,最无权利的农奴和多年还不清债务的农奴被称为"卖身奴"。

莫斯科大公伊万三世于 1505 年去世之后,他的儿子瓦西里即位。瓦西里出生于蒙古 - 鞑靼桎梏结束的前一年,即 1479 年,历史上称他为"瓦西里三世"(Василий Ⅲ Иванович, 1479~1533 年),于 1505 年 10 月正式登基,他继承并完成了父亲集中俄罗斯领土的遗愿。1510 年,莫斯科国家首先吞并了普斯科夫公国;1514 年,兼并了斯摩棱斯克公国;1521 年,收复了梁赞公国。总之,在瓦西里三世执政期间(1505~1533 年),完成了统一俄罗斯领土的大业。

1514 年,俄罗斯收复了斯摩棱斯克,为了纪念这一事件,莫斯科建造了一座新处女修道院,该修道院是后来许多历史事件的见证者:沙皇费奥多尔·伊万诺维奇(Фёдор Иванович,1557~1598 年)③那位无后妻子伊琳娜削发进了新处女修道院;鲍里斯·戈杜诺夫(Борис Фёдорович Годунов,约 1552~1605 年)④于 1598 年在该修道院举行婚礼;彼得大帝的姐姐索菲亚 1689~1704 年期间被囚禁在此;1612 年 8 月 22 日,米宁(Кузьма Минин,

---

① "领地制"(поместная система),15 世纪下半叶至 1714 年俄罗斯实行的保证担任军职和行政职务的封建主(地主)占有土地的制度,首先开始于诺夫哥罗德,15 世纪末开始在整个俄罗斯境内推广。伊万三世在其亲自签发于 1497 年的《法典》中,使过去的老法律条文与 15 世纪的现实结合起来,他力争消灭封地制,从而使各省的土地占有权趋于平等。——译注
② 尤里节(Юрьев день),俄历 11 月 26 日,即公历 11 月 13 日,是古罗斯纪念圣格奥尔吉的宗教节日。1497 年《法典》规定,在此节日前后各一周内,农奴可以从一个农奴主转到另一个农奴主那里。——译注
③ 费奥多尔·伊万诺维奇,俄罗斯留里克王朝的末代皇帝(1584 年起)、伊万四世(雷帝)之子,因没有治国能力而将国家交给国舅鲍里斯·戈杜诺夫掌管。——译注
④ 鲍里斯·戈杜诺夫,1598 年为俄罗斯沙皇,费奥多尔·伊万诺维奇的妻弟,妻弟执政时,鲍里斯·戈杜诺夫实际掌握了国家大权,依靠贵族巩固中央集权制和农奴制。关于鲍里斯·戈杜诺夫的生平,请见俄罗斯同名古典歌剧和一系列相关专著。——译注

16世纪末~1616年)和波扎尔斯基(Дмитрий Михайлович Пожарский,1578~1642年)①率领的俄罗斯民军与波兰和瑞典侵略者曾在新处女修道院墙下进行决定性战斗。

米宁与波扎尔斯基

与此同时,俄罗斯民族开始形成,"俄罗斯"这一名称逐渐开始推广使用。16世纪下半叶,除俄罗斯民族之外,在俄罗斯境内居住的还有乌克兰人、白俄罗斯人、卡累利阿人、萨阿米人(拉普人)、维普斯人、涅涅茨人(萨莫雅奇人)、科米人、汉蒂人、曼西人(乌戈人)、鞑靼人、巴什基尔人、乌德穆尔特人(沃佳克人)、马里人(车累米斯人)、楚瓦什人、莫尔多瓦人、库梅克人、诺盖人、卡巴尔达人,其他少数民族和部族的人。

16世纪,为了巩固中央集权,俄罗斯开始与大贵族中的分立主义分子展开了激烈的斗争。在瓦西里三世在世时,强化莫斯科为俄罗斯首都这一立场的任务已经十分艰巨。

伊万三世时期,莫斯科迅速壮大起来,克里姆林宫白石城墙脚下,即在今天克里姆林宫救世主大门,即带钟楼的那个大门(古时叫"弗罗洛夫"大门)以东的街区,兴建了大型手工业和商业区,该区内店铺林立,当时莫斯科最富有的商人和手工业主在此居住。这就是历史

---

① 米宁,俄罗斯人民民族解放斗争的组织者和第二民军领导人之一(1611~1612年),人民英雄,下诺夫哥罗德工商居民。1611年9月起为地方司法税务官,在保卫莫斯科的战斗中英勇非凡。1612~1613年为地方自治政府成员;1613年起为杜马贵族。波扎尔斯基,俄罗斯公,大贵族(1613年起),俄罗斯统帅,民族英雄。1611年第一民军的参加者,第二民军的领导人和指挥官之一,临时自治政府的领导人之一。参加反对波兰侵略者的斗争。莫斯科红场上有米宁与波扎尔斯基雕像,俄罗斯许多城市里都有以"波扎尔斯基"命名的街道。——译注

上称为莫斯科"贸易心脏"的手工业和商业区,或叫"手工业和商贸中心",该商业区内的新建筑同时构成了抵御敌人入侵的一道防线。手工业和商业区东北、东南和西南面那高大而敦实的围墙和塔楼是意大利建筑师彼得罗克在1535～1538年期间设计建造的。

克里姆林宫旁边的手工业和商业区的古城墙(16世纪)

至今难以准确地说出,那些昼夜定时举行祈祷仪式的最早的小教堂是何时出现在古罗斯的。这些小教堂的定期祈祷仪式被称为"时课",在这种祈祷仪式上,教堂内只朗诵固定的祈祷词,后来人们将这些早期小教堂称为"小礼拜堂"。古罗斯时期兴建小礼拜堂的理由和地点是多种多样的,比如,圣像显灵的地方、重大事件发生地、圣泉、圣井、圣河之源头等地,均可建造这种小礼拜堂。

小礼拜堂与一般教堂的主要区别在于小礼拜堂内没有专门的祭坛,而只有一张小供桌和几幅圣像,因为这种小礼拜堂只是在为数不多的纪念日当天才举行礼拜活动,或为纪念某个事件的发生而兴建小礼拜堂的那个日子举办礼拜活动。平时小礼拜堂可以作为信徒自由祈祷的地方,莫斯科红场北侧的伊维利亚圣母小礼拜堂就属于此类。在俄罗斯,这种小礼拜堂往往是大众朝圣的地方。如今俄罗斯盛行朝圣活动,其中首先是各城区教民的朝圣活动,各城区的小礼拜堂内分别有受当地信徒尊崇的显灵者圣像。

俄罗斯画家同样特别关注小礼拜堂,他们把这种小礼拜堂看做是某种象征或表现手段。比如,19世纪俄罗斯著名画家、风俗画奠基人之一维涅齐安诺夫(Алексей Гаврилович Венецианов,1780～1847年)有一个"默默无闻"的追随者,他就是不被人知的画家亚历山大·波波夫(Александр Попов)。波波夫画于1861年的《乡村的早晨》,明媚而温馨,渗透着某种恬静和质朴,画面上的人物身穿带红色斑点的裙子,头上包着一条三角巾,画家借此

耶稣基督复活城门楼及城门楼下的伊维利亚小教堂

使清晨绿色的光谱发出了悦耳的"旋律",一种静谧和沉默与远方的小礼拜堂遥相呼应。

19世纪俄罗斯最著名的风景画家之一伊萨克·列维坦笔下的《沉静的修道院》(1890)和《晚钟》(1892)两幅画作,分别突出了远方的多圆顶教堂和小礼拜堂的身影、低沉而神秘的钟声……《永恒的静谧》(又译《墓地上空》,1894)整个画面的沉寂浸透在落日的余晖之中,这余晖同时燃烧着树梢,呈现出基督境界和天籁般的宁静,画家的宗教意识与画面格调达到了有机的结合。

在人们的记忆当中,绘画大师列维坦没有一幅画作不是描绘俄罗斯优美的自然风光和广阔的空间,每幅作品既反映了他对如歌如画的俄罗斯自然风光的赞叹,也体现了由于广阔空间里的艰苦生活而引起的忧伤。无论是大师笔下以其纯洁和无助而让人心动的白桦树,还是画面上的修道院和小礼拜堂,随时都能引起人们对祖国的惆怅和热爱。

1533年,瓦西里三世在弥留之际,将皇位交给了他的三儿子伊万。1547年1月,根据俄罗斯都主教马卡利拟定的仪式,17岁的伊万正式登基,登基典礼是在莫斯科克里姆林宫圣母安息大教堂内举行的,俄罗斯宫廷上下、贵族、上层社会代表和外国使节应邀出席,这是俄罗斯历史上第一次正式举办的加冕礼。从那天起,俄罗斯大公伊万四世(Иван Ⅳ Васильевич,1530～1584年)获得了沙皇称号,从形式上看,沙皇相当于西欧各国的皇帝,比

油画《晚钟》(И.И. 列维坦)

其他国家皇帝更优越的是,俄罗斯沙皇在国内拥有无限的和至高无上的权力。

伊万四世出生于1530年8月25日,当年他父亲瓦西里三世已经年过半百。伊万四世自幼沦为孤儿:他3岁丧父,7岁丧母,母亲叶莲娜·格林斯卡娅出生于立陶宛贵族之家,是瓦西里三世的第二个皇妃。俄罗斯历史学家 B.O. 克柳切夫斯基指出,孤独伴随了伊万四世的整个一生,他随时都会产生无助和被人遗弃之感,随着他手中权力的日益强大,恐惧和怀疑一切的心态变成了一种最强烈的情感。伊万四世是在俄罗斯混沌时期大贵族之争的环境中长大成人的,所以他从很小就参与了宫廷内部的权力之争,平时大贵族们都忙得不可开交,谁都无暇顾及这个孤儿的饮食和起居……1533年,年仅3岁的伊万成为"全俄罗斯"大公。

伊万四世12岁时曾受到一次惊吓,1542年1月3日,舒伊斯基家族①开始反对实际操控国家政权的维尔斯基家族,全副武装的奴仆和忠实的军队冲入皇宫,将伊万从床上叫醒,强迫他跪地祈祷。舒伊斯基家族的王公们根本不听被吓得半死的小孩绝望的祈祷,抓住躲藏在大公家里的维尔斯基家族的追随者—年迈的全俄都主教约萨夫(Иоасаф,? ~1555年),就是一顿毒打,并败坏他的声誉,然后又将他流放。

类似大贵族的一意孤行、残酷的凌辱手段给幼年的伊万留下了难以抚平的恐怖印象,使他对大贵族产生了强烈的恐惧和仇视。次年(即1543年),伊万内心的这种仇恨逐渐公开

---

① 15~17世纪俄罗斯王公和大贵族世家(Шуйские),历史上最著名的有斯科平-舒伊斯基、大眼睛-舒伊斯基、巴尔巴申-舒伊斯基和驼背-舒伊斯基。舒伊斯基家族在俄罗斯国家政治生活中曾发挥重要作用。——译注

化,13岁的伊万四世以独特的方式参与了宫廷内部的相互倾轧和权力之争,他命令饲养猎犬的人将安德烈·舒伊斯基杀死。《编年纪事》中有这样的记载:"从那时起,大贵族们开始害怕大公伊万四世。"

油画《伊万雷帝》(В. М. 瓦斯涅佐夫)

与此同时,莫斯科爆发了危及皇权的人民起义,沙皇的舅父尤里·格林斯基(Юрий Васильевич Глинский,? ~1547年)被杀害,此后沙皇政府开始妥协,成立了"遴选拉达(选举代表会议)",该组织的领导者是大贵族杜马的贵族阿达舍夫(Алексей Фёдорович Адашев,? ~1561年)和神甫西尔维斯特(Сильвестр,? ~1566年)。①

1547年1月16日,俄罗斯第一位沙皇伊万四世(后来被称为"伊万雷帝")正式登基即位;同年2月3日,伊万雷帝举行大婚典礼。他的同时代人说,伊万雷帝的妻子安娜斯塔西娅(Анастасия Романовна,1530~1560)自幼缺少父爱,她是在僻静和独居中成长起来的,所以她在婚后虽然身居皇宫,但是她"依然笃信宗教、遵循古代传统并保持俭省朴素的生活方

---

① 阿达舍夫,古罗斯侍臣、重臣拉达成员。16世纪40年代末,主持俄罗斯东方政策;50年代中期,主持俄罗斯外交事务,巩固中央政权的改革首倡者。指导编纂《俄罗斯职官录》和《编年史》。1560年失宠。
西尔维斯特,遴选拉达的成员。自16世纪40年代末起为莫斯科报喜教堂神甫;1547年起对伊万四世产生巨大影响。审订出版了《治家格言》。1560年失宠后削发成为修士。——译注

式。"

作为伊万雷帝的第一个妻子,安娜斯塔西娅平时只要看不到丈夫就会哭起来,丈夫也特别宠爱她,对她异常温柔。后来伊万雷帝经常给大贵族和作家库尔布斯基(Андрей Михайлович Курбский,1528~1583年)及其亲信写信说,他与第一个妻子安娜斯塔西娅互敬互爱,他们夫妇共同走过了13年半的风雨历程,但是恶人的诽谤和魔法常常使女皇安娜斯塔西娅感到痛苦不堪。

在为安娜斯塔西娅送葬时,伊万雷帝跟在棺材后面,他边走边发疯似地痛哭着,莫斯科都主教多次试图上前提醒他,作为一个基督徒,应该表现出坚强的意志,可是都主教的劝说却是徒劳无益的……

安娜斯塔西娅仿佛将伊万雷帝最崇高的激情带入坟墓,伊万雷帝觉得大有所失,眼前出现了一片空白。由于沙皇失去了心爱的妻子,他只好不顾一切,让自己的自然天性任意发泄。

俄罗斯著名历史学家卡拉姆辛曾精辟地指出:"安娜斯塔西娅去世之后,伊万雷帝不仅失去了终身伴侣,而且还丧失了道德。"

1547年2月,在俄罗斯都主教马卡利的倡导下,召开了一次宗教会议,会议上将一大批地方神职人员尊为圣者,从思想上强调了将国家变成统一俄罗斯强国的政治理念。

1549年,"全俄缙绅会议"("协调会议")首次召开,会议期间,沙皇伊万雷帝慷慨陈词,激情万分。那次会议做出了1550年重新编写俄罗斯法典的决议,历史上将这部法典称为《伊万雷帝法典》。与此同时,俄罗斯军事改革也拉开了序幕,确立了统一的兵役制,后来的兵役制分为两类:一类是"祖籍兵役制"和"招募兵役制"。参加"祖籍兵役制"的都是贵族和权贵子弟,即担任王公和大贵族的下一代封建主。

1552年,《俄罗斯职官录》问世,书中记载了在皇宫任职的官员名录4000多人,其中包括被沙皇任命的城市军政长官、外交官等国家高级官员。

希望得到教会支持的沙皇政权不可能对业已成熟的宗教改革袖手旁观,1551年1~5月,在伊万雷帝和俄罗斯都主教的倡导下,莫斯科召开了"百条宗教会议",会议通过了100条决议。后来"百条宗教会议"成了俄罗斯教会史上的重大事件,百条决议囊括了反映15世纪俄罗斯教会典型特征的重要内容,伊万雷帝对当时的教会现状提出了严厉而粗暴的批判。

《百条宗教决议》[①]这样写道:"……神甫和教堂低级神职人员平时总是醉醺醺的,他们毫不畏惧地站在那里互相吵架,各种无耻和下流语言竟出自他们之口,世俗平民由于这些神

---

① 俄罗斯《百条宗教决议》中的神学篇和实用篇实际上是从希腊文翻译的文献,译者是当时的修道院院长伊拉里昂(阿尔菲耶夫)。详情请见《扎恰齐耶夫修道院》,1998。——原注

职人员的肆无忌惮而白白死亡,还要为他们坚持创造……"于是教会决定通过重新确立的大司祭法规和制度,加大对宗教人士的监管力度,同时坚决杜绝神甫和助祭在酒醉时主持祈祷仪式。

《百条宗教决议》统一了全俄圣者名录,确立了统一的崇拜偶像和祈祷礼仪,制定了教会绘画(圣像)通则。沙皇伊万雷帝借助于百条宗教会议,强调了教会崇高的道德作用和意义,重新申明了神甫的职位,坚决反对修士的放荡、酗酒、行乞和流浪行为。显然这是伊万雷帝采取的重要举措,因为原来对视酒如命的神甫进行鞭笞,并没有使教会的状况好转,那些经常酗酒的神甫只是一边恭顺地忍受鞭笞,一边抱怨说:"对他们进行惩罚的不是大贵族,竟然是奴隶。"

与此同时,百条宗教会议对修道院常用的各种洋酒实行自由和开放政策,可能是由于喝洋酒符合"为尊重上帝而饮"的缘故。当时修道院的修士们可以尽情地喝各种洋酒、蜂蜜和多种克瓦斯饮料(传统工艺加工的生克瓦斯,酸甜口克瓦斯、大麦制作的和加蜜克瓦斯等),克瓦斯是俄罗斯人的发明,曾是俄罗斯民族喜爱的传统饮料,但遗憾的是,品种繁多的克瓦斯逐渐从人们的记忆中消失,今天俄罗斯人还在喝克瓦斯,但他们对克瓦斯的兴趣已远不如过去了。学者和专家认为,克瓦斯不仅是一种饮料,历史上有许多普通人曾拿它充饥,当时人们在克瓦斯里加点面包屑,就是一份可口的面包渣汤;将各种蔬菜切碎放入克瓦斯中,就是一碗冷杂拌汤。19世纪俄罗斯著名诗人涅克拉索夫(Николай Алексеевич Некрасов,1821~1878年)在诗歌《萨沙》中写道:"萨沙,家里没有牛奶时,喝一碗面包渣汤吧。"古时的俄罗斯人每天都亲手制作克瓦斯,冬天如此,夏季更是这样,因为克瓦斯是最解渴的饮料。俄罗斯伟大诗人普希金每次去保姆阿丽娜·罗季翁诺芙娜家里,都要喝一碗她亲手制作的面包渣汤。那时禁止饮用的只有"烈性酒",但正是此类烈性酒才将市民带到了小酒馆和允许卖酒的小旅店,即使是沙皇关于"大贵族本人及其子弟不准在小酒馆喝酒"的戒律也未能奏效。因此,当时的小酒馆和小旅店生意特别红火,甚至吸引了某些外国人自愿参加俄罗斯禁卫军,比如,德国人亨利·施塔登(Heinrich Staden,约1542~?)[1]、16世纪80年代后期的德国贵族理查德·维尔芬(Richard Welfen)等。

16世纪以来,莫斯科教堂或修道院门口和附近的小酒馆旁,总是有许多乞丐要饭。根据《百条宗教决议》记载,乞丐充斥了整个莫斯科城,在那些乞丐当中,不乏知名人士。比如,1597年,一个名叫格拉西姆·梅德韦季的人曾在莫斯科克里姆林宫弗罗洛夫大门附近要饭,此人甚至被写入俄罗斯编年史中,遗憾的是,那位编年史作者没有注明该乞丐曾以何著称,

---

[1] 亨利·施塔登,德国冒险家。1564~1576年参加俄罗斯禁卫军,著有《伊万雷帝莫斯科记实》。16世纪70年代末~80年代初曾致力于指定德国和瑞典干涉俄罗斯的计划。——译注

或许是因为他有过人之力气,或许是由于他胆大如熊(所以他才有"梅德韦季"——"熊"的绰号),敢在克里姆林宫门口处行乞,或许是因为他自身的不幸,或者由于他成为狩猎的对象或皇家取乐的对象而有了"大熊"的绰号。常言道:"穷人也都不一样。"1602年,"贫穷的莫斯科人米哈伊尔削发为僧,成为约瑟夫-沃洛科拉姆修道院的一名修士,他还为该修道院捐献了12卢布,这在当时是一个不小的数目。"①

俄罗斯所有的教堂和修道院经常为死者举行祭祷和追悼仪式,每次举行追悼仪式时,教堂和修道院都要以实物救济穷人,因为济贫活动是基督教正式确认的美德之一。莫斯科大公伊万雷帝在执政前期,曾以济贫的表率而著称;他对西蒙诺夫修道院进行了大笔募捐,但他提了一个条件,即该修道院每年必须为弟弟尤里举行两次追悼仪式。伊万雷帝这种做法完全合乎俄罗斯的传统礼仪,他说:"即使是穷人,每年也要为他们举行两次追悼仪式,每个穷人都要享受到应有的救济。"伊万雷帝这种慈善心理和实际的济贫行为可能是跟他人学来的,住在他身边的莫斯科报喜教堂的神甫西尔韦斯特,经常为当地的许多孤儿、收容所的贫民和残疾人提供临时住所,将那些孤儿一直养到成年,还教他们学习基础知识和手工技术。神甫在给儿子安菲姆的信中写道:"上帝赐予所有的人自由、成家立业和享受幸福生活的权利。"16世纪80年代初,伊万雷帝每天都当着罗马教皇使节帕谢维诺(Antonio Passevino,1534~1611年)的面救济200多个穷人,为每个穷人发放食物和两罐啤酒。俄罗斯都主教马卡里同样对伊万雷帝的前期执政产生了济贫行善的深刻影响。

伊万雷帝还以"最佳鸣钟人"著称,他特别喜欢节日期间的教堂钟声。每逢节日,他首先敲响钟楼上最大的那口钟(意思是默默祈祷:圣父、圣父……),然后敲响较小的钟(祈祷:圣子、圣子……),最后敲响那几口最小的钟(祈祷:圣灵、圣灵……)。

《百条宗教决议》还有这样一条建议:兴建"体制健全、有宫内侍臣的妻子服务的"养老院,这些养老院应该真正帮助那些穷人和病人。1600年,莫斯科拥有三家养老院:"贫民之家"或"上帝恩惠之家",其中一家专门救济平民的养老院位于莫斯科市中心的特维尔大街,另一家专门为救济修女的养老院位于莫斯科炮厂对面(即今天莫斯科市中心的鲁比扬卡广场附近),第三家救济贫穷老人的养老院坐落在莫斯科市中心斯拉夫广场附近的库利什卡区。当时的俄罗斯教会还承担了兴办世俗学校的重任。

尽管如此,伊万四世·瓦西里耶维奇(即伊万雷帝)的统治引起了负面评价,不少人认为,伊万雷帝在近50年的执政期间所取得的主要成果是建立了中央集权制的俄罗斯国家,即建立了一个等同于帝国的王国。这一王国在16世纪获得了广泛而崇高的国际威望,拥有"全俄专制独裁者"直接管辖的强大的官僚体制和军事机构。

① 摘自《沃洛科拉姆修道院募捐记录》,A. A. 季托夫著,莫斯科,1906,第115页。——原注

在欧洲统一国家普遍形成的时代,暴君式沙皇继承王位属于正常现象,因为在同一时期,登上王位的还有英国的亨利八世、西班牙的腓力二世(Felipe Ⅱ,1527~1598 年)。

历史学家指出,伊万四世不仅是一个残忍的暴君,而且还是一个心态异常和非常迷信的沙皇。他有时进行无度的狂欢暴饮,有时身穿修士的长袍,与自己的禁卫军一起以庄严的列队游行形式,举行笃信宗教的庄严仪式和礼仪。像英国的亨利八世一样,伊万四世先后有过 8 个妻子,在第一个妻子阿娜斯塔西娅·罗曼诺芙娜之后,他娶了切尔克斯少女玛利亚(Мария Темрюковна,1545~1569 年),后来又娶了 6 个妻子[①]。他与未举行婚礼的第七个妻子玛利亚(Мария Фёдоровна Нагая,约 1580~1610 年)生了一个儿子,取名"德米特里"。到了晚年,伊万四世还一直在国外(主要是在英国)为自己寻找配偶。最终选中了亨利八世的女儿—女王伊丽莎白(Elisabeth Ⅰ Tudor,1533~1603 年)。

为了这桩婚事,不幸的英国公主玛利亚·都铎(Maria Tudor,1516~1558 年)、西班牙国王腓力二世、法国王子弗朗索瓦·安瑞斯基等,先后主动为伊万四世说媒提亲。其实,伊丽莎白可以与这些王子和国王中的任何一位结为伉俪,但是作为年轻的英国女王,她始终不忘自己有一颗"国王之心",她完全可以在永远不出嫁的情况下保持皇权。

由于这个原因,伊丽莎白以童贞女王的名义被载入史册。为了使自己和下属们开心,女王伊丽莎白还亲自编写了一首滑稽短歌:

去吧,去吧,去吧,请另选他人吧!
意中人并非在此!不要把我纠缠!

而伊万四世冲动和放荡不羁的性格、随时用他手中的权杖打人的习惯,都是酿成悲剧的原因。1581 年 11 月 16 日,当他与他最喜欢的儿子伊万发生口角时,他抡起权杖向着儿子打去,谁料这竟是致命的一击,儿子当场毙命。[②]

伊万四世天生机智,聪明过人,善于辞令,同时具有政论家和作曲家的天赋。现存史料有伊万四世创作的多首颂歌,这些颂歌有力地证明了那个时代俄罗斯音乐文化的发展水平和伊万四世的音乐天赋。伊万四世是一个感情细腻的政治家、外交家和具有军事才略的组织者,他绝不容忍下属口出狂言,更不允许人们对他进行粗俗的阿谀奉承,但是他却能非常理智地对待各种信仰,并以此著称。

伊万四世逐渐失去了对俄罗斯王公和大贵族的信任,他开始依靠在军内任职的官员,特

---

① 当时公开从整个俄罗斯选拔大量的少女,纷纷将她们运到莫斯科,以便使伊万四世从中选择配偶和女皇。原来这种公开选妻的习俗是从拜占庭传过来的。——原注
② 请见列宾的知名画作——《伊万雷帝杀子》。——译注

别是那些拥护巩固沙皇政权的官员,伊万四世分别对他们加封土地和任命官职。有资格参加决定国家最重大问题的缙绅会议的不仅是原来的大贵族、封建主和神职人员,而且还有商人和手工业主等社会各阶层的代表,从而使俄罗斯形成了同时有各阶层代表参加的君主政体。

伊万雷帝曾试图借助于由他本人专控的禁卫军①巩固自己的政治地位,禁卫军持续了7年之久(1565～1572年),他们平时身穿黑色上衣,骑着乌黑的骏马,任意驰骋于俄罗斯各地。他们的马鞍上捆着狗头和扫帚,以此说明他们的基本任务是扫平一切障碍、消灭一切与沙皇作对的人。实际上,禁卫军所到之处,都是在肆意抢劫,随意杀人。

沙皇伊万雷帝成立禁卫军的目的,主要是为了彻底制止大贵族的肆意行为,但是在这一镇压体制的反对派当中,甚至还有莫斯科都主教菲力浦(Филипп,1507～1569年,原名费奥多尔·科雷切夫),他经常给伊万雷帝写信,劝说沙皇终止对人民的残害,可是沙皇不仅不听都主教的规劝,还卑鄙地把他叫做"执拗的密探",将都主教写给他的信件看做是"密探的证明"。莫斯科都主教菲力浦与沙皇伊万雷帝的意见分歧最后以悲剧告终。

有一天,沙皇伊万雷帝和他的禁卫军身穿修士长袍来到教堂,都主教菲力浦没有为他祝福,并当众慷慨陈词:"无论是从事件上,还是从服饰上,我都不认识沙皇。他们(禁卫军)惯以沙皇的名义行凶作恶,而无辜平民的魂灵不时地呼唤上帝,祈求上帝制止这种杀人行为!"听了都主教的这番话,伊万雷帝的肺都气炸了,他立刻下令解除菲力浦莫斯科都主教的职务,禁卫军野蛮地冲入教堂内,脱下了菲力浦身上的法衣,对他进行辱骂和痛打之后,给他戴上了手铐和脚镣,然后将他关进修道院的密室。一年之后,伊万雷帝派亲信、杜马贵族马留塔·斯库拉托夫－别利斯基(Григорий Лукьянович Скуратов－Бельский,?～1573年)将菲力浦活活勒死。

1652年,原莫斯科都主教菲力浦被俄罗斯正教会尊为圣者。

伊万雷帝在皇宫(克里姆林宫)内浮华奢侈的程度,往往令外国使节瞠目结舌。日耳曼帝国皇帝马克西米里安二世的使者汉斯·科宾策(Hans Kobencer von Proccer)说,他曾于1576年访问莫斯科,俄罗斯沙皇伊万雷帝和他的儿子身穿镶满贵重宝石和珍珠的盛装,皇冠上那颗鸡蛋一样大的红宝石闪烁着耀眼的光芒,"远看恰似一团红火"在沙皇头顶上燃烧。汉斯·科宾策这样写道:"在我的一生中,从未见过如此珍贵和精美的东西。去年,我曾看见

---

① 俄语中的"опричнина"一词有几种不同的译法:特指伊万四世直接管辖的军队——"禁卫军",主要负责消灭图谋叛变沙皇的封建主,实行一系列残暴措施;大规模镇压、屠杀、没收土地等;另一层意思是"沙皇伊万四世直接管辖的领土的名称"。多数译文一般都采用"禁卫军"。1572年,伊万雷帝被迫下令取缔了"禁卫军",但实际上,禁卫军一直持续到伊万雷帝去世为止,只是镇压和横行的程度略有减轻而已。描写这一特殊军队的有文学作品和同名芭蕾舞剧。——译注

我国元首的皇冠或叫法冠……我也曾见过天主教皇的法冠,还见过法国国王的许多贵重而精美的装饰、匈牙利王国、捷克的波希米亚和其他许多地方的恢弘气势,可是请你们相信我,那里拥有的一切根本无法与今天我在莫斯科皇宫见到的豪华相比。"①

中世纪宫廷礼仪在俄罗斯曾有着十分重要和特殊的意义,隆重豪华的礼仪象征着国家的富裕和强大的经济实力,国家象征和标志都是由最高水平的手工艺师用黄金精心制作的,每件用品和器物都镶满了世界上最贵重的宝石。因此,这些器物不仅是俄罗斯皇权的象征,同时也是极其精美的装饰艺术杰作。

世界闻名的莫诺马赫皇冠是最古老的皇冠,传说这顶皇冠是基辅大公弗拉基米尔二世·莫诺马赫从他外祖父(拜占庭皇帝君士坦丁)那里得到的,"莫诺马赫皇冠"这一名称首次出现于伊万雷帝的遗嘱里,所以莫诺马赫皇冠不仅是俄罗斯国家最高权力的象征,也是俄罗斯继承拜占庭帝国政权的象征。

在伊万雷帝执政期间,遥远边区的密林中开始兴建美观大方的教堂,而且都是典型的俄式教堂,这些神话般的教堂如今依然是中世纪俄罗斯精美建筑的历史文物。应当指出,这些建筑充分体现了典型的俄罗斯特征,无论是规模盛大的教堂,或是面积较小的礼拜堂,它们都与周围环境保持着最大限度的和谐,有20世纪俄罗斯著名诗人和剧作家纳乌姆·科尔扎文(Наум Моисеевич Коржавин,1925~,原名纳乌姆·曼德尔)为证,诗歌大意如下:

> 你的样式以何种尺寸规划?
> 你的形象为何在远方迷人?
> 涅尔里河畔的圣母教堂啊,
> 你为何能永久地闪烁光芒?
> 你的身躯不高,规模不大,
> 但你的轮廓显得如此匀称,
> 每个局部都永远使人感到
> 巍峨和最崇高的精神……
> 因为你的身影准确而清晰,
> 你在此地属于万物之急需,
> 你仿佛不是由建筑师创造,
> 你原本是从地下迸发出来。
> 绿荫中凸显出非凡的白石,

---

① 摘自《古代国家帝王的标志》,莫斯科,1979。——原注

草地、树木、河流和树丛……
微红色的晚霞恰似一团火,
你的脸上映出晚霞的红润。
你的眼神异常亲切和温存,
渐渐消失在迟缓的暮色中。
我们的祖先显然笃信上帝,
犹如酷爱大地之母的真理。

我们几乎在所有的古罗斯大教堂建筑里,都能看到类似特征,感受到平静而甜美的意境。古罗斯时期兴建的大修道院,往往是由多座教堂和附加建筑相互连接的综合体。即使是后来的教堂建筑群同样透露出古老的风韵和纯洁,比如,莫斯科皇家园林——科洛缅斯克耶宫殿、北方的木结构教堂等,凝望这些风格独特的建筑,人们不由得感受到俄罗斯茂密森林风光的韵味、人工建筑与周围大自然之间的默契与和谐关系。

建筑物与树木达到极度融合的是位于莫斯科红场上的圣瓦西里教堂(又译"壕沟上的圣母帡幪教堂"),它每天都使外国游客惊奇万分,流连忘返。19世纪40年代,一个名叫布拉季乌斯的德国旅行家第一次见到圣瓦西里教堂,就十分形象地将该教堂称为"一棵参天大树"。其实,要真正了解这座形状奇特和世界上独一无二的教堂建筑,有必要首先了解一下该教堂的创建史。

1552年10月1日,俄罗斯军队最终收复喀山,彻底结束了金帐汗国对俄罗斯的统治,为了纪念这次胜利,伊万雷帝下令在首都莫斯科红场上建造一座教堂,这就是今天人们看到的"壕沟上的圣母帡幪教堂"。

这座教堂所在位置是历史上的莫斯科手工业和商业区内的大广场上,据史料记载,17世纪下半叶(1662年),由于这座用红砖建造的风格独特的教堂,广场才开始被称为"Красная площадь"("美丽的广场")。这个广场至今还有另一个名称——"火灾广场",意思是"火灾之后的一片空地"。①

圣瓦西里教堂建于1555~1560年间,建筑师是巴尔玛(Барма,16世纪)和波斯特尼克(Постник,16世纪)。沙皇伊万雷帝交给他们俩一项异常艰巨的任务:未来的教堂应该由8座独立教堂组成,以此作为俄罗斯最终征服喀山的战役进行了整整8天的象征。建筑师们创造性地建造了这座教堂,他们设计了独特而极为复杂的结构,使古老的民间建筑传统与16

---

① 俄语中的"красная"一词是"美丽的"意思,位于莫斯科市中心的广场应该叫做"美丽的广场"。我国现代文献中将莫斯科市中心的这个广场译作"红场"。详见《建筑艺术丰碑——圣瓦西里教堂》,В. Л. 斯涅基廖夫著,莫斯科,1953,第18页。——译注

世纪砖石结构的东正教大型教堂建筑达到了巧妙而有机的结合,现存完好的16世纪砖石教堂还有科洛缅斯科耶庄园内的耶稣升天教堂。

1588年,在已经竣工的8座教堂的基础上,又增建了第9座小教堂,这就是"疯癫修士瓦西里教堂",形成了我们今天看到的建筑艺术精品——圣母帡幪教堂,该教堂是世界建筑艺术史上最独特和最完美的杰作之一。①

由于这座圣母帡幪教堂的建筑格调和式样异常独特,历史上出现了许多与该教堂相关的神话传说。传说教堂竣工之后,沙皇伊万雷帝问那两位主要建筑师,从今以后,他们是否还能设计和建造更精美的教堂?建筑师给了沙皇肯定的回答。谁料想沙皇立刻下令挖掉建筑师的眼睛,这是一个西方人在17世纪访问莫斯科时的传说。俄罗斯历史学家推测,1552年10月2日,俄罗斯沙皇伊万雷帝率领的军队彻底收复喀山之后,立刻下令在刚刚被收复的喀山建造两座教堂,而在1553年,首都莫斯科隆重庆祝收复喀山胜利之后,沙皇为未来的"还愿教堂"(即"三位一体教堂")举行奠基仪式。当时在俄罗斯,盛行建造木结构"还愿教堂",实际上是为了纪念某些重大事件而兴建的教堂,其中最神圣的是在被毁坏的教堂原址上重建的砖石结构的教堂。

红场上的圣瓦西里教堂

---

① 摘自《圣瓦西里教堂(或保护神圣母教堂)》,H. H. 索博列夫著,莫斯科,1949;《莫斯科博物馆手册》,莫斯科,1957。——原注

第三章 16到17世纪东正教在俄罗斯社会政治和文化生活中的特点及其作用

在莫斯科红场圣瓦西里教堂的东北侧,有一座建于1534年的圆形高台,历史上将它称为"宣谕台",因为俄罗斯沙皇政府曾一度在此高台上向人民宣读沙皇命令、诏书和判决书等,沙皇和宗主教也曾站在高台上发表演讲,有时在高台下面执行死刑,所以有人将这座高台称为"断头台"。[①]

应当指出,由俄罗斯人自行设计建造的独一无二的这座圣母教堂,甚至使当时在莫斯科施工的意大利建筑师都感到惊讶不已,他们一边怀着崇敬的心情欣赏这座独特的俄式建筑精品,一边汲取俄罗斯民间建筑传统,同时以崭新的艺术风格和表现手法丰富俄罗斯建筑,而意大利人在俄罗斯建筑师的启发下创造的这些新风格和新手法,后来都变成了更新俄罗斯建筑的艺术语言基础。与统一俄罗斯国家的思想密切相关的克里姆林宫内的建筑丰碑,正是俄罗斯民族文化与意大利民族文化相结合的产物,这些宫殿和教堂至今都是世界建筑艺术的光辉典范。

从16世纪起(在伊万雷帝执政时期),俄罗斯教堂里开始出现富丽堂皇的多层结构的圣像壁,有的圣像壁还带有镀金木雕图案和文饰。俄罗斯圣像开始增添贵金属缀片装饰,这种华丽的装饰仿佛使圣像本身脱离了尘世和日常生活中的烦琐,从而使圣像显得更加纯洁和崇高。圣像上的金黄色与画圣像常用的色泽鲜艳透明颜料达到了完美的有机结合。

著名的"弗拉基米尔圣母像"乃是拜占庭艺术杰作,该圣像创作于11世纪末~12世纪初,1132年运到基辅罗斯。1155年,弗拉基米尔-苏兹达利公安德烈·博格柳布斯基[②]将圣像运至弗拉基米尔城,恭敬地将圣母像安置在圣母安息大教堂内,还用黄金、白银和贵重宝石装点起来。"弗拉基米尔圣母像"被认为是随时显灵和创造奇迹的神像,安德烈·博格柳布斯基公每次出征时都随身携带这幅圣母像,他取得的每次胜利也都是圣母保佑的结果。1395年,"弗拉基米尔圣母像"首次被隆重地转移到莫斯科,圣母受到莫斯科人如此之尊重,工匠师特意为圣母像制作了贵金属缀片装饰,其中最早的装饰制作于13世纪。"弗拉基米尔圣母像"一直悬挂在莫斯科克里姆林宫内的圣母安息大教堂内,俄罗斯历代沙皇都在这幅圣母像面前举行登基仪式,被尊为圣者的俄罗斯国家高级神职人员也都是面对"弗拉基米尔圣母像"选举产生的。

关于弗拉基米尔圣母像永久安放何处的问题至今悬而未决,但根据俄罗斯教会活动实践,像对待安德烈·鲁布廖夫创作的"三位一体圣像"那样,每当特列季亚科夫画廊的分馆

---

① 摘自莫斯科大学古罗斯社会史与国家史讲义《莫斯科保护神圣母教堂兴建史新论》(第2卷),И. 库兹涅佐夫著,莫斯科,1896,第27页。——原注

② 安德烈·博格柳布斯基自1157年起为弗拉基米尔-苏兹达利公,尤里·多尔戈鲁基之子,建都于弗拉基米尔城,该城是古罗斯"金环城"城市之一,至今是游客青睐的俄罗斯历史名城;安德烈·博格柳布斯基于1169年占领基辅,后在自己的官邸被大贵族杀害。——译注

(位于莫斯科市中心的托尔马奇胡同)圣尼古拉教堂举行重大祈祷仪式时,教会就将"弗拉基米尔圣母像"从特列季亚科夫画廊"请"到该教堂。祈祷仪式结束之后,"弗拉基米尔圣母像"重新送回画廊。

当时用贵金属缀片装饰的不仅有圣者像,而且还有一批极为珍贵的圣书,其中最宝贵的圣书之一是沙皇伊万雷帝于1571年敬献给克里姆林宫报喜教堂的那部《福音书》,该书的封面和封底全部由黄金、白银制作,封面上镶嵌着19颗贵重宝石,其加工工艺达到了炉火纯青的高度:黄金薄片的冲压、金银丝蟠花、炭黑、珐琅和其他多种宝石等技艺达到了大胆而有机的融合,封面上所有的细节与每个较大的浮雕式花点构成了统一的美化整体,其中最引人注目的是那5个用黄金冲压的圆形浮雕,中间那个浮雕上刻画的是"从地狱中拯救人类",其他4个浮雕位于《福音书》封面的4角,分别刻画的是4位作者(马可、马太、约翰和路加)。

在长达几百年的历史进程中,俄罗斯教会"解除了人民内心的痛苦",为人民增添了希望,同时保存了实力。连年的战争、王公贵族之间的内讧、饥饿、毫无希望的繁重劳动、疾病和瘟疫时常伴随着人民,但是每当人们走进教堂时,他们仿佛觉得自己完全置身于另一个世界,教堂里动听的圣咏、优美的祈祷仪式、庄严的圣者象、黄金和贵重宝石闪烁着耀眼的光芒、神甫身穿镶满贵重宝石的庄重而华美的法衣……这使我们想起了加沙主教波菲利(Porpherios,约346~421年)说过的一句话:"如果人间的创造如此辉煌,那么,上天特意为忠实信徒们准备的奇迹该有何等华丽和优美。"

虽然16世纪的俄罗斯国内政治斗争十分激烈,但是文化和教育事业却得到了很大发展,全国各地纷纷兴办学校,那些较为富裕的农民和城市居民为了使子女掌握知识,分别给孩子们聘请家教。那时还创办了宗教专科学校,国民对书籍的需求明显增长。无论是在刚刚被收复的喀山汗国境内,还是在俄罗斯国家的其他地区,处于兴建过程中的许多教堂都急需神学方面的书籍和文献。1553年,沙皇伊万雷帝下令,允许这些教堂在集市上购买手稿文献和手抄本书籍。

当俄罗斯都主教马卡里得知沙皇的这一非凡之举时,他激动地说:"是我们的上帝以这种崇高思想激励着沙皇,这是上帝给予我们的最大恩赐。"

俄罗斯部分神职人员的积极响应和实际行动使沙皇伊万雷帝感到振奋,于是他下令在莫斯科建设一个特殊机构——印刷厂。不过,沙皇创办的这家印刷厂并非是莫斯科之最,因为在皇家印刷厂正式开工之前的许多年内,首都莫斯科的一家或若干家私人作坊已经开始印刷书籍了。①

1563年,两个技师在皇家印刷厂从事书籍印刷事业,一个是克里姆林宫教堂的助祭、后

---

① 莫斯科第一家未署名的印刷厂创建于1553年,出版了至今仍十分著名的七部印刷本书籍。——原注

来被誉为俄罗斯和乌克兰书籍印刷出版第一人的伊万·费奥多罗夫,一个是彼得·姆斯基斯拉维茨(Пётр Тимофеевич Мстиславец,? ~1577年后)。1564年3月,他们共同完成了俄罗斯历史上第一部印刷本图书《使徒行传》,印刷该书采用的是莫斯科15~16世纪半真半草的手写体文字,所以这种书又被称为"基里尔字体书籍"或"古版书籍"。全书共有267页,按照当时的习惯,每页还带有精美的花边和装饰。一年之后,即1565年,他们又印刷出版了第二部书籍《日课经》,这是16世纪使用的小学课本,实际上是一种祈祷文集。

书籍印刷业刚刚开始时,技师们不得不与愚昧无知者的偏见做斗争。此外,当时莫斯科还有一个专门手稿抄写阶层,这些"善良的抄写者"人数众多,随着印刷厂的出现,手稿抄写者的工作被"剥夺",从而失去了很多收入。正是由于这些原因,书籍印刷者后来被指控为异教徒,他们所从事的印刷业被称为妖术。

1566年,费奥多罗夫与他的同事被逐出首都莫斯科,关于那次背井离乡,费奥多罗夫这样写道:"……我们今天被赶出故乡,迫使我们来到异国他乡。"

两个被驱赶的书籍印刷创始人先来到白俄罗斯的一个小城扎布鲁道夫,6年之后,1572~1573年期间,他们又迁居利沃夫,在那里又忍受了"很多痛苦和灾难"。尽管如此,伊万·费奥多罗夫用自己为数不多的劳动所得,在利沃夫创办了一家印刷厂,并再版了《使徒行传》,该版比1564年版的内容更加丰富。伊万·费奥多罗夫不仅是一个出版者,他出版的所有书籍都是他亲自编辑校对的。

1574年,伊万·费奥多罗夫在利沃夫出版的第二部书籍是《识字课本》,他在书中以出版者的口吻对全体学生语重心长地说:"用心学习知识吧。""用心学习,聆取教益。"他还在该书的后记中写道:"印刷《识字课本》的目的,就是为了使俄罗斯人民从中受益。"

1575年初,伊万·费奥多罗夫迁居乌克兰的奥斯特罗格,并在基辅军政长官奥斯特罗日斯基公爵(Константин Костантинович Острожский,1526~1608年)的全额资助下,创办了他一生的最后一家印刷厂,他在那里一直工作到1581年。1578年,他印刷出版了两种文字的《识字课本》(斯拉夫语和希腊语)。

伊万·费奥多罗夫为专供教堂使用的精美单行手抄本书籍向公众使用的印刷本书籍的历史过渡奠定了基础,这就是他的伟大功绩,1581年奥斯特罗日斯基公爵赞助出版的《圣经》是出版家伊万·费奥多罗夫完成的最知名的杰作,这是以俄语和斯拉夫语印刷的第一本《圣经》,它是全欧基督教文化在东斯拉夫各民族得以普及的重要标志,是东斯拉夫各族人民知识化,道德和宗教意识提高的主要象征,这正是第一部印刷本《圣经》的重要意义之所在。

《圣经》印刷出版之后,伊万·费奥多罗夫再次回到利沃夫印刷厂,但是由于缺乏资金,他无法重新从事书籍印刷出版活动。

伊万·费奥多罗夫的晚年异常艰难,他最终在穷困潦倒中告别了人世。由于他一生的不懈努力,特别是由于他开创的书籍印刷事业,曾指导翻译俄罗斯第一本斯拉夫语《全本圣经》的诺夫哥罗德大主教和作家根纳季、杰出翻译家、政论家、哲学家和语文学家马克西姆·格列克、著名神学家和修士季诺维·奥坚斯基等人的英名均被载入史册。

16世纪俄罗斯文学突出了华丽而庄重的特点,许多"不适应历史进程"的地方文化传统逐渐丧失了自身的价值和发展特点。比如,地方编年史被莫斯科大公国编年史所替代,像特维尔圣像画派那样,许多圣像画派也慢慢地消失殆尽。15世纪下半叶,俄罗斯人曾对叙事作品和小说文学产生了浓厚的兴趣,可是到16世纪,他们的这种兴趣呈现出明显的下降趋势,取而代之的是政论作品的迅速突显。宗教作家和世俗作家共同关注的对象都是最重要的社会生活问题。

在16世纪政论代表作之一《弗拉基米尔家族诸公的故事》一书中,详细论证了俄罗斯专制制度的学说。传说古罗斯诸大公都是源自罗马皇帝奥古斯都,而且与奥古斯都的普鲁士亲戚或留里克的亲戚密切相关;另一个传说:弗拉基米尔二世·莫诺马赫在成功远征巴尔干半岛东部省城"色雷斯"(今土耳其境内,西部与希腊相连,北部与保加利亚搭界)之后,通过拜占庭皇帝君士坦丁·莫诺马赫获得了帝王的标志(皇冠和权标等)。这两个传说就是《弗拉基米尔家族诸公的故事》一书的基本素材。

在约瑟夫派与禁欲主义者的论争中,同样讨论了与皇权特点相关的问题。如果尼尔·索尔斯基不曾参加论争,至少他的一个弟子,失宠的俄罗斯王公瓦西安·科索伊(Вассиан Косой,? ～1545年)曾特别关注此类论争。

关于尼尔·索尔斯基这个人物,有必要予以特别关注。尼尔·索尔斯基是15世纪著名的教会和政治活动家、禁欲主义的创始人和领袖。他在《传说》和《行为准则》两部作品中,详细论述了宗教和道德问题,反对修道院在土地占有方面表现出的"贪得无厌"。他认为,修士应该通过自己的劳动维持生活,通过自己的双手和辛勤劳动来养活自己;所谓"贪得无厌",实际上是指占有他人的劳动成果,"批判这种行为,将对我们的修士大有裨益"。

尼尔·索尔斯基在俄罗斯伦理道德思想发展方面的功绩在于,他首次发展了道德自我完善和禁欲主义思想。他认为,人的一切行为应该受到理智的支配,而如果缺乏理智或不善于思考,善也将会变成恶,正因为如此,"恶总是在不当的时机发生,施恶者毫无信仰可言"。尼尔·索尔斯基的学说对他的同时代人以及后来伦理思想的发展产生了深远的影响。

16世纪俄罗斯外交家和政论家费奥多尔·卡尔波夫(Фёдор Иванович Карпов,? ～1540年)和被誉为"贫穷斗士"的伊万·佩列斯维托夫(Иван Семёнович Пересветов)是两个世俗人物,但他们都曾特别注重研究政权与国家问题。他们分别在自己的作品中,特别是在16世纪40年代末～50年代初递交沙皇伊万雷帝的公文中,雄辩地论证了强化国家政权的必要性,但是国家政权必须建立在公正和法律原则基础之上。伊万·佩列斯维托夫原本是贵族利益的狂热的捍卫者,在他的文学作品中,沙皇的治国思想体现得更为强烈。然而,如果将这位16世纪杰出思想家的观点简化为一种思想,未免显得不够妥当,因为在他的创作中,主要反映了15~16世纪异教运动中出现过的人道主义趋势和对人类道德和思想境界的理解。

伊万·佩列斯维托夫在《皇城的建立与攻克皇城》、《穆罕默德苏丹的传说》、《长篇公文》等作品中发展了社会学思想,而这一思想的中心则是"真理就是最公正的国家管理形式"的学说,即"以英明而强大的统治者为首的君主政体最公正的形式"的学说。况且,伊万·佩列斯维托夫将"真理"置于宗教信仰之上,这在16世纪那种条件下需要具有极大的勇气。他通过一个主人公的语言证实:"上帝所喜欢的并不是宗教信仰,而是真理。"

与贵族的"血统"、等级和出身原则相对立,伊万·佩列斯维托夫详细论述了必须以每个人的实际功绩、天赋、各种才能论高低的思想。穆罕默德苏丹曾对自己的军队发表演说:"伙伴们,我们都是亚当的子孙;凡是忠诚服役并勇猛杀敌者,都将是最好的英雄。"这种演说恰好表达了作者佩列斯维托夫的观点。

费奥多尔·卡尔波夫通过自己的政论文,首次声明创造国家实体的是人,而不是上帝;他同时强调指出:"缺乏真理的慈悲实际上是意志薄弱的表现,而缺乏慈悲的真理则是对人的折磨。"

当时俄罗斯著名的政论家还有大贵族安德烈·库尔布斯基公爵和沙皇伊万雷帝。1564年,始终坚持古老传统的安德烈·库尔布斯基公爵逃到立陶宛之后,曾多次正式上书沙皇伊万雷帝,有时给沙皇写信,经常与沙皇展开辩论,辩论的焦点是否"应该将国家看做是上帝创造的实体"。在这个问题上,伊万雷帝和安德烈·库尔布斯基各抒己见,分别提出了互相对立的观点,伊万雷帝重视的是专制政权,而安德烈·库尔布斯基却认为,一国之主应该关爱自己的臣民。通过沙皇伊万雷帝的书信及其写作特点,充分反映了他对圣书和世俗文学写作规则的深刻了解,他的语言精练,并带有刻薄的讥讽意味;而安德烈·库尔布斯基的写作特点突出了一个备受凌辱者悲愤的雄辩天赋,他撰写了8本关于沙皇伊万雷帝的不公正行为的史书,主要描写了沙皇搜捕追杀"以色列强者"和俄罗斯贵族英雄的行径。当安德烈·库尔布斯基逃亡立陶宛之后,依然努力捍卫东正教,以免使东正教徒受到新教和伪善行为的侵扰,他还撰写了佛罗伦萨教堂史,掌握了拉丁语,目的是为了将西方诸多的神父行传译成俄语。

波兰国王西吉斯孟德二世(Sigismund II Augustus,1520~1572年)曾对逃亡者安德烈·库尔布斯基予以大力奖赏,根据当时的领地法,国王授予库尔布斯基一座位于沃伦领地的富饶城市——科韦利,和立陶宛的一些地区。在波兰与立陶宛合并为一个国家之后,1569年,广泛宣传天主教的耶稣会教徒应邀参加了波兰-立陶宛联军。正是从那时起,前任俄罗斯沙皇军队统帅的翻译活动拉开了帷幕。自16世纪70年代初起,安德烈·库尔布斯基最喜欢的领地——离科韦利城不远的米利亚诺维奇变成了书籍创作中心,各种政论文、文学作品,首先是东正教经典文献等,都是在这个中心编写、翻译和抄写而成的。1596年的布列斯特教会合并①前夕,立陶宛罗斯的米利亚诺维奇中心率先与信奉天主教的罗马展开了公开的宗教和文化斗争,随后参与那场斗争的还有奥斯特罗格、利沃夫、维尔诺和斯鲁茨克等地的东正教活动中心。

安德烈·库尔布斯基本人证实,他曾专门研究亚里士多德的自然科学专著《物理学》以及《尼各马可伦理学》和其他伦理著作。他曾将《西塞罗演说集》中的两个片段附在给沙皇伊雷帝的第三封信中,这两个片段主要刻画了刺杀尤利乌斯·恺撒的第一个凶手马克·布鲁图这一人物形象。由西塞罗发展的斯多葛派哲学思想,即"美德本身足以使人自得安逸"、"所有的智者、公民和蠢人都是被驱逐的对象"等思想,而这种哲学思想完全符合自誉为被逐出"天国"和"没有真理"的大贵族的心理。

在翻译和注解语法、韵律和哲学逻辑术语时,安德烈·库尔布斯基通过斯拉夫语书籍编纂传统,逐渐为掌握社会对西欧"自由艺术"(包括语法、修辞、辩证法)的充分认识和理解培育了一片沃土。莫斯科王国(即莫斯科大公国)出版了第一本演说艺术专著《伪都主教马卡里演说术》,现存最早的和最知名的是1620年出版的此类著作。

与此同时,安德烈·库尔布斯基继续以书信形式与沙皇伊万雷帝进行论争。

在沙皇伊万雷帝和安德烈·库尔布斯基的往来信件里,两人的分歧和对立越来越明显,他们的写作原则同样存在着4个方面(文学、语言、政治和宗教)的对立。如果伊万雷帝的"滥加许诺的写作风格"以"次要大型作品"式俄罗斯文学的审美原则为基础,加之他的残暴特性、矫揉造作的语言和激昂的情绪,他的书信实际上是一种书信体政论文,那么,库尔布斯基恰恰与伊万雷帝相反,弘扬古希腊演说传统中的"短小精悍"、"用词恰当"等最佳特点。②

其实,沙皇伊万雷帝并不否认古希腊传统,特罗伊时代的故事情节曾深受中世纪作家和读者的青睐。伊万雷帝甚至读过13世纪意大利史学家和作家圭多·科隆纳(Guido delle Colonne,1215~约1290年)的长篇小说《特罗伊战争史》(古俄文版)。在与库尔布斯基的通信过程中,伊万雷帝将逃亡立陶宛的大贵族库尔布斯基看做是特罗伊的叛逆者安特诺尔和

---

① 布列斯特教会合并(1596年),指波兰立陶宛王国实行的正教会与天主教教会的合并,在布列斯特宗教会议上通过(今天的布列斯特是白俄罗斯的城市之一,位于白俄罗斯西南部,与波兰搭界)。乌克兰和白俄罗斯的正教会承认罗马教皇为自己的首领,但保留用斯拉夫语举行宗教仪式,坚持正教的礼仪。那次教会合并引起乌克兰人、白俄罗斯人和俄罗斯各民族的强烈反对。1946年在利沃夫举行的宗教会议上废除了上述合并。——译注
② 摘自《伊万雷帝与安德烈·库尔布斯基通信录》,Я. С. 鲁利埃、Ю. Д. 雷科夫编辑整理,莫斯科,1993,第102页。——原注

埃涅阿斯。在白俄罗斯第一个印刷本书籍创始人斯科里纳(Франциск Скорина,1490~1551年)为《圣经》撰写的前言中,已经提到了古俄语版长篇小说《特罗伊战争史》,库尔布斯基早在逃亡立陶宛之前,即在古罗斯时期,已经读过这本小说,并且在他给普斯科夫洞窟修道院的长老瓦西安·穆罗姆采夫的信中,对这部小说进行了严厉的批判。

东正教思想的创建不仅是通过库尔布斯基的文学作品或"百条宗教决议",而且还借助于一系列政论作品,其中包括:约瑟夫派的拥护者、普斯科夫洞窟修道院哲学家菲洛费伊(Филофей,16世纪20年代)的书信、《诺夫哥罗德大主教的白色僧帽》,许多专家认为,这部作品的成书时间是15世纪。在这些作品中,主张整个天主教界有罪的思想,证实了1453年君士坦丁堡沦陷之后,俄罗斯是唯一的和真正的世界基督教中心的思想,"前两个罗马已经灭亡,第三罗马巍然屹立,世界上永远不会出现第四罗马"。

在16世纪上半叶论争的焦点是修道院土地占有制和使用农奴的问题。与教会相关的问题之所以显得尤其重要,是因为通过这种论争,可以得到政治和经济上的实惠。

1518年,希腊圣山瓦托佩德斯克修道院修士、政论家、翻译家和《圣经》校对者的马克西姆·格列克(原名米哈伊尔·特里沃利斯)应邀来到俄罗斯,他坚决赞同俄罗斯反对贪得无厌和废除修道院土地占有制的思想和做法。他曾在意大利居住多年,他在俄罗斯依然是一个外国人,不过,由于他是一个知识渊博的人道主义者,精通语音学、语法学和词汇学,所以俄罗斯人对他产生了浓厚的兴趣,每天都有许多俄罗斯人来找他,他们有时被称为"马克西姆·格列克研究院"。神学、西方各国历史、西方宗教之争等相关问题,都深深地吸引着马克西姆·格列克身边的俄罗斯谈话者和收信人。

莫斯科第二家风格独特的研究院是俄罗斯都主教马卡里的追随者活动小组,他们印刷出版了古罗斯文学大型汇编《经文汇集》,这部汇编分12卷(象征着12使徒),每月一卷,共有手稿27000页,配有艺术性很强的装饰图案。主要收录教父著作、圣者行传、家训、教会法典等文献,所有文章严格按照基督教节日和圣者纪念日的顺序排列。编写《经文汇集》的目的,并不是为了教堂的祈祷仪式,而只是为了个人阅读。《经文汇集》成书于16世纪30~50年代,囊括了当时可读的所有文献(编年史料除外)。该书有助于所有古罗斯文学遗产的搜集、整理和统一收藏,反映了当时俄罗斯社会不断增长的文学兴趣。书中既收录了在15世纪深受异教欢迎的所有作品,也收录了由于某种原因未被纳入"经文"系列的作品,即很少被人抄写和阅读的作品,此类作品多数留在了外省文学和文化界(俄罗斯都主教马卡里和马克西姆·格列克直到1988年才被列入圣者名录之中)。从思想内容来看,16世纪的俄罗斯历史文献多数属于政论作品,作品中渗透着巩固专制制度和强化国家与教会的联盟的思想。比如,1539~1542年间问世的《尼康编年史》,伊万雷帝也是该书的编者之一,按照该书所有编者的最初构思,16世纪《尼康编年史》首先向读者展示的应该是莫斯科国家(俄罗斯)这个世界强国的繁荣昌盛,宣传罗马帝国皇帝和拜占庭帝国皇帝的继承人伊万雷帝的形象。

16世纪的世俗政论作品,同样反映了新历史时期的俄罗斯社会思潮和社会各阶层的多种不同追求。

当时的宗教代表积极参加了俄罗斯封建专制理论的创建过程,比如,主张"受上帝垂恩的王国"思想和首次提出"莫斯科是第三罗马"理论的修士菲洛费伊,多次上书沙皇创建贵族专制和强化君主专权的贵族代表伊万·佩列斯维托夫等。封建专制理论中还包括伊万雷帝在给库尔布斯基的信中提倡的大公贵族政治,两人的观点截然相反,作为帝王,伊万雷帝宣扬专制政权,而库尔布斯基却是等级代表君主制的拥护者。虽然这些都是同一时代的不同思潮,但是它们都真实地反映了15~16世纪俄罗斯人的最重要的思想,这种思想决定了俄罗斯社会历史和文化的发展特征。

14~16世纪,俄罗斯曾有过两大宗教哲学思潮,一个是以大修道院院长谢尔吉·拉多涅日斯基和尼尔·索尔斯基为代表的"极端神秘主义思潮",一个是与此相反的以"贪得无厌"闻名的理性经院思潮,其主要代表有约瑟夫·沃洛茨基(Иосиф Волоцкий,1439~1515年)和季诺维·奥坚斯基。为什么后一种思潮被称为"贪得无厌"思潮呢?我们在前面提到,在俄罗斯教会实践中,这种思潮的追随者一直赞同保证和巩固宗教组织的经济利益、政治地位和教会已经占有的和即将占有的土地和财产。在很长一个时期内,"贪得无厌者"与禁欲主义者曾以各种不同方式进行激烈的斗争,而这种斗争对俄罗斯正教的地位产生了一定的影响。不过,禁欲主义思想在俄罗斯正教哲学体系中始终占有主导地位。

15~16世纪,俄罗斯还出现了带有总结性特点的著作,即指导俄罗斯宗教活动、政治活动、法律和日常生活的著作,此类作品大多是借鉴教父著作、训诫、《每日必读》、《"金浪"诗集》、《金玉良言集》、《祖母绿》或希腊教会和俄罗斯教会《圣者行传》编写的。

当时俄罗斯还在继续撰写编年史和一种特殊的书籍,其中最具代表性的是古罗斯历史文献——《从弗拉基米尔大公到伊万四世》,书中专门记载了历代大公到伊万雷帝执政初期的大事记。另外,除了《伊万雷帝法典》、《百条宗教决议》等重要的立法文献之外,当时编写的史书还有《插图本编年史》和莫斯科报喜教堂神甫、听取伊万雷帝忏悔的西尔维斯特撰写的《治家格言》。

早在蒙古-鞑靼人入侵古罗斯之前,即在1243年以前,古罗斯就有了"囚禁"妇女的习俗,这种习俗持续了很久,拜占庭文化对古罗斯习俗的影响远远超过了后来建立的金帐汗国(喀山)的影响,在雅典和君士坦丁堡,已婚妇女或年轻姑娘只能身居闺房,这种闺房后来在莫斯科变成了阁楼或顶楼。

像共和制的罗马帝国一样,古罗斯女人似乎永远都是未成年人,这是父权制家庭组织的必然结果。当时的女人分别在父亲、公公、叔叔、长兄、祖父等人的庇护下生活。古罗斯专制统治者依据译成斯拉夫语的拜占庭修士的布道和教义,对女人进行了严格的限制:"女人在自己丈夫面前,应该像奴隶在主人面前那样。"绝对不允许女人自称"女士"或"女主人",她们必须像奴隶尊重主人那样尊重自己的丈夫。作为一家之主的父亲有权像对待孩子或奴隶那样对待自己的妻子。神甫西尔维斯特在《治家格言》中,甚至提出了这样的建议:在惩罚女人时,不要使用过粗的棍棒或带铁头的手杖,尽量不要去羞辱女人,不能当着仆人的面殴打自己的女人,先要把她们带到房间内,不要使用暴力,也不必大发雷霆,在殴打她们的时候,一定要手下留情。任何一个女人都不敢起来反对这种惩罚,即使是胆子最大的女人也得乖乖地接受一个体弱多病的丈夫的体罚。关于当时古罗斯女人的身价和地位,有一句俗语是这样说的:"爱你时,你就是我的心肝宝贝儿;打你时,你就是树上的一只烂梨!" 16 世纪德国外交家赫伯施坦(Sigismund von Herberstein,1486～1566 年)讲述道,一位莫斯科女郎嫁给了一个外国人,她之所以做出了这一决定,是因为她首先考虑的并不是自己是否被爱,而是这个外国人可能不会像古罗斯男人那样经常殴打妻子。作为一个古罗斯女人,她们在家里,只能待在自己的房间里,而且要头戴面纱,外面的护卫者要站在马车的另一面,而不许他们瞧见大贵族屋子里的女人,偷看贵族的女人或女皇,会被看做是对大贵族和沙皇的侮辱,属大逆不道,窥视者还要负刑事责任。此类"弱不禁风"的女人必须经常待在家里,她们甚至可以不去教堂做祈祷。实际上,她们的教堂就是自己的家,自己的房间,她们分别在各自的房间里做祈祷,读有教益的书,对着圣像磕头作揖,画十字,救济身边的穷人、修士和修女。古罗斯女人还必须做好家务,她们每天要比他人早起床,叫醒正在熟睡的男女仆人,并给他们一一安排当天必须完成的工作,而她们本人也必须按照圣训,像一个身体强壮的女人那样从事家务劳动。

古罗斯大贵族之妻的装束十分复杂,正如一位西欧外交官佩特林(音译)所说:"她们依次将白、红、蓝和黑色的胭脂涂在自己脸上、眼睛周围、脖子上、手心手背上,故意将天生的黑色眼睫毛染成白色,特意将原来的浅色头发染成黑色或深褐色,在脸上涂上红红的胭脂,目的是为了吸引男人的眼球儿。有一次,我在莫斯科认识了一个知名大贵族的妻子,她是一个天生丽质的美女。起初,她根本不想为自己涂脂抹粉,可是她却遭到了其他女人的严厉指责,她们说:'她这是在公然蔑视我国人民的习俗!'男人们也纷纷向沙皇禀报,于是沙皇命令这个女人从今以后必须天天化妆。"在土耳其人和鞑靼人的眼中,粗壮的身材是最美的标准,于是俄罗斯女人便开始祸害和扭曲自己原有的匀称体形,通过极度狂欢和暴饮暴食达到那种"审美"标准。至于俄罗斯男人,他们通常留着大胡子,身穿修长上衣。伊万雷帝曾有这样一种说法:俄罗斯男人若像西方男人那样剃掉胡子,那将是永远不可饶恕的罪孽,等于肆意歪曲上帝赐予的端庄面容。

自古以来,浓密的大胡子在俄罗斯一直是一种殊荣,特别是那些身份很高的大贵族,每人都以自己的大胡子感到自豪。出身名门贵族的俄罗斯男人,其化妆的时间远远超过了妻子,因为他们首先要仔细梳理浓密的头发和又长又密的大胡子,再把头发编成若干条小辫子,然后佩戴上尽可能多的"装饰物"。在古罗斯时期,男人不留长胡子被认为是一种最大的耻辱,在人们心目中,男人的大胡子甚至比身体健康更重要。中世纪俄罗斯法典(《罗斯法典》)规定:对打人致残者罚款3格里夫纳;对剃掉胡子的男人罚款12格里夫纳!男人的胡子问题甚至引起了教会的高度重视,1551年宗教会议上通过的《百条宗教决议》规定:凡是剃掉胡子者,应遭到痛斥并将其革出教门。然而,俄罗斯历代沙皇的政治地位永远高于所有的法律,瓦西里三世、鲍里斯·戈杜诺夫等大公都曾剃过胡子!

在古罗斯,另一本是从希腊文翻译的14世纪问世的宗教训诫集——《祖母绿》,该书甚至比俄罗斯大贵族16世纪编写的《治家格言》流传得更为广泛。《祖母绿》后来还成了俄罗斯古老信徒教派最喜爱的读物之一。20世纪俄罗斯最著名的文化学者、古罗斯文学研究专家、俄罗斯科学院院士利哈乔夫(Дмитрий Сергеевич Лихачёв,1906~1999年)曾提醒大家注意这两部文献对俄罗斯创建道德标准的特殊意义,还叮嘱大家关注那些宣传"默默祈祷"、"内心祈祷"的禁欲主义文献。"禁欲主义作家的著作、远离尘世、静心隐修、放弃日常生活中的一切琐事和无端的烦恼、帮助俄罗斯人民忍受痛苦、发扬博爱、善待他人和反对各种暴力等思想,分别在创建崇高道德标准的过程中发挥了巨大作用。"①

俄罗斯人恭敬地站在圣像前点燃蜡烛和灯盏的习俗,同样是在圣者行传体文学作品影响下产生的。比如,在《经文汇集》(或叫《月书》)中,随处可见这样的规定:信徒站在圣像和圣者干尸面前,应该点燃蜡烛和灯盏。俄罗斯民间还有一种与此相似的习俗,即人们借助于神甫用十字架祝圣的圣水驱除病魔;苦行僧身穿粗毛长袍并戴上铐镣和枷锁,虔诚地朝拜各个圣地等,所有这些传统都是在圣者行传体文学影响下得以广泛传播的。

拜占庭的僧侣生活对古罗斯曾产生深远的影响,这种影响甚至体现在最无辜的娱乐游戏中:古罗斯曾一度禁止打牌、下象棋;颂扬古代英雄的歌曲被看做是魔鬼的呻吟而受到斥责;狩猎和跳舞等活动同样遭到禁止。"狩猎、带着猎犬追逐动物、百戏艺人的喧闹嬉戏、唱歌跳舞等,统统属于妖术……"整个古罗斯仿佛变成了一个庞大的修道院,但实际上,此类禁止并没有起到什么作用。大贵族们自身的荒淫无度,然后再去腐化被他们的任性驯服的奴隶。随着伏特加酒的发明,酗酒和放荡顿时成为俄罗斯民族的恶习。19世纪俄罗斯历史学家和考古学家伊万·扎别林(Иван Егорьевич Забелин,1820~1909年)说:"甚至在那些达官贵人家里,几轮畅饮之后,如果主人发现他的客人们不够开心或尚未尽兴,这就意味着客人们还没有喝好,还没有醉倒。于是主人便想出了更有特色的狂饮方式,直到客人们都喝好

---

① 摘自《简论俄罗斯人》,Д. С. 利哈乔夫著,莫斯科,1981,第58页。——原注

俄罗斯著名文化学者利哈乔夫

为止,即所有的客人都酩酊大醉之后离开他家为止。"

扎别林还写道:"只有我们俄罗斯人才熟知的好客习俗,多数体现在私人家里,因为人们在自己家里可以毫无拘束地与人交谈,人人平等,谁也不会感到有失个人尊严。"俄罗斯民间一直流传着这样一句赞美好客的俗语:"家里有什么好吃的,全部摆上来敬客。"俄罗斯人常说,面包和盐是上帝的恩赐,不接受面包,将会惹怒上帝。每人坐下就餐时,或某人从餐桌旁站起来时,这个人必须先画十字表示祝福。扎别林证实,在一般情况下,午餐后,客人们都躺下休息,不管是沙皇,还是杂工,每人都要午休,最普通的平民在院子里午睡。午餐后不午睡,或不躺下休息,会被看做是一种罪孽,至少被认为是破坏了祖先传下的习俗。

俄罗斯喜欢定期去澡堂洗澡,洗澡不仅是一种享受,而且还有许多与教规密切相关的偏见和迷信。①

众所周知,当初圣安德烈布道和宣传耶稣基督学说时,走遍了古罗斯遥远的边陲、北方诸领地、公国和南方的第聂伯河流域,最使他感到惊讶的是各地都有很多家澡堂,当地的古罗斯人还经常光顾那些澡堂。需要说明的是,这是发生在公元1世纪的事。

---

① 摘自《俄罗斯人、俄罗斯人的习俗、礼仪、传说、迷信和诗歌》,M. 扎波林编,莫斯科,1880,第499、525页。——原注

10世纪阿拉伯旅行家和作家伊本·鲁斯塔曾对古罗斯奇特的洗澡习俗做出如下描述："当炉中的石头被烧得炽热之后,洗澡者不时地往滚烫的石头上洒水,室内顿时充满蒸汽,那些洗澡的人热得赶忙脱下全身的衣服……"

莫斯科喜欢洗澡的人甚至比基辅罗斯还要多,"如果莫斯科人在星期六没有光临澡堂,他就会感到害羞和耻辱"。这种习俗同样使外国人感到惊讶。

若想准确说出莫斯科最早兴建的澡堂的确切位置,谈何容易,不过可以展示莫斯科建造的第一座木房子的所在地,古罗斯时期每个客栈都有这种木房子,我们把它叫做"家用澡堂"。在伊万雷帝执政时期(16世纪中叶起),莫斯科得到了大发展,国家开始出资兴建规模较大的商用澡堂,或叫公共澡堂,然后转让给私人经营。

外国客人曾对莫斯科的裸体洗澡方式表示气愤,比如,17世纪,一个名叫梅耶林的奥地利人这样写道:"罗斯人在室内洗澡之后,全裸的男男女女纷纷跑出木房子,他们毫无羞涩之意,一起跳入旁边的小河里,欢呼着,哈哈大笑……"

俄罗斯人似乎不顾《治家格言》里的规定,日常生活中也有多种消遣方式:永远不会得到神职人员怜悯的侍从丑角的表演、永远伴随着大贵族和不离开主人半步的小丑所说的小笑话,有时在修道院里同样可以看到类似的娱乐活动,还有皇家的鹰猎和犬猎等消遣活动。不过,沙皇和上层贵族最喜爱的世俗消遣方式则是"斗熊"。莫斯科大公瓦西里三世曾多次出城"狩猎",其实是仆人们事先在郊外藏好的几口袋活兔,大公一到,他们就悄悄地将这些活蹦乱跳的小兔子放出来。奇怪的是,伊万雷帝执政时期,此种狩猎方式竟然成为大贵族被贬黜的理由。在一次狩猎时,伊万雷帝指责几个大贵族故意事先藏好兔子,又把这些兔子当做靶子全部打死,因此,那些大贵族分别被罚款3000卢布。

男子摔跤、格斗和拳术同样是俄罗斯人最喜爱的民间狂欢活动形式之一,伊万雷帝也特别喜欢观看这种勇猛的格斗场面。关于俄罗斯的剽悍格斗娱乐活动,现存完好的有德国驻莫斯科外交官赫伯施坦①(16世纪)的记载,一群参加格斗的俄罗斯人纷纷列开架势,只听一阵急速的口哨声,他们立刻扭打在一起,原来那种急速的口哨是开始格斗的信号。

尽管俄罗斯教会曾坚决反对甚至得到政府支持的这种"多神教游戏",但是以培养人民的战斗力、耐力、敏感反应能力和灵活度为基础的多种民间传统一直持续到19世纪。

令莫斯科普通市民感到格外好奇的还有,16世纪中叶,俄罗斯从英国运来了一只雄狮

---

① 西季兹蒙德·赫伯施坦(1486~1566年),德国男爵和外交官。1517年和1526年两次随德国皇帝使团访问莫斯科。他在出版于1549年的《莫斯科札记》中,详细记述了他自己的莫斯科印象,书中还有克里姆林宫及周围环境的精美插图。西季兹蒙德·赫伯施坦是一个知识渊博和教养非凡的德国作家,他精通斯拉夫语,曾研究俄罗斯编年史和其他相关文献,对莫斯科进行了毫无成见的和全面的客观描写,他的《莫斯科札记》一书获得了巨大的成功。——原注

和一只雌狮,把它们放在克里姆林宫东墙下面的人工壕沟里喂养,旁边的尼古拉大门口还有伊朗沙赫(国王)塔赫马西布(Шах Тахмасиб,1514~1576年)赠送的一头阿拉伯小象,随小象前来莫斯科的还有一名阿拉伯专业饲养员。这头小象如同当年运载喀山战利品的骆驼队那样,被人徒步赶着来到莫斯科,那种异常热闹的场面使莫斯科的男女老少都惊奇万分,可是这种通过小象使人开心的娱乐形式并没有维持多久,孩子们开始动手制作各种泥塑玩具:百戏艺人、舞者、吹笛手,还有童话故事中的各种小动物形象—狗熊、山羊、雄鹰和最受欢迎的小马。

每逢重要的民间节日,成年人不仅享有参加宴会的权利,而且还有权享用梦寐以求的烈性酒。比如,每年12月19日(俄历12月6日)圣尼古拉节当天,家家户户都允许畅饮事先储藏的大量啤酒,但是莫斯科很早以前就有在重大宗教节日期间狂饮啤酒的习惯。1551年宗教会议通过的《百条宗教决议》明文规定:"不准信徒在教堂里说下流话,不许醉醺醺地进入教堂,不准迷醉着走近供台,不准在教堂附近打架斗殴,不能出现流血事件……"

俄罗斯的每次宴会都有音乐伴奏,有时还有盲人乐手演唱的歌颂古罗斯勇士的民歌。有的权贵还养成了听着故事入睡的习惯,伊万雷帝生前曾有三个故事大王,他们的职责是每天轮流给沙皇讲童话故事,直到使沙皇安然入睡为止。

在俄罗斯,东方各国的迷信活动一度十分盛行,后来东方的迷信活动与俄罗斯本土的迷信活动融合起来。比如,俄罗斯人相信占星术、占卜算命、魔法、巫术、草药和咒语的神力等;有人为了击溃敌人,根据敌人的脚印诅咒他们;有人相信咒语、爱情水、俄罗斯童话故事里的反面角色—善于变化之术的人、幽灵、吸血鬼等。甚至连最明智的沙皇也喜欢此类迷信活动,沙皇鲍里斯·戈杜诺夫曾要求所有的部下发誓:"永远不依靠占卜或其他方式诅咒和损害英明而强大的沙皇、皇后和他的孩子们,不准按照他们的脚印或他们的车辙算命。"

当时的俄罗斯人宁肯相信巫医开出的偏方、小河流淌的神水,而不愿相信被他们看做是算命先生的正规医生。医学实践不仅陷入了前所未有的困境,而且还有很大的风险。如果医生未能使病人痊愈,医生就会受到惩罚,被认定是凶恶的巫医。莫斯科大公瓦西里三世执政时期,一位犹太籍御医未能使王子痊愈,这个御医立刻被拖到广场当众处死。到16世纪末,虽然俄罗斯医生的命运开始有所好转,但是当医生为一位权贵夫人治病时,他只能透过沙帘,不能直接触摸病人,他们根本看不清病人的气色,在这种情况下,医生怎能把脉确诊呢?

16世纪,俄罗斯工作日和休息日全部仿照教义阐释的传说故事决定,根据《14级官职教规汇编》(其中的44章源自《查士丁尼法典》)的规定,首都莫斯科与全国的生活一样,星期六和星期日这两天应该全部停工:"人们应该在星期六和星期日做祈祷,欢度节日。"其他5天,"所有的东正教教徒都应该正常工作"。但事实并非如此,1517年,我们刚才提到的那个驻俄罗斯的德国外交官赫伯施坦还发现,在圣母安息节(8月28日,俄历8月15日)当天,人们还在克里姆林宫东墙下面挖壕沟,而且每人还清楚地知道自己的工钱是多少。1581年,罗马教皇的使节帕谢维诺指出,平民只是在圣母领报节(4月7日,俄历3月25日)当天休息。①

按照第六届普世会议的规定,复活节之前的7天内(受难周)和之后的7天内(复活周)、耶稣诞生前夕、主领洗节前夕、使徒受难节前夕,都是俄罗斯的宗教节日。圣母安息节和主领洗节当天,信徒们在莫斯科河里举行隆重的迎接圣水仪式。自15世纪起,俄罗斯又增添了"沙皇生日"这样一个节日,实际上,这不仅是沙皇本人的生日,而且还有王子、公主及皇室亲属的生日。不过,沙皇生日的隆重气氛远不如教会节日,在受难周和复活周期间,俄罗斯禁止法院开庭审判犯人,不许讨债,只允许面包师烤面包、卖面包,其他人一律休息。复活节期间,俄罗斯禁止拘捕犯人或将某人关进监狱,但第六届宗教会议的决议中有一个例外,即可以随时逮捕通奸者、献媚女人的放荡男子、盗墓者、投毒者、私造(或伪造)钱币者、杀人犯和虐待狂。复活节前后各一周内,任何人不需工作:"……奴隶和自由人都要同时欢度节日。"每逢沙皇生日时,所有的社会活动全部取消,《百条宗教决议》将此时举办的庆祝活动称为"公众演出活动",不许赛马,也不准执行死刑。②

在庆祝宗教节日的同时,俄罗斯还依然举办各种多神教节日,这也不难理解。像俄罗斯其他许多省城的人民一样,在莫斯科人的日常生活中,有许多带有双重宗教特点的节日,普通市民甚至沿用多神教时期的名字,而很少使用自己的"教名"。③ 在诸多的多神教节日当中,最重要的是祭祖节(生者与死者欢庆节),通过在复活节后的第一个星期二或星期六举行。3月初(曾一度是俄罗斯新年)和每月初,通常是人们占卜算命的好时机。"古时的人们采用'钻木取火'的方式,家家户户在门口或广场点燃篝火,妻子儿女们从篝火上跳来跳去,以此种古老的方式占卜算命:若是被火烧伤了,那就意味着不祥;如果没被烧伤,那就意味着一切吉祥。"但是1551年召开的百条宗教会议的禁止了类似"净化心灵"的算命方式,按照当时的规定,凡是在星期日举办"公众活动"的组织者,"首先被开除军职,他们的领地还被抢劫一空"④。

夏季的宗教节日往往与古老的多神教传统融为一体:"在圣彼得斋期(5月30~7月11日,俄历5月17~6月28日)的第一个星期一,即斋期的第一天,人们来到小树林和纳利夫

---

① 摘自《莫斯科札记》,С.赫伯施坦著,圣彼得堡,1866;《16世纪俄罗斯历史概述》,А.帕谢维诺著,莫斯科,1983,第28~29、210页。——原注
② 摘自《百条宗教决议》,第371~373页。——原注
③ 摘自《10~17世纪俄罗斯文化史》,Н. П. 利哈乔夫著,莫斯科、列宁格勒,1961,第391页。——原注
④ 摘自《百条宗教决议》,第370~371页。——原注

基（意思是"浆果"）胡同举行民间狂欢活动。"如今莫斯科只剩下了"玛利亚小树林"；仅有的纳利夫基胡同位于莫斯科市中心的雅基曼卡与波利扬卡大街之间，现在叫"救世主－纳利夫基胡同"，原来这里有国库出资开办的莫斯科第二家小酒馆。俄罗斯最著名的世俗节日是新年，不过那时的新年是俄历9月1日（公历9月14日），那天恰好是俄罗斯宗教节日—塔柱苦行僧西梅翁节。俄罗斯告别夏天和迎接冬天通常是在克里姆林宫内教堂广场上举行仪式，每逢这两个节日，教堂广场上便搭起木板台，莫斯科都主教和大公分别站在台上祝贺节日，同时并为广大市民祝福。

俄罗斯市民的生活习俗的确是丰富多彩的，他们的日常生活用品证明了当时盛行的组合游戏、竞技游戏、象棋、骨牌和乐器（旧式口琴、木笛）演奏等。

当时还有重新恢复起来的传统的"公众演出活动"，其中包括百戏艺人的滑稽表演，这些擅长民间艺术的艺人带着各种节目四处漂泊。《百条宗教决议》对"舞者和百戏艺人的不体面的表演、歌舞、不协调的演唱和神话故事的限制或禁止，恰恰让人们懂得了风格独特、形式多样的百戏艺术，既有舞蹈，也有歌曲，还有寓言和神话故事。百戏艺人的演出活动有时还伴随着驯兽表演，那时上场表演最多的是狗熊，而驯兽表演同样是《百条宗教决议》禁止的对象，指责"驯熊（或其他野兽）者和饲养员是在愚弄和迷惑最普通的百姓。"《百条宗教决议》还有将参与类似表演的"凡人"（基督徒）开除教籍的规定。然而，在俄罗斯，只要城市里有百戏艺人的表演，那里随时都有许多围观者，人群当中不乏"受凡人的不恭敬和蛊惑"的神甫，观看"各种游戏、玩笑、舞蹈和演唱不仅有神甫，而且还有教堂的低级职员，他们一律被看做是'离经叛道之徒'。"尽管如此，引领婚礼队伍步入教堂的正是这些百戏艺人和滑稽小丑，而胸前佩戴十字架的神甫只是跟随艺人之后。这些小丑、百戏艺人、民间乐手都是"平民婚礼"上的主要演员，他们在婚礼期间为大家演唱民歌、跳民间舞蹈、做各种民间游戏，目的是使新郎新娘、所有客人和神甫都感到欢心快乐。莫斯科人平时在他们最喜欢的小树林里散步聊天，那里还特意安装了轮子，类似今天游乐场上的"小鬼儿转轮"和秋千。

俄罗斯教会一边限制或禁止世俗娱乐活动，特别是禁止由百戏艺人参加的民间娱乐活动，一边热衷组织教会本身的十字大游行（又译"圣架"大游行），教会特意吸引市民参加十字大游行，但是他们没有对大公和沙皇的消遣和娱乐活动做出明文规定。

几乎没有受到危机的现象或许是古老的教堂圣咏（教堂音乐）传统，该传统一直流传至今，每个教堂内都有各自的无伴奏唱诗班，其中规模最大的是莫斯科都主教下属的唱诗班，参与该唱诗班的"执事歌手"的人数甚至能与俄罗斯大公和沙皇的合唱队相比。由4~5人组成的唱诗班曾被叫做"唱诗队"，宫廷内同时有5个这种阵容的唱诗队。俄罗斯最著名的教堂歌手是农民出身的伊万·诺斯(Иван Нос)①。沙皇组织唱诗队的传统始于酷爱教堂音乐的瓦西里三世(伊万雷帝的父亲),由教堂执事充当歌手的"唱诗队"一直陪伴了他一生。将歌手称为"教堂的执事"并不奇怪,因为他们没有固定工资,而只是发给他们面包、燕麦、盐、肉、呢子或与呢子等值的48枚铜币,1个铜币等于3戈比,逢年过节,另发给每人两卢布奖金,他们的主要职责是充当法警和教堂警卫。

除了教堂音乐之外,莫斯科还可听到民间音乐、讽刺歌曲和小鼓、小号和祖尔纳管演奏的军歌。军旅音乐家经常参加隆重的典礼,还参加过波兰大地主的女儿马林娜·姆尼舍克(Marina Mniszech,1588~1614年)的欢迎仪式②。16世纪末,莫斯科人已经认识了多种外国乐器:英国旅行家霍西(Jerome Horsey,?~1626年)运来一架管风琴,管风琴安装在克里姆林宫门前的广场上,每天都引来一群群看热闹的人。在俄罗斯混乱时期③,伪德米特里④曾率领波兰合唱团(32人合唱团和百人合唱团)来莫斯科演出,他们主要演唱的是波兰民歌。

综观16世纪俄罗斯日常生活文化的特点,特别是以首都莫斯科为代表的文化特点,可以发现各种独特的社会文化阶层,而这些阶层又有着多种不同的特性。莫斯科市民依然忠实于祖辈信奉的多神教传统、与多神教和基督教传统融合之后产生的新观念,从而形成了人数最多、社会地位最低的市民阶层,而专业知识水平较高和有教养的阶层(主要是王公贵族)的人数最少,位居文化顶峰的是掌握大量传统书本知识的神职人员。

尽管16世纪莫斯科文化生活带有典型的奇异特征,但是莫斯科文化与外国建筑、绘画、语言、顽固的多神教思维方式、有时显得异常绝对化和理想化的基督教文化等,都达到了有机的结合。令人惊讶的是,正是在16世纪下半叶,莫斯科竟出现了比其他任何时代都多的和前所未有的"低级神灵",莫斯科城一度经受禁卫军带来的种种不幸,由此而产生的悲剧又使许多人丧生……

---

① 摘自《15~16世纪的俄罗斯音乐美学》,А. И. 罗戈夫著,莫斯科,1973,第41~42页。——原注
② 马林娜·姆尼舍克,波兰大地主的女儿、冒险家,伪德米特里一世与伪德米特里二世的妻子。被亚伊克哥萨克交给俄罗斯政府,最后死于狱中。——译注
③ 混乱时期,指俄罗斯16世纪末~17世纪初这个时期,在这一时期内,俄罗斯连续多年战争、变乱迭起,政权不稳。17世纪俄罗斯作家们首先使用"混乱时期"这一名称,后来也被贵族和资产阶级历史学家引用。——译注
④ 伪德米特里(Лжедмитрий I,?~1606年),1605年起为俄罗斯沙皇,僭称王(据说是 Г. 奥特列皮耶夫)。1601年在波兰自称是伊万雷帝之子德米特里。1604年率波兰-立陶宛军队越过俄罗斯边境,得到部分市民、哥萨克、农民的拥戴。成为沙皇后,试图在波兰和俄罗斯封建主之间见机行事,最后被贵族阴谋家杀害。俄罗斯历史上还有第二个"伪德米特里"——伪德米特里二世(Лжедмитрий II,?~1610年),又称"图希诺贼"(Тушинский вор),是一个来历不明的俄罗斯僭称王。1607年起,声称他就是死里逃生的沙皇伪德米特里一世。1608~1609年在莫斯科修建图希诺营寨,试图从本地出发攻占首都莫斯科,但遭到失败。波兰入侵俄罗斯时,伪德米特里二世逃亡莫斯科南部的卢加,就地被杀。——译注

这就是 16~17 世纪大批欧洲著名旅行家眼中的俄罗斯形象,这些西方旅行家包括:德国外交官赫伯施坦、奥地利使者梅耶贝格·奥古斯丁、科宾策尔、英国使者钱塞勒、詹金斯和弗莱切、威尼斯人康塔利尼和马克·福斯卡利尼、罗马商人巴尔贝利尼、科尔鲍姆·约干等。

其实,俄罗斯民族文化在 16 世纪得到了蓬勃发展,作曲家开始谱写俄罗斯民歌,一度受到沙皇政府迫害的百戏艺人成立了自己的剧团,他们通过滑稽而独特的表演,嘲讽了人们身上的恶习,首先是富人和压迫者的恶习;农民和手工业者中间涌现出了许多能工巧匠、建筑师、发明家、铸造专家、首饰工艺师和其他多种领域的能手;俄罗斯技师发明创造了自己的军事技术;知名的"游垒"令世人惊讶,所谓游垒,实际上是装有车轮的野战用的木结构活动堡垒,四周的护板上挖有枪眼,俄罗斯军队曾用此种特殊的堡垒攻打城堡、要塞和工事,最后达到彻底消灭敌人的目的。

莫斯科炮厂的几十名技术高明的铸造技师浇铸了大炮、小炮、铜钟和铁钟,最著名的技师是安德烈·乔霍夫(Андрей Чохов,? ~1629 年),他为国家创建了一个完整的铸造学派,他的杰作之一是他铸造于 1586 年的"炮王",现陈列在莫斯科克里姆林宫内的教堂广场上。

早在 16 世纪,俄罗斯人已经产生了飞跃太空的理想,大贵族鲁帕托夫家的农奴尼基塔亲手制作了巨大的木质机翼,他将机翼捆绑在自己身上,然后从高塔上纵身跳下去,在空中自如地滑翔了一会儿,最后平稳着陆,尼基塔安然无恙。伊万雷帝对尼基塔的这个奇特发明很感兴趣,他下令让基尼塔来到位于亚历山大新村的沙皇官邸①,于是尼基塔当着沙皇和许多贵客的面,照原样又飞了一次。然而,这项科技发明却遭到了教会的干预和强烈反对,现存史料中有这样的记载:"人非鸟儿,人没有翅膀……如果有人在自己身上安装木质翅膀,这并非上帝的旨意,而是中了魔力,应该砍掉这个被魔鬼附身的脑袋,并且将他的杜撰(机翼)付之一炬。"最后根据神甫们的一致判决,尼基塔被处死了。由此可见,俄罗斯正教会的教义不仅对某些礼仪发挥作用,而且还经常影响一切新生事物和人们尚未习惯的事物。

还是在 16 世纪,俄罗斯国家开始从封建割据转向封建的中央集权制。15~16 世纪,巩固了民族特征的大俄罗斯民族文化业已形成。俄罗斯文化史和俄罗斯人民的历史也正是在 16 世纪拉开了序幕,东斯拉夫人的另外两大分支(白俄罗斯和乌克兰人民)的历史同时开始。

1584 年,俄罗斯第一位沙皇伊万雷帝(伊万四世)谢世,他的儿子费奥多尔·伊万诺维奇(Фёдор Иванович,1557~1598 年)当年即位,当时特意成立了沙皇"智囊团",其中最知名的成员是国舅和大贵族鲍里斯·戈杜诺夫(Борис Фёдорович Годунов,约 1552~1605 年)

---

① 亚历山大新村(Александровская слобода),1564~1681 年期间,沙皇伊万雷帝的私人官邸所在地,当时亚历山大新村已成为俄罗斯国家的政治、经济和文化中心,同时是禁卫军的活动中心。该城是现在的亚历山德罗夫市,位于金环城之一——弗拉基米尔城西北 125 公里、莫斯科东北 120 公里处。——译注

和伊万雷帝生前的宠臣波戈丹·别利斯基(Богдан Яковлевич Бельский,？~1611年)。由于沙皇费奥多尔一直体弱多病,所以实际掌握全俄国家政权的早已是鲍里斯·戈杜诺夫。

尽管鲍里斯·戈杜诺夫本质上是一个"权欲恶徒",但是他所有的同时代人却称他是"公正而强有力的统治者"。

油画《鲍里斯·戈杜诺夫》(А. Я. 戈洛温)

鲍里斯·戈杜诺夫后来成为俄罗斯历史上第一位经代表封建主利益的国家机关——全俄缙绅会议选举产生的沙皇,为了尽快取得人民的信任,在他登上皇位后的一年内,俄罗斯人一律免交各种赋税。在政治上,鲍里斯·戈杜诺夫充分依靠担任军职的贵族和教会,因为他深知许多王公都很仇视他,所以他就在小贵族和神职人员中寻求支持。这些都是沙皇费奥多尔·伊万诺维奇执政时采取的两项最重要措施的缘由:1589年,使农民成为农奴(即实行农奴制)和实行宗主教制,而俄罗斯教会早在15世纪中期就开始为之而奋斗。

鲍里斯·戈杜诺夫利用君士坦丁堡宗主教耶利米(Jeremias Ⅱ,1530~1595年)访问莫斯科的机会,说服他批准了在俄罗斯建立宗主教制、请拜占庭大主教为约夫(Иов,1525~

1607年)①举行按手礼的计划。在俄罗斯教会祝圣会议上,宣布约夫为全俄罗斯第一任宗主教。俄罗斯宗主教制的确立使俄罗斯正教会从法律上独立于君士坦丁堡宗主教的管辖。此外,原来的拜占庭帝国曾是第二罗马,曾将基督教传到古罗斯,第二罗马被土耳其人征服之后,莫斯科成了事实上的世界东正教中心和第三罗马,原来莫斯科都主教从此开始称为宗主教。因此,鲍里斯·戈杜诺夫得到了教会强有力的支持。

鲍里斯·戈杜诺夫的强硬管理措施促使外国人对他产生了信任,于是许多外国人加强并拓宽了与俄罗斯的贸易往来。

沙皇鲍里斯·戈杜诺夫在7年的国家管理过程中,将一大批科学家、学者和艺术家吸引到自己身边,在这些精英的努力配合下,俄罗斯兴建了一系列历史性建筑,伊万钟楼高傲地矗立在克里姆林宫内的广场上,还铸造了一口巨大的钟,起名"钟王"。在鲍里斯·戈杜诺夫的直接参与下,莫斯科开始了规模更大的建设活动。1604年,沙皇下令绘制了莫斯科城市平面设计图②,新兴的工商区纷纷出现在著名建筑师科恩(Фёдор Савельевич Конь,1540~1606年)刚刚修复完毕的克里姆林宫城墙脚下。1591年克里木鞑靼人再度进攻莫斯科之后,为了捍卫莫斯科居民的生命和财产安全,沙皇鲍里斯·戈杜诺夫下令继续加强城市的防御功能。于是成千上万的莫斯科人和郊区居民开始建造木结构防御工事,当时的建设速度异常惊人,不到一年的时间,整个莫斯科市环形防御工事全部竣工。为了纪念这一事件,新建的环城工事被称为"迅速兴起之家"。1611年,波兰人对莫斯科发起猛攻,他们放火焚烧了木结构城墙和"迅速兴起之家"的塔楼,但是在1633~1640年间,在被波兰人烧毁的城墙原址建起了又高又厚的一堵土城墙。从那时起,被这种城墙保护的街区开始叫做"土城区"。

沙皇鲍里斯·戈杜诺夫执政期间,俄罗斯首次向国外派留学生,俄罗斯青年分别派往德国(吕贝克)、英国、法国和奥地利学习艺术,从而使西方现代之风也吹到了莫斯科,甚至连沙皇身边的达官贵人也开始刮胡子了。

在鲍里斯·戈杜诺夫正式登上俄罗斯沙皇宝座之前,许多权贵曾在拥戴鲍里斯·戈杜诺夫为沙皇的公文上签字,在这些签字者当中,有率领俄罗斯民军赶走波兰侵略者的大贵族德米特里·波扎尔斯基。关于沙皇鲍里斯·戈杜诺夫,俄罗斯民间还有相反的传说,说他犯下了滔天罪行:暗杀了伊万雷帝的小儿子德米特里。人民还预言,如果沙皇鲍里斯·戈杜诺夫继续执政,他必将给俄罗斯人民带来种种不幸。

---

① 约夫自1589年起为第一任全俄宗主教。鲍里斯·戈杜诺夫的拥护者,1605年失去宗主教宝座并被流放,著有书信和有关16世纪末俄罗斯历史著作。——译注
② 这是第一张最完整的莫斯科市平面设计图,图上有市区所有细节和建筑物,1613年被制成雕刻版地图。这张图后来被穆辛-普希金在彼得一世的档案里发现,所以后人将这张莫斯科平面图叫做"彼得一世莫斯科地图"。——原注

事实果然如此,在鲍里斯·戈杜诺夫执政的第三年,俄罗斯发生了自然灾害,导致全国出现了前所未有的饥荒,大地主开始驱逐自家的农奴,解散自家的奴隶卫队,全国各地饥饿的匪帮到处烧杀抢掠。

1605年,随着沙皇鲍里斯·戈杜诺夫去世,俄罗斯开始进入混乱时期。

在这个混乱时期,从波兰传来消息:王子德米特里(即历史上的"伪德米特里一世")似乎是死里逃生,他正率领波兰骑士团和顿河哥萨克人开赴莫斯科,试图夺回本应属于他的俄罗斯王位。

第一个僭称王,即在炮火中丧生的伪德米特里一世尸骨未寒,莫斯科又出现了第二个僭称王,这就是伪德米特里二世,又名"图希诺小偷"。

1608年,当"图希诺小偷"宣布自己是俄罗斯沙皇德米特里二世时,大贵族德米特里·波扎尔斯基公率领的俄罗斯民军正在为捍卫首都莫斯科,与占领莫斯科的波兰侵略军进行着激烈的战斗。在一次近距离交战中,德米特里·波扎尔斯基的膝盖受伤,但他不顾刺骨的疼痛,继续向敌人发起猛攻。

暂时休战期间,医生取出了德米特里·波扎尔斯基公的膝盖里的箭头,但是他的腿已不可能像原来那样灵活了,从此他就有了一个绰号"瘸子统帅",同时获得了无所畏惧的勇士殊荣。

人们常说,俄罗斯这个国家经常被敌人团团包围,俄罗斯人不得不经常捍卫自己的边疆和领土。联想起连续多年的饥荒、与波兰和德国侵略者的斗争,深受重伤的德米特里·波扎尔斯基公在临终前流下了无望的眼泪,他仿佛觉得,神圣的俄罗斯将彻底灭亡,永无生还。

然而,热爱自由的俄罗斯人的精神力量是不可摧毁的!俄罗斯人民遭受的灾难和不幸越多,他们为自由而战的精神就更加旺盛。1611年秋,俄罗斯教会自发地、根据自己心灵的驱使,举行了一次大斋期,为了实现伟大的光荣之举而净化心灵,连续三天之内任何人(甚至还有小孩)一律不吃不喝。

在那个年代,波兰-立陶宛和瑞典联军不断进犯俄罗斯,俄罗斯人经受着异常严峻的考验,俄罗斯教会诚实地履行爱国主义义务。人民永远不会忘记谢尔吉圣三位一体修道院的修士们为祖国而献身的精神,整个修道院经受了长达一年之久的大围困。当时的俄罗斯宗主教格尔莫根(Гермоген,1530~1612年)签署的誓死捍卫祖国的诏书传遍全国各地。

在波兰军占领莫斯科之后,宗主教格尔莫根被囚禁,但他在狱中依然书写捍卫祖国的诏书,设法散发到全国各地,他在诏书中这样写道:"坚决捍卫我们的信仰,制止偷窃行为,保持和加强友善,尽快拯救莫斯科。"宗主教的爱国主义感召和他惨死狱中(1612年2月17日)的事实鼓舞和激励了俄罗斯人民,全国人民更加团结一致,为捍卫祖国和自由而奋斗。

库兹马·米宁-苏霍鲁基原是下诺夫哥罗德市的一个卖肉食的商人,国难当头时,他自发地号召市民支援莫斯科和整个俄罗斯,著名的统帅德米特里·米哈伊洛维奇·波扎尔斯基公积极响应公民库济马·米宁和下诺夫哥罗德市民的号召,他答应亲自率领民军援助莫斯科。

1612 年 7 月,这支民军开始奔赴首都莫斯科,于 8 月 20 日抵达。在 1612 年 10 月 22 日,民军和哥萨克人对盘踞在莫斯科市中心手工业和商业区的波兰侵略军发起猛攻,最终将波兰人赶出了莫斯科。1612 年 11 月 4 日,民军逼近克里姆林宫,与波兰人的战斗又持续了一个月。

由于长时间的饥荒,波兰人被迫与俄罗斯进行谈判。1612 年 11 月 27 日,波兰人投降。当天,修士大司祭季奥尼西在克里姆林宫门前广场上的宣谕台上主持了隆重的祈祷仪式。①

至今无人能准确地说出,当时修士大司祭季奥尼西究竟举着哪一幅圣像主持了祈祷仪式,但有一种比较合乎逻辑的推测:他高举的是弗拉基米尔圣母像,古罗斯和俄罗斯最主要的这幅圣像一直跟随着解放莫斯科的军队,即在 1612 年彻底赶走波兰侵略者的俄罗斯军队。根据当时东正教收藏的史料,俄罗斯军中还有另一幅圣像——喀山圣母像。

有一点是可信的,胜利之后,人们在克里姆林宫门前的广场上迎接民军统帅波扎尔斯基时,高举着弗拉基米尔圣母像。

如今在克里姆林宫的兵器陈列馆内,珍藏着德米特里·米哈伊洛维奇·波扎尔斯基公使用过的两把马刀和帅旗。莫斯科市矗立的第一座雕像,就是位于红场南部圣瓦西里教堂前的"德米特里·波扎尔斯基公与公民米宁"铜像,这是俄罗斯第一尊靠民间募捐建造的铜质雕像。雕像下面的基座上有这样的题词:"敬献公民米宁和波扎尔斯基公。感恩的俄罗斯。1818 年夏。"

喀山圣母像有两个纪念日:7 月 21 日和 11 月 4 日,今天多数人认为,11 月 4 日是俄罗斯结束混乱时期的纪念日。实际上,这个日子与俄罗斯混乱时期的结束毫不相干,因为直到 1612 年 11 月 27 日,波兰侵略者才被彻底赶出克里姆林宫,这种说法并不是俄罗斯正教会关于喀山圣母像史料中唯一的"疏忽"。② 正教会史料记载,喀山圣母像于 1579 年奇迹般地出现在喀山。按照这种说法,喀山圣母像是在伊万雷帝收复喀山多年之前出现在喀山的。③ 而消灭喀山金帐汗国和收复喀山的战争发生在 1547～1552 年期间,最后彻底收复喀山的时

---

① 摘自《古罗斯·俄罗斯·俄罗斯帝国·历代沙皇统治与大事记·862～1917》,Б. Г. 帕什科夫著,莫斯科,1997,第 291 页。——原注
② 附加说明:俄罗斯民间有这样一种说法:"午前去喀山圣母教堂还是秋天,而午后去喀山圣母教堂则已进入冬季。"——原注
③ 摘自《大众东正教》,科斯特罗马,2000,第 83 页。——原注

间是在 1552 年 10 月 2 日。①

为了保卫俄罗斯,为了捍卫首都莫斯科,俄罗斯各民族团结一致,全民参战,这一壮举决定了战争的最后胜利,俄罗斯军队中甚至还有鞑靼支队。有这样一个惊人的事实:1612 年,亲身经历和清楚记得 1552 年收复喀山战争的人们认为,莫斯科沦陷和国内的骚乱反而为蒙古-鞑靼人复仇提供了良好的机会,但是蒙古-鞑靼首领在将自己的儿孙们派往莫斯科时,说他们这样做并不是为了报仇,而是为了拯救和捍卫俄罗斯。

当时,伊万雷帝在离莫斯科 120 公里处的亚历山大新村官邸久居起来,将莫斯科的皇位让给了蒙古-鞑靼人萨英-布拉特汗西梅翁·别克布拉托维奇(Симеон Бекбулатович,?~1616 年)。尽管如此,1613 年,由来自全俄罗斯 50 多个城市的 700 多名贵族和神职代表参加的缙绅会议选举 16 岁的米哈伊尔·费奥多罗斯奇·罗曼诺夫(Михаил Фёдорович Романов,1596~1645 年)为俄罗斯沙皇(执政期:1613~1645 年),新沙皇米哈伊尔的父亲(都主教菲拉列特)出身于世袭大贵族家庭,在鲍里斯·戈杜诺夫逼迫下剃度出家,儿子米哈伊尔登基之后,父亲菲拉列特当选为俄罗斯宗主教。②

米哈伊尔·罗曼诺夫当选沙皇之后,俄罗斯确立了教会与国家之间的特殊关系。沙皇本人是一个宗主教的儿子,而宗主教的地位又仅在沙皇一人之下,所以俄罗斯所有的法律和法令都是由沙皇和宗主教两人同时签字生效,父子二人均被称为俄罗斯沙皇。

随着 17 世纪专制政权的确立和强化,精心研制的一系列宫廷礼仪也变得更加奢华和富丽堂皇。1627~1628 年,克里姆林宫的首饰工艺师特意为沙皇米哈伊尔·费奥多罗维奇制作了一套极其昂贵的"皇帝盛装",其造型的美观、华丽和高昂的成本价值令世人惊讶,还重新制作了一顶皇冠、帝王权杖和象征着王权的金球。所有这些都充分证明了当时俄罗斯国家丰厚的财富和经济实力。

至今还流传着沙皇米哈伊尔·费奥多罗维奇复杂婚姻的传说,他的第一桩婚姻失败了,第二个妻子美女洛普辛娜婚后不久便告别了人世。这第三次婚姻,如同伊万雷帝选妻那样,从全俄罗斯权贵世家预选了几百名少女,将她们送进皇宫,由沙皇亲自从中挑选未来的妻子。当时每个新娘候选人都带着自己的女侍从,沙皇宣布:只有当所有的新娘和侍从都入睡后,他才开始挑选妻子。结果沙皇选中了一个女侍从,并跟她正式结婚,这个幸运的女侍原

---

① 请见《苏联百科全书》第 10 卷,第 5 页。——原注
② 菲拉列特,俗名:费奥多尔·尼基季奇·罗曼诺夫(Фёдор Никитич Романов,Филарет,约 1554~1633 年),俄罗斯宗主教(1608~1610 年及 1619 年起),俄罗斯罗曼王朝的第一位沙皇——米哈伊尔·费奥多罗维奇的父亲,沙皇费奥多尔·伊万诺维奇的亲信。1600 年鲍里斯·戈杜诺夫执政时,菲拉列特被迫剃度为修士。伪德米特里一世时,1605 年起为罗斯托夫都主教,1608~1610 年在莫斯科图希诺营。1610 年亲率大使团会见西基兹蒙德,被波兰人俘虏。1619 年起是俄罗斯事实上的掌权者。——译注

来是落魄地主卢基扬·斯捷潘诺维奇·斯特列什涅夫(Лукьян Степанович Стрешнев,？~ 1650 年)的女儿,由于家境困难,父亲不得不将自己的女儿送给富人家当女侍从。沙皇米哈伊尔·罗曼诺夫在大婚之后,为岳父卢基扬·斯捷潘诺维奇准备了一大批珍贵礼物,但是岳父却不予接受,他最终也没有改变自己贫寒的生活方式。

卢基扬·斯捷潘诺维奇的家里空空如也,剩下的只有四壁、一张桌子、一条长凳和一幅圣像。他在圣像背面写道:"卢基扬,不要忘记你的出身。"米哈伊尔·罗曼诺夫一直深爱着自己的妻子,他们夫妻日夜相守,相互从未离开对方半步,共同走过了 20 个春秋。最后女皇在丈夫去世后不久也离开了人间。

在米哈伊尔·罗曼诺夫执政期间,始于戈杜诺夫时期的西方文明对俄罗斯产生了更深刻的影响。俄罗斯商人请求沙皇禁止外国人来俄经商,因为由于西方商人的竞争能力过强,导致俄罗斯本国商人及其企业纷纷倒闭。

1637 年,依然是在沙皇米哈伊尔·费奥多罗维奇执政时期,他下令宫廷男子一律脱下原来的俄式"奥哈宾"(折领、长袖、宽摆长袍),换成西式短上衣,剃掉大胡子,按照波兰人的习俗,男子可以留小胡子,不过,宗主教一直都不同意这种类似异端的做法,在他眼里,盲目效仿西方,是不成体统的。

1639 年,江郎才尽的德国学者和旅行家、荷尔斯泰人亚当·奥勒阿里(Adam Olearius, 1603~1671 年)来到俄罗斯,"看他的文凭,他是一个很有学问、造诣很深的人,上知天文,下通地理的大师和智者,我们和伟大的沙皇米哈伊尔·费奥多罗维奇都需要这样的大师"。

1649 年,楚德修道院创办了一所希腊拉丁语学校,救世主修道院、萨拉托夫州勒季谢夫安德烈耶夫修道院也分别开办了几所类似的学校。

一方面,在罗曼王朝的前几位沙皇执政时期,还曾严格遵循笃信宗教、斋戒、做祈祷等教规;另一方面,西方文化无论是对宫廷政治,还是对女皇和公主们的日常生活,都产生了最直接的影响。一架德国管风琴安装在克里姆林宫的多棱宫内,另一架管风琴安装在游戏宫内,聆听管风琴音乐已经成为女皇及其子女们和宫廷要员固定的娱乐方式。百戏艺人的滑稽表演("流动民间戏剧")、皇室子女特别喜爱的木偶喜剧等,也开始经常出入皇宫。走钢丝的杂技演员、德国魔术师、德国和波兰百戏艺人也经常在俄罗斯皇宫表演滑稽可笑的小节目。后来带布景和道具的正剧开始在宫廷上演,起初上演的大部分剧目是以《圣经》故事为基本素材的戏剧,而且都是由德国演员来表演,后来逐渐上演其他故事情节的戏剧,而且开始由德国教师培养的俄罗斯本土演员来表演。在沙皇米哈伊尔·费奥多罗维奇的儿子阿列克谢·米哈伊洛维奇·罗曼诺夫(Алексей Михайлович Романов,1629~1676 年)执政时期,在普列奥布拉任斯科耶村兴建了俄罗斯第一家专业剧院"喜剧大厅"。

当时外国人对俄罗斯的全方位进步起到了十分重要的作用,首都莫斯科的历代沙皇都

沙皇阿列克谢·米哈伊洛维奇

不惜任何代价,诚恳聘请外国人来俄工作。

久而久之,莫斯科居民的民族成分呈现出了五彩缤纷的特点,除了俄罗斯人之外,在莫斯科居住的有来自全俄罗斯王国的各个民族。在莫斯科街头,还经常看到许多来自西欧各国的商人和他们随身带来的伙计、店员,有希腊人、波斯人、土耳其人、鞑靼人等。在城里居住的还有俄罗斯雇佣的外国军官、工程师、医生和药剂师,还有主要来自西欧国家的各种手工艺者。这些外国人惊奇地发现,在莫斯科,几乎看不到"吝啬鬼"(指犹太人),而且也很少看见天主教徒。这里的主要原因是宗教问题,俄罗斯第一座天主教堂兴建于彼得一世执政时期(17世纪90年代),这座教堂坐落在莫斯科的侨民村(又名"哑巴村")①。在此之前,莫斯科侨民村已有几座新教教堂,俄罗斯政府对新教的态度始终比较宽容。

在米哈伊尔·费奥多罗维奇执政时期,在莫斯科居住的外国人比以往任何时候都多。1673年,荷兰商人和工厂主维尼乌斯(Андрей Денисович Винниус,? ~1652年)在图拉(莫斯科以南200公里)创办了大炮、炮弹和其他生铁产品铸造厂;德国汉堡商人马谢利斯

---

① 俄罗斯历史上为什么将侨民村叫做"哑巴村"? 这是因为当时(16~18世纪初)莫斯科人习惯将所有不讲俄语的外国人叫做"哑巴"("немые"),而侨民村的俄语写法是"Немецкая слобода",或叫"库奎"("Кукуй"),莫斯科的外国村,相当于今天国外的"中国城",位于莫斯科市东区亚乌扎河右岸,也就是现在的鲍曼区。16~18世纪该区是外国人的居住中心。——译注

第三章 16 到 17 世纪东正教在俄罗斯社会政治和文化生活中的特点及其作用   171

17 世纪莫斯科侨民村故地全景图

(Пётр Гаврилович Марселис,? ～1672 年)分别在伏尔加河畔、科斯特罗马和舍克斯纳兴办了同样的铸造厂;俄罗斯政府使许多外国工厂主和商人享受特权,但是有一个必需的前提条件,即外国专家和商人不许对俄罗斯人隐瞒自己的生产工艺和技术。当年法国国王亨利四世(Henri Ⅳ,1553～1610 年)邀请芬兰、英国、威尼斯等地的外国专家和商人赴法经营时,也曾对那些外国人实行类似的优惠政策。

不过,当时有一种商品严禁运进俄罗斯,这就是鼻烟。据说,凡是闻鼻烟者,一律被割掉了鼻子。还有人说,当时对闻鼻烟者进行鞭笞,并且撕破他们的鼻子。有趣的是,几乎是与此同时,在法国国王路易 13 世(Louis XIII le Juste,1601～1643 年)执政时期,在枢机主教黎塞留(Dus de Richelieu,1585～1642 年)的全力支持下,巴黎成功上演了名为《鼻烟》的芭蕾舞剧,当舞蹈演员们在台上表演时,他们嘴里还叼着烟斗吸烟,这是发生在的 1616 年事。鼻烟首先在法国,然后在西欧其他国家得到了如此广泛的宣传。而在此之前,像俄罗斯这样的国家,吸烟一度被看做是恶魔般的坏事。不过,俄罗斯第一个拿烟斗吸烟的人是彼得一世。

1628 年,沙皇米哈伊尔·费奥多罗维奇颁布命令,禁止"荒诞性质的活动"(即大众娱乐、游园会和百戏艺人的演出)。不过,人们仍然可以在"沙皇的"小酒馆继续喝酒。沙皇的禁令得到了宗主教菲拉列特的支持,宗主教经常鞭笞那些打架斗殴或做游戏的年轻人,但是莫斯科爱耍活宝的人是无所畏惧的,他们不顾沙皇和宗主教的禁令,照常为普通市民举办娱

17 世纪莫斯科侨民村的欧洲人

乐活动。1631 年,米哈伊尔·费奥多罗维奇下令将这些"不安分"、"不安定"的邻居迁至普列斯尼亚河对岸,他们原来一直在"三个山头"圣尼古拉教堂附近举办娱乐活动,所以那个地方被称为"新瓦甘科沃"(今天俄罗斯联邦政府大楼和国际展览中心一带)。从那时起百年之后,普列斯尼亚河畔的这个市区逐渐变成了莫斯科的工业区之一,该区最大的企业创建于 1799 年,企业的名称就是"三个山头"。

16~17 世纪,欧洲已开始出现文艺复兴和大变革的直接成果,所以历史学家将这一时期称为"新时期"。原来天主教在政治和意识形态方面一统天下的局面逐渐被打破,新教推行的个性化道德标准刺激了资本主义的主要推动力——自由经营精神,摆脱经院哲学和教条限制的理智在自由研究自然规律的同时,为后来 18 世纪末~19 世纪初的工业革命奠定了基础。

莫斯科人开始珍惜和爱护"古风",同时又将一切新生事物看做是反基督王国发起的进攻,而这种思想意识的可靠支柱是理顺祈祷仪式的东正教会,该教会善于通过《治家格言》,宣传端正的品行和道德,将祈祷原则贯穿于整个社会。

17 世纪下半叶,俄罗斯本国的手工业开始萌生,俄罗斯商人和擅长经营的大贵族分别在古老的图拉-卡希拉小型冶炼厂的基础上,兴建了几家大型冶炼厂和铸造厂。

图拉铁匠尼基塔·安图菲耶夫-杰米多夫(Никита Демидович Антуфьев,1656~1725

年)①在经营方面的辉煌业绩,使他成为18世纪初俄罗斯最著名的企业家之一。大贵族莫罗佐夫(Борис Иванович Морозов,1590~1661年)②家的大型炼铁厂,同样是在外省小型商品加工厂的基础上创办的。

其实,当时俄罗斯的手工工场数量很少,根本不能纳入正式的工业体系。

莫斯科大公国为大俄罗斯集中了辽阔的疆域,但这里人烟稀少,实际上是一个浩大的农业国,这一特点令欧洲人感到惊讶。自14世纪起,俄罗斯出现了伐林、开垦土地和建设新村的热潮,人们从莫斯科郊外的森林北上,直到白海沿岸,开始了大规模的森林砍伐和土地开垦运动。由于清理多年积累的肥沃土地表层,连续几年的粮食无法丰产,然后放弃耕种,以便使新开垦的土地自然积累养料(这种土地恢复期通常是8~15年)。人们继续砍伐森林,不断扩大土地耕种面积或叫"熟荒农作"。大俄罗斯平原伐林和开垦土地的倡导者是东正教修道院,他们吸引了大量的"新式农民"团体。随着伐林和土地开垦,大俄罗斯平原上不仅出现了许多新屯(新村),而且还使各大修道院拥有了大片土地。

熟荒农作制的结束导致了定居农民的三区轮作③现象,附庸的新屯农民(即"依附于修道院的农民")数量急剧增长。在大俄罗斯领土的集中过程中,"农民"一词在莫斯科一带的意思是"耕种土地的庄稼人",他们的使命是在修道院或达官贵人所有的土地上从事农业活动,这些农民叫做"农奴";开垦北方土地并向大公纳税的农民叫做"国有农"。尽管莫斯科大公国的专制制度几乎是与西方三国(英国、法国和西班牙)的中央集权(君主)专制同时形成的,但是"全俄罗斯大公"在与分封公国的一意孤行的斗争中,却没有得到西方君主得到的那种支持,即没有得到城市各阶层(强大的中产阶级、手工业行会和商人联合会)的支持。与西方国家不同的是,莫斯科大公国的中央集权制变得更强硬、波及面也越来越大。

为了加强和扩大莫斯科大公国的内外贸易联系,政府采用了强制手段,从那些被驯服的城市里"调"来大批商人,将莫斯科大公国拥有的大片土地分给了"效忠祖国的人们"——封建主和大贵族的子女们,于是已有大片领地的世袭大贵族也开始为沙皇"效犬马之劳"。俄罗斯常规军的火枪兵、炮手和驿站马车夫等"配套服务人员"构成了等级较为复杂的低级职员阶层。国家中央管理机构的各个部门均由书记官负责,而军事和宫廷事务一类的管理部

---

① 杰米多夫家族(Демидовы),18世纪俄罗斯著名的工厂主,出身图拉铁匠。1720年成为贵族,18世纪末成为俄罗斯上层官僚和贵族集团,创办了50多家冶炼厂,占当时整个俄罗斯生铁产量的40%。——译注
② 鲍里斯·莫罗佐夫,俄罗斯大贵族,沙皇阿列伊谢·米哈伊洛维奇(彼得一世的父亲)的老师,俄罗斯1645~1648年的实际掌权者。他的财政改革引起了1648年的莫斯科起义,后被流放,1648年10月起回到莫斯科。17世纪50年代末对俄罗斯仍产生了深远的政治影响。——译注
③ 三区轮作(трёхполье),休闲、冬作物和春作物三者按次序进行的耕种活动。20世纪以前,俄罗斯及其他国家的农民都曾采用此法,后来被多区轮作所取代。——译注

门的职员,同样享受封地和使用农奴的特权。

1649年,大雾弥漫的阿尔比恩岛①居民处死了自己的国王查理一世,由于这个"恶性事件",当时居住在莫斯科大公国的英国人被驱逐出境。

其他外国人也不例外,沙皇命令:"不准外国人和外国寡妇在莫斯科土城以内(今天莫斯科市中心花园环城东北路以内)的俄罗斯宫廷和宫廷附近购买土地或从事典当生意,不准他们出租房屋;即使是俄罗斯人,如果他们让外国人在宫廷附近购买土地,他们也将会失去沙皇的信任。"但是如此强硬的措施也未能使俄罗斯国库增加收入,因为当时的贸易状况已经开始出现弱化。在这种情况下,俄罗斯沙皇不得不转恨为善,主动向外国人许诺,还送给他们贵重礼物。与此同时,沙皇并没有忘记俄罗斯本国的企业家。

1653年颁发的《海关条例》和1667年的《新贸易条例》,为莫斯科手工业和商业区所有的商人提供了自由经营权,但是禁止外国商人在俄罗斯进行零售贸易。对俄罗斯商人实行大幅度免税政策,国家通过保护关税政策,努力减少和补偿本国商人在与外国商人的竞争中造成的损失。

城市生活的复杂化、国家机构的逐渐臃肿、国际关系的迅速发展,对俄罗斯的教育事业提出了一系列新的要求。17世纪,俄罗斯各阶层的知识水平开始普遍提高:有知识的地主占全国地主总数的65%;有知识的商人占商人总数的95%;莫斯科手工业和商业区有知识的居民比例是40%左右;有知识的农奴比例为15%;火枪兵、炮手和哥萨克人有知识的比例是1%左右。

许多市民都尽可能地使自己的子女接受教育,但当时的学费昂贵,因此,并非每个孩子都可以得到学习机会,妇女和有些富人子弟依然是文盲。老师通常是由神甫或国家机构的职员担任。

像过去一样,知识教育主要是通过家教形式,被公认的和最重要的教学方法之一是始于15世纪的体罚制(用树条或手杖抽打学生)。关于体罚教学法,俄罗斯曾出版一本《儿童习惯守则》,该书的主要内容是儿童应该遵守的行为规则、校规、课堂上的坐姿、与人见面时的礼节、衣着和面部表情等。教材的主要来源是宗教方面的书籍和某些世俗书籍,比如,1633年出版的《布尔采夫识字课本》、1679年出版的《波洛茨基识字课本》、1694年出版的《伊斯托明识字课本》等。实际上,这些课本的内容远远超出了它们的名称,课本内容包括宗教知识、教学法、哲学术语汇表、外来语词典、本国历史、古希腊哲学家和作家的作品以及丰富的地理知识。这些都是有助于拓宽儿童知识面的教学参考书。

当时莫斯科已经兴办了几所中学,其中有些私立学校,学生不仅学习阅读、写作、算术,

---

① "阿尔比恩岛"是古希腊人对不列颠岛屿的称呼。——译注

而且还学习外语和其他科目。1621年,侨民村为各阶层儿童开办了路德学校,许多俄罗斯男孩在那里学习;1640年,大贵族费奥多尔·勒季谢夫(Фёдор Михайлович Ртищев,1626～1673年)①为贵族子弟开办了一所私立学校,学校的主要科目有希腊语、拉丁语、演说术和哲学;1664年,莫斯科市中心的扎伊科诺男子修道院②开办了一所国立学校,主要培养国家机要书记官;1680年,莫斯科印刷厂也开办了一所学校,主要科目是希腊语。

古罗斯西南部(基辅周围地区)丰富的文化传统对整个俄罗斯文化发展产生了明显的影响,基辅莫吉良学院的毕业生应邀来到莫斯科安德烈修道院执教,该修道院是在1649年专门建造的。1687年,在该修道院的基础之上,俄罗斯宗主教马卡里创办了俄罗斯最大的教育中心——斯拉夫－希腊－拉丁神学院。该学院的宗旨是培养高级神职人员和国家公职人员,学院的第一批教师是希腊巴杜亚大学的毕业生——利胡德兄弟:哥哥约安尼基(Иоанникий Лихуд,1633～1717年),弟弟索弗罗尼(Софроний Лихуд,1652～1730年),他们在俄罗斯神学院首先开始讲授的两门课是自然哲学和亚里士多德逻辑学,然后又给学生上了语言、演说术、哲学、神学、物理和心理学等多门课。从教学法、教学科目的设置来看,这算是俄罗斯第一所高等院校,也是第一所与中世纪欧洲大学相类似的高等院校。

17世纪末,俄罗斯哲学思想的世俗化过程产生了明显的变迁,主要的思想家有波洛茨基(Симеон Полоцкий,1629～1680年)、别洛博茨基(Андрей Белобоцкий,1658～1705年)和旅俄克罗地亚人克里扎尼奇(Juraj Krizani,约1618～1683年)。学生来自社会的各个阶层,既有饲养员的孩子,也有奴隶的孩子,还有宗主教和古罗斯世袭贵族的亲戚子弟。他们的出身和社会地位不同,民族也各不相同,有俄罗斯人、乌克兰人、白俄罗斯人和接受了东正教的鞑靼人、摩尔达维亚人、格鲁吉亚人和希腊人。学院开设的主要课程有语言类(希腊语、拉丁语)、神学、算术、几何、天文、语法等。在17世纪末～18世纪上半叶的俄罗斯启蒙教育发展过程中,斯拉夫－希腊－拉丁神学院发挥了极为重要的作用,为俄罗斯培养了一大批精英:彼得一世时期的数学家马戈尼茨基(Леонтий Филиппович Магницкий,1669～1739年),后来莫斯科大学的创始人罗蒙诺索夫(Михаил Васильевич Ломоносов,1711～1765年)、历史学家班特什－卡缅斯基(Дмитрий Николаевич Бантыш－Каменсикй,1788～1850年);叶卡捷琳娜二世时期的莫斯科都主教普拉东(Платон,?～1754年)。这所高等学院后来迁至扎尔斯克的谢尔吉圣三位一体大修道院。

罗斯托夫都主教德米特里·图普塔洛(Дмитрий Ростовский,又名:Данил Саввич

---

① 费奥多尔·勒季谢夫,俄罗斯17世纪宫廷执事、侍臣、阿列克谢·阿列克谢维奇王子的老师,"笃信宗教者小组"成员。自费创立私立学校、医院、养老院等。——译注
② 扎伊科诺男子修道院(Заиконоспасский монастырь)建于1600年,1687～1814年间是俄罗斯拉夫－希腊－拉丁神学院。1917年修道院被拆除,现存17～18世纪建筑。——译注

Туптало,1651～1709年)、新编年史的作者—基辅都主教彼得·莫吉拉(Пётр Могила,1596～1647年)、作家叶皮凡尼·斯拉维涅茨基(Епифаний Славинецкий,?～1675年)、俄罗斯第一位哲学和神学博士帕拉季·罗戈夫斯基(Палладий Роговский,1655～1703年)等,也都是俄罗斯著名的科学界代表。

在此不能不提1642～1652年期间担任全俄宗主教约瑟夫(Иосиф,?～1652年),他曾主动与丹麦牧师菲利戈别尔和丹麦王子瓦尔德玛讨论普世教会问题,他在给牧师和王子的信中,呼吁路德派与东正教徒联合起来。1649年,在接受了宗主教约瑟夫的祝福之后,成立了"勒季谢夫笃信宗教小组",目的是为了向莫斯科青少年传授科学知识,教他们翻译教会文献。在宗主教约瑟夫指导下出版的36种书籍当中,许多都是第一次翻译成斯拉夫文的宗教著作。17世纪,带有符合俄罗斯经济要求实用特点的科学和技术也得到了发展。

15～17世纪,在异教运动的影响下,《基督教国家分布图》以及相关文献得以广泛流传,一批世俗科普文献也相继问世。15世纪末～16世纪初,诺夫哥罗德和莫斯科的异教徒翻译了大量的阿拉伯作品和犹太作品,其中包括天文学方面的文献:《月球运行的6个周期》和《宇宙志》。自17世纪起,求知欲旺盛的读者喜爱的自然科学《百科全书》(《词诠》)开始盛行,到1700年,莫斯科印刷厂印刷出版的书籍已达500多种。

人文科学方面同样出现了新的突破,大量历史题材的书籍和文献不断问世,越来越多的人开始关注历史问题。一大批世俗历史作家(王公、大贵族、书记官和工商区居民)取代了人们过去习惯了的编年史作家(修士作家),从事历史研究的不仅有世俗官员和宗教界头面人物,而且还有不少"小人物"和平民,他们同时又是历史研究的直接对象。但是历史学家全面而客观的研究活动还无法摆脱教会的控制,因为教会的地位依然高于国家,即使到了米哈伊尔的儿子阿列克谢执政时期①,国家政权仍然服从于教会。当时的俄罗斯宗主教是很有影响力和意志坚定的尼康(Никон,1605～1681年,俗名尼基塔·米诺夫)②,根据他的严格要求,沙皇阿列克谢必须跪在被伊万雷帝迫害致死的都主教菲力浦的棺椁前,请求已故都主教的原谅。教会还规定,在复活节之前的那个星期日,必须举行十字(或圣架)大游行,以此纪念耶稣基督来到耶路撒冷。十字大游行的队伍浩浩荡荡,从克里姆林宫教堂广场出发,宗主教也骑着一头小毛驴,而沙皇亲自为他牵驴引路。因此,当时全俄宗主教与沙皇之间究竟是

---

① 阿列克谢·米哈伊洛维奇,1645年为俄罗斯沙皇,沙皇米哈伊尔·费奥多罗维奇之子,彼得一世的父亲。在位期间,加强了中央集权并确立了农奴制(1649年颁布的《法律大全》);1654年,乌克兰重新与俄罗斯合并;斯摩棱斯克、谢维尔斯卡亚领地和其他地区被收复;莫斯科、诺夫哥罗德和普斯科夫的武装起义(1648年、1650年、1662年)和拉辛领导的农民战争被镇压。俄罗斯教会开始分裂。——译注
② 尼康,1652年起为俄罗斯宗主教,实行教会改革,引起教派分裂。以"神权高于皇权"的口号为由,插手国家事务和内外政策,结果与沙皇决裂。1658年辞去了宗主教职务。1666～1667年宗教会议彻底免除他的宗教职务后被流放。——译注

什么样的关系,自然是显而易见的。

俄罗斯宗主教尼康

当然,这种局面必须要改变。教会事务本身也要求这种改革。在阿列克谢·米哈伊洛维奇执政初期,俄罗斯正教会改革的时机已经成熟。当时有知识、有教养的教会活动家原则上同意改革,一切都始于莫斯科"笃信宗教小组",而领导这个小组的是经常聆听沙皇阿列克谢·米哈伊洛维奇忏悔的神甫、克里姆林宫报喜教堂的大司祭斯捷潘·沃尼凡奇耶夫(Стефан Вонифантьев,? ~1656年)。除了沙皇本人,这个小组还受到沙皇的挚友大贵族 Б. И. 莫罗佐夫、沙皇重臣 Ф. М. 勒季谢夫等头面人物的庇护。1646~1653 年期间,"笃信宗教小组"一直没有中断自己的活动,这个小组还培养了一批著名的宗教活动家:后来的俄罗斯宗主教尼康、大司祭阿瓦古姆等。该小组的宗旨是维护和巩固俄罗斯正教会的威望、提高文化水平、完善教会组织、校正祈祷仪式和弥撒用的宗教书籍和文献。

宗主教尼康利用沙皇阿列克谢·米哈伊洛维奇对他的信任和支持,立即开始实行巩固宗主教权力的教会改革政策,教会改革的主要对象是教堂祈祷仪式和相关礼仪。这些改革和创新首先从首都莫斯科开始,所以莫斯科人对此改革和创新也最先有所了解。当时有很多人反对尼康提倡的教会改革和创新,产生越来越多的反对派的根源不是别人,而是改革的倡导者和性格乖僻的尼康本人,因为他有制造敌人的罕见天赋。

随着俄罗斯专制制度的继续发展,国家政权必须高于教会的问题显得越来越突出,使教会像国家其他职能部门一样服从中央集权管理的问题也显得异常紧迫。与此同时,解决此类问题的具体措施与当时的对外政策密切相关,俄罗斯正教会与乌克兰、巴尔干半岛各国教会联合的意向已被列入沙皇阿列克谢·米哈伊洛维奇的政府计划之中,若想实现几国教会的联合,必须统一祈祷仪式和相关的教会礼仪。

乌克兰教会本来与希腊教会关系密切,而俄罗斯教会与乌克兰和希腊教会之间有着明显的区别:在俄罗斯宗教书籍里出现了许多错误,这主要是书籍抄写者的责任;在俄罗斯不同地区的教堂里,同一种仪式却有着各自不同的祈祷方式。因此,有必要尽快消除这种不一致的现象。

1654年,根据宗主教尼康的建议,莫斯科召开了一次宗教会议并做出决议:按照希腊原文校对所有的宗教书籍,确立统一从拜占庭继承的、大众必需的教堂礼仪,其中包括信徒不再用两个手指画十字,而改用三个手指画十字。此外,对祈祷文、教堂圣咏、神甫礼拜时的专用法衣等都进行了相应的改革,但是许多神甫,甚至还有许多教会首脑公开反对这一决议。

尽管如此,聪明、有教养、精力充沛、性格冷酷的宗主教尼康,毅然决然地开始修改宗教书籍和习俗方面的错误,为此他还特意邀请希腊和基辅神学院的修士学者一道完成此项重任。所有书籍校对完毕之后,尼康下令将新版宗教书籍分发到各个教堂,同时将原有的旧书籍收回并一律烧毁。见此情形,人们开始骚乱和愤怒,因为他们一直深信,心灵的拯救只能通过祖祖辈辈沿用多年的那些古老的圣书和仪式来实现,他们早已习惯用两个手指画十字,虽然用三个手指画十字是希腊留存的古老传统,也是正确的方法,但是俄罗斯信徒依然对此改革表示坚决反对。

围绕宗主教尼康倡导和发起的一系列宗教改革引起的争论持续了很久,改革本身和为实现改革目的而采取的许多强制手段,最终导致俄罗斯教会走向分裂。

尼康改革的反对派极力主张保持古老的和早已习惯的教堂礼仪,继续按照原来的宗教书籍进行祈祷,同时宣布彻底退出以宗主教尼康为首的俄罗斯正教会。东正教大司祭阿瓦库姆和丹尼尔不仅反对尼康的改革,他们还亲自去沙皇那里告状。沙皇没有同意他们二人的反对意见,于是两位大司祭便开始唆使广大民众,引起他们对宗教改革的愤恨,同时唆使他们一起反对宗主教尼康。在这种情况下,尼康采取了果断的镇压手段:反对宗教改革的人一律被流放,并且在1655年召开的宗教会议上,当着安提阿都主教马卡里的面,将继续用两个手指画十字的一批拥护者革出教门。

教会内部的改革反对派变成了一种独特的社会反抗势力,而这种反抗势力的领导者都是"古老信仰"的忠实信徒,所以历史上将他们称为"古老信徒派教徒"。

发生在17世纪俄罗斯的分裂教派运动是一种复杂的社会宗教现象,它与人们当时的思想意识密切相关。对现实生活不满意的人、教会上层不断升温的封建压制的反对者(平民出身的部分神职人员)、反对尼康关于教会集中思想的部分主教、对强化封建专制制度表示不满的大贵族代表(霍万斯基家族的王公、索科夫尼娜姐妹——女地主莫罗佐娃和乌鲁索娃)、受到正规军排挤的火枪兵、担心竞争越来越激烈的商人等,纷纷举起了"为维护旧教而奋斗"的大旗,拥护旧教的甚至还有某些皇室人员。在以维护旧教的分裂教派运动中,工厂主鲍里斯·莫罗佐夫的第二个妻子,分裂教徒和旧教维护者费奥多西娅·波利卡尔波芙娜·莫罗佐娃(Феодосия Поликарповна Морозова,1632~1675年)①,她不顾沙皇和宗主教的威胁,不怕被流放和酷刑,坚决反对尼康的宗教改革,执意不肯以新的方式做祈祷,拒绝用三个手指画十字。

这仅仅是当时俄罗斯宗教界混乱和内讧的无数实例之一,教会内部的混乱和内讧甚至使许多人丧命,真正的宗教信仰问题被纯粹表面化和形式化的祈祷礼仪所替代。俄罗斯巡展派画家苏里科夫(Василий Иванович Суриков,1848~1916年)的知名杰作之一《女贵族莫罗佐娃》(现收藏于莫斯科特列季亚科夫画廊)真实而生动地刻画了令人震撼的一幕:女贵族莫罗佐娃坐在囚车上,愤怒地伸出两个手指并指向上苍,以此象征笃信旧教。

尼康宗教改革和创新的反对派首领是神甫和大司祭阿瓦库姆,他同样是一个很有权威和热血沸腾的基督徒。著名的索洛维茨克大修道院也勇敢地站在捍卫旧教的行列,莫斯科军队包围7年之后,才攻克了这家顽固的修道院。宗主教尼康下令迫害古老信徒派教徒,有人被关进监狱,有人惨遭酷刑。

至于当时的俄罗斯农奴,他们的命运似乎与"笃信旧教"相同,大多数农奴的社会地位和生活状况日益恶化,所以维护旧教的运动具有广泛的群众基础。

尼康的宗教改革实际上完全转化成了公开的教派分裂运动,本来俄罗斯教会中早已存在类似的分裂倾向,现在又出现了莫洛堪派、反正教仪式派、鞭笞派等诸多的旧教小宗派。

当时俄罗斯正在与波兰立陶宛王国交战,1654年5月18日,沙皇阿列克谢·米哈伊洛维奇率军从莫斯科出发,奔赴战火纷飞的斯摩棱斯克②,而宗主教尼康作为"临时国君"留守莫斯科,见此契机,他便下令搜查并销毁所有采用"新式画法"(即写实主义手法)画的圣像。他们没收这些圣像之后,迅速将圣像的画面刮掉,以便重新使用那些木板③。与此同时,首

---

① 莫罗佐娃(又姓索科夫宁娜),俄罗斯大贵族、分裂派教徒,曾与阿瓦库姆通信,并予以物质援助,不畏威胁和酷刑,忠于分裂派。1671年被捕,卒于监禁地博罗夫斯克修道院。——译注
② 斯摩棱斯克(Смоленск),俄罗斯联邦斯摩棱斯克州政府所在城市名,位于首都莫斯科以西419公里处的第聂伯河畔。该城市最早的历史记载是公元863年;12世纪起为斯摩棱斯克公国都城;1404~1514年属立陶宛大公国;1611~1667年属波兰立陶宛王国。历史上俄罗斯与该城市进行过多次战争。——译注
③ 古罗斯时期的圣像都是画在厚木板上的。——译注

都莫斯科正在流行瘟疫。1654年7月24日，皇后携带家眷去70公里以外的谢尔吉圣三位一体大修道院躲避起来。当时凡是能离开首都的人全都逃走了，大贵族、地主、富商等也都赶紧撤离莫斯科，逃避这场"毁灭性瘟疫"。皇室人员逃走不久，宗主教尼康就离开莫斯科，莫斯科神职人员也步尼康之后尘，分别四处逃命去了，几乎所有的莫斯科教堂顿时空无一人，只有一座教堂还在举行祈祷仪式，这就是克里姆林宫内的圣母安息大教堂。与此同时，禁止任何人进入莫斯科，市内已经染上瘟疫的家庭统统被查禁，为了不让那些家庭的成员走出家门，人们在他们的房屋周围堆放了许多杂物，而且还派人昼夜值班，以防止有人私自跑出来。那时死者下葬时，不举行任何宗教仪式，成千上万具尸体不用棺材就被埋葬了。

1654年8月2日发生了日食，在莫斯科人的意识当中，那次日食与正在流行的"毁灭性瘟疫"有直接关系。很多人认为，这是因为俄罗斯教会进行改革、创新和不尊重圣像而激怒了上帝。莫斯科仿佛呈现了启示录的场景，政府失去了对首都的监管和控制，偷盗、抢劫等犯罪率急剧上升，莫斯科还出现了许多先知，他们公开鼓励留在城内的市民起来反对现行的宗教政策。

同年8月25日，在午前日祷期间，许多莫斯科市民来到克里姆林宫圣母安息大教堂，他们随身带来了一幅被刮去面容的救世主圣像，向莫斯科行政长官和大贵族普隆斯基（М. П. Пронский，？～1654年）讲述了上帝发怒一事，说因为宗主教尼康下令销毁圣像而惹怒了上帝。莫斯科人强烈要求尼康和神职人员立即返回莫斯科，与忠实的信徒和教民一起渡过难关。人们在教堂内高喊："东正教信徒正在死去，既没有忏悔，也不为他们举行任何仪式。"人们还严厉指责了教会活动家阿尔谢尼·格列克（Арсений Грек，？～1666年后），因为他在尼康指使下修改了大量的宗教文献和教堂礼仪方面的古籍。

阿尔谢尼·格列克当即被判为异教徒。当天晚上，许多莫斯科人高举一幅被毁坏的圣像，再次来到克里姆林宫圣母安息大教堂并重申了他们的强烈要求。那次事件的"主谋者"已被载入史册，他们是诺夫哥罗德同业公会的纳税者索弗龙·拉波特尼科夫、卡达舍沃新村商人伊万·纳加耶夫、莫斯科外商公会的商人德米特里·扎伊卡和亚历山大·巴耶夫。由此可见，参加维护旧教运动的不仅是社会地位低下的平民，而且还有莫斯科手工业和商业区内的部分富商。

在莫斯科人的强烈要求下，莫斯科行政长官М. П. 普隆斯基给躲避在圣谢尔吉三位一体大修道院的皇后写信，向皇后禀报了上述事件的全部经过。М. П. 普隆斯基及其随从试图以此使聚在市中心的莫斯科人息怒，在给皇后写信之前，他特意邀请群众代表和官员，以便跟他们共同商讨信件内容，原来他写的主要内容是请求皇后派神职人员来莫斯科平息市民的极大愤怒。皇后果然在大修道院做出了迅速反应：将人们特别尊重的两幅圣像送到莫斯科，一幅是喀山圣母像，一幅是圣谢尔吉·拉多涅日斯基像。前来莫斯科转交圣像的队伍浩浩

第三章 16到17世纪东正教在俄罗斯社会政治和文化生活中的特点及其作用　181

荡荡,队伍中有黑衣僧侣(修士司祭和高级僧侣)、白衣修士(不过修士生活的低级神职人员,即神甫和助祭)和火枪兵。政府采取的这些措施的确使愤怒的莫斯科人暂时平静下来了。

然而,一个月之后,即1654年9月,莫斯科的瘟疫变得更加肆虐和猖獗,甚至连莫斯科行政长官 M. П. 普隆斯基和 И. А. 希尔科夫也死于瘟疫。整个首都空荡荡的,深重灾难的气氛弥漫着城市上空,得以生存的"带着足枷的囚犯"乘机逃出监狱,被抓回去的不到二分之一,因为当时市内继续骚乱,一时很难区分谁是在逃的囚犯,谁是收归国有的财产和无主财产的偷盗者,面对此种情景,政府束手无策。到了10月,"毁灭性瘟疫"气焰开始逐渐减退,但是首都莫斯科的无政府状态又持续了很久。

俄罗斯维护旧教运动始于17世纪50年代,教会分裂后出现了尼康派(即改革正教者)和古老信徒教派,而此时的首都莫斯科是维护旧教的中心,市内有若干个维护旧教的秘密社团,他们与社会各阶层(贵族、商业贸易区居民和神职人员)保持着十分广泛和密切的联系,某些信徒只是暗地里在沙皇阿列克谢·米哈伊洛维奇最忠诚的高级官员勒季谢夫的家里,探讨、辩论和研究神学问题。总之,莫斯科的宗教生活一度显得十分紧张。不过,此时宗教改革的反对者与拥护者之间的争论带有暂时的和平气息。

俄罗斯分裂教派含有一系列复杂的思想和要求,其中包括从宣传俄罗斯民族闭关自守、对世俗知识的敌意到反对奴役人性、国家对人的精神世界和为争取教会民主而奋斗的肆意扭曲等思想,这方面的著作有《大司祭阿瓦库姆自传》、С. 波洛茨基编写的《统治者的权杖》(1667)、宗主教约阿希姆编著的《宗教之精华》(1682)。

如果说《圣经》里的内容反映了世俗文化与宗教文化之间的矛盾,那么,16世纪俄罗斯文学顶峰之一《大司祭阿瓦库姆自传》则表现了俄罗斯基督教本身的冲突命运。阿瓦库姆(Петрович Аввакум,1620~1682年)是俄罗斯早期维护旧教的最著名的活动家之一,他原是一个乡村神甫,由于他在1653~1664年期间带头积极反对尼康的宗教改革,最后在遥远的流放地普斯托泽尔斯克被处死。

阿瓦库姆生前是一个杰出的传教士,具有很高的文学天赋,他留给后人的《阿瓦库姆自传》是在条件最艰苦的流放地写成的。他的自传充满了时代气息和活力,是一个为捍卫纯洁的基督教学说、道德原则和崇高精神而斗争的战士的有力证明。像其他许多为正义而斗争的战士一样,阿瓦库姆的命运十分悲惨:1682年4月14日,他和两个伙伴(助祭费奥多尔和长者叶皮凡尼)在流放地普斯托泽尔斯克被活活烧死。

当时的分裂教派运动动摇了俄罗斯教会和国家政权,所以教会和国家联合起来,共同镇压分裂教派运动,采取了政府所允许的种种手段,对他们实行逮捕、流放、驱逐和处死。

与此同时,教会改革的缔造者尼康很快就退出了政治舞台,他不仅要求独霸俄罗斯教会大权,而且还要求沙皇阿列克谢·米哈伊洛维奇的庇护,而沙皇最终对宗主教尼康开始表示

俄罗斯东正教大司祭阿瓦库姆

不满,所以也就根本不可能满足他的这些要求。从此二人的关系开始冷淡,1658 年,尼康在克里姆林宫圣母安息大教堂里公开宣布辞去全俄宗主教职务,然后去了沃斯克列辛斯克修道院,他将该修道院称之为"新耶路撒冷"。尼康认为,沙皇短期内一定会请他返回莫斯科继续担任俄罗斯宗主教,但是沙皇并没有这样做,因为神权政治不仅与俄罗斯专制制度相矛盾,而且还侵犯了沙皇本人的利益。在 1660 年召开的高级神职人员会议上,彻底解除了尼康的宗教职务,沙皇阿列克谢·米哈伊洛维奇与尼康之间的相互关系、尼康采取的示威性措施及其后果等,顿时成了莫斯科人热烈议论的话题。在 1665～1667 年召开的由东方宗主教代表会议上,尼康被指控故意放弃主教职务,所以彻底废黜了他的教职并使他威风扫地。这件事发生在 1666 年 12 月 12 日,许多人至今都将这一天看成是预示着不祥的日子……虽然尼康很快被发配到俄罗斯北方——别洛耶湖畔的费拉蓬特修道院①,但是神职人员会议的

---

① 费拉蓬特修道院(Ферапонтов монастырь)又名圣母诞生修道院,这是一家男子修道院,1398 年由莫斯科修士西蒙诺夫奠基,修士费拉蓬特主持兴建,位于鲍罗达夫湖与帕斯湖之间(今天俄罗斯北方沃洛戈达州费拉蓬托沃村)。16 世纪俄罗斯重要的文化中心。1798 年被毁,1903 年恢复改建成女子修道院,1917 年被关闭。1924 年起辟为国家博物馆,目前是基里尔－别洛泽尔斯基建筑与美术学院分院和博物馆分馆。费拉蓬特修道院部分建筑物移交给俄罗斯东正教教会。现存 15～17 世纪建筑群,院内有圣母诞生大教堂(1490 年),该教堂内有季奥尼西父子留下的壁画。——译注

立场依然不够坚定,他们采取了妥协的办法:"沙皇拥有管理国家公民的最高权力,而宗主教则拥有管理教会的最高权力。"由于俄罗斯教会分裂,结果形成了两支维护旧教(旧礼仪派)的派别,一个是教堂派(拥有神甫),另一个是反教堂派(教堂执事代替神甫)①。而这两支最大的旧礼仪派各自后来又派生了若干更小的分支。

尽管如此,全俄宗主教尼康给后人留下了一些好印象,比如,在他的努力和斡旋下,乌克兰与俄罗斯于1654年再度实现了联合,从而使过去统一的俄罗斯疆域由于外部因素化整为零后重新统一起来;1656年,尼康亲自召开了高级神职人员会议,会上赞扬了他的宗教活动,讨论了直接涉及教会内部生活和教堂礼仪等一系列重大问题;宗主教尼康同时是一个孜孜不倦的组织者和大修道院及教堂建设者;时代表明,从整体上来看,尼康的宗教改革曾在俄罗斯东正教的发展中发挥重要作用。

1666~1667年的高级神职人员会议结束了教会改革拥护者与反对者之间的和平争论。会议期间,教会改革的反对者(即旧礼仪派)遭到官方的批判和诅咒,从那时起,宣传旧教被看做是一种刑事犯罪,布道者将受到严惩,甚至有可能被活活烧死。于是俄罗斯各地开始公开迫害古老信徒派教徒,首都莫斯科的维护旧教者也未能幸免于难,尽管秘密维护旧教社团只联合了手工业和商业区内的部分居民和火枪兵,不过由于受到阿瓦库姆的影响,这些人当中甚至还有著名的大贵族姐妹(Ф.П.莫罗佐娃和Е.П.乌鲁索娃)和统治阶层的其他代表,他们都像普通市民那样,随时准备为捍卫旧教而忍受痛苦,甚至随时接受死亡的厄运。②

俄罗斯教会分裂直接影响了首都莫斯科的政治气氛,官方正教的拥护者、与官方最对立并受到残酷迫害的维护旧教者,都积极参加每次的公众聚会和辩论。

然而,沙皇在社会中的地位得到了进一步巩固。

尽管教会在沙皇阿列克谢·米哈伊洛维奇的强压下"有些弯曲和变形",但是沙皇本人依然特别笃信宗教,他经常阅读《圣经》,随时随地引用其中的名言警句,若是有人想在守斋方面超过沙皇,那肯定是徒劳的,因为沙皇阿列克谢·米哈伊洛维奇每天都在教堂里站立5小时祈祷,无数次鞠躬、画十字。每逢星期一、星期三和星期五,他只吃一个黑麦面包,甚至在教规容许吃荤或吃鱼时,他依然严格控制自己的饮食。虽然如此,宫廷每天都照常给他摆好70盘菜肴,但每次他都下令将其中的大多数饭菜分发给身边的随员。在他之前的所有时代,在复杂、丰富和多次的沙皇出动和朝圣时,从未有人能像阿列克谢·米哈伊洛维奇这样

---

① 教堂派(поповцы)是最喜欢官方正教会的旧礼仪派别之一。他们承认神甫和教会等级制,分成皈依派、逃亡教堂派和别洛克里尼茨派。反教堂派(беспоповцы)与教堂派相反,反对某些宗教礼仪。分为北方沿海派、费多谢耶夫派、菲力浦派、涅托夫派。俄罗斯反教堂派的人数较少。——译注
② 摘自《安提阿宗主教游记》,第169页;《苏联通史:自古至今》,莫斯科,1967,第3卷,第104~106页。——原注

如此准时,也无人像他这样如此隆重,他一生都严守教规。有时在他看来,一些不起眼的世俗琐事和教堂礼仪甚至比急迫的国事更重要。

阿列克谢·米哈伊洛维奇以"渐渐平息的沙皇"的名誉被载入史册,可实际上他酷爱十分刺激的鹰猎活动,他曾写过一本题为《驯鹰猎人手册》的鹰猎参考书,该书至今都是唯一的一本驯鹰手册。①

阿列克谢·米哈伊洛维奇一贯是威风凛凛、神采奕奕地出现在自己的臣民面前,他外出时,通常乘坐宽敞的雪橇或装饰华丽的四轮马车,两个大贵族分立马车两侧,另外两个大贵族站在马车后特制的踏板上护驾。随沙皇出动的必须有一支全副武装的火枪兵队伍,每次在沙皇马车到达之前,所通过的街道都事先打扫干净,清退附近的市民。当莫斯科市民看到从远方飞驰而来的皇家车队时,赶紧躲避在自家的栅栏后面,骑马的人也赶紧下马跪安。当皇室车队通过各家门前时,多数市民干脆待在家里。有一个当时住在莫斯科的外国人曾这样写道:"莫斯科皇家的车队如此美丽壮观,他们以严格的编制行进:在历代所有信奉基督教的君主当中,恐怕无人能与当今这位沙皇相比,臣民由于沙皇身穿的华丽盛装而感到头晕目眩。不过,他们早就习惯了敬仰沙皇,甚至像崇拜上帝那样崇拜沙皇。"

与此同时,俄罗斯在17世纪完成了文化世俗化过程,即使文化彻底摆脱教会影响的过程。混乱时期俄罗斯民族自我意识的迅速提高,已成为社会思想发展中的主要现象,当时的政治思想是通过一系列以"檄文"、"匿名上书"、"传单"等政论作品反映出来的,主要代表作有1610年末~1611年初发表的《享有盛誉的俄罗斯王国与伟大的莫斯科国家新论》、1612年问世的《为非凡而圣明的莫斯科国家的奴役和彻底沦陷而哭泣》。由于17世纪初发生的严重危机,政论作家对揭示俄罗斯政权特点的兴趣越来越浓,其政论内容主要是俄罗斯政治体制下各种不同阶层的作用和地位,此类代表作有莫斯科和诺夫哥罗德部门长官季莫费耶夫(Иван Семёнович Тимофеев,1555~1631年)撰写的《编年史》、谢尔吉圣三位一体大修道院修士帕利岑(Авраамий Палицын,?~1626年)撰写的《传说》。这些政论作家的作品有一个共同特点,即他们一致认为,皇权是至高无上的,皇权是俄罗斯国家安定的可靠支柱。

17世纪下半叶,俄罗斯为确立专制制度奠定了理论基础。克罗地亚思想家和作家尤里·克里扎尼奇和白俄罗斯和俄罗斯社会活动家和作家西梅翁·波洛茨基赞同无限的专制政权,他们认为,只有个人专权才能理顺国内秩序,才能解决最重要的对外政策问题,同时为创建"开明的专制制度"的思想体系奠定基础。西梅翁·波洛茨基通过诗歌和布道活动,描绘了理想化的和主张对广大臣民进行启蒙教育的开明君主形象。

---

① 俄罗斯沙皇阿列克谢·米哈伊洛维奇的这本书有时被叫做《狩猎手册》,沙皇在卷首的题词是:"工作和娱乐各有定时。"这句谚语一直流传至今。——译注

1659 年,尤里·克里扎尼奇应邀来到莫斯科,他向俄罗斯沙皇阿列克谢·米哈伊洛维奇提出了文化进步、社会改造的一系列纲领和建议,目的是使俄罗斯完成自己肩负的历史使命,即帮助斯拉夫各民族彻底摆脱外夷侵略、促使斯拉夫各民族团结的伟大使命,但是沙皇非但不采取这位克罗地亚思想家的建议,反而将他流放到遥远的西伯利亚。

克罗地亚人尤里·克里扎尼奇是一位著名的思想家和知识渊博的学者,他曾致力于哲学、社会学、伦理、法学、语言学和经济学等多学科的研究,著述颇丰,但他对 17 世纪哲学发展的巨大贡献既没有得到他的同时代人的真正重视,也没有得到后人的青睐。虽然尤里·克里扎尼奇的著作在 17 世纪俄罗斯知识阶层得到了广泛传播,但是他的著作对俄罗斯社会的影响开始逐渐减退,后来几代人对他的思想及作品都感到十分陌生。直到 19 世纪中叶以后,尤里·克里扎尼奇才被"重新发现",他的部分著作重新开始陆续出版,他的理论遗产开始受到重视。19 世纪俄罗斯语文学家、民俗学家别松诺夫(Пётр Алексеевич Бессонов,1828~1898 年)、历史学家、古文献学家别洛库罗夫(Сергей Алексеевич Белокуров,1862~1918 年)、古罗斯文化学家瓦尔登贝格(В. Е. Вальденберг,1871~1940 年)、历史学家和科学院院士皮切塔(Владимир Иванович Пичета,1878~1947 年)等,都曾专门研究尤里·克里扎尼奇的思想体系。

像 17 世纪其他思想家一样,克罗地亚人尤里·克里扎尼奇的学说也为俄罗斯创造性的接受启蒙思想、建立独特的道德理论体系培育了沃土。

修士西梅翁·波洛茨基是 17 世纪官方政论作家的典型代表,他的原名叫萨姆伊尔·叶梅利亚诺维奇·彼得罗夫斯基-西特尼亚诺维奇(Самуил Емельянович Петровский-Ситнианович,1629~1680 年)。他曾创办并主持波洛茨克学校,担任皇室子弟的家庭教师。1656 年,当沙皇阿列克谢·米哈伊洛维奇前往波洛茨克寻访时,他特意向沙皇呈交了自己创作的音节体诗歌,以此引起沙皇对他的关注。1661 年,波洛茨克再次被波兰人占领后,西梅翁担心波兰人因为他有亲俄沙皇倾向而受迫害,于是他赶忙来到莫斯科并成为救世主耶稣会学校的一名教师;1667 年,他应邀担任 13 岁王子阿列克谢·阿列克谢耶维奇的家教,这个小王子夭折后,西梅翁又成为另一个 8 岁的王子费奥多尔的家教,他主讲的科目有拉丁语、波兰语、政治学、演讲术和神学。彼得一世的姐姐索菲娅也是在他这位家教的指导下接受教育的。西梅翁·波洛茨基的漂泊年代并不是白白度过的:在他应邀前来宫廷执教之前,他先后接受两次高等教育,即在基辅莫吉拉神学院接受的东正教教育、在白俄罗斯维尔诺耶稣神学院接受的天主教教育。

在 17 世纪的俄罗斯宫廷看来,西梅翁·波洛茨基不仅是一位精明强干的家教,他不仅善于利用各种形象而生动的比喻给学生上课,引导学生对科学知识产生兴趣并使他们"尝到甜头",而且还很快就成为一名官方传教士、宫廷诗人和剧作家。他曾为捍卫东正教信仰而反对教派分裂，撰写了《统治者的权杖》一书。在他的神学专著《东正教和天主教的最高成就》中，详细阐述了基督教信仰的主要真理，但是他亲西方的观点引起了俄罗斯宗主教的指责，因为他在书中宣传天主教教义。西梅翁·波洛茨基还撰写了布道专著《深情的最后晚餐》。在他创作的喜剧作品中，最受他的同时代人欢迎的是《尼布甲尼撒二世的喜剧》①和《浪子回头的故事》。

1670年初，西梅翁·波洛茨基为宫廷和"上层社会"启动了印刷厂，为王子彼得（未来的彼得一世）印制了《斯拉夫语识字课本》（1679），还根据他自己的意志和兴趣为宫廷印制了一系列书籍，参与制定了斯拉夫-希腊-拉丁神学院的办学纲领。总之，西梅翁·波洛茨基在弘扬启蒙教育思想的同时，实际上成了沙皇费奥多尔执政的坚强柱石。

西梅翁·波洛茨基是俄罗斯历史上第一位宫廷诗人，他经常为沙皇撰写颂歌。此外，他创作的赞美专制制度的政论作品曾得到广泛传播。他在指导沙皇学习知识的同时，希望其他人也能像沙皇这样得到学习的机会，他说："人们都有效仿沙皇的习俗，大家都喜欢沙皇爱做的事，喜欢有益于国家的事，在这个国度里，沙皇便于以良好的习惯感染广大臣民，从而改正广大臣民的缺点和错误。"在西梅翁·波洛茨基的一系列颂歌题材的作品当中，最典型的是歌颂沙皇阿列克谢·米哈伊洛维奇的《俄罗斯之鹰》，书中刻画了最理想的沙皇形象，同时宣扬了君主专制思想。严格说来，西梅翁·波洛茨基并不是一位文学家，而是一个在俄罗斯推行封建专制的思想家。从这个意义上讲，他与被贬黜的大司祭阿瓦库姆是直接对立的，西梅翁·波洛茨基是受到国家政权支持的宗教领袖，而阿瓦库姆是分裂教派的导师，这两位杰出的俄罗斯文化活动家通过各自的文学作品展开了激烈的争论。西梅翁·波洛茨基还是一个道德学说大师，他善于通过自己的诗歌，高度颂扬崇高的道德思想，同时劝说人们笃信宗教，此类主要代表作有诗歌《丰富多彩的朝圣中心——维尔多格勒》（1676~1680）。西梅翁·波洛茨基的弟子们继承了老师的写作传统，其中包括女皇索菲娅（Софья Алексеевна，1657~1704年）执政时期的宫廷作家西尔维斯特·梅德韦杰夫（Сильвестр Медведев，1641~1691年）②、最流行的《识字课本》的作者——卡里翁·伊斯托明（Карион Истомин，约

---

① 尼布甲尼撒二世（Nebuchadnezzar Ⅱ），公元前605~前562年巴比伦国王。公元前605年侵占叙利亚和巴勒斯坦，公元前598年远征阿拉伯，公元前597年和587年粉碎耶路撒冷起义，灭掉犹太王国。在位期间建造了巴比伦塔和空中花园。——译注
② 西尔维斯特·梅德韦捷夫（俗名西梅翁·阿加丰尼科维奇），17世纪俄罗斯作家、学者和教育活动家。1665~1668年为西梅翁·波洛茨基的弟子和秘书；1678~1689年为莫斯科印刷厂的校对员；1689年因支持索菲娅·阿列克谢耶芙娜而被捕，后被处死。著有随笔、神学著作、音节体诗歌。有人认为他就是俄罗斯第一部图书目录——《作者目录》的编纂者。——译注

1640～1717年)①。

西梅翁·波洛茨基文学创作中的启蒙教育趋势,主要表现在不按等级划分的人的价值,而是按人的天赋、知识以及为社会带来益处的本领论高低的思想的确立。西梅翁·波洛茨基证实:"即使是一个出身贫寒的人,如果他勤奋学习、积累知识,并努力去做有益于社会的善事,他也完全可以成为一个有尊严的和可以受到尊重的人。"因此,他的学生——王子费奥多尔及其隔山兄弟彼得(未来的彼得一世)也有同样的思想。

西梅翁·波洛茨基一贯认为,只有通过启蒙教育、推广哲学和科学知识,才能改善人们的生活,才能提高人们的道德意识,才能真正克服一切社会弊端的根源—无知。"……第三,如果我们想获得知识,需要寻找,但是我们不知道怎样寻找知识,如何获取知识。"

假如不分析17世纪俄罗斯社会底层的情绪,可能无法全面理解17世纪俄罗斯的社会思想。首先值得一提的是,上述俄罗斯早期文学作品、17世纪初起义领袖博洛特尼科夫(Иван Исаевич Болотников,? ～1608年)散发的传单和17世纪下半叶俄罗斯农民战争领袖斯捷潘·拉辛(Степан Тимофеевич Разин,约1630～1671年)号召农民起义的"檄文"等,都充满了"反封建思想"和笃信"善良沙皇"的思想。

17世纪前25年的俄罗斯社会思想的繁荣发展,与一系列描写混乱时期重大事件的宗教作品和世俗叙事作品的出现密切相关。其中最知名的作品有阿弗拉梅·帕利岑撰写的《传说》、莫斯科和诺夫哥罗德行政长官伊万·季莫费耶夫的《编年史》、国务活动家和作家伊万·赫沃罗斯季宁公(Иван Андреевич Хворостинин,? ～1625年)的《关于俄罗斯沙皇与莫斯科圣者的传说》、伊万·卡普佳列夫-罗斯托夫斯基公(Иван Михайлович Каптярев - Ростовский)的《纪事》。

行政长官伊万·季莫费耶夫在自己的《编年史》中严厉批判了国内发生的几大悲剧事件(年仅7岁的小王子德米特里遇害、两个僭称王,即伪德米特里一世和伪德米特里二世的出现),他说,这些悲剧不仅与衰老王朝的沙皇有关,而且与允许不法行为存在的整个社会有关,而且社会根本不想反抗那些不法行为。作者在《编年史》中这样写道:"整个社会已经彻头彻尾地败坏了,从伟人到小人物,圣者和沙皇,修士和圣者,都是有罪之人。"

在一系列历史著作中,还贯穿着另一条宣传俄罗斯人民道德和精神力量的主线,即俄罗斯人民依靠崇高道德思想及其无穷力量,克服混乱时期出现的各种困难。这种思想在阿弗拉梅·帕利岑的《传说》中体现得尤为突出,书中详细描写了谢尔吉圣三位一体大修道院带头英勇抗击波兰入侵者的故事。虽然作者在书中反复强调了"顺从天意"、"承蒙上帝恩赐

---

① 卡里翁·伊斯托明,17世纪俄罗斯诗人和传教士,莫斯科启蒙者之一。著有音节体诗歌、《启蒙读物》、《小型识字课本》、《大型识字课本》、百科性质的《城邦》。——译注

和圣者的大力支援",但他同时又做出了这样的结论:最终拯救谢尔吉圣三位一体大修道院的不是那些"达官贵人",而是一批"小人物",以此说明,在那一时期的俄罗斯历史中发挥决定性作用的恰恰是社会地位低下的人民群众。

1630年按照俄罗斯宗主教菲拉列特的旨意编写的《新编年史》,记载了俄罗斯官方对17世纪混乱时期发生的重大悲剧事件的看法。编写这部《新编年史》的主要目的就是为了巩固刚诞生的罗曼王朝的地位。

混乱时期过后,俄罗斯绘画艺术水平开始出现下降趋势,多数圣像也都开始带有模仿他人的特点,但是随着时间的推移,这种可以使人理解的危机逐渐消失了。17世纪40年代,莫斯科克里姆林宫教堂内的大型壁画开始更新,来自全国各地的绘画大师和助手构成了一个庞大的百人劳动组合,该组合的带头人则是帕伊谢因兄弟、С. 奥西波夫、М. 马特维耶夫、Б. 萨温、С. 耶费米耶夫等一批"皇家"画家,他们使克里姆林宫圣母安息大教堂的所有壁画焕然一新。С. 奥西波夫和 И. 鲍里索夫一起为克里姆林宫内的法衣教堂绘制了壁画。

17世纪上半叶的俄罗斯圣像技术主要有两大画派:一个是严格遵循"斯特罗加诺夫传统"的画派,该画派最典型的代表人之一是普罗科皮·奇林(Прокопий Иванович Чирин,?~1627年),他利用传统的细密画精致笔法,使壁画上的每个镀金细节都显得更加传神。17世纪40年代最典型的画作是他创作的《都主教阿列克谢圣像》,该圣像的大部分画面都采用了新技法。两大画派有一个共同特点,即二者在构图上都比较简约,笔法精致而更富有传统色彩。当时克里姆林宫有一个圣像创作机构,下设圣像创作馆,后来该馆与兵器馆(今天的兵器陈列馆)合并,从而成为俄罗斯最主要的艺术创作中心。17世纪50年代,以 Я. 卡赞采夫、С. 利亚赞采夫为首的画家组合(30多人)为克里姆林宫天使长大教堂绘制壁画,后来 Ф. 祖博夫和西梅翁·乌沙科夫也加入了这一画家组合,天使长大教堂的全部壁画在17世纪60年代彻底完成。

西蒙·乌沙科夫(Симон Фёдорович Ушаков,1626~1686年)是17世纪俄罗斯最著名的画家之一,他出生于1626年,1648年开始在银器制品馆进行"绘画"创作;1664年被调到克里姆林宫兵器馆工作,并成为俄罗斯第一个"由皇家供奉的圣像画家"。由于他在宫廷的出色工作,后来被封为贵族。西蒙·乌沙科夫早期最知名的画作是圣像《非人工创造的救世主》(1657),圣像上的"救世主"是一个真实的人物形象,笔墨饱满,突出了圣像本身的"生命力"。西蒙·乌沙科夫的另一幅著名画作《莫斯科国家圣者谱系树》(1668),该圣像所刻画的是俄罗斯历代沙皇和教会的最高首脑,其中包括沙皇阿列克谢·米哈伊洛维奇、皇后玛利亚和两个王子(阿列克谢与费奥多尔)。在刻画俄罗斯历代皇家人物形象的同时,西蒙·乌沙科夫还生动地描绘了当时的克里姆林宫风光:圣母安息大教堂、克里姆林宫围墙及其高矮不等的瞭望塔。作为著名的皇家画家,西蒙·乌沙科夫曾为沙皇阿列克谢·米哈伊洛维奇画过好几幅肖像,正是由于他和另一位画家——洛普茨基的非凡天赋和独特的创作,我们才有可能见到这位"逐渐平静下来"的沙皇的真实面貌。

被公认的绘画大师西蒙·乌沙科夫严格遵循了俄罗斯圣像画摹本及其传统,在他创作于1671年的《三位一体》圣像画上,构图完全符合传统的圣像模本的要求,即符合"鲁布廖夫圣像画"的要求,但画面上的三个天使却带有写实主义特点,实际上他画的不像是三个天使,倒像是三个男子在共进圣餐。弥漫在他绘画作品中的这股"世俗气息"不仅受到了他的同时代人的赞同,而且也遭到了不少人的强烈反对。古典风格的捍卫者,特别是分裂教派(维护旧教者)不承认西蒙·乌沙科夫以现实主义绘画手法创作的圣像,指责他是"盲目效仿德国画风"(即西欧画风)的画家。甚至连当时的全俄宗主教尼康,也对违背俄罗斯古代圣像摹本的做法提出了严厉的批判,И. 弗拉基米罗夫、Г. 季诺维耶夫、И. 马克西莫夫、Т. 费拉季耶夫、К. 乌兰诺夫等尼康的一批追随者,都曾试图干涉西蒙·乌沙科夫的艺术创作,但是他们的行为最终都是徒劳的。况且,按照现实主义绘画的定义,肖像画在世界强者(沙皇和权贵)的支持下得以继续发展,那些强者为过去的著名历史活动家和他们本人订做肖像,从而在17世纪中期前25年出现的一大批肖像画:《伊万雷帝》、《沙皇费奥多尔·伊万诺维奇》、《斯科平-舒伊斯基公》等,依然属于传统的"圣像画"技术;而17世纪下半叶创作的肖像画则与欧洲盛行的正面肖像十分接近,此类作品有早期肖像画《沙皇阿列克谢·米哈伊洛维奇》、Е. 叶林与Л. 斯莫利亚尼诺夫共同创作的肖像画《沙皇费奥多尔·阿列克谢耶维奇》、Д. 武赫捷尔斯画的肖像画《全俄宗主教尼康》。

17世纪世俗文学逐渐成为俄罗斯文化中的特殊现象,世俗文学在体裁方面出现了明显的分化,原来的行传体文学被刚刚出现的叙事体(记叙)作品所代替。这一时期的最佳世俗作品均带有独特的现实生活特征,比如,卡利斯特拉特(Каллистрат,约1574~1645年)撰写的叙事小说《乌利亚尼亚·奥索利英娜的故事》、《女地主奥索利英娜的侍卫》、《大司祭阿瓦库姆自传》等。

随着人们知识水平的不断提高,外省地主、贵族、公职人员和工商区居民读者对文学作品提出了新的要求。为了满足他们的文学需求,俄罗斯开始出现描写日常生活的小说,在此类作品中,作者采用了引人入胜的形式,生动刻画现实生活中的人和事,深刻揭示主人公的内心世界,摆脱了中世纪文学作品的条条框框,不再将主人公描写成单一的和理想化的"好人"与"绝对的恶人"。这些风俗小说的主题是反映年轻一代与老一辈之间的鸿沟和冲突、两代人不同的道德观、人本身、人的各种复杂情感和感受,比如,17世纪诗体小说《痛苦与厄运的故事》、"浮士德式"的作品《富商之子萨瓦·格鲁德岑的故事》、俄罗斯第一部描写骗子生活的《弗罗尔·斯科别耶夫的故事》。

这些文学作品的主人公多数是商人和不太富裕的贵族冒险家,一方面,他们反对过去的宗法制度和道德规范；另一方面，新思想和新生活方式尚未确定。

17世纪中期，俄罗斯开始出现工商区文学和民主讽刺文学，这种讽刺文学专门嘲讽国家专制和教会等级制度，通过模仿，尖刻地讽刺诉讼程序，此类作品的典型代表作是《法官舍米亚金的故事》；讽刺教会礼仪的民主主义作品《小酒馆醉汉的节日》；类似《圣经》的作品《农奴的儿子》；讽刺官方处理公事时的拖拉作风的作品《科利亚津的禀文》。而在创作于16世纪末~17世纪初的俄罗斯最佳讽刺作品《约尔什·约尔绍维奇的故事》中，辛辣地讥讽了一批要人——大贵族和军政长官、地主列希和巨富索姆。

在俄罗斯各城市的手工业和商业区的居民当中，已不乏有知识的书籍爱好者，他们经常相互传抄他们最喜爱的文学作品，从而出现了一系列手稿书籍，这些手稿书籍后来还传播到农奴当中。

17世纪，在波兰音节体诗的影响下，俄罗斯出现了韵律诗，新体诗歌的奠基人是西梅翁·波洛茨基，他曾编著《识字课本》、《韵律诗篇》、两部手稿巨著（《韵律诗汇编》和《丰富多彩的维尔托格勒》）。后来他的学生卡利翁·伊斯托明和西尔韦斯特·梅德韦捷夫继续了他开创的音节诗体研究。

西尔韦斯特·梅德韦捷夫曾以渊博的知识和精通古希腊哲学而著称，正因为如此，西梅翁·波洛茨基在韵律诗创作方面的经验、哲学和美学思想，明显地反映在西尔韦斯特·梅德韦捷夫的诗歌创作中。

为了充分说明道德问题，西尔韦斯特·梅德韦捷夫不仅参考了老师西梅翁·波洛茨基的文学作品，而且还继承了古希腊传统，其中包括柏拉图的《理想国》、亚里士多德的《尼格马可伦理学》以及毕达哥拉斯的精辟论述，他说："如果亚里士多德、柏拉图和毕达哥拉斯不曾深刻研究哲学，如果他们没有正确诠释哲学思想（请见亚里士多德的《论心灵》、《伦理学》、《雄辩术》等著作），他们的理论将会给国家带来害处。"

虽然西尔韦斯特·梅德韦捷夫不怀疑社会等级划分的公正性，但是他后来跟老师西梅翁·波洛茨基一起试图证实这样一条真理：决定人格和尊严的并不是他所处的社会地位，而是一个人的天赋和各种才能。"一个人是否有尊严，首先要看他是否能凭理智做事，是否能为国家做出许多贡献，是否是社会所需要的人。"

在诸多表现人民自我意识的文学新体裁当中，剧作占有特殊的地位。1672年，最早的俄罗斯戏剧搬上了沙皇阿列克谢·米哈伊洛奇的宫廷舞台，那些剧目的主要内容是古希腊罗马神话和圣经故事。俄罗斯戏剧奠基人仍然是俄罗斯国务活动家、教会活动家和作家西梅翁·波洛茨基，他亲自撰写的喜剧脚本《浪子回头》、悲剧《巴比伦国王纳布库图索的不幸》，都深刻地揭示了一系列社会道德、政治和哲学方面的问题。

17世纪俄罗斯文学逐渐摆脱了中世纪文学传统的影响，原来的宗教意识慢慢地被现实主义世界观所代替,天命论被探索世界发展规律的趋势所代替。反映日常生活的讽刺体裁和自传体裁的作品,分别为真正的文艺创作奠定了基础,同时出现了诗歌和剧作等新的文学创作领域。

大贵族马特维耶夫(Артамон Сергеевич Матвеев,1625~1682年)①本来就是沙皇阿列克谢·米哈伊洛维奇的密友,沙皇与他的孤儿外甥女(马特维耶夫妹妹的女儿)纳塔利娅·纳雷什金娜结婚这一事实,更加巩固和加深了他们二人之间的友谊。马特维耶夫热衷接受并传播欧洲思想,他家全部是欧洲家具和欧式装修。他的妻子是俄罗斯唯一不用香粉的宫廷女人,但是她不像其他宫廷妇女那样整天待在阁楼里,而是经常参与男子们的谈话。这也难怪,因为她们亲手培养的外甥女纳塔利娅·纳雷什金娜是俄罗斯第一个扯掉马车上的窗帘公开示众的女皇。

马特维耶夫曾将外国艺术家看做是"前途无量的事业大师",对他们加以资助和庇护,1673年,他在莫斯科侨民村兴办了一所戏剧学校,招收26名市民家的男孩学习"喜剧行当"。实际上,这就是俄罗斯历史上的第一所戏剧学校。

沙皇阿列克谢·米哈伊洛维奇原来是个戏迷,当时的戏剧主要是在木板搭建的剧场里上演的,有时是芭蕾舞剧,有时是根据《圣经》故事改编的话剧,话剧中穿插一些粗俗的笑话,比如,在《尤季弗与奥蒂芬》中,佣人看到亚述统帅尤季弗的脑袋被砍掉之后说:"小可怜,醒醒吧,很奇怪,他的脑袋搬家了。"

1673年,在沙皇阿列克谢·米哈伊洛维奇的皇宫里,首次上演了由瑞典导演利姆(Nicola Lima)编排的芭蕾舞剧《神歌手俄耳甫斯与妻子欧律狄克》,从而为俄罗斯固定剧目的形成和俄罗斯芭蕾舞剧的诞生奠定了基础。

虽然很少有人研究俄罗斯古代音乐艺术创作,但是现存的伊万雷帝颂歌足以证明,古罗斯音乐艺术同样得到了独特的发展。

古罗斯时期,伴随节日的不仅有丰盛的宴席,在一些重大的宗教节日期间,各个教堂还分别举行十字(圣架)大游行,比如,在耶稣基督领洗节期间,全俄宗主教亲自为莫斯科河水祝圣,这种礼仪叫做"水被除仪式"。在复活节前的那个星期日,国家和教会最高首脑(即沙皇和宗主教)同时参加隆重的祝圣仪式。在首都莫斯科红场上举行十字大游行时,宗主教骑马(象征着"耶稣骑驴来到耶路撒冷")走在队伍前面,而沙皇则亲自为宗主教按辔牵马。沙皇与宗主教还同时在红场参加新年(俄历9月1日)庆典和俄历10月1日的圣母幪幪日,每

---

① 马特维耶夫,教堂执事的儿子,童年时进宫,自幼与未来的沙皇阿列克谢·米哈伊洛维奇一起读书。马特维耶夫是一个知识面广、教养很深的人,俄罗斯欧化的拥护者,著名的外交家和精明的行政长官1671年起主持俄罗斯外交事务。著有多部俄罗斯历史著作和文章。曾参与镇压1662年莫斯科起义。1676年失宠被黜。1682年返回莫斯科,后被火枪兵杀害。——译注

逢类似的节日,红场上总是人海如潮。吸引莫斯科人的还有另一种热闹场面:百戏艺人伴随着音乐演唱民歌、跳舞、杂耍,还上演木偶剧。不过,正如我们在前面所说,东正教会一贯反对百戏艺人的表演,官方总是对他们加以残酷的迫害。① 尽管如此,百戏艺人、古斯里乐手和歌手、狗熊与驯熊者照常在各大城市和乡村"巡回演出",其中最受各地百姓欢迎的和十分流行的是由彼得鲁什卡参加的木偶剧。②

与前几个世纪相比,17世纪的俄罗斯建筑风格发生了实质性的变化,但主要建材依然是历代常用的木材和木结构。因此,各大城市的主要建筑还是木结构房屋,砖石结构的房屋还很少见,当时有能力建造砖石房屋的只有教会的高级神职人员、富裕的大修道院、最大的封建主(地主)和阔商人,普通百姓住的是平平常常的小木屋。在早已习惯砖石建筑的欧洲人眼里,莫斯科的房屋和其他建筑显得既难看,又寒酸,吸引他们的只有莫斯科大量的木结构和砖石结构的教堂和小礼拜堂。俄罗斯的祭祀建筑通常位于大修道院内、最大的封建主家在城市建造的庄园内,而且集中在莫斯科市中心的手工业和商业区内。传统上的莫斯科城究竟是一个什么概念呢? 那就是每逢重大节日,莫斯科市内的几百座教堂会同时响起神圣而庄重的钟声,震耳欲聋。克里姆林宫钟楼上那口最大的铜钟敲响时酷似霹雳的春雷,不仅站在钟楼下面的人们听不见对方喊话的声音,甚至连站在钟楼旁边的教堂里的信徒们也听不见其他任何声音。

自古以来,木材就是俄罗斯民间艺术创作最廉价、最受欢迎的基本素材,准确地说,俄罗斯民间"非艺术的"和"不完美的艺术表现"的创作从来就离不开木材。不管是农民使用的简陋的木柄犁,还是农妇的木质纺车,或是木质门窗边框,只要是通过农民的一双巧手,所有的器具和用具都会绽放出朴实无华的美,独具匠心的花饰和平直而美观的线条总是使人感到赏心悦目。

代代相传的不仅是器物本身,还有制造这些器物的工艺和技能,所以一切都似乎是命中注定,周而复始的现实生活显得异常美好,但是随着时间的推移,由于种种原因,农民的生活习俗开始发生巨变。不仅原来的木犁和纺车已被忘却,就连带盖的桦树皮篮子也成了多余的摆设,农民们也都觉得,现在还顾不上什么美观不美观,时间紧迫,城市的繁忙景象开始出现在农家院里。

桦树皮向来是俄罗斯人经常使用的最廉价的素材,它具有多种宝贵的特性,用它既可以制作精致的匣子、鼻烟壶、带把的水杯、带盖的圆篮子;古时候,这种柔韧性和持久性很强的

---

① 摘自《古罗斯封建城市的民族风俗·市民及其社会和家庭生活》,М. Г. 拉宾诺维奇著,莫斯科,1978,第115~124页。——原注
② 彼得鲁什卡(Петрушка),17世纪上半叶开始在俄罗斯流行的百戏艺人表演的木偶戏中的主人公——乐观而英勇不屈的好汉,他是被压迫的弱小人物的保护者。——译注

材料还用来抄写书籍、文献和重要的商务信函,用桦树皮书写的著名文件有 15 世纪的《诺夫哥罗德法典》。

桦树皮民间版画

甚至在 18 世纪,有时仍然使用桦树皮书写文件,当时遭到政府和教会迫害的维护旧教者在逃亡遥远边区之后,经常藏匿在密林深处,由于纸张缺乏,他们只能坚持用桦树皮书写檄文,最后合成桦树皮书籍。

各种木质器物表面上的装饰图案,主要刻画的是世界上罕见的珍禽怪兽,在精致的鼻烟壶和其他许多精美工艺品表面上,经常可以看到滑稽可笑的狮子或狮身鹰首的怪兽。还有广泛流传和神秘的珍禽怪兽,它们有时是爱情与悲伤的象征,比如,表示爱情(或欢乐)的美人鸟与表示悲伤的人面鸟,二者均来自古罗斯和斯拉夫人的迷信。传说人们往往通过这两只来自古代神话传说中的"神鸟",再现足以揭示广阔宇宙和深奥智慧的完美实质。有时"神鸟"还表示关于生命树的古老传说,两只"神鸟"分别在这棵树上搭建了各自的巢穴。俄罗斯民间艺术中至今保存了古老的多神教礼仪,每个时代又为这些古老礼仪增添了基督教的"框架",所以美人鸟与人面鸟也分别戴上了神圣的光环。当然,此处决无任何故弄玄虚之意,只不过是想说明,传统上的两种截然不同的或敌对的世界观,已在鲜活的人民意识中融化。

到 18 世纪初,这两只美人鸟开始作为美好和生活乐趣的象征,有时身穿华丽服装的神鸟被刻画在家具上、箱盖上、精致的匣子表面上,有时技艺精湛的工匠和雕刻家还将美丽的神鸟当做精美的装饰,将它们镌刻在铜、铬和银质器皿上,真是巧夺天工。画家和雕塑家将两只神鸟处理为并排而坐,已成为人们习惯了的构图方法,这也算是艺术家对保护古老传统而做出的一份贡献。

美人鸟与人面鸟后来的命运如何呢？我们知道，民间艺术是民族传统最诚实和最热情的保护者。20世纪初以前，两只神鸟同时相会的画面经常出现在市场上销售的民间木刻版画上，有时还出现在农民的日常生活中：木雕制品的表面、纺车上、家用器皿上、家庭手工织布上、民间刺绣和编织的纹饰上。

这两只生于远古、预示未来和留在人民记忆中的神鸟，曾赋予俄罗斯古老传统的颂扬者、19世纪著名画家瓦斯涅佐夫（Виктор Михайлович Васнецов, 1848～1926年）极大的灵感，他于1896年创作了传世精品《欢歌与悲歌》，该作品收藏在莫斯科特列季亚科夫画廊。

油画《悲歌》（B. M. 瓦斯涅佐夫）

其实，在俄罗斯文化史上，不仅是这两只来自神话的神鸟和一系列偶像，随着岁月的流逝，逐渐改变了自己面貌并在基督教教历中找到了自己的位置，另一个独特的艺术门类——木雕艺术，同样走过了类似的发展之路。

在古老的多神教时期，备受先民崇拜的偶像要么是用石雕刻的，要么就是用圆木雕刻的。虽然多神教偶像无法与基督教抗衡，但是赋予它们生命的艺术却有着更长久的生命力。俄罗斯人的祖先在接受新宗教之后，为了每天的回忆，专门雕刻了一些可爱的形象，始终保持他们所喜爱的劳动方式，但是这种做法经常与基督教教规产生矛盾和冲突。

第三章 16 到 17 世纪东正教在俄罗斯社会政治和文化生活中的特点及其作用　　195

油画《欢歌》(B.M. 瓦斯涅佐夫)

　　东方基督教不承认体态较大的圣像(大型木雕圣像),基督教认为,使上天的神灵降到人世的三维空间,未免显得太不雅观,而农民的意识可能想象不到如此崇高和细腻的境界,但是他们善于通过自己灵巧的双手和容易获得的材料,为自己创造肉眼看得到的和容易触摸到的导师形象。在这种情况下,教会也只能做出让步。例如,圣尼古拉被雕塑成一个身穿高级僧侣法衣的富裕农民主人形象,看上去善良、温柔、眼神调皮、活泼,但不乏预示神意的特点。这是一个希腊圣者的形象,人们根据他所在城市的名字将他称为"圣尼古拉(莫扎伊斯克的)",俄罗斯木雕圣像也正是从这个城市开始传播的。

　　古罗斯时期,人们习惯将木质蜂箱、椋鸟箱、餐桌上的盐罐等做成人的模样,还分别给它们添加上美观大方的装饰。

　　这些木制品通常都带有每个能工巧匠的个性特点,或叫区别性特征和地方特色,如今制作的许多民间工艺品上刻画的人物形象、城市风光和村庄等,同样具有类似的独一无二的个性特点。独特的艺术语言使我们看到了俄罗斯边区的广阔天地及其特殊景色,比如,戈罗杰茨地区的木器画诞生于伏尔加河流域的一个大村庄里,人们既不会将该地区的木器画与下诺夫格罗德州波尔霍沃-迈当村的木器画混淆,也不可能将其看成霍赫拉玛装饰画。

　　无论是在戈罗杰茨,还是在北德维纳河畔的科学城博尔卡,纺车底、器皿底和抽屉底的表面都有极为艳丽的彩绘装饰。虽然所有的花饰基本上重复着同一个"骏马"主题,但是每匹马的体形却各不相同,这是因为每个画家眼中的骏马不尽相同:有的马伸着细长的脖子,大有腾空飞跃之感;有的马肥胖敦实,好像它们的使命永远是被驯服的拉车能手似的。

在连续几百年里,俄罗斯各地的形象语言都在发生明显的变化,在变化过程中既有所损失,也有所收获,但是它们依然保持了自身的特征。

保持古代艺术传统实在困难,但是戈罗杰茨的古代艺术却流传至今。

人们常说,民间手工艺是日常生活传统和劳动传统不可分割的一部分,但是有许多实例证明,某些民间手工艺在脱离"故土"并汲取另一种具有较大的生命力的沃土上得到了进一步发展,与此同时,它们又在很大程度上保持了自身的独特性。18~19世纪初,农奴出身的匠人必须随时满足地主们的新品位和西欧艺术模式,所以当时出现了前所未闻的娱乐消遣方式—打牌。如果高贵的社会阶层赋予消遣活动某种基本意义,那么,工匠师们就得在此方面狠下功夫。农奴细木工首先开始制作铺着绿色呢子的折叠式牌桌,这种轻巧而考究的牌桌具有两大显著特点:从制作工艺和技术上来看,制作精良,品位高雅;另一个特点是自然流露的农奴工匠师的悲惨命运。

俄罗斯砖石建筑开始逐渐增多,主要是一些政府部门、工商贸易企业采用坚固耐用的砖和石料兴建大楼,同时开始利用彩色瓷砖、形体砖、白石部件等建材,这些材料能为建筑物增添节日的隆重气氛。早在16世纪,罗斯托夫就建造了规模盛大的城堡,在此期间,约瑟夫-沃洛科拉姆斯克、谢尔吉圣三位一体和基里尔-别洛泽尔斯基等大修道院的外部装饰工程也先后竣工。

教堂建筑的典型特征是带"储藏室"(通常夏天可以居住)的建筑,这种建筑是俄罗斯世俗木结构民居建筑的前身。教堂的正面墙顶部增加了隆起的盾形装饰。有些教堂有3个圆顶,有的教堂有5个、9个、13个圆顶,还有单个圆顶教堂。17世纪上半叶兴建的古典式教堂有位于莫斯科市中心(今天的俄罗斯影剧院右侧)的普金卡圣母诞生教堂(3个圆顶)、位于莫斯科手工业和商业区内的尼基特尼科夫胡同的三位一体教堂(5个圆顶),该教堂是由17世纪莫斯科巨贾之一尼基特尼科夫(Григорий Леонитьевич Никитников,?~1651年)于1634年出资建造的,该教堂是尼基特尼科夫宫廷建筑群的一个组成部分。单从构图形式来看,这座教堂酷似一座世俗的"豪华住宅",教堂四壁精雕细琢,布满了精美而繁复的各类造型,白石地基,红色砖墙。建筑师的目的显然是使教堂达到最佳装饰效果,从而使教堂体现出一定的世俗特色。该教堂后来成为俄罗斯许多省城教堂建筑的样板。

俄罗斯宗主教尼康曾试图对教堂建筑格式加以限制,他曾下令禁止继续兴建带锥体顶的教堂。

17世纪末,俄罗斯出现了新的教堂建筑风格"莫斯科巴洛克",这种建筑格式多数用于

普金卡圣母诞生教堂

尼基特尼科夫胡同里的圣三位一体教堂

俄罗斯达官贵人庄园里的小型家庭教堂,莫斯科巴洛克还被称为"纳雷什金风格",这是因为根据俄罗斯国舅列夫·纳雷什金(Лев Кириллович Нарышкин,1664～1705 年)的建议,莫斯科巴洛克教堂的建筑方案呈现出 17～18 世纪之交的典型特征:在正方形地基上坐落着两层八棱塔,这是一种单圆顶教堂,即"教堂顶部扣着一个大圆包"的教堂,该教堂顶层的八棱塔是一座钟楼,窗户、三角墙和圆柱一律采用白石建造,丰富多彩的装饰使堂皇的教堂锦上添花。"纳雷什金风格"教堂的典型特征体现于正堂中央的精心雕刻的镀金圣像壁。

17世纪末俄罗斯建筑艺术的突出特点是多层教堂,莫斯科最具代表性的建筑是位于菲利区的圣母教堂。最能体现17世纪末俄罗斯建筑风格特点的是此类多层教堂的钟楼,比如,莫斯科新处女修道院的钟楼共有6层,高耸入云,整个修道院都显得异常匀称,充溢着神圣和崇高的情调。

17世纪90年代,知名贵族切戈洛科夫(Михаил Чеглоков)在莫斯科建造了一座塔楼,取名"苏哈列夫塔楼",苏哈列夫原是沙皇火枪兵团的一位指挥官,可惜这座塔楼未能保存下来,具体位置在莫斯科和平大街南端和地铁"苏哈列夫站"东南角。苏哈列夫塔楼是一座欧洲市政厅格式的多层建筑,宽大而厚实的地基和最矮的几层显得异常坚固,上面的几层匀称,给人高耸入云之感,正面墙上布满了石雕装饰和一排挺拔的圆柱,这也是俄罗斯"纳雷什金风格"(即莫斯科巴洛克)传统建筑的典型特点。

在17世纪俄罗斯建筑艺术中,在古老传统与新建筑趋势相互斗争的过程中,产生了一系列崭新的艺术观,这些新观点与俄罗斯民间创作密切相关。与此同时,为了创造性地掌握和汲取西欧建筑风格的某些特点,要求俄罗斯建筑师进一步提高,对原先掌握的专业知识进行全部更新,目的是开创崭新的建筑艺术理论基础,促进俄罗斯建筑艺术进一步发展。

位于莫斯科河畔的沙皇新官邸科洛缅斯科耶宫殿规模盛大,富丽堂皇,美仑美奂,这是17世纪之前从未有过的奇迹,新官邸吸收了几百年的古罗斯民间木结构建筑传统,同时为它穿上了17世纪的华丽盛装。

位于莫斯科市东区的伊兹迈洛沃是另一处规模巨大的皇家世袭领地,其中有17世纪70~80年代的庄园建筑,是沙皇阿列克谢·米哈伊洛维奇强迫几个大地主出资建造的。作为独一无二的文化现象,伊兹迈洛沃庄园使沙皇嗅到并品尝了新型经济、新型农业和畜牧业的味道。

伊兹迈洛沃村原是俄罗斯大贵族罗曼诺夫家族的世袭领地,自17世纪起成为皇家领地,那里除了宫殿、教堂、银泉小溪旁的小礼拜堂(至今还定期举行礼拜活动)之外,还建造了石坝、玻璃厂、养猪场、养鸡场和养蜂场。

彼得一世的童年时代就是在伊兹迈洛沃庄园度过的,他小时候经常乘坐后来知名的那条小木船在伊兹迈洛沃池塘里荡漾,时常在今天公园的位置演练谢苗诺夫和普列奥布拉任斯基"少年游戏兵团"。伊兹迈洛沃庄园建筑群的中心位置既有小凉亭,也有各种怪兽形状的喷泉和迷宫,迷宫是当时莫斯科最富有的封建主庄园必备的和最喜爱的娱乐场所。伊兹迈洛沃庄园内有12个池塘、多座木结构和砖石结构的宫殿建筑、带有荷兰自鸣钟的城堡、刚刚引入俄罗斯的玫瑰、令同时代人惊讶的和被他们多次描写的豢养野兽的园囿等,这就是伊兹迈洛沃庄园建筑群的基本面貌。

17 世纪末,在达官贵人的城市庄园和郊区官邸的形象设计中,艺术原则开始发挥越来越明显的决定性作用,同时为彼得一世时期世俗的社会文化发展创造了前提条件。

俄罗斯人的审美意识发生了巨变,为了追求真理,新的审美原则推翻了陈旧的绘画传统,画家们开始将《圣经》故事情节用于朴实的风俗画创作之中。在莫斯科金环古城之一的雅罗斯拉夫尔的先知伊利亚教堂里,画家倾心绘制了带有"丰收"场景的壁画,但与过去不同的是,画家描绘的并不是《圣经》里的传说故事,而是真实的农民劳动场面。

17 世纪的俄罗斯圣像画艺术依然体现了传统的保守主义风格,因为圣像画创作活动始终处于教会和国家的严密监控之下,主要监管部门是克里姆林宫兵器馆。从 17 世纪起,圣像画家的创作活动都是在莫斯科兵器馆内完成的,所以该馆自然就变成了俄罗斯艺术创作中心,画家在该中心的首要任务是完成皇宫的订单:画圣像、装帧手稿文献、制作家具、贵重器物和上乘的玩具等。

与此同时,专门完成沙皇和宗主教订单的画家开始萌生摆脱圣像创作原则束缚的念头,例如,西蒙·乌沙科夫极力在圣像中表达真实人物的心理特点。于是俄罗斯便出现了由"персон"("人物")一词演变而来的"парсуна"("肖像画"),俄罗斯画家应邀前往摩尔达维亚和格鲁吉亚从事肖像画创作活动,乌克兰和白俄罗斯绘画大师应邀前往希腊写生。人物肖像是那个时期最早出现的世俗画。

莫斯科市民、手工业和商业区内的居民也开始根据各自的品位和需求,请人建造家庭教堂。在莫斯科手工业和商业区内兴建教堂的建筑师大胆运用了俄罗斯民间木结构建筑传统,主要追求教堂外部的美观、内部的堂皇和隆重气氛,所以在教堂装饰方面,他们多数利用彩色瓷砖、形体砖和白石,同时精心打磨每一个部件。教堂外面的四壁涂成了鲜红色,入口处还绘制了大量绚丽多彩的纹饰。俄罗斯民间"纹饰"特点还渗透于大修道院建筑之中,教堂艺术充分体现了当时社会情绪的明显变化、宗教意识的世俗化、对纯俄式的、富有活力的和讴歌生活乐趣的创作的追求。应当指出,俄罗斯各领域的改革和变化是在彼得一世的父亲阿列克谢·米哈伊洛维奇执政时期(1645~1676 年)开始的。

早在罗曼王朝的第一代沙皇、阿列克谢的父亲米哈伊尔·费奥多罗维奇执政时期(1613~1645 年),来自欧洲各国的外国人就集中住在莫斯科波克罗夫卡大街及其与该街相连接的几条胡同里。到 17 世纪中叶,莫斯科市内已有 400 多户"哑巴"(即不会讲俄语的侨民)家庭,俄罗斯正教会极力排斥这些久居莫斯科的外国人,宗主教和其他高级神职人员要求彻底拆除路德派新教教堂(这些教堂都是经过莫斯科市当局批准后建造的),教会认为,在首都莫斯科,东正教教堂与路德派新教教堂为邻,实际上是一种亵渎神明的行为。莫斯科的欧洲老板对他们雇佣的俄罗斯职员的宗教信仰实行粗暴干涉,不允许他们进教堂祈祷,从而出现了不遵守东正教斋戒的教规的行为。在这种情况下,俄罗斯正教会下令禁止外国人雇佣俄罗斯职员,不许外国人在莫斯科手工业和商业区一带兴办商场,还禁止外国人穿戴俄式服装。

1652年,在沙皇阿列克谢·米哈伊洛维奇执政时期,居住在莫斯科的外国人一律被勒令转移到1611年被烧毁的侨民村原址,不久后,在波克罗夫卡城门楼外,即莫斯科土城(民间叫"库奎")之外的亚乌扎河畔重新建起了侨民村。正是在这个重新恢复的侨民村里,未来的沙皇彼得一世从童年时就跟居住在那里的外国小朋友经常在一起,同时学会了他们的语言,产生了对西方文化的浓厚兴趣。所有的外国人从莫斯科市中心迁至侨民村的一切费用均由莫斯科国库支付,当时在这个新侨民村居住的有英国人、苏格兰人、荷兰人、德国人和欧洲其他国家的人,他们在"自己的领土上"(指新侨民村)建造了三座路德派新教教堂。

1676年,沙皇阿列克谢·米哈伊洛维奇去世,他的儿子费奥多尔·阿列克谢耶维奇(Фёдор Алексеевич Романов,1661~1682年)即位。费奥多尔·阿列克谢耶维奇充满睿智,接受了当时最好的教育,但他一直是病魔缠身。在短短的6年执政期内,完成了比其他沙皇一生的业绩还要多的成就,彼得一世的多项改革都是在他这位多病的隔山哥哥的基础之上实现的。短命的费奥多尔·阿列克谢耶维奇是一位真正主张改革的沙皇,他的改革活动主要包括:实行按户征税制;1682年取缔了原来的门第特权,即清除了根据贵族出身取得官职并终身享受特权的习惯;完成和巩固了第聂伯河东岸乌克兰地区与俄罗斯的统一。

沙皇费奥多尔·阿列克谢耶维奇废除了俄罗斯官场上"任人唯亲"的旧传统,奠定了"任人唯贤"(任用官员不看其出身,而看他是否称职)的基础。1682年费奥多尔·阿列克谢耶维奇去世之后,他的隔山弟弟彼得·阿列克谢耶维奇即位,这就是俄罗斯历史上著名的国家改革者彼得一世,1721年起为俄罗斯帝国的第一任皇帝,历史上将他称为"彼得大帝"。从此俄罗斯便开始了与西方诸国广泛的文化合作,同时还大量引进和照搬了西方的先进文明,促进了西方文化的俄罗斯化,并通过西方文化认识了被中断的古希腊文化和文艺复兴时期的文化。

第四章　俄罗斯正教会地位的变化
18世纪俄罗斯对欧洲文明的吸纳

俄罗斯民族思想的演进：从东正教到专制制度　教会独立地位的动摇　主教公会时期　文化　世俗化　民用体替代古老的教会斯拉夫字母（1710年）　俄罗斯于1700年首次按公历欢度新年，圣诞老人与雪姑娘、新年枞树、欢庆和相互祝贺新年　彼得一世确立了救济孤寡老人、孤儿、残疾士兵的国家体系　俄罗斯第一部带有作者肖像的著作——《罗蒙诺索夫作品集》　18世纪的共济会　共济会成员认为：上帝是一个无处不在和预示万物的信息场　费奥多谢耶夫协议与俄罗斯商人宗教联合会　西方思想对俄罗斯教堂建筑和圣咏的深刻影响　分裂教派运动依然是俄罗斯正教会的一块创痍

虽然18世纪前25年的俄罗斯改革与彼得一世的名字密不可分，但是假如没有他父母的前期准备，彼得一世也不可能成为彼得大帝。他父亲阿列克谢·米哈伊洛维奇为巩固俄罗斯与西方的关系奠定了基础，引进了西方的服饰、家居风格和经济管理模式。

母亲纳塔利娅·基里洛芙娜是当时俄罗斯杰出的女性，她酷爱艺术和戏剧，善于将艺术知识传授给子女。她对儿子彼得采取了"完全自由式教育法"，即允许小彼得跟那些没有亲人的孩子、农奴的孩子和外国儿童一起玩耍。她是俄罗斯历史上第一位公开在社会上抛头露面、不涂脂抹粉的女皇，她勇敢地面对沙皇（她丈夫）前妻家的亲戚——米洛斯拉夫斯基家

族(Милославские)①对她的妒忌,有时还大胆与他们作对。

小彼得自幼从母亲那里接受了独立思想、勇敢精神、顽强的生命力、宗教信仰和笃信上帝的理念。

彼得一世从他父亲那里继承了更新祖国面貌、使俄罗斯赶上西方发达国家的伟业。

彼得一世是一位具有多种才艺的旷世奇才,有着超人的毅力和非常坚强的意志,他一直坚持不懈和刻苦学习,永远都带着那枚精致的宝石戒指,戒指上刻着这样的题词:"做有教养之人,需要不断学习。"他精通历史、数学、制炮学、造船等专业,经常参加体力劳动,同时掌握了好几门专业:他曾是出色的造船大师,还会修理各种不同的机械装置、缝制皮靴、做外科手术、治疗牙科疾病等。19世纪俄罗斯著名诗人和近代文学奠基人普希金曾这样写道:"彼得大帝既是一位科学院院士,又是一个战斗英雄,时而是一名航海家,转眼又是一个木工。"

彼得一世身边总是有许多才华横溢和精力充沛的助手和各个领域的专家,特别是在军事方面,更是人才济济。每当他选拔官员或工作人员时,其着眼点并不是看他们是哪个民族、怎样的出身和社会地位高低,而是重视他们的天赋和实际工作能力,有时被他选中的竟是出身贫寒的普通人。彼得有许多外国朋友,有时还跟他们一起经受各种惊险和充满智慧的考验。荷兰人布郎特为他组建了一支配置完整的小型舰队,所以一个天生怕水的小男孩彼得自幼就成了一名真正的水兵。彼得一世在后来的执政时期,他掌握的几门外语发挥了重要作用。成年后的彼得一世无论来到西欧哪个国家,他都感到像他童年在莫斯科侨民村那样自如。

彼得一世组建的近卫军实际上是一个"锻造人才的大熔炉",正是这个"大熔炉",后来成了他实现各种思想的可靠保证。根据沙皇彼得一世的命令,这些近卫军战士分别担任不同的职务,有的是矿山专家,有的是监督最高军官的督察员。这支近卫军仿佛是彼得一世所追求的理想国模型,即有秩序、服从命令、强大、步调一致和人人热爱劳动的理想国家。即使在彼得一世之后的很长一个历史时期内,近卫军仍然发挥了特殊的作用,他们始终是国家安定的保障和重要的政治因素。

著名历史学家 B. O. 克柳切夫斯基曾经指出,17世纪不仅为改革家彼得一世营造了健康成长的环境和气氛,而且还为他勾勒出了一整套改革方案,而这种方案既适合于他本人,又适合于在他之后的历史进程。彼得一世的改革实际上涉及了俄罗斯社会的各个领域:经

---

① 米洛斯拉夫斯基家族,15~18世纪俄罗斯大贵族,14世纪末来自立陶宛,17世纪发迹。大贵族伊利亚·丹尼洛维奇的两个女儿分别嫁给名门之后:玛利亚(1625~1669年)是沙皇阿列克谢·米哈伊洛维奇的第一个妻子;安娜是大贵族 Б. И. 莫罗佐夫的妻子。大贵族伊万·波格丹诺维奇(?~1681年)曾领导辛比尔斯克防御战并抵御拉辛的军队;大贵族伊万·米哈伊洛维奇(?~1685年)领导反对彼得一世的亲戚纳雷什金家族的斗争,1682年莫斯科起义的组织者。——译注

济、行政管理、军队、海军舰队和文化发展。从广义上来看,彼得一世的改革内容主要有两大重要部分,即大力推进国家从中世纪向新时期的过渡;加快俄罗斯社会和人民生活的西化过程。由此可见,彼得一世的改革的确带有双重性,一方面,社会各领域的改革首先是为了保证贵族阶层的利益,改革是在农奴制条件下进行的,这种改革导致人民的地位和生活更加恶化,使专制制度进一步加强;另一方面,彼得一世的改革激发了已有的封建制度的潜力,从而促进了社会经济和文化的发展。

实际上,彼得一世并非没有看到他推行的一系列改革的负面影响,特别是对贫穷阶层的负面影响。为了确切统计俄罗斯国内的人口总数,彼得一世连续进行了多次全国人口普查,他所采取的另一个新举措是建立社会救济制度。

正是在彼得一世执政时期(1682~1725年),国家才开始重视自身在建立济贫制度过程中应该发挥的作用,并将此活动看做是自己的历史使命。彼得一世曾经指出,预防贫穷现象的出现就是与贫穷做斗争的最佳手段,他将需要救济的穷人分为三等,即体弱多病者、有劳动能力者和职业乞丐。他开始定期进行个人募捐和慈善活动,有组织地救助处于社会底层的平民,组建官方济贫机构并采取实际的募捐和救助措施,他同时做出了如下规定:

——为那些"乞丐和流浪者"的人们建造"感化院";

——为那些"行为不检点"的女人们兴建"纺纱作坊",为她们提供就业场所;

——为失去父母的孤儿、病人、残疾人、残废军人和孤寡老人建造"医院";

——为残疾儿童和永久失去父母的孤儿兴办"孤儿院",以便使他们得以温饱并接受教育;

——为无钱治病的穷人们兴办"专门机构"。

况且,各省出资完成各自的社会救助项目。

在1724年颁布的《市议会工作细节》中还有这样的规定:所有的儿童都必须接受教育,享有教育权的不仅是"富人的子弟,而且还有穷人的子女。"学校应开设阅读、识字和算术等课程,学校应该在教会管理下组织教学活动。市政府对儿童的保护政策不仅包括使他们接受教育,而且还要对他们实行监护。《市议会工作细则》还规定,监护人的作用是监管儿童的一切活动,跟踪他们接受教育的全过程:"……不要浪费财富,要精心培养儿童。"

《市议会工作细则》强调指出,应该救助穷人和孤寡老人,安排他们住在市立养老院,而不能让他们靠"市民提供的食物"维持生机。特别是那些以乞讨为职业的赤贫,寂寞难挨的生活方式往往使他们去"偷窃"和"抢劫",为了防止此类现象发生,必须"强迫"他们去从事手工劳动、参加工作和"艺术创作"。

政府曾与以乞讨为职业的赤贫现象进行坚决的斗争,第一次抓住这种职业乞丐,对他们进行鞭答;第二次或第三次再被抓住,男人被发配到远方服苦役,女人被送进纺纱作坊做工,若是未成年儿童,则将他们送到制呢厂和手工工场。

1706年,大诺夫哥罗德都主教约夫(Иов,? ~1716年)在诺夫哥罗德神学院内开办了俄罗斯第一家"并非光彩的儿童"(即私生子)收容所。富有同情心的彼得一世为了从物质上帮助收容所,迅速从几家大修道院征集款项,还分别于1712和1715年颁布命令,严禁杀害私生子,1715年的命令还规定,不仅资助私生儿童本身,而且还要资助这些儿童的收养者。

根据当时的法令,杀害私生儿童者一律被判处死刑,同时规定,医院收养的婴幼儿长大以后,"男孩被送去学手艺,女孩被派到相关部门做服务工作,当然,当她们到了结婚年龄时,她们可以出嫁。"

那一时期俄罗斯私生子的数量剧增,1724年,仅在莫斯科省长办公署注册的专门负责哺养私生婴幼儿的奶妈就有218名。

与此同时,莫斯科市开办了90家男女"养老院",收容贫穷儿童4000多名,每年的费用是12000卢布(这在当时是一个相当可观的数字)。此外,在莫斯科养老院里,还住着不靠国家供奉维持生活的207名失去父母的穷孩子,后来沙皇政府颁布命令,分别将这些婴幼儿送给某些家庭固定养育,而当他们年满10岁时,便被送去当水兵。

18世纪下半叶,俄罗斯为穷人、孤儿、寡妇和无人照管的老人兴办了许多家流浪者收容院,住在这里的人被称为"流浪者"。

俄罗斯在18世纪建立的济贫、防止贫穷、与贫穷做斗争的制度,一直延续了近200年,直到1917年十月革命为止。

18世纪前25年,国家机构开始更新换代,新的和现代化的行政管理机构逐渐形成。1711年,原来建立在世袭基础上的大贵族杜马被彼得一世创建的参政院所替代,参政院的9名成员都是由彼得一世亲自任命的,而原来的大贵族杜马成员多达190人。彼得一世在选拔参政院议员时,首先重视的是他们的文化素质和实际办事能力。与此同时,彼得一世还在全国范围内实行各级官吏、财政和税收监察制度,对所有的官员进行秘密监控。

接着,彼得一世按照西欧模式组建中央国家机关,由新成立的"部"替代了原来的同级机构,重新制定了各部的工作原则。在此基础上,彼得一世又对各地方政府机构进行了相应的改革。

彼得大帝的改革还直接涉及俄罗斯正教会,当时的教会仍然是俄罗斯最大的封建主。直到17世纪末,俄罗斯正教会还保持着与不断发展的专制制度相矛盾的政治独立地位。彼得本人也是一个忠实的东正教徒,他曾在教堂唱诗班工作,像众多的信徒一样按时守斋,但是为了深化改革,他需要有人民、士兵和工人的支持,所以他毅然下令禁止30岁以下的青年人剃度出家。由于这一条禁令,许多修道院被迫关闭,而修道院的全部财产一律被国家没收。

虽然如此,彼得一世善于发现并奖励对祖国有特殊贡献的教会活动家,他曾特别尊重并嘉奖了大主教阿法纳西(Афанасий,1641~1702年),因为大主教在北方战争(1700~1721年)爆发后组织建造了白海防线,兴建了保卫阿尔汉格尔斯克城①的新德温斯克城堡。1701年6月,在将瑞典侵略者赶出阿尔汉格尔斯克城之后,彼得一世将缴获的战利品(三门大炮和瑞典军旗)赐予大主教阿法纳西。

阿法纳西是霍尔莫戈拉②大主教,俗名是阿列克谢·阿尔捷米耶维奇·柳比莫夫(Алексей Артемьевич Любимов,1641~1702年),青年时代曾笃信旧教,以高雅的素质和良好的教养而著称,私人藏书丰富,他是一个著名的宗教作家和杰出的传教士,除了一系列宗教著作之外,阿法纳西还编写了《家用通俗医疗指南》和《从俄罗斯通往瑞典的三条道路》。

在那个艰难时期,俄罗斯正教会的某些主教对彼得一世改革的必要性和益处表示理解,比如,沃罗涅日主教米特罗法尼(俗名米哈伊尔,Митрофаний,1623~1703年)支持沙皇彼得组建俄罗斯海军舰队的事业,在将自己的所有钱财捐献给彼得事业的同时,呼吁人民共同帮助彼得一世捍卫祖国的实际行动。米特罗法尼曾极力反对盲目全面仿效外国人的做法,并试图说服沙皇彼得一世不要毁灭已形成的俄罗斯本民族的生活方式。

尽管如此,在17世纪末,俄罗斯广大的神职人员还是向社会展示了令人难以忍受的情景,粗俗的习性、贪得无厌和无知曾是许多教区神甫固有的特性,各修道院的情况也都是一团糟,有些修道院甚至丧失了几百年积累的文化传统和职能,神甫及修士们的启蒙活动、书籍抄写发源地的功能和垦荒活动等,逐渐从人们的记忆和传说中消失,从此教会不再以俄罗斯国家正教载体的面貌出现。

彼得一世对宗教界的不满逐年加深,这是由于俄罗斯宗教界反对彼得改革的人数最多的缘故。

1700年,立场鲜明的古老信徒派教徒、宗教活动家和作家、革新反对者——俄罗斯宗主教阿德里安去世后,彼得一世任命梁赞和穆罗姆都主教斯捷潘·亚沃尔斯基(Стефан Яворский,1658~1722年)担任全俄宗主教,并称他是俄罗斯宗主教王位的维护者。原来宗主教的等级制被打破,宗主教的功能转交给1701年恢复起来的、以大贵族 И. Л. 穆辛-普希金和宗教执事 Е. 佐托夫为首的修道院事务管理局,教会原来占有的土地、全部财产和农奴曾归属修道院事务管理局,而后者后来又归属主教公会。彼得一世很快又颁布了一系列命令,限制了教会在国家的独立权、宗教官职独立于世俗政权的制度。彼得一世后来采取的一

---

① 新德温斯克(Новодвинск),俄罗斯北方阿尔汉格尔斯克州(Архангельская область)城市,位于北德温纳河畔。——译注
② 霍尔莫戈拉(Холмогора),俄罗斯村庄名,位于俄罗斯北方阿尔汉格尔斯克州北德温纳河畔,15~16世纪俄罗斯重要贸易中心。俄罗斯著名学者和莫斯科大学创始人 М. В. 罗蒙诺索夫出生于霍尔莫戈拉附近的杰尼索夫卡村。——译注

系列具体措施,大大减轻了教会对古老信徒派教徒的残酷迫害,同时还允许外国天主教徒和新教教徒在俄自由传教。这些措施的基础是彼得一世亲自阐释的一条改革原则:"上帝赐予沙皇管理人民的权力,但是控制世人良心的只有耶稣基督一人。"

最后在1721年,教会拥有了自己的最高机构:1月25日,彼得一世签署了建立俄罗斯宗教部(或最神圣的和最权威的主教公会)的文告。遵照沙皇的旨意,普斯科夫大主教费奥凡·普罗科波维奇为主教公会编写了宗教章程或规定,这是一份名为《主教公会法规》的法律文件,该法规开创了俄罗斯教会史的新阶段,确立了主教公会的基本职能、公会成员在管理教会方面应尽的义务,强调了主教公会的国家意义:"宗教部归掌握最高政权的沙皇管辖,听从沙皇的命令。"实际上,主教公会成员的地位与国家其他部门的官员一样。《主教公会法规》还解释了彼得一世采取这一措施的真正原因,因为沙皇认为,集体管理教会或由主教公会管理教会比原来的宗主教一长制更好。《主教公会法规》明文规定:"国家不必担心,集体管理教会的制度不会像宗教领袖一人掌管教会那样引起社会骚乱和愤怒,因为普通百姓不懂得,宗教政权与独裁政权究竟有什么不同……但是当百姓发现由沙皇的命令和参政院的判决确立的集体管理的政府之后,他们就会表现得比较温顺,再也不会寄希望于某个宗教领袖在暴乱时为他们提供帮助。"

一系列国家和教会机构的改组并没有影响彼得大帝的爱好和习惯,他一如既往,每逢节日就去教堂做祈祷,有时还亲自朗读《使徒行传》,有时与唱诗班的歌手一起演唱。

得以生存的修道院纷纷设法引起彼得大帝的特别关注,他们的这种做法不仅是由于他们的领地和庄园内有大量运用不合理的多余财富,而且还由于修道院原来的大好时光已成为过去。与此同时,这种情况削弱了教会在国家所需要的精神培养过程中的教育作用。

彼得一世还采取了一系列措施,旨在大幅度削减白衣修士和出家人的数量,即大量削减在修道院内"吃白食"的修士。根据1701年的法令,低级神职人员、打钟的执事、唱诗班的教士、高级神职人员的侍从、修士的亲戚(即不劳动、不参与土地耕种的白修士)均被开除修道院。

修道院一边裁减主持祈祷仪式和礼拜活动的修士人数,一边严格控制新增出家人的数量。大批病人、穷人和丧失工作能力的士兵开始在修道院居住,彼得一世认为,这才是修道院和教堂应该发挥的真正作用和意义。

与此同时,彼得一世还发明了一整套合理安排和利用被裁减的修士和神职人员的新方法。1704年,成立了以教区首脑穆辛-普希金为首的龙骑兵团,主要兵力是修道院的执事和平民知识分子。龙骑兵团士兵的薪水、购置马匹和饲料等一切费用均有教会承担,这笔开支实际上是教会专门筹集的。有些修士和神职人员经常被迫在国家重要部门任职。

根据彼得一世和主教公会的命令,为了使"非富裕家庭和不清白父母家庭出身"的女修士掌握手工技术,政府特意从莫斯科纺纱厂抽调一批女师傅和"纺织能手"来到各个女修道院,还给她们配备所需设备和原材料。而贵族和富商家庭出身的女修士也必须开始"做手工活"。

纪念币上的彼得大帝

自1724年起,俄罗斯主教公会改组为主教公会宫廷事务管理局,从此彼得一世使整个教会从属于沙皇政权。宗教界人士也像贵族和工商区居民那样,变成了必须履行义务和完成任务的社会阶层,而这些义务和任务都是异常艰巨的。神甫们不仅必须维护政府进行的各项改革,而且还要帮助政府搜捕和流放那些反对国家改革的人。忏悔仪式及其规则被打破,神甫必须及时向政府密报企图颠覆国家的罪犯(叛国者、暴动者、企图刺杀沙皇者),否则,这些神甫将被判处死刑。

根据彼得一世的命令,主教公会采用了纯粹的警察制度和捍卫改革成果的意识彻底取缔了秘密忏悔仪式,所有牧师必须无条件地向国家主管政治案件的专业部门——普列奥布拉任斯基事务局和秘密办公厅汇报他们所听到的忏悔,特别是被判定为"叛国、刺杀沙皇、颠覆国家、毁坏国家荣誉、危及国家安全、伤害皇室成员名义等罪行的"蛊惑民心和罪恶企图"的秘密忏悔,以及"有损沙皇声誉或危及国家安全"的言论。除此之外,那时出台的以教会改革为基础的《宗教细则》充分证明,类似的"密报"(告密)实际上与"秘密忏悔"这一概念本身并不矛盾。

1722年,俄罗斯教会改革过程中出现了一种新职务"主教公会总监"。况且,如果在该职务施行权力初期的职能主要发挥观察家的作用,那么,随着时间的推移,这个总监实际上已经成为无限权力的主教公会首脑。

当然,主教公会总监的一切活动一直受到彼得大帝的监控,他在走马上任之前已经向皇帝发誓:永远忠于皇帝。涉及教会活动的一切问题均由主教公会总监解决,事实上,皇帝通过主教公会总监实现了他对整个教会的监控,皇帝命令教会完成一系列国家职责:主管初等教育工作、记录公民生活状况、跟踪臣民良好的政治愿望。

处于国家政权和国家官僚主义管辖之下的俄罗斯教会,从此变成了世俗管理机构顺从的工作者。

然而,社会上对此种情况存在着不同意见,有人认为,彼得大帝的改革使激励俄罗斯教会创作力的积德行善行为受到伤害。

其实,俄罗斯东正教在这一时期恰恰得到了精神提升。与宗主教制时期相比,无论是在数量上,还是在思想上,俄罗斯教会都有了明显的提高。在宗主教制时期,俄罗斯曾拥有20个主教管辖区(教区)和20个主教;在主教公会末期,俄罗斯已发展到64个教区和40家相关机构,主教人数有100多位。这种大幅度的增长首先是由俄罗斯正教会对内和对外传教活动决定的,俄罗斯正教会先后在西伯利亚地区、远东地区、美国、日本、中国和朝鲜半岛等地成立了东正教传教士团。1870年,由莫斯科的英诺森韦尼阿米诺夫(Иван Евсеевич Вениаминов,1797~1879年)①为首的"东正教传教士协会"宣告成立,韦尼阿米诺夫本人于1977年10月6日被俄罗斯正教会尊为圣者。

主教公会管理时期(在彼得大帝执政时期),普世教会运动的思潮开始在俄罗斯教会中萌生。

彼得大帝对那些不参与政治的分裂教派态度平和,他曾在遥远而荒凉的俄罗斯北方的维戈小修道院里发现了一批分裂教派,他随即下令,不许扰乱他们的平静生活,还特意请他们为他祈祷和祝福。而对莫斯科的分裂教派,彼得大帝强迫他们交纳两倍的赋税,勒令他们保持特殊穿戴。尽管如此,彼得大帝认为,教会分裂运动是一种错误,所以不允许这种运动继续扩散。此外,他还号召所有的俄罗斯人每个星期日都去教堂做祈祷,每年都要进行忏悔并参加圣餐仪式。

在对待西方宗教方面,彼得大帝采取了同样的政策,他允许外国人在彼得堡兴建各自的教堂,他本人有时参加法国教堂的礼拜活动,那座法国教堂至今还保留着彼得大帝的宝座。矗立着多座外国教堂的彼得堡涅瓦大街曾一度被称为"多教并存大街"。

1698年,彼得一世创立了俄罗斯最早的一枚勋章:最高战斗功勋章——"圣使徒安德烈勋章";1714年创立了俄罗斯最早的一枚女士功勋章——"苦难女圣徒叶卡捷琳娜勋章";1724年11月24日,彼得一世将这第一枚女士勋章授予自己的妻子叶卡捷琳娜·阿列克谢耶芙娜。这是一枚椭圆形宝石勋章,其中可以镶嵌微型肖像,这枚带有白色丝带或白色蝴蝶结的女士勋章上还有一行题词:"忠贞爱情,捍卫祖国。"后来勋章的白色丝带换成了带有银

---

① 韦尼阿米诺夫,俄罗斯民族学家和博物馆学家,曾在俄美公司统治地区传教期间,研究美洲西北部的阿留申人和印第安人,尤其是他们的婚姻状态和家庭关系。——译注

白色花边的红色丝带。

1725年，俄罗斯又增设了一枚新勋章——"圣亚历山大·涅夫斯基勋章"，该勋章既可以授予军人，也可以授予普通公民，但是彼得大帝本人最终没有来得及为任何人颁发这枚勋章。

1769年，在女皇叶卡捷琳娜二世执政时期，一枚专门奖励军官和将军辉煌战功的勋章——"苦难女圣徒与常胜将军格奥尔吉勋章"问世；1782年，俄罗斯出现了"公德等于圣徒的基辅大公弗拉基米尔勋章"（该勋章的"四级勋章"曾授予多年为国服务公职人员），一级勋章的佩带方法通常是将固定颜色的丝带斜挎在肩上（圣安德烈勋章是蓝色丝带；圣亚历山大·涅夫斯基勋章是红色丝带）。

1721年10月，为了庆祝北方战争取得胜利，俄罗斯参政院和最神圣的主教公会授予彼得一世"祖国之父"和"全俄罗斯帝国皇帝"称号，俄罗斯帝国历史从此正式开始。

过去历代沙皇隆重的登基仪式被新式加冕礼所替代，从彼得大帝开始，那顶赫赫有名的莫诺马赫皇冠不再戴在沙皇的头上，而是有人双手托着皇冠走在华丽的加冕礼队伍的最前面，重新制作的皇帝桂冠代替了古老的皇冠。

国家彻底变革和破旧立新的过程不仅贯穿于工业、贸易等"物质生活"领域，而且还开始潜入俄罗斯人的精神生活之中。

彼得一世及其同道者共同开创的俄罗斯专制制度、预示后来启蒙时期和"18世纪不开明的专制主义"的思想，促使为与国家利益同等重要的全民利益服务的思想取代了原来皇权的宗教基础。在此基础上，受到国家庇护和为国家服务的艺术和文化，同时从教会和宗教获得了与此相同的意识形态的自主权，从此教会再也不是无人控制的主人，也不再是艺术的领导者。直到18世纪初，俄罗斯才开始实现教会财产国有化和西方多数国家在文艺复兴时期就已完成的文化世俗化，但是俄罗斯文化世俗化过程是坚定的和不可逆转的，因为彼得一世进行的最重要的改革之一，就是使以俄罗斯民族思想意识为主导的正教会变成了国家机制的辅助部门，该部门的权力不仅受到严格限制，而且还必须履行国家规定的义务。

俄罗斯著名历史学家和国务活动家塔季谢夫（Василий Никитич Татищев，1686～1750年）曾对18世纪初俄罗斯问题的基本理论性特点提出最严厉的批判，他既是英国哲学家和英国唯物主义创始人培根（Francis Bacon，1561～1626年）的追随者，又是德国唯心主义哲学家沃尔夫（Christian Wolff，1679～1754年）的弟子，他是最早确定艺术在俄罗斯民族文化中地位的学者之一，是俄罗斯详细论证艺术的社会职能的第一人。塔季谢夫在发表于1733年的《论科学与学校的益处》一书中，对各种"雅致的"或"使人赏心悦目的"艺术进行分类，主张统一俄罗斯教育体制的思想。

在彼得一世执政期间，俄罗斯确立了文化发展直接服从政府命令的制度。

为了保证刚刚启动的俄罗斯全面改革方针的顺利进行,需要一大批新型的和有知识、有教养的人才,俄罗斯通过两种途径解决了这一亟待解决的问题。

首先,国内自行培养人才。学校教育似乎早已注定为国家培养人才发挥主要作用,过去俄罗斯国内只有教会学校这一种教育形式,培养对象是神甫、文化修士、教义和书籍编纂者。刚刚到来的18世纪对学校教育提出了新的要求,即实施世俗实用教育。在彼得一世之前,人们只能通过当时仅有的家教形式获得世俗知识教育,而且那些家教课程仅限于基础知识和算术,全俄罗斯的国立学校屈指可数。

18世纪上半叶,俄罗斯出现了由国家出资兴办的普通教育和专业教育网。初级学校(即"算术学校"①)的学生掌握了识字、书写和算术等基本知识,俄罗斯40多个城市里分别开办了这种算术学校;还有专门为军人子弟开办的多所警备学校;海军部为水兵子弟创办了自己的学校。1699年,莫斯科创办了一所炮兵学校;1701年,莫斯科苏哈列夫塔楼里开设了"数学与航海专业学校",学习科目有代数、几何、三角、绘图和天文等。

令人好奇的是俄罗斯第一所世俗学校——数学与航海专业学校的内部生活,起初,莫斯科人对该学校表示极大的怀疑,他们一直认为,学校所在地苏哈列夫塔楼乃是妖魔鬼怪的栖身之地。许多贵族小少爷不顾学校的严格命令,竟然连续多天不来学校上课,于是学校对他们采取了最强硬的惩罚措施,有的甚至被强迫去服苦役。那些故意逃学的学生曾受到笞杖的痛打,并被严重罚款。有些逃离学校的贵族小少爷被押送回校,他们家的财产因此被国家没收,有些逃离学校的学生甚至被判处死刑。如此恐怖的气氛一直笼罩着数学与航海专业学校,学校实行"全日制",从早到晚全天上课。坐守每个班级的校役只要发现哪个学生哪怕有一点小毛病,不管他们的出身如何,立即用枝条狠狠地抽打他们。该校的学生来自各种不同阶层,甚至还有出身最高贵的子弟,学校的所有教师都是英国人,他们讲授的课程有算术、几何、平面三角、球面三角、航海学、海洋天文学和地理学,这些科目的教学采取"循序渐进"的方法,即"学生学完一科之后再学另一科"。当时的学习等同于在国家机关任职,学生可以得到伙食费,而且学习成绩越好,学生所得的伙食费就越高。

18世纪初,俄罗斯共有三类学校:高级神学院(莫斯科斯拉夫 – 希腊 – 拉丁学院)、高级技术学校(航海学校)和普通文科学校(以德国牧师和传教士格柳克的名字命名的普通中学)。

为了培养更多的人才,俄罗斯还派学生到国外深造,以便使他们在短期内学到大量知识并取得优异成绩,出国留学的科目中还包括"讲究的言谈举止"和"文质彬彬的仪态"。当

---

① 算术学校(цифирные школы),1714~1744年俄罗斯国立普通小学,学生为各阶层子弟(但农奴子女除外),学校开设的科目有识字、书写和算术。后来改为警备学校、高级神学校和矿山学校。——译注

然,派到国外留学的大部分学生是贵族少爷,虽然他们很少为国家带来益处,可是他们每个人都携带用人出国学习,正是在那些用人当中,不乏天赋出众的人才,比如,俄罗斯著名伯爵舍列梅捷夫家的农奴、后来成为显贵的阿列克谢·库尔巴托夫(Алексей Александрович Курбатов,? ~1721年),他的儿子最后也成为舍列梅捷夫家的工厂主,还有俄罗斯荣誉公民雅科夫·波普科夫等。在当时被派往国外深造的学生当中,还有著名诗人亚历山大·普希金的曾祖父、俄罗斯军事工程师汉尼拔(Абрам Петрович Ганнибал,约1697~1781年),他后来成为彼得一世的侍从和秘书。

正是由于俄罗斯与欧洲各国建立了友好往来关系,大大拓宽了俄罗斯"旅行家"的视野,他们从此能够自由出入法国的索邦①、荷兰莱顿大学的解剖教室。

俄罗斯的欧化过程首先得到了本国文化活动家的赞同,甚至连后来成为彼得一世改革反对派的宗教活动家和作家斯捷潘·亚沃尔斯基也承认,在彼得一世执政之前,"俄罗斯人根本不知道国外发生的任何事情,也没有其他国家的任何消息,不懂得其他国家温文尔雅的举止行为和生活习俗,所以许多国家将俄罗斯人看做是'不懂礼貌的'和'思想混乱的'青少年,如今上帝通过彼得一世这把钥匙,为俄罗斯人打开了展望世界的大门。"

民用体代替古老的教会斯拉夫语书写体,乃是世俗文化脱离教会过程中的重要一步,新创立的民用体字母的笔画大大简化。事情的经过大致是这样的:1710年,彼得一世亲自对俄文字母表做了最后的校订,并确立了一种新式字母书写体,他说:"我们将用这些字母印刷文艺类书籍和手工业方面的书籍。"自1710年起,凡是非宗教内容的书籍,都开始采用新的民用体字母印刷,原来那些复杂的字母被阿拉伯数字替代,而继续采用手写体印刷的只有教会使用的书籍。

根据彼得大帝的命令,为了巩固新思想,为了保证科学的顺利发展,俄罗斯开始了广泛的图书出版活动,各类教科书纷纷出现。1703年,由莫斯科数学与航海学校数学教师马格尼茨基编写的教科书《算术就是数字计算科学》以铅印形式出版,这实际上是一本数学知识百科全书。《识字课本》、《日课经》和《诗篇》等古老的教学参考书已不适宜新时期的教学要求,取而代之的是由莫斯科印刷厂和主教公会印刷厂长波利卡尔波夫－奥尔洛夫(Фёдор Поликарпович Поликарпов－Орлов,约1670~1731年)编写的《初级读本》和《斯拉夫－希腊－拉丁语语法》、彼得大帝的战友、俄罗斯国务和教会活动家费奥凡·普罗科波维奇(Феофан Прокопович,1681~1736年)编写的《青少年第一课》,该书主要阐述了如何引导青少年端正学习态度等问题。除了波利卡尔波夫－奥尔洛夫和费奥凡·普罗科波维奇二人

---

① 索邦(Sorbonne),1257~1554年间巴黎拉丁区的一所神学院及其师生宿舍,由创办人路易九世的忏悔牧师R. de 索邦的姓氏命名。1554~1792年间,特指拉丁区的巴黎大学神学系。17世纪起成了巴黎大学的别名。——译注

之外,斯科尔尼亚科夫 - 比萨列夫(Григорий Григорьевич Скорняков - Писарев,? ~1745年后)等人,同样为编写新教科书和教学参考书做出了巨大贡献。

彼得大帝的重要改革活动之一是他创办的俄罗斯期刊,这是当时对人民进行启蒙教育的强有力的工具。为了使人们"有书可读,有知识可学",彼得一世下令印刷原有的俄罗斯第一份官方手抄报纸《自鸣钟》(或《通报》),并将报纸发放给广大民众。在1703年1月2日的《自鸣钟创刊号》里,刊登了莫斯科各所学校的基本情况、莫斯科男女新生婴儿的数量、来自喀山、西伯利亚、纳尔瓦等地的消息。值得一提的是,创刊号的所有文章都是由彼得一世亲自选定和校对的,他严密跟踪自己的这个"孩子"迈出的前几步,并对他寄予莫大的希望。当时的《自鸣钟》报肩负着多项重要使命:向人民宣传和解释国家的全面改革、传播新知识、介绍国内外生活及其重大事件等,从而缩短俄罗斯与文明欧洲之间的距离。当时的《自鸣钟》报每期印刷100~2500份不等。

1728年,俄罗斯第一份杂志《历史、物种起源和地理月报》在彼得堡①问世。在整个18世纪,俄罗斯先后出版各种期刊杂志200多种。彼得一世的求知欲和向臣民灌输知识的决心,最终在俄罗斯国内形成了我们现在所说的"文化启蒙教育体系"。

根据彼得一世的倡议,俄罗斯奠定了收集科学藏品的基础。1719年,为了达到普及教育的目的,彼得堡创办了"珍品陈列馆",当时收集的"各种珍品"后来都成了艾尔米达日(冬宫)博物馆、炮兵博物馆、海洋军事博物馆的基本馆藏。彼得一世在荷兰考察期间,亲自收集了连他本人都十分惊讶的世界罕见的珍奇动物标本,这就是彼得堡"珍品陈列馆"的第一批藏品。值得注意的是,这家"珍品陈列馆"可以免费参观。彼得一世的同时代人曾这样说,当有人建议彼得一世实行收费参观制度时,他毅然拒绝并说道:"我的目的是想让人们前来参观这些珍品,希望他们通过参观增长自己的知识,所以我们要吸引更多的人来参观,创办珍品陈列馆的目的并不是为了向人们索取钱财。"

彼得堡还开辟了一个植物园,起初叫做"草药苗圃"。彼得一世还为俄罗斯皇室珍品的搜集工作奠定了基础。

民族文化的形成与发展过程反映了社会经济和社会政治方面的变化,18世纪初是俄罗斯发生大变革的时期,是"古罗斯"向新俄罗斯的过渡时期。彼得一世进行的国家改革的复杂性和多义性,的确常常引起社会各方的激烈争议,而争议最多的是改革时期的俄罗斯究竟在多大程度上放弃了民族传统?为什么要借鉴西方国家的发展模式?19世纪俄罗斯国家派历史学家索洛维约夫(Сергей Михайлович Соловьёв,1820~1879年)认为,彼得一世的改

---

① 彼得堡(圣彼得堡,Санкт - Петербург)的意思是"圣使徒彼得的城市",该城始建于1703年,为纪念圣使徒彼得,特以他的名字命名——"圣彼得堡"。——原注

革实际上是对俄罗斯国家的极端性改造,是一场令人恐怖的革命,他的改革将俄罗斯断然切成了两半。持有这种意见的还有俄罗斯历史学家博戈斯洛夫斯基(Михаил Михайлович Богословский,1867~1929年)和波克罗夫斯基(Михаил Николаевич Покровский,1868~1932年)。而当今的俄罗斯学术界认为,彼得一世的改革非但没有割断历史,反而推动和加速了俄罗斯的发展进程,以此决定了彼得一世所处的时代特征。

彼得一世创建的专制独裁帝国越来越多地需要世俗文化的支持,新时期文化的重要特征是其开放性、与其他各民族文化的联系,而这些特征又是彼得实行旨在打破民族和职业方面的封闭性、建立宗教宽容制度所取得的成果。俄罗斯与国外的联系逐渐开始广泛而紧密起来,俄罗斯与波兰、德国、意大利、荷兰等西方国家的联系,最终成为促进俄罗斯发展的积极因素,这种因素给俄罗斯带来了可喜的成果。

俄罗斯新时期的典型特点是社会迅速发展和社会复杂化,而这种发展的结果导致了文化的分化,随即出现了许多新的文化领域,其中包括科学、世俗绘画、园林艺术等。此外,文化本身的等级划分也开始发生变化。

1712年,当俄罗斯首都从莫斯科迁至圣彼得堡之后,莫斯科自然成为第二首都,但她依然是俄罗斯"最早的国都"。在这一时期,莫斯科开始为城市俄罗斯社会自治奠定了基础。

彼得一世凭着自身固有的饱满激情和旺盛的精力,将西方上层社会的生活方式注入俄罗斯社会生活和人民日常生活的各个层面。从此俄罗斯以一种极为特殊的形式迎来了欣欣向荣的18世纪。彼得一世下令,自1700年1月1日起,俄罗斯将废除旧历法(在此之前,俄罗斯的新年是9月1日),实行欧洲各国开始采用的新历法,即从"耶稣基督诞生"开始的公元纪年法。与此同时,俄罗斯也出现了圣诞老人和雪姑娘,而普遍装饰新年枞树的习惯则是在1852年开始的。

每逢新年,俄罗斯人家家户户都将自己的家庭布置得漂漂亮亮的,装饰新年枞树、松枝、色彩斑斓的彩灯,亲朋好友欢聚一堂,辞旧迎新,相互祝福道喜。

当彼得一世率大使团从欧洲返回祖国后,他立即开始热衷推行欧式服装。1700年8月26日,在进入莫斯科的各个城门口,都张贴着沙皇的命令:所有的大贵族、地主和商人,一律要穿法式或匈牙利式服装,还特意在城门附近摆放几个身穿西式服装的稻草模特。当时的新生事物不断涌现,除了农奴和神职人员之外,所有男人都必须剃掉自己的大胡子。

无论是建造新房子,或是家庭室内陈设和装潢,家家户户都必须仿照欧洲的模式去做。

在一次大型宫廷宴会上,彼得一世剃掉了自己的胡子,把身上的俄式长款上衣剪去了一半,宫廷上下和地方行政官们开始纷纷效仿。国内还进行了一次大检查,检查的主要对象是那些依然留着大胡子、身穿长款上衣的男人。如果某人一定要保留自己的大胡子,他们在进莫斯科城门之前,首先要交纳"胡子税"。国家发给那些自愿剃掉大胡子者一枚铜质"胡子证章",任何裁剪师无权缝制古老的长款男上衣,也不准商人销售类似的上衣。

尽管如此,彼得一世主张的全面革新并没有涉及俄罗斯民间节日,人们依然按照古罗斯传统,欢庆一直在民间广为流传的"谢肉节"①,有时彼得一世还亲自为这个隆重的民间节日剪彩助兴。"谢肉节"是俄罗斯人一直崇拜的最重要的多神教节日之一,这是在古罗斯接受基督教之前最古老、庆祝时间最长的一个节日(连续7天)。俄罗斯正教会也不得不将"谢肉节"纳入宗教节日的范畴。

"谢肉节"这个民间传统节日的最初含义是"辞冬迎春",积雪开始融化,家家户户的房檐上的冰柱开始滴水,白昼的时间逐渐延长,黑暗和寒冷慢慢离去。城市和农村的居民纷纷来到中心广场唱着民歌:"送走谢肉节之寒,迎来阳光与春天。"俄罗斯人历来温情地将这个节日称为"谢肉节周末"(从星期四起)、"快乐的谢肉节",人们自由自在地欢度节日,一群人唱着问对方:"美丽的谢肉节,你给我们带来了什么?"对方(另一群人)热情地唱着回答说:"我带来了喧腾的煎饼和明媚的阳光。"

按照俄罗斯古老的习俗,青年男女喜欢在谢肉节期间相亲,所以每逢这个节日,青年人都要异常精心地准备一番。

    谢肉节很快就要来临,
    盛宴将带来热闹气氛,
    喧腾的煎饼再加美酒,
    受洗的人们尽情狂饮。

著名诗人普希金的好友、东正教徒、纯正的俄罗斯诗人和文艺评论家彼得·安德烈耶维奇·维亚泽姆斯基(Пётр Андреевич Вяземский,1792～1878年)②曾生动地描绘了谢肉节期间的沸腾气氛,谢肉节的狂欢!人们带着各自制作的煎饼相互作客,相互祝贺,乘坐装饰华丽的三套马车或马拉雪橇,自由地驰骋于白雪皑皑的原野上……

有的雪橇不是马拉的,而是一群化装的年轻人拉着雪橇奔跑,雪橇上插着一根木杆子,杆子上的风轮急速旋转,以此象征着冉冉升起的太阳。人们还事先修整了宽阔而陡峭的冰道,那些坐满人的雪橇从"冰山"上飞驰而下,一群孩子坐着自制的树皮垫子,一次一次地从"冰山"上滑下来。那些拉雪橇的年轻人使沸腾的人群更加激动,人们依次从焚烧稻草人的

---

① 谢肉节(масленица),俄罗斯民间节日,持续7天。人们在大斋开始前的那个星期内(复活节开始前的56天)庆祝节日。该节日期间,禁止吃肉,只能吃奶酪、黄油、牛奶、鸡蛋,这是为未来40天大斋期所做的准备,目的是让信徒们慢慢习惯连续40天的节食活动,告别美味佳肴。——译注
② 彼得·安德烈耶维奇·维亚泽姆斯基,19世纪俄罗斯公爵,青年时代以进步观点著称,最后带着倔强和好战的旧教派的名誉进入坟墓。——原注

篝火上跳来跳去,需要说明的是,这是一个女性稻草人,她身穿无袖长衣,包着老太婆的头巾,一手拿着煎饼,另一只手拿着铁锅。

谢肉节期间,人们对新婚夫妇表示祝贺,新婚夫妇必须参加群众性的滑雪橇活动,展示他们最漂亮的节日盛装,而且还要多次当众接吻。

谢肉节的每一天都有各自的名称:

星期一——"迎节之日",即人们在当天修整冰山,制作秋千,将穿戴整齐的稻草人插在篝火旁,此后,孩子们从冰山上滑下来高喊道:"谢肉节到来了!"当天通常以男子在冰山脚下的格斗场面结束;

星期二——"游戏之日",从早上起,一群青年男女应邀前来滑冰山、吃煎饼,在此期间,他们分别为自己选择未婚夫和未婚妻;

星期三——"美食之日",岳母邀请女婿及其所有亲属到她家品尝煎饼;

星期四——"狂欢之日",即谢肉节狂欢日,集体滑冰山、滑雪橇、履行各种礼仪,相互敬酒、敬食等;

星期五——"岳母之晚",各位女婿分别邀请自己的岳母前来品尝煎饼,有时还邀请岳母家的亲戚一道品尝;

星期六——"姑子聚会",丈夫的姐妹聚会,年轻的儿媳妇邀请自家的亲戚来婆家作客。每逢星期六,孩子们一起建造带塔楼和大门的城堡,然后"兵分两路,在这座小城堡里开始作战"。19 世纪俄罗斯著名画家 В. И. 苏里科夫在他的风俗画《攻占雪城》中,生动而逼真地表现了谢肉节期间孩子们的狂热激情和古老游戏的魅力;

星期日——"辞冬迎春",顾名思义,当天要举行送别、告别、吻别仪式。星期日在民间还可叫做"送别星期日",既与"谢肉节女士"告别,也与亲朋好友告别,或相互道别。

由此可见,谢肉节有着极为深刻的含义:促使人们相互接近,促使家庭和睦,加深和巩固亲友之间的关系,增进本街道、本区、本村邻里之间的密切往来等。这个迎春的节日要求人们必须事先净化心灵,以纯洁的良心和肉体欢度节日,而且在谢肉节之后,人们纷纷去澡堂洗澡,以此表示肉体与心灵的再次净化。

上述 7 天之后,斋期来临,东正教徒便开始守斋忏悔。现在简单介绍一下这方面的情况。关于我们所说的"斋期"或"守斋",《圣经》(《旧约全书》)里就有记载,也就是说,在远古时期就有了斋期。斋期是与基督教一起进入俄罗斯的,所以俄罗斯人特别重视斋戒。

世界上许多国家都有严格守斋的习俗,比如,古希腊思想家、宗教和政治思想家、勾股定理的创始人毕达哥拉斯,首先带领学生们通过了"饥饿训练班",然后才开始向他们传授深奥的哲学知识。信徒在为自己的过错或罪恶忏悔之前,通常必须经过守斋这一阶段的磨炼。

在连续几百年之内,人们发现,短期节食有很多益处。今天的医务工作者纷纷证实,合理节食和守斋有利于人们的健康。

在俄罗斯东正教界,连续多天的斋期是圣诞节斋期(即从耶稣诞生到大斋之间的日子,或叫"冬天的斋期"),也叫"菲力蒲斋期",正如民间所说,这是一个异常严酷的斋期,整整持续40天,接着是大斋(谢肉节之后、复活节前的7个星期之内)、彼得斋期(节食斋期)、圣母安息斋期(美食者斋期)。俄罗斯人最重视的是大斋期和彼得斋期,因为这两个斋期有助于人们在最艰难的时候(即钱粮储备用尽的冬天)保存家畜,家畜不仅对农民生活,而且对城市居民生活至今都是非常重要的食品来源。

在俄罗斯东正教教历中,每年大约有200天是斋期(或叫斋戒期),在此期间,所有的信徒都必须严格守斋,例外的只有病人、产妇和儿童。当然,如今俄罗斯正教会所关注的并不是提醒人们注意节食,而是培养人们自觉克制自我的能力,其中包括克服自身的弱点、虚荣心、傲慢,经受各种诱惑和考验,拒绝各种下流行为。历史上一直认为,守斋和节食是人类心灵净化与身体健康的保障。基督教斋期中的哲理至今依然十分重要。

彼得一世不仅异常兴奋地参加谢肉节,而且还经常参加圣诞节节期,有一年圣诞节,他邀请近臣和随员80人,并带领他们以颂歌艺人的身份走家串户(大贵族、将军和富商家庭),亲自为他们演唱圣诗、颂扬耶稣基督、讲笑话、接受主人的礼物,连续多日狂欢。在谢肉节期间,彼得一世应邀亲往大贵族、封建主和其他人家里吃煎饼,他亲自制作和点燃烟火礼炮,他第一次点燃的烟花礼炮是1690年在谢肉节期间的第三天(星期三),他跟女皇、公主和宫廷上下一道,在莫斯科普列斯尼亚河边共同娱乐。当时炮声不断,看到沙皇亲自制作和点燃的烟花礼炮、繁星、圆圈、五彩缤纷的火光和精心制作的各种烟花图形,市民们不禁兴奋地欢呼跳跃起来。从那时起,俄罗斯每年在谢肉节期间都要燃放烟花礼炮,在女皇纳塔利娅·基里洛芙娜的命名日时,也经常燃放各种烟花礼炮,但是由于当时烟花礼炮的制作工艺尚不过关,每年都有人因为燃放烟花礼炮被烧伤,有的还因此而致残。

彼得一世自幼就是一个热心肠和懂得孝心和博爱的儿子。一天,他突然被唤到处于弥留之际的母亲病榻前……从那以后,他失去了母亲,这种巨大的损失使彼得一世倍感震撼,因为母亲始终全身心地关爱他、疼爱他。虽然母亲总共才活了42岁,但是她一直在为儿子担心,彼得与姐姐索菲娅公主的长期斗争、公主当着她的面毒打兄弟等行为,使母亲的身心健康每况愈下,她总是对儿子彼得隐瞒自己的病情,最后于1691年1月24日告别了人世。[①]

彼得一世曾试图改变俄罗斯农奴的生活习俗和劳动习惯,减轻他们的负担,同时提高他们的劳动效率。正是出于这一目的,彼得一世在1721年颁布命令,农奴收割庄稼时不再用小镰刀,而改用大钐刀和搂草机。为农民引进了一些新的农作物,这就是原来一直被禁止的

[①] 摘自《彼得大帝传》,A.C.奇斯季科夫著,莫斯科,电子翻印版,1992。——原注

烟叶、葡萄、桑树、果树和草药等经济作物,还引进了奶牛和美利奴绵羊等新家畜。

1718年岁末,彼得一世为贵族和城市上层社会创办了有广大市民参加的大型舞会,要求贵族之家必须在冬季轮流举办这种大型舞会,同时邀请妇女参加,在此之前,俄罗斯妇女无权进入男人的社交场所。

彼得一世与永远将妇女锁在家里的旧习俗展开了激烈斗争,他甚至不想听到"阁楼"一类的字眼。他规定的新婚俗是这样的:在正式举办婚礼之前的6个星期内,男女双方应该交换订婚戒指,此后新娘和新郎可以自由约会,在此期间,如果有一方不喜欢另一方,他们有权解除婚约。

凡是来参加大型舞会的人,必须身穿欧式服装,舞会上必须跳德国和波兰舞。彼得一世关注的是,俄罗斯贵族阶层必须有优雅的举止和良好的行为规范,善于骑马、击剑、跳舞、自如流畅地用外语交谈,必须养成正确的书写习惯,掌握演讲艺术。他亲自教宫廷官员学习西方上层社会的举止和行为规范,要求他们像军人那样顽强地学习。彼得一世还亲自编写了一本适合于宫廷上下的行为守则,守则规定:"不许穿着皮靴躺在床上;晚上每人必须躺在各自的床上睡觉,不准私自调换床位,也不许私自更换床上用品。"

关于行为规范和礼仪方面的书籍的确对俄罗斯上层社会很有益处,1708年印刷出版的《怎样书写恭维话:实例与说明》,实际上是一本关于一个人在各种不同情况下应该采取哪一种语言表达方式的书。诸如此类的图书连续出版了很多年,其中既有浪漫色彩的书籍,专门描写故事的书籍,也有比较严肃的书籍和商务方面的参考书。

当时还出版了一批青少年必读手册,比如,《青少年需要一面镜子》,今天再看这本书中的某些注解,可能会使人捧腹大笑:"小孩在饭前必须洗手,在进餐时,不能像猪狗那样,不能狼吞虎咽;不经大人允许,不能从餐桌上拿走任何食物;吃饭时不能有任何响声。"彼得甚至给那些参政院成员下达这样的指示:"不准像市场上的妇女那样在参政院会议上大喊大叫。"如果在此前不久,有人觉得讲外语不如懂艺术更光荣,那么,俄罗斯沙皇本人彼得一世"同时流利地使用几门外语",于是宫廷上下和各地官员也开始积极地学习外语。

彼得一世凭着自身过人的精力和惊人的魄力,决心尽快理顺国内秩序,具体措施包括净化国家公职人员的道德品质,杜绝贪污受贿和盗窃现象。

为了改善城市的公共事业,政府也采取了一系列新措施,出台了整顿市区建筑物,保持街道、广场和大桥上下的秩序和清洁卫生的相关法规和命令。彼得一世的同时代人证实,沙皇曾多次参加城市的灭火工作,由于他的亲自参与,城市消防队的工作效率才有了明显提高。

如果我们考察一下彼得大帝时期的俄罗斯上层社会的发展状况,不难发现,处于最高阶层的人们不仅在衣着上,而且在精神面貌、道德意识以及人际关系方面,都发生了重大变化。

正是在彼得大帝时代,人们才开始对音乐和书籍产生了浓厚的兴趣,从而提高了自己的艺术品位,人们才能够对新生事物做出思考和判断。尽管这些新生事物并不能被所有的人立刻接受,但是它们毕竟潜移默化并渗透于俄罗斯人的日常生活之中。

每当人们将彼得一世称为俄罗斯国家的改革者时,总是有人表示"赞同",另一些人却表示"反对",对他这个欧式新文化的缔造者始终是褒贬不一。有人甚至指责说,沙皇竟是一个如此疯狂的西方文化的追随者,他为了使国人接受西方文化,不惜损害俄罗斯本民族的文化和传统。

有些假象(拉丁语中的"artefactum",意思是"人为的现象")表明,俄罗斯艺术文化,特别是民间文化实际上没有受到任何损失。著名诗人普希金在深入研究俄罗斯历史、俄罗斯民间艺术创作之后,将俄罗斯人热爱俄罗斯民歌、民间舞蹈、保持古代传统等,全部归功于彼得一世。

在普希金眼中,彼得一世之所以伟大,是因为他善于引领愚昧落后的古罗斯走出泥潭,并将封建古国改造成工业发达、贸易繁荣、拥有庞大海军舰队的新俄罗斯帝国。

在彼得一世执政时期,特别是在1696~1697年间,位于莫斯科亚乌扎河畔的普列奥布拉任斯科耶村,建造了俄罗斯第一家手工纺织厂,而且是一家技术先进、生产组织有序的企业。该企业的技术创新主要是充分利用水利能源,后来整个纺纱车间都安装了脚蹬式纺车。这家纺织企业的产品主要供应俄罗斯海军舰队,部分产品推向市场自由销售。

后来在莫斯科丹尼尔修道院附近建造了一家缆绳厂,该厂的高质量(Q值)甚至在欧洲获得了荣誉。1701年,亚乌扎河畔建立了皮革加工厂;同年,又建立了礼帽厂;1704~1705年间,克里姆林宫对面的全圣大石桥附近,建立了大型呢料厂,该厂为俄罗斯呢料工业的发展奠定了基础。几乎是与此同时,莫斯科还兴办了纽扣厂,主要生产军服纽扣。

彼得一世开始于18世纪前夕的货币改革,要求具有可以冲压金币、银币和铜币的机器设备,即使用冲模冲压带有各种图案和沙皇头像的硬币。俄罗斯最小的货币单位——戈比就是彼得一世首次开始使用的。

一切措施都是为了创建本民族的生产基地,扩大民族生产,减少进口量。1705年,俄罗斯出现了第一家袜子加工厂;1706年,成立了麻布和桌布加工厂;1719年,波克罗夫村兴办了专门生产细纱的纺织厂。到18世纪40年代,俄罗斯最好的企业(其中首先是莫斯科的企业)已开始出口本国的产品,比如,俄罗斯出口到英国的麻布已经具有相当大的竞争力。

俄罗斯本国产品的贸易额在迅速增长,在此方面,出现了历史上的类似事件:像当年耶稣基督将从事银钱兑换的商人赶出教堂那样,彼得一世下令禁止在红场上进行任何形式的交易。这仅是彼得一世尊重历史、文化而采取的保护本国利益的政策之一。

彼得一世对俄罗斯物质文化的大变革、在工业发展方面的创新,并未能使俄罗斯广大人民的基本生活发生实质性转变,当时所发生的变化只是促进了俄罗斯贵族阶层的生活习俗和某些日常生活方式的改变。而俄罗斯人祖先的精神生活、思维方式、观念、品位和追求几乎没有发生任何改变。

历史证明,在俄罗斯这片土地上,如果没有那些透视事物本质和鼓励人们为真理而奋斗的伟人,没有这种伟大人物表现出的非凡的威力,永远也不会有任何奇迹发生。

1725年,彼得大帝去世,即位的是他的第二个妻子叶卡捷琳娜一世,又名玛尔塔·斯卡弗隆斯卡娅(Екатерина Алексеевна/Марта Скавронская,1684~1727年)①。女皇的同时代人证实,"这位女皇的个子不高,肤色黝黑,既无风度,又不漂亮"。当她还不是彼得一世的合法妻子之前,她已经与沙皇同居多年,并为沙皇生了14个孩子,在这些孩子当中,只有两个女儿(安娜和伊丽莎白)活了下来,这姐妹俩还参加了父母的结婚典礼。根据俄罗斯当时的法律,她们也都算是合法出生的子女。值得一提的是,叶卡捷琳娜一世的登基仪式是在莫斯科克里姆林宫圣母升天大教堂里举行的。

为了举行俄罗斯历史上第一位女皇的登基仪式,还特意为女皇订做了一顶极为昂贵的银质镀金皇冠,这是一件十分美妙的艺术品。

在女皇叶卡捷琳娜一世执政期间(1725~1727年),曾有人预言:彼得堡和俄罗斯海军舰队将会半途而废;还有人说,俄罗斯帝国之都将迁回莫斯科。但是女皇的统治方式使这些预言——破产:1725年,俄罗斯科学院在彼得堡宣告成立;彼得大帝创办的俄罗斯第一种报纸《自鸣钟》(《通报》)继续在彼得堡出版;女皇还创立了亚历山大·涅夫斯基勋章等。

与彼得大帝一样,叶卡捷琳娜一世不仅友好对待居住在俄罗斯境内的外国人,而且还赋予他们很多优惠,外国人实际享受到的优惠政策甚至超过了俄罗斯本国企业家:外国在俄罗斯兴办工厂后,有权购买农奴在自家的工厂做工。在那些外国企业家当中,许多人不仅带来了雄厚的资本,而且还带来了商贸和技术方面的知识。正因为他们拥有资本和扎实的知识,他们后来都成为著名的外国企业家,而且他们都已经全部俄化。

根据叶卡捷琳娜一世的临终遗言,在她死后,由彼得大帝12岁的孙子彼得·阿列克谢耶维奇(Пётр Ⅱ,1715~1730年)继承皇位,称为"彼得二世",但是真正掌握国家大权的是缅希科夫(Александр Данилович Меншиков,1673~1729年)②。1730年1月,彼得二世去

---

① 叶卡捷琳娜一世,俄罗斯女皇,1725年即位,彼得一世的第二个妻子。以A. Д. 缅希科夫为首的近卫军将她推上皇位,而国家实权掌握在缅希科夫手中。在位期间建立了最高枢密院。——译注
② 缅希科夫,彼得一世的近臣,特级公爵(1707年)、大元帅(1727年),宫廷马厩的儿子。1700~1721年北方战争期间为著名军事长官;1718~1724和1726~1727年间担任俄罗斯陆军院院长;叶卡捷琳娜一世时是俄罗斯事实上的掌权者。后被彼得二世下令流放到西伯利亚的别廖佐夫(今秋明州的别廖佐夫)。——译注

世，罗曼王朝的男性掌权者的历史就此中断，随后即位的是彼得一世长兄的女儿、库尔兰公爵的遗孀安娜·伊万诺芙娜（Анна Ивановна，1693～1740年），她原来曾住在库尔兰首都米塔瓦。

安娜·伊万诺芙娜比宫廷所有的官员都高出一头，天生一个冷美人，嗓音洪亮，所以她既受人尊重，同时也使人感到一丝畏惧。1734年，安娜·伊万诺芙娜签署了《关于削减神职人员的命令》，该命令一直执行到1760年，法律允许的出家人只有退伍军人和失去配偶的神甫。在全国神甫登记过程中，政府官员一旦发现违法剃度的出家人，迅速将他们抓获并免去他们的教职之后，将他们发配到远方充军。

女皇崇尚德国的一切，在她身边工作的有许多来自波罗的海的德国贵族当中，她最喜欢的一位是库尔兰伯爵比伦（或叫比林），他先是被当地的贵族给搞垮了，然后却成为公爵、伯爵。比伦其实是一个普通马官的儿子，但是他却得到了俄罗斯女皇安娜·伊万诺芙娜的恩宠，后来又成为俄罗斯的实际掌权人。对俄罗斯人来说，安娜·伊万诺芙娜执政的年代是一个非常艰难的时期，成千上万的达官贵人都被处死，有些虽然最终没有被处死，可是也被流放了。

多尔戈鲁基公爵（Василий Владимирович Долгорукий，1667～1746年）①讲述道："因为宠臣比伦酷爱鲜艳的颜色，所以宫廷内的深色衣服全部被淘汰，每人都换上了色彩艳丽的装束，到处是浅蓝色、浅绿色、粉红色和黄色。甚至连切尔卡斯基公爵（Алексей Михайлович Черкасский，1680～1742年）或奥斯捷尔曼伯爵（Андрей Иванович Остерман，1686～1747年）那样的德高望重的老国务活动家，每次进宫的时候，也不得不穿上粉红色的礼服。"

俄罗斯历史上将这一时期叫做"比伦苛政"时期。在这一时期内，外国人在俄罗斯国家管理过程中发挥着决定性作用，有的甚至应邀统率俄罗斯军队。例如，担任俄罗斯陆军元帅的是德国人米希尼（Бурхард Кристоф Миних，1683～1767年），他出生于德国奥尔登堡；掌管俄罗斯外交事务的是德国人奥斯捷尔曼（Андрей Иванович Остерман，1686～1747年），他出生于德国威斯特伐利亚；掌管俄罗斯度支院（负责国库和税收的机构）的是德国男爵门戈顿（Карл Людвиг Менгден，1706～1760年）；德国人申贝戈（А. Шемберг）统领着俄罗斯的冶金企业；而德国人舒马赫（Иоганн Даниель Шумахер，1690～1761年）曾担任俄罗斯科学院院长。

尽管如此，由彼得一世亲自制定的一整套法律和法规等，一直在俄罗斯国内发挥效力。

---

① 多尔戈鲁基，俄罗斯18世纪军政长官，曾在反对彼得一世和女皇安娜的阴谋活动中发挥重要作用，第一次被发配到俄罗斯西北方的诺夫哥罗德，然后被发配到北方白海索洛维茨克岛上的索洛维茨克修道院。1741年，当伊丽莎白登上皇位之后，恢复了多尔戈鲁基原有的一切爵位、职务，同时被任命为俄罗斯军事部部长。——译注

此外，俄罗斯的德国"管家"一向支持彼得一世倡导和发起的改革运动，他们采取的具体措施是鼓励俄罗斯国内企业的发展，每当某些企业在产品方面获得成就时，这些企业的老板就可以得到国家的奖励和晋升，莫斯科伊萨耶夫家族企业就是最鲜明的一例。伊萨耶夫家族企业的主要收入来自他们开办的呢料加工厂，在北方战争期间，这家工厂曾专门为俄军制作军服。1731年，伊利亚·伊萨耶夫（Илья Иванович Исаев，1680～1744年）已经成为俄罗斯国家度支院副院长，直到他1741年退休为止。1741年，伊利亚·伊萨耶夫被授予四等文官的称号，根据彼得大帝制定的"职官表"，他又被封为俄罗斯世袭贵族，同时享受许多特殊待遇。

18世纪中叶，俄罗斯公共剧院纷纷出现，迫使国家必须成立固定的戏剧学校，于是在1738年（女皇安娜·伊万诺芙娜执政期间），彼得堡成立了一所宫廷舞蹈学校。如果不算彼得一世和他父亲阿列克谢·米哈伊洛维奇时代创办的多种形式的戏剧艺术训练班，安娜·伊万诺芙娜创立的这所宫廷舞蹈学校的确是俄罗斯历史上最早的舞蹈学校。

女皇安娜·伊万诺芙娜去世之后，普列奥布拉任斯科耶团①发动了宫廷政变，彼得一世的女儿伊丽莎白·彼得罗芙娜公主（Елизавета Петровна，1709～1761年）于1741年登基，成为俄罗斯帝国时期罗曼王朝的第五任皇帝。

在此之前，一直被女皇安娜·伊万诺芙娜残酷压制的伊丽莎白终于迎来了出头之日，天生丽质的伊丽莎白即位那年是28岁，她身材高大、聪慧机敏、勇敢大方、性情激昂。总之，伊丽莎白具备了党派首领和国家元首所必需的一切素质和品德。

在莫斯科举行正式登基典礼之后，女皇伊丽莎白·彼得罗芙娜从德国石勒苏益格－戈尔斯泰因大公国调来了她姐姐安娜·彼得罗芙娜与卡尔·弗里德里希的儿子、彼得一世的外孙，名字也叫彼得，他接受俄罗斯东正教之后，取名为"彼得·费奥多罗维奇"（Пётр Фёдорович，1728～1762年），被指定为俄罗斯皇位未来的继承人，也就是后来的彼得三世。1745年，由女皇伊丽莎白·彼得罗芙娜做媒，彼得·费奥多罗维奇与不太富裕的德国公主索菲娅·安哈尔特－采尔布斯卡娅（后来的叶卡捷琳娜二世）结婚。

作为彼得大帝的后代，女皇伊丽莎白·彼得罗芙娜执政长达20年之久（1741～1761年），无论是她，还是她之后的彼得三世，与伟大的先辈不同，他们善于将国有资产归为己有。每当国家需要资金的时候，她们总是对下属说："请你们自己去想办法吧，而皇宫的资金只能准备应急。"这样久而久之，几乎所有的国家贸易部门都开始铺张浪费、严重亏损，逐渐变成了私人垄断组织，官方兴办的工厂也被参政院私自移交给宫廷内的显贵个人掌管，这些显贵包括伯爵舒瓦洛夫、沃龙佐夫、切尔内绍夫等私人工厂主。许多新建工厂刚刚得到的贷款，

---

① 普列奥布拉任斯科耶团（Преображенский полк），俄罗斯近卫军中最古老的兵团，彼得一世于1687年在莫斯科普列奥布拉任斯科耶村将"少年兵团"改编而成。在北方战争（俄瑞战争，1700～1712年）、俄法战争（1812～1814年）和俄土战争（1877～1878年）中战功卓著。该兵团于1918年解散。——译注

就被那些人任意在莫斯科挥霍浪费,而在工厂做工的农奴的工资却低得可怜,有时干脆拿不到工钱,从而导致了一次次的工人大罢工和暴动,但是每次罢工和暴动都被军警和炮火镇压下去了。

然而,不能说伊丽莎白·彼得罗芙娜根本没有为俄罗斯人民谋福利。可以说,她是俄罗斯,乃至全世界范围内最早的生态学家。这并不是一种毫无根据的说法,作为女皇,伊丽莎白·彼得罗芙娜早在1744年就曾经指出,为了保护莫斯科郊区的森林资源,对所有的私用木材一律加以限制。于是参政院开始对木材主要消费者(用柴量最大的企业和私人)展开"调查"。在对俄罗斯著名国务活动家、陆军元帅和企业家舒瓦洛夫伯爵施加压力的前提下,问题才得到了解决。接着在1753~1754年间,国家又颁布了一系列相应的法令,根据这些法令,距莫斯科200俄里(1俄里=1.06公里——译注)之内的酿酒厂、玻璃厂和生铁制品厂被迫关闭。那些很早就在这里从事冶炼和金属加工的企业,都因此法令蒙受了严重损失,其经济实力随之被削弱。企业关闭之后,有些工厂主干脆放弃了重工业,还有的不得不将自家的生产中心转移到远离莫斯科的其他地区。

伊丽莎白·彼得罗芙娜在俄罗斯确立多种宗教并存的道路上迈出了新的步伐。1741年,女皇下令,俄罗斯正式承认佛教,但是犹太教依然处于"冷宫之内"。女皇本人笃信宗教,严格遵守东正教的所有斋期斋日,定期去教堂做祈祷,有时还从莫斯科徒步前往70公里之外的圣谢尔吉三位一体大修道院朝圣。

当时的莫斯科依然是俄罗斯的第二首都,国家一直没有放松对莫斯科的关注。1742年,女皇伊丽莎白·彼得罗芙娜刚开始执政不久,便敦促参政院颁布命令,"为了杜绝走私物品,主要是私自贩运的酒类产品……",莫斯科土城之外的所有区域垒起了一道高墙,同时增设许多关卡。"海关监管区"的建筑工程由度支院亲自监督施工,莫斯科市内的许多街道和广场的名称都是根据那些"古代边境"命名的,比如,西蒙诺夫斯基土城、布德尔斯卡亚大街、普列奥布拉任斯基土城、普罗洛姆城门广场、普列斯宁斯基土城、克里斯季安斯基门广场等。

由度支院监督建造的莫斯科土城,使莫斯科城向东北方大幅度延伸,从而形成了两个重要的郊区:普列奥布拉任斯基区和列福尔托夫区。尽管莫斯科城一直在不断扩建,度支院的建筑范围也曾不断扩大,但是直到1917年,俄罗斯官方认为,莫斯科城市的范围是市中心的花园环形路(全长16公里)以内的区域。

在彼得大帝之后的岁月里,俄罗斯社会生活,特别是两大首都的社会生活,给人留下了这样的印象,即教育的成功、外在的风度、外表的华丽、奢侈和古代的野蛮行为奇怪地融为一体。

彼得大帝去世之后,俄罗斯的学校教育仍然进行了一系列重大改革,这是由于在18世纪30年代,贵族阶层强烈要求取缔彼得大帝确立的兵役制,要求政府允许贵族子弟不必经过艰苦的"普通兵"训练而直接晋升军职,他们认为,让贵族子弟参加这种训练,是对贵族阶层高贵身份的侮辱。最后贵族的愿望实现了,他们获得了使子弟直接升官发财的权利。随之出现的问题就是贵族子弟"从小"开始学习军事,为此国家专门开办了贵族小学和士官武备学校,主要是海军军官学校和陆军军官学校。1752年,在俄罗斯海军学院的基础上,专门为贵族子弟成立了一所海军军官学校,而原来的莫斯科数学与航海学校宣告解散,在那里就学的贵族子弟转到新建的海军军官学校,而"不同官衔"(非贵族子弟)的学生被安排到各种不同部门任职。

无论是在不同部门任职,还是在学校里学习,都带有绝对的强制性:强迫青年人服兵役(当水兵、步兵,或去充当某部门的小官员),强迫学生去国外学习,或强迫他们在国内上学,国家还专门设立了学生兵役制。

因此,像宗教界一样,俄罗斯贵族也想法设法帮助自己的子女逃避这种强制性的学习制度和兵役制。每逢人口普查和面试时,他们就设法将孩子隐藏起来,或者将孩子故意写在其他阶层的家长名下;征兵季节来临时,他们就想方设法让孩子们赶紧结婚,有的贵族还把孩子送到修道院暂时躲避。贵族们的这些做法是可以理解的,不过,他们这一做法一旦被政府发现,就必定会受到严惩。1736年颁布的法令规定,凡是采取上述做法的贵族,国家将没收他们的全部财产,并把没收的财产送给举报者,以资鼓励。

当时俄罗斯政府还没有兴办女子学校,已有的私立学校和寄宿中学总是令家长失望,所以对女孩子的教育仍然采取家教形式。

俄罗斯杰出学者罗蒙诺索夫一生从事的多种活动,开创了18世纪俄罗斯文化与科学的完整时代。

著名诗人普希金曾对罗蒙诺索夫做出公正的评价:"罗蒙诺索夫在使其非凡的毅力与超人的理解力相结合的同时,全面掌握了所有门类的启蒙知识。在他的多种求知欲当中,科学研究是他最强烈的一种欲望……他既是一名历史学家,又是一个伟大的演说家、机械专家、矿物专家、画家和诗歌创作者。他曾对多种学科同时发生兴趣并对它们一一进行尝试。"除了普希金所列举的专业知识之外,罗蒙诺索夫还是统计学专家、人口学专家、地理学家和教育家。他学识渊博,在自然科学、物理学、化学、地质学、天文学、历史学、文学和语言学等诸多领域中,都称得上是一位奇才异禀的大学者。尽管他这位伟大的俄罗斯学者在某些领域做出的成果比西方专家提前了几十年,但是由于当时俄罗斯封建农奴制的局限性,他的科研成果没有被世界认可,也没有得到应有的推广。

罗蒙诺索夫最早发现了物质不灭定律,可是在此4年之后的1789年,这条定律却被法国化学家拉瓦锡(Antoine Laurent Lavoisier,1743~1794年)作为自己的科研成果公布于世。罗蒙诺索夫最早将显微镜用于化学研究工作之中,并称自己是物质结构的原子-分子学说的拥护者;他还最先研制了气象观测仪和潜望镜,而且还编写了冶炼技术方面的教科书。

  作为一名热爱教育工作的大学者,罗蒙诺索夫不顾俄罗斯教会的严密监视和审查,坚决捍卫哥白尼的天体运动学说,并使用自行研制的望远镜"夜视仪",独立进行天体观测。当他在观测金星围绕太阳旋转的时候,他做出了这样一个大胆的结论:"金星被一层明显的气体所包围。"他还雄辩地证明,宇宙是无极限的,是由无数星体构成的。

> 宇宙浩瀚,星体满天,
> 群星无数,太空无边
> ……

  罗蒙诺索夫对俄罗斯人的聪明才智深信不疑,他在创作的一首颂歌中,呼吁本国同胞挺身而出并向全世界证实:

> 俄罗斯国家完全可以
> 培养出自己的柏拉图
> 以及思维敏捷的牛顿
> ……

  为了创办俄罗斯的第一所大学,罗蒙诺索夫付出了长期不懈的努力。1755年1月25日(俄历1月12日,"塔季扬娜日"),女皇伊丽莎白·彼得罗芙娜正式签署了兴办大学的命令。于是在当年,即1755年,罗蒙诺索夫根据自行设计的建校方案,在莫斯科市中心创办了一所大学①。"塔季扬娜日"成了俄罗斯高等院校建校日,每逢这一天,俄罗斯各大院校都要举行形式不同的庆祝仪式。

  莫斯科大学最早印刷出版的书籍是罗蒙诺索夫亲自编写的《罗蒙诺索夫作品集》,俄罗斯首次刊登了科学论著,这是俄罗斯历史上第一本带有作者肖像的图书,在此之前印刷或抄写的书籍里,只有沙皇、公主和圣者的肖像插图。

  在女皇伊丽莎白·彼得罗芙娜执政期间的俄罗斯宫廷里,到处可见法国人、法国思想和法国文化的影响,上层社会一律是法国品位,崇尚法国式样、法国服饰和法国做派。伊丽莎白·彼得罗芙娜为后来的叶卡捷琳娜二世时代社会的顺利发展奠定了基础,公爵夫人、文化活动家和叶卡捷琳娜二世政变的参与者达什科娃(Екатерина Романовна Дашкова,1744~

---

① 这就是今天的"国立莫斯科 M. B. 罗蒙诺索夫大学"(Московский университет)的前身,起初位于红场北侧(今天俄罗斯国家历史博物馆的位置),俄罗斯最高学府,世界科学中心之一。最早开设的专业有哲学、法律和医学等,后来发展成世界上规模最大的综合高等院校。该校的文科各系设在红场北侧的旧校园区;理科各系20世纪50年代迁至列宁山。——译注

第四章　俄罗斯正教会地位的变化　18世纪俄罗斯对欧洲文明的吸纳　225

罗斯第一位世界著名的自然科学家和莫斯科大学创始人罗蒙诺索夫

1810年)、达什科娃的父亲沃龙佐夫伯爵(Роман Илларионович Воронцов,1707~1783年)等许多达官贵人都精通法语。

尽管女皇伊丽莎白·彼得罗芙娜的国家管理手段突出了热衷东正教的特点,但是俄罗斯教会的地位和状况依然十分复杂,始于教会书籍和文献校订的分裂教派运动更加深入,分裂教派(又译"古老信徒派教徒")将新风俗和改革运动看做是国家对东正教会的背叛。众多的分裂教派逐渐又划分成若干个狂热的分支,国家将这些维护旧教者看做是暴乱分子,对他们施行了残酷的迫害。在关闭和彻底查封旧教礼拜堂的同时,官员们经常毁坏古代流传下来的精美圣像画。在整整200年内,分裂教派一直是俄罗斯正教会的一块难以愈合的疮痍。

1742年,主教公会下令关闭位于两大首都(圣彼得堡和莫斯科)的亚美尼亚教堂,还关闭了坐落在涅瓦大街两侧的外国教堂。在一度被蒙古-鞑靼人长期占领的国度里,开始公开捣毁清真寺,而且还不准重建。狂热的多神教信徒纷纷起来反抗,并举行多次暴动;犹太人被看做是"基督救世主的敌人和给广大人民带来灾难的人",所以他们也遭到了残酷迫害;对俄罗斯分裂教派采取了令人发指的残酷手段:乌斯秋日纳的53名分裂教派和托姆斯克的172名分裂教派都被活活烧死。

1761年,女皇伊丽莎白·彼得罗芙娜去世之后,彼得大帝的外孙、瑞典国王卡尔12世的侄孙彼得三世即位。这位俄罗斯新皇帝敬仰并努力效仿自己的父亲弗里德里希,极力保护共济会会员,还送给共济会彼得堡分会一栋房子。据说,彼得三世曾亲自主持领导奥拉宁包姆共济会的日常工作。

彼得三世被自己的妻子索菲娅(后来的俄罗斯女皇叶卡捷琳娜二世)推翻后杀死,然后索菲娅登上皇帝宝座,成为俄罗斯帝国女皇叶卡捷琳娜二世,她才华非凡、意志坚定、勤劳勇敢,她在努力学习俄语的同时,大量阅读俄罗斯各类文献,从中获得了许多知识。

叶卡捷琳娜二世继续执行教会财产国有化的政策,根据女皇于1764年2月26日颁布的诏书,教会占有的大部分土地转交给国家(主教公会管辖的经济部),并开始实施"宗教人员编制"制度,以便全方位监控修道院的一切活动。

有一次,在谈到教会财产国有化问题时,叶卡捷琳娜二世强调指出,教会的使命是巩固并宣传当前的社会思想和现行政治制度。根据女皇的指令,教会的高级神职人员与官僚机构一起成为维护封建官僚主义国家的主要支柱。

对不同等级的神职人员来说,国家和宗教改革的成果有着不同的意义。根据女皇于1764年颁布的法令,大主教和修道院分成了三个等级,不同等级的神职人员,其物质待遇也不尽相同。

虽然1764年的法令存在着前后不一致的问题,但是它还是冲击了教会和修道院的土地占有制,因为能够进入"宗教人员编制"的并非俄罗斯所有的修道院,实际进入名单的人数还不到一半,其他修道院转为教区教堂,或者干脆彻底关闭。

1769年,对教会和修道院进行了一次"大清理",结果是部分一定年龄段的没有受过教育的神职人员子弟被看成是"毫无地位"的教堂低级服务人员,他们都被派去充军。

18世纪60~70年代,俄罗斯社会发展达到了最昌盛的时期,历史上将这一时期叫做"俄罗斯启蒙时期"。教育家和作家诺维科夫(Николай Иванович Новиков,1744~1818年)、唯物主义哲学家科泽尔斯基(Яков Павлович Козельский,1728~1794年)、哲学家和诗人波波夫斯基(Николай Никитич Поповский,1730~1760年)、历史学家波列诺夫(Алексей Яковлевич Поленов,1738~1816年)、法律学家特列季亚科夫(Иван Андреевич Третьяков,?~1776年)、寓言作家克雷洛夫(Иван Андреевич Крылов,1769~1844年)、作家冯维辛(Денис Иванович Фонвизин,1744~1792年)等都是俄罗斯启蒙时期的杰出代表,他们的观点不同程度地反映了当时盛行的自然法则理论和立宪君主国家起源的理论。根据这种理论,某些启蒙者提出了限制和弱化农奴制的学说。

启蒙运动反对欧洲封建残余,反对国王的专横和独裁。在很大程度上,启蒙运动决定了18世纪下半叶俄罗斯的精神生活走向,启蒙运动的传统得以持久保存,我们记得,1825年的十二月党人起义消除了人们对启蒙运动的错觉,正是在启蒙运动的影响下,知识分子的伦理、哲学和美学等多种观点才最终形成。

然而,俄罗斯农奴制依然是贵族阶层认识社会和理解公正学说的牢固基础。值得一提的是,在18世纪已经实行帝制的俄罗斯,在叶卡捷琳娜二世执政时期,率先颁布了《劳动条件法典》,这在世界范围内尚属第一,该法典禁止妇女儿童上夜班,工人每天的工作时间不能超过10小时。女皇叶卡捷琳娜二世颁布的这部调整妇女儿童劳动强度的法典,还在国外用法语和拉丁语印刷,但法国和英国将此法典看做是一份"谋反"文件,禁止出版发行。

俄罗斯立法方面的矛盾性反而唤醒了一批农奴企业家,促使他们寻求适合自己的和非形式化的方式,以便确保自身的经济利益。从这个意义上讲,社会上出现了一种引人注目的现象,即古老信徒派教徒联合会创办了维护个人经济利益的组织,他们自愿充当保护企业家利益的代表。

当时发挥明显作用的是"费多谢耶夫派"(федосеевское согласие),该教派运动产生于17世纪末,主要成员是逃亡的农奴,该教派以诺夫哥罗德克列斯齐驿站教堂执事费奥多西·瓦西里耶夫(Феодосий Васильев,? ~1711年)的名字命名。在诸多的古老信徒派教徒当中,费多谢耶夫派的观点最偏激,他们不承认世俗政权,严格遵守禁欲主义原则。在费多谢耶夫派当中占有绝对地位的是莫斯科的古老信徒派,后来他们根据本教派中心所在地"普列奥布拉任斯基墓地",将自己命名为普列奥布拉任斯基墓地派。

该教派在民间广泛开展慈善活动,他们的活动吸引了更多的人加入到本教派的队伍之中,许多农奴出身的著名企业家加强了与该教派的联系,充分利用了莫斯科工厂主提供的帮助,比如,当时莫斯科最大的工厂主古奇科夫、伊万诺沃的著名工业家叶菲姆·格拉乔夫等,后来还参与了该教派的组织和领导工作。

许多历史学家曾经指出,18世纪是俄罗斯的辉煌时代:文学和艺术大发展,科学取得显著成果,教育事业蒸蒸日上,涌现出了一大批贵族知识分子,建立在诚实、人格和个人尊严基础上的贵族行为规范纷纷出台。在那个时期,俄罗斯文学、绘画、建筑和音乐等诸多领域,分别出现了大批传世杰作。而所有这些成就恰恰都是在社会矛盾不断激化的大背景下取得的。

在叶卡捷琳娜二世执政期间,俄罗斯在宗教信仰和教堂礼仪方面发生了很大变化。女皇本人甚至允许被罗马教皇克莱门特14世(Clement XIV,1705~1744年;1758~1769年间在位)迫害的耶稣会教徒在白俄罗斯居住,还允许伏尔加河流域的鞑靼人重建清真寺(因为女皇伊丽莎白的严厉措施曾禁止穆斯林移民进入俄罗斯的某些地区),允许天主教徒兴建天主教堂。分裂教派也在女皇的庇护下,不再交纳彼得一世赋予他们的双重税,成立于1725年的分裂教派监管局正式关闭。尽管如此,叶卡捷琳娜二世执政进一步加强了教会服从于国家的制度,女皇本人亲自选派和任命各大城市的高级神职人员(包括宗主教、主教和都主教),定期奖励他们,经常调换他们的工作地点。所有由女皇任命的高级神职人员一律享受国家供奉,大多数修道院相继关闭,他们的全部财产被没收。培养神甫的教会学校的情况也很不妙:学生们食不果腹、衣不遮体。实际上,学校未能对他们进行将来成为牧师和神父方向的教育和培养。

18世纪末,如果乌克兰宗教界几乎完全是由基辅教会学校的学生、演讲者、哲学家和神学家组成的,那么,大俄罗斯(即俄罗斯)教区被迫减少教会学校的基础课程,或限制家教。在这种情况下,未来的俄罗斯神甫必须参加宗教事务所的考试,而且安排主考人监考,按规定,这个监考人必须是该教区固定的高级教士。当时的考试不太复杂:考试时,未经过教会学校教育的考生要演唱教堂圣咏、朗诵祷词和书写基本功(抄写基督教文献)。

自莫斯科都主教普拉东及其同时代人和一批大俄罗斯主教开始一起活动之日起,俄罗斯修士在掌握神学知识方面发生了重大转变,在叶卡捷琳娜二世强大的物质支持下,普拉东对一直难以维持的莫斯科神学院进行了彻底改造,使该学院的教学水平达到了基辅神学院应有的高度,同时还在教区创办了几所神学校。后来莫斯科神学院毕业的省城青年高级修士都成了普拉东的追随者,他们也分别在各自的教区创办了教会学校。

当时西方文化的影响开始渗透于俄罗斯教堂艺术和教堂音乐之中,18世纪兴建的大小教堂与古罗斯时期的教堂有很大的区别,祈祷仪式期间的教堂圣咏也开始带有世俗音乐会的特点。但是俄罗斯农村宗教发展比较缓慢,因为那个时期的农奴制更加强化,农村的神甫完全依附于本地的地主。西方文化同时对共济会在俄罗斯的传播产生了深远的影响。

俄罗斯有这样一个传统,即最早倡议共经会在俄罗斯传播的人是彼得一世,他是所有创新和改革的倡导者。有些专家认为,在英国共济会创始人克利斯托弗尔·弗雷南本人的建议下,彼得一世加入了共济会。据可靠史料记载,俄罗斯第一家共济会分会建立于1713年,当时伦敦共济会总会大师拉威尔勋爵任命约翰·菲利蒲大尉为驻俄罗斯分会大师,共济会俄罗斯分会设在莫斯科,但是此事对外绝对保密。其实,德国人对俄罗斯的影响最深,特别是在安娜·伊万诺芙娜女皇和比伦执政时期,尤其是这样。彼得三世和叶卡捷琳娜二世执政期间,共济会的思想继续在俄罗斯得以传播,但女皇本人对这种新思潮不太感兴趣,因为共济会思想中有许多神秘主义元素,可是在她开始掌权初期,她并没有干涉臣民接受这种比较时髦的思想。

共济会本身既有唯理论和纯理论的倾向(即英国体系),同时又有反动而神秘的罗增克雷茨派的特点(蔷薇十字会员体系)。共济会分会,首先是罗增克雷茨派,都是在宗教基础上,更多的是在神秘主义基础上看待并解决一切问题的。共济会会员所关注的焦点,就是探索并揭示"神、自然与人"之间的奥秘,具体的探索方法主要是神秘主义、魔法、炼金术和星相学等。在传播道德自我完善、人道、博爱和主张慈善行为的时候,共济会会员并没有将自身封闭在一个小圈子内或"秘密"之中。一方面,自由思想和不相信宗教的做法与无条件地服从沙皇和主人的意识直接对立;另一方面,共济会会员反对农民起义、暴动和资产阶级革命。然而,通过启蒙教育、传播"博爱"思想和弘扬慈善行为,共济会的道德哲学及其个人道德自我完善的思想,吸引了部分先进的俄罗斯贵族知识分子、俄罗斯文化与社会思想活动家加入到共济会会员的行列。

共济会俄罗斯分会的会员都是最有教养的彼得堡青年,比如在1756年,35个会员中就有公爵夫人达什科娃的父亲——国务活动家罗曼·沃龙佐夫、海军上将米哈伊尔·戈利岑公爵、陆军元帅尼基塔·特鲁别茨科伊公爵、古典主义作家亚历山大·苏马罗科夫、历史学家谢尔巴科夫公爵和历史学家和国务活动家伊万·博尔京等著名人士。

1775年,著名作家尼古拉·诺维科夫也成为共济会的会员,他与宫廷剧院总监、作家伊万·叶拉金一起在莫斯科创办了规模不大的共济会莫斯科分会,起名"和谐分会",该分会一直受到德国共济会的保护。诺维科夫的启蒙教育活动、他创办的抨击农奴制的杂志、关于他的印刷厂印刷带有危险倾向书籍的传闻、即将爆发的农民战争、叶卡捷琳娜二世不想看到保罗一世在位和保罗加入共济会分会的消息、诺维科夫与这些传闻有关等传闻,最终迫使女皇叶卡捷琳娜二世对这个秘密的"和谐分会"采取了果断行动。

共济会思想在俄罗斯的传播和1789年爆发的法国大革命,使叶卡捷琳娜二世转变了对各种新出现的自由思想的看法。在法国大革命期间,国王路易十六(Louis XVI,1754~1793年)被推翻,法国从此成为共和国。法国人民起义并攻占巴士底狱的事实使俄罗斯女皇明白了一个道理:她再也不能对法国抱有任何希望。于是她立即下令组建了一个特殊的监督机构,严密监视那些热衷自由思想的俄罗斯人,禁止上演雅科夫·克尼亚日宁(Яков Борисович Княжнин,1740~1791年)[①]创作的喜剧《诺夫哥罗德的瓦季姆》,她恨不得将脚本付之一炬。

叶卡捷琳娜二世同时组建了由秘密办公厅成员舍什科夫斯基(Степан Иванович Шешковский,1727~1794)领导的流放办公厅,所有的杂志社和印刷厂统统被关闭,没收启蒙教育和带有神秘主义色彩的书籍达18000多册。1792年,诺维科夫被关进施吕瑟尔堡要

---

① 雅科夫·克尼亚日宁,18世纪俄罗斯剧作家和诗人,彼得堡科学院院士(1783年),俄罗斯古典主义的代表人物。著有悲剧《狄多》(1769)、《罗斯拉夫》(1784)、喜剧《诺夫哥罗德的瓦季姆》(1789)、《吹牛者》(1784~1785)等戏剧脚本。——译注

塞①，一关就是15年！共济会俄罗斯分会的其他领导成员被迫终止自己的启蒙活动，何时才能恢复活动，无人知晓。诺维科夫被捕入狱之后，他的私人书店和印刷厂随即被查封，他们家族所有的企业彻底被摧毁。1796年，保罗一世（Павел Ⅰ，1754～1801年）下令释放了诺维科夫，但是绝不准许他从事社会活动和新闻出版活动。

俄罗斯帝国皇帝保罗一世

18世纪俄罗斯讽刺新闻经常在寓言家伊万·克雷洛夫出版的期刊上发表，他还长期保存了唯理主义启蒙教育作家、诗人和外交家康捷米尔（Антиох Дмитриевич Кантемир，1708～1744年）撰写的内心独白："我在诗歌中狂笑，可心里却为那些不道德之人及其行为而哭泣。"伊万·克雷洛夫在自己创办的讽刺杂志《精灵邮报》上，以文章主人公的名义声明说："尽管人们往往做出一些荒唐之事，可是我仍然热爱他们。"伊万·克雷洛夫的生平与创作再次证明，在由贵族统治的帝国里，民主人士依然在俄罗斯文化史上留下了不可磨灭的足迹。

---

① 施吕瑟尔堡要塞（Шлиссельбургская крепость），位于俄罗斯北方涅瓦河源头附近的奥列霍维岛上，1323年由诺夫哥罗德人建造，1611年之前叫"奥列舍克"要塞；曾被瑞典人占领。1702年前称为"诺特堡"，后被俄军占据，从此失去军事意义。18世纪初起为俄罗斯帝国政治犯监狱，自然条件恶劣、地势险要、戒备异常森严，曾监禁许多政治犯、十二月党人；1908～1917年期间为中央苦役监狱。伟大的卫国战争期间被毁。修复后辟为博物馆。——译注

18 世纪俄罗斯革命思想家和作家亚历山大·拉季谢夫(Александр Николаевич Радищев,1749~1802 年)在哲学论文《关于人、死亡与永生》中,深刻阐述了艺术中的自然规律及其渊源问题。他善于将人看做是生物与社会的统一体,通过人的意识和情感,他可以看出社会生活对人产生影响而导致的结果,此处所说的社会生活是指人类历史,即决定社会化的人形成的人类历史。拉季谢夫认为,对于人类而言,文化是人类经历的结果,每个时代的艺术标准都是相对的,这个标准具有广泛的社会意义和社会功能。18 世纪著名历史学家尼古拉·卡拉姆津在《莫斯科杂志》上发表文章,并阐述了不同于拉季谢夫的认识论观点。俄罗斯艺术批评界常用的一个术语—"美学"的引申意义就是卡拉姆津的发明,他曾说:"美学是一种品位学……德国沃尔弗学派的唯心主义哲学家鲍姆加登(Alexander Gottlied Baumgarten,1714~1762 年)首次提出'美学'这一概念时,将美学看做是一个特殊的和区别于其他科学的哲学学科,即关于'感性认识'(包括理智与偏见)的科学,是用来弥补逻辑学不足的一种科学。美学的主要任务就是要随时调整和纠正人的情感和理智,也就是说,美学可以校正人的想象以及想象导致产生的行为。总之,美学的目的就是要教会人们去享受美的事物。"

在卡拉姆津的影响和带动下,俄罗斯新闻界开始讨论美学问题和广义上的文化问题,即艺术与道德、善与美之间的关系问题。卡拉姆津在对写作特点、论题、风格的解释方面,特别是在散文体裁的解释中,提出了一系列新的研究方法。

由此可见,卡拉姆津和拉季谢夫的理论产生了两种文化学思想,一种是来自卡拉姆津的思想,即通过人们对民族艺术的哲学和美学认识,探求解决俄罗斯历史发展过程中的各类问题的途径。这种思想在 19 世纪 20 年代的文化发展中,发挥了特殊的作用;另一种是来自拉季谢夫的思想,该思想一直在寻求人们对民族艺术的理解途径,他善于将人们的这一理解过程看做是一种社会现象。他认为,艺术不仅是民族自我意识的工具,而且还是社会变革所需要的真正力量。这种思想生动地反映在 19 世纪 30~40 年代的十二月党人文学活动和民主思想之中。

18 世纪最鲜明的俄罗斯文学代表之一加夫里拉·杰尔查文(Гаврила Романович Державин,1743~1816 年)在文学体裁王国里掀起了一场风暴,这位年轻的诗人曾师从著名的前辈:他跟瓦西里·特列季亚科夫斯基学会并掌握了诗歌创作规则;跟米哈伊尔·罗蒙索夫和亚历山大·苏马罗科夫学会并掌握了诗歌创作的实际方法。然而,对杰尔查文来说,真正的老师乃是生活本身。19 世纪俄罗斯文学批评家别林斯基(Виссарион Григорьевич Белиский,1811~1848 年)曾高度评价说:"杰尔查文是俄罗斯诗歌之父,他率先说出了俄罗斯诗歌中最优美的语言。"

在丹尼斯·冯维辛的文学创作中,再现了启蒙教育美学的典型特征,并宣告了一场"艺术革命"的开始。冯维辛以社会生活喜剧作品缔造者的名义被载入俄罗斯文学史册,当他在由国务活动家尼基塔·帕宁伯爵（Никита Иванович Панин，1718～1783 年）领导的外交院供职期间，他发现了叶卡捷琳娜二世"开明统治"的真实特点。冯维辛是最早揭穿"宝座上的哲学"神话和俄罗斯贵族愚昧无知的伟大作家之一。

在 18 世纪俄罗斯一大批作家当中，女皇叶卡捷琳娜二世本人也曾占有一席之地。虽然她最崇尚西方艺术和文化，但是她对俄罗斯文化和俄罗斯精神的了解也非常深刻，她有时跟她的医生开玩笑说，希望他能将她身上的德国血液全部抽去才好。像任何一个勤劳的俄罗斯人一样，叶卡捷琳娜二世以《俄罗斯历史札记》为基本素材，为她的孙子亚历山大和康斯坦丁编写了《祖母知识课本》、《亚历山大－康斯坦丁藏书》，这本书是在德国印刷的，书中收录了《王子赫洛尔》、《公主菲维娅》等童话故事。

叶卡捷琳娜二世为后人留下了 12 卷文学著作，其中包括话剧、歌剧脚本、童话故事、政治题材的抨击性文章等。在她的这些著作当中，最成功的一部要属抨击法国天主教神甫夏蒲·德·奥特罗姆（Jean Chappe d'Auteroche，1722～1769 年）的滑稽小说《解毒药》，驳斥了这位法国神甫在完成西伯利亚之旅后撰写的随笔《西伯利亚之行》。除了女皇撰写的《解毒药》之外，还有许多关于女皇来到俄罗斯和她在俄罗斯初期的生活"札记"。

叶卡捷琳娜二世还为当时处于成长过程中的俄罗斯戏剧付出了大量的心血，她在自己创作的抒情剧《奥列格》当中，讴歌了古罗斯反对君士坦丁堡的第一次远征；在她的喜剧《无能的勇士》里，辛辣地嘲讽了瑞典国王古斯塔夫三世（Gustaf Ⅲ，1746～1792 年）①；她通过自己创作的另一部喜剧《骗子与受骗者的故事》，有力地抨击了前来俄罗斯愚弄百姓的意大利旅行诗人卡利奥斯特罗的欺骗行为。除此之外，女皇还创作了《沃尔恰尔金女士的命名日》、《啊，时代！》、《解毒药》等抨击当时某些不良习俗的讽刺喜剧。

关于俄罗斯女皇叶卡捷琳娜二世的文艺创作天赋，还有这样一个鲜明的事实：在人类跨入第三个千年之际，位于波罗的海沿岸的爱沙尼亚首都塔林，还在上演女皇创作的话剧《衰败的家庭》，剧中主人公德沃罗布罗德以其花言巧语和各种诡计，使原本善良的亲人都变成了穷凶极恶的敌人。

应当指出，戏剧已经完全进入 18 世纪下半叶的俄罗斯社会文化生活之中。与此同时，俄罗斯歌剧创作也拉开了帷幕，到 18 世纪末，俄罗斯已开始正式上演歌剧。

教区教堂在市民生活中发挥了巨大作用，教堂每天都举行祈祷仪式和不同形式的礼拜活动，神甫们虔诚地主持晨祷、日祷和晚祷。教区的教民只要听到教堂响起的悦耳钟声，都会准时前往教堂做集体祈祷。每逢重大宗教节日时，教堂钟楼的钟声便一起响起来。节日

---

① 古斯塔夫三世，1771 年起为瑞典国王，1772 年发动国家政变，重新扩大王权，成为独裁专制的追随者，解散议会，废除了贵族统治，后来被暗杀。——原注

期间,整个莫斯科上空都回荡着悦耳的钟声,所有教堂和小礼拜堂同时敲响各自钟楼里所有的钟。俄罗斯东正教的钟声是一种艺术,在那些貌似平凡的敲钟人当中,不乏真正的音乐大师,每当他们的钟声响起时,大饱耳福的不仅有普通市民,而且还有许多喜爱教堂音乐的达官贵人。

除了那些拥护私人教堂的富贵家庭之外,规规矩矩的市民向来把定期去本教区教堂做祈祷看做是自己必须履行的义务。在这些教民眼里,教堂不仅是他们做祈祷的地方,而且还是实际意义上的社交场所,百姓可以在这里相互交流,传递见闻,发表意见,互相邀请对方作客等。

按照宗教传统,新生儿出生第8天,必须接受洗礼,体质好的婴儿被父母抱到教堂受洗,体质较弱的婴儿可以在家里受洗。父母事先为新生儿选好教父和教母,他们在受洗者的一生中都发挥着重要作用。受洗过程中,产妇和婴儿通常会收到各种礼物,新生儿洗礼仪式完毕后,父母和最近的亲戚共进洗礼午餐。自洗礼之日起一年之后,还要举行一种特殊仪式——"剃度礼",就是由神甫剃下一年前受洗婴儿的一缕头发。剃度礼之后,每年都要定期庆祝孩子的命名日,或叫圣徒日。除了沙皇本人及皇室人员之外,普通市民出身的婴儿一般不过"生日",只过命名日,因为他们的生日与命名日前后也差不了几天。若是王子或公主诞生,皇宫都要在教堂举行大型祈祷仪式、慈善活动、款待"各个级别和不同阶层的人们",一句话,就是要营造出全民同庆的气氛。

婴儿受洗

俄罗斯的葬礼同样既要按照基督教教规进行,同时也含有许多接受基督教之前的多神教礼仪的遗迹。死者一般被埋葬在事先经神甫祝圣的地方、教堂和修道院内的墓地,最富有和最受尊重的信徒死后,通常被埋葬在教堂内或教堂旁边。按照东正教教规,东正教信徒的墓地里不准埋葬其他宗教的信徒(他们有各自单独的墓地)、自杀者和犯罪的官员。俄罗斯自古至今的下葬方式几乎未变:死者被装入木棺内,然后将棺材深埋在地下。

葬礼之后(实际上是葬礼当天、死后第9天、第40天),死者家里必须举行招待亲戚和朋友的"葬后宴",这就是多神教时期流传至今的葬仪传统。俄罗斯的服丧期为40天,在此期间,还要举行专门的祭祷仪式。至于40天之后的追荐亡灵活动,俄罗斯有统一的大众追荐日,每逢这个日子,所有的亲人和朋友纷纷来到墓地(扫墓),为死者供上蜜粥、油炸饼、彩蛋等各种食物。①

众所周知,研究一个民族生活的资料源泉之一是该民族的节日、仪式、圈舞、游戏和民歌等。我们在前面提到,许多节日的起源、节日的内容、举办节日的目的等,与教会节日传统毫不相干,因为大多数节日都是在多神教时期产生的,这些节日往往是以娱乐和习俗形式出现的。此外,大部分多神教节日及其相关仪式被教会接受之后,教会定期纪念的某些重大事件被融入这些节日之中。宗教节日期间进行的占卜和游戏等活动,也都属于多神教时期形成的礼仪,后来变成了东正教节日,比如,圣诞节前期、谢肉节、收割完毕节、白菜会、圣母饼馕日之前的星期六等民间节日。

俄罗斯人向来有好客的习惯,特别是普通人之间,甚至连那些大地主也都非常好客。如果应邀前来的客人(甚至是某些"不速之客")吃得很少,喝得不多,主人就开始反复地好言相劝,希望客人们尽情享用美食和佳酿,直到客人们答应放量吃喝为止。如果一个陌生人在席间偶然到来,他便会一边祈祷,一边说:"面包和盐,愿您胃口好。"主人立刻回答说:"欢迎贵宾前来作客。"

自17世纪起,俄罗斯人就喜欢喝茶。平时俄罗斯家里的桌子上总是摆着茶炊②,一天要点燃多次,富贵人家喝茶,再赶上节日,茶炊就更不能下桌了。16~18世纪,俄罗斯的茶叶、

---

① 摘自《封建时期俄罗斯史料学与历史编纂学》,С. В. 巴赫鲁申著,莫斯科,1987,第118~129页;《民族学概论》,М. Г. 拉比诺维奇著,第126~131、141~265页;《17世纪上半叶的莫斯科国家》,Г. К. 科托什辛著,敖德萨,1895,第7~22页。——原注

② 茶炊(самовар),彼得一世执政初期从荷兰随身带回的烧水的铜质"火炉",这就是最早出现在俄罗斯的茶炊。1778年,俄罗斯图拉市开办了第一家茶炊厂,该厂至今被公认是最好的茶炊厂。而众所周知的俄罗斯套娃原产地是日本。——原注

咖啡、烟叶和土豆①都是靠进口。

寓言家克雷洛夫的同时代人、著名诗人和文艺批评家维亚泽姆斯基公爵曾长期保留着这样一段回忆,其中有关于寓言家本人的回忆,人们可以通过那些回忆,更好地了解那个年代俄罗斯人的日常生活:富裕而阔绰的贵族和地主的殷勤好客,有时经达到了令人吃惊的程度,他们几乎每天都摆有可供30~50人同时就餐的长桌,这好像已是司空见惯的事了。随便是什么人都可以坐下来吃喝,就餐的人不仅有主人家的亲戚朋友,还有许多不熟悉的人,有时甚至是连主人都不认识的食客。这种现象在彼得堡舍列梅捷夫伯爵和拉祖莫夫斯基伯爵家里最为常见。克雷洛夫讲述道,有一个赤贫的觅食者每天都准时去这种大场面免费"赴宴",这已成为他的个人习惯,他还是个作家。当然,按照他本人的惯例,他每次都坐在大长餐桌的末端,因为俄罗斯人的习惯是先从餐桌的一头开始上菜,所以这位觅食者几乎每次都是第一个享用那里的美食。可有的时候他也挺倒霉:女主人吩咐从餐桌的另一头开始上菜,轮到给他上菜时,几乎没什么食物了,所以他只能饿着肚皮泱泱地离去。有一天,同样的事情又发生了,当女主人从他身边走过时问他:"你吃得还满意吗?"可怜的食客赶忙站起身来,深深地向女主人鞠了一躬并回答说:"尊贵的阁下,我吃得非常满意,所有的饭菜我都看得十分清楚。"

1796年11月6日,女皇叶卡捷琳娜二世猝死。此后,她的儿子保罗成为俄罗斯帝国的皇帝,即保罗一世,执政期为1796~1801年,正式登基时已经42岁。在他很小的时候,作为女皇的母亲叶卡捷琳娜二世就不喜欢他这个儿子,后来她担心儿子长大成人后会提出即位的要求,所以一直极力排斥他,目的是想让王子远离皇位。

由于受到莫斯科都主教普拉东的培养和影响,保罗一世于1797年4月5日发表诏书,诏书宣布,从即日起,俄罗斯帝国皇帝保罗一世同时担任俄罗斯正教会首脑的职务。皇帝执政两年之后,又获得了耶路撒冷圣约翰骑士团首领的称号。

这个最古老的宗教(天主教)骑士团的历史始于11世纪,当时由几个商人出资,在耶路撒冷建造了一座修道院和专门为有病的朝圣者服务的医院,以此来纪念圣约翰,所以修道院的修士被称为"圣约翰骑士"或"医务骑士兄弟"。12世纪,这家修道院改名为宗教骑士团,该团成员共分三类:参战的著名骑士、在教堂主持祈祷仪式的神甫和专门服侍病人的修士。圣约翰骑士团的成员身穿黑色风衣,风衣上缝着一个白色十字。由于受到罗马教皇的庇护,骑士团很快在所有的基督教国家占有大片土地。骑士团在16世纪将首都移至马耳他,从此骑士团又有了第二个名称"马耳他骑士团"。

---

① 英国女王伊丽莎白在16世纪曾用土豆养活自己的臣民,那些土豆是她的宠臣沃尔特·莱利从北美运来的,所以俄罗斯女皇叶卡捷琳娜二世付出了很大努力,目的是使俄罗斯人同样能够享受"地下的苹果",当时的土豆可谓美味佳肴了。——原注

17世纪末,俄罗斯帝国与马耳他骑士团建立了联系,甚至还开始互派常驻外交使团。《耶路撒冷圣约翰骑士团发展史》是保罗一世即位之前就特别喜爱的一本书,马耳他骑士的慈善活动给未来的俄罗斯皇帝留下了如此深刻的印象,使他后来在彼得堡创办了俄罗斯伤残水兵之家,甚至在伤残人之家的山墙上悬挂着马耳他骑士团十字。毫不奇怪的是,当保罗一世登基之时,由于法国大革命而失去主要资金来源的马耳他骑士团,试图在俄罗斯帝国寻求补偿。

骑士团使者与保罗一世谈判之后,隶属天主教修道院的"大俄罗斯宗教骑士团"宣告成立,其他国家的骑士团代表也曾用这一名称。时隔不久,保罗一世获得了历史上最知名的骑士团首领拉瓦雷特本人高举过的十字旗,俄罗斯皇帝接受十字旗之后许下诺言:坚决捍卫骑士团。不过,当时骑士团本身并不缺少类似的庇护者,在诸多国王和皇帝级的庇护者当中,首先有德国皇帝和西西里国王。俄罗斯帝国皇帝对骑士团的庇护反而为法国统帅拿破仑提供了占领马耳他的机会,他们的口号是"将这个岛国从俄罗斯人手里解放出来"。作为对拿破仑的反击,保罗一世立刻发表了一则宣言,从而使骑士团正式进入俄罗斯最高管理层,在此之后,规模最小的骑士团副团长(即俄罗斯团长)恳求保罗一世接受马耳他骑士团首领的称号!

保罗一世不等他人劝说,便欣然接受了这一称号,并将骑士团首都移至圣彼得堡。由于皇帝的这一行为,最矛盾的世界史篇章从此打开了新的一页,俄罗斯正教会首脑已成为天主教骑士团的头人。关于俄罗斯皇帝该举措的初衷,历史学家们至今还在激烈争论之中。18世纪的一位历史学家在保罗一世死后不久出版的一本书中这样写道:"皇帝保罗一世将位于俄罗斯的马耳他骑士团看做是一所学校,欧洲各国的贵族阶层可以在这里培养自己的法制观念和尊严。"保罗一世的儿子尼古拉一世当时在这句话的旁边加了这样一个注解:"只有这句话,才最终使我理解了父亲的思想。"然而,为什么这个骑士团的代表处目前依然留在莫斯科?这个骑士团能吸引俄罗斯青年投入积极的学习之中吗?

天主教耶稣会的首领和神甫加夫里尔·格鲁别尔(Гаврил Грубер,1740～1805年)曾对保罗一世及其随员产生过非常深刻的影响。毫无疑问,加夫里尔·格鲁别尔的确是一个天才人物,他精通机械、数学、物理、化学和医学等多种学科,同时又是一名画家和音乐爱好者,他不仅善于理解和评价音乐作品,而且他还是一个真正的音乐家。可是当他向皇帝保罗一世呈上东正教与天主教联合的报告之后,皇帝便不再赏识他。在保罗一世执政期间,天主教耶稣会开始进入东正教最高首脑层,都主教普拉东对此表示坚决反对,使他困惑不解的是,俄罗斯宗教领袖与国家世俗官员如此渲染天主教耶稣会将给人民造成何等影响。白衣修士(即不过修士生活的神职人员)还佩带了十字架项链这一专门标志、藕荷色丝绒法冠(特殊的法冠,圆筒部分加高的法冠)和原来只有修士大祭司才戴的金冠。这些"区别性头衔"都是遵照保罗一世的命令引进的,只有皇帝点头或正式批准后,才能将这种头衔授予某人。

为了确保神职人员的崇高地位,保罗一世政府采取了一系列措施。1797年,分地(教会占有的土地)面积明显扩大,教会享受的国家供奉也比原来提高了一倍。当然,所有这些举措均与皇帝保罗一世的导师普拉东密切相关。

早在保罗即位之前,普拉东就劝说皇帝竭尽全力,使全国臣民顺应天意,激发他们热爱并笃信宗教,以"上帝的惩罚"学说来驯服他们。

保罗一世承认宗教信仰自由,他甚至下令:"对古老信徒派教徒要温和、善意和仁慈。"他在执政时曾试图降低帝国食品价格,为了减轻农民的生活负担,也曾采取了相关措施。尽管如此,俄罗斯尖锐的社会矛盾决定了专制向苛政的转变,这种变化甚至引起了最高贵族阶层的严重不满。

1801年3月11日深夜,俄罗斯宫廷发生政变,保罗一世在彼得堡的米哈伊洛夫城堡的寝室里被杀害。

到18世纪即将结束时,俄罗斯依然是一个深深植根于封建专制中的国家,国内所发生的变化只涉及了上层社会,而世俗生活只是发生了表层的变化。

笃信上帝、东正教仪式、礼仪、无条件地去教堂做祈祷等,所有这些都一如既往,依然是俄罗斯人日常生活中的一部分,无论他们的身份和社会地位如何,笃信上帝的精神却毫无变化。

第五章　俄罗斯教会的积极活动　东正教的崇高思想和精神道德在 19 世纪俄罗斯文化中的反映

　　俄罗斯正教会的传教活动　俄罗斯贵族有意识地接受西方的行为规范和欧洲人的生活习俗及礼仪　"达·芬奇密码"　寻找中世纪史诗和传说中的"圣杯"　俄罗斯爱国主义思想中的宗教特征:信仰向爱国之情的转变　民族自我意识的提高　俄罗斯医师和人道主义者费奥多尔·哈兹说:"抓紧时间行善吧！"　国家意识形态的"三位一体模式"(东正教、专制和民族性)的确立　1861 年废除农奴制、国家大变革与地方自治制度的确立　俄罗斯教会的积极活动　宗教教育与神学的发展　受东正教思想驱使的文化艺术庇护者和普通人对文化的贡献　19 世纪是俄罗斯文化的"黄金时代"，这一时代渗透着基督教的崇高思想和精神道德　19 世纪末的俄罗斯化、基督教化和迫害"异教徒"的现象

18 世纪末,俄罗斯帝国政府对东正教及教会的态度开始转变,国家恢复了教会原来享有的优惠政策和部分财产,免去了政府对修道院的某些指控,于是俄罗斯的修道院数量再次开始猛增。自 1842 年起,俄罗斯帝国政府开始向神甫发放薪水,神甫可以享受与其他国家公职人员相同的物质待遇。

　　在 18～19 世纪的 100 多年当中,俄罗斯政府通过一系列立法行政手段,使教会在国家内部处于一种特殊的地位。在世俗政权的支持下,东正教的传教活动普遍展开,宗教学校和

第五章　俄罗斯教会的积极活动　东正教的崇高思想和精神道德在19世纪俄罗斯文化中的反映

神学教育得以加强和巩固。在恢复学校神学教育方面,莫斯科都主教菲拉列特(Филарет, 1783～1867)①做出了许多贡献。

19世纪下半叶,骨干高等神学院已成为俄罗斯最具影响力的宗教文化中心。早在14世纪,彼尔姆主教斯捷潘(Стефан Пермский,约1345～1396年)就制定了俄罗斯正教会的传教原则,俄罗斯传教士所肩负的使命不仅是广泛宣传基督教思想,而且还要使西伯利亚和远东地区各民族学习和掌握文化知识,帮助他们接受新兴的生活方式。当时的俄罗斯传教士分别在美国、中国、日本和朝鲜等国进行传教活动。

长老的生活传统得以发扬光大,与推动长老生活方式相关的有帕伊西·韦利奇科夫斯基(Паисий Величковский,1722～1794年)、谢拉菲姆·萨罗夫斯基(Серафим Саровский, 1759～1839年)、费奥凡·扎特沃尔尼克(Феофан Затворник,1815～1894年)、阿姆夫罗西·奥普京斯基(Амвросий Оптинский,1812～1891年)及其奥普塔修道院的长老们从事的积极活动。

19世纪初,俄罗斯东正教哲学领域出现了名为"经院哲学"的流派,该流派基本原则的制定者是莫斯科神学院哲学教研室的几位著名教授:戈鲁宾斯基(Фёдор Александрович Голубинский,1797～1894年)、库德利亚夫采夫-普拉托诺夫(Виктор Дмитриевич Кудрявцев-Платонов,1828～1891年)、布罗夫科维奇(Александр Иванович Бровкович, 1827～1890年)、卡林斯基(Михаил Иванович Каринский,1840～1917年)等人。他们一致认为,东正教哲学的主要任务首先是使最重要的教义与认识上帝本质的各种方法相结合,最终建立基督教世界观,哲学有助于信徒在全面理解基督教智慧和教益基础上掌握基督教的生活原则。东正教哲学的基本任务还包括研究宗教世界观本身诸多特点,这种研究不应依据来自实践活动过程中经验过的事实,而应该建立在对上帝的超经验的和理智的认识(或最全面的认识)基础之上,只有这样,宗教世界观才可能被认为是真理。经验论的认识方法具有很大的局限性,而唯理论的认识也显得不够充实,只有最全面的认识才算是对最崇高的真理、善与美的综合认识。也就是说,只有通过宗教信仰,才能真正获得这种最全面的认知。

证明上帝存在乃是本体论的中心内容,而在此类证明中也有唯理论的论据,不过,没有信仰的唯理论论据往往被看做是一种有害的作用。俄罗斯宗教哲学家塔列耶夫(Михаил Михайлович Тареев,1867～1934年)曾着重研究了道德方面的问题,俄罗斯宗教哲学家、存在主义的先驱者之一涅斯梅洛夫(Виктор Иванович Несмелов,1863～1920年)曾重点研究过人类学方面的问题。在承认人的双重天性的同时,经院哲学呼吁人们认识自身的完美本

---

① 菲拉列特(原名:Василий Михайлович Дроздов,瓦西里·米哈伊洛维奇·德罗兹多夫),俄罗斯宗教人士,1826年起开始担任莫斯科都主教,曾参与制定1861年废除农奴制的宣言。——译注

质是上帝形象的具体反映,同时应该抑制由自然规律和周围世界决定的自身本质。

1801 年开始执政的俄罗斯帝国皇帝亚历山大一世(Александр Ⅰ,1777~1825 年)曾许诺,他将按照他祖母叶卡捷琳娜二世立下的"法律和心声"治理国家,主张社会公正,制定为广大臣民谋福利的法律,逐渐取缔保罗一世实行的最残暴的措施和命令,神甫、执事、贵族和商人不再遭到体罚。

俄罗斯帝国皇帝亚历山大一世

1803 年 2 月,亚历山大一世颁布命令:如果主人与农奴之间签订合同,农奴可以根据个人意愿得到解放。禁止在交易所公开拆散农奴家庭买卖农奴,即只能购买农奴全家,但是在农奴交易中始终存在着滥用职权和舞弊行为。皇帝对分裂教派比较宽容,他的自由民主思想和作风闻名国内外。

新皇帝计划实施的国家改革的全部筹备工作,集中体现在非正式机构"机密委员会"的成立过程,进入这个委员会的都是亚历山大一世的青年朋友:国务活动家斯特罗加诺夫伯爵(Павел Александрович Строганов,1770~1857 年)、国务活动家和外交家科丘别伊伯爵(Виктор Павлович Кочубей,1768~1834 年)、波兰公爵查尔托雷斯基(Adam Jerzy Czartorysky,1770～1861年)和1813年起掌管波兰事务的国务活动家诺沃西尔采夫公爵(Николай Николаевич Новосильцев,1768～1838年),他们都是维护宪法统治的赞同者。1801年7月～1805年末,机密委员会曾定期召开会议,会议的主要议题是起草解放农奴的纲要和周密策划国家体制改革。

机密委员会反复讨论了农奴问题,最后决定农奴解放运动必须按照"循序渐进"(逐步实现)的原则进行。

主要负责《俄罗斯帝国法典》的是亚历山大一世的亲信、被誉为"国务秘书"的宗教哲学教授斯佩兰斯基伯爵(Михаил Михайлович Сперанский,1772～1839年),在这部新法典中,制定了国家建设所依据的一系列新原则,即立法、司法与行政三权分立、社会民众参与国家管理、法院诉讼过程的公开与辩论制度。法典规定,必须组建与皇权相等的帝国立法机构"国家杜马"。

斯佩兰斯基伯爵认为,解放农奴是俄罗斯帝国复兴的基石。他的理想是建立一支坚实的中流砥柱(即中产阶级),限制贵族阶层人数的增加,从显贵家庭选拔并建立特权阶层,以便通过他们实行英国式的贵族爵位制。自1809年起,根据斯佩兰斯基的建议,在任用官员和官员晋升方面,首先考虑选拔和任用具有高等学历的人士,比如,博士学位获得者为八等文官,硕士学位获得者为九等文官;副博士学位获得者可以成为十等文官,普通本科生为十二等文官。

1809年秋天,亚历山大一世委派国务秘书斯佩兰斯基起草了一份重要文件,即关于帝国最高权力机构及中央管理机构的重组方案和专制体制的宪法修订方案。根据这些方案,编纂了一部题为《关于实施国家法律的法典》(即《俄罗斯帝国法典》),但是在此之前的许多法律都是反对改革的,所以激烈的政治斗争最终使斯佩兰斯基伯爵的良好构思全部落空。不过在1810年,首次成立了带有协商和建议性质的帝国机关"国务会议"。

亚历山大一世与他身边的一批青年朋友共同研究了国民教育问题,1802年9月8日,发表了成立各部(其中包括成立教育部)的宣言,担任俄罗斯第一任教育部长的是国务活动家扎瓦多夫斯基伯爵(Пётр Васильевич Завадовский,1739～1812年),他创办了许多中等和高等院校,其中包括俄罗斯第一所专门培养师资的院校——师范总学院①,他还进行了一系列教育改革,主张教育自由和自治。

1803～1804年期间,俄罗斯教育改革全面展开,整个俄罗斯划分成6大教学区,各区均由督学管理;彼得堡教学区覆盖了8个省,莫斯科教学区覆盖了11个省。在这一时期,俄罗

---

① 师范总学院(Главный педагогический институт),彼得堡国立高等师范学校,曾为中等和高等学校培养师资。1816年建校;1819年改组为彼得堡大学;1829年重建,直到1859年为止。——译注

斯正教会的生活主要体现出了宗教教育和弘扬神学等特点。为了进行宗教教育,俄罗斯创办了许多初级宗教学校,这些学校的主要经费来源是教会销售蜡类产品所得的收入。比这类学校高一级的是中等宗教学校,最高级的宗教学府是神学院。

1809年,彼得堡神学院宣告成立,它代替了创办于1721年的亚历山大·涅夫斯基神学院;1814年,彼得堡神学院并入成立于1685年的圣谢尔吉三位一体大修道院神学院;1819年,成立于1615年的基辅神学院得以恢复;1842年,创立于1723年的喀山神学院也宣告彻底恢复。

到19世纪初,俄罗斯神学院校的总数已增长到115所,其中有两所神学院、37所中等宗教学校、76所初级宗教学校,在校学生人数达29000多人。因此,保罗一世和他后来的亚历山大一世,都曾对所有担任神职工作的候选人提出严格的要求:他们必须在接受中等教育之后,才有资格担任某一级的宗教职官。

然而,除了神学院和几所中等宗教学校之外,上述宗教学校的教学水平都很低。此外,教学大纲也比较陈旧,统统需要重新修订。

当时负责教会学校改革的是担任国民教育部部长和宗教事务部部长的亚历山大·戈利岑公爵(Александр Николаевич Голицын,1773~1844年),刚才提到的斯佩兰斯基也在这个改革小组中。

根据1808年皇帝颁布的一项法令,初级宗教学校在开设宗教专业课的同时,必须开设俄语语法、算术、历史和地理等科目;中等宗教学校的所有课程分成6个班级,其中的5个班级学习的都是世俗科目:文学、历史、代数、几何和机械、哲学、物理和语言(德语、法语和其他欧洲国家的语言),拉丁语和希腊语被划入文学班。神学院的课程也仿照初等和中等院校的改革模式进行了调整,增加了部分科目,教学大纲范围广泛,调整后的科目大大增加了神学和唯心主义哲学的教学时间。

19世纪初,俄罗斯帝国(雅罗斯拉夫尔、敖德萨、涅任、彼得堡郊外的皇村等地)开始出现封闭式贵族学校——"普通中学",同时创办了"商业学院和交通学院"等高等学府。

亚历山大一世直接参与了当时的国民教育改革运动,位于彼得堡的皇村中学就是那次教育改革大潮的产物。这种专门为贵族子弟开办的封闭式学校的构想,是斯佩兰斯基于1810年提出的,次年(1811年)皇村中学便宣告成立。皇家开办此类学校的目的,就是为了让贵族子弟接受良好的教育。19世纪俄罗斯著名诗人普希金曾就读于皇村中学,他和自己的校友们永远都不会忘记使他们获得真正良好教育的这所母校。

19世纪俄罗斯显贵都是一些十分特殊的人物,他们的生活方式、行为规范和外表特征,都打上了文化传统的深刻烙印,他们身上体现出来的"bon ton"("优雅的举止")实际上是西方伦理与美学标准有机融合的结果。

第五章 俄罗斯教会的积极活动 东正教的崇高思想和精神道德在19世纪俄罗斯文化中的反映

从彼得一世时代起,俄罗斯贵族开始有意识地接受西方的行为规范,并努力掌握欧洲生活习俗和典雅的礼仪。在此有必要指出,西方对俄罗斯的影响,还包括西方基督教对俄罗斯的影响,部分地表现为贵族阶层尊崇军职阶层,蔑视第三等级(即商人、手工业者和农民在内的纳税人)阶层的现象。

俄罗斯人的社会意识的模式不仅反映在他们对各种不同阶层的态度上,而且还表现在特别重视本民族的历史使命、捍卫同教兄弟、夺回被多神教部落占领的土地等问题上,目的是维护整个基督教世界的安宁。正因为如此,亚历山大一世才甘愿充当以基督教(社会基督教)为基础的神圣民族联盟的鼓动者。

借助于大量翻译的神话传说和宗教文献,西方基督教迅速传入俄罗斯,带有神秘光环的中世纪"圣杯"不可能不吸引俄罗斯文学家和翻译家,起初吸引的是俄罗斯感伤主义者,后来又吸引了更多的浪漫主义者。

寻找"圣杯"一度是基督教历史上最流行的主题之一,主题内容大致如下:据传,"圣杯"是指耶稣基督在最后晚餐时使用的那只酒杯,后来耶稣基督的叔叔、犹太长老约瑟夫(拉玛非的)从犹太总督本丢·皮拉多那里弄到了这只神秘的酒杯,并将其转移到不列颠,从此这只神秘的酒杯便成为早期基督徒的护身符。被埋葬或遗失在不列颠第一个基督教中心——古城格拉斯顿伯里(拉登文化发祥地)附近的神秘酒杯,逐渐成为后来几个世纪一直寻找的对象,亚瑟王和他的骑士偶然发现了这只酒杯。当时酒杯不仅被看做是基督教的圣物之一,而且还是一件神奇的器皿,放在这只酒杯里的东西可以使该酒杯的发现者长生不老,永葆青春。然而,这只酒杯就像当时突然被人发现那样再次突然神秘地消失了,从那时起,寻找"圣杯"的活动一直没有终止。

这种玄秘色彩的"通灵术"与宗教传说的混合,使"圣杯"成为独立于基督教其他所有圣物之外的"佼佼者",也成为人们探索被遗忘的知识的重要实证。

这里所说的"知识"是指对耶稣作为"普通人"和天才传教士的现实生活以及他与抹大拉的玛利亚(公元前1世纪末~公元1世纪初)①结婚事件的认识。当耶稣基督被钉死在十字架上时,抹大拉的玛利亚已经怀孕。为了拯救她未来的孩子,耶稣基督的叔叔约瑟夫帮助抹大拉的玛利亚躲避企图惩罚她的犹太神甫和僧侣。即便后来梵蒂冈极力设法回避这种说法,可这种说法最终也没有成为秘密。耶稣基督与抹大拉的玛利亚所生之子属于以色列显

---

① 抹大拉的玛利亚是福音神话中忏悔了的违反教规者,耶稣的忠实信徒,耶稣复活的第一个见证者。后被基督教尊为圣者。——译注

贵(犹太王大卫和所罗门王)的后代①,这也正是抹大拉的玛利亚赋予历代画家、诗人、作曲家灵感的缘故,艺术家们一贯并将她看做是永恒的女性形象,创作了大量的艺术杰作,比如,意大利著名画家达·芬奇、波提切利、法国画家普桑、意大利建筑师和雕塑家贝尔尼尼、奥地利作曲家莫扎特、法国作家雨果等,均有此类作品。17世纪法国画家乔治·拉都(Georges de la Tour,1593~1652年)创作的知名杰作《手持灯盏的马戈达利娜》,充分表达了画家本人对被禁止的形象抹大拉的玛利亚的崇敬和怀念。

人们常说:"无风不起浪。"不过,有一件事是很清楚的,即对待"永恒"一类的事情需要异常谨慎。2006年问世的《达·芬奇密码》(美国作家D. 布郎著)一书再次证明,全世界至今依然围绕这个问题展开激烈争论。应当承认,该书在世界范围内引起了巨大的轰动。有趣的是,确切地说,更重要的是,影片《达·芬奇密码》在戛纳电影节上几乎是名落孙山,但是这并不意味着没有必要研究关于"永恒"的某些新观点,只是需要经常寻找"永恒"新说法的证明资料而已。今天可以肯定地说,围绕该主题出现的一系列作品,包括电影作品,强化了人们的宗教意识。在这种情况下,教会活动家极力呼吁人们不要读,不要看那些"爆炸性的伪造品"的做法,自然会引起众人最强烈的反对,俄罗斯和西方国家不断增多的东正教堂和天主教堂的趋势,同样证明了这一点。犹太教堂永远都不会门庭冷落,穆斯林人尊崇的清真寺不断兴建,东正教神甫们越来越深信,不仅需要人们回到教堂来,而且需要教会回到人民中间。

关于寻找"圣杯"的活动首先引发了这样一个问题:有关"圣杯"的手稿资料、"圣杯"本身的存在及其到大不列颠的说法是否可信? 最早的证明资料给人们留下了比较可信的印象,因为在《福音书》中反映了一个经过验证的历史事实:耶稣基督的叔叔约瑟夫和很有威望的法利赛人尼哥底姆亲手埋葬了耶稣基督的尸体。但与此相关的还有另一种说法(不过《圣经》里并无记载):耶稣基督的叔叔埋葬耶稣基督情况近乎情理,因为犹太总督本丢·彼拉多下令将耶稣基督的尸体交给了约瑟夫。

在西欧各国的神话传说中,"圣杯"乃是一种神奇的酒具,骑士们为了接近"圣杯"并汲取它的神气和福气才创造了辉煌的功绩。关于这支"圣杯",历史上曾有过许多神话故事、传说、诗歌和耐心细致的科研报告,11~13世纪的法国南部的游吟诗人、法国北部用方言写诗的诗人、英法两国的流浪艺人和德国的工匠诗人歌手等,创作了历代国王和"圣杯"保护者的完整的"宗谱"。

关于"圣杯"传说的来历,世界科学界长期存在着两种观点,它们将研究者分成两大对立的阵营。一方认为,"圣杯"原本是威尔士人的一则童话故事,后来人们为童话故事增添了大

---

① 严格地说,我们的认识,即我们对能够证明耶稣是普通人和他孩子出生的事实的认识,实际上是不准确的,因为当时只是间接地得到了一些与其他事件相关的资料。需要说明的是,教会承认耶稣基督的双重性——人与神的天性。——原注

量的基督徒和基督教动机;而另一方却认为,"圣杯"是基督教伪经进一步发展的象征,后来人们在它周围"囤积"了民间故事里的许多细腻的传奇情节。

克尔特学的知名代表之一是法国学者维利马克(音译)教授,他认为,关于"圣杯"的传说是根据拉丁语转述的故事进入中世纪文学之中的,而那个拉丁语故事是由13世纪的不列颠独居修士撰写的,他从西欧弹唱诗人那里汲取了关于神奇酒杯的创作思想,在他们的演唱中,恰好有发现"圣杯"、"圣杯"的名称及其品质的内容。

维利马克教授说,西欧弹唱诗人的酒具也叫做"圣杯",高卢语词典将他们唱词中的"per"一词定义为"宽大的容器、酒盅、尊",但是13世纪法国诗人和教会活动家埃利南(Hélinand of Froidmont,1160~1229 年)等专家对这种解释表示怀疑,他们认为,"per"一词的意思是一种厨房用具,准备食物的用具,当时人们将盘子叫做"杯子",富贵人家用这种"杯子"将最可口的食物端到餐桌上。由此可见,像中世纪的作者一样,不同的专家对"圣杯"的解释相差甚远。有人认为,"圣杯"就是圣使徒餐桌上的那只酒杯;也有人认为,"圣杯"是用黄金制作的,并镶嵌着许多贵重宝石;还有人说,"圣杯"是用一大块祖母绿宝石打磨出来的,而那块祖母绿是从堕落天使(魔鬼柳齐费尔)脑门上掉下来的。

许多专家将基督教之前关于奉献鲜血的神话传说看做是各种不同的故事情节,比如,他们将古阿特兰提斯①的10个神仙聚会时喝酒用的那只杯子也当成创作题材……或者将日尔曼部落的金杯当做"圣杯",或者认为,那只金杯里装着具有特殊功效的斯蒂克(Styx)神河之水,所以这只杯子被看做是古代知识和已经消亡的知识的储藏罐。

虽然20世纪出版了多部关于探索"圣杯"来源的科学论著,而且还不乏权威性著作,但是"圣杯"的真正来源问题,至今仍然是一个未解之谜。在俄罗斯研究这一问题的主要代表是19世纪文艺学家、彼得堡科学院院士维谢洛夫斯基教授(Александр Николаевич Веселовский,1838~1906 年)和皇家研究院院士达什克维奇(Николай Павлович Дашкович,1852~1908 年),后者还系统而详细地研究了西欧各国专家的理论并指出,在创造"圣杯"传说的过程中,影响较大的是关于不列颠亚瑟王与圆桌会议骑士的长篇小说。在连续400多年内,这类小说一直是全面反映显贵阶层美好理想的作品。贵族们喜欢收藏这些小说,每次酒宴和狂欢之后,那些客人(有名的封建主)随便拿出一本来消遣,因为如果不知道圆桌会议骑士的故事,会被看做是一种无知的表现,婴儿受洗时还习惯以书中的主人公名字为婴儿命名,比如,亚瑟、兰斯洛特等。在这一类骑士小说当中,"默林"常常被描写成一个热衷基督教原则的人,有一天,当他将财富和荣耀的地位送给一个穷人之后,那个穷人便抖

---

① 阿特兰提斯(Atlantís),根据柏拉图作品中的传说记载,为直布罗陀海峡以西大西洋上的一个大岛,土地肥沃、人口密集,后因地震而沉没。关于阿特兰提斯的存在及其毁灭原因等问题,科学上一直有争议。——译注

俄罗斯圣杯

起威风来,原来他竟是个毫无感恩之意的人,于是默林又收回了送给他的财富和荣耀的地位。

圆桌会议上的某些英雄曾经是非常著名的人物,早在12世纪末,关于亚瑟王与圆桌会议骑士曾这样写道:"基督教统治的哪些地方没有无上光荣?哪些地方还没有将克勒特人亚瑟的名字传扬四海?谁还不知道关于他的故事?"

俄罗斯对亚瑟王这个人物也有所诠释,只是比西欧各国晚了几百年而已。

从整体上来看,在俄罗斯文化发展的过程中,像西方各国那样,浪漫主义代替了感伤主义和启蒙思想。作为俄罗斯文学的独立风格,在很大程度上,浪漫主义风格是19世纪俄罗斯著名诗人茹科夫斯基(Василий Андреевич Жуковский,1783~1852年)的创作探索和艺术发现的结果。

像18世纪90年代大批青年贵族一样,茹科夫斯基开始有意识地注重自己的世界观与启蒙思想主张的传统标准之间的区别,但是在诸多已经成熟的文学形式当中,茹科夫斯基没有找到,当然也不可能找到生动而形象的表现手段,因为只有借助这种难以被人发现的表现手段,才能达到最全面、最彻底的浪漫主义艺术表现之目的,才能真正理解充满混乱、不和谐和黑暗的世界。

在这种大背景下,人生短暂这一课题显得更加尖锐。人最终是会死的,他的全部生命犹如一股急流,径直奔向那无法避免的终点。正因为如此,茹科夫斯基才写了下面这首抒情而富有哲理的小型彩画般的诗歌,诗歌中充满了他对存在的普遍规律的思考:

啊,我的朋友,生活中
充满了眼泪与痛苦
只有那走到尽头之人,
才会感到百倍的幸福,

将长眠于永恒的梦中……

这种形象是俄罗斯诗歌用浪漫主义手法反映双重世界(即人间与天堂)的第一步。诗人认为,这里所说的"人间"是通向理想国的必然阶段。人们首先要在尘世进行创造并得到某些保障,而缺乏这种保障,人们就不可能在另一个世界里得以安宁。所谓的"保障",就是指人生在世要多做善事,广见博闻,广交朋友,永远怀念故去的亲人。

实际上,茹科夫斯基描绘的人间与天堂这两种境界,并没有脱离基督教思想,但是他在自己的早期诗歌中已经摆脱了传统意义上的基督教形象。

茹科夫斯基文学创作的显著特点是他对历史,特别是中世纪历史、人民生活、习俗和传统的浓厚兴趣和挖掘,他创作于1808年的叙事体诗歌《柳德米拉》、1810年创作的《激战》、1808~1812年创作的《斯韦特兰娜》,全部取材于俄罗斯中世纪的民间生活,诗歌中详细描绘了俄罗斯民间生活习俗和各种传统礼仪。

杰出的诗人茹科夫斯基恰好生活的这一时期,即18世纪末~19世纪初,专门记述的俄罗斯民间礼仪的文学作品不断涌现,当时城市和农村普通居民的生活方式并没有发生任何变化,农村的土地依然属于米尔公社①,所以农民以米尔公社形式从事生产劳动和娱乐活动。对于农民而言,每年翻耕土地的开始都是一个重大的节日,秋季收获时的节日气氛更加浓厚,每收割一颗蔬菜,每采摘一个苹果,都是象征着一种奉献,比如,有苹果救世主节、蜂蜜救世主节等,每个节日都有各自的仪式、歌曲、圈舞和相互款待等活动。

与农事相关的最热闹的节日是八月节,传统上叫做"收获节",旧历将八月节称为"庄稼成熟节",或叫"成熟节",意思是指八月里多次出现的色彩鲜艳的霞光。八月的前三周(按俄历计算,8月1日、6日和16日)是救世主周,第一个星期(8月1日)是蜂蜜救世主节;第二星期(8月6日)是苹果救世主节(恰好是主易圣容节);第三个星期(8月16日)是核桃、粮食和粗麻布救世主节。

公历8月2日(俄历7月20日)是先知伊利亚节,"先知伊利亚节",时逢收割的好时节,庆祝第一捆粮食出现在田野上的节日,意味着整个收割季节即将开始,也是秋天到来的第一次预告:"伊利亚先知将小冰块投入河水中。"

俄历8月1日(公历8月14日)圣母安息斋期的第一天,因为这个斋日恰好是收割季节的开始,所以人们常说:"镰刀一响,粮食满仓。"此时既有许多粮食,又有大量的蔬菜、水果、野果和蘑菇等。

俄历8月6日(公历8月19日)是主易圣容节,民间将此节日叫做"第二个救世主节——

---

① 米尔公社(община - мир),也叫米尔大会,是俄罗斯农村公社,是一种征税机构(1861年农奴制废除后,由土地占有者征收)。——译注

先知伊利亚教堂(雅罗斯拉夫尔)

苹果救世主节"。在这一天到来之前,禁止吃苹果和其他果实,但是可以吃黄瓜。从这一天起,整个俄罗斯才开始吃苹果和其他水果。每逢此节,教堂先为苹果和蜂蜜祝圣,然后将部分苹果和蜂蜜分给穷人,所以人们常说:"在第二个苹果救世主到来之后,穷人才开始吃苹果。"当天教堂还向所有的来往客人分发各种果实,有病的路人还会被送进医院治疗。凡是在这一天不履行这一古老传统和习俗的人,都被看做是不值得尊重的人。

从第二个苹果救世主那天起,农民们开始秋播。俄历8月15日(公历8月28日)是圣母安息斋期的最后一天①和庆祝收割结束的节日。这是一个光明而欢乐的节日,因为正是在当天"圣母的灵魂与肉体同时升入天堂"。

俄语中的"спожинки""дожинки""обжинки""оспожинки"等词语,意思都是"俄罗斯古代农村收割庄稼和收割完毕举办的庆祝节日",都与"穗"有关,所以每逢这一天,俄罗斯农民就主动将种子和带穗的各种粮食运到教堂来,由神甫为他们的丰收果实祝圣。

圣母安息(升天)节恰好是收割结束庆祝日,众人共同出资,一起喝啤酒、在货栈上煮啤酒、宰杀羔羊、烤点心,相互邀请亲朋好友前来饮酒助兴。

圣母安息节这一天,俄罗斯人喜欢腌黄瓜,而在俄历9月25日(公历10月8日)的圣谢尔吉·拉多涅日斯基日的时候,俄罗斯人通常要剁白菜。

9月初~9月11日为新小阳春,而古老的小阳春在9月13~9月21日期间。

俄历8月16日(公历8月29日)是第三个救世主节,即核桃、粮食和粗麻布救世主节。

---

① 俄语中的"успение"的词义是"睡着了",所以圣母的心灵和肉体永远不会死亡,此处是"圣母升天"的意思。——译注

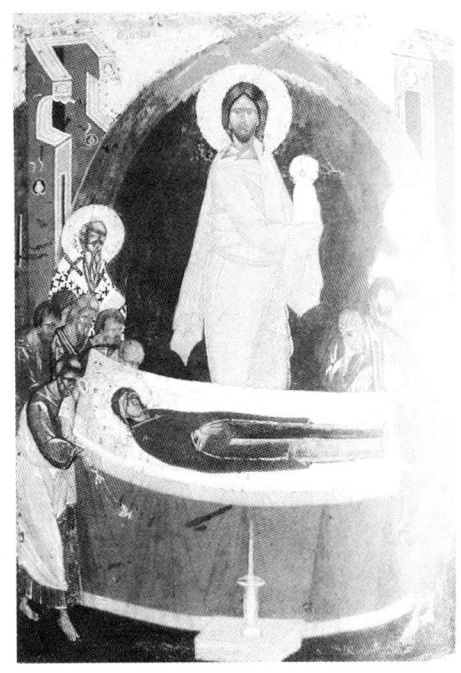

圣母安息

每逢该节,人们纷纷用刚刚收割的粮食烤制各种可口的点心,他们常说:"第三个救世主节提醒我们要事先做好粮食储备。"

那时人们集中采摘核桃并开始销售麻布和画布,此时人们常说:"画布上的救世主。"庆祝这个节日一般只有经营画布和麻布的商人。

俄历8月18日(公历8月31日)是早期(公元2世纪)苦难圣徒弗洛尔和拉夫尔日,由于弗洛尔和拉夫尔兄弟二人都是骏马爱好者,他们后来被尊为家畜保护神,所以这个节日也叫"骏马节"。每逢此日,农民们便忙着买马,因为马是他们劳动和生活中的主要支柱。马市上,被买卖的马可以尽情地吃燕麦,马鬃和马尾上都系着五彩缤纷的丝带。成交之前,先将马牵到教堂来"做祈祷",祈祷仪式之后,神甫分别向各家的马身上洒圣水,以此表示为家畜祝圣。8月18日这一天,人们绝对不能参加任何劳动,甚至不准赛马场的师傅制作马鞍。当天烤制的各种美味点心上,都刻有马蹄图形,然后农民们将点心送给教堂的神甫。

从这一天起,树木开始落叶。

由此可见,上述节日起初是在教堂里举办,后来家家户户开始举办,节日深入到了各个家庭。在诸多的节日当中,最快乐的是冬季连续近两个星期(从公历1月7日~1月19日)的圣诞节前期,该节日通常在两个基督教节日期间度过,这两个基督教节日分别是圣诞节与主领洗节。"圣诞节前期使耶稣诞生之后的12天变得神圣",俄罗斯教会自古以来就庆祝这个节日。圣诞节前期的12天一直充满着隆重的节日气氛,在此期间,圣诞节斋期已经结束,取消了饮食和娱乐方面的各种"禁令",年轻人昼夜进行着来自多神教时期的各种游戏,人们在街上和广场上载歌载舞、相互占卜算命,教会对广大民众的这种古老的娱乐方式只能是"睁一只眼,闭一只眼"。

实际上,圣诞节前期期间,既有多神教的娱乐方式,也有基督教的礼仪,因为根据节日出现的时代,基督教节日来自多神教时期庆祝冬至时举行的礼仪,那些礼仪的主要内容是:每个家庭根据自己的生活条件,分别举行规格不等的追荐亡灵的仪式,即生者为死者举行祭奠仪式。圣诞节前期是男女老少都要庆祝的节日,但主要还是青年男女的节日。为了给节日增添欢乐气氛,青年男女都身穿华丽漂亮和滑稽可笑的节日盛装,戴着各式各样的刻画着野兽和家禽的面具。每个人都是根据自己的爱好自行准备服饰和面具,游戏时,青年男女互相嬉戏,说着使人捧腹大笑的俏皮话,走家串户,举行圣诞祝颂仪式,以圣诞歌的形式讲述耶稣基督诞生的故事,有人还化装成上帝的使者到某个主人家里作客,其他人跟在后面唱歌跳舞,以此表示对主人的祝福。圣诞节前期的确是挨家挨户唱圣诞歌的节日,气氛热闹,大有普天同乐之感。关于这个节日,著名诗人普希金有这样的诗句:"圣诞节前期来到了!欢乐的时刻来到了!"。

一群孩子来到一户人家的门口唱着:

庆祝圣诞,庆祝圣诞!
请赏给我们烤饼充饭,
或赏给我们半个卢布,
或赏给一只凤头母鸡,
若给公鸡必须带金冠,
要么满足我之愿,
要么吃亏在眼前!

当时规定,禁止驱赶这些挨门挨户唱圣诞颂歌的孩子,若想让他们尽快离开你们家,只有一个办法,那就是赏给他们食物或给几个钱。如果有的家庭主人拒绝奖赏,或者表现得比较吝啬,那些戴着面具的孩子们便立刻开始唱歌威胁:

谁不给我们吃烤饼,
我们就砸碎他家门,
谁不给我们喝啤酒,
捣毁他家的干草垛,

谁不给我们吃香肠,
砸碎他家的小罐子,
谁不给我们吃火腿,
打破他家的小铁锅,
谁不给我们一戈比,
我们就掠走女主人!

孩子们挨家挨户唱圣诞颂歌的目的是为了祝愿家家户户幸福、富裕和来年大丰收,此时的圣诞颂歌涉及全家老小。首先,每个家庭主妇都要慷慨大方地送给少年歌者各种礼物,请他们吃各种小野兽和家禽形状的烤饼、糖果和其他甜食。总之,家庭女主人必须向这些孩子们展示一颗善良的心。

在这些歌者当中,不乏传统意义上的登场人物:芭勒舞娘、侍女、吉卜赛人、吉卜赛女郎、乞丐、戴各种野兽面具的人物、巫婆、小鬼儿、手持大钐刀的死神等。在挨家挨户唱圣诞颂歌时,戴面具者的行为似乎超出了正常人的行为规范。在很多地区欢度圣诞节前期这一节日时,化装成"圣诞老人"、"吉卜赛人"、"小姐"等人物牵着一只"山羊",这只"山羊"死了,过了一会儿又活了,最后以众人捧腹大笑而告终。有些地区在过节时,各种化装的人物牵着"马"、"狗熊"、或"仙鹤"等。

圣诞节前期恰逢严冬时分,所以夜间的大众娱乐活动另有一番韵味:街里和广场上点着篝火,因为篝火可以给人们带来温暖和光明,许多人乘坐马拉雪橇飞奔,有的进行各种滑稽游戏,还有许多人坐着雪橇滑冰山。

占卜算命(俄语中的"гадание"一词)是圣诞节前期这一节日的最受欢迎和不可缺少的重要标志,应当指出,俄语中的"гад"一词和带有该词根的词语似乎都不太受欢迎,因为该词根的意思是"坏蛋、畜生、败类、恶棍",但是在多神教时期,"быть гадом"的意思是"为幸福女神和命运女神扎达服务",而与此相关的多神教仪式叫做"гадание"(意思是"占卜算命")。在梵语中,"Gadam"的词义是"体验、经受考验",最早主持多神教"经受命运考验"仪式的是祭司、巫师和巫医。

仪式进行期间,巫师善于根据偶然发生的自然现象或某些特殊标志,对人的命运或事物做出一定的预测。随着基督教传入古罗斯,人们开始错误地赋予这种古老仪式占卜算命的本质,也就是说,巫师开始通过所谓的超自然力使某些人遭受灾难,或使某些人获得较大的经济实惠。当时从事占卜算命活动的主要是星相家,但奇怪的是,这些人后来都被推上荣耀的地位,并成为史诗中的主人公。其实,后来的占卜算命活动不过是民间的一种消遣和娱乐方式。历史上,人们可以在任何时候互相占卜算命,但俄罗斯人认为,最"正确的"占卜日应该是圣约翰节之夜(即夏至)、新年之夜和圣诞节前夜;特别"灵验"的占卜日被看做是圣瓦西里之夜(公历1月13日,俄历新年前夜)和圣诞节前夜,或主领洗前夜(1月18日)。俄罗斯人自古以来认为,圣诞节前期的占卜算命纯属女人的"差事",因为农奴时代的丫鬟小姐一般都要待在闺房里,长期孤独的生活方式迫使她们寻求某种消遣方式,其中最适合她们的消遣方式就是关在闺房里相互占卜算命。大贵族太太和小姐们常常在漫长的冬天之夜测算谁将是她们的未婚夫,以此来消磨那令人寂寞的时光。由此可见,今天大家最熟悉的占卜方式由来已久,它们都是多神教礼仪的具体反映。

占卜算命时,大多数已婚妇女最关心的首先是自己未来的命运,她们渴望尽快知道,究竟是什么样的命运在等待着她们,她们的美好理想和愿望能否得以实现。未婚的姑娘们最关心的则是来年的婚事,她们能否找到称心如意的未婚夫?她们婚后的生活将会怎样?关于姑娘们占卜时的心态,18世纪著名诗人茹科夫斯基[①]在他的叙事体诗歌《斯韦特兰娜》里这样写道:

> 在一个受洗日的黄昏,
> 少女们相互占卜命运:
> 门外有一个小缝鞋匠,
> 姑娘们脱下鞋扔给他;
> 她们还用白雪来占卜,
> 忽听窗外有人在议论,
> 一边撒小米喂着母鸡,
> 一边使炽热蜡烛熔化;
> 姑娘们将宝石金戒指
> 纯绿宝石制作的耳环,
> 扔进盛满水的大碗里;
> 她们铺开一块白手帕,

[①] 永远怀念这位知名的和具有纯洁而高贵的品格的俄罗斯诗人——茹科夫斯基,用教会语言来说,他由于基督徒高尚的美德使人敬佩。他一向以非凡的机敏和超人的同情心而著称。茹科夫斯基在宫廷供职(自1815年起,担任王子的老师)的经历减轻了失宠的亚历山大·普希金、十二月党人、М. Ю. 莱蒙托夫的痛苦,普希金将茹科夫斯基看做是自己的导师。茹科夫斯基曾使著名诗人 Е. А. 巴拉登斯基免服兵役,赎买农奴出身的乌克兰诗人 Т. Г. 谢甫琴科,使文学批评家 А. И. 赫尔岑从遥远的流放地返回故乡。普希金称茹科夫斯基有一颗"光明磊落的心灵",他从未有过嫉妒之心。果戈理给他写信时与他以"朋友和兄弟"相称,他曾对果戈理实行监护,使一个不为人知的乡下人和遥远的涅任普通中学毕业生为大众所周知,他还帮助果戈理编排话剧《钦差大臣》,他自费帮助果戈理,并上书沙皇和继承人,帮助果戈理写完《死魂灵》。在彼得堡和德国法兰克福,果戈理经常吃住在茹科夫斯基家。——译注

蒙在碗上悠悠地唱着

祈祷吉祥的覆盘歌曲。

姑娘们脱下一只皮靴或毡靴并向大门扔去,若是靴子头碰到了大门上,这就意味着结婚为时过早;如果靴子能飞出门外并落在门口的左右方,那就意味着未婚夫到来的方向。姑娘们还用蜡烛占卜,即将蜡烛熔化,然后将化掉的蜡汁倒入装满水的盆里或碗里,如果蜡在水中形成圆圈,那就意味着姑娘即将出嫁,如果蜡汁久久不能成型,那就是不幸的征兆。

与此同时,家庭主人也在设法占卜,渴望得知来年的春天和夏天将会怎样,是否有丰收和吉祥的预兆。即使在苏联期间,尽管政府严格禁止类似节日和占卜算命活动,但是这些节日还是一直持续到20世纪50年代。况且,还不是在外地某个城市欢度这种节日,而是在苏联首都莫斯科知名的历史文化区——伊兹迈洛沃过节,直到将这些俄罗斯日常传统文化的载体(该区的居民)被迁至其他新区之后,此类节日才自动退出了历史舞台。①

教区教堂在市民生活中曾发挥巨大的作用,教堂每天都要为本区教民举行祈祷仪式:晨祷、日祷和晚祷三种。教区的教民只要一听到教堂在祈祷前的钟声,他们就会准时来到教堂做祈祷。每逢重大节日,教堂钟楼的所有钟都会敲响。

生活毕竟是美好的!生活之所以美好,是因为无论是在哪个时代,无论生活多么艰难,多么黑暗,生活中总是会出现使人顿悟、使生活变得美好的人物。正是由于这些人物的存在,生活才具有一定的意义。

不断发展的历史再次证明,民族性、宗教信仰和传统等,都具有某种程度上的相对性和偶然性。重要的是人、人的纯洁品格、无私精神、忘我地为他人服务的高尚品德。这才是最重要的和最有价值的宝贵财富。

可是在历史上,莫斯科的普通市民对居住在这里的德国人持有很奇怪的态度,在莫斯科人眼里,那些德国人看上去显得非常可笑,他们被称为"涅梅茨(德国人)、别列茨(辣椒)、科尔巴萨(香肠)";有的德国人对莫斯科市民的态度表示遗憾,他们说:"看吧,尽管我们是德国鬼子,但我们毕竟也是人。"当时在所有居住在莫斯科的德国人当中,只有一个人例外,这就是弗里德里希·约瑟夫·哈兹(俄语名字叫"费奥多尔·彼得罗维·哈兹",Фёдор Петрович Гааз,1780~1853年),由于他善于同情和怜悯莫斯科人,所以他差点被俄罗斯教会尊为圣者。

德国人弗里德里希·约瑟夫·哈兹是个眼科医生,他22岁那年,就在维也纳开办了自

---

① 令人遗憾的是,在此之后,圣诞节占卜、算命、三位一体节的圈舞、谢肉节期间的俏皮话(打油诗)等许多传统统统消失。在诸多的节庆方式、占卜、俏皮话、儿童小笑话当中,保存下来的寥寥无几:"小雨点,小雨点……"、"小太阳圆得像小水桶"、"七星瓢虫"。——原注

己的私人诊所。后来一个偶然的机会,经俄罗斯陆军元帅和外交官列普宁公爵(Николай Васильевич Репнин,1734～1801年)劝说,他决定来到俄罗斯。他为什么要听列普宁公爵的建议呢?因为列普宁公爵曾答应他这个德国人将会在俄罗斯获得荣华富贵,弗里德里希·哈兹几乎是立刻答应了俄罗斯公爵的邀请,并马上着手准备将自己的诊所搬到彼得堡。然而,故都莫斯科忠实的捍卫者和机灵的列普宁公爵,使弗里德里希·哈兹深信了莫斯科在全俄范围内占有的绝对优势。于是在1802年,弗里德里希·哈兹来到了俄罗斯第一个首都莫斯科。在此一年前,即在1801年,列普宁公爵已经去世,但是他的推荐最终成全了这位年轻的德国医生:弗里德里希·哈兹立刻在莫斯科开始了最广泛的医学实践,在莫斯科市中心购买了一栋房子,还在郊外建造了一座庄园,每次出行都乘坐6匹最精良的大走马驾驶的豪华马车。总之,很快就过上了当时最富有的"外国专家"享有的典雅生活。与此同时,弗里德里希·哈兹深得保罗一世的遗孀、女皇玛利亚·费奥多罗芙娜(Мария Фёдоровна,1759～1828)的好感,女皇亲自办理了庇护圣弗拉基米尔·哈兹并使他使担任保罗医院(第四市立医院)院长的一切事务。起初,弗里德里希·哈兹不懂俄语,他也不想学俄语,当他给病人看病时,喜欢用德语和拉丁语解释与病人沟通,实在不得已时,才说几句法语。其实,唯一使这个时髦医生青史留名的是他的北高加索之旅,他发现了那里的矿泉水具有很高的药效和其他功能。叶先图基的第23号泉眼至今以他的名字命名——"哈兹泉眼"。

然而,后来弗里德里希·哈兹经历了一系列重大事件,用当时人们的话说,他的经历中出现了许多"斑斓"。因父母生病,他不得不暂时回到德国故乡明斯特莱费尔,1812年卫国战争刚刚爆发。当他重新回到俄罗斯之后,立刻开始担任野战军外科医生,先后在斯摩棱斯克郊外、鲍罗金诺战役、被大火烧毁的莫斯科以及跟随俄军在欧洲举行胜利大游行期间,忠心耿耿地为无数伤员治疗。在那次远征之后,人们突然发现,弗里德里希·哈兹不仅精通俄语,而且他还想永远留在莫斯科,他将莫斯科称为自己的第二故乡。1825年,俄罗斯国务活动家莫斯科市长德米特里·戈利岑(Дмитрий Владимирович Голицын,1771～1844年)任命他为俄罗斯第一首都医院的院长,他果然再次不负众望,圆满地履行了自己的职责,不久他在莫斯科又购置了一栋房子。但是在1827年,弗里德里希·哈兹的经历中再次出现了"斑斓":尊重德国和俄罗斯两国传统并具有双重民族性格的他,疯狂而忘我地爱上了一个战友的妻子,她丈夫因参加十二月党人运动被流放,她只能陪同丈夫一起前往遥远的西伯利亚。弗里德里希·哈兹沿着弗拉基米尔苦役大道为他们夫妇送行,当被流放的人群走到巴拉希哈的戈列诺克区①,这是送行的人们不得不与被流放者告别之地,本来就因为与心爱的

---

① 巴拉希哈(Балашиха),莫斯科市以东20公里处的一座小城市,现属于莫斯科州管辖。是莫斯科至下诺夫哥罗德和被流放者前往西伯利亚的"始发站"。按照19世纪出的法律规定,为流放者送行的亲人和友人只能到此为止。——译注

人告别而痛心的弗里德里希突然觉得,俄罗斯这种押送犯人的临时监狱犹如"真正的鬼门关"。这双重的震撼从此改变了德国医生的生活方式,从那以后,他开始担任莫斯科监狱医院的院长。几年之后,几乎所有的莫斯科在押犯人都把他称为"慈善家费奥多尔·彼得罗维奇",当然,他们根本不知道,为了更加俄罗斯化,他的姓氏必须译出(德语中"哈兹"的词义是"兔子")。从此以后,"扎伊采夫(俄语中的"兔子")大夫"的故事便成为俄罗斯的又一个神话。与此密切相关的还有发生在莫斯科小官方胡同里的"狼皮大衣"事件:有一年冬天的晚上,弗里德里希·哈兹医生正在急匆匆地去给病人看病,当他走到小官方胡同口的时候,突然被三个人拦住去路,他们说:"快把钱包拿出来,把你狼皮大衣脱下来,我们可以留你一条性命。"当时弗里德里希·哈兹随身没带钱,他也不答应脱下自己的狼皮大衣,他对抢劫者说:"请你们理解,我急着去给病人看病,天气这么冷,我只能到病人家门口时,才能把大衣给你们。"那三个抢劫者不肯答应,假如不是其中的一个认出了弗里德里希·哈兹医生,医生的声誉很可能就此败坏。那个人说:"费奥多尔·彼得罗维奇!我的天啊,差点没认出来!谁敢欺负你呀!请允许我们送你到病人家,只是请你看在上帝的份上,原谅我们吧!"最有意思的是,那三个歹徒很快就告别了自己的过去,几星期之后,其中的一个抢劫者还成了"哈兹医院"(警察医院)的锅炉工,另外两个当了"哈兹医院"的护理员。

费奥多尔·彼得罗维奇带着满腔的德国人激情,全身心地投入到俄罗斯慈善活动之中,他首先失去了原有的数匹"俄罗斯大走马",接着又失去了位于莫斯科市中心的两栋房子和莫斯科郊外的庄园。到后来,他的生活方式几乎接近了禁欲主义者。他每天早晨6点起床,作为止咳汤药,他空腹喝一杯黑醋栗露酒,做完晨祷就去医院为患者治病。直到中午。他平时的午餐也很简单,他总是只喝一碗燕麦粥或荞麦粥,既不加糖,也不放盐。午饭之后,他便去位于沃洛比约夫山丘的流放者监狱,还发给每个被流放者糖果和橙子。有的犯人向他抱怨并请求说:"最好能给我们一块面包吃。"每当此时,费奥多尔·彼得罗维奇总是平静地回答说:"你们每天都能吃到面包,而糖果和橙子,你们一生都从未见过呢。"在此之后,费奥多尔·彼得罗维奇又去位于莫斯科市中心的布德尔斯基监狱,然后再去委托他主管的各家医院巡诊。晚饭时,他照样只吃一碗平淡无味的燕麦粥。晚饭后返回警察医院为病人治病,直到深夜为止。奇怪的是,他在没有那些上乘大走马的情况下,每天还能跑那么多地方,做那么多事,为了保证完成每天的"正常循环",他买了几匹年迈的即将被送去屠宰的劣马。

费奥多尔·彼得罗维奇还有一项知名的发明,即他用轻巧的锁链代替了金属制作的沉重的手铐脚镣,历史上将他发明的锁链叫做"哈兹锁链"。费奥多尔·彼得罗维奇还对社会医疗体系进行了重大改革,从而使贪官们难以盗窃医院资财。因此,莫斯科普通人既能完全理解费奥多尔·彼得罗维奇的改革措施,也清楚地知道那些贪官的旺盛精力,他们一贯不遗余力地迫害他,取笑他,他们还说:"哈兹是一种难以控制的恶势力,与他做斗争既没有成效,也使人感到寂寞。"

费奥多尔·彼得罗维奇死于1853年,主要是由于内心痛苦所致,最终也没有关于他因病而死的证明。他给后人留下了3架望远镜和若干箱医疗器具。据各种不同资料,当时前来与他的遗体告别的达2万~5万多人,对当时人口只有50万的莫斯科市而言,这已经是一个天文数字了!莫斯科都主教菲拉列特还亲自在教堂破天荒地为这个外国人、天主教徒费奥多尔·彼得罗维奇主持遗体告别仪式。

俄罗斯至今还有一枚"费奥多尔·彼得罗维奇·哈兹勋章",上面刻着他的座右铭:"抓紧时间行善吧!"

伟大卫国战争胜利纪念馆——胜利广场

1812年卫国战争①是一场真正的全民性质的战争,战争引起了前所未有的大规模游击战运动,蓬勃发展的游击战与正规军、民军英勇作战的精神和广泛展开的农民运动融为一体,形成一股势不可挡的巨大威力,最终取得了卫国战争的胜利。德国医生哈兹在那场战争中奋力抢救了无数的俄罗斯伤员。

---

① 俄罗斯最近200年的历史上发生过两次规模最大的卫国战争,一次是1812年抗击法国人侵者的战争;另一次是20世纪40年代(第二次世界大战期间)与德国侵略者的战争。在发生在1812年卫国战争期间的博罗季诺会战中,俄军在库图佐夫统帅的指挥下出动13.2万人和624门火炮,击败了拿破仑的13.5万人和587门火炮的军队,使拿破仑在决战中彻底粉碎俄军的计划宣布破产,法军从此一蹶不振(死伤近6万人,俄军伤亡4.4万人),从而注定了拿破仑一世军队的灭亡。1941年10月(第二次世界大战期间),博罗季诺再次发生激战,不过此次不是与法国人侵者作战,而是与德军作战。目前,博罗季诺是俄罗斯军事历史文物保护区和军队荣誉纪念碑区,每年秋季,俄罗斯人都在这里举行模拟战役的表演,目的是使人民不忘自己的历史。——译注

博罗季诺会战则是那场解放莫斯科和整个俄罗斯、彻底赶走法国人的战争的转折点,无论是在俄罗斯人的心中,还是在艺术和民间创作活动中,那场会战都留下了深深的印记。博罗季诺会战不仅是发生在1812年的最伟大的战役之一,而且是拿破仑发动的所有战役中的最伟大的会战之一。那次会战发生在1812年9月7日(俄历8月26日),交战地点是莫扎

库图佐夫元帅与博罗金诺战役全景图博物馆

伊斯克市①以西12公里处的博罗季诺村,该村的科洛恰河水直接流入莫斯科河之中。

那次激战的见证者这样描绘了使人惊心动魄的场面:

在博罗季诺会战的前一天,俄罗斯军营中一片寂静。其实,每个将士的心里早已燃烧起信仰上帝的火焰和极大的爱国之情。他们在默默祈祷中度过了激战前的一夜,他们都换上了洁净的白色衬衫。次日清晨,一个神甫虔诚地把圣水分别洒在10万名将士的身上,另一个神甫高举着富有灵感的斯摩棱斯克圣母像在队伍中穿行。此时此刻,一只雄鹰在全军统帅库图佐夫将军头顶上方盘旋,将士们以惊天动地的呼声向这位胜利的预言者表示感谢。②

为了庆祝反法卫国战争的胜利和纪念在战争中牺牲的俄罗斯将士,莫斯科市中心(克里姆林宫西侧)建造了一座救世主耶稣大教堂。

全体俄罗斯人民经历了1812年卫国战争的严峻考验,最后取得了辉煌胜利,这是俄罗

---

① 莫扎伊斯克市(Можайск),位于莫斯科市以西110公里处,莫斯科河上游,属莫斯科州管辖。为了纪念1812年卫国战争胜利,莫斯科市中心(自中心向西)的主要街道以指挥那场战役的库图佐夫元帅的名字命名——库图佐夫大街,在今天的胜利广场附近还辟有"1812年卫国战争纪念馆(全景图),纪念馆门前还有高大的库图佐夫元帅铜像。——译注
② 摘自《逝去的莫斯科》,И. А. 别洛乌索夫著,莫斯科,1927,第74页。——原注

救世主大教堂

斯民族武器的胜利。俄罗斯军队有力地反击了拿破仑的侵略行径,得到解放的不仅是俄罗斯人民,而且还有欧洲各族人民。1812年卫国战争的胜利大大激发了俄罗斯人的民族自我意识,同时还促使人们对独特的文化产生了浓厚的兴趣,并将建立在人民和民族基础之上的俄罗斯文化的重要性放在首位。此时俄罗斯文化活动家、骨干作家和新闻工作者所关心的焦点,就是他们每个人对本民族历史和诗歌创作的态度问题。

与此同时,俄罗斯社会各界围绕许多问题引起了激烈的争论,首先是如何提高人民生活水平、农奴制给人民带来的沉重负担、俄罗斯未来的政治体制走向等重大问题。十二月党人的思想已经在当时的人民社会生活和文化生活内部逐渐成熟,他们的思想已经成为俄罗斯解放运动第一阶段的行动纲领。

对俄罗斯人的民族自我意识而言,最重要的是这样一个事实:如果17世纪只有极少数非贵族出身的和最富有的商人及时得以注册,并成为"尊贵的商人",那么,1816年进行的全俄人口普查数据表明,在莫斯科11个新村的2232个商人家庭当中,已经有25%的人开始拥有自己的姓氏并进入名贵阶层。在许多拥有姓氏者的统计资料中还有这样的记载:"外号'索罗科瓦诺夫'于1817年7月5日注册";"姓氏'谢列布利亚科夫'于1814年1月17日注册"。

在为人民倍感自豪的时代,出现了历史上最早的歌颂战士与军官的清唱剧(圣乐)。作为一种宗教音乐体裁,清唱剧主要反映基督教教义和基督教徒的生活,这种类似于"a capella"("无伴奏合唱")的音乐形式的名称源于音乐演唱地点。为了更清楚地向信徒们诠释

《圣经》,意大利人开始创作带音乐伴奏的话剧作品,在大厅里演唱这些作品的目的也正是为了更好地诠释《圣经》内容,意大利人将此类作品叫做"清唱剧"。后来此类"清唱剧"剧目开始逐渐传播。

宗教体裁的清唱剧诞生于17世纪末,清唱剧的歌词绝对取自《圣经》和《福音书》里的故事情节,难怪有人将清唱剧叫做"耶稣受难曲"或"受难曲"。德国作曲家亨德尔(Georg Friedrich Handl,1685~1759年)、巴赫(Johann Sebastian Bach,1685~1750年)等著名作曲家都曾谱写过这种大型作品,幸运的是,《马太受难曲》、《约翰受难曲》、《马可受难曲》等许多经典作品完好地保存至今。

1812年卫国战争胜利之后,宗教体裁的清唱剧在俄罗斯产生了英雄史诗的特色,俄罗斯作曲家谱写的清唱剧不仅取材于《圣经》故事,而且还取材于本民族英雄史实、传奇事件和英雄壮举等。况且,这些清唱剧在俄罗斯舞台上久演不衰,每逢重大而隆重的节日,总是要上演反映民族崇高精神和歌颂民族英雄的清唱剧,这个传统一直持续到1917年。

在19世纪的俄罗斯历史上,法国文化影响逐渐退位,俄罗斯贵族阶层很快出现了一种新的时髦和爱好,这就是全盘英国化和接受新教的影响,原来兴建的法国剧院被关闭,圣经协会一类的组织应运而生。在首都彼得堡,先后成立了"不列颠与外国圣经协会"、"俄罗斯圣经协会"、"哥萨克圣经协会"。这一时期,俄罗斯皇帝亚历山大一世掌握了生于利沃尼亚、死于俄罗斯帝国克里木的克吕德娜女士(Krüdener Barbala Juliane Freifrau von,1764~1824年)的神秘主义思想,同时接受了英国贵格会[①]的思想,与他们一起祈祷,同时虔诚地流泪。被英国神秘主义思想吸引的不仅是俄罗斯皇帝本人,所有的皇室成员都受到了这种思想的影响,这正是阿拉克切耶夫(Алексей Андреевич Аракчеев,1769~1834年)[②]的反动影响之所在。1812年卫国战争之后,俄罗斯人的宗教情绪普遍得以强化,担任地方圣经协会分会的首脑大多数都是当地的总督。到19世纪20年代,俄罗斯逐渐又恢复了东正教强国的传统形象。

东方各国政策的突变和东正教会的强烈反对,导致共济会俄罗斯分会被迫关闭(1822年),圣经协会也开始慢慢地"失宠"(1824年)。

根据大主教谢拉菲姆·萨罗夫斯基的建议,亚历山大一世彻底中断了与圣经协会的联

[①] 贵格会(自称"公谊会"),创立于17世纪中期英国的一个基督教团体,反对神甫制和圣事,宣扬和平主义,从事慈善事业。20世纪70年代初该教派已有信徒20多万人,主要分布在美国、英国和东非等国。——译注

[②] A. A. 阿拉克切耶夫,俄罗斯帝国国务活动家、伯爵、将军,亚历山大一世时代权势极大的专横残暴的宠臣。1808年起担任俄罗斯帝国陆军部首脑;1815~1825年是国家实际领导人,军屯的组织者和首脑。历史上有名的"阿拉克切耶夫制度"是他所创,那是一种极端反动的警察专制政策,军队里实行棍棒纪律和粗暴的练兵方法,残酷镇压对社会制度不满的人。——译注

系,同时勒令国民教育部自由派部长和宗教事务部部长戈利岑公爵辞职,哥白尼和牛顿的科学原理被当做违背圣训的言论而遭到禁止。

亚历山大一世采取了一系列思想和政治行动,目的是反对哲学领域中的"致命的自由思想",作为独立学习科目的美学理论课被取消,普通中学原来开设的哲学、政治经济学、商业理论和工艺学等课程统统被砍掉了。

1820年,学校开设了"圣经阅读"课,但不准开设"神学"课,同时开始对那些不可靠的人进行残酷迫害①。当时在俄罗斯广泛流行的匿名诗歌辛辣地讽刺了这种教学体制(私立女子寄宿学校的老师都是法国女郎,私立男子寄宿学校的老师都是德国人):

> 有什么办法呢! 我们不可能
> 习惯于跟各式各样的洋先生
> 专心致志地学习和研究科学。
> 法国人、德国人、希腊人和
> 捷克人只能使我们变得浮浅,
> 而我们呢,在众人面前很温顺,
> 不得不改变我们原来的形象,
> 不能不接受智慧暗淡的思想……

像往常一样,俄罗斯皇权对任何事物都有所反应,从一个边区到另一个边区,禁止曾在国外深造过的人担任教授,不再继续派大学生到国外学习。

阿拉克切耶夫开始建立军屯,士兵们经常帮助农民耕作,士兵子弟和农民子弟都被迫服兵役,农民对此政策开始表示不满,先后发生了几次暴动事件。于是阿拉克切耶夫首先指控农民的愚昧无知和忘恩负义,随后就对他们进行了极为残酷的惩治。

民众的激愤唤起了一大批经过战争洗礼、周游欧洲各国的进步贵族,他们共同起来反对俄罗斯专制制度和农奴制。十二月党人产生了这样一种思想:或许,可以通过士兵运动,找到实现国家政变的主要支柱,但是大规模的农民运动却使他们感到畏惧。②

那些贵族革命者都是非常有教养的人,他们热爱哲学、历史、文学和自然科学,他们当中的许多人都在俄罗斯文化发展史上做出了巨大贡献,只要翻阅一下十二月党人诗人雷列耶

---

① 这种"不可靠的人"包括亲十二月党人的天才剧作家、翻译家和戏剧教师卡捷宁(Павел Александрович Катенин,1792~1853年),于1822年被驱逐出彼得堡城;著有悲剧《安德罗马哈》、《阿利亚德娜》。——原注
② 客观地说,著名诗人普希金和雷列耶夫曾害怕雅各宾派的革命性,并对雅各宾派的革命性进行了批判。——原注

夫（Кондратий Фёдорович Рылеев，1795～1826 年）的诗歌、十二月党人和上校彼斯捷尔（Павел Иванович Пестель，1793～1826 年）的政治经济学著作、少尉别斯图热夫-留明（Михаил Павлович Бестужев-Рюмин，1803～1826 年）和中校穆拉维约夫-阿波斯托尔（Сергей Иванович Муравьёв-Апостол，1796～1826 年）对爱国主义的思考，就会对这一事实深信无疑。他们都曾参加关于俄罗斯前途命运重要课题的激烈辩论。

关于俄罗斯历史意义上的诗歌内容和哲学思想（与此相关的是俄罗斯性格的实体性特征），实际上是俄罗斯意识形态方面特别重要的问题，正是在这一方面，出现了两种直接对立的美学思想，它们分别代表着各自对民族文化的理解。

斯拉夫派号召人们恢复宗主教时代的旧礼仪，而"不接受新思想"，应该直接照搬祖先的遗训和模式。19 世纪俄罗斯史学家和作家谢尔盖·格林卡（Сергей Николаевич Глинка，1776～1847 年）认为，在这些旧礼仪当中，最重要的依然是不要幻想"不可能实现的平等，而是要尊重信仰，尊重权力"。

俄罗斯著名修士大司祭菲拉列特指出，斯拉夫派正是在"人民对东正教的笃信中和臣民对沙皇的爱戴中"发现了俄罗斯将士在 1812 年卫国战争中获胜的"精神支柱"。19 世纪俄罗斯作家、国务活动家和海军上将希什科夫（Александр Семёнович Шишков，1754～1841 年）说，他们（斯拉夫派）呼吁艺术家大力颂扬这种"高尚的品德"，防止由"残酷的革命中滋生的外来诱惑"的致命影响。那些后来成为"官方人民性理论"①基础的保护性原则就这样逐渐形成了。

十二月党人曾经深信，盲目模仿欧洲人的生活方式既是不恰当的，也是毫无结果的做法，但是他们所发表的言论却与他们轻视异国民族文化的倾向毫无相似之处。在他们的意识当中，文化独立的要求与解放思想载体的作用密切相关。19 世纪著名诗人、十二月党人和普希金的朋友丘赫尔别凯（Вильгельм Карлович Кюхельбекер，1797～1846 年）说，十二月党人承认，对世界各民族而言，具有普遍意义的真理是追求自由；同时他们又认为，进步艺术思想成果的相互交流，有助于丰富各民族文化的发展。

随着民族独特性的出现，艺术的人民性也开始逐渐形成。1825 年，亚历山大一世从首都彼得堡出发，前往俄罗斯南方各省进行巡查②，同时在那里进行疗养。出发之前，有一种不良的预感缠绕在他心头，于是他决定先去位于彼得堡城内的亚历山大-涅夫斯基大修道院，并在修道院祈祷了一整天。虽然是在大白天，可是他房间里点燃的蜡烛一直不准熄灭。在

---

① 官方人民性理论（Теория официальная народности），俄罗斯历史文献中对尼古拉一世时代充斥教育、科学和文学领域的观点的表述，该理论的基础是东正教、专制制度和人民性。——译注
② 亚历山大一世已经兼并了芬兰、波兰、比萨拉比亚和高加索部分领土（达格斯坦、希尔凡汗国、格鲁吉亚西部的明格列利亚、伊梅列季亚等地区）。——原注

此前不久,彼得堡曾发生水灾,市民们认为,这是上帝对俄罗斯的惩罚,因为俄罗斯违背了东正教教规。在塔甘罗格市①,亚历山大一世得到了关于南方协会企图谋反并刺杀皇帝的详细情报。此外,还有其他几件事一直使他感到不安。当他到达黑海沿岸的克里木时,他反复强调说:"不论人民对我评价如何,我生是共和人,死是共和鬼。"1825 年 11 月 19 日(公历 12 月 1 日),在塔甘罗格市,俄罗斯帝国皇帝亚历山大一世在女皇伊丽莎白的怀抱中停止了呼吸。

随之而来的便是保罗一世的次子康斯坦丁与三儿子尼古拉之间的皇权之争,这次斗争险些使俄罗斯帝国付出最沉重的代价。秘密协会(南方协会与北方协会)的成员们乘机于 1825 年 12 月 14 日在彼得堡参政院广场上举行起义,但是他们很快就遭到了镇压。

十二月党人在 1825 年的起义事件中,充分表现出了各自的爱国主义激情和勇于献身的精神,同时也反映了俄罗斯普通公民的大无畏精神。著名诗人雷列耶夫、卡霍夫斯基、别斯图热夫、彼斯捷尔、穆拉维约夫兄弟等一大批十二月党人,都参加了这次起义,他们后来在尼古拉一世时期被处死,其余的 100 多人被流放到西伯利亚服苦役。值得一提的是,在他们走向广场之前,一起在教堂做了集体祈祷,这件事雄辩地证明了十二月党人笃信宗教的事实,但遗憾的是,他们笃信的宗教未能在他们起义当天和后来的危难关头保佑他们。

尽管如此,十二月党人和诗人奥多耶夫斯基公爵(Владимир Фёдорович Одоевский, 1803~1869)答赠普希金《致西伯利亚囚徒》的诗歌得以广泛传播,奥多耶夫斯基的这首答赠诗雄辩地证明,被流放的十二月党人依然相信上帝,基督教始终在帮助他们忍受痛苦和异常繁重的苦役:

> 星星之火,可以燎原,
> 笃信东正教的人民
> 团结在神圣的旗下。

十二月党人运动之后,反对农奴制的思想在莱蒙托夫、果戈理、赫尔岑、涅克拉索夫、屠格涅夫等人的文学作品中反映得更强烈、更突出,19 世纪俄罗斯进步文学开始具有越来越明显的民族历史和崇高思想的特征。

普希金被公认是十二月党人的忠实朋友,他的文学创作代表了俄罗斯文化发展的一个完整的时代,普希金拉开了俄罗斯文学"黄金时代"的帷幕。因为有了普希金,俄罗斯文化才登上了全欧洲的文化舞台。在这一方面,普希金创造的俄罗斯文学语言发挥了绝对重要的

---

① 塔甘罗格市(город Таганрог),位于俄罗斯南方顿河罗斯托夫州境内,在塔甘罗格湾东北岸边。——译注

作用,他的创造不仅促进了俄罗斯民族文化的进一步发展,而且还得到了全世界的承认。

亚历山大·谢尔盖耶维奇·普希金出生于1799年5月26日(公历6月6日),那天是星期四,恰好是俄罗斯东正教节日——耶稣基督升天节。或许,这个特殊的日子决定了伟大诗人的性格:普希金童年时总是沉默不语,后来成为一个非常迷信的人,起初,他对上帝的笃信仅限于一种神秘感,可是这些都成了促使他成长的沃土,普希金命运的轨迹果然像人们为他占卜和预测的那样运行。

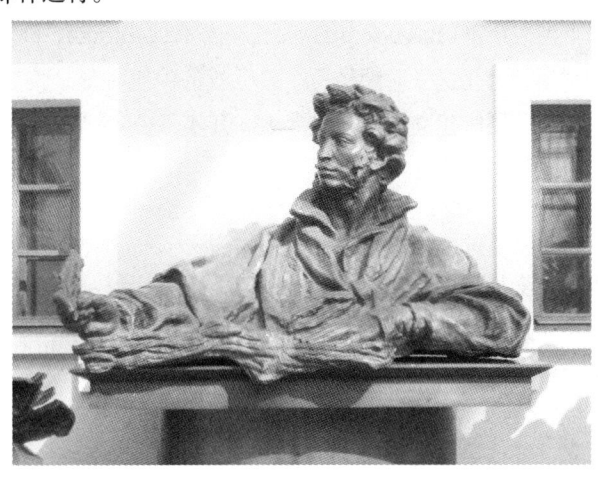

著名诗人普希金

由于世俗社会的习俗、虚礼和偏见,诗人普希金与美女纳塔利娅(Наталья Николаевна,1812~1863年)的婚姻最终使他丧生。其实,他妻子的境界远远高于丹特斯(George Charles Dantés,1812~1895年)①等人挑起的肮脏游戏。关于自己的妻子纳塔利娅·尼古拉耶芙娜,普希金经常这样说,"我最圣洁的妻子"。

纳塔利娅·尼古拉耶芙娜出生在一个笃信宗教的家庭,母亲纳塔利娅·伊万诺芙娜是个信奉上帝的女人,她经常背诵《圣经》,一生严格遵循《圣经》中的圣训,她经常招待云游派教徒,救济穷人。有一次,纳塔利娅·伊万诺芙娜连续在修道院里做了两个星期的祈祷。

普希金非常尊重妻子的宗教意识,他在给妻子的一封信中这样写道:"谢谢你,因为你每天都跪在上帝面前祈祷,你为自己祈祷,同时也为我祈祷。"虽然从外表上看,普希金是一个无神论者,但是他总是高度评价基督教的意义和作用,他将古罗斯接受基督教看做是祖国命运的转折点。

---

① 丹特斯,赫克伦男爵。与普希金决斗并使普希金丧命的法国保守分子。19世纪30年代一直住在俄罗斯(首都彼得堡)。——译注

当他在南方流放期间遇到了共济会俄罗斯分会成员之后,他的观点以及对上帝的理解发生了变化。1807 年,俄罗斯骑士团共济会宣告成立,普希金的挚友、俄罗斯骑兵上将拉耶夫斯基父子、少将奥尔洛夫、国务活动家和特级公爵沃尔孔斯基兄妹、大作家屠格涅夫兄弟等人都参加了这个共济会,他们首先接受了著名教育家、作家和启蒙者尼古拉·诺维科夫曾经加入的共济会的一系列思想。共济会曾探索俄罗斯发展之路、接近上帝之路,曾寻求真正的基督教,但是共济会成员最后做出了这样的结论:人们想象中的上帝是不存在的。俄罗斯共济会研究专家图卡列夫斯基(Владимир Николаевич Тукалевский,1881~1936 年)写道:"在宗教问题上,俄罗斯社会在这一时期经历了自觉权的尖锐时刻,'按照祖先的传统和习俗'调整了自己的世界观,同时建立了新的世界观。其实,这不是'新世界观',而是一种简化的和导致如下局面的生命科学:

> 将一切知识和科学摒弃,
> 将所有事物都变得腐烂。
> 你有时将肉体叫做灵魂,
> 使灵魂具有精神的名字:
> 你说:上帝并不存在;
> 信仰也只是一种欺骗……

这种哲学"毁灭了重视礼仪的宗教",但是它却未能满足那些渴望"重视心灵的宗教"信徒的需求。

共济会成员认为,被他们看做信息场的上帝就是重视心灵的宗教,这个信息场就是囊括过去、现在和将来一切知识的无所不在的上帝。在他们看来,教会只是一个官僚机构,而这个机构与真正的信仰和真正的上帝(信息场)并没有直接关系。

当女皇叶卡捷琳娜二世开始迫害启蒙者和共济会会员 Н. И. 诺维科夫时,她首先派忠实的基督教捍卫者普拉东去说服他。后来普拉东也不得不承认,诺维科夫特别超乎寻常地通过了考验。

我们在上面刚刚提到,在与共济会成员接触之后,诗人普希金的观点和行为规范发生了明显的变化,正是从那时起,学术界才开始谈论普希金的档案资料。1986 年,在塔甘罗格市果然发现了普希金的手稿,那是诗人对未来的预示。

在自己的文学创作中,普希金不仅善于全面反映自身所处的时代面貌,而且还善于展示所有划时代的进步和民主,这种进步和民主完全符合广大民众的利益和社会需求。

普希金在进步世界观的基础上创立的文学民族性,民族性贯穿于他的整个创作过程,只有通过这种思想和民族性,才能真正理解普希金文学创作的独特性,才能准确发现他与同时代诗人在思想和艺术方面的区别。

白银时代的著名女诗人茨韦塔耶娃(Марина Ивановна Цветаева,1892～1941年)在《我的普希金》一书中写道,当她在童年读完普希金的《叶夫盖尼·奥涅金》里塔季扬娜与奥涅金示爱那场戏的脚本之后,她的内心顿时感到巨大的震撼。她说,俄罗斯式爱情的表现方法与生活准则和死亡密切相关,同时与忏悔和通过具有悲剧色彩的信仰、使人痛苦的信仰达到心灵净化的过程相关。普希金为通过19世纪俄罗斯古典文学创作表现这种爱情奠定了基础。

这是一项巨大的心理工程,是战胜自私自利、肉欲和占有欲的庞大工程。这是一种充满博爱的贡献,是上天的恩赐、是他无限追求道德完善的精神财富。19世纪大作家陀思妥耶夫斯基笔下备受折磨和追求理想的十二月党人的妻子、大文豪列夫·托尔斯泰刻画的道德完善和追求和谐的女性,分别参考了普希金笔下的女主人公"塔季扬娜"形象。

1880年,陀思妥耶夫斯基在谈到普希金的诗歌创作时说,普希金创作的塔季扬娜形象是俄罗斯民族最宝贵的一笔精神财富,是最崇高的俄罗斯精神的体现,这些女性形象永远都不可能将自己的幸福建立在他人的痛苦之上。这是一种心理上的平静,是最崇高的和谐。作家善于将俄罗斯的塔季扬娜与整个俄罗斯、俄罗斯的神圣和全体俄罗斯人民的命运联结起来。这种诠释爱情的方法被20世纪一大批伟大诗人所接受,首先是阿赫玛托娃(Анна Андреевна Ахматова,1889～1966年)和茨韦塔耶娃,因为文学作品中的女性长期忍受和自我牺牲精神与她们十分接近。圣使徒保罗所主张的也正是这种爱情:"爱情总是要长期忍受、积德行善,爱情不懂得嫉妒,爱情不会骄傲,也不自负,不会胡作非为,不谋求私利,不恼怒,不想恶行、唾弃欺骗行为,弘扬真理;爱情要包容万物,相信一切,对一切抱有希望,善于经受各种考验。爱情永远都不会终止。"

俄罗斯皇帝尼古拉一世(Николай Ⅰ,1796～1855年)1825年即位之后,他从来就没有关于俄罗斯国家体制改革的构想,也根本没有这种打算。

不过有一点,当时的俄罗斯人谁都不敢在街上吸烟①,尽管吸烟本身有很大的诱惑力,可是连大学生也不敢当众吸烟,任何人都不敢留长发。

那时的宗教活动迅速发展,但这只是一种表面现象,教堂只是受人之托,或者毫无意识地举行祈祷仪式和某些礼仪。

伴随着宗教意识的发展,迷信活动逐渐受到社会的重视。莫斯科市充斥了各种各样的疯癫修士和云游四海的预言家,这些人深受商人阶层的欢迎和热情款待,他们还是许多贵族之家的常客,当时最闻名的一个疯修士是伊万·雅科夫列维奇·科列伊沙(Иван Яковлевич

---

① 尼古拉一世时期禁止在公共场所吸烟。——原注

Корейша,约1780~1862年),他经常出入疯人院,但每次去那里都是为了"暗访",并得到了女性占半数以上的莫斯科社会的承认,尽管他的言辞有时显得毫无内涵,但实际上他是一位博古通今、充满灵性和真正传教的疯癫修士。

最后变成宗教王国的俄罗斯教会管理体制一直持续到1917年,在此期间,教会似乎没有发生什么变化。1833年,俄罗斯国民教育部部长乌瓦罗夫(Сергей Семёнович Уваров,1786~1855年)提议进行"真正的俄式"教育,但这种教育必须建立在东正教、专制制度和民族性"三位一体"原则基础之上。祖国教育原则出台之后,乌瓦罗夫倡导的民族性理论很快变成了尼古拉一世时代国家意识形态的基石。这个三位一体公式同时成为俄罗斯帝国书籍检查部门和司法机构的固定标准,这个公式不仅涉及报纸、大学课堂和文学作品,有时甚至还涉及私人文件。这种民族性理论完全符合俄罗斯最高官僚机构和大多数贵族的愿望。

1838年岁末,在教会学校进行新改革前夕,俄罗斯的初级教会学校已达159所,也就是说,比过去增加了一倍,在校学生有45968人;中等宗教学校只有44所,在校学生15830人;而高等教会学校(神学院)只增加了一所(位于彼得堡)。教会学校数量显然还是远远不够的,按照当时的规定,所有的修士子弟必须先上初级教会学校,所以当时的每个班级总是超员,而教学质量的改善也显得比较缓慢。

学生的学习成绩不佳,主要是因为中等宗教学校和高等神学院的教学活动都是按照天主教会学校的模式安排的。况且,学校的主课一律用拉丁语讲授,多数学生根本听不懂。这种局面迫切要求教会学校进行新的教育改革,于是主教公会总监普罗塔索夫(Николай Александрович Протасов,1798~1855年)开始主持这次新改革,但是他认为,导致教会教育状况落后的并不是由于需要尽快消除的缺陷,而是由于弘扬"自由思想"的世俗科学被纳入了教学科目之中的缘故。因为他有"善良行为胜于不良知识"这样一个座右铭,所以他下令禁止在教会学校设立世俗科目,同时严格监督宗教科目的教学活动,首先要求讲授《圣经》知识的教师必须是教父,而且绝对不能偏离希腊文本的《圣经》;那些区别于希腊文献的犹太教原文书籍被他判为异端。可能正因为如此,主教公会总监普罗塔索夫进行的改革才难以维持下去。

19世纪40~50年代,由于俄罗斯国内和西方许多国家的反动气焰嚣张,俄罗斯知识界便产生了悲观主义情绪,他们开始对国家大刀阔斧的改革表示怀疑。这种悲观情绪最突出地表现在普希金和十二党人的朋友、1812年卫国战争中英勇奋战的近卫军军官、莫斯科大学的毕业生以及俄罗斯杰出思想家和宗教哲学家恰达耶夫(Пётр Яковлевич Чаадаев,1794~1856年)等人的创作活动中。

在对祖国命运的思考中,恰达耶夫得出这样一个结论:俄罗斯社会的进步性是不可靠的。他还认为,社会进步性之所以能引起人们的怀疑,是因为俄罗斯已经彻底断绝了与西欧文明的联系；俄罗斯暂时无法摆脱落后的局面，是因为俄罗斯实行的依然是君主专制。恰达耶夫经常通过《哲学通讯》杂志给读者写信，阐述自己对祖国的过去、现在和将来的思考，随时提醒读者对此问题的关注。1836 年，《望远镜》杂志还转载了他发表在《哲学通讯》上的一封信。

他在给读者的许多信件中，努力阐释了世界各国改朝换代的普遍规律，但是他的这种理念既不同于启蒙运动，也不同于教会的正式规定，也有别于斯拉夫主义的理论。虽然恰达耶夫的悲观情绪来自他本人对农奴制的不满，但是他却依然深信，如果俄罗斯继续笃信西欧基督教的传统精神，俄罗斯定能在未来的世界历史进程中发挥巨大的作用。

恰达耶夫与另一位作家和外交家格里博耶多夫（又译"格里鲍耶陀夫"，Александр Сергеевич Грибоедов，1795 ~ 1829 年）的名字，先后出现在 1816 ~ 1818 年间以法国共济会"Les amis reunis"（"朋友联盟"）命名的俄罗斯分会成员名单中，这个分会曾按照瑞典体系活动，恰达耶夫被封为"五级大师"，而另有史料证明，他在"秘密白派兄弟会"中已经是"八级大师"。

恰达耶夫在一封信中写道："只有一种办法可以成为基督徒，这就是必须完全成为基督徒。"

恰达耶夫的史学思想渗透着日益激化的人类命运和世界末日论观点、对人类必须接近上帝的意识、人类精神的强化、面对上帝、上帝直接作用于人类的观点。他的这种思想在上面提到的《哲学通讯》和《狂人的辩护》上刊登的文章中有所反映，在那些文章里，恰达耶夫本人借助基督教经验对历史进行了详细考证。

由于《哲学通讯》杂志激怒了俄罗斯皇帝尼古拉一世，于是皇帝亲自下令彻底查封该杂志，恰达耶夫被正式宣布为狂人，随后就被监管起来，剥夺了他终身公开发表言论的权利。

恰达耶夫的思想同时为俄罗斯社会发展的两种流派（斯拉夫派和西欧派）奠定了基础，两派关于俄罗斯今后的发展之路问题的激烈争论，是在莫斯科女公爵叶兰斯卡娅的家里发起的，当时莫斯科和彼得堡类似的私人文学沙龙实际上都是讨论社会问题和文学问题的中心。

文学沙龙的成员主要探讨文学和艺术问题，比如，奥列宁沙龙、沃尔孔斯基沙龙等；到 19 世纪 40 年代，此类沙龙首先讨论的是社会思想方面的问题。

19 世纪 30 ~ 40 年代，关于俄罗斯发展之路问题的辩论不仅发生在贵族阶层的沙龙里，甚至连大学生和各级知识分子也参与了这场辩论。他们各自所依据的哲学理论多数是德国哲学家谢林（Friedrich Wilhelm Joseph von Schelling，1775 ~ 1854 年）、费希特（Johann Gottlieb Fichte，1762 ~ 1814 年）、黑格尔（Georg Wilhelm Friedrich Hegel，1770 ~ 1831 年）等人的思想。到 19 世纪 40 年代，俄罗斯主张社会改革的三大思想流派已经基本形成，这就是斯拉夫派、西欧派和革命派。

虽然斯拉夫派和西欧派都主张废除农奴制并推翻专制制度,但是这两派代表之间同时存在着严重分歧。斯拉夫派认为,俄罗斯历史发展有自己的特点,应该走与西欧各国不同的发展道路;斯拉夫派则赞同彼得大帝以前的古罗斯和新俄罗斯实行的田赋村社制,赞扬沙皇笃信宗教的做法,拥护沙皇政权,承认拥戴沙皇是俄罗斯人民的自然天性。斯拉夫派还认为,这些特点可以保证国家向崭新的社会形态的和平过渡,俄罗斯必须恢复缙绅会议制。不过,斯拉夫派同时又否决了西欧的君主立宪制。

斯拉夫派的代表往往将那些与他们观点不同的人、承认俄罗斯与西欧历史发展相同的人、盲目效仿和照搬英法两国的政体和文化的人们,统统称为"西方派"。

俄罗斯宗教哲学家霍米亚科夫、宗教哲学家、文艺批评家和政论家伊万·基列耶夫斯基、伊万·基列耶夫斯基的弟弟、民俗学家、古文献学家和政论家彼得·基列耶夫斯基(Пётр Васильевич Киреевский,1808~1856年)、俄罗斯政治家和社会活动家伊万·阿克萨科夫(Иван Сергеевич Аксаков,1823~1886年)、伊万·阿克萨科夫的哥哥、政论家、历史学家和语言学家康斯坦丁·阿克萨科夫(Константин Сергеевич Аксаков,1817~1859年)、俄罗斯哲学家、历史学家和政论家萨马林(Юрий Фёдорович Самарин,1819~1876年)、俄罗斯社会活动家科舍廖夫(Александр Иванович Кошелёв,1806~1883年)等人,都属于当时最积极的斯拉夫派的代表。1839年,霍米亚科夫撰写了一篇题为《关于新旧两种思想》的文章,文中首次明确阐述了斯拉夫派的思想。不久,一个斯拉夫派文学团体宣告成立,《莫斯科人》、《俄罗斯论坛》、《莫斯科》、《帆》等一系列刊物相继问世,斯拉夫派的积极分子经常在这些杂志上发表政论文章。

在西欧派的代表当中,除了立场鲜明的俄罗斯文学批评家和政论家别林斯基、作家和哲学家赫尔岑(Александр Иванович Герцен,1812~1870年)和恰达耶夫之外,还有历史学家格拉诺夫斯基(Тимофий Николаевич Грановский,1813~1855年)和卡韦林(Константин Дмитриевич Кавелин,1818~1885年)、文学家和政论家博特金(Василий Петрович Боткин,1811~1869年)、安年科夫(Павел Васильевич Анненков,1813~1887年)、俄罗斯文学史家和文艺批评家加拉霍夫(Алексей Дмитриевич Галахов,1807~1892年)等人。

西欧派代表的文章通常发表在《祖国纪事》和《现代人》杂志上,后来他们又开始在《俄罗斯通报》和《演说家》等杂志上发表文章。

在西欧派的代表当中,不乏杰出人士和重要人物:文学批评家、政论家、作家和采访过卡尔·马克思的记者安年科夫、文学批评家和政论家帕纳耶夫(Иван Иванович Панаев,1812~1862年)、记者和翻译家科尔什(Валентин Фёдорович Корш,1828~1883年)、在俄罗斯工作的瑞典医生和文学家凯切尔(Николай Христонович Кетчер,1809~1886年)、画家戈尔布诺夫（Кирилл Антонович Горбунов, 1822~1893 年）、著名演员谢普金（Михаил Семёнович Щепкин, 1788~1863 年）等，他们都是俄罗斯走西欧发展之路的拥护者，但他们同时又主张俄罗斯社会体制向议会制的和平过渡，这一点同样是十分重要的。

1842~1855 年期间，俄罗斯文学就是在社会思想斗争日益激烈的大背景下得以发展的。

当时的一个文学流派将反抗精神与无穷的悲观主义结合在一起，这个流派的典型代表之一就是著名诗人莱蒙托夫（Михаил Юрьевич Лермонтов, 1814~1841 年）。莱蒙托夫的早期创作及其作品具有浪漫主义风格的颂扬之意、非正常体裁结构、统一的、富有表现力的和充满隐喻的诗歌语言、贯穿整个诗歌体系的抒情式主人公形象等多种特点。新观念对个人和世界都提出了新要求，于是便出现了无限极端主义，这种倾向多次使诗人陷入"世界苦难"之中，这种无限极端主义同时要求整个世界达到绝对和谐，还要彻底改变世界秩序。浪漫主义的革命性和公民意识就在于此，对注定不能实现的理想和不能摆脱这种理想的意识，其实就是变种的浪漫主义反抗精神的基底。

19 世纪 40 年代，俄罗斯作家、辞书编纂家和民族学家弗拉基米尔·达利（Владимир Иванович Даль, 1801~1872 年）、著名作家、彼得堡科学院通讯院士格里戈罗维奇（Дмитрий Васильевич Григорович, 1822~1900 年）、冈察洛夫（Иван Александрович Гончаров, 1812~1891 年）、屠格涅夫（Иван Сергеевич Тургенев, 1818~1883 年）、陀思妥耶夫斯基、皮谢姆斯基（Алексей Феофилактович Писемский, 1821~1881 年）、萨尔蒂科夫-谢德林（Михаил Евграфович Салтыков-Щедрин, 1826~1889 年）、赫尔岑等人创作了一系列散文作品，尽管每人的作品风格各不相同，但是他们的作品都集中反映了如下几个方面：反对农奴制、保护个人权利和尊严、重视人类的生存环境（人们第一次将这种环境看做是一种真正的客观力量）。

19 世纪 50 年代，涅克拉索夫撰写了一篇关于诗人丘特切夫（Фёдор Иванович Тютчев, 1803~1873 年）诗歌创作的评论文章，文中转载了普希金未曾发表的几首诗，从此以后，丘特切夫的诗歌再次在读者中广泛流传，其中包括他写给普希金的几句诗："你就像第一次甜美的初恋那样，永远不会被人遗忘……"不少俄罗斯人从小就反复阅读丘特切夫的诗句："冬天里的怒号不无道理，因为它的时光已经过去……"；"田野里还是白雪皑皑，春季已经是流水潺潺……"丘特切夫的四行诗也都是俄罗斯人耳熟能详的：

> 凭理智不能理解俄罗斯，
> 一般标准不能衡量俄罗斯：
> 俄罗斯有她特殊的性格，
> 你只能相信我们的俄罗斯。

丘特切夫的这首诗写于 1866 年，当时在革命者卡拉科佐夫（Дмитрий Владимирович Каракозов，1840～1866 年）之后，俄罗斯的反动势力依然非常嚣张①，但是丘特切夫本人并不喜欢革命思想。他善于运用基督教的心灵净化学说及其道德力量，真实反映俄罗斯的社会变化：

> 心灵腐化和空洞，
> 折磨头脑而心痛，
> 谁能为人来医治？
> 只有纯真的基督……

出生德国的诗人和翻译家卡尔·彼得松（Карл Александрович Петерсон，1811～1890 年）在童年就失去了父亲，后来随母亲从德国来到俄罗斯，其母与诗人丘特切夫结婚，他们一起生活了很多年。正是在丘特切夫的直接影响下，小卡尔开始写诗，他像他担任外交官的俄罗斯继父丘特切夫那样，成年后开始在俄罗斯帝国外交部任职。卡尔·彼得松酷爱文学，他创作于 1843 年的诗歌《孤儿》一举使他成为著名诗人，直到 19 世纪末，他的诗作《孤儿》一直是俄罗斯文学的必选篇目。虽然他的诗歌唤起了读者对被压迫的贫苦阶层的同情，但是在 1917 年之后，卡尔·彼得松的作品也被划入"最坏的"文学读物之中。在此仅选他写的四行诗中的第一段和最后两段：

> 黄昏时分群星闪，
> 院中冷冻响喳喳。
> 街上幼童形影吊，
> 浑身铁青打冷战。
> * * *
> 田中小鸟主宰养，
> 晨露洒在小花上，
> 无家可归一幼童，
> 主宰不把他遗忘！

卡尔·彼得松最后两段四行诗足以充分说明问题。

19 世纪 30 年代，戏剧开始在俄罗斯社会生活中发挥越来越明显的作用。当然，俄罗斯

---

① 卡拉科佐夫，俄罗斯革命者、1863～1866 年间的莫斯科秘密革命团体"伊舒京派"成员，1866 年 4 月 4 日刺杀沙皇亚历山大二世未遂，而后被处绞刑。——译注

戏剧生活的中心首先是位于两大首都的剧院：莫斯科小剧院（自 1824 年起）、大剧院（自 1825 年起）；圣彼得堡亚历山大剧院（从 1832 年起）。

19 世纪初，俄罗斯剧院同时上演本民族戏剧和翻译过来的外国剧，最流行的有寓言作家克雷洛夫、沙霍夫斯科伊（Александр Александрович Шаховской，1777～1846 年）和剧作家赫梅尔尼茨基（Николай Иванович Хмельницкий，1789～1845 年）等人创作的喜剧、奥泽洛夫（Владислав Александрович Озеров，1769～1816 年）和普拉维尔希科夫（Пётр Алексеевич Плавильщиков，1760～1812 年）的悲剧；主要演员有德米特里耶夫斯基（Иван Афанасьевич Дмитриевский，1734～1821 年）、卡拉德金（Василий Андреевич Каратыгин，1802～1853 年）、莫恰洛夫（Павел Степанович Мочалов，1800～1848 年）、谢苗诺娃（Екатерина Семёновна Семёнова，1789～1849 年）等。经常与观众一起欣赏戏剧并向演员报以热烈掌声的还有著名诗人普希金，诗人还特意作诗赞扬那些戏剧艺术家：

> 奥泽洛夫悲剧催人泪下，
> 曾与谢苗诺娃分享荣光……

19 世纪作曲家米哈伊尔·格林卡一直被称为"俄罗斯民族音乐之父"。伟大的音乐家格林卡曾这样说道："音乐是由人民创造的，而我们艺术家只是将它们整理出来而已。"在他创作的浪漫曲、交响曲和歌剧当中，随时可以听到特点鲜明的俄罗斯民歌旋律。

1842 年，莫斯科成立了"绘画、雕塑与建筑艺术学校"，该校在俄罗斯民族画家的培养过程中发挥了重要作用。由著名画家和风俗画奠基人韦涅齐阿诺夫及其画派的画家创作的充满诗意和人物形象突出的作品，如实地折射出画家对民族主题和民间主题的重视程度，他们善于将人们赖以生存的周围世界当做艺术主题加以创作，善于把一个人看做是历史剧中的主人公加以刻画，将此形象再现于大型画布上，这些绘画作品后来都成为社会精神生活中的特殊现象。比如，卡尔·布留索夫（Карл Павлович Брюллов，1799～1852 年）创作于 1833 年的大型画作《庞贝城的末日》（456.5×651cm）、康斯坦丁·萨维茨基（Константин Аполлонович Савицкий，1844～1905 年）创作于 1833 年的《奔赴战场》（207.5×303.5cm）、格里戈里·米亚索耶多夫（Григорий Григорьевич Мясоедов，1834～1911 年）创作于 1887 年的《农忙时节·收割者》（170×275cm）、乌克兰画家谢尔盖·斯韦托斯拉夫斯基（Сергей Иванович Светославский，1857～1931 年）创作于 1878 年的《莫斯科绘画学校的窗外》等。

许多画家都以《福音书》里的故事情节和基督教永恒的道德价值为创作主题，亚历山大·伊万诺夫（Александр Андреевич Иванов，1806～1858 年）创作于 1835 年的《耶稣基督复活后来到抹大拉的玛利亚面前》、创作于 1837～1857 年的巨幅油画《耶稣基督来到人间》（540×750cm），使每个观众都深深感到心灵的震撼，该画作收藏于莫斯科特列季亚科夫画廊。为了完成这幅巨作,亚历山大·伊万诺夫花费了整整 20 年时间,在此期间,他总共创作了 600 多幅作品,其中包括他的习作。他在真人写生方面造诣颇深,他笔下的许多风景画都是外光画创作方面的新发现。他善于将宣传温顺和博爱思想看做是人类解放之路,他想通过画面上反映的《福音书》内容,唤起人们最美好的理想。

著名画家伊万·克拉姆斯科伊(Иван Николаевич Крамской, 1837~1887 年)于 1872 年完成了油画《荒原上的耶稣基督》,他在致擅长揭示尖锐社会问题的著名作家加尔申(Всеволод Михайлович Гаршин, 1855~1888)的信中解释道:"……这幅画就是我本人思想的具体反映。"杰出画家瓦西里·波列诺夫(Василий Дмитриевич Поленов, 1844~1927 年)于 1888 年创作了巨幅画作《耶稣基督与罪孽女》(325×611cm);波兰俄罗斯画家亨利·谢米拉茨基(Генрих Ипполитович Семирадский, 1843~1902 年)于 1886 年创作了《耶稣基督在门徒玛尔法和玛利亚家》;伊拉里翁·普利亚尼什尼科夫(Илларион Михайлович Прянишников, 1840~1894 年)于 1893 年创作了《十字大游行》,而在此 10 年前,伊利亚·列宾(Илья Ефимович Репин, 1844~1930 年)于 1880~1883 年已经完成了《库尔斯克省的十字大游行》(175×280cm)。

面貌丰富多彩的俄罗斯、既顺从,又具反抗精神的俄罗斯人民深深吸引着画家伊利亚·列宾,为了创作《库尔斯克省的十字大游行》,他筹备了很长时间,画了无数张草图和习作,最终选定了其中一个方案:仿佛是一望无际和络绎不绝的人群沿着刚刚被砍伐的林间之路缓慢"流动"……列宾通过一组典型的人物形象,生动地反映了"整个俄罗斯的精神面貌",画面上有穿着草鞋和衣衫褴褛的农民、高傲的贵族和阔气的地主、宪兵、流浪女、神甫和商人,他们顶着烈日酷暑,跟着圣像行进在尘土飞扬的路上。这幅色彩鲜艳的外光画使技法诸多的人物形象更加真实生动,悲剧主题显得更加深刻,画面处理更加壮观。因此,为了真正了解俄罗斯东正教传统、民间节庆习俗和没有修饰过的 19 世纪俄罗斯人民生活情形,不妨首先欣赏一下列宾的这幅《库尔斯克省的十字大游行》。

如今在任何一家医院和诊所里,我们每天都可以看到那些女护士在不停地忙碌,这似乎是司空见惯的事,一旦医院里没有护士,那可怎样得了? 可是您是否知道,俄罗斯的第一个

第五章　俄罗斯教会的积极活动　东正教的崇高思想和精神道德在19世纪俄罗斯文化中的反映　273

女护士是在1853年10月4日爆发的俄土战争①期间出现的,当时虽然土耳其的实力不及俄罗斯,但是土耳其却得到了英法两国的强力支持。这就是俄罗斯海军中将科尔尼洛夫(Владимир Алексеевич Корнилов,1806~1854年)指挥的塞瓦斯托波尔防御战,中将牺牲后,由海军上将纳希莫夫(Павел Степанович Нахимов,1802~1855年)继续指挥战役,上将在战争中负了伤。

当时的伤员很多,塞瓦斯托波尔的贵族会议大厦临时辟为救治医院。通过描写在那次防御战期间抢救伤员的外科医生皮罗戈夫(Николай Иванович Пирогов,1810~1881年)的小说,可以对俄罗斯历史上的第一位女护士的情况有所了解。

著名的解剖学专家和外科医生皮罗戈夫走进宽敞的大理石舞厅,就在不久前,一对对舞伴在幽雅的音乐伴奏下翩翩起舞,而今这豪华的舞厅变成了伤员抢救中心和避难所。许多鲜血淋漓的战士躺在地板上,他们由于难忍的疼痛而呻吟着、叫喊着……有的伤员还疯狂地叫骂着,强烈要求迅速为他们缠上绷带,有的重伤员无力地呻吟着祈求帮助,还有的干脆躺在那里沉默着,他们仿佛正在等待着生命的最后一刻。大厅里还有很多由于来不及抢救而致死的伤员……

皮罗戈夫穿梭于贵族会议大厦所有的厅堂和房间,他猛然在一个挤满伤员的房间里看见一位个头不高、身材纤细、皮肤发黑的姑娘,蓝色印花布裙子上有一枚醒目的奖章,她手里拿着一把铜水壶,在拥挤的伤员中吃力地穿行,分别给他们倒水喝。姑娘面带微笑,用温柔的话语安慰和鼓励伤员,听了她的话,一个个疲惫不堪的伤员晦暗的脸上慢慢地露出了笑容,身体虚弱的伤员们纷纷向她伸出双手说道:"护士,亲爱的,请过来。""护士,请给点儿水喝。"

皮罗戈夫十分惊讶地凝望着这个姑娘,因为她的言行举止恰好体现了每个护士应具备

---

① 18世纪上叶至19世纪末近200年期间,俄罗斯与土耳其总共发生过6次规模最大的战争,历史上叫做"俄土战争"(Русско-турецкая война):第一次俄土战争发生在1735~1739年,俄罗斯与奥地利结成联盟,为争夺黑海出海口和遏制克里木的鞑靼人的袭击而进行的战争,战争以签署《贝尔格莱德和约》(1739年)结束;第二次俄土战争发生在1768~1774年,俄罗斯拒绝从波兰撤军,土耳其单方发起的战争,最后迫使土耳其签署《楚库克凯纳尔吉和约》(1774年);第三次俄土战争发生在1787~1791年,土耳其要求俄罗斯归还克里木和其他领土发动的战争,战争以签署《雅西和约》(1792年)告终;第四次俄土战争发生在1806~1812年,依然是土耳其发动的战争,土耳其企图收复黑海北部沿岸和高加索的原土耳其属地,又因俄罗斯在巴尔干半岛影响日益扩大,战争以1812年签署《布加勒斯特和约》结束;第五次俄土战争发生在1828-1829年,欧洲列强为瓜分土耳其而进行的战争,战后缔结了《阿德里安堡和约》(1829年);第六次俄土战争发生在1877~1878年,俄罗斯为巩固本国在巴尔干半岛的势力范围而发动的战争,最后占领了阿德里安堡,并缔结《圣斯瑟法诺和约》(1878年)。战争使巴尔干半岛各国人民摆脱了奥斯曼帝国的桎梏。文中所提到的这次俄土战争是俄罗斯与土耳其两国若干次规模不大的战争之一。——译注

俄罗斯医师皮罗戈夫

的素质。一位穿着整齐的姑娘出现在病房里,还为伤病员提供必需的帮助,这本身就已经为深受伤痛折磨的人增添了活力。姑娘那温柔的言语和母亲一样善意的微笑,有时比手术显得更有效。

"她是谁?"皮罗戈夫问另一个外科医生别列日诺夫。

"她就是我们的护士",别列日诺夫带着充满敬意的微笑继续解释说,"根据已故海军中将科尔尼洛夫生前的指令,为了表彰这位姑娘的勇敢行为,她被授予一枚荣誉勋章,还得到了一定的物质奖励"。

皮罗戈夫会意地点了点头,别列日诺夫继续在他耳边低语着,实际上是在讲述这个知名的女护士——达里娅·亚历山德罗芙娜的事迹,医院里都叫她"达里娅·塞瓦斯托波尔斯卡娅"。

达里娅·亚历山德罗芙娜 15 岁那年,父母双亡,她沦为孤儿。她住在科拉别尔区父亲留下的一座小房子里,靠给人洗衣服维持生活。武装干涉者占领克里木那年,她刚满 17 岁时,她卖掉了自己微薄的家产,用这笔钱购买了一辆四轮马车,将当地能够收集到的破布、破衣烂衫全部洗干净,再装上一大木桶井水,换上她父亲留下的那套水兵服,跟随部队奔赴到阿拉河边。在那次闻名的阿拉河战役中,达里娅的这一车货物(主要是绷带和水)发挥了唯一的前线紧急救护站的作用。

达里娅每天都为伤员处理和包扎伤口,一直到深夜为止。炮弹在她头顶上呼啸着,有时在她身边不远的地方连续爆炸,但是她对此却全然不顾,她好像中了魔似的,在火光和爆炸声中为俄罗斯受伤的士兵和军官包扎伤口。

有一次,天黑了,绷带用完了,达里娅将两个身负重伤的战士抬到马车上,沿着多石的道路,驶向塞瓦斯托波尔。到达之后,她不知道该去哪里,她只好将两个伤员运到富有同情心的女邻居和商船船长的妻子家,并设法独自抢救和护理这两个伤员。后来她才得知,塞瓦斯托波尔市内的贵族会议大厦有一个临时救助站,于是她赶紧将她抢救过来的这两个伤员拉到救助站,并请求医生批准她在那里完成护理伤员的任务。这就是达里娅到达塞瓦斯托波尔医院的全部经过。①

19世纪下半叶,俄罗斯开始走上资本主义②发展之路,但是由于封建而落后的农业管理方式和农奴制之间产生了一系列尖锐的矛盾,俄罗斯帝国的彻底改革已迫在眉睫。首先注重保护土地占有权和相关优惠政策的沙皇政府开始了自上而下的改革,即以沙皇本人和帝国政府的名义进行改革③。那次改革涉及了全国所有的管理部门,无一疏漏。因此完全可以肯定,亚历山大二世(Александр Ⅱ,1818~1881年)统治时期(1855~1881年)是俄罗斯社会发生巨变的一个历史阶段。

民主主义革命者或平民知识分子对1861~1874年间进行的俄罗斯改革的性质产生了巨大影响,但是如果在此不提女公爵和社会活动家叶莲娜·帕夫洛芙娜(Елена Павловна Романова,1806~1873年)于1859年解放本家农奴这一事实,未免显得不够公正。在她之后,才出现了知名的罗斯托夫采夫伯爵(Яков Иванович Ростовцев,1803~1860年)④的爱国主义启蒙活动,内务部部长兰斯科伊(Сергей Степанович Ланской,1787~1862年)和许多地主不仅给了农奴自由,而且还不顾法律规定,慷慨地分给他们土地。

1861年2月19日颁布的《皇帝诏书》和《关于废除农奴制的法令》,标志着俄罗斯已经实现了大规模的国家改革。尽管农民向来备受折磨,而且愚昧无知,但是他们最终也看清了"解放农奴"的伪善实质,于是在全国范围内开始了大规模的农民反抗运动,人民对那次改革

---

① 摘自《神奇的外科医生皮罗戈夫》,A.戈尔巴乔夫著,奥伦堡,1962,第34、38~39页。——原注
② 首次将"资本主义"一词引入俄语的是地方自治局派驻的医生和经济学家瓦西里·彼得罗维奇·沃伦佐夫(Василий Петрович Воронцов,1874~1918年),即《俄罗斯资本主义的命运》一书的作者。——原注
③ 摘自沙皇亚历山大二世在1856年的论述,他说:"有传闻说,我想给农民自由。这种说法是不公正的,你们可以信口开河,但不幸的是,农民与地主之间的敌意一直存在,曾经有过多次农民不服从地主命令的事件。我深信,我们迟早是要解决这个问题。我一直有这样一种想法,解决问题的最佳方法是自上而下,而不是自下而上。"摘自《过去的呼声》杂志1916年第5~6期,第93页。——原注
④ 雅科夫·罗斯托夫采夫,19世纪俄罗斯国务活动家、伯爵、步兵上将(1859年)。1835年起主持俄罗斯军事教育,筹备1861年农民改革的领导人之一,农民改革方案委员会主席。他拟定的废除农奴制方案是1861年2月19日法令的基础。——译注

俄罗斯帝国皇帝亚历山大二世

的态度十分明朗：

> 沙皇愤怒了，颁发的诏书，
> 给死者自由，活者被禁锢。

问题在于农奴得到的"自由"换来的是土地，而土地又重归地主所有。农奴之所以与农奴制发生了妥协，只是因为农奴制使农奴拥有了土地，"而新出现的'自由'再次将他们的世代遗产（土地）统统没收。"①

废除农奴制的发展趋势要求俄罗斯帝国政府必须出台一系列实际措施，以彻底改变国家的基层管理机构。1863~1874年期间，政府实现了地方自治（1864年，帝国设立了省、县地方自治机构，受省长和内务部部长管辖，职权范围仅限于经济）、法院诉讼、财政、教育和军事等领域的机构改革，其中每个领域的改革都是对资产阶级和民主运动的让步。

1861年，俄罗斯皇帝亚历山大二世下令废除农奴制之后，俄罗斯农民得到了廉价的土地，那是地主和大贵族自愿以低价转让给农民的土地，但农民并没有成为土地的所有者，那些土地实际上属于农民村社，即本村社的农民只享有耕种土地的权利。在实行这种农业政策的同时，国家立法者坚持古罗斯时期的农民管理习俗，即米尔村社制，目的是使农民免受出卖土地的诱惑。

---

① 摘自《农奴的命运：19世纪下半叶俄罗斯作家短篇小说选》，C. 卡罗宁编，莫斯科，1986，第316~319页。——原注

第五章 俄罗斯教会的积极活动 东正教的崇高思想和精神道德在19世纪俄罗斯文化中的反映

此种农业改革既有其长处，同时也暴露了一些严重的弊端。由于农民并不是土地的真正主人，所以他们就没有责任感，他们对土地耕种和相关工作都很消极。随着每次土地的重新划分，农民实际利用的土地面积逐渐减少，这种现象同样使农民感到不满，这也正是后来内务部部长和俄罗斯帝国部长会议主席斯托雷宾（Пётр Аркадьевич Столыпин，1862～1911年）深化土地改革的主要缘由之一。

为了隆重庆祝农奴解放这一事件，莫斯科商人协会召开会议，著名企业家B.科卡廖夫在会上发言说："1500万人迎来的享受公民权利的曙光，从此我们便开始新生活，我们获得了新生，脉搏的跳动也与原来不同了，如今我们的脉搏跳得均匀、坚定而有力。现在我们已经拥有与登上顶峰者相同的崇高地位。"

连续20多年的和平管理期间，俄罗斯的确进行了一番真正的改革，在此之后，俄罗斯帝国开始发生巨变：像彼得大帝时代一样，俄罗斯向前跨越了几百年，亚历山大二世不仅是一个名副其实的解放者，而且还是一个真正的改革者。

俄罗斯工厂和就业工人数量的迅速增长，决定了有识之士对工业的需求，纺纱厂、丝绸手工工场、冶炼厂和轧钢厂等纷纷建立，甚至在一些较为偏僻的地区也开设了银行；扩大了铁路交通网；电报局和邮局的出现将俄罗斯帝国与整个世界联结起来；其他国家同样需要大量的专门人才。到19世纪末，几乎人人都需要接受学校教育，这不仅要求各地都要兴办足够数量的学校，而且还要使学校数量达到最多，以便使每个人都能接受教育。除了经济实力之外，促进学校教育的还有社会力量和整体文化环境。1864年之后，即在各地选举产生的地方自治机构（地方自治局）出现之后，俄罗斯人人接受教育的可能性大大增加。1870年，俄罗斯城市杜马和城市自治机构同时出现。1892年，在俄罗斯707个城市当中，有621个城市都开始实行地方自治。

各地的地方自治局均有自己掌控的资金（主要是当地企业、地主和农民交纳的税款），这笔相当于每个省总收入二十分之一的资金都用于创办新学校、医院、与饥饿和贫困的斗争。在禁止从事任何社会活动的尼古拉一世时期过去多年之后，文化运动最终开始突显。在众多的地方自治工作者（特别是在最早的地方自治工作者）当中，不乏具有崇高理想的实干家，比如，著名教育家尼古拉·亚历山德罗维奇·科尔夫男爵（Николай Александрович Корф，1834～1883年），自费在叶卡捷琳诺斯拉夫省内的一个县城兴办了50所地方自治局所属学校，他还充分展示了一个教师同时主持三个农村学生班级的经验，后来他的办学经验开始在全俄罗斯范围内得以推广。在实行地方自治之后的10年内，俄罗斯总共创办了10000所地方自治局所属小学。俄罗斯帝国实行的地方自治政策同时促进了校外教育的发展，从事校外教育的机构主要是教会学校、图书馆和民间剧院，社会广泛参与民间学校的事实得到了政府的认可。根据1864年俄罗斯帝国政府颁布的法令，社会团体和个人均可兴办初级民间学校,但是这类学校的教学过程依然由政府统一监督。

在那个时期,俄罗斯进步社会力量提出了开展全民义务教育的倡议。教育活动开始实行民主化,大量具有高等学历的贵族出身的专家和平民知识分子不断涌现,俄罗斯知识分子界迅速扩大①。在这种大环境下,各种不同的社会思潮也开始纷纷出笼,自由思想派在19世纪下半叶得到了最广泛的传播,虽然这种流派具有各种不同的色彩,但无论怎样,自由思想派赞同通过和平方式制定国家管理的宪法,主张国内政治自由和公民权利自由,倡导全民教育。19 世纪50~60 年代之交,由政论家卡特科夫(Михаил Никифорович Катков,1818~1887 年)主办的杂志《俄罗斯通报》(1856~1862 年)、由历史学家和社会活动家斯塔休列维奇(Михаил Михайлович Стасюлевич,1826~1911 年)从1866 年开始主办的杂志《欧洲通报》,先后成为自由思想派的论坛。

在此期间,来自国外的自由言论同样发挥了特殊作用,被誉为友谊佳话的典型代表、作家和哲学家赫尔岑与政论家奥加廖夫(Николай Платонович Огарёв,1813~1877 年)在伦敦联合创办了私人印刷厂,并先后出版了文学丛刊《北极星》和报纸《钟声》,号召人们起来反对专制制度。在1812~1829 年期间,俄罗斯最具影响力的是《祖国之子》报和19 世纪60~70 年代的《现代人》杂志。

《现代人》杂志曾一直深受读者的青睐,它很快就成了俄罗斯当时最流行的刊物。自1859 年起,《现代人》杂志开始成为"文学与政治"杂志,因为刊物中增添了"政治"栏目,车尔尼雪夫斯基(Николай Гаврилович Чернышевский,1828~1889 年)经常为此栏目撰写西欧和美国的政治生活方面的文章。一年之后,即在1860 年,《现代人》杂志又增加了一个新栏目—"国内观察",同时保留了原来由帕纳耶夫创办的"彼得堡生活·诗歌新秀札记"栏目。

根据文艺批评家、政论家、革命民主主义者和《现代人》杂志的常任编辑杜勃罗留波夫(Николай Александрович Добролюбов,1836~1861 年)的倡议和积极参与,《现代人》杂志从1859 年增加了讽刺副刊《汽笛报》。

《现代人》杂志及其副刊《汽笛报》曾刊登著名的科济马·普鲁特科夫(Козьма Прутков)②的文章,"科济马"和"普鲁特科夫"的英名如雷贯耳,人人皆知。普鲁特科夫的

---

① 俄罗斯历史上,作家彼得·德米特里耶维奇·博博雷金(Пётр Дмитриевич Боборыкин,1836~1921 年)于1860 年首次使用"知识分子"一词。被称为俄罗斯知识分子典范的是俄罗斯生理学派奠基人和唯物主义思想家伊万·米哈伊洛维奇·谢切诺夫(Иван Михайлович Сеченов,1829~1905 年)。——译注
② 科济马·普鲁特科夫,俄罗斯诗人阿列克谢·托尔斯泰(Алексей Константинович Толстой,1817~1875 年)、热姆丘日尼科夫兄弟(Алексей,Александр и Владимир Жемчужниковы)的联合笔名。19 世纪50~60 年代,他们曾用这个笔名在《现代人》杂志和《火星》报发表作品。这个笔名的更次形象寓意思想上的停滞不前、政治上的"安分守己"和文学上的陈陈相因。——译注

许多格言后来都变成了广为流传的谚语:

"蚍蜉撼树。"

"百依百顺;惟命是听。"

"专家正在步步登高。"

"有志者事竟成。"

"专家就像龈脓肿一样,他们的知识总是单一的。"

……

一批天资聪慧、思维敏捷的诗人和作家(阿列克谢·托尔斯泰、阿列克谢、亚历山大和弗拉基米尔·热姆丘日尼科夫兄弟)经常一起用"科济马·普鲁特科夫"这个想象出来的笔名发表文章,他们的讽刺观点最完整地反映在他们撰写的抨击性文章里,比如,《关于俄罗斯保持思想一致的方案》。科济马·普鲁特科夫认为,"人的理智中有一种评判人间万物的致命的倾向",这种倾向应该受到遏制。"真正的爱国主义者应该是所有问题的敌人!"

类似的文章和多种体裁的世俗艺术作品,都生动地表达了焕然一新的时代精神。新时代的伦理和货币关系促进了艺术的"世俗化",而这种艺术表现最突出的是新时代"使世界摆脱迷信"的趋势。

俄美社会学家和文化学家皮季里姆·索罗金(Питирим Александрович Сорокин,1889~1968年)在《社会与文化发展进程》一书中指出,俄罗斯帝国进入新时期以后,出现了宗教意识持续下降和世俗艺术不断上升的趋势,两者的大致比例为:17世纪,宗教占50.2%,世俗艺术占49.2%;18世纪,宗教占24.1%,世俗艺术占75.9%;到了19世纪,宗教只占10.0%,而世俗艺术则占90.0%。

世俗艺术确立了人及其个性特点的作用,展示了人(包括日常生活中的普通人和英雄人物)对周围世界的兴趣和态度,这种兴趣和态度直接反映在肖像画、风景画、风俗画和历史题材的绘画艺术的发展过程中。17~19世纪,风景画的比例从原来的2.9%上升到15.4%;肖像画从原来的17.8%增长到18.9%;风俗画从原来的14.9%增长到35.9%。

1866年,由于发生了刺杀皇帝亚历山大二世的事件,俄罗斯政府立刻开始对进步社会活动家进行最残酷的镇压,《现代人》杂志随即被查封。这一时期出现了一种特殊情况,即在人民反对国家现行体制的浪潮中,虚无主义思想开始在青年大学生当中广泛传播。在否定哲学、艺术、道德和宗教的同时,虚无主义者将自己称为唯物主义者,极力主张"建立在理智基础之上的个人主义"。

与此同时,在社会主义思想的影响下,首先是在车尔尼雪夫斯基的巨著《怎么办?》的影响下,俄罗斯出现了新的劳动组合和作坊——公社,这种组合曾一度希望推行集体所有制和集体劳动形式,主张在全国范围内进行社会主义改造。当他们的愿望落空之后,新型劳动组合解散,其成员开始从事非法革命活动。

虽然当时对许多出版物都实行了严格的书籍检查制度,但是哲学、文学、政论、图书出版和印刷事业、各门类艺术和科学诸领域等,依然得到了发展并取得了辉煌成就。在那一时期的文学方面,И. С. 屠格涅夫的创作正处于繁荣时期,他一生的信条就是坚决反对以武力形式解决问题(首先是社会问题)的做法,他在短篇小说《小麻雀》中最彻底地表明了自己的鲜明立场,他这样写道:"支撑生命和使生命持续发展的只有博爱。"

著名作家 И. С. 屠格涅夫精通法语,他在法国度过了大半生。尽管如此,他给后人留下了许多赞美母语(俄罗斯语言)的杰作,他曾这样写道:"在那些犹豫不决的日子里,每当我痛苦地思考祖国的命运时,只有你在支持我,你是我的精神支柱,伟大的、强大的、诚实的和自由的俄罗斯语言!尽管在没有你的国度里,我怎能不因为看到故乡所发生的一切而感到绝望,但是我绝不相信,如此精美的语言不属于伟大的人民!"

像费特(Афанасий Афанасьевич Фет,1820~1892 年)和波隆斯基(Яков Петрович Полонский,1819~1898 年)两位俄罗斯著名诗人那样,诗人阿波隆·迈科夫(Аполлон Николаевич Майков,1821~1897 年)的文学活动也持续了半个世纪,当他成年之后,他仍然以一个同时代人的天真,接受了普希金的晚期作品和莱蒙托夫的文学创作,而他却在俄罗斯象征主义者登台之后告别了人世。关于迈科夫早年生活时的俄罗斯文学气氛和人们对艺术的崇尚,关于他家创办的知名手稿杂志(在圣彼得堡出版的《雪花莲》)等,均有许多话题可谈。

著名诗人迈科夫的文学创作范围很广,最典型的是他笔下的大自然、西方各国历史、俄罗斯本民族历史等,他的大部分诗歌一直流传至今。不过,需要指出的是,有一种构想曾使迈科夫终生感到不安,他曾为这个构想付出了极大的努力,这就是以"基督教与多神教相互碰撞"为主题的戏剧作品,他的第一部戏剧作品发表于 1842 年(艺术性较差),最后他将该剧作命名为《两个世界》,最终版本发表于 1881 年。

文艺批评家纷纷指出,迈科夫文学创作中的民族主义宗教色彩逐年加强,他的某些诗歌具有永恒的艺术价值。无论何时何地,迈科夫总是与许多俄罗斯作家一样,随时思考人生的意义、欢乐和悲伤的意义,有诗为证:

> 不要说,困境无法摆脱,
> 伤痛已使你精疲力竭;
> 夜色越深,星辰更明亮,
> 痛苦越深,离上帝更近。

俄罗斯作家阿列克谢·托尔斯泰的创作可谓特殊的社会政治立场的典范,他擅长细腻的抒情、讽刺和幽默多种风格,著有历史长篇小说《谢列布里亚内公爵》(1862)、历史剧三部曲《伊万雷帝之死》(1866)、《沙皇费奥多尔·伊万诺维奇》(1868)和《沙皇鲍里斯》(1870)。

阿列克谢·托尔斯泰曾反对19世纪60年代的俄罗斯革命运动和革命思想,他多次表示既反对民主主义、社会主义和唯物主义,同时又对沙皇政府官员及其思想表示不满。他通过给友人的信件和幽默诗歌,辛辣地嘲笑了部长先生和最高官僚机构的丑恶行径。他一贯认为,从某种程度上讲,官僚体制就是附生在俄罗斯社会肌体上的一块囊肿,它严重危害着俄罗斯帝国的国家利益。阿列克谢·托尔斯泰对政府设立的第三办公厅的活动及其书籍检查制度恨之入骨,他总是觉得自己在社会上十分孤独,自称"隐士"、"失宠者"。他只有在大自然的怀抱中,才能找到一丝恬静和安宁,他曾形象地说:"世间万物,无不充满爱的气息。"

19世纪60~70年代,阿列克谢·托尔斯泰创作了大量既反对革命阵营,也反对官僚体制和官方思想体系的讽刺作品,而且都是一些很有分量的作品。他晚年创作的几部作品未能在他生前得以出版,其中包括诗篇《从戈斯托梅斯尔到季马舍夫的俄罗斯国家通史》①、《波波夫之梦》,但是这些作品却早已以传抄形式广为流传。其实,这不足为奇,我们只要重温一下《从戈斯托梅斯尔到季马舍夫的俄罗斯国家通史》的片段,自然会明白其中的道理:

> 孩子们啊,请仔细听祖父
> 根据罗斯史卷来述说。
> 我们的疆土富饶辽阔,
> 但缺少秩序和好举措。
> 孩子们啊,这些都是事实,
> 千年历史犹如一场梦,
> 我们的祖先早已明白:
> 缺乏秩序将导致贫穷。

19世纪60年代末,俄罗斯文学史和世界文学史上最伟大的杰作之一诞生了,这就是列夫·托尔斯泰的长篇小说《战争与和平》(创作于1866~1869年间)。列夫·托尔斯泰的文学创作活动开始于19世纪50年代,他当时的主要作品有《童年》、《少年》、《青年》、《塞瓦斯托波尔短篇小说集》和《一个地主的早晨》。车尔尼雪夫斯基将列夫·托尔斯泰那一时期的

---

① 戈斯托梅斯尔(Гостомысл),相传为居住在古罗斯北方诺夫哥罗德一带的伊尔门斯拉夫人的首领,即公元9世纪上半叶第一个古罗斯地方长官;季马舍夫(Александр Егорович Тимашев,1818~1893年),俄罗斯国务活动家,1856~1861年期间任俄罗斯宪兵司令部参谋长、"第三办公厅"主任,1868~1878年期间为俄罗斯内务部部长。阿列克谢·托尔斯泰的诗篇特意取这两个人名代表自古以来(到19世纪下半叶)的历史。——译注

文学创作方法称为"心灵辩证法"。列夫·托尔斯泰在中篇小说《哥萨克人》和长篇小说《战争与和平》当中,对人物的心理活动进行了深刻而准确的挖掘,对人物形象及其性格特点进行了细腻的推敲,巧妙地运用了揭示主人公"内心独白"的表达艺术,他的这些创作手法及特点为后来世界文学艺术的发展提供了丰富的营养。其中最突出的一个特点,就是列夫·托尔斯泰为长篇小说创造了一种崭新的艺术表现形式,比如,他的长篇小说《战争与和平》实际上是关于俄罗斯人民的长篇史诗,书中既有俄罗斯民族命运和个人生活,也有真实的历史事件和历史人物,还有虚构的主人公的道德和哲学探索。列夫·托尔斯泰说,"多种元素的融合"(即所有人物与许多事件结合起来)的手法便形成了长篇小说的结构原则。大文豪托尔斯泰的创作思想主要表现为"博爱是整个人类生活的基础,而博爱则是上帝。这就是伟大的俄罗斯作家所做出的结论。

列夫·托尔斯泰

19世纪60年代,陀思妥耶夫斯基的文学创作进入了一个新阶段,他被公认是揭示人类思想意识的开创者。他在创作于1866年的长篇小说《罪与罚》当中,充分证实了与建立在人吃人的基础之上的社会体制做斗争的必要性。与此同时,他又反对通过暴力和武力改造世界的做法。他在另一部知名长篇小说《白痴》(创作于1868年)中,努力再现了一个最理想的"正面而美好的人物"形象,一个建立在全人类相互友爱基础之上、善良而道德、希冀团结的光辉典范。陀思妥耶夫斯基的长篇小说《魔鬼》(创作于1871~1872年)很快被民主主义者所接受,他们认为,这部小说是他们所急需的直接用来反对俄罗斯革命者的有力武器。不过,小说《魔鬼》既有批判自由主义的内容,也有批判社会主义思想的倾向,还有抨击"涅恰耶夫派"[1]革命实践活动和小资产阶级思想的反常行为等内容。

---

[1] 涅恰耶夫(Сергей Геннадьевич Нечаев,1847~1882年),俄罗斯革命运动参加者,秘密团体"人民惩治会"的组织者,著有《革命的基本信念》,主张采取愚弄和挑拨等方式进行斗争,后逃亡国外,1872年瑞士当局将他引渡俄罗斯政府,1873年被判处20年苦役。——译注

大作家陀思妥耶夫斯基

列夫·托尔斯泰、陀思妥耶夫斯基和萨尔蒂科夫－谢德林的长篇小说,都被公认是人类精神文明发展道路上的重要里程碑。

涅克拉索夫(Николай Алексеевич Некрасов,1821～1878 年)的早期诗歌创作,标志着俄罗斯现实主义抒情文学发展进入了一个新阶段。从美学发展的总体情况来看,作者运用自然派的手法,借助于这一阶段将新风俗、新动机、民间生活和城市下等平民的日常生活等要素,充分揭示了普通市民生活的悲剧特性,同时大胆地运用了矛盾、冲突和紧张情节等多种元素。

19 世纪上半叶丰富多彩的现实主义文学探索,为 19 世纪下半叶综合运用多种元素的现实主义创作奠定了全面而坚实的基础。

涅克拉索夫的长诗《谁在俄罗斯能过上好日子?》是19 世纪 70 年代的"俄罗斯生活百科全书",诗歌记述了俄罗斯地主专权的日趋衰落、土地改革、农民运动及其后果,还描写了俄罗斯人民长达几百年的痛苦忍受和日益增长的反抗精神。涅克拉索夫的这部长诗已成为俄罗斯现实主义史诗的革新式文艺现象,其主要特点是书中的主人公不是某个单独的个体,而是全体人民。

涅克拉索夫是一个笃信基督教的诗人,他善于将俄罗斯国家和人民所经受的痛苦与耶稣基督的磨难结合起来。只有宗教信仰才使诗人感到真正的宁静和片刻的超脱,他的诗作《故乡的教堂》恰好描写了他的惆怅心情:

我写歌曲不是为了他乡,

文化与信仰　РУССКАЯ КУЛЬТУРА И ПРАВОСЛАВИЕ

诗人涅克拉索夫

我的歌声响彻祖国四方！
无论其他海洋多么温暖，
不管他乡风光多么明媚，
我们无需他人抚慰悲伤，
他人不必关心俄国痛痒！
接受诉苦和伤心的教堂——
再贫困也是俄罗斯教堂：
罗马彼得教堂和斗兽场，
听不到呻吟和哭诉衷肠！
被你爱的人民来到此地，
带来了无法克制的忧伤，
还有神圣的负担和压迫——
最后如释重负地离开你！
进来吧！基督已伸出双手
用神圣的意志为你祛除
心灵的痛苦和一切创伤，
保证你的良心安然无恙。

　　处于改革大潮中的俄罗斯进步人士曾以不同的方式帮助和支持艺术家，19 世纪最富有的北方铁路建筑股东和资本家萨瓦·伊万诺维奇·马蒙托夫（Савва Иванович Мамонтов，

1841～1918年)是俄罗斯文化艺术的庇护者之一,他在莫斯科郊外建造的阿布拉姆采沃庄园①,早已成为他与大批艺术家经常聚会和共同创作的基地。大画家伊利亚·列宾曾在这里策划《扎波罗日茨人》;维克多·瓦斯涅佐夫在庄园里完成了绘画杰作《三勇士》和《阿廖努什卡》;米哈伊尔·弗鲁别利(Михаил Александрович Врубель,1856～1910年)直接在庄园里兴建了陶艺作坊;谢罗夫(Валентин Александрович Серов,1865～1911年)在马蒙托夫的庄园里完成了自己的杰作《少女与桃子》,画面上的那个小女孩就是马蒙托夫的女儿。著名的阿布拉姆采沃大教堂则是文化艺术资助者与一批艺术家合作的结果。

另一位著名的文化艺术庇护者是莫斯科商人和工厂主帕维尔·特列季亚科夫,他从1856年开始购买最著名的俄罗斯画家创作的油画作品,最终创建了俄罗斯第一家馆藏最丰富的画廊。1893年,帕维尔·特列季亚科夫将自己的全部收藏献给了莫斯科市。目前位于莫斯科市中心的"特列季亚科夫画廊"依然是最丰富的俄罗斯艺术博物馆,俄罗斯巡展派画家的最佳杰作永远占有独特的地位。

毫无疑问,除了像П.М.特列季亚科夫、С.Т.莫罗佐夫和С.И.马蒙托夫等无私奉献者之外,还有不少商人同样经常从事慈善活动,但是他们通常将这种活动看做是获得崇高社会地位的捷径。不过,应当说明的是,大多数文化艺术庇护者从事慈善活动并非是为了图谋私利,他们的行为动因是源于基督教思想。

在基督教的作用下,有产者帮助无产者、有产者富有同情心等,这些都是慈善活动的具体表现形式,他们的慈善活动逐渐成为固定的道德原则,在伊斯兰教和其他宗教当中也有类似现象。欧洲各国的教堂和古罗斯的教堂,特别是富裕和储备颇丰的大修道院,经常不断地从事救济穷人的活动,当时的古罗斯大公还有一个特殊的习惯,这就是为教堂提供"俄亩"(即土地),而为这个习惯奠定基础的是基辅罗斯大公和古罗斯的施洗者弗拉基米尔一世。

俄罗斯最早的养老院和免费医院都是在大修道院里诞生的,通过教会实现的救济和慈善活动从古罗斯时期一直持续到17世纪末。虽然自18世纪起,救济孤儿和穷人的活动不再受到教会的控制,但是彼得一世制定的国家救济计划却未能实现,主要是由于这一方案出台几个月之后,彼得一世就去世了,所以原定计划被冻结,直到叶卡捷琳娜二世执政时期,国

---

① 阿布拉姆采沃(Абрамцево)在1870年以前属于阿克萨科夫家族所有,作家谢尔盖·阿克萨科夫(Сергей Тимофеевич Аксаков,1791～1859年)在这里完成了《狩猎笔记》和《孙子巴格罗夫的童年》(1858);他的儿子康斯坦丁·阿克萨科夫(Константин Сергеевич Аксаков,1817～1860年)曾为自己的女儿玛申卡作诗一首《我的玛莎这么小,这么小……》(1836),著名作曲家柴可夫斯基(Пётр Ильич Чайковский,1840～1893年)还为该诗谱曲,这首歌曲一度十分流行,现在歌曲名称是《我的莉莎这么小,这么小……》,苏联著名歌唱家和人民演员谢尔盖·列梅舍夫曾成功地演唱过这首歌曲,据说,他非常喜欢这首歌。在柴可夫斯基的歌曲集里叫做《儿童歌曲:我的利莎》。请见《19世纪俄罗斯诗歌》,莫斯科,1976,第587、685页。——原注

家对穷人采取了残酷镇压的政策,比如,当时有明文规定:凡是从事救济和慈善活动者,被抓获的接受救济者,必然遭到一顿鞭笞并被流放到遥远的西伯利亚。

叶卡捷琳娜二世执政时期,救济穷人已不再是教会的专权。根据女皇的旨意,莫斯科(1763年)和彼得堡(1772年)分别兴办了儿童收容所。自1775年起,俄罗斯40多个省内都建立了社会救济局,该局的主要目的是为了创办民间学校、孤儿院、养老院、医院和贫民习艺所等。

如今人们对十月革命前的慈善事业有了比较全面的了解,但是对19世纪80年代的慈善活动却知之甚少①。原来由于杰出剧作家亚历山大·奥斯特罗夫斯基(Александр Николаевич Островский,1823~1886年)、马克西姆·高尔基(Максим Горький,1868~1936年)等一大批俄罗斯经典著作作家,许多著名企业家都改变了原来社会赋予他们的形象。19世纪初,进城的农民开始产生对图书和知识的直觉认识和追求,两三代人之后,他们中间不仅涌现出了文化艺术庇护者,而且还有科学家、医生、画家和政论家。在改革后的几十年当中,从事慈善活动的必要性已经成为宝贵的行为规范之一,而这些行为规范在庞大的资产阶级阶层的意识中得以强化。农民和小市民的子孙通过大学教育、前往欧洲各国的商务考察和旅行,后来都成为文学艺术的鉴赏家。到19世纪末,远离政治和一直受专制制度影响的新一代"生活的主人"开始被社会舞台所吸引,正是在这个大舞台上,"被剥削者"与"公民"的追求奇特地交织在一起。

高尔基

在一本专门描写19~20世纪之交的民间出版物中这样写道:"俄罗斯的任何城市,甚至在首都彼得堡,都不能像莫斯科那样拥有如此之多的私人慈善机构,莫斯科商人每年出资几十万卢布从事慈善活动,莫斯科的诊所、医院、养老院和收容所逐年增多。知名企业家叶尔

---

① 请见《俄罗斯收藏家与文化艺术庇护者》,А.П.博哈诺夫著,莫斯科,1989。——原注

俄罗斯戏剧家奥斯特罗夫斯基

马科夫(Флор Яковлевич Ермаков,1815～1895年)用于慈善活动的资金已达500多万卢布;博耶夫(Боевы)、戏剧家巴赫鲁申(Бахрушины)家族、工业企业家莫罗佐夫(Морозовы)家族、阿列克谢耶夫(Алексеевы)家族、出版商索尔达坚科夫(Козьма Терентьевич Солдатенков,1818～1901年)、工厂主赫鲁多夫兄弟(Герасим и Алексей Хлудовы)等人名字永远镶嵌在他们出资建造的各种楼堂馆所等设施上。"①

俄罗斯历史上曾有过数额惊人的私人资助活动,比如,十月革命前夕,即在1916年,巴赫鲁申家族资助款达到340万卢布;特列季亚科夫家族资助款为310万卢布;西伯利亚最大的商人世家之一和女慈善家梅德韦德尼科娃(Александра Ксенофонтовна Медведникова,1834～1899年)和科济马·索尔达坚科夫分别出资200万卢布;莫斯科商人索洛多夫尼科夫(Гаврила Гаврилович Солодовников,1826～1901年)赞助了1000多万卢布。

1910年3月召开的第一届全俄救济活动家代表大会公布:俄罗斯已有4762家慈善协会和6278个慈善机构,这些协会和机构75%的资金是通过私人慈善募捐的,即全部是个人捐款。

关于俄罗斯非国家救济形式的主要特点,著名历史学家В. О. 克柳切夫斯基在1892年的一次义务演讲时有所论述,他那次演讲的题目是《古罗斯时期的善人》,演讲所得收入全部献给了当年歉收的农民。В. О. 克柳切夫斯基说:"私人慈善活动靠的是个人的道德、对受难

---

① 摘自《19到20世纪俄罗斯社会生活·艺术·文学与科学·贸易·工业》,敖德萨,1901,第49页。——原注

者的同情心,慈善者的目的只有一个,那就是帮助受难者改善生存条件,提高健康水平。"①

刚才我们谈到,俄罗斯没有任何一个城市能与莫斯科慈善活动的规模相比,19 世纪末 20 世纪初的俄罗斯进步商人从事的慈善活动是一种高尚行为,这些慈善家共同谱写了俄罗斯人民历史和文化的重要篇章。可以说,没有一个文化领域不曾接受莫斯科商人慈善家的捐助。

除了上面多次提到的 П. М 特列季亚科夫、К. Т. 索尔达坚科夫、А. А. 巴赫鲁申、С. И. 马蒙托夫、С. Т. 莫罗佐夫等一大批文化艺术庇护者之外,还有出版商萨巴什尼科夫(Михаил Васильевич Сабашников,1871～1943 年)、商人和艺术收藏家休金(Сергей Иванович Щукин,1854～1936 年)、导演和戏剧理论家斯坦尼斯拉夫斯基(Константин Сергеевич Станиславский,1863～1938 年)、莫斯科商人和社会活动家布雷什金(Афанасий Васильевич Бурышкин,1853–1912 年)等。

国立特列季亚科夫画廊

19 世纪俄罗斯著名作家博博雷金(Пётр Дмитриевич Боборыкин,1836～1921 年)首次使用"商人王朝"一词;知名的文化艺术庇护者、工厂主和银行家里亚布申斯基(Павел Павлович Рябушинский,1871～1924 年)制定了《莫斯科工贸职官表》。许多慈善家几乎都是古老信徒派教徒和文化艺术的庇护者。

世袭贵族深受企业家的尊重,特别是当那些最高权力机构(特别是皇帝)签署命令时,当他们加封某个商人(有时是商人全家)为"俄罗斯帝国世袭贵族"称号时,尤其是这样。不

---

① 摘自《古罗斯时期的善人》,В. О. 克柳切夫斯基著,谢尔吉耶夫,1892,第 2 页。——原注

过,П. М. 特列季亚科夫却拒绝了皇帝亲自加封的这一称号。可是在1897年,商绅П. М. 特列季亚科夫自豪地接受了政府授予他的"俄罗斯荣誉公民"称号,因为每一个获得这种证书的人,均可得到一件珍贵的艺术品。当时国家择优选拔全国最好的画家特意为"荣誉公民"画像,为П. М. 特列季亚科夫画像的是著名画家维克多·瓦斯涅佐夫。

第一个获得"俄罗斯荣誉公民"称号的是莫斯科市长谢尔巴托夫公爵（Александр Алексеевич Щербатов,1829～1902年）,那是在1866年,由热衷改革的帝国皇帝亚历山大二世亲自颁发。后来获得这一称号的还有曾任莫斯科市长和总督的多尔戈鲁科夫（Владимир Андреевич Долгоруков,1810～1891年）公爵、知名的外科专家尼古拉·皮罗戈夫和戏剧活动家巴赫鲁申兄弟。

亚历山大二世设想的许多改革方案注定不能实现,因为在1881年3月1日,民意派格利涅维茨基（Игнатий Иохимович Гриневицкий,1856～1881年）用炸弹炸死了皇帝,可他本人也身受重伤。一批自由活动家以亚历山大三世（Александр Ⅲ,1845～1894年）①的名义,彻底批判了革命者的恐怖袭击活动,并向皇帝表达了"完成国家革新的伟大事业"的愿望。

俄罗斯皇帝亚历山大三世生于1845年。一位历史学家曾这样写道："在俄罗斯帝国的历史上,没有比亚历山大三世执政的13年更寂寞的时期了。19世纪70～80年代的狂热突然被奇特的冷漠所替代。这个变化使人觉得,整个俄罗斯帝国像一个懒惰的妇女那样正在打盹,她既不想洗衣服,也不想保持室内整洁,地板上堆放着许多脏衣服,厨房里和炉子上扔着用过的脏盘子、叉子。那个妇女好像在说:'由它们去吧'。"

对亚历山大二世赋予的社会各种自由加以限制的一切决定,顿时得到了主教公会总监波别多诺斯采夫（Константин Петрович Победоносцев,1827～1907年）的支持,这位总监不仅干预国家所有部门的日常工作,特别是警察厅的工作,而且还监控皇室的家庭生活。总监有时甚至还亲自决定,女皇应该跟谁约见,或不能跟谁见面。皇帝亚历山大三世后来也必须当面向他汇报,女皇是否真正执行了他这位全能部长的指令。

需要说明的一点是,在这些事件发生之后,俄罗斯教育领域随之发生了一些变化。自1884年起,教区内的教会学校转归主教公会管辖,国立学校的宗教课拓宽了教学内容。

尽管政府实行了妨碍地方自治机构权的专制制度②,但是自由运动也没有转变成反对势力。19世纪90年代,地方自治机构派出的医生和教师的民主情绪日益加强,从而使他们

---

① 亚历山大三世,1881年起为俄罗斯皇帝,亚历山大二世的次子,维护最保守的贵族阶级的利益。19世纪80年代上半期,在资本主义关系日益加强的情况下,下令废除了人头税,降低了赎金。80年代后期,开始了"反改革"的行动,镇压民主革命运动和工人运动。在位期间,基本上使中亚并入俄罗斯(1885年);订立了俄法同盟(1891～1893年)。——译注

② 1881年3月8日,主教公会总监波别多诺斯采夫下令削减地方自治机构的权利。——原注

与地方行政部门之间产生了矛盾和冲突。

根据1872年批准的《关于新闻出版的临时规定》,俄罗斯国民教育部、内务部、司法部和主教公会开始关闭或查封报社和杂志社。那些已经接到"警告"的报社纷纷向主管部门上交材料,准备接受正式检查;禁止政治不可靠分子(进步的革命人士)从事新闻出版活动;图书馆和阅览室也随之开始紧张起来。

自1888年起,政府委托国民教育部重新审核可以向读者发放的图书目录。

政府采取的一系列政治措施试图证实,那些政策和措施都是为了保护人民的合法权益,战斗的民族主义成为当时政治方针的典型特征,国内实行强制性的俄罗斯化和基督化,对"异教徒"进行了残酷迫害。

1894年,俄罗斯皇帝亚历山大三世去世。他在生前曾被称为"调解人",因为在他执政期间(1881~1894年),俄罗斯没有与任何国家和地区发生过战争,这大概是俄罗斯历史上唯一的一个和平时期。

应当指出,俄罗斯帝国倒数第二个皇帝亚历山大三世的身上没有一滴俄罗斯血,他是一个完全俄罗斯化了的德国人,他生前曾梦寐以求,很想成为一个真正的俄罗斯人。那些德国人以为,只要像俄罗斯人那样吃着黑面包和萝卜,喝着克瓦斯饮料和伏特加,这就是俄罗斯人了。亚历山大三世也是这样想的,虽然他不懂俄语文法,可他依然将自己看做是俄罗斯精神的表达者和保护者。

历史上,俄罗斯东正教大司祭、历史学家和莫斯科神学院院长戈尔斯基教授(Александр Васильевич Горский,1812~1875年)、俄罗斯教会史学家和教堂建筑史学家戈鲁宾斯基(Евгений Евстигнеевич Голубинский,1834~1912年)、戈鲁宾斯基(Фёдор Александрович Голубинский,1797~1854年)、俄罗斯正教会史学家和皇家科学院院士博洛托夫(Василий Васильевич Болотов,1853~1900年)、历史学家克柳切夫斯基、神甫保罗·弗洛连斯基等人,共同为俄罗斯神学、历史学和哲学创建了极大的荣誉。

1876年,莫斯科神学院的高年级学生参与出版了第一本俄文版《圣经》。

在这一时期,莫斯科都主教菲拉列特、修士大司祭康斯坦丁、大司祭伊万·沃斯托尔戈夫、最后一任主教工会总监和教会史学家安东·卡尔塔舍夫、M.扎济金、东正教作家和社会活动家克拉夫季·帕斯哈洛夫、东正教作家尼古拉·库萨科夫、政论家和社会活动家谢尔盖·沙拉诺夫、Ф.布拉采尔、语文学家和古罗斯艺术史学家阿列克谢·索博列夫斯基等教授分别著书立说,从而为俄罗斯专制政权提供了神学论据。

专门研究俄罗斯正教君主专制理论的还有思想家列昂季耶夫(Константин Николаевич Леонтьев,1831~1891年)、波别多诺斯采夫、季霍米罗夫、谢列涅维奇、俄罗斯基督教哲学家和政论家伊万·伊利英、思想家、教会活动家和哲学家德米特里·霍米亚科夫等人,他们出版了一系列专著。

自从汲取欧洲社会民主经验之后,原来的民粹派变成了马克思主义者。俄罗斯国际社会民主运动活动家普列汉诺夫(Георгий Валентинович Плеханов,1856~1918年)在《社会主义与政治斗争》和《我们的意见分歧》两部著作中,否定了俄罗斯将要进行的社会主义革命,可是他同时又指出,俄罗斯必须建立社会民主党,准备资产阶级民主革命,从而为社会主义创造社会和经济条件。

自19世纪80年代中期起,俄罗斯开始出现大量的大学生和工人社会民主活动小组。19世纪末~20世纪初,俄罗斯文化生活中出现了一种反动的政治思潮——"泛斯拉夫主义",其宗旨是将所有的斯拉夫国家统一收归在俄罗斯帝国的大旗之下。

泛斯拉夫主义的主要策划者是"历史文化类型"理论的缔造者尼古拉·丹尼列夫斯基(Николай Яковлевич Данилевский,1822~1885年),其追随者有Ю.Ф.萨马林、А.И.科舍廖夫和И.С.阿克萨科夫等一大批斯拉夫主义者。19世纪末,出现了亲斯拉夫派和民族主义者。

深信只有东正教才具有全面真理的老一辈斯拉夫主义者(阿列克谢·霍米亚科夫、伊万和彼得·基列耶夫斯基兄弟、康斯坦丁和伊万·阿克萨科夫兄弟等),发展了以恢复人类统一为使命的博爱与自由联盟,即东正教集体主义学说。他们认为,俄罗斯应该揭示拜占庭东正教尚未揭示的基督教关于人类和社会的真理。在К.阿克萨科夫看来,俄罗斯历史已经拥有"使全人类忏悔"的意义和作用。

在斯拉夫派与西欧派的争论中,占有独特地位的是俄罗斯杰出思想家、作家和政论家К.Н.列昂季耶夫。克里木战争①期间,列昂季耶夫是一名军医,他在服役时就开始发表文学作品:长篇小说《波德利普基村》、《故乡》等,他从1886年开始发表政论作品,其代表作有两卷本《东方、俄罗斯与斯拉夫民族》。后来К.Н.列昂季耶夫在奥普塔小修道院里度过了自己的晚年,经常接受知名长老和神父阿夫罗西的指导。只是到那时,他暮年时的复杂心理和接受基督教的禁欲主义、无条件地追求完美的"孤独思想家"的思想才开始受到人们的关注。

К.Н.列昂季耶夫曾断言,俄罗斯的使命是拯救被小市民和资产阶级思想腐蚀的整个欧洲,向世人展示新的和最崇高的文化。

---

① 克里木战争(Крымская кампания),又名"东方战争",即俄罗斯与土耳其最初为争夺统治近东所进行的战争(1853~1856年)。1854年2月,土耳其联合英法两国军队,1855年联合撒丁王国,共同对抗俄罗斯。1853年的主要事件有:俄军占领摩尔达维亚和瓦拉几亚;俄军在高加索获胜;在锡诺普消灭了土耳其舰队。1854年的主要事件有:联军在克里木登陆;封锁北方的波罗的海;1854~1855年塞瓦斯托波尔保卫战开始。1855年的主要事件有:俄罗斯外交陷于孤立;塞瓦斯托波尔陷落;军事行动宣告停止。军事和经济落后是俄罗斯失败的原因,最后战争以缔结1856年巴黎和约而告终。——译注

与К. Н. 列昂季耶夫的观点不同，宗教哲学家、诗人和政论家弗拉基米尔·索洛维约夫认为，俄罗斯的使命是为争取天下大同而放弃本民族利益，在自我牺牲的前提下与欧洲各国融合。索洛维约夫说，虽然在自己的世界观形成过程中受到柏拉图、奥古斯丁、谢林、黑格尔、俄罗斯斯拉夫主义者和乌克兰宗教哲学家尤里凯维奇（Памфил Данилович Юркевич，1826～1874年）等许多人及其学说的影响，可是对他影响最深的是康德和叔本华的哲学理论，他非常喜欢叔本华的神秘主义哲学动机以及为自己的理论寻求非理性依据的欲望，他在叔本华的思想中"找到了从未沉默的宗教需求带来的满足感、宗教意识以及对生活的宗教态度。"

索洛维约夫借鉴了德国宗教哲学家谢林的保守主义哲学思想，他像谢林那样，逐渐开始反对理性地看待道德现象，以唯灵论和神秘主义"实质"取代理性认识论。在很大程度上，索洛维约夫的美学观与大作家Ф. М. 陀思妥耶夫斯基的道德追求相吻合，他二人的关系曾十分密切，经常听取大作家的意见和建议。Ф. М. 陀思妥耶夫斯基的道德观深刻地体现了大作家为被压制的和"逐渐暗淡"的个性而感到的心痛，他对资产阶级社会的非人道行为的愤恨，不可能不使索洛维约夫那样的思想家及时做出敏感的反应。

信奉基督教的思想家索洛维约夫是世界神秘主义发展过程的缔造者，而这一发展过程是在宗教与因循守旧的斗争中实现的，最终达到标志着世界历史尽头的最高境界。这个发展过程被看做是自然与文化、真理与博爱、艺术与真善美等思想的显现。

在索洛维约夫的哲学理论中，经常为艺术家提供创作灵感的柏拉图哲学（精神恋爱）元素与基督教的博爱与义务融为一体，从而使他的哲学富有"性感"，并成为"永恒的童贞女"。

索洛维约夫对列夫·托尔斯泰的道德学说一向持有批判的态度，针对作家的文学创作，经常展开激烈辩论，特别是在《证实善良》和《三次对话》两本书当中，二人的争论显得异常精彩。然而，列夫·托尔斯泰提出的道德问题，往往使他们二人陷入冷静的思考之中，然后各自默默地找到答案。对索洛维约夫来说，重要的是使所有的社会问题更加道德化，使整个社会生活环境受到神秘主义道德的制约。他认为，道德原则是经济、政治和法律等领域最重要的决定性因素。

对现代宗教唯心主义学说而言，特别是对新托马斯主义来说，使社会问题道德化同样显得极为重要。在很大程度上，法国宗教主义哲学家马利丹、克罗申、日尔松等新托马斯主义的代表，分别重复了俄罗斯神智学者的做法，他们也努力将亟待解决的社会经济问题解释为纯粹的道德问题，并试图在道德范围内解决这些问题。

根据索洛维约夫的哲学思想，具有神秘主义色彩的、体现人的真实本质属性的博爱乃是道德的本原，只有充满爱心的人，才能真正理解与博爱相关的所有概念和原则的意义。

应当指出，博爱问题一直是各国历代著名思想家所关注的焦点。在俄罗斯哲学界，任何人都没有像索洛维约夫那样,为深化理论思考做出了如此之大的贡献。在继承和发扬古代传统的基础上,索洛维约夫将博爱纳入通用原则之中,这不仅是管理世界所需要的通用原则,这个原则甚至被看做是世界本身。如果没有博爱,既不会有生活,也不会有生存的意义,既没有上帝,也不会有人类。诗人和思想家索洛维约夫的全部作品几乎都试图证明这一论题。

因此,索洛维约夫的世界观完全可以称为"爱情哲学"。他在自己的诗歌和哲学散文中曾这样写道:

> 死神和时间控制着大地,
> 可你不能称它们是主宰;
> 万物旋转消失在暮色里,
> 只有爱的太阳不会转移。

索洛维约夫在《爱的意义》一书中,对博爱的宇宙实质做出了全面的论证。他笔下的博爱形象犹如宇宙般宏大,他将这个形象看做是上帝赐予人类的智慧的象征,这种崇高智慧的光芒照亮了整个宇宙。

崇高的智慧自古以来就是热爱上帝、热爱世界和人类的象征,是俄罗斯人民的一面旗帜和象征,在与选择俄罗斯为"最后之家"的圣母玛利亚的光辉形象融合时,崇高的智慧不仅为神学家和哲学家提供了灵感,而且还关爱并温暖了每一个俄罗斯人的心田。为了说明这一点,我们只需回忆一下古罗斯时期基辅罗斯和诺夫哥罗德公国的"索菲亚"大教堂和民族史诗即可。

通过弗拉基米尔·索洛维约夫的努力,作为宇宙组织原则和地球结构原则的崇高智慧"索菲亚",后来被布尔加科夫、别尔嘉耶夫、弗洛连斯基(Павел Александрович Флоренский,1882～1943年)、列夫·卡尔萨温(Лев Платонович Карсавин,1882～1952年)、阿列克谢·洛谢夫(Алексей Фёдорович Лосев,1893～1988年)等一大批追随者和俄罗斯哲学复兴的中坚人物所接受。

索洛维约夫是康德关于"人是目的,而不是工具"这一原则热情的赞同者,他曾经这样指出,人既不应该成为他人活动的工具,也不能成为他人活动的界限,而应该成为活动的目的和永恒的思想。"无论是在什么条件下,无论是由于什么原因,任何人都不能被看做是达到任何其他目的的工具,既不能充当为他人谋福利的工具,也不能成为整个阶层谋福利的工具,即不能成为整个社会或其他多数人谋福利的工具。"

正是这种思想为我们提供了可靠的依据,使我们能够以此来评价索洛维约夫伦理道德的人文主义目的,他应该被看做是"体现个人价值"这一理论的捍卫者。

索洛维约夫属于善于深刻认识资产阶级社会体系及其危机的那一类思想家,他们往往在资产阶级社会的危机中找到出路。关于索洛维约夫的哲学思想,别尔嘉耶夫最有发言权,他曾精辟地说道:"索洛维约夫出身于现代文明的危机之中。"索洛维约夫的确对资本主义社会关系的非人道性有着较为清醒的认识,他始终对资本主义社会关系持有批判态度,同时勇于捍卫人权和个人尊严。他曾经这样指出:"在资产阶级社会里,工业得到了迅速发展,整个资产阶级社会建立在有产者与无产者的道德基础之上,正是这种情况后来引起了一系列革命运动。……于是劳动者,即工人,便产生了占有资本的渴望,这就是社会主义的近期目标。"然而,索洛维约夫本人并不赞同别尔嘉耶夫阐述的这条道路,他在自己设计的神权政治方案中,将不平等看做是社会生活及其发展的规律,并承认这种不平等是一个不可动摇的社会发展原则。

索洛维约夫认为,人类社会发展的主要任务并不是为了消灭资本主义,而是为了促使资本主义道德化、"人性化",引导资本主义经济关系遵循"善良原则"发展。他声明说:"必须使经济秩序道德化。"为了达到这一目的,必须具备两个条件:第一,经济领域应当以两种基本要求,即"宗教要求"和"财神不能高于上帝"为主导;第二,"同情劳动者和负担过于沉重者,不能将他们贬贱为毫无生气的东西",为了使他们较好地生存下去,应当向他们提供物质帮助。根据索洛维约夫的观点,"只要满足了这两个条件,有偿劳动领域中的社会关系自然会符合道德要求。"索洛维约夫的道德学说曾对俄罗斯空想神秘主义者的伦理建设产生重大影响,正是在他的道德思想影响下,E. 特鲁别茨科伊、C. 布尔加科夫和 H. 别尔嘉耶夫等宗教哲学家和法学家,分别创建了各自的道德观念。

当代德国神学家闵采尔(音译)称索洛维约夫是一位"最伟大的思想家",赞扬他为人类创造了永久的道德财富。闵采尔认为,由于索洛维约夫具有形而上学的灵感,所以他才能在社会思想领域占据重要的地位。

综上所述,索洛维约夫的社会观点具有保守和空想的双重性,但他的这种观点却是俄罗斯象征主义理论和实践的典型特征,在很大程度上,索洛维约夫的哲学和诗歌都是俄罗斯象征主义的思想源泉。

在索洛维约夫和俄罗斯其他哲学家的影响下,艺术创作者和关心神学和宗教问题的人们,再次产生了笃信宗教和东正教的浓厚兴趣。个性特点异常鲜明的俄罗斯画家涅斯捷罗夫(Михаил Васильевич Нестеров,1862~1942 年)的绘画艺术,集中反映了人们的宗教生活,他的许多画作通过具有传奇色彩的故事情节,生动地再现了圣者的生平和修道院的生活。比如,他的油画《独居修士》(1888~1889)、《少年瓦尔福洛梅的幻觉》(1889~1891)以及刻画圣谢尔吉·拉多日斯基的一系列油画。深深吸引涅斯捷罗夫的是修士的独居生活,这种生活既是人的精神生活方式之一,也是人生的宗教意义之表现。在涅斯捷罗夫的画作中,俄罗斯教会发展史与现实社会彼此呼应,他善于将圣者的生活方式诠释为他们为使人类具有崇高精神做出的贡献。涅斯捷罗夫将基督教信仰看做是伦理标准。他认为,这个伦理标准固有的特性就是俄罗斯正教意识。他通过十分贴切的画面,将主人公的恭顺性看做是俄罗斯民族心灵的鲜明特点;通过细腻的风景描写、对基督教世界观和人物形象的精神实质的准确表达,强化了列维坦油画《静谧的修道院》所反映的那种"恭顺"动机。

油画《少年瓦尔福洛梅的幻觉》(M. 涅斯捷罗夫)

涅斯捷罗夫笔下的祖国俄罗斯形象产生于人与人性化的画家天性的交融之中,此类典型的代表作有他创作于1898年的油画《大剃度礼》、1895年画的那幅《祈祷前的钟声》等。许多哲学家、科学院、学者、画家和作家经常朝拜俄罗斯圣地,首先是朝拜位于卡卢加州(莫斯科西南188公里)的奥普塔男子修道院,他们把这种朝拜看做是自己的义务。

19世纪下半叶,在俄罗斯最古老的修道院当中,奥普塔修道院得到了独特的发展,并成为"集中所有精神财富的宝库"。这是俄罗斯最著名的长老生活中心,属于被彼得一世关闭的修道院之一。从1829年起,奥普塔修道院的创始人和第一个长老是修士司祭列昂尼德(Леонид Наголкин,1769～1841年),他是一个普通人,经常以滑稽而诙谐的形式给人们提出信仰方面的建议和忠告,所以每天都有很多人到他这里来,找他的人绝大多数都是普通人。虽然修道院主管曾禁止他接待来访者,但是他却得到了莫斯科都主教菲拉列特的支持和庇护。列昂尼德死后,马卡里成为奥普塔修道院的"长老"。马卡里是一个有学问、有教养、酷爱哲学和艺术的修士,经常前来求见的有许多学者、作家、画家和大学教授等。果戈理、陀思妥耶夫斯基、列夫·托尔斯泰等19世纪俄罗斯著名作家和宗教哲学家弗拉基米尔·索洛维约夫等,也经常来此拜访。这个修道院最长寿的长老是宗教作家阿姆夫罗西(Амвросий,俗名:亚历山大·米哈伊洛维奇·格连科夫,1812～1891年),他生前还在沙莫尔季诺村建造了一座女子修道院,大文豪列夫·托尔斯泰的妹妹玛利亚(Мария Николаевна Толстая,1830～1912年)后来成为该修道院的修女,托尔斯泰生前经常来这里朝拜。

"长老"是俄罗斯教会生活中新出现的一种独特现象,通过长老的布道活动,基督教生活仿佛超越了修道院的高墙,走进了最密集的人间生活。陀思妥耶夫斯基在长篇小说《卡拉马佐夫兄弟》中,生动地描述了奥普塔修道院的长老之一佐西马(Зосима)的形象。

陀思妥耶夫斯基哲学杰作的内容来自"寓言故事",他的小说《卡拉马佐夫兄弟》中的"宗教裁判长的传说",形象地诠释了人性与道德这一永恒的问题,"寓言故事"的中心人物是耶稣基督。对于陀思妥耶夫斯基来说,耶稣基督代表的是一个完美人物最崇高的精神境界,作家通过小说,巧妙地再现了这种境界。

长篇小说《卡拉马佐夫兄弟》的故事情节源于中世纪。梵蒂冈的反对派曾声称,假如耶稣基督能够再次来到人间,天主教徒也会出卖他,同样将他钉死在十字架上。小说主人公之一伊万·卡拉马佐夫为这一主题增添了幻想的色彩:时间:16世纪;地点:西班牙的塞维利亚。故事情节大致如下:前一天,广场上集聚了很多市民,国王和宫廷上下驾到后,当众烧死了数百名异教徒。此时此刻,耶稣基督悄悄而神奇地出现,可是还是被人们认出来了。

宗教审判长、红衣主教(包括刽子手和屠杀理论专家)也都认出了耶稣基督,于是审判长下令逮捕他,然后将他关进监狱,并指控他有罪。

审判长指控这个外来人,由于这个人到处宣扬自由,结果给人们带来了不幸。当时认为,对人类而言,任何时代、任何事物都不能像自由这样最令人难以忍受。

审判长提醒耶稣基督,魔鬼曾在荒原上诱惑他,特意将石块变成了松软可口的面包,它想让人们像一群感恩者和顺从的动物那样,跟着它跑。"但是你却不想使人们放弃自由的权利,拒绝了魔鬼的建议,你还反驳说,如果顺从是用面包换来的,那还叫什么自由?……"

魔鬼继续诱惑耶稣基督,但耶稣基督一一戳穿并批驳了魔鬼的三种诱惑,他拒绝创造奇迹,也不去骗人。信仰是不需要证明的,这就是作家陀思妥耶夫斯基对《福音书》里的寓言故事的诠释。小说中,"小鬼"(即主人公的良心)暗示伊万·卡拉玛佐夫说:"在信仰中,任何证明都是无济于事的。"奥普塔修道院的长老佐西马告诫说:"信仰是任何事物都无法证明的,但信仰是可以通过真爱的经验使人确信的。因此,努力发扬你们的博爱精神吧,真正地和永远地对人友爱吧。这样你们就会得到真爱,将会深信上帝的存在,深信你们的心灵将会永生。"

至于如何去骗人,作家陀思妥耶夫斯基的立场异常坚定。他说,不许撒谎,即使是出于博爱也不能撒谎。在这个问题上,陀思妥耶夫斯基认为,耶稣基督是一个最完美的和最崇高的典范。谎言是最严重的罪恶,谎言是所有罪恶之源。首先,人们不能自我欺骗。谎言必然会带来恐惧。如果你们真想解决问题,那就请你们千万不要撒谎!

正因为如此,陀思妥耶夫斯基反对天主教,因为他发现,天主教里有欺骗上帝的虚假祈祷行为。天主教只是将耶稣基督当做一种象征,如果耶稣基督活着,他只是一种障碍,所以天主教曾主张批判耶稣基督并将他活活烧死,从而就出现了辩证的矛盾:被认为是善良和真正财富的一切事物都是一种恶,需要彻底根除;与此相反,一切疯狂和无情的恶偏偏要冒充真正的善良。

在为耶稣基督杜撰出来的罪恶当中,不乏直接影响教会歪曲善良行为的活动,所以耶稣基督也就成了宗教审判长批判的对象,而在陀思妥耶夫斯基看来,罪恶的"普世意义"恰恰是一种真正的价值,是人们不惜任何代价(甚至自我牺牲)争取的价值。人生来就有"使天下大同的需求",而这种崇高需求与世界和宇宙的最高法则密切相关。

在长老佐西马的训诫中,同样可以发现对人生的宇宙意义及其道德法则的诠释(长篇小说《卡拉马佐夫兄弟》中的《长老佐西马与客人的对话》)。毫无疑问,我们所看到的是作家本人的内心世界,是他的人道主义世界观的实际体现。正因为如此,陀思妥耶夫斯基将东正教与天主教和世俗化了的旧约礼俗相对比,他认为,东正教并不是一种正式的崇拜,也不是神秘主义信仰,而是仁爱的化身。东正教是俄罗斯人的命运,因为"俄罗斯人永远像耶稣基督那样经受磨难"。被钉死在十字架上的耶稣基督是俄罗斯及所有陷于贫困、受侮辱和被损害者的形象,而陀思妥耶夫斯基永远与他们心连心。

其实,长篇小说《卡拉马佐夫兄弟》的最初构思是要写孩子们的故事,是想通过主人公独特的人道主义"循环周期"(从罪恶到赎罪、忏悔、友好和仁爱),向读者介绍基督教的基本知识。

除了创作于1879~1880年间的长篇小说《卡拉马佐夫兄弟》之外,陀思妥耶夫斯基还写了其他几部小说:1861年的《被侮辱与被损害的》、1859~1862年间的《死屋笔记》、1869年创作的《白痴》。"怎样使人摆脱痛苦"是他笔下的主人公绞尽脑汁反复思考的问题,但是这个问题在他的小说中最终也没有得到彻底解决。尽管如此,作家在寻求解决办法的过程中,在研究悲剧性、矛盾冲突和残酷的社会现实的同时,确认了一系列划时代的新发现:

小说中的主人公通过磨难达到了自我净化,坚定了自己的信仰,对最崇高的精神世界有了清醒的认识。

对陀思妥耶夫斯基而言,宗教"是一个道德公式";"不相信上帝的良心实际上是一种灾难"。然而,俄罗斯正教会根本不信任陀思妥耶夫斯基,并禁止阅读他的文学作品,也不准提起他的名字。

大文豪列夫·托尔斯泰同样致力于研究道德完善、宽恕一切、友好待人、不以怨报怨等问题。为了发展这种思想,列夫·托尔斯泰曾撰写一系列宗教政论文章和著作:《忏悔》、《基督教教义》、《我的信仰是什么?》、《天国就在我们心中》、《宗教与道德》、《论生命》。他深信,基督教的实质并不在于做祈祷、点蜡烛和尊崇圣像,"而是为了使人们相互爱戴,不以怨报怨,原谅所有的人,不相互残杀。"作为一个文学家和艺术家,列夫·托尔斯泰曾这样解释自己的观点:"我相信上帝,我把上帝看做是至高无上的神、大写的爱和万物之源。我相信,上帝就在我心中,我也在上帝心中。我信奉和宣传的正是这种基督教……我平静而高兴地活着,我将平静而高兴地走向死神。"

由于大文豪托尔斯泰的这种自白,他的主要哲学论题《天国就在我们心中》自然变得清晰起来,但这个论题绝不是要否认人间之外的"天国",只是后者源于前者而已。这种观点恰好为俄罗斯人的宇宙观奠定了基础,根据这种宇宙观,在"宏观世界与微观世界"两位一体学说当中,微观是最初原则。后来帕维尔·弗洛连斯基和列夫·卡尔萨温等著名宗教哲学家,全面研究和论证了托尔斯泰的这种观点。

以艺术形式表现的俄罗斯人的宇宙观,在列夫·托尔斯泰的长篇巨著《战争与和平》(俄文版第一卷)有所揭示,这就是小说中的那个情节:安德烈·包尔康斯基公爵在奥斯特尔利茨会战中负伤……

列夫·托尔斯泰借助于安德烈·包尔康斯基公爵这一形象,真实体现出作家本人思考的结果,而安德烈·包尔康斯基公爵恰好是通过两位一体原则,将个人的思想与整个世界的组成部分——大自然融为一体。在他返回罗斯托夫庄园的路上遇到古橡树的那个片段里,他起初的悲观主义情绪逐渐被充满新希望的光亮和对新生活的信心所代替。

列夫·托尔斯泰经常痛苦地反复思考人生的意义,自问为什么要活在世上?伟大的作家和思想家本人回答了这个问题:

"爱就是生命,爱就是我所能理解的一切。我之所以能够理解这一切,是因为我有爱。我之所以拥有一切,一切都能存在,也是因为我有爱。世上万物与爱相关。爱就是上帝,死亡则意味着我作为爱的一分子,说明我将返回全人类最永恒的源泉之中"。列夫·托尔斯泰笔下的主人公安德烈·包尔康斯基公爵也是这样想的,他在博罗季诺会战中身负重伤,险些丧命。这就是俄罗斯古典主义作家对那个永久的哲学与艺术问题做出的回答,那个永久的问题便是哲学家和艺术家提出的关于人性、生与死的问题。人死了,他的思想依然存在,而且还获得了独立的生命,它可以唤醒人们去思考,并成为许多人的财富。思想逐步深化,挖掘出更多的存在层次,并使它们符合应该活着、敢想敢为、敢于负责的那类人的意志和理智。哲学家的永生在于他善于及时说出他所听到的、理解的、掌握的和得以实现的一切。

在列夫·托尔斯泰对上帝的笃信和热爱之中,理智与心灵、人们的愿望与真正的幸福这两种同样重要的心理原则达到了有机结合。虽然基督教真理还给了他一个比较完整的世界,但是他这个伟大的思想家最后却被开除教籍,原因是他批判了教会中的教条主义和不切实际的空头理论。他的一系列政论文章在俄罗斯遭到禁止,所以他只能在国外(柏林)发表《理智》、《爱国主义或和平》、《关于上帝的思考》、《当代奴隶》、《人生的意义》、《基督教》、《什么是宗教》、《反对战争》、《致劳动人民》等政论文章。除此之外,列夫·托尔斯泰撰写了关于阿姆菲捷阿特罗夫(Александр Валентинович Амфитеатров,1862~1938年)的讽刺剧《奥布曼诺夫老爷》(1902)的简评,文中批判了俄罗斯社会的道德基础,这篇文章也在俄罗斯遭到禁止,后来也是在柏林发表的。

与俄罗斯和欧洲的颓废思想做斗争,同样是列夫·托尔斯泰文化学观点和理论中的一个重要方面。他在哲学论文《什么是艺术?》中,严厉批判了"纯艺术"的最新表现形式,此文的发表受到画家伊利亚·列宾、艺术史学家和音乐评论家斯塔索夫(Владимир Васильевич Стасов,1824~1906年)等一批主张民主的俄罗斯文化活动家的热烈欢迎。从整体上来说,列夫·托尔斯泰的美学理论像他的世界观那样,带有自我矛盾的特点。

由于受到卢梭思想的影响,列夫·托尔斯泰坚决反对资产阶级文明,经常将空想社会主义理想模式与资产阶级文明对立起来,他的空想社会主义理想模式是天下坚持基督教道德原则的劳动者团结一致,携手并肩,与大自然做斗争。

当时许多空想主义者一致认为,社会问题就是道德问题,列夫·托尔斯泰则属于此类空想主义者。按照他的观点,未来的艺术应该是以道德原则为主的艺术,即足以完成团结全人类这一主要使命的艺术。

列夫·托尔斯泰在俄罗斯文化史和世界文化史上留下了深深的足迹,19~20世纪之交,他已是非常客观的、20世纪俄罗斯精神生活的主要发展趋势之一的完成者。他那篇《什么是艺术?》给了资产阶级颓废思想沉重的打击,同时展示了反对守旧落后的道德训导学说的极端空想主义倾向。

俄罗斯空想社会主义者、革命家和法学副博士彼得拉舍夫斯基(Михаил Васильевич Петрашевский,1821~1866年)[1]专门研究了著名作家列夫·托尔斯泰在19世纪末提出的良心自由、信仰自由和上帝在你心中等问题,他认为,容许不同宗教信仰并存是信仰自由的初级阶段,承认各种宗教信徒的公民权利平等。俄罗斯社会学家、政论家和经济学家贝尔维-弗列罗夫斯基(Василий Васильевич Берви-Флеровский,1829~1918年)赞同取消国家政权对宗教问题的干涉,主张教会独立于国家,他说:"信仰应该是人的良心达到完全自由。"

---

[1] 米哈伊尔·彼得拉舍夫斯基曾是俄罗斯秘密协会的创办者,该协会主要负责组织农民起义,著名作家陀思妥耶夫斯基曾是该协会的成员。米哈伊尔·彼得拉舍夫斯基于1845年成立的活动小组以自身的活动,反映了当时俄罗斯社会发展的一个阶段。——原注

俄罗斯政论家、诗人和革命家 Н. П. 奥加廖夫曾提出"传教自由、宗教和科学自由"的要求，当人们选择宗教或科学时，国家不能对他们实行任何强制措施，人的行为应该由自由信念来决定。奥加廖夫还提出了这样一种思想："信徒即将从事的纯粹的科学和即将信奉的真正宗教，要求国家政权执行不干涉宗教事务的政策。社会应该认识到自由的必要性，这种自由就是纯洁、真诚和每个人都毫不掩饰的信念。"奥加廖夫认为，承认信念自由、宗教自由和科学自由不仅是一种"法律要求，而且也是一种道德要求"。奥加廖夫有一首题为《入睡之前》的诗歌，雄辩地证明了他本人真实的宗教信仰：

> 上帝啊，我在入睡前向你祈祷：
> 请赐予人们和平，祝福婴儿
> 平静地进入梦乡，矮小的床，
> 静静流淌着爱的眼泪！

精神崇高是 19 世纪古典艺术的显著特点。在屠格涅夫、列夫·托尔斯泰、陀思妥耶夫斯基等俄罗斯作家的长篇小说里，基督教宏大的博爱和宽容不仅不互相矛盾，而且还以女人和男人独特的爱情方式产生了积极的作用，这种爱情的准则就是基督教之博爱和宽容和善待他人、为了他人的幸福而牺牲个人的利益。

任何一个世纪都没有像 19 世纪那样，产生了如此之多的理论、学说、改革和"拯救"俄罗斯的方案，俄罗斯强国任何时候也没有受到如此之多的社会运动和各种思潮的撞击：平民知识分子革命者、虚无主义者、无政府主义者、无神论者、寻神派、民粹派、马克思主义者等。

19 世纪俄罗斯的社会文化囊括了始于普希金时期的"黄金时代"，先后出现了诗人普希金和恰达耶夫、作家果戈理和赫尔岑、宗教哲学家霍米亚科夫和阿克萨科夫、国务活动家斯佩兰斯基和乌瓦罗夫、教育家乌申斯基和米哈伊洛夫斯基、文艺批评家车尔尼雪夫斯基和拉夫罗夫、大文豪陀思妥耶夫斯基和托尔斯泰、思想家列昂季耶夫和索洛维约夫等各领域杰出的代表人物。世界末日论和弥赛亚说、历史哲学和启示录、宗教形而上学和无神论、非暴力哲学和恐怖主义、俄罗斯社会主义和地球城的探索等。这些人物和现象共同造就了 19 世纪俄罗斯"黄金时代"的辉煌。

第六章 19世纪末到20世纪初俄罗斯宗教哲学的复兴及其对西欧文化的影响

尼古拉二世将沙皇的职责看做是一种特殊的教堂礼拜 约安·喀琅施塔得茨基(1829~1908年)在孤儿收容和教育方面的积极活动 被诗人H.C.古米廖夫(1886~1921年)称为"白银时代"的俄罗斯宗教哲学的复兴 "白银时代"对西方基督教的影响 主教公会禁止装点圣诞树(1914年) 1917年二月革命与俄罗斯社会的根本变化 俄罗斯正教代表会议隆重开幕(1917年8月15日)与宗主教制的恢复 艰难时期 非暴力问题与"俄罗斯宇宙观"现象 俄罗斯正教宣传创世说和普世教会思想 基辅都主教普拉东(原姓戈罗德茨基,1803~1891年)说:"尘世的屏障再高也难以遮天。"

1917年十月革命之前,俄罗斯国家与教会之间的关系是由18世纪初的国家改革所决定的,改革期间,宗主教制被废除,建立了以正教形式出现的国家教会体制。当时的俄罗斯教会完全失去了原有的独立地位,变成了国家管理机构之一。改革开始以后的200年内,教会使皇权得以神化,承认沙皇是通过主教公会实施权力的最高教会统治者,而主教公会则处于沙皇任命的总监的领导和监控之下。帝国皇帝被称为"受过上帝主持的登基涂油仪式的君主",皇帝是俄罗斯"最高权威的牧师"。在这种情况下,专制思想一度成为俄罗斯正教会的政治象征。

作为国家管理机构的一部分,俄罗斯正教会享有许多特权,他们拥有大量的不动产,享受国库提供的资助,实施对国民教育的监督权。只有东正教才拥有宣传自己的宗教、布道、通过传教吸收新教徒的权利,这种现象还逐渐变得合法化。

国家对各种不同宗教团体的内部事务进行干预,严格限制他们的组织结构及其活动。根据《俄罗斯帝国法典》的规定,俄罗斯境内所有的宗教团体被分成三类:国家宗教(即东正教)、容许存在的宗教(即天主教、新教、亚美尼亚-格里戈里教、伊斯兰教、佛教、犹太教和多神教)和不容许存在的宗教(小教派、反正教仪式者、圣像破坏运动的拥护者、莫罗勘派、受犹太教影响和不遵守基督教教义的犹太基督徒、阉割派)。

莫斯科天主教教堂

根据《惩治条例》的规定,一切反对宗教信仰的做法、退出东正教而加入另一种宗教、妨碍东正教或基督教的另一支进行的儿童收容和教育活动、传播异端、鼓动教派分裂等行为,统统被看做是一种特殊罪行。犯有这种罪行的人都会受到一系列惩罚,有的去服苦役,有的被流放到西伯利亚和后贝加尔一带。国家不承认无信仰行为,从事宣扬唯物主义和无神论活动的人也都受到了刑事处罚。

19世纪80~90年代,革命运动风起云涌,一浪高一浪,国家对教派联合会一类组织实行了最严厉的政策。《惩治条例》增加了刑事处罚条款,加大了处罚力度,处罚的主要对象就是参加宗教团体的教派信徒。1894年,史敦达派(洗礼派教徒和福音教派)被宣布为有害教派,禁止他们公开举行祈祷仪式和相关礼仪。在1874~1885年期间,俄罗斯正式立案侦查的宗教犯罪案件有3615宗;1886~1893年期间,此类犯罪达到了7540宗。

А.С.霍米亚科夫、К.А.阿克萨科夫、И.В.基列耶夫斯基、Д.С.梅列日科夫斯基、Н.А.别尔嘉耶夫、С.Н.布尔加科夫、В.С.索洛维约夫、Ф.М.陀思妥耶夫斯基、Л.Н.托尔斯泰等俄罗斯宗教哲学家、作家和思想家,纷纷表示反对俄罗斯正教与专制政权结成的联盟,呼吁社会关系世俗化,倡导基督教崇高思想和精神道德的复兴。С. Н. 布尔加科夫曾这样写道:"历来反对良心自由的犯罪行为使俄罗斯教会的良心变得异常沉重。"

在《В. И. 列宁选集》中,可以找到俄罗斯特殊环境下对良心自由所含内容的思考。列宁认为,宗教是每个人自己的事情,是保证"达到真正的良心自由"的前提条件。每个人都应该自由选择他将信奉的宗教,同时有权不选择任何宗教。必须使教会独立于国家,使学校独立于教会。无论笃信哪一种宗教的公民,他们都享有平等的权利,绝不允许出现公民权利不平等的现象。所有记载公民信奉某种宗教的档案必须从国家文件中撤销,教会组织和宗教协会应该是完全自由的,而不应受到任何志同道合的公民联盟的制约。

我们知道,在苏维埃政权建立初期,列宁的这种设想已经全部变成了现实,但是在此有必要指出,В. И. 列宁与 Н. К. 克鲁普斯卡娅夫妇在教堂里举行了正式婚礼,这显然不仅是因为沙俄时期的条件和婚俗如此,而且还由于克鲁普斯卡娅本人不单是一个普通的教徒,而且还是一个十分虔诚的教徒。她不仅在国内时经常去教堂和其他圣地做祈祷,1917 年十月革命前后的苏联期间,她每次出国时仍然去当地的教堂做祈祷,没有谁能制止她的这种行为,甚至连教会学校毕业的斯大林也不敢干涉她。

然而,俄罗斯专制制度与列宁的宗教思想相差甚远,这并不为怪,因为当时在任的是罗曼王朝的末代皇帝,即 1894 年秋天即位的尼古拉二世(Николай Ⅱ,1868~1917 年)。据尼古拉二世的同时代人说,末代皇帝根本没有什么特殊的自然天赋,知识水平和管理能力也很一般,而且意志薄弱,但是他却极力维护铜墙铁壁般的专制政权。实际上,他的世界观是君主专制与宗教神秘主义和宿命论的混合物,尼古拉二世将沙皇的职责看做是一种特殊的教堂礼拜活动。

当时宫廷里的各路"巫师"和"魔法师"的"活动",大大降低了尼古拉二世皇权的声誉,1894 年成为皇后的亚历山德拉·费奥多罗芙娜(Александра Фёдоровна,1872~1918 年)经常招集虔诚的祈祷者达里娅、云游者维托尼、赤足女仙马特廖娜、疯癫修士米佳·科泽尔斯基等招摇撞骗者进宫,与他们一起寻开心,但使皇权遭到毁灭性打击的是"长老"格里戈里·拉斯普京(又名:诺维赫赫,Григорий Ефимович Распутин,1872~1916 年),他在 1902~1916 年期间定期应邀为皇宫服务。据说,拉斯普京身怀绝技,善施催眠术,还能预示未来,他曾使患血友病的小王子阿列克谢日趋好转。

拉斯普京被杀事件在俄罗斯社会上引起了一片欢腾,但是这并未能改变沙皇政府的政策走向,越来越多的人都得出这样一个结论:一切问题都出在末代皇帝本身。在十月革命爆发之前的 10 年内,俄罗斯既不是完全的专制国家,也未能实行真正的宪法制。确切地说,那个时期的俄罗斯最高权力体系是由沙皇、部长会议、国务会议和国家杜马构成的,另外还有

俄罗斯帝国末代皇帝尼古拉二世

在 1905～1907 年革命期间成立的一系列国家机构,但是在所有的俄罗斯法律文献当中,任何地方都没有出现"宪法"这一术语。

革命运动迫使沙皇政府必须对国内宗教政策做出调整,于是在 1903 年 2 月 26 日颁布的皇帝诏书中,已经有了给予宗教信仰自由的内容,《规划与完善国家秩序的命令》废除了对宗教的"限制"。后来沙皇颁布的《关于完善国家秩序的命令》,同样答应给予公民充分的自由,其中包括良心的自由。

1905 年 10 月 17 日颁布的诏书,才算是俄罗斯专制走上宪法之路的起点,因为诏书里提到了建立国家立法机构国家杜马的决定。后来在 1906 年 4 月 23 日,尼古拉二世批准了一整套新的国家基本法律,目的是为了实现他在 1905 年诏书中所做的承诺。《关于完善国家秩序的命令》第 44 条规定:"未经国务会议和国家杜马的同意,任何新法律都不能生效。"然而,沙皇保留了所有部长和 50% 的国务会议成员的任命权,而其他 50% 的国务会议成员由各级贵族资产阶级组织选举产生。

然而,1907 年 6 月 3 日颁布的选举法修改意见并没有经过国家杜马的讨论和同意。当天,沙皇还宣布了解散国家杜马的决定,沙皇的这一决定实际上是对 1905 年通过的新法律的直接破坏和践踏。不过,在此之后,那些新法律仍然有效。从司法形式的观点出发,沙皇的做法似乎显得比较荒谬,但是完全取缔1905年诏书的规定也是不可能的,因为当时帝国已经面临新的革命浪潮。与此同时,在维持1905年10月诏书规定的前提下,使国家杜马变成正常的和工作效率很高的机构,同样是难以成行的。

1907年6月3日的诏书是对国家杜马立法特权的第一次破坏,也是最后一次破坏,由于尼古拉二世担心国内爆发更大规模的革命,恰恰是这种担心抑制了他继续执行这条路线的欲望。

由此可以肯定,俄罗斯曾有过宪法,由于1905~1907年间的革命运动,先是出现了皇权与国家杜马的权力划分,接着是两种政治势力之间的相互较量,最公开的一次冲突发生在1915~1917年期间,结果导致尚未经宪法通过的政权体制走向崩溃。

沙皇政府和国家杜马毫无成果的管理令国民不满,这种现象为国内反对派势力的增长提供了机会。

从1898年开始,俄罗斯大学生运动此起彼伏,日益高涨,其主要动因是最新颁发的大学章程,新章程大大削减了各大学的自主权,后来的学生运动还带有明显的政治倾向。

1901年末,俄罗斯政府颁布了《学生团体临时管理条例》(其中包括"互助储金会"、活动小组等组织),试图满足学生们的部分要求,但是大学自主权直到1905年夏天才得以恢复。

1905~1907年革命之后,高校的民主化进程开始实现,允许学校通过民主选举产生系主任、院长、校长,允许成立学生组织,但是在学校教育方面,蒙昧主义、封建迷信和宗教迷信依然盛行。1911年,莫斯科大学发起了大规模的学生罢课活动,以此反对政府采取的这种政策,结果导致韦尔纳茨基(Владимир Иванович Вернадский,1863~1945年)、泽林斯基(Николай Дмитриевич Зелинский,1861~1953年)、季米利亚泽夫(Климент Аркадьевич Тимирязев,1843~1920年)、恰普雷金(Сергей Алексеевич Чаплыгин,1869~1942年)等著名学者和教授被迫辞职。

这是对俄罗斯大学的一次毁灭性打击,作为对此事的回应,125名资深教授自动辞职,以此抵抗政府的这种错误行为。

那一时期的俄罗斯中学数量依然很少,小学数量则更少。与此同时,著名神甫约安·喀琅施塔得茨基①一直从事教育推广活动,他永远深信自己"在至高无上的上帝和保护神的庇护下平静地生活,因为上帝安排天使们保护你,天使们在你的一生中保护你,为了不使你在

---

① 喀琅施塔得(Кронштадт),1723年前称为"喀琅施洛特"(Кроншлот),列宁格勒州港口城市,位于芬兰湾科特林岛,在彼得堡市以西29公里处。彼得一世时为彼得堡的海防要塞,建于1703年。18世纪20年代起是波罗的海舰队的主要基地。有著名的海上大教堂(建于1903~1913年)、彼得一世纪念碑、海军上将С.О.马卡罗夫纪念碑等。文中所说的神甫约安曾在岛上主持宗教活动,因此而得名"约安·喀琅施塔得"。——译注

路上摔倒,他们用手托举着你。"(《诗篇》90)神甫约安将自己的整个一生彻底献给了人们。

当他踏上服务于世人这条道路之后,他的确没有出现过失足现象,并成功地为人们做了许多善事。

约安在青年时期来到喀琅施塔得岛上,一度徘徊于首都彼得堡街头的许多流浪者、穷人和孤儿,分别住在城外破旧不堪的小房子里,后来他们被分批运到喀琅施塔得岛上。在约安和他招集的人们的共同努力下,岛上建造了一座城市,并将城市命名为"勤劳之家"。在两家工厂里做工的有7000多人,那里的工作既不需要特殊的知识,也不需要付出太多的劳动。城里还为孤儿们兴办了学校和手工作坊,孩子们在那里可以学到某种专业技能,城里还有一家图书馆,学生们在那里上课,举办音乐会。岛上还创办了儿童收容所和托儿所,为在那里上班的母亲们提供了方便。一到夏天,郊外便设立临时儿童教养院,那些无家可归的孩子们每天只需支付3戈比就能在这里安心过夜。

那一时期,期刊在俄罗斯社会生活中发挥了重要作用。1905~1907年俄罗斯革命[①]期间,事先通过书刊检查的规定宣布作废,取而代之的是"收费书检"制度,这种措施促使报刊种类大幅增长。如果在19世纪末俄罗斯全国只有105种日报,到1912年,全国的报纸数量已达到1131种(24个语种),而且每种报纸的印刷数量都有明显的增长。在20世纪初的俄罗斯国民教育发展过程中,专门出版廉价报刊的最大的几家出版社发挥了重要作用,使一大批本国作品和外国作品在整个帝国范围内得以推广。当时最知名的出版社有启蒙家瑟京(Иван Дмитриевич Сытин,1851~1934年)创办的私人出版社、新闻记者苏沃林(Алексей Сергеевич Суворин,1834~1912年)的私人出版社和"知识出版社"。

这一时期还有一个明显的事实:俄罗斯科技文献网络得以扩展,如果1855年总共出版了61种科学著作,到1900年已经增长到525种。

尼古拉二世执政时期,俄罗斯国民教育同样得到了长足发展。不到20年的时间,沙皇政府向国民教育部的拨款数额由2520万卢布增加到16120万卢布,这个数目还不包括那些"自筹"资金创办的学校的经费,此类学校有军校、技工学校或地方自治局出资兴办的学校。

1913年初,俄罗斯国民教育的拨款总数已达5亿卢布,这在那个年代已经是一个天文数字了。

[①] 1905~1907年俄罗斯革命(简称"1905年革命"),俄罗斯第一次资产阶级民主革命,由于当时专制制度与整个社会之间、地主与农民之间、资产阶级与无产阶级之间、宗主国与殖民地之间的多种矛盾日益激化而引起。革命的主要动力是无产阶级、农民和少数民族边区的被压迫各民族,垄断资产阶级和工商业资产阶级属于温和的反对派,自由资产阶级(知识分子)比较激进。1904~1905年日俄战争加速了革命危机的增长。那次革命从1905年枪杀彼得堡工人开始,经历了两个阶段:1905年12月之前的高潮阶段;1907年3月7日以前的低潮阶段。1905年革命动摇了沙皇的专制体制,为以后的阶级斗争奠定了基础。俄罗斯史学界认为,1905~1907年革命是1917年十月革命的"总演习"。——译注

根据当时的法律,俄罗斯实行了初级免费教育,而从1908年起,开始实行义务教育,俄罗斯每年创办的学校达10000多所,到1913年,俄罗斯帝国的学校数量已达13万所。

20世纪初,在高校就读的女生数量方面,俄罗斯不算世界第一,占领首位的是欧洲。那时西方的各国的学校,特别是美国和英国高校一律实行收费教育,学生每年的学费从750~1250美元不等,而俄罗斯高校教育的收费标准是50~150卢布(约25~75美元),有时有些学生还可以接受免费教育①。与此同时,美国院校曾一度向俄罗斯院校取经:俄罗斯中学毕业生可以报考本居住区内的任何一所高校,只需要他们在入学之前,将自己的高考成绩寄到该校即可。

俄罗斯学术界(人文学科、哲学、文化学和社会学)群星璀璨,一系列哲学论著纷纷问世,这些作者开始集中研究本民族历史,同时思考俄罗斯的未来。著名诗人古米廖夫(Николай Степанович Гумилёв,1886~1921年)②将这一时期称为"白银时代",宗教哲学家弗拉基米尔·索洛维约夫在进行形而上学探索的同时,成为"白银时代"宗教复兴运动的奠基人,所谓宗教复兴,就是指大文豪列夫·托尔斯泰"博爱法则"中的普世教会运动的发展趋势。

俄罗斯"白银时代"犹如由一系列闪光的名字、思想和创作特点编织而成的瀑布:宗教哲学家Н.别尔嘉耶夫、经济学家和神学家С.布尔加科夫、中世纪史学家Л.卡尔萨温、宗教哲学家П.弗洛连斯基、С.弗兰克、Г.费多托夫、哲学家和语文学家А.洛谢夫、唯心主义哲学家Н.洛斯基、Б.维舍斯拉夫采夫等。然而,1922年,他们当中的大部分人都被迫逃离祖国,因此,这些杰出的思想家才免遭劫难。

"白银时代"所含括的"历史时期"是20世纪初~1922年这段时间,为什么偏偏到1922年为止呢?因为当年"哲学航船"满载着被迫离开祖国的俄罗斯哲学开始驶向欧洲。应当指出,俄罗斯历史上的第一次"移民浪潮"正是在这个"独特时期"内得以持续。尽管当时并不是所有在俄罗斯生活和创作的人都吸收了"白银时代"给予的营养,但是每个人的探索和创作或多或少地都受到了"白银时代"的影响。那么,"白银时代"究竟给俄罗斯文化发展带来了什么呢?

"白银时代"营造了一种特殊的社会文化环境,在这种环境中,有关哲学、历史、宗教、文

---

① 摘自《尼古拉二世时代(1894~1917年)数据与事实中的俄罗斯》,《卫星杂志》1994年7月第7期,第38页。——原注
② 诗人尼古拉·古米廖夫是"阿克梅派"的主要代表人物之一,1921年根据列宁的命令被处决。对于今天的俄罗斯人来说,古米廖夫依然是一个诗人,他们时常想起他的诗句:
"有上帝,有世人,他们和睦相处,
而人的生命短暂而清贫,
但人可以承受一切苦难,
他热爱世界并笃信上帝。"

化、诗歌创作等方面的问题都得到了讨论和发展,从而成为人们意识和思维方式的特点。莫斯科宗教哲学家叶夫盖尼·特鲁别茨科伊公爵、弗拉基米尔·索洛维约夫、俄罗斯象征派创始人瓦列里·勃留索夫(Валерий Яковлевич Брюсов,1873～1924 年)等知名家族,均处于这种特殊环境之中。在彼得堡,有作家和俄罗斯颓废派文艺创始人之一德米特里·梅列日科夫斯基(Дмитрий Сергеевич Мережковский,1866～1941 年)家的定期聚会、被称为维亚切斯拉夫·伊万诺夫纯艺术的"象牙塔"、女诗人和颓废派思想家季娜伊达·吉皮乌斯(Зинаида Николаевна Гиппиус,1869～1945 年)家的作家沙龙等,每次聚会时,他们都集中讨论"白银时代"的诗歌创作问题。"莫斯科心理学协会"、纪念弗拉基米尔·索洛维约夫的活动及组织等许多宗教和哲学社团,分别对这种特殊"气氛和地点"的文化进行了补充。甚至在 1917 年之后,别尔嘉耶夫还打算在莫斯科筹建"私立宗教文化学院",不过他的这一愿望最终是在逃亡德国期间在柏林实现的。

19 世纪末 20 世纪初的俄罗斯宗教哲学是对新时期唯理论的人类中心论缺点的一种反应,俄罗斯宗教哲学首先注重的是人的精神品质(即创作、博爱、善良等)①。虽然在别尔嘉耶夫的哲学论著中,人同样被看做是世界之中心,但是他绝对不与这个世界相对立,而是与此相反,他善于将人当成自由创作的生物加以研究,而这种生物被上帝召唤参与使世界统一、友爱、统一性、达到和谐的活动。对俄罗斯宗教哲学家和思想家(弗拉基米尔·索洛维约夫、弗洛连斯基、弗兰克等人)而言,人既是生命的载体,又是生命的延续,但不是生命的毁灭者。他们认为,人生的意义在于通过行善来反对恶,而善良恰恰证实了人类在地球上的生命之存在。

在宗教哲学中,人被看做是一种积极而自由的创作力,人具有崇高的思想和精神,善于联合世人,使世人免受毁灭性时代的干扰和自私自利的侵蚀。在俄罗斯哲学中,宗教(东正教)人类中心论是对社会生活的技术化、道德沦丧和工业文明带来的多种弊端做出的独特而明智的回应。实际上,工业文明和技术文明破坏了人性,只有通过崇高的精神,才能消除这种危险性。或许,这就是"白银时代"和宗教复兴时期的俄罗斯宗教人类学的基本思想。②

宗教复兴的另一个特征是宗教载体(教徒)的思想变化,他们走过了从"合法马克思主义"和经济主义转变为合乎东正教的社会和人类理想之路。有些教徒被流放远方或被关进监狱,通往"人间天堂"的血腥之路使他们感到不寒而栗。尽管他们的出身和社会地位不同,可他们毕竟都曾生活在列宁时代。他们当中既有俄罗斯"追求崇高道德"传统和绝对伦理精神的继承者,也有全部吸收那一时期欧洲文明的哲学家,他们的个人经历曾有利于实现东西

---

① 摘自《俄罗斯宗教哲学》,Н. Л. 波尔托拉茨基著,《哲学问题研究》杂志 1992 年第 2 期。——原注
② 摘自《俄罗斯哲学史》,Н. О. 洛斯基著,莫斯科,1991。——原注

方相互关系的"开放性"、多种文化、多种思想和不同流派的互融。

在谢尔盖·布尔加科夫的个人命运及创作活动中,可以发现宗教复兴的另一特征——多面性。他既是一位哲学家,也是一名文化学家、社会学家和政治经济学家;他既是理论家,又是实践家,他曾是俄罗斯国家杜马代表;1917年,成为在俄罗斯恢复主教制的"地方宗教会议"的成员;后来他当了神甫,从宗教哲学转入神学,并成为巴黎大学的教授。谢尔盖·布尔加科夫的苦修和创作过程似乎是无限的,他先后撰写了《两大都市》(1911)、《经济活动哲学》(1912)、《永不熄灭之光》(1917)、三部曲《上帝的羔羊》(1933)等著作。

青年时代的谢尔盖·布尔加科夫曾是一名马克思主义者、莫斯科工艺学院的政治经济学教授,他的好几个先辈都是神甫,他起初是在中等宗教学校学习,所以他很早就从灵魂深处打下了东正教的基础。实际上,他从来都没有成为正统的马克思主义者,也没有成为哲学领域的唯物主义者,而最终变成了康德学说的忠实信徒。他在《从马克思主义到唯心主义》一书中,真实地讲述了自己的命运转折及其转变过程。谢尔盖·布尔加科夫是第一个在这种转折中成为基督徒(东正教徒)的俄罗斯人。

起初,谢尔盖·布尔加科夫主要侧重经济学研究和文学创作,后来他的兴趣转移到哲学领域,但是他的大半生(从1917年出版《永不熄灭之光》一书开始算起)一直从事宗教哲学(或叫哲学化的神学),赞同教会化的生活、社会宗教、使社会经济问题从属于宗教等思想。他的基督教主要论据是他个人对最崇高的智慧"СОФИЯ"("索菲亚")概念的理解,即对理想的世界统一、所有思想、世人再现的"存在逻辑"的总和的理解。"СОФИЯ"所代表的是神与人之间的联系和中介,宗教哲学家和神学家通常都将这个中介看做是逐渐形成的最崇高的智慧和精神。谢尔盖·布尔加科夫是以东正教形式出现的基督教辩护者,他在1964年巴黎首次出版的总结性专著《东正教》一书中,生动地描绘了东正教固有的本质属性和概念性论据,陈述了自己对东正教教义基本特点的理解。

谢尔盖·布尔加科夫将东正教世界观的特点定义为"完美精神世界和崇高智慧的缩影",即东正教联合传统中以"壮丽"一词表示的那种本质,所有的美好、善良和智慧全部集中于这种"壮丽"之中。

在继承和发展弗拉基米尔·索洛维约夫哲学传统的同时,谢尔盖·布尔加科夫创建了属于他自己的独特的思想体系"智慧学",在这一体系中,世上万物、人类的智慧与上帝创造的世界的衰退现象交织在一起,所以他的哲学体系又被称为"智慧学体系"。与此同时,谢尔盖·布尔加科夫依然笃信俄罗斯关于"神-人"的基本思想。这里所说的"神-人"是指人的神化,神-人通过圣灵得以实现,谢尔盖·布尔加科夫关于智慧学的主题也就是关于上帝创造世界的主题,是宇宙学说主题,该主题对俄罗斯宗教产生的影响比它对西方宗教产生的影响更深。

谢尔盖·布尔加科夫的哲学思想体系带有乐观主义色彩,其中最重要的并不是自由思想,而是最崇高的智慧"СОФИЯ"。他认为,代表神意的"СОФИЯ"具有永恒的女性特征。正因为如此,他的学说经常引起学术界的争议和责难。这个问题意义重大,但是基督教界也未能妥善解决这个问题。

莫斯科主教公会曾将谢尔盖·布尔加科夫的"智慧学体系"称之为"与信奉基督的东正教相悖的空想主义"。尽管如此,谢尔盖·布尔加科夫依然是宗教复兴时期最知名的俄罗斯哲学家之一。那一时期,弗拉基米尔·索洛维约夫曾对他的生活产生了深远的影响。

本书第五章已经谈到俄罗斯宗教哲学家弗拉基米尔·索洛维约夫,犹如普希金开创了俄罗斯文学的"黄金时代"一样,弗拉基米尔·索洛维约夫开创了俄罗斯哲学的"白银时代"。

普希金与索洛维约夫分别是各自领域创作时代的顶峰人物,二人均有上述的"普遍主义"特点,正是由于这种特点,他们才能接受世界统一中的最美好的原型:各种原则(理智与意志、个人与全人类、真理与自由)都能充分发挥各自的作用,同时又能相互补充。普希金和索洛维约夫的普遍主义特点最终被一种对立平衡的原则所替代。

弗拉基米尔·索洛维约夫关于人与神保持积极合作的理论,逐渐成为部分知识分子的新世界观的基础。在很大程度上,他的讲义《关于神-人之学说》实际上决定了"白银时代"的新精神,因为他的讲义中渗透着内在的完整、善良、美好和真理的统一思想。作为一个宗教哲学家和基督徒,弗拉基米尔·索洛维约夫临终说了这样一句话:"上帝的工作实在太艰难了。"

像大作家列夫·托尔斯泰那样,最伟大的哲学家、思想家和笃信基督教的弗拉基米尔·索洛维约夫经常受到俄罗斯正教会的攻击。

"众所周知,正教会的主教们曾绝对禁止弗拉基米尔·索洛维约夫发表宗教方面的演说和言论,因为他的学说是建立在追求普世教会运动、更新陈旧的东正教教义基础之上的。"[1]然而,弗拉基米尔·索洛维约夫拟定的神学原则更新方案在П. А. 弗洛连斯基、С. Н. 特鲁别茨科伊、С. Л. 弗兰科、Л. П. 卡尔萨温等人的专著中得以实现,他们共同创建了新型东正教本体论、认识论、末日论和社会学理论,同时强调指出,只有基督教世界观能够确立最公正的劳动原则和分配原则、自由和平等原则、最佳社会组织形式与真正的文化原则。

弗拉基米尔·索洛维约夫的拥护者别尔嘉耶夫、布尔加科夫、费多托夫、弗洛罗夫斯基、特鲁别茨基等,曾试图建立一个完整而独特的宗教思想体系,他们将人类历史看做是人与神的合作和崇敬神明的过程,促使世界面貌大改观的不应该是武力和强制,而应该是真正的基

---

[1] 摘自《宗教学》,О. Ф. 洛巴佐娃著,顿河罗斯托夫,2004,第305页。——原注

督教学说。

20世纪初,遵循弗拉基米尔·索洛维约夫传统发展的俄罗斯思想,几乎囊括了具有普遍意义的所有哲学课题,"直到20世纪中叶,整个欧洲的哲学过程一直沿着这些课题而发展,其中不仅有人格论,而且还有存在主义、符号学、语言哲学、结构主义、古义钩沉学和其他多种交际哲学,所有这些均在俄罗斯'白银时代'得以体现。"①

与弗拉基米尔·索洛维约夫哲学观点相近的别尔嘉耶夫一直努力使人们认识到,人的自由思想永远高于其他一切思想,他始终将这种最崇高的思想看做是独立存在的真理。在国外生活期间,别尔嘉耶夫再次重温了自己青年时代所坚持的社会主义理想,与过去不同的是,社会主义理想已经带上了"人格论"的烙印。

20世纪初,别尔嘉耶夫与列夫·舍斯托夫都是现代存在哲学理论的创始人,正是由于他们的这种理论,才使俄罗斯变成了存在主义的故乡。此外,别尔嘉耶夫在自己的第二个移民故乡(法国)时,还成为这种日益增长的哲学思潮的鼓动者。作为俄罗斯宗教哲学家,他深受法国哲学家、文学批评家和剧作家马赛尔(Gabriel Honoré Marcel,1889~1973年),作家和哲学家加缪(Albert Gamus,1913~1960年),加缪的朋友、人格论者和唯心主义哲学家穆尼埃(Emanuel Mousnier,1905~1950年)等人的尊崇。别尔嘉耶夫获得了西方国家授予的许多荣誉称号,比如,1949年,他已是英国剑桥大学的"Honoris cauza"(法语,意思是"名誉博士"),而且还成为诺贝尔奖的候选人。

别尔嘉耶夫在《俄罗斯共产主义的起源及意义》(1937年法文版,1955年俄文版)和《俄罗斯思想》(1946)两部著作中,对俄罗斯共产主义的起源及意义进行了透彻的研究并得出这样的结论:共产主义是俄罗斯民族性的产品,俄罗斯性格固有的特性是弥赛亚思想,是使全人类得到解放,使世界各族人民免受列强压迫的思想。在俄罗斯漫长的历史进程中,弥赛亚思想得到了多次再现。

许多征服者在恐吓东西方各国人民的同时,轻而易举地驯服了许多民族,但是当他们入侵俄罗斯帝国时,却遭到了沉重的回击。例如,铁木尔、成吉思汗、拿破仑、希特勒等,先后在古斯和俄罗斯帝国遭到了惨重的失败。俄罗斯人不仅使自身获得了自由,而且还帮助其他民族摆脱了侵略者的践踏和奴役。正统的马克思主义的弥赛亚思想(即通过世界革命解放全人类的思想)实际上是俄罗斯弥赛亚思想的另一种表现形式。

1919年,别尔嘉耶夫曾这样写道:"……许多国家都曾试图建立社会主义,希望社会主义能在我们刚刚进入的这一历史时期发挥重要作用,但是他们都不可能成功。社会主义并不是通过社会主义者的追求得以实现的,社会主义将要挖掘出人类生活的内在矛盾,而这些

---

① 摘自《洛谢夫:宁静主义与柏拉图主义》,Л. А. 戈格季什维利著;1994,第129~130页。——原注

矛盾必将阻碍社会主义运动提出的任务的顺利完成。社会主义在任何时候都不可能实现马克思试图通过强迫人们劳动解放劳动力的构想,也不可能使人类变得富裕,也不可能实现平等,而只能不断导致人与人之间的敌意、相互分离和前所未有的互相仇视。"①

今天的俄罗斯社会现实充分证明,俄罗斯思想家别尔嘉耶夫对未来的许多预示都是正确的。

别尔嘉耶夫在《知识分子的精神危机》(1910)和《艺术之危机》(1918)两部著作中,进而使读者深信,只有善于"发现"神秘主义宗教的存在实质的个人潜力,才能帮助人们获得真正的自由。别尔嘉耶夫认为,只有个人的宗教探索,才是摆脱精神危机的唯一出路;人民的革命行动遭到反对,或者人民革命干脆不被社会关注,孤独和绝望成了人的自然心态。

另一位俄罗斯哲学家列夫·舍斯托夫(Лев Исаакович Шестов,1866～1938年)也曾经证实,真正的自由之路是建立在反对或承认意识的神秘和非理性原则基础之上的。在使艺术家独立的个性和道德绝对化的同时,列夫·舍斯托夫确信,个性独立于任何最高的存在条件之外,主张首先要充分认识个人内心的封闭性和与社会隔离的特性。

在"白银时代"的哲学和文化领域中,俄罗斯知识分子这一主题始终占有特殊地位,这个主题是指知识分子所处的那个历史阶段的"死胡同",在那个时期,高压和强制手段被看做是社会变革的主要推动力。

俄罗斯宗教哲学家、思想家和历史学家格奥尔吉·费多托夫(Георгий Петрович Федотов,1886～1951年)于1926年撰写了《知识分子的悲剧》一书,对俄罗斯知识分子200年"毫无根基"的活动进行了总结,还发表了《俄罗斯面貌》、《世界末日论与文化》、《大自然和文化中的圣灵》等一系列专著。

俄罗斯绝对不是一个文化贫瘠的国家,而是一个具有丰富的千年文化的国家……假如俄罗斯在今天彻底灭亡,她必将作为"伟大之伟大"的国度,给整个人类历史留下深刻的印象,因为俄罗斯千年文明史并非一张"空头支票",而是现实的、看得见,摸得着的丰硕成果。可以认真地思考一下,假如没有俄罗斯,人类文明将会显得多么苍白②。在自己的科学论著中,格奥尔吉·费多托夫在文艺复兴的框架里创建了俄罗斯文化学。

在19世纪宗教思维方式中,俄罗斯空想主义宗教思想家尼古拉·费奥多罗夫(Николай Фёдорович Фёдоров,1828～1903年)的《共同事业的哲学》一书占有重要地位,他后来成为著名、见解独到的宇宙论者和哲学家,为俄罗斯启示录和解放全人类学说的诠释注入了新鲜血液。为了复活"事业",人们应该联合起来,保持友爱,因为这种友爱可以战胜死

---

① 摘自《历史的意义》,Н. 别尔嘉耶夫著,列宁格勒,1990,第155页。——原注
② 摘自《俄罗斯面貌:俄罗斯民族与社会革新》,Г. 费多托夫著,莫斯科,1990,第195页。——原注

神,可以构建宇宙生命,可以使死者复活。一个积极的事业家应该具有聪明才智,应该服从理智和知识的驱动,克服非理性主义。尼古拉·费奥多罗夫的哲学理念具有广泛的社会文化意义,当革命狂飙的"锁链"达到极点时,他提出要对人的外貌、精神气质及其活动进行彻底改造,他试图将俄罗斯人自古以来固有的团结统一精神用于基督教的现实论。

尼古拉·费奥多罗夫曾这样写道:"无论当今世界是什么样子,也不管消极经验对世界进行怎样的描绘,世界永远是我们意识和想象中的各种存在手段的总和……"作为《共同事业的哲学》一书的作者,尼古拉·费奥多罗夫研制的"自然调节"和通过进化论进行有意识管理的方案,预示了人类对大自然的掌握,也看到了人类肌体本身得以改造的可能和发展前景,人类最终将战胜死亡,故去的先辈将会复活。

尼古拉·费奥多罗夫将自己的学说称之为"积极的基督教思想",透过耶稣基督诞生的"喜讯",首先在灵魂深处发现了耶稣基督诞生的宇宙意义,号召人们积极地改造大自然,将具有生老病死的世界变成超自然的和永恒的天堂。根据尼古拉·费奥多罗夫对生与死问题的揭示,上帝关于世界存在的意义的实质就是一种信念,即上帝的意志只有通过人这种有生命、有理智和自由思想的生物和全人类的统一,才能发挥巨大的作用。在这种情况下,主要任务是使上帝的意志变成一种积极的工具,上帝的意志是十分鲜明的:通过人类本身使世界进入美好的永恒(永生)状态之中。上帝通过人类本身缔造人世并使人世得以完善。尼古拉·费奥多罗夫确信,对人的积极性的要求来自基督教人类学的基本原理。

俄罗斯航空和火箭动力学、现代宇航学的奠基人和发明家齐奥尔科夫斯基(Константин Эдуардович Циолковский,1857～1935年)认为,尼古拉·费奥多罗夫是一位"迷人的哲学家";俄罗斯地球化学和放射生物学奠基人韦尔纳茨基称尼古拉·费奥多罗夫是"真理的载体"。

在这一时期经院派(或叫"大学派")的哲学思想中,出现了明显的右倾趋势,即俄罗斯哲学开始向主观唯心主义和新康德主义发展的趋势。

在新康德主义流派当中,俄罗斯革新教派思想家、心理学家和新康德主义的主要代表人物之一韦坚斯基(Александр Иванович Введенский,1856～1925年)的哲学和美学观得到了很大的发展,他在《艺术创作就是对世界存在原则的解释》(1901)一书中,流露出了唯我主义的特点,他否定了世界是可知的原则和客观认识的原则。另一位新康德主义者拉普申(Иван Иванович Лапшин,1870～1952年)的哲学观也得到了发展,在他的《最新哲学思想中的另一个"我"的问题》(1910)、《思维规律与认识形式》(1906)等专著中,全面阐释了自己的哲学理论。

拉普申认为,俄罗斯作曲家里姆斯基-柯萨科夫的歌剧《隐城基捷日传奇》最后两场戏的优点,就是作曲家对"人类那个被放大的'我'进行了真实而生动的描述,即对一个人在精神勃发时的那种感受进行的具体描述。"①

在这一时期的文化学发展过程中,除了思辨哲学之外,另一种与各种理论假设和证明的探索相关的趋势同样得以强化,这种趋势与联结美学、生理学和心理学的尝试密切相关。对具体的美学问题进行心理学和生理学诠释的经验,曾在俄罗斯神经学家和心理学家别赫捷列夫(Владимир Михайлович Бехтерев,1857～1927年)的科研活动中发挥作用。

19世纪末～20世纪初,一大批最具影响力的俄罗斯唯心主义哲学家在大学里执教:从索洛维约夫的"万物内在统一"形而上学转入 Л. М. 洛帕京的具体唯心主义思想(带有伦理人格论发展趋势的"心理形而上学")的 С. Н. 特鲁别茨科伊、抱有"形而上学现实主义和认识论的直觉主义本能思想"的 Н. О. 洛斯基、将柏拉图主义与柏格森直觉主义进行调和的 С. Л. 弗兰克、新康德主义者 А. И. 韦坚斯基、И. И. 拉普申、Г. И. 切尔诺可夫、П. И. 诺夫哥罗德采夫、Б. В. 雅科文科等。除此之外,还有一批影响力较小的哲学流派的代表:新黑格尔主义者 И. А. 伊利英、胡塞尔主义者 Г. Г. 施佩特、人格论代表 Е. А. 博布罗夫、存在主义者 Л. 舍斯托夫等。19世纪～20世纪初的理性唯心主义在新康德主义的影响下,特别重视认识论和逻辑学方面的研究,从而使哲学发展成认识论的趋势更加明显,但是最典型的是哲学向神秘主义、非理性和"新的"形而上学思想体系的转变趋势。В. И. 涅斯梅洛夫的人类学思想深受基督教人格论的影响;主观伦理方法在 М. М. 塔列耶夫的非正统哲学思想中占有主导地位;П. А. 弗洛连斯基等人曾做过建立基督教形而上学的尝试,同时想通过最新的自然科学原则,达到排斥柏拉图主义的目的。

俄罗斯作家、政论家和哲学家罗扎诺夫(Василий Васильевич Розанов,1856～1919年)在关于人类学、"性别形而上学"和家庭问题的著作中,列举了19世纪末～20世纪初哲学中的一个古怪实例。罗扎诺夫文学和文化方面的代表作首先是文集《孤独》(1912)、《落叶》(上下两卷,1913～1915)、《当代启示录》等,这些著作曾惨遭厄运,先后经历了沙皇书籍检查制度的"砍伐",苏联期间一直禁止发行。

"革命是一种仇恨,革命只有仇恨,这种仇恨无处不在。"②这是罗扎诺夫在1917年十月革命爆发以前所说的一句话。从1917年11月15日起,他开始发表《当代启示录》,第一次公开指责掌握苏维埃政权的布尔什维克,批判他们通过罪恶形式抢夺政权、从事恐怖活动和出卖俄罗斯民族利益等行为。著名女诗人吉皮乌斯写于1917年11月9日的一首诗表达了同样的思想:

  我们遭唾骂,被捆绑着,

---

① 摘自《里姆斯基-柯萨科夫传》,И. И. 拉普申著,布拉格,1922,第41页。——原注
② 摘自《处于俄罗斯的黑暗之中》,《新时报》,1910年10月2日。——原注

躺在每个角落。
水兵们蔑视地将唾液
喷在我们脸上。

　　罗扎诺夫和吉皮乌斯可谓真正的先锋,在罗扎诺夫的《当代启示录》之后,出现了布宁(Иван Алексеевич Бунин,1870~1953年)的《忏悔的日子》和他在敖德萨的讲义《欺骗》、作家和教育家科罗连科(Владимир Галактионович Короленко,1853~1921年)致时任苏联教育人民委员的卢那察尔斯基(Анатолий Васильевич Луначарский,1875~1933年)的信、作家列米佐夫(Алексей Михайлович Ремизов,1877~1957年)的《俄罗斯国家灭亡记》和高尔基的《不合时宜的思想》等。罗扎诺夫已经看到,早在19世纪60年代的进步社会活动家的民主运动时期,俄罗斯通往光明殿堂所经之路,不同于后来革命俄罗斯所走的那条道路,这条道路最终使俄罗斯走进了社会政治的死胡同。"俄罗斯走进了是不应该进去的胡同";"没有找到自己的家";"倒退吧,回转吧,国家"。①

　　20世纪初,俄罗斯再次进行了使东正教学说符合俄罗斯新形势下发展需要的重要尝试,主教谢尔盖(Сергей,1867~1944年)、修士大司祭安纳托利(Анатолий,1864~1936年)、宗教哲学家 Н. О. 洛斯基、Н. А. 别尔嘉耶夫、作家 Д. С. 梅列日科夫斯基等,都是"新宗教意识"的典型代表。

　　最早宣传这种"新宗教意识"的是作家 Д. С. 梅列日科夫斯基,1901年,他与 В. В. 罗扎诺夫共同在彼得堡组建了宗教哲学协会,Д. С. 梅列日科夫斯基最终成为俄罗斯"寻神说"②的主要活动家之一。

　　在19~20世纪之交的政治领域中,资产阶级自由思想已经从"合法的马克思主义"演变成了立宪民主主义。在出版于1902年的《唯心主义的问题》和1909年发表的《路标》③等著作中,作为作者之一,俄罗斯经济学家、哲学家、历史学家和政论家司徒卢威(Пётр Бернгардович Струве,1870~1944年)及其追随者的观点得到了最充分的展示,但是他们的观点却遭到了列宁和马克思主义者的批判。司徒卢威认为,最重要的是要么使自由主义的政治原则与新康德主义的理性唯心主义(其主要代表人物是司徒卢威、诺夫哥罗德采夫等)

---

① 摘自《孤独》,В. В. 罗扎诺夫著,莫斯科,1990,第114页。——原注
② 寻神说(богоискательство),俄罗斯自由知识分子宣扬的改头换面的基督教哲学思潮。1905~1907年革命失败之后得以传播,其主要代表人物有别尔嘉耶夫、布尔加科夫、梅列日科夫斯基、吉皮乌斯、明斯基等,以宗教哲学协会为主要组织进行集团活动。寻神说的哲学根源之一是索洛维约夫的"万物统一"论。——译注
③ 《路标》,俄罗斯知识分子和思想家(别尔嘉耶夫、弗兰克、舍斯托夫等)文集,该文集是这些哲学家对第一次俄罗斯革命经验思考的结果。——原注

联合起来,要么与宗教形而上学和历史哲学(主要代表人物有已经变成基督教人格论和存在主义者的别尔嘉耶夫、开始崇尚东正教神学的布尔加科夫、弗兰克等)联合起来。

俄罗斯"白银时代"是艺术发现和新思潮层出不穷的时代,这种新发现和新思潮赋予诗人、散文家、画家、作曲家和演员创作灵感和前所未有的独特性。象征主义与阿克梅派、现代主义、未来主义、先锋派和古希腊派等,分别成为诗人 А. 勃洛克、作家 А. 别雷、Ф. 索洛古勃、Д. 梅列日科夫斯基、诗人 З. 吉皮乌斯、Вяч. 伊万诺夫、Г. 伊万诺夫、И. 莫茹欣、В. 霍洛德纳娅、В. 马雅可夫斯基、В. 赫列布尼科夫、М. 茨维塔耶娃、А. 阿赫玛托娃、作曲家 И. 斯特拉文斯基、С. 拉赫玛尼诺夫、画家 В. 康定斯基、А. 伯努瓦、戏剧家 К. 斯坦尼斯拉夫斯基和 В. 梅耶霍尔德等人的肥沃土壤和命运,他们自身足以充实全人类的文化发展史,而他们的名字也不只是在单独的某一个时代闪光!

"白银时代"的文化特点在于,为了自己的创作,该时代的每一位活动家都积极利用了俄罗斯文学,而他们本身又是俄罗斯最优秀的文学大家。1923 年,移居国外的宗教哲学家 Н. 别尔嘉耶夫创作了两部互为补充的作品:《历史的意义》和《陀思妥耶夫斯基的世界观》。Н. 别尔嘉耶夫在书中多次强调指出,在俄罗斯文学界,超出艺术界限的欲望一直非常活跃,这种欲望便是俄罗斯的"非体系化哲学"。陀思妥耶夫斯基所描写的俄罗斯修士生活和他刻画的"人–神"形象,都是"白银时代"哲学复兴的内在动机,而且是十分重要的动机。在世界文化史上,从未出现过类似的哲学与文学达到如此密切和有机结合的先例。"白银时代"的任何一个思想家都没有像 Н. 费奥多罗夫那样,囊括了如此宽广的文化领域:从陀思妥耶夫斯基和列夫·托尔斯泰到高尔基和勃留索夫,从赫列布尼科夫和马雅可夫斯基到克柳耶夫和扎波洛茨基,从画家切克雷金和菲洛诺夫到杰出的哲理散文作家普里什文,或到别具一格的作家普拉托诺夫等。

19 世纪 90 年代,由于受到 Вл. 索洛维约夫的美学和哲学思想的影响,俄罗斯文学界和文艺批评界开始形成一种名为"象征主义"的流派,这种流派的形成过程与下列诗人及其创作密切相关:巴尔蒙特(Константин Дмитриевич Бальмонт,1867~1942 年)的诗歌《一望无际》和《寂静》、В. 勃留索夫的诗集《俄罗斯象征主义者》(1894~1895 年)、Ф. 索洛古布、Д. С. 梅列日科夫斯基和 З. Н. 吉皮乌斯等人的作品。

在支持画家、歌唱家和作家的创作方面,俄罗斯文化艺术庇护者的活动曾发挥巨大的作用。俄罗斯文化的发展应归功于他们及其积极搜集和保护祖国文化财富的活动,没有他们的资助和孜孜不倦的探索,俄罗斯画廊、展览会、博物馆、私人收藏、特列季亚科夫画廊、巴赫鲁申戏剧博物馆、俄罗斯博物馆、普希金造型艺术博物馆都是不可能出现的。俄罗斯历史上最著名的文化艺术庇护者有莫斯科纺织工业主休金家族,其中包括收藏法国先锋派(毕加索、马蒂斯、高庚等)名画的休金,他的收藏是莫斯科西方新潮画派杰作的基本馆藏;还有 И.

莫罗佐夫、H. 里亚布申斯基、创建莫斯科私人歌剧院的 C. 马蒙托夫。

巴赫鲁申戏剧博物馆的门牌标志

俄罗斯文化艺术庇护者不仅将自己的资金捐献给文化事业,而且还与艺术家们共同创作。例如,在 C. 马蒙托夫的参与下,作曲家里姆斯基-柯萨科夫歌剧《雪姑娘》的创作构思最终变成了现实,C. 马蒙托夫的私人歌剧院早已成为俄罗斯优秀演员的大熔炉,曾在这里经受锻炼的有作曲家、歌唱家、演员、音乐家、画家和舞美艺术家。歌剧《雪姑娘》就是在他的私人剧院里举行首演的。

慷慨的文化艺术庇护者莫罗佐夫家族,同样为俄罗斯文化艺术的发展做出了巨大贡献。莫罗佐夫家族的创始人是萨瓦·瓦西里耶维奇·莫罗佐夫,他原本是一个农奴,从制作和销售丝带开始了艰难的商业生涯。他最终在 1820 年,为他自己和他的 4 个儿子交纳了 17000 卢布的赎金,从此结束了他们家族的农奴史。

像莫斯科其他许多企业家一样,莫罗佐夫家族成员也都是古老信徒派教徒。

在东正教传统和俄罗斯传统中,拥有大量的财富被看做是一种耻辱,正因为如此,那些古老信徒教派都是最慷慨的文化艺术资助者,他们为俄罗斯文化的繁荣发展做出了许多贡献。从那时起,莫斯科曾是(至今依然是)俄罗斯古老信徒教派的全俄活动中心。政府对他们的迫害反而加强了他们之间的团结,为了互相帮助,他们主动分组定居,所以莫斯科市后来出现了一系列古老信徒派教徒集中居住的生活区:普列奥布拉任斯科耶区、列佛尔托沃区、罗戈日城关区等。莫罗佐夫、里亚布申斯基、舍拉普金、拉赫玛尼诺夫等莫斯科古老信徒教派,都是莫斯科最有名的富商之家。1905 年,尼古拉二世在原来人民已有的自由基础之上,又宣布了良心自由,于是莫斯科最富有的古老信徒教派便开始真正的复古,在短短的几年当中,莫斯科市内便出现了几十座古老教派教堂,而且都是由当时最好的工匠师设计建造的。

莫罗佐夫家族曾以广泛的资助和慈善活动著称,该家族先后兴建了莫斯科大学恶性肿瘤医学院、莫斯科 С. Т. 莫罗佐夫儿童医院、В. А. 莫罗佐夫养老院、精神病院、И. С. 屠格涅夫免费阅览室、手工业品博物馆等。伊万·阿布拉莫维奇·莫罗佐夫收藏的法国名画后来闻名于世的馆藏,两部分最丰富的馆藏之一位于莫斯科市中心普列奇斯金卡大街上的私人画廊内。1918 年,全部馆藏被收归国有。一年之后,伊万·阿布拉莫维奇·莫罗佐夫便离开了俄罗斯。

莫罗佐夫家族的最后一个知名人士萨瓦·季莫费耶维奇·莫罗佐夫(Савва Тимофеевич Морозов,1861~1905 年)是莫斯科"印花厂"的厂长,他不仅具有艺术创作天赋,而且还有戏剧天赋,他酷爱戏剧艺术,经常给剧院提供物质和道义上的支持。为了兴建莫斯科艺术剧院,萨瓦·莫罗佐夫主动捐献 50 万卢布,这在当时是一个相当可观的数字。他亲自在现场指挥剧院的施工,同时担任"莫斯科公共剧院创办协会"董事长。除此之外,萨瓦·莫罗佐夫还经常资助某些个人、各种机构、群众团体和社会组织。

萨瓦·莫罗佐夫不仅拥护和支持艺术知识分子的民主主义热情,而且后来还开始同情工人兄弟,主动与革命者缩短距离,并为他们提供资助,亲自参加了与政权部门、官僚机构及其亲属的激烈斗争。高尔基曾经写道:"萨瓦·莫罗佐夫是一个绝对有知识、有教养的人,他天资聪慧,具有敏锐的社会洞察力和高涨的革命热情。"为了纪念自己的祖父,萨瓦·莫罗佐夫特意撰写了一部很有意义的纪实中篇小说《早逝的祖父》(1988 年莫斯科出版)。

当我们谈到 20 世纪初的俄罗斯文化发展时,不能忽视里亚布申斯基家族的作用和贡献。当代擅长撰写莫斯科商人回忆录的作家布雷金曾这样写道:"В. П. 里亚布申斯基曾公正地指出,'普通工厂对我们的重要程度,犹如一座中世纪城堡对骑士一样重要'。"

里亚布申斯基家族的所有成员都具有惊人的天赋,这个家族培养出来的非凡人物如此之多,他们遍及社会的各个行业,以至于很难立刻说出他们究竟是从事哪个专业的人士,因为他们每个人的活动都是特别卓有成效的!他们家既有工厂主,也有学者、商人、银行家、政治家、作家、记者、画家、演员等。由此可见,里亚布申斯基家族所涉及的职业范围是何等广泛。毫无疑问,如同国外的福特家族、摩根家族或洛克菲勒家族那样,里亚布申斯基家族的发展史本应成为俄罗斯民族的一段佳话,但是命运的安排似乎又不是那么公正……

"П. М. 里亚布申斯基父子有限公司"成立于 1837 年,作为古老信徒派教徒,这个家族的成员一贯保持着反抗精神。里亚布申斯基家族最后几个知名人士之一帕维尔·帕维洛维奇·里亚布申斯基甚至敢当着政府官员的面,发表他们根本不想听到的意见。比如,1912年,俄罗斯财政部部长来莫斯科视察,为了迎接部长大人的光临,莫斯科证券交易委员会主席 Г. А. 克列斯托尼科夫特意举办了盛大的招待宴会。席间,帕维尔·里亚布申斯基举杯并发表了这样一番祝酒词:"我在此举杯,并不想为政府干杯,而是想为俄罗斯人民干杯,为那些历尽艰辛、渴望得到解放的劳苦大众干杯!"同年,在那次隆重的宴会之后不久,在俄罗斯第四届工贸代表大会上,帕维尔·里亚布申斯基再次发表讲话:"作为工商贸易界代表,我们坚决反对压制小企业的行为,反对国库控制全部财产和私人财产收归国有的举动。"

帕维尔·里亚布申斯基在莫斯科创办的《俄罗斯晨报》声名远扬,虽然报社在莫斯科,创办者、编辑和固定作者群也都住在莫斯科,但是由于该报一贯坚持自由立场,该报早已在莫斯科以外的许多地区广泛传播。1910~1911年间,帕维尔·里亚布申斯基在《俄罗斯晨报》上发表文章说:"在商人卡拉什尼科夫与军警基里别耶维奇之间即将开始的交锋之中,注定卡拉什尼科夫必将获胜。或许,在这次胜利之后不久,他就会被送上断头台。然而,资产阶级思想和文化自由思想却永远不会死亡。"由此可见,帕维尔·里亚布申斯基是多么勇敢,他敢于以怪诞的手法,有力地抨击国家的官僚体制,坚决主张政治和经济上自由的原则。

帕维尔·里亚布申斯基是俄罗斯自由保皇党的创始人之一,莫斯科商人、社会和政治活动家、莫斯科市世袭荣誉公民古奇科夫(Фёдор Иванович Гучков,1860~1913年)在给弟弟的信中,将里亚布申斯基家族称为"我们的敌人"。实际上,单凭里亚布申斯基家族的成员之一和世界上空气动力学方面最著名的专家之一德米特里·帕夫洛维奇一个人的贡献(他曾将自己的全部精力、智慧和资金都献给了俄罗斯的科学事业),里亚布申斯基家族就应该当之无愧地被载入世界文化史册之中。

帕维尔·里亚布申斯基在亲自培养几个弟弟的过程中,总喜欢说的一句话是:"Richesse oblige"("有多少财富,就有多少义务。")。他的一个弟弟斯捷潘·帕夫洛维奇是莫斯科有名的圣像画收藏家,今天我们可以在特列季亚科夫画廊看到他收藏的部分圣像,这里还常年展出他姐姐叶夫盖尼娅·帕夫洛芙娜·帕维尔·里亚布申斯卡娅(出嫁后随丈夫姓"诺索娃")捐赠的个人收藏——19~20世纪俄罗斯名画;斯捷潘·帕夫洛维奇还出资在莫斯科建造了一座圣母大教堂;在莫斯科考古学院的施工过程中,斯捷潘·帕夫洛维奇还出资购买建材(砖);1906年,另一个弟弟弗拉基米尔·帕夫洛维奇参与组建了报刊书籍出版社。

从总体上讲,尽管人们都说,商人的艺术品位太低,但是里亚布申斯基一家却是品位细腻的艺术鉴赏家,帕维尔和弗拉基米尔两兄弟家的室内装饰异常精美,至今依然是俄罗斯装饰艺术的最佳典范。

1917年十月革命之后,里亚布申斯基家族移居国外。20世纪40~50年代,米哈伊尔·帕夫洛维奇的女儿塔季扬娜·米哈伊洛芙娜·里亚布申斯卡娅成为国外俄罗斯芭蕾舞剧的一颗明星。

在保护和资助文化艺术方面,1915年还发生了一个意义重大的事件:根据俄罗斯著名建筑师和科学院院士舍赫捷利(Фёдор Осипович Шехтель,1859~1926年)的设计方案,在莫斯科草棚岗街(今天的皮革街)上建造了一座圣尼古拉教堂,其精美别致的造型实属罕见,兴建这座木质教堂的全部费用都是由图拉675步兵团的士兵自发募捐的。

遗憾的是,这件艺术精品在苏联期间被捣毁。这是俄罗斯普通民众集资兴建的多座教堂之一。20世纪90年代,圣尼古拉教堂得以重建,如今这座精美的东正教教堂被称为"救世主教堂"。

俄罗斯规模最大的东正教教堂是坐落在莫斯科市中心的救世主大教堂,该教堂同样是由普通民众集资建造的,普通市民甘愿拿出自己的全部积蓄,尽力支持俄罗斯的"神圣事业"。①

上世纪(20世纪)初的俄罗斯宗教复兴开始对欧洲国家产生影响,20世纪20年代,这种影响越来越明显,那时散落在国外的俄罗斯人超过百万,其中的大多数人都居住在欧洲国家,所以俄罗斯国外东正教的命运与西方国家的东正教命运、东西方基督教之间的相互作用和相互影响息息相关。1922年11月,根据移居德国的一批俄罗斯宗教哲学家的倡导,在柏林创办了宗教哲学研究院,该院的首要任务就是要振兴欧洲的基督教。研究院的纲领这样写道:"如果没有宗教的复兴,如果人们和民族的最初意志出现伤痛和涣散,如果他们的意志不以与生命之根本——上帝的沟通而得以强化,任何外界的政变都不可能创建最好的生活,也不能使个人和民族的心灵得以改造。"②宗教哲学研究院于1922年11月26日举行竣工仪式,Н. А. 别尔嘉耶夫在仪式上发言说,世界上的世俗化和非人道化进程日益加速,为了抵制和反对这种现象,东西方所有的基督教力量必须统一起来。

移居国外的第一代俄罗斯东正教教徒不仅保持了本教派宝贵的精神财富,而且还不断充实和增加这种财富。这里所说的首先是1925年在巴黎创办的圣谢尔吉神学院,担任院长的是俄罗斯西欧正教会的都主教叶夫洛季·格奥尔吉耶夫斯基(Евлогий Георгиевский,1868~1946年)。这所神学院培养了一大批杰出的牧师和神学家,他们不仅得到了西欧国家的普遍承认,而且还名扬美洲,其中最知名的除了俄罗斯东正教大司祭谢尔盖·布尔加科夫之外,还有大司祭 А. В. 卡尔塔绍夫、Б. П. 维舍斯拉夫采夫、Г. П. 费多托夫、Л. А. 赞德、修士大司祭基普里安·克恩、В. Н. 伊利英、П. Н. 叶夫多基莫夫、格奥尔吉·弗洛罗夫斯基、大神甫亚历山大·什梅曼等。

都主教叶夫拉季曾这样写道:"在西欧文化中心(不是俄罗斯文化中心,而是基督教文化中心)巴黎创办神学院意义重大,预先为我们神学院解决宗教理论与实践问题确定了普世教会运动的方针,因为东正教不再继续深藏于密室之中,而是逐渐成为信奉基督徒的各族人民

---

① 东正教教堂,救世主大教堂是为纪念1812年卫国战争胜利建造的,于1839年正式奠基,到1883年才竣工。这是当时莫斯科市最高大的建筑物,也是俄罗斯规模最大的东正教教堂,教堂高103.5米,教堂内可同时容纳10000多人。1931年12月5日,斯大林下令将该教堂彻底炸毁。1997年再次恢复。——原注
② 摘自《精神文明与宗教哲学问题》,Н. А. 别尔嘉耶夫编,柏林,1923,第136页。——原注

第六章　19世纪末到20世纪初俄罗斯宗教哲学的复兴及其对西欧文化的影响

的共同财富。"①

20世纪20年代初,俄罗斯移民开始从美国西海岸加利福尼亚州登陆。像在欧洲国家一样,出现于美国的东正教徒起初多数是俄罗斯人,而今经常到那些教区教堂做祈祷的已经有许多信奉东正教的美国人、法国人、德国人和其他许多民族的东正教徒,他们分别用各自的语言进行祈祷和礼拜活动。1979年2月,两个天主教团体(男僧侣团和女僧侣团)正式加入了东正教教会,他们曾在美国纽约州坎布里奇市附近建造新隐修院,担任院长的是修士司祭拉夫连季·曼库佐。在此两年之前,即在1977年,由神甫普拉基多伊·德谢率领的一批天主教徒转入东正教,他们在西方创办了第一家新圣山会馆。

由此可见,东正教已开始深深扎根于世界各大洲,斯拉夫人固有的团结一致和共同协作的精神、东正教一贯主张的忏悔和妥协精神,逐渐以现代普世教会运动的形式表现出来。作为现代普世教会运动中心思想的"调节争端"功能,正是来自于东方基督教核心。19世纪基辅俄罗斯东正教主教普拉东所说的一句话,至今仍然具有一定的现实意义:"尘世的屏障再高也难以遮天。"

由于现代普世教会运动的积极作用,原来各教派之间存在的成见、隔离和疏远等多种元素已经消除并成为过去。

"当然,东西方之间依然存在着宗教方面的差异,无论东西方各国人民占有怎样的社会和政治地位,这些差异依然将存在于他们各自的宗教生活方式和教堂祈祷仪式之中。联结东西方的是统一的、强大的基督教精神磁场,东西方共存于同一历史时期的同时,相互之间产生的影响将会越来越深。"②

1917年俄罗斯二月革命废除了专制制度,使正教会失去了长达几百年的支柱。1917年3月7日由临时政府颁发的纲领性文件《告全国公民书》明文规定,"取消等级限制、宗教信仰限制和民族限制。"接着,临时政府又通过了《关于教会学校转归国民教育部的决定》,这一决定立刻引起了俄罗斯正教会的强烈反对,他们声明说:"临时政府采取的这一行动,将会使教会蒙受重大损失,并严重影响基督教启蒙活动。"后来临时政府又颁布了《关于公民良心自由的决定》,这一决定巩固了教会与国家的联盟原则,"公民良心自由"实际上是允许多种宗教同时并存。尽管如此,俄罗斯正教会依然占据主导地位,因为教会的基础并没有发生变化:东正教依然是俄罗斯绝大多数居民笃信的宗教。无宗教(不信奉任何宗教)现象依然没有得到国家的承认。

在君主专制被推翻和临时政府通过一系列纲领性文件之后,"第一届全俄宗教与平民代

---

① 摘自《我的人生之路·巴黎》,都主教叶夫拉季季著,巴黎,1947,第447页。——原注
② 摘自"俄罗斯思想"与东西方基督教之间的相互关系》,《小教堂》,沃洛科拉姆斯克修道院和尤里耶夫修道院都主教皮季姆著,莫斯科,1992,第132页。——原注

表大会"于1917年6月在莫斯科正式开幕,这次会议成为地方宗教会议的开端。在此之前,受俄罗斯帝国部长会议主席斯托雷平之委托,同时根据地方宗教会议的决定,思想家、政论家和民粹主义者季霍米罗夫①已经研究并拟订了国家宗教政策,可是很少有人熟悉他的名字。从某种程度上讲,季霍米罗夫从事的宗教和政论活动是导致尼古拉二世进行教会改革的原因之一。当尼古拉二世阅过他写于1903年的《生活需求与现行教会管理》之后,命令主教公会讨论关于召开宗教会议的问题。1906年,列夫·季霍米罗夫曾亲自参加宗教会议的预备会议。

全俄宗主教吉洪

1917年8月15日,俄罗斯正教会代表大会在莫斯科克里姆林宫圣母安息大教堂内正式开幕,而上一届会议是在200年之前召开的! 与会者有来自全国各地的高级僧侣、主要神甫、修士、神学院教授和从事教会工作的平民等多方代表,会议的主要议题是讨论宗教方面的重大问题,其中包括如何使祈祷者掌握教会语言、如何使古老繁复的教规适合于现代生活条件、怎样优化学校的神学课、神甫必须宣讲哪些内容、怎样改善教会学校的教学条件等一

---

① 列夫·季霍米罗夫的晚年是在莫斯科郊外的圣谢尔吉三位一体大修道院内度过的,1923年10月在修道院里告别了人世。——原注

系列问题。

最重要的是,那次宗教会议解决了新型国家对教会的管理问题。会议决定,俄罗斯正教会的首脑必须由宗主教担任;如果宗主教不能亲自主持教区事务,他下属的每个主教应当自行管理本教区的事务;由神甫和在家人(公民)代表组成的教区委员会应当经常关心本区教民。

在那次宗教会议上,莫斯科都主教吉洪(Тихон,1865~1925年)当选为莫斯科和全俄罗斯宗主教,实际上恢复了俄罗斯的宗主教制,该教制曾被彼得一世宣布取缔。宗主教吉洪与主教公会和最高教会委员共同管理俄罗斯正教会的事务。"新当选的宗主教吉洪在自己的宗教活动之路上,很快就遇到了种种困难,首先是他需要尽快解决教会与新型国家体制之间的关系问题……他深知纠正他人的错误是何等艰难,知道有很多酸甜苦辣,但是他最终以自身固有的崇高、冷静和顽强的毅力,解决了一个又一个重大问题。"[①]

莫斯科街头最后的战火刚刚平息,布尔什维克就完全掌握了国家政权。俄罗斯正教会及其信徒经受严峻考验的年代到来了。

---

① 摘自《莫斯科宗主教:1917~1977》,莫斯科,1978,第13页。——原注

第七章 革命年代、苏联时期以及苏联解体后的
俄罗斯文化与东正教

苏联时期的俄罗斯文化与东正教 1917 年的十月革命标志着俄罗斯历史的大转折 教会脱离国家和学校脱离教会的法令 伟大的苏联卫国战争胜利的基础 教会的作用、贡献与伸张正义 罗斯受洗千年庆祝活动(1988 年) 俄罗斯萧条时期 从无神论到宗教信仰 宗教成为与艺术和科学同样重要的社会生活和文化的领域 犹大书 科学与宗教 "新世纪宗教" 21 世纪初的俄罗斯文化:在遵循本民族传统和思考世界成就的基础上探索本国文化发展之路

1917 年十月革命是俄罗斯历史上的重大事件,是在俄罗斯帝国核心酝酿已久的重大事件。人民及其深刻的目的与那次革命并不陌生,正如古老信徒派教徒、诗人、革命的讴歌者和古拉格群岛的牺牲品尼古拉·克柳耶夫(Николай Александрович Клюев,1887～1937)所说:

悦耳动听的民族语言
微微蠕动之后遍地传诵。

其实,俄罗斯人民早已厌倦战争、大规模的破坏和尼古拉二世毫无成效的治国政策,人民强烈的呼声早在布尔什维克及其领袖、二月革命和十月革命之前,就已经登上了政治舞

台。

　　历史上将 1917 年 3 月爆发的那场革命称为"二月革命"（因为当时俄罗斯实行的是儒略历,即俄罗斯旧历,自 20 世纪起,俄历比公历晚 13 天）,国内出现了民主临时政府,正教会发誓永远忠实于临时政府,并号召教民效仿他们的做法:发誓效忠临时政府。

　　被 1917 年那场资产阶级民主革命（二月革命）推翻的俄罗斯末代皇帝尼古拉二世,为其弟米哈伊尔·亚历山德罗维奇的前途和命运,于俄历 1917 年 3 月 2 日（公历 3 月 15 日）发表了退位诏书。

　　1917 年 3 月 3 日（俄罗斯专制制度的末日）,尼古拉二世的弟弟米哈伊尔宣布退位,国家命运开始由议会机构（立宪会议）决定。

　　俄罗斯很早以前就有这样一种传说:如果米哈伊尔二世成为俄罗斯皇帝,那么,俄罗斯很快可以实现盼望已久的宏伟目标,即完全占领君士坦丁堡。无论人们怎样看待这个传说,这种传说在 1917 年是很可能实现的,这是由于在尼古拉二世退位之前的两年,原来一直控制俄罗斯进攻南方的英法两国,在第一次世界大战中成了俄罗斯的盟友,同时向俄罗斯皇帝承诺:将君士坦丁堡作为战胜德国的礼物馈赠俄罗斯。假如米哈伊尔二世果真登上了俄罗斯帝国皇帝之宝座,假如同盟国共同赢得了那场战争,古老的传说定能变成现实。

　　尼古拉二世退位之后,彼得格勒①全城都挂满了标语和口号:"打倒罗曼诺夫王朝！还我共和国！"从此统治俄罗斯帝国 304 年的罗曼诺夫王朝宣告灭亡。

　　由孟什维克参加的临时政府并不打算停止战争,也未能使饥饿的人民得以温饱。前线军营里的神甫们无所事事,长期保持观望态度。与此同时,火线上的敌对双方不仅停止作战,甚至还开始相互表示同情和友好。以列宁为首的布尔什维克乘机宣布:"给人民和平美好！将土地分给农民！让穷人得以温饱！"布尔什维克从此占据了全部优势。

　　在那一时期,俄罗斯人伸张正义的真实愿望同样起到了促进作用。

　　苏维埃政权于 1917 年颁发的一系列法令,彻底改变了俄罗斯正教会和一系列宗教组织的地位,比如,根据第二届全俄苏维埃代表大会通过的《关于和平与土地的法令》,大修道院和教堂占有的土地全部被收归国有;《俄罗斯各民族权利宣言》取消了民族宗教原有的一切特权及其相关法令;《关于教育事业从宗教机构转入国民教育委员会的决定》使所有的学校全部脱离了教会;根据全俄中央执行委员会和人民委员会联合颁发的《关于解除婚姻的决定》和《关于同居婚姻、子女和财产登记的决定》,出生登记、死亡注销和婚姻等手续一律转交国家机关办理,而原来通过宗教仪式的婚姻传统顿时失去了自身的法律效力。1918 年 1

---

① 彼得格勒（Петроград）,列宁格勒市 1914～1924 年的名称;1914 年之前叫做"圣彼得堡",1703 年由彼得一世奠基,1924～1991 年称"列宁格勒";从苏联解体之今叫做"圣彼得堡"。——译注

月,宫廷宗教事务机构和军队宗教管理机构被撤销,国家停止对教会和神职人员拨款和资助。

在良心自由、国家与宗教组织之间的关系方面,由人民委员会制定和颁发的《关于教会脱离国家、学校脱离教会的法令》是当时共和国的立法文件。根据这个法令,俄罗斯每一个公民均有权信奉某种宗教,或干脆不信奉任何宗教,而在此之前颁发的与此相关的剥夺权利的各种法规统统作废。在整个共和国境内,禁止出版发行任何限制良心自由的法律、法规、以公民选择宗教为基础的优惠和特权等方面的法律和法规。

有关选择宗教信仰的指示和法令从官方文件中彻底消失,任何人不准依据自己信奉的宗教而拒绝履行公民义务。

虽然当时允许教堂自由举行祈祷仪式和各种宗教礼仪,但是那些仪式和礼仪绝不能扰乱社会秩序,不准侵犯公民权利。为了满足信徒们的宗教需求,政府将一些文化设施、楼房、家具和其他用具转交给宗教组织使用。

教会脱离了国家,原来教会与国家的联盟全部解散,国家和社会活动一律不准举行任何宗教礼仪,取缔所有的宗教誓言和发誓,宗教团体都变成了私人组织,而且不再享有原来国家给予的任何优惠、特权和资助。

教会组织无权占有土地,原来的法人资格被撤销,教会的全部财产被收归国有。国家还颁布法令,禁止教会团体采取强制手段征税,禁止教会以强迫和惩罚的形式逼迫信徒去教堂做祈祷。

根据政府颁发的《关于学校脱离教会的法令》,所有普通教育学校不准开设宗教知识课,不过,公民有权以私人形式学习和传授宗教知识,即具有宗教专业知识和受过师资培训的教师可以为公民单独传授宗教知识。

法令宣布宗教信仰自由,同时又通过法律巩固了不选择任何宗教的自由权。

由此可见,在俄罗斯历史上,第一次根据俄罗斯联邦第五届全俄苏维埃代表大会于1918年6月10日通过的宪法规定,良心自由开始上升到宪法的高度。

1917年十月革命之后,俄罗斯进行了文字改革,但是新文字总使人感到与新政权有关,所以那些已经移居国外的俄罗斯作家(布宁、茨维塔耶娃等)继续以原有的拼写法书写和发表文学作品。

问题是俄语拼写规则是在公元10世纪从南斯拉夫人那里引进的,后来逐步得到了发展,俄语拼写规则走过了从古斯拉夫语慢慢适应古俄语的路程,一些多余的字母(如斯拉夫字母"юс")很快就被淘汰,而"пси"、"кси"、"omera"等字母是在彼得一世改革浪潮中被废除的,但是到20世纪初,依然存在着许多象征性的、陈旧的文字元素,因此可以这样说,俄语文字的改革是早有准备的。

1904 年,彼得堡成立了俄语拼写改革委员会,专门负责俄语拼写规则的简化和正字工作。1917 年和 1918 年,国家先后两次颁发了《关于使用新型正字法的法令》。从此俄语拼写得以简化,而且语言的连贯性更强,新型正字法比过去的拼写规则更符合俄语自身的表达习惯。

1917 年末~1918 年初,俄罗斯曾颁发一系列关于所有学校和教育机构民族化、学校转归人民教育委员会的法令。1917 年 11 月 9 日由全俄中央执行委员会、人民委员会和俄罗斯联邦共同制定和颁发的法令是国民教育管理总则,当时的国家教育委员会主席是 A. B. 卢那察尔斯基,人民委员会于 1918 年 6 月 18 日颁发的《俄罗斯苏维埃社会主义共和国国民教育组织的决定》全面确立了国家教育委员会的职能。

1918 年 9 月 30 日,全俄中央执行委员会批准了《关于俄罗斯联邦劳动学校的决定》,按照这一决定的精神,俄罗斯联邦所有 8~17 岁的儿童全部接受免费义务教育,即两级义务教育制:初级教育(小学);二级教育(中学、中等学校)。

1917 年 11 月,国家教育委员会设立了艺术司,专门负责向艺术工作者提供帮助的问题。1918~1920 年,据不完全统计,俄罗斯举办的画展达 140 多次(不包括个人展览)。1918 年 12 月~1920 年 12 月,5 列宣传列车和轮船在全国完成了 20 次大型巡回宣传,在此期间,组织了大型宣讲活动 1000 多次,发放报纸和传单 300 多万份。如此规模的群众性心理宣传鼓动不可能不带来可喜的成果!

当时国家对教会实行了非常强硬的政策,只允许教会在教堂内举行祈祷仪式和相关礼仪,儿童教育、救济穷人、帮助病人、教会学校、传教活动等一切参与社会生活的活动全部被禁止。

于是俄罗斯正教会进入了艰难时期,主教、神甫、男女修士和教会工作人员全部被逮捕,强迫他们接受劳动改造,有的被发配到遥远的集中营,有的被关进监狱。许多教堂被捣毁,有的教堂被查封,有的被当做仓库、电影拍摄场地或无神论博物馆等。所有的学校都向学生灌输上帝是不存在的、上帝是不可信的等思想,当众耻笑和辱骂神甫和神职人员,宗教书籍和报刊全部被查封。

1918 年 1 月,俄罗斯宗主教吉洪公开发表告同胞书,批判了那些镇压宗教信仰、践踏圣地、圣物和屠杀无辜的人。20 世纪初,俄罗斯遇到令人恐怖的饥荒,苏维埃政权宣布,没收教会拥有的贵重物品,一切财产由苏维埃政权支配,于是警察开始进入各个教区的教堂,撕毁圣像上的装饰,拿走贵金属制作的教堂专用器具和十字架等圣物。布尔什维克竭尽全力,目的是为了巩固自己的政权。

鉴于这种情况,部分神职人员要求教会改变方针,建议端正对苏维埃政权的态度。这是由革新教派思想家、都主教和大司祭韦坚斯基(Александр Иванович Введенский,1888~

1946年)领导的一场教会的内部运动,历史上将那场运动称为"教会革新",革新教派试图使教会政策适应新的历史条件。1923年5月,他们成立了不同于一般教会的"新生教会"、"古使徒教会团体联盟"等组织,解除了宗主教吉洪的教职,并声明坚决支持苏维埃政权。

与此同时,苏维埃政权也正在起草对付教会的行动纲领。1922年3月19日,列宁在给政治局的一封密信中写道:"要给予神职人员沉重打击,甚至可以枪毙他们。"列宁的这一密令最终导致了莫斯科和俄罗斯宗主教吉洪的惨死、40000多名东正教神甫丧生。

其实,俄罗斯正教会曾通过改变对国家的态度的决定。宗主教吉洪于1923年6月发表了告全体神职人员书,他写道:"不能肆意反对宗教信仰,不要与教会作对,不允许在信仰方面采取任何让步和妥协,在与公民的关系方面,我们要真诚地对待苏维埃政权,为全社会的利益服务,与任何反对国家体制的公开的或秘密的宣传鼓动做坚决的斗争。"[①]1927年7月,莫斯科和俄罗斯代理宗主教和都主教谢尔盖发表宣言,呼吁信徒与神职人员积极拥护和支持苏维埃政权。

教会对苏维埃政权的友好和支持换来的回报是:政权不再"发现"苏联人民依然在庆祝一系列宗教节日。人们仿佛是借助悠久的历史传统节日,故意忘却战争和死亡的痛苦,忘却由于联结人与美好生活的东西已永久消失而引起的痛苦。

这种古老的和传统的东正教节日一直延续至今。虽然官方的意识形态变了,政府不断进行反宗教、反教会的宣传,官方并不加以禁止,但是人们只是悄悄地过节,而不敢公开为之。

基督教最隆重的节日之一是复活节(犹太教里称"逾越节")[②],这个节日出现在基督教诞生之前。当时人们为了纪念犹太人走出埃及和摆脱埃及奴役而庆祝,"复活节"来自犹太语中的"过渡、位移"一词。每逢复活节,人们都要准备特殊晚餐,晚餐的主要内容是奉献的羔羊,整只羔羊烤熟后放在一个巨大的圣盘里,以此象征天地之间及其世上存在的所有生灵。

基督教诞生数百年之后,教会开始在耶稣基督复活日庆祝"复活节"。

在复活节前40天,即在四旬斋期的第一个星期日之前40天,开始最严格的斋期(大斋),以此纪念耶稣基督在约旦河受洗之后在荒原上度过的40天。

在斋期开始之前的一周内,人们要欢度民间节日"谢肉节",在此期间,人们可以随便品尝未来40天内不准吃的各种美味佳肴。

[①] 摘自《关于俄罗斯宗教的真实情况》,莫斯科宗主教局,1962,第44页。——原注

[②] 基督徒认为,耶稣基督是从一种状态"转入"另一种状态,象征着生命战胜死亡。因此在俄罗斯,每逢复活节,家家户户都准备染鸡蛋,以此象征生命和祝福。复活节期间,人们见面时首先要说:"耶稣基督复活!"、"耶稣基督真正复活!"。——原注

第七章 革命年代、苏联时期以及苏联解体后的俄罗斯文化与东正教

按照东正教教规,斋戒从大斋的第一个星期一开始,在此之前是"四旬斋期前最后一个星期日。在特殊晚餐结束时,神甫请求本教区所有教民的原谅,而教民同时请求神甫的原谅,然后教民之间相互请求对方原谅。天主教的斋期从灰烬(悲痛)星期三开始,当天神甫将十字架埋在灰烬里,以此象征前来教堂祈祷者的忏悔。在复活节开始之前的那个星期叫做"受难周",本周内的星期四叫做"受难星期四"(东正教里叫做"大斋的第一个礼拜四"或"净身星期四"),传说来自《约翰福音》,那天耶稣基督给弟子们洗脚时说:"我还要告诉你们一条新准则:你们要像我爱你们那样相互爱戴……"信奉东正教的人们都会在这个星期四保持全身整洁,女主人将家里整理得井井有条,所有家庭成员洗澡之后,都换上干净的衣服,佩带新买的装饰物。受难星期四过后,便迎来本周内最庄严的一天——悲痛星期五,当天人们都必须思考赎罪的代价,教堂里不举行弥撒,而在晚餐结束时,神甫从祭坛上取下覆盖棺材模型的那块带有耶稣基督面容的圣布。

复活节是基督教一年中最重要的节日,每逢这个节日,全世界的基督徒都要庆祝耶稣基督复活,他们相互吻对方的面部三次并说:"耶稣基督复活!"对方回答说:"耶稣基督确实复活!"以此种方式相互传递着耶稣基督复活的喜讯。三位一体提醒人们上帝是永存的,上帝是圣父、圣子与圣灵的统一。

教堂在复活节夜晚举行的晨祷最神圣、最精彩。首先由神甫领唱:"耶稣基督复活,同时通过自己的复活使其他死者获得新生!"

俄罗斯"白银时代"著名诗人伊格尔·谢韦里亚宁(Игорь Северянин,1887~1941年)在自己的诗歌里,生动地描述了他对复活节的深层理解:

> 彼得堡人在欢度复活节,
> 厨房里漂来风信子芳香,
> 火腿、圆面包、马德拉酒,
> 散发出基督复活的春意,
> 洋溢着俄罗斯正教之美。
> 宗教之诗情画意,你在哪里?
> 诗歌宗教含义究竟何在?
> "无足轻重"之歌已经唱完,
> "真实纯正"之意开始出现……
> 尽管这听起来可笑粗俗,
> 那是我卤莽的青春时代,
> 我内心深处的确装满了

复活与拯救

只有俄罗斯固有的一切!

从这首诗歌里可以看出,复活节历来与许多美好而善良的传统密切相关。节日期间,除了诗歌中提到的圆面包之外,俄罗斯人还染鸡蛋的习俗,因为鸡蛋是生命萌芽的象征,将鸡蛋染成红色,表示耶稣基督为了拯救全人类而流淌的鲜血。

在俄罗斯历史上,复活节彩蛋曾有过多种不同的用途,节日期间,新郎与新娘都拿着彩蛋,互相说"耶稣基督复活",同时彼此祝福,然后把彩蛋送给亲朋好友,人们虔诚地端着彩蛋去扫墓。染鸡蛋之前,人们事先将鸡蛋洗干净,然后用"拌好颜料"的水一一进行染色,他们这样做的目的是使新生命健康美丽。

俄罗斯人的这种习俗比犹太人的"逾越"节更古老,早在古罗斯多神教时期,古罗斯人已开始将这个节日作为迎接春天和明媚阳光的象征,难怪俄罗斯人至今依然将复活节之后的第一个星期日看做是欢乐的日子,而对新婚夫妇而言,比较重要的节日正是复活节之后的这一周,俄罗斯人常说:"凡是在本周内结婚的人,永远不会分离!"

当然,1917年十月革命以后,俄罗斯没有广泛地庆祝这些传统节日,特别是诗人伊格尔·谢韦里亚宁所描述的复活节,都不像革命以前那样隆重。不过,许多人继续坚持欢度类似的节日。尽管我们所讲的美好节日大多数都是发生在很久以前的故事,但是正如诗人普希金所说:"过去的一切都是美好的。"

转眼几十年过去了,21世纪初,许多古老的传统得以恢复,其中包括基督教节日及传统,它们再次使俄罗斯文化变得丰富多彩。

按照节日的重要程度排列,圣诞节仅次于复活节,是第二个东正教大节(西方天主教认为,圣诞节是第一大节)。需要说明的是,圣诞节恰恰是东正教会与西方教会最明显的区别之一,西方教会最重视的是耶稣基督肉体的诞生,而不是耶稣基督心灵的诞生。圣诞节之前有为期40天的"圣诞大斋期",人们通常从圣诞节前夜开始举办庆祝活动。过去每逢圣诞节,家家户户都要准备丰盛的晚餐(那天还在斋期之内!),桌上摆着用纯粮食、浆果和蜂蜜烹制的"蜜粥",这种晚餐(蜜粥)的另一个名称是"圣诞麻籽粥"。当时的人们还经常用这种蜜粥来占卜,预测来年的命运。如果在烹制蜜粥时汤水溢出锅外,或者家庭主妇没有熬好蜜粥,这就预示这个家庭来年将遇到不幸。

但是未来的不幸和灾难完全可以回避,只需要家庭主妇将没有熬好的蜜粥扔掉重新熬一锅即可。晚餐从黄昏长庚出现时开始,桌上铺着干草,象征着耶稣基督诞生的那个牲口槽。房间主要角落的神龛下放着一捆新收割的粮食,全家人祈求上苍保佑来年夏季粮食大丰收。家人共进晚餐时保持沉默不语,当天晚上,剩余的食物和杯盘刀叉等都要留在餐桌上,因为人们相信,故去的祖先深夜将回家参加圣餐仪式,他们也要庆祝圣诞节。

俄罗斯人普遍认为,圣诞节之夜还会发生其他前所未有的奇特事件,比如,家畜在当晚都能说话,它们不仅赞扬新生婴儿,而且还会指责自己家的主人,机灵的农民将窥听家畜的"叙述",以此了解家人来年的命运。

蜂房的蜜蜂也在歌唱并赞美耶稣基督。农民们一大早就去教堂做弥撒,欢乐的节日由圣诞节前夕走家串户的"唱颂歌者"拉开帷幕,这些唱颂歌者既有儿童,也有青年男女,有时还有一些成年人,他们举着圣诞之星挨家挨户地载歌载舞。他们主要演唱的是与《祝福基督》内容相关的圣诞歌曲,同时祝愿所有的家庭主人幸福安康,孩子们唱着歌请求主人慰劳他们:

> 庆祝吧,欢乐吧!
> 你们并不认识我,
> 饿着肚皮找你们,
> 请给我五个戈比!

按传统,"唱颂歌者"走到谁家门前,那家主人就应该给他们一些甜食,或给点儿零花钱,主人表现得越慷慨,他家来年的收成将会越好,也就是说,这些"唱颂歌者"祝愿家家户户来年大丰收。圣诞节那天(或新年)早晨,这些孩子将一把粮食种子撒在各家门前,一边撒种,一边唱着《播种歌谣》：

> 播呀，播呀，不停地播，
> 我们一起来把新年贺。
> 新年一定带来新幸福，
> 小麦，小麦你快快长吧，
> 豆子、荞麦也同时成熟！
> 田野里的粮食一捆捆，
> 餐桌上的包子香喷喷。
> 新年全家一定更幸运，
> 主人主妇幸福而开心。

自18世纪起，俄罗斯农村和城市里开始出现"大箱木偶戏"①，这是一种带唱的木偶剧，他们也经常上演庆祝圣诞节的剧目。

1919年，苏维埃政府颁发了关于全民义务用母语学习阅读和书写的决定，即从8~50岁的公民必须学习并掌握正确的俄语阅读和拼写规则。为了促使文盲学习文化，政府决定将他们的工作日缩短两小时，工资照发。全国各地开始兴办学校和学习小组，几十万教师大军、职员和大学生都踊跃参加了"扫盲大业"。

1923年，苏联"消除文盲"志愿者协会宣告成立，苏联国务和党务活动家加里宁（Михаил Иванович Калинин，1875~1946年）担任该协会的主席，协会的规模逐年扩大。1932年，加里宁"消除文盲"志愿者协会已经联合了500多万人，协会的扫盲活动更加广泛。在苏联第一个五年计划期间（4年零3个月完成，1929~1932年），共青团组织了深入全国农村的扫盲活动，从而掀起了全苏群众性的扫盲运动。

1918年，国家宣布取消大学教育收费制，同时建立了向特困生发放奖学金的制度。

为了帮助高等院校摆脱财政吃紧的状况，1918年11月，教育人民委员会做出了这样的决定：大学生的一切事务由大学生自行管理，合作社的收入填充了大学生财政，此类合作社几乎遍及全国各地开办大学的城市。以莫斯科大学下属的合作社为例，他们拥有自己的缝纫作坊、制鞋作坊、食堂和商店，固定客户有4000多人，这里的价格比国家牌价低25%！

1919年，许多高等院校都创办了"工人系"，即那些文化知识偏低的工人在这个系里学习3年之后，便可参加高考。高校数量迅速增长，到1914年，俄罗斯全国的大学已有91所；

---

① 大箱木偶戏（вертеп），一种流动演出团体，他们将木偶装在大箱子内，演出时，以箱为台，盛行于古代，主要上演宗教剧和世俗剧。——译注

1922年有244所;1939年已经增加到760所;十月革命之前没有任何高等院校的白俄罗斯、亚美尼亚、吉尔吉斯和其他加盟共和国,分别开始创办学院和大学,从此数百万工人、农民及其子女开始在技术学校、学院和大学里学习。

短短几年之后,苏联第一代知识分子诞生了,他们从政治上和思想上都忠实于苏维埃政权和苏联共产党。在高等教育方面,政府贯彻执行了阶级政策,为工人和农民报考大学创造了优越条件。国家对高等院校进行了彻底改造,开除了那些对苏维埃政权不忠的教授和讲师。这一举动顿时引起了政府与师生之间的激烈冲突,为了表示抗议,师生们纷纷开始罢课。

20世纪初,大学必修课增加了历史唯物主义、无产阶级革命史、苏联国家与法律史、无产阶级专政体制下的经济政策等,但是教授队伍的情况很不乐观,普通师资严重缺乏。移居国外的近300万俄罗斯人当中,主要是有知识、有教养的人文学科专家。因此,俄罗斯大学里无法开设哲学课,甚至连俄罗斯最权威的莫斯科大学,同样由于缺少教师,许多必需的课程都无法开设。

根据苏共中央委员会的决定,А. В. 卢那察尔斯基、П. Н. 列别申斯基、В. В. 阿多拉茨基、Д. И. 库尔斯基、И. И. 斯科沃尔佐夫-斯捷潘诺夫等著名党务活动家开始在莫斯科大学执教。1921年,莫斯科创办了一所"红色教授学院",专门为高等院校培养马克思主义专家。

在提高国民知识水平和扩展文化视野的过程中,发挥重大作用的当然还有图书馆,所以当时创办和开辟了广阔的俱乐部和图书馆网,几乎每个农村都有"木房阅览室"。1939年,全苏共有俱乐部111000座,比十月革命之前增加了500倍);发行报纸9000多份,比1914年增加了9倍。

在世界史上,苏联妇女率先获得了与男人平等的权利和自由,具有自由思想的女人开始肩负恢复国家经济的历史重任。如果考虑到在苏联20世纪20年代的国内战争和40年代伟大的卫国战争中,大部分男性劳动力牺牲,应当承认,苏联社会主义主要是依靠妇女的劳动建立起来的。

1930年,苏联的失业率为零,劳动者享有劳动、休息、住房、保持身体健康和接受教育等多种权利。

在20世纪60年代之前的国民教育方面,即使是像美国那样最发达的资本主义国家,也明显落后于苏联,于是他们开始借鉴苏联在中等和高等教育方面的新经验。与此同时,苏联的国民教育体系开始发生根本转变,国内创办了适合于大众的中等普通教育的技术学校,简称"中技校",学校一律实行免费教育,每个阶层的孩子都有接受学校教育的可能;在苏联各加盟共和国的学校里,分别用本民族语言授课。苏联40多个民族都有了自己的文字,从而大大促进了各民族文化的发展。1930年,苏联普及了小学四年义务教育制;1937年,实现了

7年教育制；十年制中学教育网络不断扩大。与1914年相比，1939年的十年制中学增加了7倍。到1940年，苏联境内几乎完全消除了文盲现象。

20世纪30年代，苏联社会达到了社会保障平等：大多数公民是在社会部门工作。公民的社会保障、卫生和教育等许多领域都取得了显著成就。

然而，当时实际上是一个多种鲜明的现象对照的时代，重工业、文化和卫生事业的高速增长建立在牺牲国民物质生活水平的基础之上，国民的物质生活甚至没有达到1913年的水平。与此同时，国家继续对教会发起进攻。

1929年，莫斯科克里姆林宫最早的教堂之一"圣'主将'天使长米哈伊尔教堂"被炸毁，从此便开始了有计划地毁坏最知名的和最壮观的莫斯科修道院"显灵圣者修道院"①，而被炸毁的圣"主将"天使长米哈伊尔教堂曾坐落于这座修道院内。

显灵圣者修道院是由14世纪中叶杰出的国务活动家和都主教阿列克谢建造的，人们之所以应当记住这座修道院，是因为它并不是由当时年仅17岁的德米特里·顿斯科伊大公建造的，而是由都主教建造了俄罗斯的第一座城堡"莫斯科克里姆林宫"。

1363年，莫斯科曾发生一场重大火灾，两小时之内，全城几乎完全陷入一片火海之中，最后全城化为灰烬，有人将那场火灾叫做"全圣之火"，因为火灾发生在全圣节（东正教的全圣节在复活节之后第50天庆祝）当天。火灾之后，莫斯科都主教阿列克谢决定建造一座砖石结构的城堡，代替原来的橡木结构，以便使克里姆林宫再次避免类似火灾的袭击。火灾一年之后，根据都主教的倡议和祝福，砖石结构的克里姆林宫建筑开始动工。

早在火灾之前，还是在1365年，都主教阿列克谢在克里姆林宫内为砖石结构的教堂奠基，这座教堂比克里姆林宫内的圣母安息大教堂还要早100年，这就是后来被炸毁的那座"圣'主将'天使长米哈伊尔"教堂，也是阿列克谢设计建造的主教修道院的中心。1612年，俄罗斯宗主教格尔莫根就饿死在这座修道院内的一个地下室里；沙皇阿列克谢·米哈伊洛维奇、彼得一世和亚历山大二世曾在这座主显修道院里接受洗礼。

16~17世纪，俄罗斯高级神学校"宗主教学校"曾设在这座主显修道院内。彼得一世还颁布命令："主显修道院拥有一批特别称职的修士，他们完全可以培养更多的宗教首脑。"16世纪初，政论家、翻译家和语文学家马克西姆·格列克曾在这所宗主教学校工作。此外，修道院还曾以圣者安息之处而著称，葬在这座修道院的有许多知名人士：沙皇阿列克谢·米哈伊洛维奇的媒人、证婚人和大贵族鲍里斯·莫罗佐夫、特鲁别茨科伊、霍万斯基、奥博连斯基、库拉金、谢尔巴科夫等显贵家族的王公。

---

① 显灵圣者修道院（Чудов монастырь），男修道院，1365年由都主教阿列克谢创建，坐落在克里姆林宫内。14世纪末起为俄罗斯古籍抄写中心。17世纪是修道院内设有希腊－拉丁语学校。十月革命后修道院被撤消；20世纪30年代被拆除。——译注

如今我们只能在革命前的莫斯科老照片上看到这座神奇教堂的影子。

1931年,由志愿工作者主动组建的经济独立核算、管理自行账目的生产小组,代替了坚持平均分配原则的公社和集体,这些经济独立核算的生产联合体带来了奇迹般的效果!

然而,这种自行管理的劳动集体运动尚未在社会上扎根,就被官僚体制扼杀在萌芽之中。

这是一种直接拒绝社会主义生产方式的现象,实际上是彻底拒绝社会主义,拒绝的原因是由于这种新型生产方式是建立在自行管理和按劳分配(即按劳动的数量和质量分配)原则基础之上的。其实在此以前的很长一个时期内,不少人就想用马克思列宁主义思想、口号和号召等取代这种新型原则。

在列宁制定的新经济政策时期,这种新型原则在保证国家经济彻底摆脱崩溃状态之后,再也无法继续执行,除非是为了"装门面",这种新型原则依然保留在教科书中,但只是将新型原则作为脱离实际的基本原理加以重复而已。

列宁曾对缺乏市场和市场经济的纯粹社会主义的幼稚病和浪漫的想法进行了严厉批判,但是绝大多数党员并没有听到他的批判,劳动集体、"人民力量"联盟、无产者与合作化的农民联盟自行管理的思想本身,最终也没有得到党内积极分子的理解和支持。

当时,斯大林深受党内积极分子、多数新苏维埃知识分子的拥护和爱戴,他们一致反对列宁提出的"学会经营贸易和从事可获得利润的活动"的学说。

那些人为什么会喜欢和拥护斯大林呢?因为斯大林深信并主张建立新型的"万能"社会,在这个社会上,既没有被大多数人看成资本主义的贸易,也没有农民、小商贩和小市民。

在解决民族问题和国家建设方面,斯大林毕竟推出了比较真实的理论。

1922年,斯大林建议各加盟共和国成为俄罗斯苏维埃社会主义共和国的一部分,即加入俄罗斯联邦。列宁却提出了反对意见,他主张建立苏维埃社会主义共和国联盟,即成立建立在各加盟共和国"独立权"平等、保留各加盟共和国主权基础之上的"СССР"(苏联)。(如今这颗慢性定时炸弹开始引爆,俄罗斯人清楚地记得,在1917年十月革命之前,俄罗斯是按照经济用地进行区域划分的)。

20世纪30年代,苏俄著名诗人奥西普·曼德尔施塔姆(Осип Эмильевич Мандельштам,1891~1938年)曾发表以"克里姆林宫的高加索山民"、"他的一群细脖子领袖"(斯大林及随员)为题的漫画讽刺作品。诗人后来被逮捕和流放,最终在3/10号东北劳改营去世。与此同时,女诗人安娜·阿赫玛托娃写了一首《安魂曲》,那是20世纪伟大诗人与"千百万人民"痛苦和绝望的哀号,她看到,"无辜的罗斯正在流放临时监管所门前剧烈地抽搐着"。

然而,所有这一切似乎被隐藏在高大的建筑物背后,因为建筑物的正面墙上悬挂着主张"自由、平等和友好"的大幅标语。赶超其他国家、创建人民（而决非少数权贵）文化基础之上的社会的任务并不是空想。今天的俄罗斯也曾试图通过改革，通过企业全部转为独立核算来"扭转"乾坤，但是历史似乎早已注定了自身的发展轨迹……

尽管如此，独立核算的劳动组合的消失，并未能降低人民的劳动热情，反而通过受到系统思想教育的独立核算劳动组合、工厂、各领域和各城市展开的社会主义劳动竞赛，使人民的劳动热情继续得以保持。

与此同时，20世纪30年代的典型特征是国家继续限制教会、教会中心、宗教界和信徒的活动。如果1918年的宪法允许所有公民可以有宗教信仰，也可以进行反宗教宣传，那么，根据1936年的宪法，宗教组织和信徒只有自由敬仰宗教偶像的权利，而宣传宗教教义和观点的权利被剥夺。

虽然苏联期间的文化是一个复杂而辨证的整体，但它却不是"均匀发展的统一整体"，整个文化体系及其所有的组成元素之间都存在着明显的矛盾性，充满活力的和具有全人类意义的文化异常奇特地与极权主义联结起来。

艺术发展的两条平行或对立的主线"现实主义与现代主义"，成为整个苏联文化发展的典型特征。有趣的是，艺术创作过程却在紧张和矛盾中得到了辨证的发展，同时得到了相互补充和更新。

经济与政治之间的矛盾、新经济政策时期苏联社会的复杂性等，在文学、艺术、建筑和戏剧作品中都有所反映。大部分知识分子坚决反对1917年十月革命，许多文化活动家曾遭驱逐或被流放，但这些并未能阻止20世纪初得以推动的艺术继续发展。

这一时期的异己思想（"异端"）是多种多样的，因为当时苏联社会的基础是相当复杂的：既有"白银时代"的文化，也有革命前的部分旧知识分子，还有革命后出现的一批新知识分子。

俄罗斯异端艺术文化得到了全面发展，"白银时代"出现了诗人 A. 勃洛克、A. 别雷、И. 布宁、О. 曼德尔施塔姆、A. 阿赫玛托娃、Н. 古米廖夫、作家和文艺评论家 В. 科罗连科、М. 高尔基、著名画家 В. 康定斯基（Василий Васильевич Кандинский，1866~1944年）、М. 夏加尔（Marc Chagall，1887~1985年）、作曲家 С. 拉赫玛尼诺夫、歌唱家 Ф. 夏里亚平（Фёдор Иванович Шаляпин，1873~1938年）、作曲家 И. 斯特拉文斯基（Игорь Фёдорович Стравинский，1882~1971年）等一大批文化艺术精英。有人立刻意识到，在新的社会条件下，俄罗斯文化传统要么被彻底扼杀，要么处于从属地位（请见 И. 布宁的《忏悔的日子》）；另一些人则试图聆听"革命音乐"，他们注定遭到因缺乏"生活气息"而快速死亡的厄运。

有些创作团体依然存在，尝试时而远离现实主义道路的新型创作联合体和创作小组不断涌现。

这些现代主义创作团体及其理论的存在,无论如何也不会妨碍坚持对立美学立场(以现实主义手法描写社会生活)的创作者进行艺术探索,此类文艺作品出现在十月革命之后的几年内,至少是出现在赫赫有名的关于社会主义现实主义的"大辩论"、相关决议和决定出台之前。

到20世纪30年代初,艺术复调开始与社会生活的其他领域产生矛盾,原因是由于那些社会领域越来越趋于垄断。党内大辩论已经不再产生真正的影响,它们开始成为"党的敌人"。在任何一个反对政治的领域里,都逐渐出现了官方认可的主导趋势,其他一切可供选择的发展趋势统统被砍掉,无论是在经济领域(农业经济学家、文学家和社会主义哲学创始人恰亚诺夫及其科学遗产),还是在自然科学领域(现代选种生物原理学说及栽培植物发源中心学说的奠基人瓦维洛夫、生物学家、辐射遗传学、生物地理群落学和分子生物学创始人季莫费耶夫-列索夫斯基),或是在戏剧(著名导演梅耶霍尔德、泰罗夫)、音乐和绘画等艺术门类,情况大致如此。米丘林农艺生物学创始人李森科(Трофим Денисович Лысенко,1898~1976)被直接尊为圣者,而瓦维洛夫及其追随者却被彻底清除,文学领域也未能幸免于难。思想、观点一致的时代和文化垄断时代到来了。

早在列宁时代形成的斯大林主义的政治压力,扭曲了多种相互对立的世界观和艺术观之间正常的相互作用过程,阻碍了艺术家对世界和人的社会地位的不同看法之间的相互作用过程。

从总体上来看,在那些禁读的文学作品和禁止上演的影片或戏剧中,都反映了一种惊人的现象:在一定程度上,艺术创作过程的活力及其规律得到了独立的发展,而不受任何政治局势和斯大林恐怖思想压制的影响,从而使具体的艺术和文化载体(文艺活动家的活力和规律)变得更强大。真实的艺术创作趋势变得比他们发现和歌颂社会主义改造的伟大目标的主观愿望更强烈,但是这种艺术创作趋势却遭到了"社会主义建设"主导过程最残酷的迫害,当时的俄罗斯农民分化等过程就是一个鲜明的实例。

克柳耶夫(Николай Алексеевич Клюев,1887~1937年)、叶赛宁(Сергей Александрович Есенин,1895~1925年)和克雷奇科夫(Сергей Антонович Клычков,1889~1937年)是三个农民出身的著名诗人,他们在当时那种异常紧张的气氛中,分别通过自己的诗歌创作,反映了各自对"铁器时代"形成的古罗斯文化的吸收过程,他们不仅已经站在"悬崖"边缘,而且还预见了俄罗斯农民分化引起的文化和道德方面的后果。

在克柳耶夫创作的"农民"题材诗歌里,读者可以感受到宗教与民间文化对诗人的影响,其中还有宗教团体精神的主题,读者在他的诗歌中可以看到天堂和"大艺术家"耶稣基督的形象。诗人还发展了诱惑、罪恶、美的恶化、文明带来的危害并存的创作动机。在克柳耶夫晚期作品中,"农村"的死亡被认为是世界恶势力的表现形式之一。身患重病的诗人克柳耶

诗人叶赛宁

夫最后被布尔什维克枪杀。

由此可见,20 世纪 30 年代,官方认可的单维的社会主义现实主义艺术覆盖了苏联社会生活的整个表面,而后来成为经典的杰作却沉入社会生活的底部。尽管如此,根据"领袖"斯大林的指示和原则,由于长期的政治压力,真正的社会主义现实主义艺术家缺少创作上的自由,个性化的、独特的、区别于其他创作者的人道主义载体和表现者们,都遭到了严重的迫害。斯大林曾说:"没有人,就没有问题。"30 年代独特颂歌《迎接生活之歌》的词作者、诗人和政论家科尔尼洛夫(Борис Петрович Корнилов,1907~1938 年)最后死于古拉格群岛,而著名作曲家肖斯塔科维奇(Дмитрий Дмитриевич Шостакович,1906~1975 年)也由于为该诗歌谱曲而受到迫害并吃尽了苦头。这就是今天广大读者对科尔尼洛夫的诗歌和他本人的姓名还显得比较陌生的缘故。

尽管如此,近年来,科尔尼洛夫的颂歌《迎接生活之歌》在社会上广泛传唱,歌曲充满了活力并给人们带来了欢乐:

起床吧,别睡啦,卷发的年轻人!
车间的机器已经开始轰鸣,
全国人民都开始以无上的光荣
迎接即将到来的幸福和美景……

经常出现在银幕上的电影插曲《迎接生活之歌》,以年轻作曲家肖斯塔科维奇那闪光的旋律,使观众兴奋不已。该曲过去动听,今天依然不失其魅力。随着时间的推移,科尔尼洛夫的诗歌越来越受欢迎,他的抒情风格也变得越来越清晰真实。俄苏著名女诗人奥莉加·别尔戈利茨(Ольга Фёдоровна Бергольц,1910~1975年)当初就坚信:"假如科尔尼洛夫不是毫无意义地离开了人世,单凭他当时已经达到的创作高度,他早就应该是一位非常著名的诗人。"

科尔尼洛夫曾深信,自己的生命将通过他人的身躯得以延续:

……
但是我会站起来并继续成长,
我还要漂过海洋。
我看见祖国大地的美好风光,
没有战争、流血和痛苦。
是啊,假如我的确能如愿以偿……

作为文化主体的俄罗斯知识分子,随时都会引起斯大林主义者的怀疑。虽然这听起来有点可笑,但这的确是个事实:20世纪30年代,首先受到镇压的是那些挑起镇压运动的人,其中包括一批"拉普派"思想家:我们在前面提到的 Л.阿韦尔巴赫、B.基尔绍夫、И.格罗斯曼、Г.戈尔巴乔夫等。在30年代之前就参加各种不同流派(阿克梅派、"谢拉皮翁兄弟派"、"左翼文艺战线"、结构派、形象派和"俄罗斯南方学派")①的50多名作家当中,只有三个人遭到了镇压,他们是 O.曼德尔施塔姆、C.特列季亚科夫和 И.巴别尔;而在那些"农民"作家当中,除了皮缅·卡尔波夫一人之外,其他人全部遇难:H.克柳耶夫、И.普里布卢德内、П.瓦西里耶夫和 B.纳谢德金等。

伟大的俄罗斯诗人 C.A.叶赛宁的死因至今不明;俄罗斯最有天赋的戏剧家和作家 M.

---

① 阿克梅派(акмеисты),原于希腊文"akmé"一词,意思是"登峰造极",1910~1919年期间的俄罗斯诗歌流派,其代表人物有戈罗杰茨基、库兹明、古米廖夫、阿赫玛托娃、曼德尔施塔姆。阿克梅派主张诗歌摆脱趋向"理想境界"的象征主义激情,摒弃多义和变幻不定的形象以及复杂难解的比喻;要求返回物质世界实体、"自然"势力,要求用词准确。不过,阿克梅派的所谓"尘世"诗歌却具有现代主义元素,崇尚唯美主义和小型或诗歌化的原始本性。
"谢拉皮翁兄弟派"(Серапионовы братья),1921年在彼得格勒成立的俄罗斯文学团体,名称取自德国浪漫主义作家 E.T.A.霍夫曼同名小说集。该流派的宗旨是探索新现实主义的写作方法,进行形式上的实验,摒弃文学中的原始派和"招贴画"风格。该流派最著名的代表人物有伊万诺夫、左琴科、卡维林、费定、吉洪诺夫、斯洛尼姆斯基等,他们的创作实践克服了美学纲领的狭隘性,从而创作出一大批颇有份量的作品。

A. 布尔加科夫（Михаил Афанасьевич Булгаков, 1891~1940年）等人都丧生于烈性毒药。事情的真相永远都比我们的想象要复杂得多，在当时那种条件下，一批杰出的艺术语言大师不仅一直活着，而且还从未中断过自己的创作，比如，诗人弗拉基米尔·马雅科夫斯基、作家维肯季·魏列萨耶夫、谢尔盖耶夫-岑斯基、诺维科夫-普里博伊、米哈伊尔·普里什文等。1923年，阿列克谢·托尔斯泰在移居美国多年之后重新返回祖国；30年代，先后从国外返回俄罗斯的作家有斯基塔列茨、库普林、茨维塔耶娃。

其实，在官方批准和采用社会主义现实主义风格之前和该风格被正式确立之后，俄罗斯许多艺术家和创作者已经开始采用这种创作形式，并且创作了一系列真正的不朽之作。

这一时期的电影艺术一直受到列宁的特别关注，他曾高度评价这种大众艺术的巨大作用。正因为如此，1917年十月革命之后，大批宣传片陆续与苏联观众见面，其中包括 А. П. 潘捷列耶夫指导拍摄的电影《紧密团结起来》、А. Е. 拉祖姆内指导拍摄的影片《起义》、Н. Ф. 普列布拉任斯基根据 Д. 别德内寓言故事改编的影片《牧师潘克拉特、姑母多姆娜和科洛姆纳圣像显灵的故事》。

有些私人电影公司在国家的监督下，也拍摄了一批相当重要的影片，比如，有诗人马雅可夫斯基参与编剧、由 Е. О. 斯拉文斯基指导拍摄的影片《小姐与流氓》（1918），根据列夫·托尔斯泰小说改编、由 А. А. 萨温指导拍摄的影片《波利库什卡》（1919，主要演员是 И. М. 莫斯克温）。1920年，高尔基的中篇小说《母亲》搬上了银幕；1921年，革命历史影片《镰刀与斧头》开始与观众见面。

由瓦西里耶夫兄弟拍摄于1934年的故事片《夏伯阳》成为苏联期间划时代的电影杰作，影片主人公夏伯阳由巴博奇金（Борис Андреевич Бабочкин, 1904~1975年）扮演，福尔曼诺夫由布林诺夫（Борис Владимирович Блинов, 1909~1943年）扮演，该影片为其创作者带来了世界荣誉。

当我们谈到卫国战争之前这一时期的俄罗斯文化发展时，不能不为其多面性、丰富多彩和沸腾的局面而感到惊讶，因为诞生于哲学怀抱中的存在主义、抽象主义和至上主义等俄罗斯文化的许多新发现，分别在西方得到了继续发展，有人干脆将这些思想看做是西方的新发现。这是一个完整的文化时代，它标志着各种不同思想、潮流和艺术形式的相互渗透。比如，在西方绘画中得以充分再现的印象主义和表现主义，在作家扎米亚京（Евгений Иванович Замятин, 1884~1937年）、列米佐夫（Алексей Михайлович Ремизов, 1877~1957年）、沃洛申（Максимилиан Александрович Волошин, 1877~1932年）、帕斯捷尔纳克、霍达谢维奇（Владислав Фелицианович Ходасевич, 1886~1939年）等人的文学和那一时期的音乐作品中得到了更鲜明的体现。俄罗斯作曲家的音乐创作受到了现代主义艺术思潮的影响，杰出作曲家肖斯塔科维奇的创作也不例外。未来主义的拥护者和著名诗人马雅可夫斯基在自己的诗歌、绘画和电影创作过程中,大量运用了现代主义美学思想。不错,许多未来主义者纷纷移居国外,但是留在国内的未来主义者却依然在革命风云滚滚的祖国进行创作,他们同样取得了辉煌成就。

像阿克梅派一样,留在俄罗斯境内的印象主义者也是一批精力旺盛和特点鲜明的创作者(勃洛克、阿赫玛托娃、曼德尔施塔姆等),梅耶霍德、塔伊洛夫、瓦赫坦戈夫等戏剧流派的革新实验,极大地丰富了俄罗斯本国和世界戏剧艺术。

与此同时,苏联产生了对文化不信任的倾向,将文化看做是产生各种异端、助长和传播粗俗的伪文化的基地,同时还出现了对复杂艺术现象政治评价的绝对化、使复杂艺术简单化、将丰富多彩的主人公变成单调的形象、对社会宗教生活进行监控等倾向。

伟大的卫国战争唤起了苏联人民(其中包括东正教信徒)的崇高情感,从战争打响的第一天,许多教会首脑公开批判法西斯对苏联的野蛮袭击,号召人民起来捍卫祖国,同时为前线基金募捐。1941年6月22日,莫斯科都主教谢尔盖发表划时代的演讲,呼吁信徒们为拯救人类和免受法西斯迫害而创建功勋。苏联政府采取了一系列扩大宗教团体和组织权利的措施,但是直到1943年斯大林与俄罗斯正教会首脑约见之后,国家与教会的关系才发生了实质性的转变,那次约见通过的决议很快得以实现,于是在1943年9月8日召开的俄罗斯最高僧侣会议上,选举产生了莫斯科与全俄罗斯宗主教。苏联人民委员会的决议中还有如下条款:组建俄罗斯东正教事务管理委员会、开办东正教神学院、神学家和牧师培训班,同时还做出了恢复教会功能的相关规定,理顺国家与教会之间关系的决议还适用于国内正在运转的其他宗教组织。

其实,那场战争给苏联人民带来了前所未有的灾难和破坏,战争后期转变成了大规模的人类解放战争,即使全人类避免被法西斯暴君消灭的和沦为奴隶的威胁而开展的战争。

布尔什维克主义善于将实质上的基督教思想(即拯救全人类、使全人类"摆脱"剥削和压迫的思想)作为千百万劳动者的劳动动机的基础。于是受拯救和解放全人类伟大思想鼓舞的苏联人民开始忘我地劳动,"努力赶超美国",同时向世人展示"社会主义制度在经济竞争中的优越性"。

苏联人民终于创造了巨大的经济实力,而这种实力和即将被开发出来的经济潜力就是伟大的卫国战争取得胜利、为遭到世界大战的毁灭之后逐渐复苏奠定基础,苏联完全能够完成向世界文明进发这一惊人的重任。

1945年8月,苏联人民委员会赋予宗教团体和组织法人资格和权利,其中包括土地和房地产租赁、建筑、购置教会必需的房产、交通工具和器具的权利,但是国家与教会关系的这种"解冻"持续不久,到40年代末,这个"解冻"过程已经全部终止。1961年,苏联境内的宗教团体数量从1948年的20459家缩减到16050家,而到了1971年,宗教团体的数量已经减少到11749家。

1953年3月5日,斯大林去世。1953年3月10日,部长会议主席马林科夫(Георгий Максимилианович Маленков,1902~1988年)立刻向苏共中央主席团会议提交了关于禁止宣传个人崇拜的建议。

在很大程度上,苏共中央第20届代表大会(于1956年2月14~25日期间召开,简称"苏共20大")是苏联国家发展史上的重要转折的标志,不过,会议上通过的许多决议后来都未能落实。苏共20大和赫鲁晓夫在大会上所做的极具历史意义的报告《关于个人崇拜及其后果》,推动了社会的更新进程,为彻底消除关于斯大林的神话和个人崇拜、使社会意识摆脱教条主义和意识形态的束缚奠定了一定的基础。

根据赫鲁晓夫报告中的数据,人们发现,仅在1937~1938一年内,被指控和逮捕的苏联公民达150多万人,其中的70万人被枪决!在这一年之内,苏联各加盟共和国、各边区和各州的领导机构先后更换了2~3次!所有这些问题均应归罪于斯大林一人。

关于斯大林,在此有必要证实:斯大林是人类历史上的巨人之一,是一个凶恶的和不会被人轻易遗忘的天才。

苏联在20大召开以后的那段社会生活叫做"解冻"时期,俄罗斯著名作家爱伦堡(Илья Григорьевич Эренбург,1891~1967年)写过一部同名小说《解冻》。

然而,那次"解冻"并没有使国家真正改变对教会的政策。在赫鲁晓夫执政的时代,国家依然实行肃清教会并清除所谓的"宗教遗毒"的方针。党的领导人宣布的迫害教会阶段带来了最坏的恶果,大规模地迫害和歧视信奉宗教者(信徒),迫使一些修士和主教与克格勃秘密活动进行耻辱的合作。

需要提醒当代西方基督教研究专家的是,英国约克大教堂主教约翰·扬格曾写过一本关于东正教的书,确切地说,那是一本关于俄罗斯正教会发展史的著作,前几年在西方正式出版。

约翰·扬格在这本书中说,在1917年以后的苏联体制存在的70多年内,俄罗斯正教会一直与共产主义(官方无神论)制度进行公开的敌对和较量,东欧各国的大多数教会依然如此。在这些国家里,宗教活动受到严密的监视和控制,大批积极的教徒被流放、被迫害;很多人都死于监狱和劳改营里,巴列特博士称,当时的死亡人数达1600万人。[①]

1959年之后,苏联共拆毁教堂15000多座,反宗教宣传日益强化,原有的关于禁止儿童学习宗教知识的法律,从那时起成为禁止儿童去教堂做祈祷的法律。只要教堂里有儿童,神甫就不能开始祈祷仪式……如果家长曾试图通过宗教来主宰和培养孩子,这些孩子都被抓

[①] 摘自《基督教》,约翰·扬格著,莫斯科,2004,第215页。——原注

走,然后被送进儿童收容所。

尽管如此,俄罗斯文化艺术创作者始终保持着崇高的精神,所以他们不会轻易受到任何困难和阻力的影响。

苏联期间,俄罗斯教堂的钟声也一直没有中断。作为 capella(无伴奏合唱),一个世纪之后,教堂钟声才成为世俗音乐作品中不可缺少的一部分。与过去不同的只有一点,那就是为了今天的教堂钟声音乐专门发明了一套尺寸大小不等的铜钟,它们的音质与交响乐团里的打击乐器十分接近,而 capella 音乐并不需要任何乐器,只要有合唱团即可。

问题在于在意大利的城市和农村里,在那些不太大的教堂里举行礼拜活动时,只有无伴奏合唱,而不像那些规模宏大的教堂,那里的祈祷仪式和礼拜活动随时都有管风琴伴奏。小教堂的这种无伴奏合唱方式首先在天主教堂里得到传播,后来才传入俄罗斯东正教堂,无伴奏合唱是东正教堂祈祷仪式唯一的伴奏形式。因此,capella(无器乐伴奏合唱)是民间音乐创作(包括俄罗斯民间音乐创作)中典型的合唱形式,在教堂经常演唱的前提下,经过了几百年的时间,才使这种特具民间文化特色的无伴奏合唱引起了现代作曲家的关注。基督教与艺术文化之间复杂的相互关系就是如此。

无伴奏合唱听起来有一种独特的忐忑不安之感,几个不同的声部有时相互交替,有时又相互联结,难怪在具有最佳音响效果的教堂内,无伴奏合唱犹如真正的天籁之音,听起来庄严、崇高而神圣。如此优美的无伴奏合唱不可能不引起 19~20 世纪大批俄罗斯作曲家(博尔特尼扬斯基、柴可夫斯基、塔涅耶夫、肖斯塔科维奇、斯维里多夫)的浓厚兴趣。

在许多教堂合唱作品当中,总是以低音声部为主。在康塔塔中,低音声部的高音圆润而动听,这是低音声部的一大特点,Ф. 夏里亚平、M. 米哈伊洛夫、皮罗戈夫兄弟(亚历山大和格里戈里)、M. 赖森、E. 涅斯捷连科、A. 奥格尼夫采夫、H. 吉亚乌罗夫等著名男低音歌唱家,都具有这种浑厚、圆润而庄重的嗓音。只要这些杰出的歌唱家在教堂里演唱,那些教堂里总是场场爆满,许多人干脆站在教堂门外的广场上聆听那美妙的音乐。就凭这一点,天才歌唱家在苏联期间就难免遇到曲折的命运,但是由于他们都是世界闻名的歌剧演员,当他们在教堂演唱时,他们并不会轻易受到迫害,因为他们往往使迫害者感到畏惧。

20 世纪 70 年代中叶,尽管苏联经济状况不佳,但是人民的生活水平还是在逐步提高,连续 5 年保持平稳上升的趋势,大部分劳动者的工资提高了,社会需求基金扩大了,国家开始增加(虽然幅度有限)对医学、教育、体育和休假等领域的投资,居民的食品和民用品供应达到了空前的水平。

苏联人民的生活水平只是在 80 年代初开始逐渐下降,但是从整体上来看,无论是在社会经济领域,还是在科技、教育和文化领域,其发展水平在"解冻"时期都曾出现过明显的上升趋势。

苏联成了世界上最有教养的国家之一，在文化知识水平和高校大学生数量方面，苏联已经赶上了世界最强国——美国。苏联在 1957 年 10 月 4 日率先发射地球卫星并非偶然，这个事实简直令西方各国感到震惊。

1961 年 4 月 12 日，俄罗斯宇航员尤里·加加林（Юрий Алексеевич Гагарин，1934 ~ 1968 年）驾驶"东方号"宇宙飞船，成功地完成了人类历史上第一次航天飞行，为人类通过人造卫星实现掌握宇宙空间的宏伟蓝图奠定了基础。

根据联合国教科文组织的统计数据，当时苏联不仅在人均图书数量方面，而且在翻译作品和印刷数量方面，都属世界第一。

与此同时，苏联文学界出现了非常有利于继续发展的势头，一大批在死后才获得殊荣的文学艺术作品重新回到了文学舞台，比如，最伟大的作家巴别尔、皮利尼亚克、叶赛宁、库普林和布宁、19 世纪的陀思妥耶夫斯基、世纪之交的索洛古勃等人的杰作。布尔加科夫的讽刺长篇小说《大师与玛格丽特》正是从 20 世纪 30 年代的储备中"挖掘"出来的，这是一部继续推进审美意识的巨著。

俄罗斯著名女诗人和荣辱不动的安娜·阿赫玛托娃，又开始与苏联读者见面：

> 我学会了简单而智慧的生活，
> 静静地凝望天空，向上帝祈祷，
> 夜晚来临之前要长时间徘徊，
> 为了使多余的惊恐感到疲惫。
> 当沟壑里的牛蒡沙沙作响时
> 串串红黄色花楸果脑袋低垂，
> 于是我开始酝酿腐烂、
> 腐烂但十分美好的快乐诗歌。

那一时期固有的特色"斯大林主义"再次在文化领域中直接复发，党的领导一如既往，继续对文学、绘画和科技界发号施令，目的依然是为了使艺术家的创作统统打上意识形态的烙印。

在那个萧条时期，20 世纪 60 ~ 80 年代的文学流派"乡村散文"的命运充满了戏剧性，这一学派的代表人物有诺索夫（Евгений Иванович Носов，1925 ~ 2002 年）、奥维奇金（Валентин Владимирович Овечкин，1904 ~ 1968 年）、阿布拉莫夫（Фёдор Александрович Абрамов，1920 ~ 1983 年）、阿斯塔菲耶夫（Виктор Петрович Астафьев，1924 ~ 2001 年；代表作是创作于 1971 ~ 1979 年的两卷本自传体中篇小说集《最后的问候》）、拉斯普京（Валентин Григорьевич Распутин，1937 ~ ；代表作之一是他创作于 1974 年的中篇小说《活着，可要记

住》)、别洛夫(代表作之一是他写于1966年的中篇小说《司空见惯的事》)。

在率先开始撰写乡村生活题材的小说家当中,扎雷金(Сергей Павлович Залыгин,1913~2000年)、莫扎耶夫(Борис Андреевич Можаев,1923~1996年)、沃洛比约夫(Константин Дмитриевич Волобьёв,1919~1975年)、阿列克谢耶夫(Михаил Николаевич Алексеев,1918~2007年)、舒克申(Василий Макарович Шукшин,1929~1974年)和阿库洛夫(Иван Алексеевич Акулов,1888~1939年)等人的中篇小说和长篇小说,充分展示了俄罗斯农民分化的详细过程,反映了富裕农民与赤贫农民之间的粮食分配之争,农民分化与贫富农民之间的争斗引起了新的流血和仇恨。除此之外,费奥多尔·阿布拉莫夫、弗拉基米尔·克鲁平、维塔利·马斯洛夫、维克多·波塔宁、瓦连京·拉斯普京等人的中篇小说,也分别反映了以上主题。

俄罗斯农民向来以同情心和统一性精神而著称,他们不仅善于将婚礼看做是普天同庆的节日,而且还善于友好地、一边唱歌、一边从事繁重的劳动。然而,农民的心灵开始逐渐被损害:最勤劳的农民被剥夺了土地和马匹,人民失去了当家做主的感觉。这种对意识、日常生活和农村经济秩序的破坏给苏联人民带来了极大的痛苦。

俄罗斯的农村渐渐消失,民间文化和大地上的"劳动宗教"被忽视,人民再次被变成毫无权利的沉默者和社会的傀儡,擅长"农村生活题材"的作家看在眼里,痛在心上,同时感到一种难以言状的恐惧。在这种环境下诞生的文学作品都发出了令人惊恐和心痛的信号。

俄罗斯持不同政见者、诺贝尔文学奖获得者索尔仁尼琴(Александр Исаевич Солженицын,1918~2008年)创作的《伊万·杰尼索维奇的一天》、《马特廖娜一家》、《克列切托夫卡车站上的故事》等一系列作品,标志着俄罗斯人民的意识开始发生转变。这些作品不仅描写了通往斯大林体制的地狱"圈"之门,而且还敲响了唤起人民良知的警钟。像索尔仁尼琴那样的非凡人物及其文学和政论杰作,不可能使任何一个人无动于衷。他们使许多人增添了勇气,加速了每个人和广大人民自我意识的进程,同时再次无可辩驳地证明,苏联时期的俄罗斯文化实际上是一个复杂而辨证的整体,它从来都不是单一的和顺利发展的统一体。

世界和俄罗斯社会的变化也涉及人类宗教的发展,俄罗斯正教会的代表先后参加了1961、1963、1964年地方东正教会在希腊罗得岛和1968年在日内瓦召开的世界东正教会议,在这四次会议上,专门讨论了关于筹备隆重而神圣的普世东正教会议、东正教教会、东正教与其他宗教、东正教与世界基督教联合会之间的关系等一系列重大问题。全俄罗斯宗主教阿列克西(Алексий Ⅰ,1877~1970年)曾这样说道:"此次会议使各国基督徒与伊斯兰教、佛教和犹太教等多种教派达到了特别惊人的接近,这在各民族历史和世界宗教史上实属首创。"

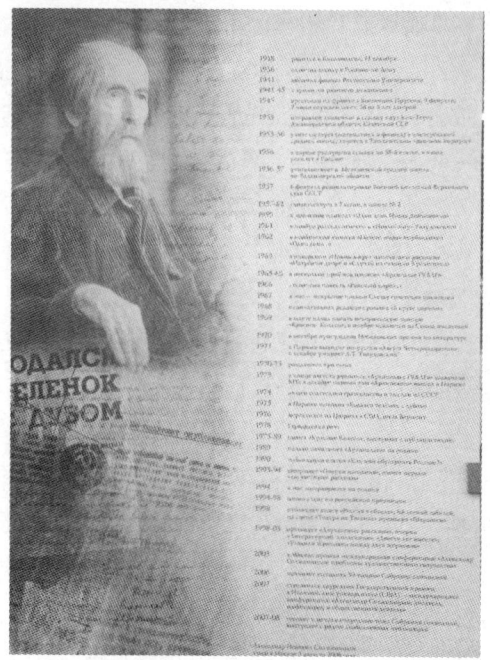

索尔仁尼琴

20世纪70年代中叶发生了几件大事：紧张的国际关系开始得以缓解，1975年签署了欧洲安全与合作协约(《赫尔辛基协约》)，苏联也在该协约上签字。该协约的《原则宣言》规定了各成员国应尽的义务，其中包括"尊重人权和自由"。这个协约为俄罗斯国家与教会之间的关系打上了烙印，宗教组织的存在及其活动开始被看做是保证信仰自由的必然条件，而信仰首先是人权的一个组成部分。

1975年，俄罗斯联邦最高苏维埃主席团发布命令，这一命令使宗教组织可以满足信徒的信仰和摆脱琐碎监管等方面的需求。为了统一1975～1977年期间各加盟共和国的宗教，国家通过了《关于建立宗教联盟的决定》。

1977年通过的苏联宪法第52条，对公民良心自由的原则做出了如下诠释："保证苏联公民拥有良心自由的权利和地位，也就是说，公民拥有选择任何一种宗教或不信奉任何宗教、进行宗教崇拜或宣扬无神论的权利。禁止对宗教信仰者产生敌意和仇恨。苏联的教会独立于国家，学校独立于教会。"与此同时，国家对教会和信徒进行严密监督，特别是遇到宗教节日时，监管的力度就更大。

去教堂做祈祷的大学生被列入黑名单之中，他们的助学金因此被扣除，特别是那些在宪法规定的范围内进行良心自由和举办宗教崇拜活动的大学生被开除学籍，共青团员被全俄列宁共产主义青年团开除，这就意味着这些青年学生的前途和命运已毫无希望。

1985 年作为戈尔巴乔夫（Михаил Сергеевич Горбачёв，1931 ~ ）宣布国家改革的第一年被载入俄罗斯史册，那是他当选苏共中央委员会总书记的第一年。当时苏联社会生活的危机状态日益加重，斯拉夫民族（首先是俄罗斯人）的出生率持续下降，国家开始尝试扭转危机局面，采取了一系列重大措施，其中包括削减苏共及其政治机构、共青团组织和工会组织对社会的影响。在 1988 年 2 月召开的苏共中央委员会主席团会议上，苏维埃俄罗斯联邦历史上首次发表如下声明："必须启动社会思想自由竞争机制"、"社会主义意见多元化"等。

由此可见，国家再次将希望寄托在意识形态上，但遗憾的是，即便是最佳意识形态，或俄罗斯自古以来固有的精神追求，都不可能成为工农业发展用之不竭的动力。

1986 年召开的"苏共 27 大"发表声明，彻底拒绝社会主义国际主义原则，即拒绝进行社会主义改造，弘扬全人类的精神财富，放弃社会主义意识。会议讨论了一系列全球性问题，其中包括经济、社会、能源和保卫世界和平等重大问题。

在当时的苏联社会上，在国家对教会的态度方面，先后发生了一些真正的变化，特别是 1988 年举办的"罗斯受洗 1000 年"的大型庆典，给全社会带来了较为明显的反响和变化。1990 年，苏联和俄罗斯联邦最高苏维埃一起通过了《关于公民良心自由和宗教组织自由的法律》、《关于宗教信仰自由的法律》，从而大大扩大了公民的宗教信仰权利和自由，政府不仅不再追查去教堂做祈祷者的责任，而且也开始面对和正视教会了。

1989 年，苏联国内开始出现独立工人运动，许多工业领域的工人纷纷举行罢工，规模最大的是煤矿工人的大罢工风潮。1990 年，苏联宪法第 6 条被取消，即取消了苏共在苏联社会中的领导地位和指导作用，俄罗斯历史自 20 世纪 20 年代以来，第一次开始出现多种不同党派：民主党、社会民主党、自由党、自由民主党、基督教民主党等。

从整体上来看，1990 ~ 1991 年之内，苏联国内最突出的反对派思想是民主思想、爱国主义思想、保护文化生态思想等。自 1987 年以来，保护文化生态思想得到了稳步发展。

苏联末期，国家开始实行总统制，1990 年 3 月 14 日，М.С. 戈尔巴乔夫当选为苏维埃社会主义共和国联盟（苏联）的第一任总统。

1991 年，苏联各加盟共和国也纷纷开始进行总统选举。1991 年 6 月 12 日，鲍里斯·尼古拉耶维奇·叶利钦（Борис Николаевич Ельцин，1931 ~ 2007 年）当选为俄罗斯联邦的第一任总统。

许多古老的教堂和修道院重新归属俄罗斯正教会，自 1991 年起，俄罗斯新建教区 8000 多个，300 多座修道院重新恢复了修士生活，神学院和宗教学校比 1991 年以前增加了 14 倍，开办了 39 个主教管辖区（教会行政管理机构，每个管辖区域的管辖范围与世俗社会的自然区域相同）。如果考虑到这些宗教组织、教堂、修道院都是在经济危机时期出现的，那么，这些数字不是很可观吗？！

从这个意义上讲,首都莫斯科的情况就更令人惊讶:1917年,莫斯科曾有600多座东正教教堂,其中半数以上是家用教堂(或机关教堂),即某些医院、收容所等单位和组织机构下属的那些教堂,这些教堂的主要信徒是本单位的工作人员、病人和穷人等。顾名思义,所谓家用教堂,就是某些机关将本单位的某些房间房间辟为教堂,或在本单位专门建造单独的建筑作为教堂,房间里安装了圣像壁。最壮观的还是教区兴建的东正教教堂,因为这种教堂都有专门建造的独立建筑,其中许多教堂都是宝贵的古代文化历史文物和精美的俄式建筑杰作。

俄罗斯有的东正教教堂可同时容纳30~40人,有的教堂可容纳10000多人(位于莫斯科市中心的救世主耶稣基督大教堂)。20世纪20~80年代,莫斯科的部分教堂由于首都改建和扩建而被拆除,许多教堂被关闭。20世纪80年代初,莫斯科只有50多座东正教教堂定期举行祈祷仪式和相关的宗教礼仪,而今莫斯科已经有310座经常举行祈祷仪式的教堂,俄罗斯东正教的象征——莫斯科救世主耶稣大教堂于1995年重建竣工。

与此同时,俄罗斯宪法和《关于宗教信仰的法律》(第9条)巩固了国家教育体制的世俗性质及其特征。

俄罗斯现行法律允许进行宗教知识教育和神学意识的培养,但是只有国家教育体制之外的单位和组织可以从事此类教育活动,不允许国家机关进行此项活动。不过,各种不同类型、不同级别的宗教组织和世俗组织,一直强烈要求改变这种局面,鼓动某些学校不必遵守现行法律。

就在前不久,一些美国机构和组织曾强迫学生接受某种具体的宗教,这些组织的活动还特别积极。

一方面,这是教会和某些学校进行的一种尝试;另一方面,将神学课程纳入学校教学计划之中、让学生一起做祈祷和唱诗颂经,并没有带来任何实质性效果。这种现象再次证明,认真研究和周密思考与俄罗斯青少年个性培养相关的所有举措是何等重要。因此,这种不安唤起了俄罗斯正教会的强烈愿望,建议在普通学校(从中学开始)开设"东正教文化基础知识"课。

为了充分说明这一问题,即说明人的理智创造的问题,必须重视下面几点:

1. 什么是东正教?什么是文化?
2. 中学生和大学生应该掌握哪些东正教文化基础知识?
3. 俄罗斯学校应不应该安排此类课程?

为了解答什么是东正教文化这一问题,我们首先应该分清"宗教"、"基督教"、"东正教"和"文化"等概念。除了"文化"这一概念之外,我们在本书的前几章里已经详细解释了其他几个术语,所以在此无需赘述,但是我们要注意非常重要的一点是19世纪末~20世纪初,除了俄罗斯正教会之外,其他信奉基督教的国家也有各自独立的正教会。目前世界上共有15个独立正教会:君士坦丁堡正教会、亚历山大正教会、安提阿正教会、耶路撒冷正教会、俄罗斯正教会、格鲁吉亚正教会、塞浦路斯正教会、希腊的埃拉多斯正教会、阿尔巴尼亚正教会、波兰正教会、捷克与斯洛伐克正教会、罗马尼亚正教会、塞尔维亚正教会、保加利亚正教会和美国正教会,其中美国正教会于1970年脱离了俄罗斯正教会,2008年又重新加入该教会。芬兰正教会和日本正教会属于自治教会。

这些正教会的共同特点是信仰一致,教会生活、主要祈祷仪式和礼仪准则一致,所以这些教会都属于东正教会。

然而,上述正教会在宗教礼仪方面,各自带有本民族的特点,比如,他们在做祈祷时使用本民族语言,尊崇本民族的圣者,同时还有各自的宗教节日,也就是说,一切宗教活动均与本民族文化密切相关。至于他们对当前主要社会现象的评价,每个正教会的观点当然是各不相同的。在保持东正教信仰不变的同时,各国教会之间存在着明显的区别,各国东正教的礼仪也有所不同。

这就是说,我们已经开始接触其他民族的"文化",在此有必要弄清"文化"这一概念的特点。世界上普遍认为,文化是人类、民族和个人精神财富的总和;而文化的具体内容则是知识、思想、问题、信仰、生活习俗、传统和世界观构成的复杂的混合体。

由此不难看出,信仰和宗教感或整体上的宗教,实际上只是某个民族文化的组成部分,文化中除了信仰这一元素之外,还有科学、艺术和道德等多种元素,它们既相互依存,又相互作用;既相互交叉,又相互感染。作为俄罗斯人信奉的宗教,东正教已经深入到俄罗斯人的日常生活之中,同时成为俄罗斯文化的一个组成部分。因此,我们可以只谈俄罗斯东正教文化的基础。

与此相同的是,上述不同国家的独立东正教会的情况也都是如此,各教会信徒的民族文化和民族特性互不相同,所以我们完全可以用这种方式看待日本东正教文化、芬兰东正教文化等。信奉东正教的各国人民都是东正教徒,也就是说,他们有着共同的信仰象征,忠实于《旧约全书》和《新约全书》,有着统一的教堂礼仪等,但除此之外的一切都是东正教文化,一种带有本民族文化特征的独特的东正教文化,东正教存在于民族文化的怀抱之中,同时又获得了民族文化固有的特征。因此,原则上不可能有任何抽象的东正教文化!因为东正教是一种纯粹的宗教学说,而东正教文化则是东正教与纯粹的、世俗的和整体意义上的民族文化相互作用和相互影响的结果,东正教恰恰活在该民族的整体文化怀抱之中。由此推理,我们完全可以这样分析俄罗斯东正教文化。

当然,由于俄罗斯联邦是一个多民族、多种宗教并存的国家,所以必须使人民对世界各种宗教及其文化有所了解。要做到这一点,中高等院校均可向学生传授宗教学入门和世界宗教发展史方面的知识,介绍信奉不同宗教的世界各民族文化及其区别性特征及其相互作用等。特别是在大学里,可以为准备进一步深入研究宗教问题的学生开办不同宗教和各民族文化的专业培训班。只有采用这种方法研究复杂而重要的多种宗教问题,才能保证国家的长期稳定。

众所周知,缺乏意识形态,即缺乏价值体系,国家和社会就不可能达到任何稳定。因此,自1991年至今,俄罗斯政府首脑、"统一俄罗斯党"、俄罗斯共产党的领袖和成员,经常去教堂做祈祷,参加相关的宗教礼仪,也就不足为怪了。

虽然我们不想在此类问题上与某个国家进行对比,但是美国和西方各国的教会生活又不能不提。西方媒体从来都不会报道,他们的总统何时去哪个教堂做礼拜。幸运的是,西方各国也有很多教会,有各种不同的教堂,其中不乏建筑格式独特而精美的教堂。即使是这样,那些国家的媒体也不会报道和透露总统本人及其家人的宗教倾向,目的是为了避免引起社会上不必要的紧张局势。

宗教是意识形态之一,现在有人试图将宗教纳入过去的意识形态之中,而原有的意识形态早已像社会主义那样彻底消亡了。在俄罗斯,像在沙俄时代那样,政府试图使东正教成为国家意识形态,但是可以大胆地重申,人类社会已经进入21世纪。

不能将宗教出现之前的很长一个时期内社会上存在的道德和精神当做宗教准则,或将道德和精神与宗教准则混为一谈。与此相同,不能将笃信上帝等同于纯粹的个人内心感受,不能将入教和在教堂做祈祷看做是某种时尚。

无论怎样,还是应该强调说明俄罗斯东正教文化的基础知识,在传授这种基础知识时,最好能同时介绍世界上其他宗教的文化背景。

况且,国家教育体系的确是人的个性形成和自我体现论的重要因素。

今天,国家首次提出了这样一个任务:教育体系是所有因素既紧密联系,又相互关联的完整的社会文化思想体系,应该尽快对该体系进行综合改造和更新。

国民教育体系的目的是使中高等院校像正在进行的国民经济体系的技术改造那样超前发展,为达此目的,承认有问题的、正在发展的教育的必要性,旨在培养学生的独立才能、创作思维、个人主动性和进取心,以便在今后的高等院校学习期间,培养大学生具有全球意识的辨证头脑,正确理解社会和生态环境中存在的问题。在现在的中等教育领域里,从一开始就应该为学生理解瞬息万变的世界打下坚实的基础,必须教他们学会懂得人与世界之间的和谐、人类世界与自然界之间的和谐关系。

加强军人道德、培养军人崇高精神是目前军队所面临的重任:谁来代替、如何代替对此负责的政治委员和政治副主任?

东正教(或基督教)与军队是一个特别重要的研究课题,关于这一课题,我们至少要做一番简单的介绍,当然,应该首先从俄罗斯历史入手。

在俄罗斯历史上,采用士兵祝圣传统的第一人是弗拉基米尔二世(莫诺马赫,1113年起为基辅罗斯大公)。前面提到的俄罗斯历史学家和考古学家伊万·扎别林曾经证实,正是从那时(12世纪初)起,每当古罗斯军队远征或包围并攻占某个城市之前,所有将士都要进行集体祈祷,举行圣餐仪式,此后各个将士便奔赴沙场,奋勇杀敌,视死如归。将士们能精忠报国、宁死不屈、视死如归,因为他们深信,诸天使将会引领他们的灵魂进入永恒的天堂。无论是过去,还是现在的长期痛苦和灾难中,这种行动总是会提高俄罗斯人民的勇气,增强他们的信心。"如今与历史上一样,军队在出征之前,首先举行集体祈祷仪式。"专门为宫廷、军队和海军舰队举行祝圣仪式的神甫们,通常都是在教会组织和教堂担任重要教职的人。19世纪之前,一直是这样。

俄罗斯历史上的每一个沙皇在登基之后,都会对官僚体制进行某些改革,但是在历代沙皇看来,有一点是不可改动的,这就是"寄希望于上帝、笃信东正教、促使教会帮助前线的战士。"

从弗拉基米尔二世时代起,俄罗斯人的爱国主义精神就开始带有宗教特征,不管我们想不想承认,事实的确如此。应该给予教会公正的评价,历代教会都在为使信仰变成爱国主义之情的事业做出贡献,千百年来,在俄罗斯人民为保卫祖国和伸张正义的多次战争中,都离不开教会的帮助和协作。

在追忆俄罗斯将士在1812年卫国战争、塞瓦斯托波尔会战和希普卡辉煌战役中表现出的英勇顽强精神的根源时,不能否认军队神职人员在战役中的作用。

19世纪大多数俄罗斯将士高喊着"为信仰、为沙皇、为祖国而战"的口号,与军队神职人员一道竭尽全力,以俄罗斯人民满腔的爱国主义之情,来保护专制政权和教会利益的,但是我们不能因此而忽略主要的一点:在历次战争中发挥重要作用的是将士们对祖国的热爱及其率真的宗教思想,因为他们都出身于东正教传统非常牢固的和虔诚的基督教农民家庭。

战争期间的俄罗斯教会还经常组织并提供医护服务,帮助受伤的将士、残疾人和无家可归的难民等,所以不能忽略教会在19世纪异常艰苦的社会生活条件下发挥的积极作用。

19世纪20~30年代,总参谋部的首席神甫和军队中的首席神甫都被纳入军事部的正式编制之中,主要负责管理野战军所在地所有的教堂和行军教堂的宗教事务。从形式上来看,首席神甫同时归属军事部和主教公会这两个部门的双重管辖,但正是由于这种双重管辖,首席神甫却获得了很大的主权。在整个19世纪,这种体制几乎没有发生任何变化,只是首席神甫改名为"军队大神甫"和"海军大神甫",后者是由主教公会选举,经过沙皇批准之后产生的。军队和海军舰队的神职人员肩负着保证军人遵循道德准则、遵守纪律和言行举止规范化的任务。

再说离我们不太遥远的1941～1945年的苏联伟大的卫国战争,参战的将士都很值得一提。他们承认,在祖国危难之际,人民的命运似乎已毫无希望,但是他们仍然向上帝祈祷,上帝果然为他们助威并保佑他们。将士们都神圣地相信,发生在他们身上的事情只能叫做上帝创造的奇迹、无所不能的天意,而不能有其他说法。

与此同时,应当看到俄罗斯正教会首脑和大部分神职人员表现出的爱国之情,他们不仅从事爱国主义宣传和鼓动工作,而且还直接参加了支援前线的活动:在教会的组织和倡导下,同时利用各教堂的捐款,建立了亚历山大·涅夫斯基①坦克纵队。

由于俄罗斯教会这一高尚之举,苏联人民开始对教会和神职人员刮目相看,教会在社会上的影响也随之扩大。

斯大林清楚地懂得,他所主张的尚武和反宗教宣传已经完成了自己的使命,这种宣传在政治上已经显得无力,而且是很无利。伟大的卫国战争初期,斯大林的一纸行政命令解散了原来英勇善战的不信神者联盟。政治上的实用主义提出了对教会、信仰、人们信仰上帝的合理性,而且对于大多数农民而言,过去和现在不去教堂做祈祷,并不意味着他们彻底脱离宗教和拒绝信仰。很多告别东正教教会的人加入了当时的各种宗派组织,而这些组织以前曾遭到迫害。

俄罗斯社会状况变化的结果,使今天个别军营里出现了神甫,但是目前军队与教会的接近过程尚处于十分谨慎阶段,不过军队急需进行意识形态方面的教育,尽快加强军人的道德思想,继续出台某种有助于加强军队建设的民族思想(或许,当前所需要的正是有助于团结一切可以团结的人们的公民社会的公正思想,可以团结的人们包括各民族和各种信仰的人们。关于这个问题,下面还要谈到)。

已故宗主教阿列克西二世生前推翻了东正教教会为军队培养干部的提议,理由是因为这种做法不符合伦理道德观,但是军队中的神甫却有着另一种意义:像整个俄罗斯社会一样,俄罗斯军队同样具有多民族性和多种宗教性。今天的俄罗斯人无权重新回到沙俄时期,那时东正教曾是国家正式确立的宗教(国教),而今时代不同了,俄罗斯人生活在一个世俗国家里,21世纪是一个弘扬民主、平等和相互宽容的时代,但是如果国家只允许信奉某一种宗教,哪里还谈得上平等,又如何与伊斯兰教和平相处。可以肯定地说,在这种情况下,军队中日趋严重的欺压新兵的现象必将导致民族矛盾和宗教冲突。俄罗斯军队,乃至全体俄罗斯公民,大概不想看到此类事件的发生。

---

① 亚历山大·涅夫斯基(Александр Невский,1220～1263年),诺夫哥罗德公(1236～1251年)和弗拉基米尔大公(1252年起)。雅罗斯拉夫·弗谢沃洛德维奇公之子。由于他在1240年涅瓦河会战中战胜了瑞典人,在1242年冰上之战战胜了日耳曼人,使古罗斯西部边界有了安全保证。他因施政有方,大大削弱了蒙古鞑靼人的统治。文中的坦克纵队就是以他的名字命名。——译注

尽管俄罗斯报刊杂志、电台和电视台开始宣传宗教对人类道德追求的正面影响，但每当国家处于紧要关头时，陈旧的社会思想和古老的理想模式往往已失去自身的价值，而新的价值观尚未诞生，所以人们只能继续求助于具有永恒道德观和价值观的宗教。当然，在这个问题上，俄罗斯不可能不出现任何偏激行为，也无法阻止人们为使无望恢复的状况得以复苏而进行的尝试。

遗憾的是，人们必须由于某些众所周知的原因而完全倾向于东正教，不这样似乎无法继续下去，但是这种情况又引发了其他宗教和信仰的公正指责，使社会由于信仰不同而产生分裂。不过，目前俄罗斯大概还没有真正的大众宗教。

所有这些的确导致了不同宗教之间的关系复杂化，多种宗教之间的联系可以使人们的宗教生活和精神追求永远保持丰富多彩，而真正的复杂化始于各种宗教的内部，其中许多宗教经受着时代挑战引起的严重危机。几乎所有宗教都遇到了主张改革、具有现代化意识的阶层与原教旨主义者、正统派和保守派直接对立的问题。当某一宗教带有小宗派和多种思潮时，这一宗教内部统一问题则显得更为复杂。各种不同宗教与某些小宗派之间的碰撞不仅没有终止，而且还存在于整个 20 世纪，这些发展趋势又非常平稳地进入 21 世纪，各种宗教之间的斗争越来越激烈，有时甚至导致武装冲突，比如，爱尔兰北部阿尔斯特地区的天主教教徒与新教教徒之间的冲突、伊拉克的什叶派教徒与属于伊斯兰教之一的逊尼派教徒之间的争斗、巴尔干半岛上的穆斯林人与基督徒之间的矛盾、印度的印度教派与锡克教徒之间的冲突等。

尽管这些武装冲突和流血事件显得异常残暴，但是它们毕竟都是 20 世纪人类宗教生活的极其个别的特征，因为对 20 世纪的宗教生活而言，最典型的特征是深刻的危机，而这种危机始于 18 世纪启蒙时期，从那时起，这种危机至今还在不断深化。20 世纪人类的宗教生活像社会政治生活一样，曾如此之悲怆、矛盾和冲突，在工业化时代，深受世界大战、区域战争、革命、经济危机和文化改革的震撼，人类逐渐从工业化向后工业文明和信息社会的过渡，不可能不对各种宗教和小宗派的内部过程产生影响。

人们在 20 世纪已经发现，在最近 500 年内，即从中世纪结束（15 世纪）至今，宗教界发生的变化带有某些共性趋势，这就是宗教对社会和个人生活的影响逐渐减少，宗教越来越显得不那么需要或是多余的。为了克服宗教界与已经变化的世界之间那堵不断加厚的"隔离墙"，宗教不得不向世俗界妥协，逐渐适应正在变化的社会条件，调整原来的教义、社会理论、伦理学说、组织形式和活动形式。为了说明这种现象，宗教界采用了两个概念："世俗化"（即宗教与社会之间的相互关系发生变化）和"现代化"（即促使宗教符合现代社会发展的需求）。

第一次使用"世俗化"一词的是 17 世纪的一个法国使者隆格维尔（音译），他于 1646 年参加了关于签署《威斯特伐利亚和约》的谈判,他在谈判中首次使用了该词,当时"世俗化"的意思是"通过没收修道院的财产来满足战胜国的要求",这就是后来的"教会财产国有化"。欧洲许多国家的君主和俄罗斯女皇叶卡捷琳娜二世曾广泛采用这一措施。今天"世俗化"一词的含义是:使社会摆脱教会思想或训诫的控制,彻底摆脱宗教的影响。也就是说,如今"世俗化"一词所表达的中心含义是世界独立、人的理智摆脱神学教义和禁令的束缚、人的个性摆脱在世界观和选择宗教信仰方面受到的压制。直到19世纪,宗教一直是文化背景不同的世界各民族培养世界观的基础。

在20世纪发生的两次世界大战、俄罗斯、德国、匈牙利、墨西哥等国发生的社会政治革命的影响下,所有的工业强国(包括俄罗斯帝国)进行的世俗化过程都带有典型的病态、偏激和规模宏大等特点。下面这个实例足以说明问题:俄罗斯临时政府下令取消军人在星期日必须去教堂做祈祷的规定之后,95%的低级官员即刻停止了日祷,定期集体祈祷的规定宣布作废,所以政府和社会各界对不信上帝的和毁灭宗教传统的布尔什维克的严厉指责显得缺乏科学依据。

全面的世俗化过程曾一度是工业发达国家精神生活发展的主要干线。

各教会的神职人员不可能不对某种形式的世俗化过程做出反应。20世纪上半叶,在与时代精神的长期对抗之后,当世人开始关注保守趋势并批判"不信上帝的共产主义"时,在第261任罗马教皇约翰23世(Joannes XXIII,1881~1963年)时期,天主教会推出了一整套"革新"纲领,其宗旨是使天主教会在最大限度地关注工人阶级、解放运动、民主进程等社会问题的前提下达到现代化。1962~1965年间召开的第二届梵蒂冈公会议的决议成为天主教会的划时代文献,但是这些决议并未能解决所有的问题,而只是缓解了紧张的危机趋势。新教中的极端保守派(基要主义者)的立场显得异常坚定,但是在宗教会议之后,特别是在会议做出的教会改革的决议之后,他们的立场迅速开始"向后转"。

东正教界同样出现了类似的情况,东正教的革新趋势出现于20世纪初,当时恰好是地区主教会议的筹备期,一批十分激进的修士纷纷发表声明,主张东正教会必须革新,这种趋势在1917~1918年间召开的地区主教会议决议中有所反映。后来国外俄罗斯正教会和俄罗斯境内的正教会的基要主义者成功地反映了所有改良主义的破坏活动,最终转变成了正统派。

新教同样对时代精神做出了反应,但这种反应主要表现为基要主义与改良主义趋势之间的矛盾和冲突,不过这种冲突有时也取得了某些成就。试图通过时代精神使基督教达到现代化的"自由神学"被新改良主义所取代,这种新改良主义主张恢复基要派价值观和改良主义对《圣经》的诠释法。充分展示这种空想主义的两次世界大战,彻底中断了受到自由主义拥护的历史乐观主义。于是"神学危机"或"辨证神学"等纷纷登场,传统基督教及其世俗意义"非神话化"纲领正是在这种背景下形成的。第二次世界大战使教会革新趋势继续深化,实现了德-美新教徒、神学家和哲学家保罗·蒂利希(Paul Tillich,1886~1965年)的"存在主义神学"、蒂特利赫·朋霍费尔(Bonhoeffer, Ditetrich,1906~1945年)的"非宗教性质的基督教"和"上帝死亡之神学"等思想。20世纪80年代,在上述革新趋势的发展过程中,又出现了的德国女政论家索莱·多罗特娜(Solle Dorothea,1929~2003年)的"后有神论神学"思想,在这种思想的影响下,主张将神简化为人的"非有神论的有神论"观念。形成于20~21世纪之交的"非构成主义神学"主张彻底克服形而上学和超自然主义趋势,以便通过"非构成主义",挖掘该神学与先验论相互作用的渠道。

由此可见,上述观点直接表达了时代特征和发展趋势。后现代宗教首先完全拒绝了原来的宗教传统,借助于自由化、个性化、不受任何人和任何事物限制、与基要主义遗产毫无关联的精神探索和价值取向的探索之路,然后才正式亮相。除此之外,后现代宗教最严厉地批判了各种教会的宗教传统,这并不是毫无根据的做法,后现代宗教主义者认为,原来的宗教不仅不能解决宗教革新问题,而且还是此类问题的组成元素之一。

自由宗教探索精神是后现代宗教的典型特征,这种精神在英美"垮掉的一代"派的实验中有所表现,他们所做的这种实验还冠名为"朝圣东方",也就是说,最大限度地借鉴东方宗教文化传统,并将其融入西方文化之中。后来在西方广泛开展的"耶稣革命"不仅没有拒绝他们前辈的发明,而且还为耶稣的形象增添了黑人主义特色、拉美民族传统和远东民族的多种特点。

上述各种影响有时会导致折中主义,宗教生活中的折中主义甚至表现为标志性运动,比如,"新时代"思想既含有世界各国宗教的元素,也有本民族的特色,还有类似于萨满教中的"小净"的特点。众所周知,作为向信息社会过渡的发展阶段,后现代主义注定带有折中性,而最终将变成矛盾和对立。已经出现的宗教生活方式之间的矛盾性在于,这种生活方式主张教会改革并废弃传统,但同时又保留了宗教传统的某些片段和组合,这样做的有韩国人蒙索明(音译)创建的统一教、新时代教、源自日本的真理教、科学中心论教等。由此可见,无论怎样,这种宗教革新运动都不会持久,它们很快就让位于非常个性化的主观主义宗教。具有现代化意识的信徒可能会说:"教会就是我自己。"他们在自己的宗教创作中,主要利用电脑和网络,而现代化网络往往使他们变成无限的、难以预料的、自由而独立于各种教规的人。在这种情况下,人们自然要产生许多疑问:传统宗教又怎么能与这种现代化相抗衡呢?禁止他们使用计算机?将他们革出教门?呼吁他们重新回到盛行家长作风和宗教首脑发号施令的过去?或者,传统宗教和崇拜在现代世界上究竟有何之用?

英国著名史学家汤因比(Arnold Joseph Toynbee,1889~1975年)曾专门研究这些问题,并经常发表自己的观点,他说:"教会实际上是一个恶性肿瘤,它正在吞噬着鲜活文明的肌体,但是世界上还有另一种与此相反的观点:教会并不是一个厚颜无耻的毁灭文明者,而是一个谦虚而忠实的文明保护者。这种观点经常被天主教会引用。"[1]因此,汤因比在学者当中发表了后来十分流行的观点:"世俗政权不应该废除教会,即使是与此相反,如果教会打算推翻世俗政权,教会必将遭到失败……在这种情况下,似乎曾被教会摧垮的极权政治监狱通过教会的错误得以恢复,教会曾一度试图建立自己强大的政权。"[2]

那么,传统宗教主义的地位是如何形成的呢?应当承认,信仰主义教会本身使自己走向了长期以来急剧加深的危机和死胡同。在历史发展进程中,佛教(大乘教)、基督教(天主教、东正教和新教)在变成国家政权的一种工具(意识形态)之后,便走上了使人们服从教会、服从国家政治思想之路,从而使人们在自由精神探索和自由宗教生活中失去自由表达意志的权利。这个事实说明,对个性和异教徒的强制已经成为教会和宗教专制的工具。除此之外,宗教始终与各种持不同意见的现象和违背教规的现象做斗争。比如,在文艺复兴时期,出现了一大批最伟大的艺术家、雕塑家、作家和思想家,值得一提的是佛罗伦萨多明我会隐修院院长萨伏纳洛拉(Girolamo Savonarola,1452~1498年),他曾将教会的贵重物品分给穷人,他是一个主张毁灭艺术作品的传教士和改革家;撰写审讯指南《魔鬼的大锤》的修士施普林格(Яков Яковлевич Шпрингер,1897~1938年);使数百人丧生的西班牙宗教审判所首脑托尔克马达(Tomás de Torquemada,1420~1498年)。从此,人道主义思想开始在洒满人类鲜血和散发着血腥气味的土壤中生根发芽。

米开朗基罗、委罗内塞、戈雅、列夫·托尔斯泰、陀思妥耶夫斯基等世界各国的几十名艺术家的创作,均带有为争取艺术自由、摆脱使他们感到凌辱的教会监管制的性质,而教会只作为一个官僚组织,而不是以宗教固有的精神财富来帮助艺术家。教会还将巴尔扎克、司汤达、斯宾诺莎、伏尔泰、蒲鲁东等人的作品列入"禁书名单"之中,列夫·托尔斯泰的全部作品都曾遭到咒骂,陀思妥耶夫斯基的作品也没有得到教会的赞同。关于当时盛行的禁书政策,法国作家左拉曾这样写道,教会认为,因为那些书不能完成宣传宗教思想的任务。"几乎没有一本书没有遭到教会的强烈轰击。似乎也有例外:教会故意对某些书采取'睁一只眼,闭一只眼'的政策,那也只是因为教会根本无法彻底查禁和销毁所有已经出版的书籍。"

衷心希望社会与教会关系史上的这些黑色篇章尽快成为过去,但是应当承认,即便天主教会活活烧死异教徒、东正教驱逐古老信徒派教徒、新教驱鬼的时代都已成为过去,即便各种宗教之间、各教会和许多小宗派之间的关系协调原则得以巩固,若想说教会和传统宗教可以应对时代提出的挑战,恐怕依然为时尚早。不过,在处理教会与国家和世俗政权之间的关

---

[1] 摘自《了解历史》,约瑟夫·汤因比著,莫斯科,1991,第537页。——原注
[2] 同上,第537页。——原注

系问题上，所有的传统宗教都不想拒绝如雷贯耳的"交响曲"。

今天数以万计的俄罗斯人重新开始信奉宗教，公民重新接受信仰伴随并反映了当今社会的过渡特点，俄罗斯社会正在告别过去的意识形态，引导人们探索新思想和新世界观，人们越来越多地将道德看做是像上帝一样最崇高的精神。今天的教堂里除了大多数虔诚的老年信徒之外，还有许多忠实的青年信徒。

全俄社会舆论调查中心的数据表明，俄罗斯的宗教复兴进程正在继续，大约有半数（53%）的公民信奉东正教；而根据俄罗斯社会与民族问题独立研究所的调查，大约有49%的俄罗斯公民信奉东正教；在16~19岁的青年男女当中，信奉东正教者的比例是65%，而俄罗斯退休者的信徒比例是62%左右。

这些青年东正教信徒都是大学生，人数最集中的是国立莫斯科大学的"家用"教堂——女圣者塔季扬娜教堂。每逢塔季扬娜节①，教堂内的圣者骨灰盒上覆盖着一条特殊的彩带，上面写着："上帝喜欢自愿无私奉献的人。"这一天，前来献花和朝拜的青年信徒络绎不绝。

然而，宗教语言、宗教术语与日常现实生活的距离越来越大，从而也越来越使人感到陌生，现代世界生活与教会思想之间的契合点开始逐渐模糊起来，于是今天的世人自然开始探索独立于宗教象征和神话之外的、建立在科学基础之上的另一种世界观和新思想。

久而久之，宗教变成了社会生活和文化生活的领域之一，宗教依然是联结社会各阶层的一种力量。今天，宗教与艺术、科学、哲学等诸多领域都站在了同一条起跑线上。

在目前的艺术创作领域中，宗教传统只是艺术家根据个人需要可能运用的源泉之一。虽然现代科学并不排斥宗教，但是当人们对现实生活现象做出某种诠释时，科学往往会使宗教失去原有的重要意义和作用，大大贬低了宗教自身固有的诠释功能和世界宗教文化财富的价值。这就是社会世俗化的制度性特点。

与此同时，社会世俗化过程也会遇到阻力，当某种新宗教和新崇拜出现时，随之而来的便是为争取传统宗教的"复兴"、"宗教革新"而奋斗的思潮。在这种情况下，新宗教和新崇拜借助于俄罗斯哲学史，因为俄罗斯哲学始终将无神论看做是对宗教仪式的否定，而不是对基督教思想的否定。与使宗教复兴的尝试密切相关的是越来越复杂的生活现实、对局势稳定和平静面对现代社会发展带来的各种问题和弊病的心理探索，而这里所说的问题和弊病首先包括疏远自然、断绝与传统的联系等现象。

---

① 塔季扬娜节（Татьянин день），纪念罗马女圣难者塔季扬娜的宗教节日。根据俄罗斯古代传说，凡是在1月25日出生的女孩塔季扬娜，将来一定是一个精明强干、能歌善舞、里里外外一把手的好姑娘。19世纪60~70年代，1月25日这一天逐渐成为俄罗斯大学的生日，后来成为大学生的节日，塔季扬娜被尊为俄罗斯大学的保护神。以塔季扬娜命名的教堂坐落在莫斯科大学（旧校园区，即克里姆林宫旁边）的教堂楼内。——译注

越来越多的人将教会看做是某种机关或"单位",宗教仪式与信仰(宗教性)之间的界限也越来越分明。

人们定期去教堂做祈祷开始变得越来越困难,所以信仰也就逐渐让位于个人对上帝的主观感受。

宗教通常不是在彼世寻找沃土,而是在人生的伦理中(此世)寻求沃土。由于人继续通过新的和充满宗教思想的世界观探索人生意义,所以世俗化过程并不是要解除宗教本身,而是要对宗教的结构和作用进行改造。

正因为如此,19世纪著名宗教哲学家H.别尔嘉耶夫在给俄罗斯精神定义时指出,这正是俄罗斯人固有的仪式信仰(即形式上的笃信宗教),所以他们平时总是不假思索地做祈祷或参加某种宗教礼仪。

由于基督教威信下降的结果形成的"宗教真空",导致了一种可供信徒选择的机会,即迷信、魔术礼仪、神话传说、星相学、通灵术等简单的宗教形式得以复兴。这些宗教形式产生于基督教诞生之前的信仰和崇拜依然具有相当的生命力。与此同时,东西方各国的宗教和教会,无论是传统宗教,或是最新出现的宗教,都迅速在俄罗斯着陆,星相占卜、特异功能和魔法术早已成为一种普遍现象,这种现象有时会给社会精神生活和人们的心理带来严重的负面影响。

新的宗教意识成为现代"大众文化"(从文学、电影到音乐)中的一种明显的现象,对"近科学"领域产生了很大的影响,从而出现了独特的伪宗教,即宗教理论与某种科学目的的综合体。新宗教的结构实际上被用来医治各种内科病,被美化的医治术和特异功能疗法的知名度不断提高,因为这种奇迹般的疗法可以减轻人们的精神痛苦,可以使"病人"进入神界。新宗教还能治疗常见的大小病痛,所有这些疗法均被称为"新世纪宗教疗法"。

实际上,这些疗法与宗教毫无关系。当然,我们不能忘记,宗教可以对每个人的思想意识产生直接的心理作用,但前提是每个人都希望通过传统,在宗教思想中寻求支持,遇到困难时,特别是遇到特大灾难时得到安慰。这种具有上千年历史和来自多神教时期的传统,深深扎根于人们的内心世界,甚至在宗教的社会根源断裂、教会的威望降低的俄罗斯,很多人依然在宗教里寻求慰藉。因此,俄罗斯至今保留着古老的哀泣歌习俗,①特别是在农村和某些地区,尤其是这样。

产生于人与人之间的相互关系并以宗教思维方式强化的哀泣歌习俗,正是由于基督教(东正教)的存在才得以保存的,因为东正教认为,哭泣和送别曲属于葬仪和相关礼仪的一部分。

---

① 哀泣歌(причитания),俄罗斯民间古时哭死人的哀泣歌,也指哭送新娘的送别曲。——译注

俄罗斯哀泣歌主要用于哭泣死者,其目的不仅是为了给亲戚们一个与死者告别和表达怀念之情的机会(这一点是无人否认的),而且还具有重要的宗教意义,因为哀泣歌基于这样一种理念:死者能听到亲人们所诉说的一切。因此,当亲人们在哭着诉说死者"走得过早"时,一定要哭着赞扬死者(俄罗斯民间有这样一个习惯:"要么对死者只字不提,要么只说他的长处和优点。"),同时还请求死者在那里(阴间)保护活在世上的亲人。在给死者送葬时,死者家属经常邀请较为专业的妇女哭丧队,古罗斯时她们曾被称为"哭丧女"。几个声部相互轮唱,有时一个妇女领唱,其他妇女附和,直到葬礼结束为止。

早在基督教诞生之前的久远时代,古罗斯就有一个习俗,那就是在葬礼之后,死者家属要举行欢乐仪式,即唱歌、跳舞等开心和消遣娱乐活动。比如,古罗斯战士们在每次大血战之后,都要举行大型宴会,在当时信奉多神教的战士的生活中,宴会发挥了巨大的作用,每次宴会还伴随着祭奠神灵的活动,从而逐渐形成了描写以宴会形式出现的大会战的传统。古罗斯时期的第一部文学作品《伊格尔远征记》里有这样的诗句:"这里缺少鲜血般的红酒(勇敢的古罗斯战士的宴会已经结束),亲朋好友都被灌醉了,战士们也都醉倒在地……"

这种战后宴会的目的就是为了使牺牲的战士欢乐,而不让他们会感到受冷落,著名诗人普希金在《未卜先知奥列格之歌》中,生动地描绘了战后宴会的热闹场面,哭泣转变成特里兹纳(战后宴会),接着又开始拳斗。今天葬礼之后的宴会传统就是来自古时的战后宴会,即来自多神教时期的葬礼宴。古老的仪式与基督教礼仪在维护传统的前提下,一直延续至今。

直到19世纪末,哀泣歌还是婚礼传统、送子参军仪式的一个组成部分,有时在亲人生病时或暂时分离时,也要举行类似的仪式。

俄罗斯婚礼期间的送别曲所表达的是新娘告别无忧无虑的少女生活时产生的伤感,她即将离开自己的亲生父母,等待着她的将是婆母的白眼和残酷无情的漫长岁月。

今天的俄罗斯人依然认为,即使是幸福生活在等待着新娘,如果新娘在婚礼之前哭泣,她的婚姻必将是幸福美满的。目前这种习俗不仅盛行于农村,而且在城市里也随时可见,农村婚礼与城市婚礼之间的区别只有一个,那就是农村举办婚礼时依然保持原来专门的"哭丧队"习俗,而城里却免除了这一程序。

在今天的俄罗斯,和平环境下产生的痛苦和死亡、失去亲人的悲痛,往往会引起众人的哭泣,以此表达他们心中积蓄已久的痛苦。按照心理学家的观点,这种哀哭可以使情绪放松,可以使紧张的神经系统得以缓解。

应当承认,中年女性的号啕大哭也是俄罗斯文化不可分割的一部分。

俄罗斯职业作曲家对这种与人的情感密切相连的哀泣歌和送别曲并非无动于衷,但是由于这种哀哭歌元素如此深刻地融浸在许多作品之中,以至于我们有时难以发觉它们。实际上,哀泣歌和送别曲是动人心弦的抒情音乐的有机组成部分,话已至此,我们仿佛听到了作曲家鲍罗廷的歌剧《伊格尔公》里的女主人公——伊格尔公之妻雅罗斯拉芙娜的唱段,该唱段充满了爱情与悲伤,抒情而具有强大的感染力。雅罗斯拉芙娜(叶夫罗西娅)站在普季夫利城堡的高墙上:她的眼前展现出一望无际的原野,她的丈夫伊格尔公就在原野尽头成为俘虏,他受尽了折磨,吃尽了苦头。雅罗斯拉芙娜祈求飘来的风儿、流淌的小河和空中的太阳,希望它们保佑受伤的王公,不要再使他受到伤害,尽快使他返回故乡。整个哀泣唱段都渗透着充满诗意的俄罗斯民歌动机和悠扬的旋律。

在另一位作曲家穆索尔斯基创作的歌剧《鲍里斯·戈杜诺夫》中,故作癫狂者(男高音)的那段独白,同样给听众留下了极为深刻的印象。歌剧中,作曲家巧妙地运用了俄罗斯民间哀泣歌的旋律。

由此可见,艺术、东正教、古罗斯民间习俗、意识和文化在俄罗斯人的现代生活中达到了有机的融合。宗教曾在俄罗斯人的生活中发挥巨大的保守(褒义)作用,而今依然不仅在意识形态和政治方面,而且还在人们的日常生活、相互关系、法律和经济等许多领域中继续发挥独特的作用。

事实的确如此,经济和政治乃是社会思想(包括宗教意识)形成的决定性因素,当今世界上许多国家、地区和城市频繁出现的紧张局势、压制人类共存准则的极端主义等,都充分证实了这一点。

由于类似事件的发生,当我们思考宗教、宗教在社会中的地位和作用时,我们都会自觉不自觉地得出这样一个结论:与其说宗教有时可以促使人们的团结,不如说宗教有时会使人们分裂;即使宗教有时确实团结了一些人,那也只是为了将他们相互对立起来而已。

虽然过去的战争和迫害异教徒等事件都是在宗教思想指导下发生的,但是那些事件发生的真正原因却是物质利益,即经济和政治利益。宗教动机曾赋予起初毫无恶意的人们残忍、暴行心理和一系列凶残的念头:"万恶的异教徒必定死亡!""凡是上帝的敌人,一定被消灭!""鞭笞不信宗教者!"尽管耶稣基督本人也成了犹太教徒的牺牲品,可是站在他们身后的不仅是高喊着"钉死他!"的人群,他们以怎样的形式出现,又以同样的形式消失。确切地说,那些呐喊着杀死耶稣基督的人们甚至还去亲吻耶稣基督的血迹,站在犹太教徒身后的还有心惊胆战的至高权力的代表,他们自称是"人间的主宰"。耶稣基督在这里,在人间,号召人们不仅要爱自己的亲人和朋友,而且还要爱自己的敌人,他说,人与人之间的平等和幸福,只能在那个世界(即死后)才能实现。除此之外,耶稣基督还许诺将真理赋予人类,这才是当时最高政权感到最恐惧和最不安的事。

正因为如此,耶稣基督才被钉死在十字架上。建立于公元1世纪的罗马天主教会也是这样做的,即在耶稣基督被处死之后不久,天主教会很快就宣布自己是真正的基督教会,而且似乎正是耶稣基督本人生前想建立的那种教会。

从此，整个世界开始处于普天下之教会(天主教会)的控制之下，这是由于世界已被罗马人征服，同时被纳入他们的管辖范围内，即伟大的罗马帝国之内。因此，罗马天主教会可以对他人发号施令，承认或否认你是不是天主教徒，他们只承认用古犹太语、希腊语和拉丁语书写的《圣书》。这是很正常的，因为古犹太语曾是世界上最古老的书写语言和神圣知识的源泉，而希腊语和拉丁语这两种语言则是罗马帝国常用的语言。在古罗斯接受基督教之前的很长一个时期内，天主教教会不承认译成古俄语的《圣经》、《福音书》和其他的基督教文献，所以这些文献既不可能得以检查和核对，也不可能进行校正。

像犹太王希律(赫罗德)一世害怕耶稣基督那样，罗马皇帝尼禄也害怕耶稣基督的两个使徒圣彼得和圣保罗，当时二使徒经常在罗马帝国传播导师耶稣基督的圣训。公元64和67年，残暴好色的罗马皇帝尼禄经罗马天主教会的批准，下令处死了这两位最伟大的基督教首领。① 因此，当基督教诞生时，当耶稣基督的弟子(彼得、保罗、马太、路加等使徒)记录导师口授的一切和他们所知的导师的活动时，所有这些都落到了罗马皇帝和天主教会这些人间统治者的手中，皇帝和教会还一直密切监视帝国各省和全体人民的所有行动。正如前面所说，罗马的主教很快就开始占据整个天主教会的最高领导地位，结果是《新约全书》和其他专门为信徒撰写的圣训文献都必须经过罗马教会的检查，所有文献都在保护罗马教会利益的前提下得以修改。

在此有必要做一解释，首先，世人熟知的《新约全书》的内容与最初方案不符，即与耶稣基督的弟子撰写的内容不符，1945年，这种最初版本的《新约全书》(科普特文手卷)在埃及城市哈马蒂村被偶然发现，后来在1950年，在库姆朗不远的地方发现了死海手卷。手卷中记载的内容和《新约全书》的全部内容，都曾按照官方教会和后来梵蒂冈的旨意进行了一定的修改；第二，耶稣基督的确曾打算创建自己的教会，一个不同于当时所有教会的独特教会。这就是为什么早期天主教会及其神职人员特别害怕新出现的弥赛亚并竭力摆脱他的缘故，他们还煽动本教区的教民起来反对耶稣基督，鼓动他们高喊"钉死他"的口号，强烈要求罗马驻犹太总督本丢·皮拉多尽快处死耶稣基督这个拿撒勒人。当耶稣基督被钉死在十字架上之后，再也没有人害怕他了，人们还取笑已被钉死的耶稣基督，但是很快又开始为他祈祷，亲吻他洒在地上的血迹；第三，不久就出现了有利于早期教会和赞同钉死耶稣基督的梵蒂冈学说(关于耶稣基督的学说和思想)的诠释。根据这种诠释，教会宣称自己的"变容"完全符合耶稣基督的遗训，还说他们的教会正是弥赛亚本人生前打算创建的那个教会。天主教会因此而巩固了自己的地位，为了进一步巩固教会的地位，他们还成立了专门的宗教审判所，活

---

① 罗马帝国驻犹太总督本丢·皮拉多还没有来得及在城里安置皇帝尼禄所有的半身像，皇帝放火焚烧罗马城后拔剑自刎。后来(公元69年)犹太教派(基督徒)的压迫者和歼灭者韦斯巴芗成为罗马皇帝。——原注

活烧死了所有与他们意见不同的"异教徒"。

直到后来的几百年当中,天主教会依然直接干预社会生活的各个领域。比如在历代以动听歌喉著称的意大利,18世纪,天主教会禁止他们上演歌剧,这条禁令的有效期一直持续了150多年。

即使到了刚刚度过的20世纪,天主教会依然禁止出版发行带有歌剧咏叹调的电影。

新教教徒反对梵蒂冈和天主教教会并非偶然,因为天主教会依靠搜刮教民的资财生存,而在这些笃信宗教的教民当中,还有许多穷人,他们不得不将自己仅有的一点食物和可用的东西献给那些神甫。在整个人类历史进程中,许多杰出的学者、基督教徒、教会活动家和文化活动家曾坚信,当代学者依然坚信,既然天主教会能批准处死圣使徒彼得和保罗,那他们也就能下令钉死耶稣基督。

可以这样说,耶稣基督绝对爱好和平的主张是人类思想的基础,他使我们深信,圣餐仪式中吃人肉、喝人血的多神教特点和基督教崇拜中的许多礼仪及细节,都在反复加工并写入《新约全书》之后,变成了追求绝对至高权力的天主教会的教义。人们不能忘记,那还是在多神教时期。为了吸引多神教信徒站在罗马天主教会一边,天主教会甚至通过了使多神教崇拜合法化的法律。这正是迄今发现的最古老的《新约全书》的内容不同于由梵蒂冈确认的《新约全书》内容的缘故,我们习惯上一直认为后者的内容才是最真实的。

正因为如此,耶路撒冷、亚历山大、希腊的安提阿和君士坦丁堡等最大的基督教中心的宗主教,都不同意这种观点,他们既否认罗马教会在基督教学说中的主导作用,也不承认罗马的统治地位,这就是发生在1054年的教会分裂运动的主要原因之一。

2006年到来之际,西欧许多国家的报纸纷纷报道:早在1984年,以色列发现了为30枚银币而出卖耶稣基督的那个犹大撰写的福音,历史上将其称为《犹大书》。多年来,该书的翻译工作一直在紧张地进行,结果人们发现,这本《犹大书》的内容与后来出版的《福音书》内容存在着原则上的差别。

2006年4月7日报喜节当天,美国发布消息说,新发现的《犹大书》已全部译成英文。英文版《犹大书》公开出版之后,彻底推翻了关于犹大、犹大出卖耶稣基督的全部过程及其说法,因为在这个版本中,既没有犹大出卖耶稣基督的叙述,也没有多神教形式的、吃耶稣基督的肉,喝他的血的圣餐仪式的记载,人们在此之前一直认为,犹大是一个千古罪人。

除此之外,耶稣基督生前曾坚决反对各种形式的祭祀,《犹大书》里有这样的记述:"耶稣基督告诫弟子们说:'停止在教堂里举行祭祀仪式'。"①

考虑到这是一部异常重要的历史文献,我们在后面还会再次提到,以便透彻分析与其相

---

① 摘自《犹大书》,莫斯科,2006,第30页。——原注

关的重要问题。

无论怎样,有一点可以相信,那就是耶稣基督从未将宗教与政治搅在一起(《约翰福音》6:15;18:36)。另外,不可容忍和暴力与《圣经》里非常重要的真理之一互相矛盾:"不懂博爱的人就不会认识上帝,因为上帝本身就是博爱。"(《约翰书信》Ⅰ:4:8)。

为了说明这个问题,我们可以参考著名民族学家詹姆斯·弗莱泽(Frazer, Sir James George,1854~1941年)的著作,他出生于苏格兰,曾就读于英国剑桥大学,终生与该校保持学术联系。詹姆斯·弗莱泽搜集了大量的民族学资料,足以证明许多绝对重要问题的资料。

民族学家詹姆斯·弗莱泽很早就受到英国民族学泰斗爱德华·泰勒(Edward Bernett Tylor,1832~1917年)及其专著《原始文化》(1871)的深刻影响,作者在该书中运用了"比较民族学"这种纯粹进化论的手法,不论这种手法的优劣如何,都曾对詹姆斯·弗莱泽产生实质性作用,所以他一生始终沿用这种创作方法。詹姆斯·弗莱泽曾发表一系列专著,不过首先建议阅读他写于1923年的单卷缩减本著作《金枝》。

通过阅读这本非凡的科学论著,人们将茅塞顿开,驱散人们对相关问题的疑云,同时产生寻求真理的愿望。那么,是否可能在上万年之后发生类似事件?

在遥远的古代,世界上许多民族都曾有通过咒语使某物发生变化的习俗,或通过魔术使面包变成肉体的习俗。詹姆斯·弗莱泽指出:"教会善于将新信仰的萌芽植入古老的多神教树干之中。原始人想品尝动物或对他们很神圣的人肉的滋味,因为原始人认为,只要吃了动物的肉和人肉,他们将会拥有食肉神的特质和才能。"①所有的原始部落均有各自的祭祀礼仪,甚至进入文明之后的希腊也曾有独特的祭祀礼仪,此种祭祀礼仪的主要内容是:他们杀死事先选中的两个人(男女各一人),男人戴上黑色串珠,女人戴上白色串珠。可以推测,作为那个时代的人,耶稣基督同样想通过自我牺牲来拯救有罪之人。为了正确理解这一问题,在阅读詹姆斯·弗莱泽的著作之后,我们还可以回顾历史。

埃及和西亚各国人民曾将每年的植物枯萎和新枝芽的萌生看做是人的死亡和婴儿诞生,特别是在植物界,他们往往将活着的植物看做是某个神灵——水和植物神俄西里斯、塔穆兹、阿顿尼斯和阿蒂斯。

弗利基亚人崇拜的阿蒂斯神与叙利亚人崇拜的阿顿尼斯神一样,根据不同的史料记载,阿蒂斯有时是天上的万神之母和地上的万物之母,即充满仁爱的库柏勒,有时又是万神之母的儿子。后来阿蒂斯被野猪杀死(因此后来禁止吃猪肉)后变成一棵大松树,他的死亡日和复活之日恰好是3月22~25日,与耶稣基督的死亡日和复活之日相同;阿蒂斯的出生伴随着启明星的出现,而耶稣基督出生时,魔法师们也看到了空中突然出现的那颗耀眼的明星

---

① 摘自《金枝》,詹姆斯·弗莱泽著,莫斯科,1980,第533页。——原注

(伯利恒之星)。

教会决定在12月25日庆祝自己的创始人耶稣基督的诞生,目的是为了将多神信徒的宗教愿望从太阳上转移到名字叫正义的太阳的那个人身上。俄西里斯、塔穆兹、阿顿尼斯和阿蒂斯等诸神的死亡日与复活节也都是这样产生的。

教会将新节日适合于多神教时期的原型,目的是为了使基督教拥有更多的追随者。因此,教会特意将耶稣基督登上各各他之日安排在古老的春分当天来祭奠。这是知识渊博的法国教会史学家路易·迪歇纳(Louis-Marie-Olivier Duchesne,1843~1922年)的观点,他认为,救世主耶稣基督的死亡之日,恰好是创世完成之日,罗马也是在这一天庆祝将圣父圣子融为一体的多神教之神阿蒂斯的复活日。这使我们联想到,俄历4月23日(公历5月6日)庆祝的"圣格奥尔吉日"代替了4月21日庆祝的多神教节日"家畜保护神帕列日";施洗者"圣约翰节"代替了多神教夏天的节日"圣水节";8月的"圣母安息节"代替了"月亮和狩猎女神狄安娜节";11月的"全圣节"成为古老多神教"亡灵节"的继续;圣诞节本身恰好是在冬至那天,因为这一天被看做是太阳的生日。由于这些事实,使我们对基督教的另一个重要节日"复活节"的假想得到了证实:复活节也是由于同样的原因恰好在弗利基亚神阿蒂斯节时庆祝,也就是在春分那天庆祝。

基督教和多神教的死亡节和复活节在每年的相同时间和相同地点庆祝,即使没有其他背景条件,这个事实本身就已经很能说明问题了。弗利基亚、加利利和罗马等地,曾在春分时举行纪念耶稣死亡日,也就是说,在最崇拜阿蒂斯神的地区举办这一节日,这也未必是一个简单和偶然的巧合。在那些温带地区,一到春天,由于大量新生命的萌生,使世间万象更新。自古以来,人们在春分那天,都能看到整个自然界犹如复兴之神的面目那样焕然一新,世界上最自然的莫过于将新神灵的诞生比做一年四季的交替。不过,如果耶稣基督死于3月25日,根据基督教传统,他的复活应该是3月27日,也就是比儒略历的春分和阿蒂斯神的复活日晚两天,基督教和多神教的圣格奥尔吉节和圣母安息节也顺延两天。然而,希腊基督教作家拉克坦齐(Lactantius,约240~325年)根据另一个基督教传说,在高卢教会将耶稣死亡日定为3月23日,复活日定为3月25日,从而使耶稣复活节与阿蒂斯复活节达到了时间上的一致。

公元4世纪的一位匿名作家证实,基督教和多神教庆祝各自尊崇的神的死亡日和复活节的日期达到了惊人的吻合,这种吻合也正是各种敌对宗教激烈争论的对象:多神教信徒坚决认为,耶稣基督的复活是阿蒂斯神复活的仿造品,而基督徒也试图证明,阿蒂斯神本身就是魔鬼般的仿造品。肤浅的观察家认为,在这种低级下流的和激烈的争论中,多神教者占了上风,因为他们通过这样一个事实证明:他们尊崇的诸神的年龄最大,所以他们的神就不是"拷贝",而是"原件",而原件永远先于拷贝。然而,基督徒轻而易举地就推翻了这种论据,他们说,论诞生的年代,即便耶稣基督比较年轻,但实际上他已经非常年长,因为撒旦通过阴谋诡计和超越自我的力量,故意使自然和历史的车轮倒转。

从总体上讲,基督教和多神教节日及节期的吻合现象实在太多了,这种吻合现象也并不是偶然的,它们证明了教会在最喜悦时与其他具有竞争能力的宗教达成的妥协,因为那些宗教虽然被战胜了,但是他们依然对社会产生影响。基督教早期传教士不屈不挠的狂热、对多神教的严厉批判,最后在宽恕一切的、头脑清醒的教会主教的灵活而忍让政策面前做出让步,因为这些主教心里十分清楚,如果基督教打算征服世界,就必须弱化基督教创始人耶稣基督推行的过于残酷的教义,以便打开拯救之门。①

为了迎合大多数民众(多神教信徒)的品位和要求,教会不仅接受了他们的节日,同时给那些节日起了适合于基督教的名字,但是又不得不将多神教的礼仪元素纳入基督教节日之中,这些元素包括祭祀(后来被正式拒绝)、喝被打死的领袖之血、吃他的肉,目的是接受领袖们的优良品质。教会使耶稣基督完全具备了所有这些元素,以便使他更接近人民,使人民更好地理解他。

然而,随着时代的发展,人民在不断发生变化,人民的意识和文化也随之变化。因此,基督教教会的主教随时都在不断地修改教义,而且至今都在这样做。可以坚信的是,带有多神教鲜明特色的复活节的许多礼仪(耶稣基督的死亡和复活节礼仪)都将被重新审视。在东正教看来,这是一种明智之举,是有利于教会接近现代社会、人道主义原则和崇高精神追求的非常到位的一步。除此之外,在当今世界上极端主义日益强化、俄罗斯军队内部的矛盾和冲突、青少年当中的流血事件、形形色色的民族主义组织不断出现的条件下,完全可以通过这一步,巩固爱好和平、相互关爱、相互宽容的基础,促进多民族国家各种宗教之间的和睦相处。这样做一定十分有利于促进国家整体上的稳定。

回头再看詹姆斯·弗莱泽的著作和他对宗教与社会之间关系的观点,他曾这样写道:"魔法也好,宗教或科学也罢,最终也都只是一种思维方式和理论研究方法,今天的科学是在原先的科学基础上产生的,它将被未来出现的另一种更完美的假想所替代。或许,这是一种较为偏激的世界观,确切地说,是一种事物投影法,是我们这一代人难以理解的观点。认识能力的进步就是对那些似乎永远难以达到的目标的无限追求,人们未必会抱怨这种毫无尽头的探索,正如意大利诗人但丁所说:'你们生来并不是为了像动物那样活着,而是要沿着认识世界和讲求道德之路前进'。"

在这个无限的探索过程中,还会有许多新发现,不过我们注定是享受不到那些新发现带来的成果。

---

① 摘自《金枝》,詹姆斯·弗莱泽著,莫斯科,1980,第 399~401 页。——原注

为了证实詹姆斯·弗莱泽的思想和观点,我们不妨来看这样一个实例:在台湾古迹博物馆内,悬挂着一幅用四种颜色(以绿色为主)的丝线编织的怀抱婴儿的圣母玛利亚像,画面带有明显的中国文化特色,圣像左上角的人物是头顶金环的救世主。值得注意的是,这幅圣像是在 3500 年前编织的,也就是说,这幅圣像比耶稣基督诞生和死亡还要早 1500 年……①

毫无疑问,这幅不同寻常的圣像一经见报,立刻引起了学术界的关注。

是啊,未来伟大的奥德修斯(Odysseus)②头上的光环周围将会出现更加耀眼的明星,魔幻也将在某一个晴朗的日子变成实实在在的科学现实,但是这种距我们异常遥远而迷人的前景末端却蒙上了一层阴影,尽管人类积累了大量的知识,更多地控制大自然,尽管早已预示了人类美好的未来,人类未必能抵抗那种肉眼看不到的,但一直在毁坏地球运转的海洋和宇宙空间的巨大威力。将来人类或许能有预示和指使风云反常变化的能力,但是人类脆弱的双手未必能使地球运行速度加快,也不可能是使太阳的能量降低。尽管如此,诸如地球和太阳将发生灾难的预测只不过是茫茫世界的一部分,而这种世界纯属人类的无中生有,今天广泛传播的极为神奇的海市蜃楼将会在明天幻灭,普通人眼中的这种海市蜃楼和类似的许多幻想必将在十分透明的空气中成为泡影。如果善于为遥远的未来发生灾难而担心的哲学家这样思考问题,或许,他们也能得到一丝安慰。

其实,我们可以直观地透视人类的心路历程,甚至不必洞察和预示遥远的未来,如果按照最新观察自然现象的真实结果和人类历代拥有的真理去看问题,那么,我们只需将心路过程比做用黑、红、白三色丝线的编织物即可:黑线代表魔术,红线表示宗教,白线代表科学。假如我们从一开始就有了观察思想编织物的能力,那么,我们意识当中的编织物犹如由真理和谎言碎片拼成的一条被子,或是一个黑白方格相间的棋盘,每个方格是用鲜艳的宗教红线串联起来的。如果继续深入观察这个编织物,人们不难发现,虽然棋盘上的黑白方格依然存在,但是在棋盘中央,即在宗教味道最浓的中心位置,有一些深红色斑点,随着越来越多的科学白线的出现,这些斑点的颜色也越来越明显。我们可以将这块类似棋盘的和带有白色斑点的彩色布面比做现代人对多种不同趋势和任务相互碰撞现象的思考。有这样一种运动,即在几个世纪内逐渐改变了人类的思想过程(思想编织物)的组成要素及其力量,或阻止萌芽思想和导致彩色编织物涣散的反面趋势发挥作用,这种运动是否能够得以保存?如果继续展开我们的寓意,假如希腊神话中的命运三女神帕耳卡在当今如此喧嚣的时代进行编织,那么,这个编织物将是什么颜色?是白色,还是红色?面对这样的问题,我们大家都显得无能为力,因为暗淡的光亮洒落在编织物的一端,而另一端被深不可测的迷雾所覆盖……

---

① 摘自《犹大的最后之谜》,И. 格罗夫著,圣彼得堡,2006,第 27~28 页。——原注
② 奥德修斯,希腊神话中的伊塔克岛之王,曾参加围攻特洛伊城。史诗《奥德修斯》的主人公,以聪明、机智、敏捷和勇敢著称。——译注

然而,大地上的森林依然碧绿,今天,当西方天边的落日余晖渐渐暗淡下来时,风儿又吹来罗马教堂的钟声,我们仿佛又听见了赞美圣母的祈祷:"Ave Maria!"我们还仿佛听到了遥远的城市里传来的隐隐约约的庄严钟声,这低沉的钟声逐渐消失在坎巴尼亚大片沼泽地上空:"Le roi est mort, vive le roi! Ave Maria!"(法语:"国王死了,国王万岁! 赞美你,圣母玛利亚!")。

与此同时,钟声还带来了互相传说的神话故事,通过这些故事,我们才对基督教及其教义有所了解,我们才知道了第一个异教徒、新派人物耶稣基督及其众使徒的故事。

还有这样一种传说:圣使徒彼得请求将自己倒挂着钉死在十字架上,因为他认为,他根本不配像导师那样站立着被钉死。

教会这种权力机构是达到一定目的的可靠工具,而包着宗教外壳的经济和政治对抗一直是在这种特殊工具的参与下存在和发展的。

当人们面对某种危险时,团结的目的是崇高的,教会的作用也是高尚的;但是经常给人类带来危险和挑起战争的势力,同样会得到教会的祝福,并且以上帝的名义为他们祝福!

这就是为什么耶稣基督关于博爱、和平、宽容、善良和同情的学说越来越多地受到社会的关注的缘故,也是耶稣基督学说吸引的不仅是基督徒,而且还吸引许多异教徒的缘故。事实上,甚至连全世界的无神论者也无时不在崇拜着耶稣基督。

两千年来,全世界的基督徒和非基督徒一直在思考这样一个问题:导师、导师的伟大之处和他来自上帝的特殊身份也绝不允许他出现庸俗下流的叛变行为,即不许有被福音书作者正式指控的犹大式犯罪行为。

公元325年,在尼凯阿召开的第一届普世会议讨论了犹大的问题,即使徒犹大非但没有出卖救世主,反而完成了救世主的伟大构思。由于这个事实,我们不能简单地将《犹大书》当做异端和杜撰加以批判。

325年在尼凯阿召开的第一次普世会议像当年批准自己的决定那样,永远禁止了产生于公元1~3世纪的宗教学说,即禁止了由多神教组成的诺斯替教和歪曲事实的行为。

我们还记得使徒之一福马所做的注解,他曾为犹大辩护,并将犹大的行为解释为耶稣基督本人的嘱托。

众所周知,使徒保罗从未在任何地方提到犹大出卖导师的行为,他只讲述了耶稣基督及其学说、严格遵守基督教教规的必要性,他还讲述了耶稣基督之死,可是只字没有说过犹大出卖耶稣基督的事。

非常重要的是,保罗的《使徒行传》是当今现存最早的基督教手稿文献,文献中也没有关于犹大出卖导师的任何记载。

公元49~62年间,使徒保罗撰写了他的第一批传记,后来被历史学家和神学家称为"早期福音书",再晚些时候,才出现了以马克、路加和约翰所做的注解,而他们自己什么也没有写过,只是有人以他们的谈话记录为基础,编写了详细注解,这些注解后来变成了宗教经典《福音书》。

在他们的四部《福音书》里,出现了关于犹大出卖耶稣基督的故事,但是面对这个故事,四使徒的诠释也不尽相同。《约翰福音》里是这样说的:导师将犹大叫到身边并说:"去做你应该做的事,去吧,做你的事去吧。"如果仔细阅读四个使徒的《福音书》,不难发现,导师耶稣基督平时对加略人犹大特别关照,犹大是最受重视的使徒之一,导师也最喜欢他,导师给犹大的使命不是叛变,而是为人类做出贡献。

《马太福音》是这样记载的:加略人犹大由于出卖导师而感到惭愧,忏悔之后,在教堂里扔了30枚面值为四德拉克马的银币,神甫们用这笔钱购买了一块儿地,并将该地辟为穷人的墓地。那块儿地原来属于一个陶器匠,他将地卖给了犹太长老会,后来长老会就将这块儿地辟为穷人的墓地。

已发现的手稿篇幅并不大,可是它们却使人理解了那些后来成为《福音书》内容的注解。比如,《犹大福音》总共才有27页,每一页都经过了放射性同元素、光谱分析和计算机检测,也就是说,这27页资料的真实性已经通过了科学鉴定。因此,从阿拉美亚语译成科普文的《犹大书》的确是一件真品。

这部被发现的和经过科学鉴定的《犹大书》证实,加略人犹大原来是耶稣基督的得意门生和朋友。

毫无疑问,《犹大书》的确是一份最重要的基督教文献资料,而且不仅是自四部经典《福音书》(《约翰福音》、《路加福音》、《马可福音》和《马太福音》)出现后的重要的基督教文献,但是《犹大书》只有在记载着加略人犹大原话的希腊文原件找到(发现、破译和修复)之后,才能成为毋庸置疑的基督教文献。

当然,如果实在找不到希腊文原件,阿拉美亚语文献同样可以参考,因为阿拉美亚语毕竟是耶稣基督、马太、马可、路加、约翰和加略人犹大使用的语言和记录各自思想的语言。

衷心希望能够发现有助于理解发生在戈夫希曼(又译"客西马尼")花园的事件(即最后晚餐)真相的大量资料,那天晚上,根据犹大亲吻耶稣基督的动作,罗马军团和武装看守逮捕了导师。这个事件引发了多种相互矛盾、相互对立的观点,同时带来了很多严重后果。起初是相互对立,后来变成了全世界人民一面倒的局面,特别是在中世纪前期,犹大被确认为一切恶行、下流和犯罪行为的集中代表,他的这种形象很快进入了人类历史和每个人的意识之中。

加略人犹大的名字本身很有意思,他的原姓是"Красильщик"("染色工")的意思,而"犹大"("Иегуда")在俄语中的意思是"犹太人",在古犹太语和阿拉美亚语当中,"Иегуда"

一词的意思就是"еврей"("犹太人")。尽管如此,所有四位福音书作者、先知、早期基督徒和导师本人(拿撒勒人耶稣)都是犹太人。因此,应当承认,反犹太主义的真正根源并不是民族主义,而是 2000 年以前的复活节之前的一周所做的诠释,即在加略人犹大完成耶稣嘱托之时所做的诠释。

无论是科普特派信徒,还是诺斯替派信徒,或是聂斯托利派信徒,他们都认为,加略人犹大去犹太长老会议并通知说,他已经准备好以 30 枚面值为四德拉克马的银币出卖导师,这只是完成了耶稣的嘱托而已。

从此 1500 年之后,罗马教皇约翰 23 世主持召开了梵蒂冈第二届普世会议(1962~1965年),会议正式取消了对犹太人杀害耶稣基督的指控。会议还做出决定:将祈祷词和布道内容译成所有信奉天主教国家的各种文字,以便各国的天主教徒能够直接阅读圣训。许多信徒在读完库姆兰学文献——死海古卷的内容之后得知,令人惊讶的是,最早的基督徒竟是犹太人。因此,正是库姆兰手稿以及对手稿的大量注解,才促使天主教徒和其他基督徒迈出了历史的一步,即司祭约翰·保罗二世在犹太教会大厦里带领信徒面对人类的统一上帝祈祷。

今天的罗马教皇本尼迪克特 15 世再次批判了《犹大书》,而且是最严厉的批判,同时建议全球 10 亿天主教徒永远不要去读这种新出现的异端学说。

起初,俄罗斯正教会接受了罗马教皇的观点和建议,而今虽然俄罗斯正教会对《犹大书》的神学实质表示反对,但是并没有将这种新发现的科学意义置之度外,还将这种意义看做是基督教史和世界宗教史的组成部分(诺斯替教)元素。

在此有必要确认一下,从整体上来看,拥有两大分支(天主教、东正教)和一个强大的混合体新教的基督教(新教包括英国教会、各种洗礼派、强调末日审判和基督二次降临的紧迫性的基督复临派、耶和华的见证者、长老宗、卫斯理教派的信徒等),以及亚美尼亚格里戈里教会或格鲁吉亚教会等许多独立教会,由这些教会组成的宗教界没有完全接受似乎非常有说服力的理论证明,也就是说,这些教会没有接受关于犹大忘我而异常圆满地完成导师嘱托的证明资料。

基督教界也没有接受与犹大相关的另一个证明:犹大默默地接受了背叛导师的罪名,目的是为了帮助耶稣基督完成他的诞生和第一个 33 年的人间生活这一主要使命。这个使命应该成为而且已经实现以人身出现的上帝,即高于肉体、尘世万物和日常生活的最崇高的精神。

无论是宗教界,还是无神论界,只有在世人接受《犹大书》之后,关于加略人犹大和犹太人背叛导师这种恶劣的不公正的学说才能逐渐消失。

眼下我们只能同意比较合理的论据:《犹大书》既没有陷害其他几位福音作者的企图,也没有伤害导师耶稣基督的崇高和神圣的念头,也没有贬低教会和社会作用的用意。关于《犹大书》的大辩论本身恰恰使人们更加重视教会和宗教的作用,重视实现相互对立的多种思想,激发人们对宗教的兴趣,提高人们相互宽容的精神。

或许,我们在前面提到的俄罗斯著名宗教作家列米佐夫早在1903年就产生了这种想法,所以他才写出了下面的诗歌:

> 他在教堂扔了那30枚银币,
> 无家可归之人,
> 倾家荡产后又被彻底损毁,
> 于是他来到平生
> 最后一个避难所。
> 来到你身边,被遗弃者之圣母,
> 只有死亡。
> 我仿佛听到了被凌辱的信仰
> 哽咽哭泣,注视着忠实的
> 相信犹大者的虚假之吻。

正如我们多次重申的那样,基督教的主要美学价值就在于上帝本身,上帝就是博爱,即上帝热爱承认和敬仰他的世界各族人民。对上帝而言,没有所谓的最好的民族。基督教(东正教)坚决反对一个民族凌驾于另一个民族之上的思想,从这个观点出发,基督教与犹太教之间存在着根本性区别,因为犹太教承认犹太民族永远高于世界上其他民族。

在基督徒当中,某些反面趋势也在不断增长。比如,基要主义分子的出现,他们不仅是形式上的危险分子,而且是实质上的危险者和难以预料者,人们害怕他们是不无道理的。基督教的基要主义分子并不唾弃给人做堕胎手术的医生,也不蔑视主动去做堕胎手术的妇女。

犹太教的基要主义者经常在以色列的和平进程中设置障碍,反对"以领土换取和平"的原则。1995年,当以色列总理伊萨克·拉宾(Yitzhak Rabin,1922~1995年)被犹太教的基要主义者枪杀之后,立刻引起了全世界的震荡。事后杀人凶手伊加尔·阿米尔还理直气壮地说,他是按照上帝的旨意和保护以色列的最高利益才这样做的。因此,基要主义自然变成了极端主义、坚定信念、为达到不光彩之目的而经常采取的暴行的同义词。某些观察家将基要主义看做是世界和平与稳定的主要威胁。

基要主义这一术语最早出现在1909~1915年间美国发行的系列抨击性文章里,这些文章曾被称为"基本教义",主要作者都是当时要求恢复基督教"基本教义"的新教教徒。假如他们那时已经预见到他们想象的名称竟维持如此之久,他们一定会感到震惊的。

基督教的基要主义者声明说,他们将遵照《圣经》生活、保持信仰,并按照《圣经》做事。

第七章　革命年代、苏联时期以及苏联解体后的俄罗斯文化与东正教

他们有时还向科学发出挑战,试图证实进化论破坏了自己的威信,他们还打算用"年轻地球"理论代替进化论(曾一度称为"造化说")。基督教的基要主义者说,他们从《圣经》里获得了关于世界末日和耶稣基督返回天国的精辟学说。

正如上面所说,对某些基要主义者的怀疑是不无根据的,相比之下,当代有些基督教的基要主义者主张以武力解决问题,但他们当中的大多数人是品行端正的公民和规规矩矩的教会成员。不过,站在他们背后的却是抢夺政权和试图捞取好处的政治家和经济利益获得者。

在这种情况下,20世纪初诞生于新教组织的普世教会运动不可能不引起社会的好感,而且还给人们带来了一线希望。普世教会运动的代表将联合一切基督教会作为自己的奋斗目标,并于1948年在阿姆斯特丹研讨会上宣告成立世界教会委员会。在单纯的宗教问题上,普世教会运动坚持这样一种观点,即所有的基督教会都是"统一基督教会的一部分。当然,在这种情况下,任何一个教会都不会放弃自我展示、证明自己是最真实和最重要的基督教会的机会。普世教会运动还宣布拟定《全球基督教社会纲领》是自己的奋斗目标,这个纲领既适合于世界上所有的教会,也适合于任何一种社会体制。因此,尽管普世教会运动的宣言带有抽象形式和空想主义的特点,但是在为维护世界和平和生态安全而开展的斗争中,世界教会委员会给予普世教会运动强大的支持,这种支持本身带有积极的人道主义特征。

然而,令人遗憾的是,在这个运动当中,俄罗斯正教会并不占有领先地位,虽然教会对普世教会运动表示支持,但同时又反对普世教会运动进行的某些改革、创新以及对教义和礼仪的重新审视。俄罗斯正教会将这种保守主义及其立场看做是自己的长处和绝对的正面因素,但实际上这些因素与教会是相互对立的。

尤为重要的是,从总体上来看,这些因素的确削弱了普世教会运动,不过,在普世教会运动的基础要素本身,更多的是基督教的开创者耶稣基督的遗训,而不是俄罗斯正教会反对普世教会运动的论据,这种现象的确值得人们深思。

至于整体上的基督教,既不能否认基督教已成为欧洲文化的内容这一事实,也不能否认,人类最崇高的动机和改善社会生活的追求,长期受到基督教基本精神的滋养,作为基督教的三大分支之一,东正教与俄罗斯人民生活达到了有机的结合,并继续渗透于俄罗斯社会生活之中。既不能忽视,也不能忘记,俄罗斯民族的东正教传统曾一度是社会上唯一的意识形态和心理连接物,即使是在日常生活和人们平时的对话中,也离不开"但愿不是这样"、"谢天谢地"等与上帝相关的词语。应当区分接受基督教之后的人民自我意识原则与所谓的全民宗教原则之间的不同。[①]

[①] 摘自《宗教学》,О.Ф.洛巴佐娃著,莫斯科,2004。——原注

尽管基督教一度出现了明显的淡化局面,但是整体上的基督教依然最能适应当前社会上发生的许多变化。此外,我们有幸成为今天世界基督教复兴的见证者。首先值得一提的是青年一代的基督教复兴运动,这种运动出现于20世纪的叙利亚、黎巴嫩、希腊、俄罗斯、波罗的海三国、西欧各国的东正教会当中,其宗旨是提醒教会注意:"教会不应该脱离世界,而应该完成改造世界之使命。"这种基督教的复兴运动与西方教会也有关系,西方教会宣布自己是在崇高的人道主义价值、维护公众社会利益、共同参与以解决社会问题和保卫世界和平为宗旨的活动,是在此基础之上团结人民的一种特殊力量。

宗教活动家还积极参与解决生态平衡问题,1989年5月,在瑞士巴塞尔市召开了全欧基督教全体会议,出席会议的有20000名基督教会的代表。会议号召欧洲各国的基督教会分别向本国政府提出建议,希望各国政府竭尽全力,制止人类对自然的疯狂掠夺,保护生态环境。

虽然俄罗斯教会没有在那次会议上表示惊人的决心,也没有显示出超人的导向风范,但是教会的积极行动却表现出了真正的仁慈。比如,叶洛霍夫斯基教堂的神甫和教民主动在莫斯科一家医院里工作,他们在那里护理身患重病的人,类似的实例还有很多。

但是俄罗斯教会显然是缺乏机动性、时间观念和组织活动的灵活性。

早在1905年3月15日,首都的一批青年神甫向彼得堡都主教安东尼(瓦德科夫斯基)递交了《关于尽快恢复俄罗斯正教会的自由宗规法的倡议》,倡议说,必须使教会生活彻底更新,并且提供了具体的更新纲领。这批青年神甫起初被称为"彼得堡神甫小组"或"32人小组"(因为在倡议书上签字的有32名神甫),后来该小组改名为"教会更新协会"。首都的教会更新派很快得到了莫斯科许多宗教代表和宗教知识分子的支持,教会生活更新的思想逐渐开始受到地方省城主张自由的神甫们的赞同。

希望教会更新的神学工作者和神甫一致认为,为了恢复教会在社会中的名誉和地位,俄罗斯正教会应该改变自己的社会和政治方针,不再神话封建专制制度,也不再为其服务。

当改变教会的社会和政治方针的要求提出之后,自由更新运动又推荐了符合俄罗斯资产阶级发展需要的教会全面改革的系统纲领。他们要求重新看待资产阶级东正教的社会和伦理观点,同时对东正教教义和崇拜礼仪实行现代化。1905年末,沙皇同意举行地区宗教会议,专门讨论业已成熟的教会改革问题。

随着第一次俄罗斯革命的失败,教会更新运动也随之减慢步伐。为了避免信徒数量继续下降,俄罗斯正教会在保持原教义(即保持东正教教义实质不变)的前提下,对宗教崇拜礼仪做了某些更新。比如,取消了明显落后于时代的祈祷仪式和相关礼仪、祈求领袖人物赐福的仪式、为家畜祝圣等。由于受到信徒生活条件的影响,教会不得不对某些斋期进行重新考虑:最重要的是"精神方面"的斋期,至于"肉体方面"的斋期,每个信徒可以"量力而行"。

东正教神学家提出了关于教历改革的问题，以便使旧历符合"新历"的要求。原来的复活节礼仪、将面包当做耶稣基督的肉体掰开分给信徒们吃、将卡戈尔酒当做救世主的鲜血分给信徒们喝等，也都被看做是过时的礼仪。

遗憾的是，东正教的先进分子（改革方案的作者和参与者）却遭到了迫害，他们有的被发配到远方服苦役。1917年的十月革命彻底改变了教会的局势，破坏了教会原有的强大实力和崇高的威望。与此同时，教会本身的表现也不好，没有体现出基督教的优势，加上当时的俄罗斯人正在经受时代变迁和恐怖的考验。

1921~1922年，整个伏尔加河流域遇到饥荒，由于干旱，上千公顷土地颗粒未收。根据中央救助饥饿委员会的统计数据，伏尔加河流域挨饿的人数达到了13772616人。

在苏维埃政府颁发《关于没收教会财产、与饥饿做斗争的决定》（1922年）之后，俄罗斯宗主教吉洪正式表态并呼吁政府："我们不同意没收教会财产的决定，不过，可以通过个人自愿捐赠的方式，即便是一些不直接用于祈祷仪式和礼仪的用品也都是神圣的，是普世会议禁止随意动用的圣物，将这些圣物搬出教堂将被看做是亵渎圣灵的行为，那些教堂的神甫将被革除教职。"

宗主教吉洪的指示险些导致莫斯科、列宁格勒、斯摩棱斯克等许多城市的武装暴动。鉴于这种情况，苏维埃政府做出的反应是关闭所有的教堂、停止教区教堂的一切宗教活动等。

而在伟大的卫国战争期间，俄罗斯正教会却完全是另一种表现：教会言行一致，与全国人民一道投身到反法西斯和捍卫祖国的战斗之中，从而赢得了已经开始动摇的崇高威望。

在俄罗斯正教会于1945年2月2日召开的地区宗教会议上，列宁格勒都主教阿列克西一世（Алексий Ⅰ，俗名谢尔盖·希曼斯基，Сергей Владимирович Симансикй，1877~1970年）当选为俄罗斯宗主教，会议确立了教会管理体制和教会管理机构的组织原则。在德高望重的宗主教的倡导下，成立了俄罗斯最高正教公会，代替了原来的临时主教公会，俄罗斯正教会分成若干主教管辖区，每个主教管辖区都由几个教区组成。1961年，地区宗教会议通过了《关于教会管理的规定》，俄罗斯正教会受到了宗主教专门会议的重新审视。在莫斯科宗主教管理局的活动中，主教公会于1946年成立的对外关系处发挥了重要作用。1971年召开的地区宗教会议开创了俄罗斯正教会历史的新阶段，这一阶段延续至今。还是在1971年召开的地区宗教会议上，取缔了将古老信徒派教徒革出教门的规定。

在对外关系处的行动纲领中，首先是建立和保持与外国宗主教管理机构之间的关系，特别重要的是为保卫世界和平而奋斗。1986年，俄罗斯正教会最高正教公会发表了《关于核时代战争与和平的宣言》。宣言强调指出，绝对不容许核战争的爆发。宣言中对当代战争与和平问题的神学分析促使人们冷静思考：和平不仅是一种恩赐，和平是一项任务；保卫和平乃是教会的任务。

《关于核时代战争与和平的宣言》是以当时被庄严宣告的"新思维方式"精神拟定的,在很大程度上,该宣言是顺应有利于全球意识形成的新现实的表现。随着改革开放的深入,以全俄最高宗主教皮缅(Пимен;俗名:Сергей Михайлович Извеков,1910～1990年)为首的俄罗斯正教会对苏联领导采取的新方针表示赞同。

全俄最高宗主教皮缅先后主持了"俄罗斯受洗千年"(1988年)和"俄罗斯宗主教建立400周年"(1989年)等隆重庆典活动,那几年成为俄罗斯正教会与苏维埃国家相互关系的大转折时期。到1988年,俄罗斯正教会已经恢复原来被查封的700多个教区,过去被强行关闭的中等教会学校、神学校和修道院纷纷开始重新启动。

1990年,全俄最高宗主教皮缅去世之后,列宁格勒和诺夫哥罗德都主教阿列克西二世(Алексий Ⅱ;俗名 Александр Михайлович Ридигер,1929～2008年)当选为全俄最高宗主教。尽管全俄宗主教面临着许多急需解决的困难,但是在俄罗斯正教会的活动中,也开始发生明显的变化。

"全俄宗最高宗主教阿列克西二世所做的努力是恢复由圣难者和宗主教吉洪奠定的俄罗斯正教会的神圣地位,遇到了萧条和停滞的惯性阻力,引起了教会高层官僚机构的对抗、以献媚掌权人并与他们合作而败坏名誉的毫无原则的政治家的抵触。"①

在给莫斯科神学院毕业生颁发毕业证书时,全俄最高宗主教阿列克西二世曾这样说道:"东正教的牧师应该置身于政治之外,教会应该面向所有的公众,无论他们持有哪一种政治观点,教会对他们应一视同仁。"阿列克西二世再次强调指出,必须保持教会的统一。

目前俄罗斯正教会正在筹备高等神学校的教学改革,旨在使学院更加扎实地学习各门科目。

近年来,俄罗斯正教会开展了广泛的出版发行活动,除了原来的《莫斯科宗主教杂志》之外,还出版发行了杂志《东正教漫谈》、普通教会报《莫斯科教会通报》等;各地的主教管辖区也都有各自的宗教出版物;电视台还经常举办东正教问题论坛节目。

在某些教区的基础之上,各种东正教组织和团体纷纷恢复建立,他们主要从事教堂的修复或重建、慈善活动和宗教教育等活动。全俄青年东正教会运动也已经行动起来。莫斯科开办了面向非出家人的东正教神学大学和神学院。1993年,"第一届全球俄罗斯宗教会议"召开,会议规定了分析社会最重要领域内的得失情况、确立俄罗斯民族日常生活的最高目标和价值观、使俄罗斯人理解自身在世界历史中的作用、探索巩固俄罗斯民族统一、维护俄罗斯公民权益、在俄罗斯大地上创建公民世界和国内外安宁和谐之路等一系列任务。

2006年4月4～6日,在莫斯科耶稣基督救世主大教堂召开了"第十届全球俄罗斯国民

---

① 摘自《小教堂》,莫斯科,1992,第89页。——原注

宗教会议",会议讨论了由俄罗斯正教会参与制定的《人权宣言》,这是一个维护正教会最高精神财富的重要文件。在这次会议上,俄罗斯正教会发表声明,要求重新审视目前俄罗斯社会对人权的看法。当时的斯摩棱斯克和加里宁格勒都主教基里尔(Кирилл,俗名 Владимир Михайлович Гундяев,1946~)号召人们摒弃"个人主权绝对化"的思想。会议通过的《人权宣言》说:"世界上存在着比人权更宝贵的财富,这就是信仰、道德、圣地和祖国。"在这个前提下,实现个人自由不应该危害祖国利益,不能侮辱和损害宗教信仰和民族感,圣地圣物同样是一笔宝贵的财富。

在《人权宣言》中的三个条款当中,分别谈到了东正教与天主教是统一的,两个基督教分支一致反对堕胎、同性恋和安乐死等不良行为。

"第十届全球俄罗斯国民宗教会议"向社会提出了道德准则,该准则有助于团结绝大多数俄罗斯人。

俄罗斯正教会正是通过这些举措,解决了不仅影响莫斯科、俄罗斯,而且还严重影响国际社会的重大问题,其中包括那些比较激进的俄罗斯人要求将列宁的尸体搬出红场、将列宁墓作为国家历史博物馆的分馆的问题。关于这个问题,尽管有不少传统东正教信徒试图呼吁政府采取果断措施,俄罗斯正教会还是发表了自己的意见,不过,正教会发表的是比较中立的意见。为了说明与红场列宁墓密切相关的问题,我们不妨简单地回顾一下历史。公元前4世纪,小亚细亚哈利卡纳苏(今土耳其境内)为摩索拉斯国王建造了一座规模宏大的陵寝,现代人将这座宏伟壮美的陵寝称为"世界七大奇观之一"。在东方不同的国度里,比如,在大莫卧儿国家统治者铁木尔执政时期,曾盛行类似的大型棺椁,后来人们将其称为"陵墓"。现存最知名的是印度的泰姬陵,从各个方面来讲,它都是世界之最,每年世界各国到此参观的游客络绎不绝。最使人感兴趣的并不是陵墓的主人沙·杰汗的尸体,而是他与第14位妻子穆姆塔兹·玛哈尔的爱情史,为此建造了泰姬陵。最古老的哈利卡纳苏陵墓于15世纪被毁,后来在陵墓的位置建了一座城堡,但是原陵墓的一些瓷砖还保存完好,这些瓷砖如今是伦敦大英博物馆的重要展品之一。

苏联时期,在中央极权美学框架下,也开始建造大型陵墓,第一座陵墓就是位于红场上的列宁墓,具体修建时间为1924-1926-1930年。在此之后,其他国家元首纷纷效仿:保加利亚首都索菲亚的部长会议主席格奥尔吉·季米特罗夫陵墓、蒙古乌兰巴托的苏赫巴托尔陵墓和乔巴山陵墓、越南河内的胡志明主席陵墓……这些陵墓既是国家元首的陵寝,又是国家庆典时的观礼台。

然而,在欧洲民族文化中,却没有为伟人建造大型陵墓的习俗,因为这种习俗与基督教教义是矛盾的。不过,俄罗斯名人也有例外,比如,俄罗斯著名外科专家皮罗戈夫被木乃伊化后长眠于乌克兰文尼察的陵墓中。

从整体上来看,俄罗斯正教会实行的持重政策至少引起了信徒们的不解,甚至是不满,比如,诺贝尔文学奖获得者亚历山大·索尔仁尼琴生前曾呼吁俄罗斯正教会要更坚定、更勇敢。

随着时代风向任意变换,俄罗斯也对各种外国思潮敞开大门,如今俄罗斯正教会遇到了新的威胁,除了西方小宗派和其他宗教的代表之外,某些新教的传教士开始吸引众多的追随者,特别是一大批青少年追随者。

俄罗斯正教会试图在相当复杂的条件下解决俄罗斯民众最关心的许多问题。至于现代科技进步问题,不得不承认,基督教神学家已经学会了与科技和睦相处,同时用某些科学理论武装自己,为了捍卫创世说及其相关宗教理论,他们还开始借助不断扩展的宇宙观。

除此之外,东正教修士司祭和神学家亚努阿里(Ианнуарий,俗名 Ивлиев Дмитрий Яковлевич,1943 ~)将科技发展称为"现代文明的基本正面特征",高度评价人类力争理智地认识现实生活。他还强调指出:"当今世界各民族的文化越来越趋于欧化,并逐渐成为重视现实、认识现实和掌握现实的欧洲文化。"①

然而,人们在认识现实世界的征途上发现,单凭科学和技术的力量,很多重大问题都无法得到解决,也就是说,在科学和技术的有限范围之外,还有许多有待于解决的问题,比如,宇宙、生命、人类等各种自然现象和过程的起源与发展问题、人的个性(个性的无意识元素)特点问题等。科学本身既不能对对自己的发展做出解释,也不可能控制自身的发展。

首先是由于脱氧核糖核酸和核糖体作用的缘故。如果自然属性是非理性的,那么,若想收集这些最复杂的分子结构,恐怕是不可能的;其次是人类的出现。众所周知,脱氧核糖核酸代码含有世界上所有动物的特点。由于该代码是用同一种语言书写的,所以它的指令显然来自同一个相当理性的源泉,它的理性程度如此之高,甚至可以"建构计算机管理物质"。此外,脱氧核糖核酸代码至少在 40 亿年期间保持不变,从而有力地证明了它自身的固定性及其来源的稳定性。从这种观点出发,最早的细胞的出现被看做是实现神奇译码化的结果;第三,是由于多种宗教的出现。宗教可以指引人们达到目标、摆脱停滞,帮助人类社会保持平衡、和平与和谐。人类世界上一共有三种宗教模式:犹太教(人)、佛教(自然)和儒学(社会),这三种相互补充的宗教模式的发展,非常符合理性生活的客观规律,以至于避免了人们对它们的神秘源泉的怀疑。

这使我们联想起俄罗斯杰出学者季霍米罗夫早在 1918 年的英明预见,他说:"科学技术的'最新成就'的确早晚会降临到工人阶级,他们将会发现,最高领域中的宗教思想一点也不

---

① 摘自《当今世界的传统意义与信仰表达》,亚努阿里著,《莫斯科宗主教杂志》1981 年第 10 期,第 54 页。——原注

矛盾,从而使工人阶级勇敢地倾听自己的心声,那心声告诉他,世界上存在着许多重要问题,那些问题甚至比他们的物质生活需求更重要。况且,即使是在当今经济和社会领域里的激烈斗争结束之后的时代,在这种斗争被某种鲜明而坚实的社会体制替代之后的时代,那些问题依然十分重要。"①

每当我们重温基督教教义时,耶稣基督在山丘上对弟子们的训诫(山中圣训)总使我们感到十分惊讶,因为圣训中充满了崇高的智慧。耶稣基督这样告诫弟子说:"审判任何一个伤害兄弟的人都是徒劳的。""当你们积德行善时,不必向世人宣告。""不要为个人积累财富。""要宽恕他人,你们也会得到宽恕。""得到多少恩惠,就有多少付出。""真正的善人积德行善,而真正的恶人注定作恶。"

这些道德准则非但没有失去自身的意义,而且还获得了新的深刻含义,因为它们随时进入人们的心田。对社会的灾难和个人的失败感到厌倦的人们只要遵循这些准则,便能冷静地自我反思,并认真思考自己的生存意义。

当我们谈到基督教与科学技术的相互关系时,我们不能忘记这样一个事实:西方学者得出结论:热力学第二定律符合基督教关于世界之源说。"……如今宇宙应该有其渊源的说法已不再引起人们的怀疑,宇宙不能永久存在。假如事实果真如此,那么,整个宇宙恐怕早就被烫死了。"②

俄罗斯学者暂时没有做出如此绝对化的结论,不过,有一个例外,毕生研究人的大脑结构机能组织的专家和科学院院士别赫捷列娃女士(Наталья Петровна Бехтерева,1924~2008年)曾这样说道:"古人和我们现代人的大脑机能,都是为了使人类解决重要问题。这又如何解释呢?科学还没有回答这个问题。我本人甚至不想排除我们人类来自其他星球的可能……对我们所在的星球而言,我们的大脑未免显得过于复杂了。"③

2005年9月1日,电视台播放了世界著名学者、俄罗斯科学院大脑研究所所长别赫捷列娃女士的专题电视片《大脑的魔力》,Н. П. 别赫捷列娃在影片中承认,她曾见到不需要见到的东西,最后还是神甫帮助她摆脱了这种魔幻的感觉。从此,她开始去教堂做祈祷。或许,正像所承认的那样,虽然她并不是很经常地去教堂,但是她每天都在默默地祈祷,祈求上帝帮助人类。

天生丽质的女院士 Н. П. 别赫捷列娃将自己的毕生精力献给了科学和抢救科研中心,即一生献给了抢救危难病人的事业。到了晚年,她主要从事培养下一代科研工作者的活动,以便使她的光荣事业后继有人。

---

① 摘自《宗教哲学史基础教程》,Л. А. 季霍米罗夫著,莫斯科,1997,第532页。——原注
② 摘自《宗教哲学史基础教程》,Л. А. 季霍米罗夫著,莫斯科,1997,第532页。——原注
③ 摘自《当代基督教与科学》,С. В. 杰维亚托娃著,莫斯科,1994,第181页。——原注

现代科学对宇宙结构的研究越深刻，科学结论与唯物主义之间的距离就更大。当今的科学经常是在"收集"一些令人费解的和神奇的事实，正如莎士比亚笔下的哈姆雷特对人类生活之谜的见解："霍拉旭，世界上有许多事情是你的哲学所无法想象的。"

人类历史上有最传奇的规律之一叫做"印第安萨满教特库姆塞①的咒语"，该咒语似乎早已得到了验证。凡是在尾数为"0"的年份当选的美国总统，都将在结束任期之前告别人世。他们或者遭刺杀，比如，第16届总统林肯（1860年当选）、第20届总统加菲尔德（1880年当选）、第25届总统麦金莱（1900年当选）、第35届总统肯尼迪（1960年当选）；或者在总统期限未满之前病死，比如，第9届总统哈里逊（1840年当选）、连任四届的总统罗斯福（1940年第二次当选）、总统哈丁（1920年当选）。只有一个例外，那就是1980年当选美国总统的里根，被刺杀之后幸运地活了下来。

针对这种特殊现象和规律，有人说，这纯属偶然之巧合；也有人说理应如此。不过，如今的医务工作者不再由于"巧合规律"的出现感到惊讶，问题是当某个病房内的某个患者死亡之后几天内，定会有另一个同类病人告别人生。如果急救中心出现一个疑难病人，这意味着很快就运来第二个同样的疑难病人。

世界知名的理论物理学家爱因斯坦（Albert Einstein，1879～1955年）曾试图对原子世界的重复和复制现象做出解释，并将这种现象命名为"电子顺磁谐振理论"。我们知道，医务人员很早就将这个理论称为"巧合规律"。同意并确信这条规律的不仅有医务人员，而且还有地质学家、抢险救援队员和有过许多痛苦经验的人，特别是当发生空难事件时，他们相信，马上就会发生第二次类似的不幸事件。俄罗斯还有一个科学难以解释的事实：在远东城市伊尔库茨克，飞机背对着城市起飞时经常坠落。有人这样解释说，因为在飞机跑道下面，是大批被镇压者群葬的公共墓地。实际上，在飞机起飞这一关键时刻，在起飞过程中，飞机恰好位于那些被遗弃的、被唾骂的和永远被忘记的冤魂的墓地上空。

这究竟是什么？是神秘主义？还是一个科学尚未做出解释的事实？

越来越多的俄罗斯科学家开始公开地承认，他们经常遇到一些通过理智或物理难以解释的现象，比如，在莫斯科市中心普希金广场的爆炸案事件发生之后，斯克利福索夫斯基急救中心的医生们亲眼目睹并证实了"双胞胎现象"：在很多被炸伤或被烧伤的人群当中，有一位女士躺在地上，医生们亲眼看见她的双胞胎姐姐来到她身边。当姐姐回到医院时，医生们全都惊呆了：姐姐那完好的身体上竟然出现了跟受伤的双胞胎妹妹一样的烧伤痕迹……姐姐本人也没太在意，她实际上是以此种方式分担了妹妹的痛苦。类似的"双胞胎现象"只是

---

① 特库姆塞（Tecumseh，约1978～1813年）——印第安人肖尼部落的头领，曾率印第安人各部落反抗美国殖民者对俄亥俄河以北土地的掠夺，在战斗中死亡。——译注

大规模神奇现象的一个缩影。

那么,相距甚远的人们(不仅是人类,这涉及所有的动植物)是通过何种方式相互影响的呢?母亲为何能真切地感受到千里之外的孩子遭受的痛苦呢?母子之间究竟有一条什么样的联系呢?为什么巫师和魔法师能像非洲部落的巫师那样,通过迷魂药、蛊术、照片或想象力驱邪杀敌呢?

正统的科学至今尚未决定承认远距离心灵感应传导术,但是俄罗斯有不少科学家,其中包括新西伯利亚的整个研究所,不止一次地证明了这种心灵传导术的存在。若干年以前,新西伯利亚研究所的科学家决定通过实验来证实心灵感应的存在,实验结果表明,个体对来自他人的看不见的、瞬间传递的信息,取决于阳光的辐射和地心引力。最强烈的心灵感应效果经常出现在农村的木结构和砖结构的房子里,而钢筋水泥结构的房屋有一定的干扰。

居住在俄罗斯北方地区(北纬73.4度以北,即西伯利亚北端的泰梅尔半岛)的居民拥有超出常人的心灵相互沟通能力,难怪今天的德国人、埃文基人、楚科奇人等其他居住在北极附近的少数民族,依然像数百年以前那样,外出聚会时,不必事先约定,他们都能准时从四面八方赶到预定的目的地。原来那里的每个人都有将自己的思想传达给本部落的其他人的特殊能力,其效果仿佛是他们听完广播一样。当然,重要的还有选择最适宜的"直播"时间。当阳光辐射力下降时,远距离信息传导和接受信息的质量随之提高。

新西伯利亚研究所的创始人和科学院院士弗拉伊尔·卡兹纳切耶夫(Влаиль Петрович Казначеев,1924~)认为,斯拉夫古代先民都曾具有不用语言的传达和交流思想的才能,对于"前人类"部落而言,在今天看来,他们当时使用的那种有助于思维活动"语言",依然是自然的和独一无二的语言。除此之外,那个时期也不可能有另外的语言。因此,古人可以通过这种"语言"进行任何远距离沟通。实际上,现代人同样能做到这一点。新西伯利亚和贝尔格莱德两地在同一天进行的"最大限度的心灵感应"实验,以此充分证明了这个事实。

其实,这种现象跟人的直觉相似。大家知道,许多人都能对未来发生的某些事件有所预感,但是至今无人能解释世界闻名的塞尔维亚无线电技术发明家特斯拉(Nikola Tesla,1856~1943年)的特殊才能。2006年7月,举行了特斯拉诞辰150周年纪念活动,他出生在克罗地亚,他生来就有不可思议的敏锐的直觉。他从来不用事先画图、制作模型或进行安装试验,他总是在自己的脑海里进行某种新技术的实验,在想象中进行修改,然后直接制作出完美的装置。

特斯拉的直觉超过了他接受的教育,他在13岁时就得出了通过人工闪电控制降雨的结论,直到多年以后,人们才开始使用人工降雨技术,而俄罗斯人至今都不会这样做。

有人说,特斯拉的汽车用的是他从大自然中获得的能源,而不用汽油。美国科罗拉多州制造的汽车发动机使用的是行星的万有引力。

这正是特斯拉早就善于使用的火球——球状闪电技术,他先将这种闪电引入箱内,然后随意运用,在此之前和之后,任何人都未能做到这一点。

当今世界上至少有数百名天才物理学家都想继续特斯拉那最难以置信的发明工作,在这方面,日本和美国的科学家已经取得了惊人的成果。俄罗斯自然科学研究院的院士们也曾研制出冶炼时利用真空能源加热的新技术,虽然现代科学对这个事实无法做出任何解释,但是这个事实却依然存在。

如今人们可以随时查阅特斯拉的档案,可是似乎无人有胆量去揭示谜底。一旦将来有人能够弄清特斯拉遗产之谜,世界上将会出现这位科学家过去创造的许多奇迹,而且不仅是某一项重大发现。

最近发生的与信息系统相关的许多事件使人确信,传输生物能信息交换及其信息场绝不是幻想家和特异功能者的杜撰,而是我们当代人类的现实,但是我们暂时还不能理解信息场的本质属性及其规律。

莫斯科人文学院心理学系主任瓦列里·萨雷-古泽尔(Валерий Русланович Сары-Гузель)教授、哲学博士亚历山大·沃多拉金(Александр Валерьевич Водолагин,1955～)正在潜心研究上述现象,他们已经得出的结论证明,人类完全可以改变个体先兆的统一能源磁场产生所必需的条件。萨雷-古泽尔说:"大众使用的程序和信息设备有时使某人感到恐惧,这是由于这个人已开始对某些事物感到害怕的缘故,通常是'怕啥来啥',这就是说,这个人恰好置身于与之相适应的时间和空间坐标之中。"

心灵学家萨雷-古泽尔教授对灾难事件的巧合做出了同样的解释,他认为,历史上经常出现类似的现象。有必要说明的是,一种情况是通过人,使另一种情况是由于模式化,确切地说,是通过集体无意识的模式化。简言之,当某种事故发生之后,人们都在一定的地理位置开始思考这一事故,同时想到,可能再次发生类似事故。产生下一次事故的这种群体思维方式(或叫"神智学")就是这样形成的。从整体上来看,这种说法完全符合俄罗斯生物地球化学家韦尔纳茨基关于人类智力活动范围(智力圈)的理论。①

现在我们不妨重温一下基督教柱石这个最惊人的故事,即关于圣母玛利亚"贞女受孕"的深刻教义。历史学家、考古学家和民族学家等,分别以下列方式对这个事实做出了解释。

完全可以说,这个教义滋生了一种有意识的强烈愿望,即向世人说明耶稣基督的愿望:救世主从来就不是一个普通人,他的出生始末也不同于凡人。当然,事实的确如此。无论是古埃及人或古罗马人,或是中国人和印度人,几乎世界上所有的民族都相信,某些伟人的确是通过超常途径出生的,但是这些实例并未能解释这样一种特殊现象:人们为什么会相信女

---

① 摘自《论据与事实》周刊 2005 年第 29 期。——原注

人在没有男人参与的情况下受孕。而若想真正理解这种信仰,缺乏下面这个根本原因,恐怕是难以做到的:民族学资料表明,这种信仰产生于远古的群居时代,当时男人在生育方面的作用是不被人知的,如果说有人曾经知道男人有生育功能,那也只是一种非常模糊的认识;起初,这种信仰曾被看做是上帝化身的图腾。

由此可见,若想在人间找到某种宗教思想或礼仪的渊源,谈何容易,这种愿望通常是难以实现的。不过,找不到渊源,并不意味着这种渊源根本不存在,而是由于它经常被深藏于历史沉淀之中。

毫无疑问,从远古时代挖掘出来的这些论据的确非常重要,因为它们毕竟足以证明,人类历史上曾有过大量类似的事实,但是这种认识本身似乎对人们又毫无说服力。另外,不客气地说,这种认识甚至包含着某些侮辱性的暗示。

在俄罗斯、美国和欧洲许多国家受到重视的上述现象,充分利用最新科技成果的俄罗斯现代医学(比如妇科等)做出了严谨的科学解释。

虽然科学经常记录多种特殊现象,但是这些现象也只能证实它们自身固有的特性而已。

除此之外,以成功克隆多利亚绵羊而著称的英国爱丁堡学院,于2005年9月正式宣布了又一项新发现:刺激女性排卵和受孕的新方法。英国许多媒体对任何目的,哪怕是最崇高的目的利用人类胚胎的做法统统表示愤怒。

除了上述附加因素之外,在揭示大量奇特现象方面,拒绝与科学的合作未免显得不太妥当。尽管那些现象或许不具全球意义,但是一些人由于它们经常产生误解,另一些人对它们感到恐惧,还有人对它们小心翼翼并抱有志忑的崇敬之情。

在这个问题上,科学有助于区分庸俗行为与离开超自然的智慧力量无法解释的独特现象。比如,俄罗斯大众媒体几乎每周都在发布"哭泣的圣像"之类的消息。莫斯科《论据与事实》周刊2005年第25期上刊登了与此相关的一篇文章,记者写道:"我去过许多教堂,也走访了不少家庭,他们那里的圣像有时会默默地流泪。我可以保证,那些似乎无法解释的现象的确是真实的,可以作证的还有那些忠实的信徒,他们都决是不贪图虚夸荣誉的普通人。"除此之外,俄罗斯电视台不止一次地播放来自俄罗斯各州发生过的圣像哭泣的专门报道,广大的电视观众都对此深信不疑。

尽管现代科学,首先是物理学,还不能为此种特殊现象产生的原因找到答案,但是科学可以帮助人们对圣像流泪现象的威力做出评价,这种威力完全可以与核电站的发电量相比。到目前为止,任何人都未曾证实,科学能够对物质世界上的所有现象进行描述或做出解释。

俄罗斯正教会将这些特异现象称为"征兆"或"象征",是一种预示某种奇特事件、对人类非常重要的指导性事件的现象。

根据公元787年召开的第七届尼凯阿普世宗教会议的决定,拥有或能够完成这种指导性作用的应该是圣者头上的光环影象,这种光环乃是神圣的和非人间的神光之表象,也就是耶稣基督的弟子们看到复活之后的导师头上的那个光环。

然而,有趣的是,当今的现代科学断然证实了就在前不久被否定的事实,即人类周围的确存在着先兆。与此同时,大约在 150 年前,人类已经发明了一种仪器,通过这种仪器,人们可以看见原来看不见的先兆。著名的无线电专家特斯拉曾经在公开课上做过这样的实验:大厅里灯光熄灭,特斯拉站在一个专门制作的平台上,这个平台可使一定频率的交流电磁场发生振荡,此时此刻,被惊呆的学生们看见了特斯拉头上出现了一个闪闪发亮的、像蓝色火苗一样的光环。

原来每个人都有这样的先兆(发光现象),甚至还可以将它拍照下来。后来才得知,光谱的变化取决于人体和心理的健康情况,有时还取决人的情绪和精神状态……身体强壮和心理健康者的光环鲜艳明亮,而病人的光环则比较微弱,而且有时还"时断时续"。①

上面曾谈到许多哲学概念,其中包括基督教的主要概念之一"心灵",对先兆的研究促使科学家开始对人的心灵进行研究。问题是一些没有生命的东西也有类似的发光现象,但是它们的发光现象与动物的发光现象有着明显的区别。

比较合乎逻辑的做法是一种推测,即死人的发光现象与其他所有没有生命的东西的发光现象是相同的,在人死后的两三天之内,死者的发光功能与活人的发光功能毫无区别,然后,死者的发光现象开始慢慢地变成一种"背景",即光芒逐渐淡化。这的确是一种奇特现象:死者的肉体已经死亡,而他的先兆却依然存在!突然死亡者的"电磁魂灵"在前两个昼夜可能会发生"暴动",它仿佛不想立刻告别已经僵死的尸体,心电图上还会出现骤然上升和下降的影象。如果一个人由于年迈而寿终正寝,他的电磁幻影则很容易告别肉体,也不会发生那种疯狂的"暴动"。对死者所在房间的"扫描"结果表明,在距死者 5 米左右的地方,有某种浓厚的气团,这大概就是脱离尸体之后的死者的电磁幻影。

用科学语言来表示,这种现象意味着在刚刚去世的死者周围,有一个独特的物理场,该物理场在固定的空间具有波腹。而用宗教语言来表示,这种现象则意味着死者的魂灵不会均匀地融化在宇宙里,而是在空间逐渐扩散和蔓延。人死之后的前三个昼夜,他的魂灵始终徘徊于自己的尸体旁。

科学家不能给这种现象下定义,而只是试图确信:物理研究成果表明,除了死者的尸体之外,还有某种活着的东西。

重要的是,像其他任何一种客体一样,先兆同样具有固定的特性和物质表现。这就是

---

① 俄罗斯著名作曲家列夫·沙因斯基(Лев Шаинский)是一个乐天派,对生活充满激情,所以他头上时常出现独特的紫色光环,许多创作者都有类似现象。——原注

说,先兆也是一个可以研究的对象。

虽然俄罗斯正教会对这种科学研究持有十分警觉的态度,但是任何一个信奉东正教的人都清楚地知道,灵魂是现实存在的,人死后三天,其灵魂不会马上离开人世,而是徘徊于死者的尸体旁边。因此,俄罗斯正教会对此类科研成果并不感到惊讶,也没有发现这些成果有何新意,不过,神甫们依然不仅为活着的人们祝福,而且也为死者超度,同时还随时警告自己不要干预其他领域的事务。

现在来看宗教与科学之间的关系。首先是人人皆知的和最简单的教堂礼仪——圣水仪式、为复活节期间家家户户制作的圆柱形面包举行的祝圣仪式、神甫往正在教堂祈祷的信徒身上洒圣水仪式。实际上,这些仪式都有深刻的意义和作用。

很久以前,国内外学者经过多次实验和观察之后得出结论,无论人们是否愿意,圣水可以记录人们所有的言语和思想,不管是正确的,还是错误的,它们统统被圣水记录下来。专家们曾对多家医院的水谱进行分析比较,结果发现,只有神甫举行过祝圣仪式的那些医院的水才是最纯净的。此外,专家们不让一批接受实验的病人吃药,而是让他们饮用和使用专门有利于医治各种器官疾病的水,这些饮水的病人与另一批按时服药的病人的疗效完全一样。水疗与传统的药物疗法还有一个区别,那就是水疗法没有任何副作用,这一点也非常重要。医务人员和科学家还建议人们饮用经过过滤的清水和不超过36度的温开水,以便不破坏水的结构,喝水或洗脸之前,默默地或大声地呼唤有益的和积极的信息、仁爱、感激等善意的词语,这也是一种十分有益的做法。其实,每个人都可以在喝水之前,对着水"默默地祈祷"。

耶路撒冷圣墓教堂的圣火墙缝里,每年复活节时都自动向外喷出天赐圣火,这种现象至今仍然是一个不解之谜。第一次喷圣火现象发生在公元4世纪,当时虽然教堂灯盏里的油已耗尽,但是灯盏里的火烛却直到祈祷仪式结束才彻底熄灭。从那时起,每年世界各国的朝圣者都来这个教堂为天赐圣火祈祷,因为信徒们认为,如果圣火熄灭,那就是上帝在告诉我们,世界末日已经到来。

除此之外,令人惊奇的还有,这股圣火毫不灼人,朝圣者纷纷用圣火"洗脸擦身",可是他们的头发和身上的衣服都不会被烧坏。复活节当天,所有朝圣者的心情和精神状态完全可以用古斯拉夫语中的"悲喜交加"一词来形容,悲的是在根据当时教会和神甫们的要求,耶稣基督被钉死在十字架上;喜的是在耶稣基督很快就会复活。

与耶稣基督的复活、耶稣基督易容等现象一样,这种天赐圣火的现象既不能用科学的方法做出解释,任何人也不可能将其彻底推翻,所以我们也只能以前人记录的某些事件做依据。

"不久前,作为诺贝尔奖的提名者,53位美国最著名、成就最显著的生物学家、化学家和物理学家发表声明说,他们在宇宙结构过程方面的研究已有结论:世界上的确有一个至高无上之神。这是对西方唯物主义提出的最严峻的挑战。"①

国际 В. М. 布龙尼科夫人类发展研究院每天连续进行的实验同样证明了这个事实。从事这项研究的每个专家都有各自的布龙尼科夫(Вячеслав Михайлович Бронников, 1952 ~)命名的"生物计算机",而民间则称为"收藏天使",他们可以跟这些"天使"进行直接对话,借助"天使"进入信息场,这就是共济会成员曾经提到的并将其称为"上帝"的那种信息场。只要经过研究院的训练,特别是儿童,很快就能掌握这种"生物计算机"并进入信息场。

使任何一个经过国际布龙尼科夫研究院训练的人进入统一信息场的经验表明,这个统一信息场可以回答人们提出的一切问题,可以使盲人重见光明,使人具有区分细微的色谱、隔着厚实的墙壁或远隔数千公里看清事物的能力、看到人体内脏的运转情况、控制本人的肌体、不用药物的自我调理疗法、阅读未打开的图书、用不到一年时间学完大学课程等多种超人的才能。所有这些都会被人看做是一种幻想或……而著名院士布龙尼科夫所传授的正是这种知识,确切地说,他只教学生一门知识,那就是掌握与自身的"生物计算机"一道工作的本领。②

通过自己每天从事的实践活动,通过向一切愿意掌握"生物计算机"并进入统一信息场的人传授知识,В. М. 布龙尼科夫证实,不管怎么说,这种独特现象的确是存在的,需要全世界科学家携手并肩共同研究这种特异现象。只有当国际科学界不仅深信这种现象的存在,而且彻底揭开其中的奥妙之后,人类历史的新时代——真正的信息时代才能到来。

然而,当今世界科学界对此依然保持沉默,不过,可喜的是科学家们已经开始对这种特殊现象产生兴趣。由俄罗斯各领域著名学者组成的专家小组正在致力研究这种罕见的现象,目前不容争辩的只有一点,那就是人们的认识发生了变化,确切地说,人对颜色的辨别能力的全部理论发生了变化。

根据 В. М. 布龙尼科夫的研究方法,完全可以开启人类的"备用"视力,莫斯科大脑机能研究所已经取得了重要成果。该研究所所长、生物学家、医学博士和专家小组组长梅德韦杰夫(Святослав Всеволодович Медведев, 1949 ~)发表了论著(请见《化学与生命》杂志 2005 年第 10 期),专门讲述了专家小组在研究方面取得的初步成功,还阐述了科学家对这种特异现象的理解。今天已经可以说,正如生物学家 С. В. 梅德韦杰夫所说,备用视力的因素是存在的,这种因素与我们人类大脑的活动密切相关,而且还有广阔的发展前景。运用这种方法,可以解决视力问题,其中包括使盲人重见光明的问题。

重要的是在新的全球信息文明到来之际,我们不能不承认,这是实现俄罗斯一大批宗教

---

① 摘自《第三次突破》,Н. П. 别赫捷列娃著《劳动报》,1997 年 12 月 9 日。——原注
② 摘自《进入超意识状态的关键》,А. Л. 彼得罗夫著,莫斯科,1999,第 136 页。——原注

哲学家和科学家的宇宙论思想迈出的第一步,这些哲学家和科学家包括前几章谈到的 H. 费奥多罗夫、B. 索洛维约夫、C. 布尔加科夫、H. 别尔嘉耶夫、П. 弗洛连斯基、K. 齐奥尔科夫斯基、B. 韦尔纳茨基和 A. 奇热夫斯基等,他们都曾倡导"必须在地球和临近星球上建立全球化生活组织原则",也曾呼吁"团结全人类并建立智力圈",这些思想长期被看做是某种彼岸的东西。然而,人类显然是要继续向前发展的,随时思考布龙尼科夫研究院做出的新发现,对个人和人类的认识在今天被看做是"不断变化的全球能源与信息场"的智力圈。"而我们人类统一信息空间的固定用户,却对此毫无意识。"①还有一点也是非常清楚的:最大的难解之谜依然是人类本身、人的意识、潜意识和大脑的运转机能。

在日常生活方面,此类问题通常由心理学家和相关的心理服务机构来解决,他们帮助人们理解自我,理解他人。

人类渴望征服宇宙和其他星球,试图在那里为地球人及其一切动物身上发生的问题找到答案,也就是说,在另外一个星球上找到生命的起源。

经常有人讲述并公开展示那些未知的星球之谜,每个人都想去周游世界,到国外旅行。然而,未知就在我们人类身边,就在我们赖以生存的地球上。比如,不久前刚刚得出这样一个结论:在广阔无垠的俄罗斯境内,在茂密的西伯利亚原始森林中,生活着与世隔绝的古老信徒派教徒,他们都是 100 年前为躲避镇压而逃到那里的旧教派后裔。他们的生活方式和语言依然非常独特,他们那里既没有电视,也没有广播,但是他们却很自然地用电。那里的年轻姑娘都留着长长的大辫子。他们一直保持着古老的生活习俗和先辈立下的规矩,他们演唱和聆听宗教诗歌(也叫圣歌,根据宗教主题和故事改编的民歌)的形式也异常独特。

历史上的宗教诗歌几乎是在古罗斯受洗之后不久出现的,从用途上来看,这些歌曲与诠释《圣经》的意大利无伴奏合唱非常相似。在宗教诗歌中,充分反映了普通人对广泛传播的新基督教的理解和接受程度,因为这些歌曲以大众容易理解的形式、口语化的语言讲述《旧约全书》中的人物及其故事:亚当与夏娃被逐出伊甸园、耶稣基督的生平故事等。

许多宗教诗歌专门颂扬为宣传基督教信仰方面做出突出贡献(战胜恶魔和形形色色的敌人)的不同圣者、创造奇迹的圣像、亚历山大·涅夫斯基、德米特里·顿斯科伊和宗主教尼康等著名的历史功臣。

刚才所说的这些诞生于远古时代的宗教诗歌一直流传至今,而且诗歌本身及其历代的曲目几乎没有发生太大的变化,这种现象之所以依然存在,是因为宗教诗歌讲述的是关于全人类的精神财富:诚实、信守诺言、尊重老人、热爱祖国等。

---

① 摘自《进入超意识状态的关键》,A. H. 彼得罗夫著,莫斯科,1999,第 26 页。——原注

过去演唱这种宗教诗歌的主要是到处流浪唱宗教诗歌和行乞的盲人歌手,最初出现在耶路撒冷和君士坦丁堡。当然,对现代人来说,理解那些宗教诗歌的语言比较困难,但这种古老圣歌的演唱形式总是激动人心的。

我们刚才提到,如今只有在古老信徒派教徒和其他小宗派的日常生活中,才能听到这种古老的宗教诗歌。

告别原来的意识形态并探索新的世界观的俄罗斯社会正处于过渡阶段,这种过渡伴随反映了俄罗斯的"恢复宗教"进程。在探索新世界观的过程中,也有一些看似简单但又难以实施的方案,其中包括盲目照搬国外现成的模式(美国或日本的发展之路),将恢复被毁坏的民族传统的任务看做是对过去的简单修复。

那么,目前俄罗斯究竟有多少东正教信徒和新入教者,恐怕连宗教领袖也说不清楚。历史上有过的信徒统计数字,也被看做是在民族原则基础上的大概估计:每个俄罗斯人都是东正教徒,而每个鞑靼人都是伊斯兰教徒。2002年全俄人口普查开始以来进行的社会调查数据,反映了相对准确的信徒数字。

俄罗斯信徒数量	人口普查	社会调查(1)	社会调查(2)
东正教徒	1亿2000万	7500万~8500万	1500万
伊斯兰教徒	1400万~2000万	600万~900万	280万
新教教徒	—	150万~180万	150多万
佛教教徒	90万	约50万	不足50万
天主教徒	60万	100万	6~20万
古老信徒派教徒	—	少于150万	5~8万
犹太教教徒	23万	不足5万	3万

上表中各项分别为:"人口普查"即2002年全俄人口普查结果和俄境内各种宗教的统计数据,主要是按照民族统计;

"社会调查(1)"即社会调查结果,所有自认为是本教教徒的人数;

"社会调查(2)"即社会调查结果,"真正"遵守教规的信徒数量。

对当代社会现实的分析结果表明,宗教界其实是由一些最弱的和离群索居的人构成的团体,虽然微弱,但他们毕竟是一种有助于克服各种危机和解决国际问题的力量。从传统上看,这种力量是精神和道德的源泉,宗教界人士支持积极而有益的社会原则、行为和积极向上的精神,反对落后的社会思想、原则和行为等。

与此同时,他们在历史上为了维护宗教的神圣,曾赞同战争和迫害政策,支持毁灭性势力,但是发生在俄罗斯的重大事件、整个俄罗斯的历史进程,特别是发生在20世纪下半叶的

第七章 革命年代、苏联时期以及苏联解体后的俄罗斯文化与东正教

事件证实,人类的道德品质与最高之神(上帝)密切相关。因此,各宗教之间对话的可喜的发展前景不仅会出现在俄罗斯和独联体各国,而且也出现在世界各国和所有为全人类福利而奋斗的其他组织当中,他们都将追求相互之间的和谐、团结、合作、道义上的支持、克服不同宗教之间的隔阂。然而,如果宗教最终不能找到使自己的使命从属于这些目标的途径和可能性,如果不能达到统一而导致关系破裂和冲突,也不能排除带有消极因素的备用途径。

当代俄罗斯教会的国际关系对未来抱有乐观态度,至少俄罗斯正教会是这样。莫斯科现有 11 家不同宗教的会馆,用世俗语言来表示,有来自世界不同国家的 11 个教会使团和代表处,另外还有某些地方教会和著名修道院开办的代表处,每一个代表处实际上都是传教和宗教启蒙活动中心。某些代表处还设有规模不大的出版社、东正教普通中学,几乎所有的代表处都有各自的教堂,并由本修道院或本地教会的神甫主持教堂的祈祷仪式和相关的宗教礼仪,由本地教会神甫主持祈祷仪式时,通常使用的并不是古斯拉夫语,而是英语和希腊语等。

从 1917 年十月革命以前起,即在整个苏联期间(1917～1991 年),俄罗斯曾保留经常举行祈祷仪式的东正教教堂,不过那都是各种宗教和不同教派实现友好团结的榜样。比如,在莫斯科市中心的诺沃库兹涅茨卡亚大街上有一座东正教教堂,该教堂有一个天主教教堂的名字——"圣克莱门特"教堂。如果单凭该教堂的发展始末,恐怕该教堂将不会保留这个名字,也不会多次引起人们的任何误解。

众所周知,第四任罗马教皇克莱门特(Clemens Romanus,?～约 99 年,在位期是 88～99 年)是基督教会分为天主教会和正教会 1000 年之前的罗马主教,据说是同时受天主教徒和东正教徒尊重的圣使徒彼得推荐他担任这一教职的。主教克莱门特曾是一个杰出的实干家,在他的努力下,罗马的基督徒数量逐年增多,罗马安东尼王朝图拉真皇帝(Traianus,53～117 年)对此非常不满,于是他下令将克莱门特主教流放远方,这个远方不是别的什么地方,而是黑海岸边的克里木和赫尔松一带。遵照图拉真皇帝的命令,克莱门特主教先被溺死,然后将他的尸体挂在船锚上示众。圣克莱门特的尸体被基里尔和梅福季兄弟保存下来,人们发现,东正教并不反对天主教圣者的干尸。后来可以创造奇迹的圣克莱门特的干尸被罗马与赫尔松两家平分:克莱门特的头颅留在了克里木,后来他的头颅又成了基辅罗斯大公弗拉基米尔的胜利纪念物,也就是说,当弗拉基米尔大公攻占赫尔松之后,接受了基督教,并将圣克莱门特的头颅带回基辅罗斯。从那时起,原天主教苦难圣徒克莱门特主教开始受到俄罗斯人的尊崇。

由于莫斯科市政府制定了相关政策,世俗政权与教会政权之间建立并保持着富有成效的良好关系。俄罗斯正教会像历史上一样,经常在俄罗斯社会中寻求支柱,定期奖励那些最优秀的慈善活动家。

俄罗斯正教会的最高奖赏是彼得大帝于1698年确立的"圣使徒安德烈勋章",该勋章绝对只颁发给教会活动家。1999年2月19日,在全俄最高宗主教阿列克西二世70周岁生日庆典上,俄罗斯联邦总统叶利钦亲自向他颁发了"圣使徒安德烈勋章"。

第二枚最重要的勋章叫做"圣弗拉基米尔勋章"("功德等于圣使徒的圣弗拉基米尔勋章"),该勋章也可以颁发给世俗社会的官员和杰出人物,它是对俄罗斯普通公民的最高奖赏,勋章共分四级:第四级"圣弗拉基米尔勋章"曾颁发给已退休的国务活动家。在俄罗斯宗教界,还有以亚历山大·涅夫斯基的儿子莫斯科大公丹尼尔的名字命名的"丹尼尔勋章"、"圣苦难使徒特里丰勋章"(共分三级)、"圣谢尔吉·拉多涅日斯基勋章"(共分三级),得到该勋章的既有神职人员,也有神学院的教师和所有对俄罗斯宗教启蒙教育事业做出特殊贡献的世俗人员。俄罗斯正教会很早就有广收新教徒的传统。

俄罗斯历史上,唯一一个获得"圣弗拉基米尔一级勋章"的世俗官员是前任莫斯科市长卢日科夫,为了表彰他在重建莫斯科教堂方面的突出贡献,教会还向他颁发了"圣谢尔吉·拉多涅日斯基二级勋章"。

俄罗斯正教会在尊奉圣者方面也有一项革新:被教会尊为圣者的不仅有教会人员,而且还有杰出的国务活动家和知名的文化活动家。历史上被尊为圣者的有大公德米特里·顿斯科伊、圣像画家安德烈·鲁布廖夫、马克西姆·格列克、都主教马卡里、帕伊西·维利奇科夫斯基、女修士(彼得堡的)克谢尼娅、伊格纳季·布朗恰尼诺夫、奥普塔修道院的长老阿姆弗罗西、费奥凡·扎特沃尔尼克、宗主教约夫、吉洪等人。主教公会的专门委员会还曾研究对皇室人员尊奉圣者的问题。宗教书籍(主要是宗教类教科书)的出版活动日益加强,教会学校逐年增多,宗教中心也在努力提高宗教专业水平,更新和提高神职人员的培养质量。

1997年2月19日,俄罗斯正教会召开了一次专门会议,会上讨论了一系列对俄罗斯正教会十分重要的问题,还将反教会活动的基辅都主教菲拉列特、人民代表和神甫格列布·亚库宁等人革出教门。

俄罗斯著名历史学家、思想家古米廖夫(Лев Николаевич Гумилёв,1912~1992年)发表于1989~1990年间的政论著作充分证明,研究俄罗斯历史和文化的各种思想和观点都是比较合理和正确的,这些著作包括《民族起源与地球生物圈》、《古罗斯与大草原》。1992年,他的另一部巨著《从古罗斯到俄罗斯》问世,这是一部关于俄罗斯民族发展史的专著,主要描述了从罗斯国家诞生到蒙古-鞑靼人侵之前的那段历史。古米廖夫依据他本人的民族学原则,向读者展示了古罗斯多民族和多国关系近300年历史发展的完美画卷,他像著名画家Н.К.廖里赫那样,努力使读者确信人与自然的统一,唤起人们的民族精神和宗教信仰。

列夫·古米廖夫童年时就对历史问题产生了浓厚的兴趣,他很早就开始尝试独立分析各种重大事件之间的内在联系。他父亲是著名诗人尼古拉·斯捷潘诺维奇·古米廖夫,母亲安娜·伊万诺芙娜也是一位聪慧和心地善良的诗人,未来的学者小古米廖夫自幼接受了母亲笃信宗教的思想,显然是这种坚定的信仰支撑他度过了艰苦的流放和劳改生涯:从白海运河到卡拉干达,从北极的诺里尔斯克到西伯利亚的奥姆斯克。令人惊讶的是,列夫·古米廖夫却没有染上20世纪80年代末~90年代初的"揭发综合症"。正如别尔嘉耶夫所说,列夫·古米廖夫依然保持了基督教心灵。他像他父亲尼古拉·古米廖夫那样,经常去教堂点上一枝蜡烛,虔诚地站在救世主圣像面前默默祈祷。在90年代初,国家各级领导纷纷开始去教堂做祈祷,这种场面使列夫·古米廖夫感到震撼。

列夫·古米廖夫的母亲、著名女诗人安娜·阿赫玛托娃曾这样说道:"我的小列夫现生活在祖国辽阔的大地上。"这脱口而出的一句话如今却有着另一种更重要的含义。

在偶然发现的一些档案资料中,列夫·古米廖夫找到了一张令人好奇的纸条,上面写着异常奇怪的内容,现将这些内容陈述如下,以便引起读者的深思。

列夫·古米廖夫的新发现如下:

1. 创造世界的上帝是一个人,而不是绝对的神。

2. 当上帝缔造了空间之后,将自身限制起来,因为他本人位于他亲自缔造的空间之外,所以上帝并不是无所不在之神。

3. 上帝在缔造独立现象——时间之后,将自身限制起来,因为他不能将发生过的事情化为乌有,所以上帝并不是无所不能之主宰。

4. 上帝在缔造充满自由意志的人之后,他不可能预测每个人的行为。否则,意志就不可能是自由的,所以上帝并不是全知之神。

5. 事实的确如此,因为上帝是善良的,不过,假如他是无所不在之神,那么,他既在恶之中,也在罪恶之中,但事实并非如此。

6. 事实的确如此,因为假如上帝是无所不能之主宰,假如他不去改变这个罪恶的世界,那么,这种行为就不能称之为同情,而只是口是心非。

7. 事实的确如此,因为假如上帝是全知之神,那么,他必然会掌握打算故意犯罪的人们的恶劣思想,而人们也不避免犯罪或出现另一种行为,目的是不违背上帝的旨意,但是在这种情况下,承担全部责任的应该是上帝,而不是充当执行者的人们。

8. 上帝是善良的,这就意味着,上帝缔造的世界是幸福而美好的。生与死的交替并不是一种不幸,而是一种幸福。永恒的魂灵在获得新生之后,将会忘记前世经受的屈辱和悲痛。如果这种再生的连环毫无止境,那么,后世的不幸又是怎样产生的呢?

9. 如果上帝在这个恶劣的世界上毫无罪过,那么,一切不幸和恶恶的根源就是恶魔;但如果恶魔是上帝亲手创造的,那么,对恶魔的恶行负责的应该是上帝;因为这是不可能的(与第一条原则相矛盾),那就意味着,恶魔是由虚无所生,恶魔本身也是一种虚无。这就是佛教的密教学说"净世中的光明",即人只有在死后才能看见那种"舜若"(虚无)。

10. 如果恶魔不断作怪,那就意味着,虚无也能非常活跃。虚无有时也能体现出光分子(光子),并通过伪装、时间的不可逆转性、空间的断裂影响人们的自由意志,不幸和罪恶从虚无中来到人世,但它们只能通过人才能得以实现,这必然使它们感到痛苦。

11. 善于自由意志表现的人、动物和魔鬼都接受了恶魔的诱惑,从而变成了邪恶,失去了最崇高的幸福和美好:死亡与复活,因为凡是死去的人,都既不可能不死,也不可能不会复活。

12. 上帝这个缔造者(原始佛或婆罗贺摩)拯救世人的方法是:世人祈求上帝赋予他们战胜不幸和痛苦的力量,并从他们的内心世界(与物质世界相反)彻底驱逐魔鬼。颂扬上帝吧。

在我们结束对俄罗斯文化史、俄罗斯人的自我意识的形成、整体上的文化与东正教之间的相互作用和相互影响的回顾之前,我们不能不再次重温革命民粹主义者、哲学家和政论家Л. А. 季霍米罗夫的著作《历史的宗教哲学基础》(1997),该书为我们提供了深刻思考的食粮,这是首次用俄文出版的一部哲学著作,其独到之处在于作者用宗教学观点,全面分析了人类发展史。

季霍米罗夫的著作《历史的宗教哲学基础》主要论述了这样一种思想,即关于两种世界观,或二元论和一元论之间的斗争。二元论承认两种存在,即上帝的存在和上帝创造的人类世界;一元论确信万物之统一,主张自然是自我存在的思想。在人类发展的整个过程中,这两种思想一直进行着不可调和的精神之战。

季霍米罗夫的哲学著作充分展示了伴随着宗教运动的人类社会的逻辑发展,阐释了时而从历史舞台上消失,时而又戴着新面具重新登场的历代多种宗教思想的继承性及其相互关系。

在苏维埃政权刚刚建立不久,季霍米罗夫曾这样写道:"宗教哲学方面的斗争将会永远消失,因为在社会主义体制下,任何人都不再需要这种斗争。另外,关心某些超感觉的存在、各种存在之间的相互关系、人类世界的命运等,只能导致工作者脱离自己的事业,使公民不再关心他赖以生存和无条件接受的社会发展。对幻想和根本不存在的事物的这种关心将会被社会主义生活的基调消灭,而这种社会主义生活将要求人们经常思考社会问题。一切幻想将统统被消灭,取而代之的将是从少儿时期开始的思想教育。未来社会的公众意见和法律必将压制那些有害的、产生于社会主义之前的痛苦年代留下的遗毒。因此,对未来的苏联人而言,这些问题将不会存在。"

今天,对俄罗斯人来说,著名哲学家季霍米罗夫英明预见的苏联体制已成为历史,他的观点在未来仍将具有重要意义。季霍米罗夫认为,一个人可以不相信上帝,但是他应该明白,不信上帝是一种无法证实的行为,因为不信上帝并不是掌握某种知识的结果,而只是无神论的表现形式而已。

作为总结,我们可以这样说,基督教、东正教与俄罗斯文化、各门类艺术、不同领域的艺术创作活动之间的相互关系一直没有中断。

至今令人难以置信的是,在苏联时期创建了俄罗斯历史上第一家东正教剧院"神圣之声",该剧院于2009年庆祝了自己的20岁生日。这家剧院主要上演与神学思想相关的剧目,同时演唱教堂圣咏,还有根据《福音书》故事、圣者费奥凡·扎特沃尔尼克、约翰(喀琅施塔得)等人的作品改编的剧目。目前该剧院也开始编排上演纯粹的世俗剧。使人感到好奇的是,在该剧院的固定观众当中,甚至还有许多青年人。具有探索精神的观众是这家独特剧院的常客。

在当今俄罗斯绘画艺术领域中,宗教(这里指东正教)与艺术创作相互关系的实例到处可见。当代很多画家都擅长基督教题材、渗透于俄罗斯正教发展史的圣经故事的画作。最近一个时期,早逝的著名画家康斯坦丁·瓦西里耶夫(Костантин Алексеевич Васильев,1942~1976年)的艺术创作再次引起人们的特别关注,他的绘画杰作《圣安德烈》(1964)、《耶稣基督升天》(1964)、《雅罗斯拉芙娜的哭泣》(1974)、《告别斯拉夫女人》(1974)等,鲜明地证实了唤起人的精神的基督教思想与俄罗斯文化之融合。

1970年出生的俄罗斯青年画家、著名绘画大师格拉祖诺夫(Илья Сергеевич Глазунов,1930~)的学生帕维尔·雷任科(Павел Рыженко,1970~)的创作,同样能证明俄罗斯文化与东正教之间的相互关系,自1994年在莫斯科马涅日大展览厅举办第一届个人画展以来,他的历次画展都会引起社会广泛的关注。

那么,雷任科的画作究竟有什么独到之处呢?秘诀就在于画家以对祖国的热爱描绘的俄罗斯历史画卷。虽然可以围绕他的画作展开纯艺术方面的争论,但有一点是无可争辩的:他所有的画作都渗透着鲜明的宗教信仰动机。这种特点成为雷任科献给上帝的艺术创作方面的"什一税",也就是说,他善于以个人的艺术创作和精神投入,为俄罗斯东正教生活、为国家和人民的复兴做出了显著的贡献。

毫无疑问,呈现在我们面前的绘画杰作是一个笃信宗教者的创作典范,其中最知名的作品《卡尔卡河》描绘了古罗斯与鞑靼人的第一场战争:1223年,古罗斯人和波洛维齐人一道与鞑靼人在卡尔卡河畔展开了第一场激战,结果是鞑靼人获胜;画作《库利科沃会战》反映了古罗斯军队于1380年在顿河一带取得的胜利;在这一系列宗教题材的绘画作品当中,最重要的是油画《长老圣谢尔吉的祝福》,莫斯科大公德米特里出征之前,伟大的长老连续三次问他,难道绝对没有和平解决的办法吗?大公的回答是否定的,于是长老圣谢尔吉便开始祝福大公在决战中旗开得胜。

油画《亚历山大·佩特斯韦特的胜利》逼真地反映了那个难忘的瞬间:当俄罗斯勇士佩

特斯韦特的战马拖着被打下马鞍的突厥勇士铁木尔·米尔扎返回大本营时,突然受到敌人长矛的致命一击,作为苦行僧,佩特斯韦特一只手拔出敌人的长矛,另一只手仿佛是在驱赶不可避免的死亡,但勇士的脸上却闪烁着胜利的喜悦,而没有丝毫的高傲和自大之感。亚历山大·佩特斯韦特在全副武装和咬牙切齿的敌人背景中突显出来,他仿佛向观众们飞奔而来,他的精神鼓励同胞和观众们走向胜利。以油画《沙皇的沉默》开始的另一个绘画系列,专门描绘了俄罗斯沙皇政权的建立过程,画面上的主人公是俄罗斯沙皇和莫斯科大公伊万四世(雷帝)。对那些背叛他的人来说,伊万四世是一个威严的暴君,而对俄罗斯人民而言,他却是热爱人民的国父,这就是当代画家帕维尔·雷任科笔下的沙皇形象。伊万四世那炯炯有神的目光里既闪烁着在他青少年登基时的辉煌,还有他收服喀山的荣耀,也有他扩大俄罗斯版图(吞并西伯利亚)的雄心壮志、禁卫军之褒贬和保持神圣的胜利之喜悦。

画家帕维尔·雷任科笔下的古罗斯勇士、开始忏悔并归入教门的"红色指挥官"、普通士兵和伟大的卫国战争的参战者正在向观众大声疾呼:应该牢记热爱祖国和捍卫祖国的人们,画家仿佛是在向我们转交这笔无价的财富。如今应该怎样珍惜这笔宝贵财富,完全取决于俄罗斯人本身。

像整个文化一样,当代俄罗斯现实主义绘画也充满了东正教的道德精神及其理想,绘画艺术的天职是以深信祖国复兴、繁荣和全体人民幸福的希望激励孤独的俄罗斯人民。

人们曾不止一次地试图理解,在连续几个世纪以来,每当俄罗斯人民陷入令人苦恼的困境时,究竟是什么帮助他们活下去、复活并挺立起来?一大批似乎找不到答案的俄罗斯史学家只有一种解释,那就是支持和帮助俄罗斯人民的宗教信仰、多民族的俄罗斯文明、俄罗斯各民族不断攀登高峰的优良传统。俄罗斯人民之所以善于能摆脱困境,还在于俄罗斯人学会了原谅自己的敌人,经常为所有"非俄罗斯人"敞开方便之门,同时具有全人类的思维方式,确切地说,俄罗斯人具有参与全人类事务的世界观。

俄罗斯自古以来始终是一个多民族国家,俄罗斯人认为,只考虑本民族利益,而不考虑其他民族利益,实际上是一种卑鄙和罪恶的行为。

俄罗斯历代伟大的作家、学者和思想家善于以优良传统、道德精神和崇高的思想鼓舞人民,而这些精神财富的主要构成元素是统一性、同情心、互相帮助、建立强国和爱国主义等思想的总和。因此,俄罗斯人的理想是建立一个没有罪恶的美好世界,主张社会公正,不仅使俄罗斯人民获得幸福,而且使世界各民族都得到幸福。

结 束 语

每当我们阅读一部涉及各种不同观点的俄罗斯历史著作时,我们总是会不由自主地深思历史的变迁、许多未解之谜、俄罗斯心灵的"神秘性"和"罗斯国家是怎样诞生的"等问题。我们可以从涅斯托尔撰写的《编年纪事》中获取俄罗斯国家起源及其历史知识。当然,如果不考虑书中关于"罗斯人"或"鲁斯人"、他们在东西方旅行者之国等印象,编年史作家讲述的历史还是非常可信的。

在涅斯托尔和罗斯受洗之前究竟发生过什么?

《圣经》里将罗斯人称为"安特人",意思是"古人"、"远古人"。众所周知,《圣经》是在公元前的几个世纪开始编写的,所以《圣经》提到罗斯人显然不是偶然的,甚至对《圣经》最古老的匿名编纂者而言,罗斯人也属于古代民族之一,而且是最古老的民族之一,这简直是难以想象的。

迄今为止,基督教已经存在了2000多年,但是没有人能确切地说出,俄罗斯文化已经有多少年的历史,特别是在阿勒泰地区的最新考古发现之后,恐怕更无人准确回答这个问题了,那里发现了公元前6000~5000年前的人工制品,还有1987年发现的最古老的斯拉夫村落阿尔卡伊姆,这个古代村落位于乌拉尔南部的草原地带。暂时任何人都不可能对这些现象做出准确的解释。看来,如此艰巨的任务,只能留给青年科学家去完成。

我们今天能够确认的是,自古罗斯受洗以来,基督教和东正教对整个俄罗斯文化产生了巨大的影响,受其深刻影响的有俄罗斯建筑、文字、文学、绘画、哲学、传统、礼仪、节日等诸多的文化领域,首先受其影响的是俄罗斯日常生活文化。基督教和东正教团结了俄罗斯人民,为国家领土完整、俄罗斯取得的每次胜利、每一个伟大的创举(包括最终失败的社会主义)打下了坚实的基础。

我们在前面已经提到,社会主义思想来自最早的思想形式——宗教社会主义(基督教社会主义),而这种社会主义的基础是伦理公设、人们对改变社会体制的态度方面首先实现道德自我完善的思想。

《山中圣训》(《马太福音》5-7)以"赤贫的疯癫修士"或"受神意指使的赤贫者"的呐喊开篇,但是这并不是说,基督徒要拒绝所有的物质需求和个人满足感的增长,不过,对基督徒而言,只有在与道德和精神提升的前提下才能达到个人满足。

文艺批评家 А. И. 赫尔岑、著名作家 Ф. М. 陀思妥耶夫斯基、Л. Н. 托尔斯泰、宗教哲学家 В. С. 索洛维约夫、С. Н. 布尔加科夫、Н. А. 别尔嘉耶夫等,都曾严肃认真地思考这一问题,但是在社会主义时期的俄罗斯却没有出现这种自我完善、突出道德精神、重视人的因素在政治和社会经济及其社会观点方面的重要作用等。

虽然我们不能否认,耶稣基督和基督徒与列宁和布尔什维克具有同一种理想,即建立一个"既没有病痛,也没有伤心,也没有抱怨,生命永恒的天国"的理想,但布尔什维克不想在天上建立如此美好的国度,而是在地球上建立。

与此同时,在社会主义时期,确切地说,当布尔什维克掌握政权之后,他们首先开始向重视人的因素、全人类的精神财富、向基督教宣战等,使社会主义脱离了基督教的怀抱,从而决定了这一制度的悲惨命运。

俄罗斯著名诗人阿法纳西·费定这样说道:"符合人性的事物将会达到永恒。"

令人欣慰的是,今天的俄罗斯正教会比较重视永恒的和与人相关的问题。

2007年3月5~7日,莫斯科召开了"第11届世界俄罗斯国民宗教会议",会议的主要议题是"俄罗斯社会贫富分化问题"。当时担任斯摩棱斯克和加里宁格勒都主教基里尔强调指出,俄罗斯社会应该专心致志地解决普遍的贫困问题,不允许"国富民穷"的现象继续发展。

会议还指出,富裕并非罪恶,重要的是财富是怎样获取的。上帝亲自告诫世人不能钟情于物质财富,反复提醒人们注意,人的生命并不取决于他的财富多少(《路加福音》12、15)。俄罗斯很早就开始实行了集体所有制,所以当公社的某个成员突然成为暴发户时,其他人自然就会产生疑问:他的财富从何而来?前任全俄最高宗主教阿列克谢二世于2008年12月5日去世之后,原来的都主教基里尔当选为新一任,即第16任全俄最高宗主教。基里尔这样说道:"我们永远不能忘记,普世会议的圣者们始终认为,凡是不想将自己的部分财富分给穷人者,一律算作偷窃者。"不过,这并不意味着为了讨好上帝,商人们一定要放弃自己的生意。如果不再有人生产和创造物质财富,谁来养活那些饥饿的人?谁来建造修道院和大教堂?又有谁能成为新时代的文化艺术庇护者?

应当说明的是,俄罗斯正教会于 2007 年拟定了《道德原则与经济规则汇编》,这份文件得到了当时许多公司、政权部门和商界的支持,但是目前这些都只是一纸空文,实际上,社会并没有发生任何变化。因此,在第 11 届世界俄罗斯国民宗教会议上,许多与会者发表意见,应该使道德进入商业领域,应该引导商人们学习《东正教文化基础教程》(我们在此最好建议他们学习《俄罗斯东正教文化基础教程》[①]),认真研究《道德原则与经济规则汇编》。

最后,在那次宗教会议上,在总结各种宗教、商界和学术界代表的辩论时说明,上帝随时洞察一切,所有的信徒都应该懂得,应该承受一切痛苦、灾难,克服所有的困难,同时希望得到主宰的帮助和保佑。

[①] 详见《关于东正教文化的若干问题》,Т. С. 格奥尔吉耶娃编写;摘自国际研讨会纪要《青年学者与工业、科技……》,莫斯科,2007 年,第二部分。——原注

图书在版编目(CIP)数据

文化与信仰／(俄罗斯)格奥尔吉耶娃著；焦东建，董茉莉译．－北京：华夏出版社，2012.1
ISBN 978－7－5080－6661－5

Ⅰ．①文… Ⅱ．①格… ②焦… ③董 Ⅲ．①文化史－俄罗斯 Ⅳ．①K512.03

中国版本图书馆 CIP 数据核字(2011)第 207332 号

本书得到原作者独家授权，译自莫斯科新闻观察出版社于 2008 年出版的俄文版《俄罗斯文化与东正教》一书。
《Русская культура и православие》автора Т. С. Георгиева, изданного московским издательством《Аспект Пресс》в 2008 г.

版权所有，翻印必究。

北京市版权局著作权合同登记号：图字 01－2011－0761

出版发行：	华夏出版社
	（北京市东直门外香河园北里 4 号 邮编：100028）
经　　销：	新华书店
印　　刷：	三河市李旗庄少明印装厂
装　　订：	三河市李旗庄少明印装厂
版　　次：	2012 年 1 月北京第 1 版
	2012 年 1 月北京第 1 次印刷
开　　本：	730×988　1/16 开
印　　张：	25.25
字　　数：	504 千字
定　　价：	58.00 元

本版图书凡有印刷、装订错误，可及时向我社发行部调换